中國古代史學叢書

史記會注考證

[漢]司馬遷 撰 [日]瀧川資言 考證

楊海崢 整理

修訂本

肆

上海古籍出版社

史記會注考證卷二十九

史記二十九

河渠書第七

【考證】史公自序云：「維禹浚川，九州攸寧；爰及宣防，決瀆通溝。作河渠書第七。」淩稚隆曰：此書初言夏禹治水之源流，次言秦漢治渠之利害，正以知歷代水利之由。馮班曰：水患莫大於河，故最詳。國用莫急于漕，而民間所急在水利，三事錯綜成文，語脉復井井。沈家本曰：漢書改爲溝洫志，以示異於史公，而溝洫之制，自阡陌既開，而後久已廢而不可復，非有遂人匠人之經緯也，謂之溝洫，非其實矣。

夏書曰：禹抑洪水，十三年過家不入門。〔一〕陸行乘車，水行載舟，泥行蹈毳，山行即橋。〔二〕以別九州，隨山浚川，任土作貢。通九道，陂九澤，〔三〕度九山。〔四〕然河菑衍溢，害中國也尤甚。唯是爲務。故道河自積石歷龍門，〔五〕南到華陰，〔六〕東下砥柱，〔七〕及孟津，〔八〕雒汭至于大邳。〔九〕於是禹以爲河所從來者高，水湍悍，難以行平地，數爲敗，〔一〇〕乃厮二渠以引其河。北載之高地，〔一一〕過降水，〔一二〕至于大陸，〔一三〕播爲九河，〔一四〕同爲逆河，入于勃

海。〔一五〕九川既疏，九澤既灑，諸夏艾安，功施于三代。〔一六〕

〔一〕【索隱】抑，音憶。抑者遏也。洪水滔天，故禹遏之，不令害人也。漢書溝洫志作「堙」。堙、抑皆塞也。【考證】孟子滕文公篇「禹抑洪水而天下平」，注「抑，止也」。又云「禹八年於外，三過其門而不入」。梁玉繩曰：夏書無「十三年」之文，且與孟子不合，以事關禹，故引爲夏書也。

〔二〕【集解】徐廣曰：「橋，近遥反，一作『檋』。檋，直轅車也，音己足反。尸子曰『山行乘樏』。音力追反。又曰『行塗以楯，行險以樶，行沙以軌』。又曰『乘風車』。音去喬反。」【索隱】「毳」字亦作「橇」，同，音昌芮反。注「以樶」，子芮反。又子絶反，與蕝音同。【考證】即，就也，漢志作「則」，恐非。橋，夏本紀作「檋」，漢志作「跼」，即今屐。如淳曰：梮，謂以鐵如錐頭半寸施之履下，以上山不蹉跌也。

〔三〕【正義】顏師古云：「通九州之道，及障遏其澤也。」

〔四〕【正義】度，田洛反。釋名云「山者，產也」。治水以志九州山澤所生物產，言於地所宜，商而度之，以制貢賦也。【考證】「以別九州」以下采書禹貢。方苞曰：度九山，相度山勢所趨，以知水之所會也。中井積德曰：度，定其道路也。愚按：二說皆是。

〔五〕【正義】在同州韓城縣北五十里，爲鑿廣八十步。

〔六〕【正義】華陰縣也。魏之陰晉，秦惠文王更名寧秦，漢高帝改曰華陰也。

〔七〕【正義】底柱山，俗名三門山，在硤石縣東北五十里，在河之中也。

〔八〕【正義】在洛州河陽縣南門外也。

〔九〕【正義】孔安國云：「山再成曰邳。」按：在衛州黎陽縣南七里是也。【考證】尚書「邳」作「伾」。「道河」以下采禹貢。

〔一〇〕【集解】韋昭曰：「湍，疾；悍，强也。」

〔一一〕【集解】漢書音義曰：「斯，分也。二渠，其一出貝丘西南二折者也，其一則漯川。」【索隱】斯，漢書作「灑」，史記舊本亦作「灑」，字從水。按：韋昭云「疏決爲釃」，字音疏跬反。斯即分其流、泄其怒是也。又按：二渠，其一即漯川，其二王莽時遂空也。【考證】葉適曰：按禹貢無所謂「斯二渠引其河，北載之高地」者。然則二渠之功，非禹之所自以爲績者，他書不當特出而傀見也，遷豈以是著後世有渠之始乎？河者水之道也，渠者水之利也，治其道者禹之事也，治其利者後世之事也。愚按：史公生於龍門，又闚洛汭、大邳，迎河，行漯洛渠，尤詳河事，後又從武帝負薪塞宣房，其曰禹斯二渠以引河者，蓋録所親聞見也，可以補禹貢之遺矣。

〔一二〕【正義】降水源出潞州屯留縣西南方山東北。

〔一三〕【正義】大陸澤在邢州及趙州界，一名廣河澤，一名鉅鹿澤也。

〔一四〕【正義】言過降水及大陸水之口，至冀州分爲九河。

〔一五〕【集解】瓚曰：「禹貢云『夾右碣石入于海』，然則河口之入海，乃在碣石也。武帝元光二年，河徙東郡，更注勃海。禹之時不注勃海也。」【考證】「過降水」以下采禹貢，禹貢無「勃」字。齊召南曰：河自周定王以後雖漸遷移不定，而入海口總在直沽，至漢如故。武紀元光三年，河水徙從頓丘東南流入勃海，其入勃海，與禹時不異，所異者改道從頓丘移徙耳。中井積德曰：碣石左右亦是勃海矣。勃海，海名，此非指郡，集解謬。又曰：禹貢云「同爲逆河，入于海」，未嘗言「夾右」也，其「夾右」云者，是冀州貢道云「夾右碣石入于河」也，未嘗云入海，注家援引失實如此。

〔一六〕【考證】漢志「灑」作「陂」，與禹貢合。

自是之後，滎陽下引河東南爲鴻溝，〔一〕以通宋、鄭、陳、蔡、曹、衛，與濟、汝、淮、泗會。〔二〕于楚，西方則通渠漢水、雲夢之野，東方則通鴻溝、江、淮之閒。〔三〕於吴，則通渠三江、五湖。〔四〕於齊，則通菑、濟之閒。於蜀，蜀守冰〔五〕鑿離碓，〔六〕辟沫水之害，〔七〕穿二江成都之中。〔八〕此渠皆可行舟，有餘則用溉浸，百姓饗其利。至于所過，往往引其水，益用溉田疇之渠，以萬億計，然莫足數也。

〔一〕【索隱】楚漢中分之界，文穎云即今官渡水也。蓋爲二渠：一南經陽武，爲官渡水；一東經大梁城，即鴻溝，今之汴河是也。

〔二〕【考證】陳仁錫曰：「會」字句絶，舊本「會於楚」連讀，非也。「於楚」別屬下句，與「於吳」、「於齊」、「於蜀」句法一例。西方、東方，謂楚之東西也。愚按：困學紀聞引朱子説同。

〔三〕【考證】陳仁錫曰：「鴻溝」當作「邗溝」，即吳夫差掘以通江淮者是也。梁玉繩曰：困學紀聞云「吳之通水有二，左傳哀九年『吳城邗溝通江淮』，此自江入淮之道。吳語『夫差起師北征，闕爲溝于商、魯之間，北屬之沂，西屬之濟』，在哀十三年，此自淮入汴之道。是江、淮之通，固屬吳，馬、班于此似有誤。」王氏之言甚審。余謂此「鴻」字因上文有鴻溝而誤增之，漢志無「鴻」字也。蓋此溝即邗溝，吳所掘以通江淮者，不得指爲滎陽之鴻溝。愚按：沈欽韓説同，更詳。

〔四〕【集解】韋昭曰：「五湖，湖名耳，實一湖，今太湖是也，在吳西南。」【索隱】三江，按地理志，北江從會稽毗陵縣北東入海，中江從丹陽蕪湖縣東北至會稽陽羨縣東入海，南江從會稽吳縣南東入海，故禹貢有北江、中江也。五湖者，郭璞江賦云具區、洮滆、彭蠡、青草、洞庭是也。又云太湖周五百里，故曰五湖。【考證】沈欽韓曰：外傳子胥曰「吳之與越也，三江環之，民無所移」，韋昭注「三江，松江、錢塘、浦陽江也」。又范蠡曰「與我争三江、五湖之利者非吳耶？」三江，但就吳越言，與大江無與。梁玉繩曰：禹貢錐指引明韓邦憲廣通壩攷謂吳王闔廬伐楚，用伍員計，開渠運糧，即今高淳縣之胥溪也，漢、唐來言地理者，以爲水源本通，蓋指吳所開者爲禹貢三江故道爾。然墨子云「禹治天下，南爲江、漢、淮、汝，東流注之五湖」，則周末已誤以後世溝通江、湖之道爲禹迹矣，況漢、唐乎？

〔五〕【集解】漢書曰冰姓李。

〔六〕【集解】晉灼曰：「古『堆』字也。」【考證】顏師古曰，堆，岸也。

〔七〕【索隱】辟，音避。沫，音末。按：説文云「沫水，出蜀西南徼外，與青衣合，東南入江」也。

〔八〕【正義】括地志云：「大江一名汶江，一名管橋水，一名青江，亦名水江，西南自溫江縣界流來。」又云：「郫江一名成都江，一名市橋江，亦名中日江，亦曰内江，西北自新繁縣界流來。二江並在益州成都縣界。任豫益州記云『二江者，郫江、流江也』。風俗通云『秦昭王使李冰爲蜀守，開成都縣兩江，溉田萬頃。神須取女二人以爲婦，冰自以女與神爲婚，徑至祠，勸神酒，酒杯澹澹，因厲聲責之，因忽不見。良久，有兩蒼牛鬭於江岸，有閒輒還流江，謂官屬曰：「吾鬭疲極，不當相助耶？南向腰中正白者，我綬也。」主簿刺殺北面者，江神遂死。』華陽國志云『蜀時濯錦流江中，則鮮明也』。」

西門豹引漳水溉鄴，以富魏之河内。〔一〕

〔一〕【正義】括地志云：「漳水，一名濁漳水，源出潞州長子縣西力黄山。地理志云濁漳水在長子鹿谷山，東至鄴入清漳。」按：力黄、鹿谷二山，北鹿也。鄴，相州之縣也。【考證】漢志云：「魏文侯時西門豹爲鄴令，有令名。至文侯曾孫襄王時，與羣臣飲酒，王爲羣臣祝曰『令臣皆如西門豹之爲人臣也』。史起曰『魏氏之行田也以百畝，鄴獨二百畝，是田惡也。漳水在其旁，西門豹不知用，是不智也；知而不興，是不仁也。仁智豹未之盡，何足法也？』於是以史起爲鄴令，遂引漳水溉鄴以富魏之河内。民歌之曰『鄴有賢令兮爲史公，決漳水兮灌鄴旁，終古舄鹵兮生稻粱』。」與此異。梁玉繩曰：引漳水溉鄴，溝洫志據呂氏春秋樂成篇以爲史起，史起譏豹不知漳水溉田語，然攷後漢書安帝紀，初元二年正月，脩理西門豹所分漳水爲支渠，以溉民田，水經注云魏文侯以西門豹爲鄴令，引漳以溉鄴，民賴其用，其後至魏襄王，以史起爲鄴令，又堰漳以溉鄴田。與此書相合。蓋二人皆爲鄴令，皆引漳水，左太沖魏都賦所謂「西門溉其前，史起灌其後」也。高誘注呂氏春秋，謂魏文侯用西門豹爲鄴令，史起亞之，以言襄王時爲謬，未知出何書。

而韓聞秦之好興事，欲罷之，毋令東伐，〔一〕乃使水工鄭國閒說秦，〔二〕令鑿涇水自中山西邸瓠口爲渠，〔三〕並北山東注洛三百餘里，欲以溉田。中作而覺，〔四〕秦欲殺鄭國。〔五〕鄭國曰：「始臣爲閒，然渠成，亦秦之利也。」〔六〕秦以爲然，卒使就渠。渠就，用注填閼之水，溉澤鹵之地四萬餘頃，〔七〕收皆畝一鍾。〔八〕於是關中爲沃野，無凶年，秦以富彊，卒并諸侯，因命曰鄭國渠。

〔一〕【集解】如淳曰：「欲罷勞之，息秦伐韓之計。」

〔二〕【集解】韋昭曰：「鄭國能治水，故曰水工。」

〔三〕【索隱】小顏云「中，音仲，即今九嵏山之東仲山是也。邸，至也。」瓠口，即谷口，乃郊祀志所謂「寒門谷口」是也。與池陽相近，故曰「田於何所，池陽谷口」也。【正義】括地志云：「中山一名仲山，在雍州雲陽縣西十五里。又云，焦穫藪亦名瓠，在涇陽北城外也。」邸，至也。至渠首起雲陽縣西南二十五里，今枯也。【考證】藝文類聚引史「邸」作「抵」。邸、抵通。正義「渠」上「至」字疑衍。

〔四〕【集解】徐廣曰：「渠出馮翊懷德縣。」

〔五〕【考證】於是秦又有逐客議，詳始皇本紀、李斯傳。

〔六〕【索隱】溝洫志鄭國云「臣爲韓延數歲之命，爲秦建萬代之功」是也。【考證】顏師古曰：中作，謂用功中道，事未畢也。

〔七〕【索隱】溉，音古代反。澤，一作「舄」，音昔，又並音尺。本或作「斥」，則如字讀之。【考證】顏師古曰：注，引也。填閼，謂壅泥也。言引淤濁之水灌澤鹵之田，更令肥美也。漢志「澤」作「舄」。

〔八〕【考證】漢志「鐘」作「鍾」。洪頤煊曰：貨殖傳「畝鍾之田」，集解徐廣曰「六斛四斗也」，漢書食貨志「歲收畝一石半，上孰，其收自四」，淮南主術訓「中畝之獲，卒歲之收，不過畝四石，其畝六石四斗者爲上畝矣」，東方朔傳「酆鎬之間，號爲土膏，其賈畝一金」。一金，黄金一斤，直錢萬。

漢興〔三〕十九年，孝文時，河決酸棗，東潰金隄，〔一〕於是東郡大興卒塞之。

〔一〕【正義】括地志云：「金隄，一名千里隄，在白馬縣東五里。」【考證】王應麟曰：陳留郡酸縣，今屬開封府。

其後四十有餘年，今天子元光之中，而河決於瓠子，東南注鉅野，通於淮、泗。〔一〕於是天子使汲黯、鄭當時興人徒塞之，輒復壞。是時武安侯田蚡爲丞相，其奉邑食鄃。〔二〕鄃居河北，河決而南，則鄃無水菑，邑收多。蚡言於上曰：「江、河之決，皆天事，未易以人力爲彊塞，塞之，未必應天。」〔三〕而望氣用數者，亦以爲然。〔四〕於是天子久之不事復塞也。

〔一〕【正義】括地志云：「鄆州鉅野縣東北大澤是。」【考證】齊召南曰：溝洫志「四十有餘年」作「三十六年」，自孝文十二年河決東郡，至元光三年河決濮陽，實三十六年，無四十餘年也，此則志訂史記之失。

〔二〕【索隱】音輸。韋昭云「清河縣也」。【正義】貝州縣也。【考證】梁玉繩曰：田蚡封于魏郡武安，何以食邑在清河縣之鄃縣？蓋因爲丞相别食奉邑，如張安世國在陳留，别邑在魏之比，時欒布絶封，故得食邑于鄃也。

〔三〕【考證】錢大昕曰：此老成謀國之言。當時惡蚡者，謂蚡邑在河北，故沮塞河之役，其實非公論也。建元三年，閩越舉兵圍東甌，〔東甌〕使人告急。蚡云「越人相攻擊，固其常，又數反覆，不足煩中國往救」。事見東越傳。此語與汲黯相似，蚡雖進由外戚，負貴好權，此兩事殊足稱也。

〔四〕【考證】望氣，又見文帝紀、天官書、封禪書、李將軍傳。

是時鄭當時爲大農，言曰：「異時關東漕粟，從渭中上，度六月而罷，〔一〕而漕水道九百餘里，時有難處。引渭穿渠，起長安，並南山下，至河，三百餘里，徑，易漕，度可令三月罷；而渠下民田萬餘頃，又可得以溉田：此損漕省卒，而益肥關中之地，得穀。」〔二〕天子以爲然，令齊人水工徐伯表，〔三〕悉發卒數萬人，穿漕渠，〔四〕三歲而通。通以漕，大便利。其後漕稍多，而渠下之民頗得以溉田矣。

〔一〕【考證】顏師古曰：計度其功，六月而後可罷也。

〔二〕【考證】劉奉世曰：今渭汭至長安僅三百里，固無九百餘里，而云穿渠起長安旁南山至河，中間隔灞、滻數大川，固又無緣山成渠之理，此說可疑，今亦無其迹。沈欽韓曰：此謂關東漕粟，由河入渭之路耳。唐食貨志「北運自陝州太原倉浮於渭，以實關中」，計漢時當由陝起程也。王先謙曰：渭水注「漕渠，鄭當時所開也」。其渠自昆明池南傍山原，東至于河，且田且漕，大以爲便，今無水。

〔三〕【索隱】舊說「徐伯表」，水工姓名也。小顏以爲，表者，巡行穿渠之處而表記之，若今竪標，表不是名也。

〔四〕【集解】徐廣曰：「一云『悉衆』。」

其後河東守番係〔一〕言：「漕從山東西，歲百餘萬石，〔二〕更砥柱之限，敗亡甚多，而亦煩費。穿渠引汾，〔三〕溉皮氏、汾陰下，〔四〕引河溉汾陰、蒲坂下，度可得五千頃。五千頃，故盡河壖弃地，〔五〕民茭牧其中耳，〔六〕今溉田之，度可得穀二百萬石以上。穀從渭上，與關中無異,〔七〕而砥柱之東可無復漕。」天子以爲然,發卒數萬人作渠田。數歲,河移徙,渠不利,則田者不能償種。〔八〕久之,河東渠田廢,予越人,令少府以爲稍入。〔九〕

〔一〕【索隱】上音婆,又音潘。按:詩小雅云「番維司徒」,番,氏也。下音系也。

〔二〕【索隱】按:謂從山東運漕而西入關也。

〔三〕【正義】括地志云:「汾水,源出嵐州靜樂縣北百三十里管涔山北,東南流,入并州,即西南流,入至絳州、蒲州入河也。」【考證】顏師古曰:更,歷也。限,阻也,漢志作「險」。

〔四〕【正義】括地志云:「皮氏故城,在絳州龍門縣西百三十步。自秦、漢、魏、晉,皮氏縣皆治此。汾陰故城,俗名殷湯城,在蒲汾陰縣北九里,漢汾陰縣是也。」

〔五〕【集解】韋昭曰:「堧,音而緣反。謂緣河邊地也。」【索隱】又音人兗反。

〔六〕【索隱】茭,乾草也。謂人收茭及牧畜於中也。【考證】中井積德曰:茭,菰也。茭牧,謂放牛馬使食生茭也。

愚按:書「峙乃芻茭」。

〔七〕【考證】顏師古曰:雖從關外,而來於渭水運上,皆可致之,故曰與關中收穀無異也。

〔八〕【考證】神田氏唐鈔本無「則」字,今本疑衍。

〔九〕【集解】如淳曰:「時越人有徙者,以田與之,其租稅入少府。」【索隱】其田既薄,越人徙居者,習水利,故與之,而稍少其稅,入之于少府。

其後人有上書欲通褒斜道,〔一〕及漕事,下御史大夫張湯。湯問其事,因言:「抵蜀從故道,〔二〕故道多阪,回遠。今穿褒斜道,少阪,近四百里;而褒水通沔,斜水通渭,皆可以行船漕。漕從南陽,〔三〕上沔入褒,褒之絕水至斜,閒百餘里,以車轉,從斜下下渭。〔四〕如此,漢中之穀可致，山東從沔無限，〔五〕便於砥柱之漕。且褒、斜材木竹箭之饒，擬於巴蜀。」天子以爲然，拜湯子卬爲漢中守，發數萬人作褒斜道五百餘里。道果便近，而水多湍石，不可漕。〔六〕

〔一〕【集解】韋昭曰：「褒中縣也。斜，谷名，音邪。」瓚曰：「褒、斜，二水名。」【正義】括地志云：「褒谷，在梁州褒城縣北五十里。斜水，源出褒城縣西北九十八里衙嶺山，與褒水同源而派流。漢書溝洫志云『褒水通沔，斜水通渭，皆以行船』，是也。」按：褒城即褒中縣也。【考證】蘇輿曰：「『道』字句絶。『及漕』當屬下爲文，謂以此及漕事下湯議也。」

〔二〕【正義】括地志云：「鳳州兩當縣，本漢故道縣也，在州西五十里。」【考證】顏師古曰：「抵，至也。」中井積德曰：「道，謂通行道路。入蜀之道，有古今也，當參考高帝紀，後因以名縣耳，不當以縣名爲本義。」

〔三〕【正義】南陽縣即今鄧州也。

〔四〕【考證】漢志不重「下」字。中井積德曰：「一『下』字衍。」

〔五〕【正義】無限，言多也。山東謂河南之東，山南之東及江南、淮南皆經砥柱主運，今並從沔，便於三門之漕也。【考證】王先謙曰：「漢世謂關外爲山東。」凌稚隆曰：「『限』字正與上文『砥柱之限』『限』字同，無所阻隔也。」

〔六〕【集解】徐廣曰：「湍，一本作『溲』。」【考證】各本無「多」字，神田鈔本有，與漢志合，今依補。

其後莊熊羆言：「臨晉民願穿洛以溉重泉〔一〕以東萬餘頃故鹵地，誠得水，可令畝十石。」〔二〕於是爲發卒萬餘人穿渠，自徵引洛水〔三〕至商顏下。〔四〕岸善崩，〔五〕乃鑿井，深者四十餘丈。往往爲井，井下相通行水。水穨以絶商顏，東至山嶺十餘里閒。〔六〕井渠之生自此始。穿渠得龍骨，〔七〕故名曰龍首渠。作之十餘歲，渠頗通，猶未得其饒。

〔一〕【正義】括地志云：「同州本臨晉城也。一名大荔城，亦曰馮翊城。」洛，漆沮水也。括地志云：「重泉故城，在同州蒲城縣東南四十五里，在同州西北亦四十五里。」【考證】漢志「莊熊羆」作「嚴熊羆」。顏師古曰：臨晉、重泉皆馮翊之縣也。

〔二〕【考證】張文虎曰：北宋、中統、毛本作「故」，它本譌「攻」。愚按：神田本作「故惡」，與漢志合。

〔三〕【集解】應劭曰：「徵在馮翊。」【索隱】音懲，縣名也。小顏云即今之澄城也。

〔四〕【集解】服虔曰：「顔，音崖。或曰，商顔，山名也。」【索隱】顔，音崖，又如字。商顔，山名也。【考證】各本「顔」下有「山」字，神田本、凌本無，依索隱當衍，今删。商顔，山名。「顔」不讀爲「崖」，劉奉世、顧亭林、梁伯子、姚薑塢諸人論之太詳。

〔五〕【集解】如淳曰：「洛水岸。」【正義】言商原之崖岸，土性疏，故善崩毁也。【考證】中井積德曰：岸，謂所穿渠岸也，故鑿井以濟之耳。

〔六〕【集解】瓚曰：「下流曰積。」【考證】神田本「四十」作「卌」。王先謙曰：欲水下相通，徑度此山而東也。

〔七〕【正義】括地志云：「伏龍祠，在同州馮翊縣西北四十里。故老云，漢時自徵穿渠引洛，得龍骨，其後立祠，因以伏龍爲名。今祠頗有靈驗也。」

自河決瓠子後二十餘歲，歲因以數不登，而梁、楚之地尤甚。〔一〕天子既封禪，巡祭山川，其明年旱，乾封少雨。天子乃使汲仁、郭昌發卒數萬人塞瓠子決。〔二〕於是天子已用事萬里沙，〔三〕則還，自臨決河，沈白馬玉璧于河，令羣臣從官自將軍已下皆負薪寘決河。是時東郡燒草，以故薪柴少，而下淇園之竹〔四〕以爲楗。〔五〕

〔一〕【考證】神田本「二十」作「廿」。

〔二〕【考證】神田本無「旱」字。事又見封禪書。

〔三〕【正義】括地志云：「萬里沙，在華州鄭縣東北二十里也。」【考證】徐孚遠曰：此文不詳言巡幸所自來，蓋與封禪書相出入也。洪頤煊曰：封禪書天子「乃禱萬里沙，過祠泰山，還至瓠子，臨決河」。漢書地理志東萊郡曲成有萬里沙祠，正義誤。

〔四〕【集解】晉灼曰：「衛之苑也，多竹篠。」

〔五〕【集解】如淳曰：「樹竹塞水決之口，稍稍布插接樹之，水稍弱，補令密，謂之楗。以草塞其裏，乃以土填之；有石，以石爲之。音建。」【索隱】楗，音其免反。楗者，樹於水中，稍下竹及土石也。【考證】各本「東」下有「流」字，神田本、北宋、毛本無，與漢志合，依删。楗，漢志作「揵」。俞正燮曰：如淳之言，乃作小塘堰之法，非塞決法，且文言薪柴少，則非以草塞其裏。下竹楗，即下竹埽也。漢書溝洫志「建始四年，河決，王延世塞以竹落，長四丈，大九圍，盛以小石，兩船夾載而下之」，即此下竹楗。沈欽韓曰：元和志李冰作揵尾堰，以防江決，破竹爲籠，圓徑三尺，長十丈，以石實中，累而壅水，此下竹爲揵之法。

天子既臨河決，悼功之不成，乃作歌曰：〔一〕「瓠子決兮將奈何？皓皓旰旰兮閭殫爲河！〔二〕殫爲河兮地不得寧，功無已時兮吾山平。〔三〕吾山平兮鉅野溢，〔四〕魚沸鬱兮柏冬日。〔五〕延道弛兮離常流，〔六〕蛟龍騁兮方遠遊。歸舊川兮神哉沛，〔七〕不封禪兮安知外！〔八〕爲我謂河伯兮何不仁，〔九〕泛濫不止兮愁吾人？齧桑浮兮淮、泗滿，〔一〇〕久不反兮水維緩。」〔一一〕一曰：「河湯湯兮激潺湲，〔一二〕北渡迂兮浚流難。〔一三〕搴長茭兮沈美玉，〔一四〕河伯許兮薪不屬。〔一五〕薪不屬兮衛人罪，〔一六〕燒蕭條兮噫乎何以禦水！穨林竹兮楗石菑，〔一七〕宣房塞兮萬福來。」〔一八〕於是卒塞瓠子，築宮其上，名曰宣房宮。而道河北行二渠，復禹舊迹，〔一九〕而梁、楚之地復寧，無水災。

〔一〕【考證】梁玉繩曰：瓠子歌，天子所作，決無敢改之者，而字句與漢志異，何也？

〔二〕【集解】如淳曰：「殫，盡也。」駰謂州閭盡爲河。【考證】漢志「吁吁」作「洋洋」，無「兮」字，「閭」作「慮」。水經注引此歌，無是語。錢大昕曰：慮、閭，以音同借用，遼東無慮縣以醫無閭山得名，是也。此「閭」字亦借爲「憂慮」之「慮」，裴駰解爲州閭，非是。王念孫曰：閭、慮，同音假借。慮，猶大氐也，言河水浩浩洋洋，大氐盡爲河也。愚按：王說是。

〔三〕【集解】徐廣曰：「東郡東阿有魚山，或者是乎？」駰按：如淳曰「恐水漸山使平也」。韋昭曰「鑿山以填河也」。【考證】水經注無「得」字。中井積德曰：吾，我也。愚按：吾山平，韋說是。

〔四〕【集解】如淳曰：「瓠子決，灌鉅野澤使溢也。」

〔五〕【集解】徐廣曰：「柏，猶迫也。冬日行天邊，若與水相連矣。」駰按：漢書音義曰「鉅野滿溢，則衆魚沸鬱而滋長也。迫冬日乃止也」。【考證】王念孫曰：「沸鬱」讀爲「沸渭」，沸渭猶汾沄，魚衆多之貌也。揚雄長揚賦「汾沄沸渭」，李善曰「汾沄沸渭，衆盛貌也」。河溢鉅野，則其地皆魚矣，故曰「魚沸鬱兮」，下文「蛟龍騁兮放遠遊」，意亦與此同。迫冬日者，言時已近冬，而水猶汎濫也。迫冬日，指水害言之，非指魚言之，漢武紀元鼎二年詔曰「今水潦移於江南，迫隆冬至，朕懼其饑寒不活」，與此「迫冬日」同意。

〔六〕【集解】徐廣曰：「延，一作『正』。」駰按：晉灼曰「言河道皆弛壞也」。【索隱】言河之決，由其源道延長弛溢，故使其道皆離常流。故晉灼云「言河道皆弛壞」。【考證】錢大昕曰：漢書亦「延」作「正」，正道弛者，失其正道也。梁玉繩曰：水經注亦作「正」。方苞曰：弛，傾圮也。延道傾圮，故水離所常流之地。

〔七〕【集解】瓚曰：「水還舊道，則羣害消除，神祐滂沛。」【考證】梁玉繩曰：漢志、水經注「方」作「放」。

〔八〕【考證】顏師古曰：言不因巡狩封禪而出，則不知關外有此水。

〔九〕【考證】梁玉繩曰：漢志、水經注作「皇謂河公」，下亦作「河公」。

〔一〇〕【集解】張晏曰：「齧桑，地名也。」如淳曰：「邑名，爲水所浮漂。」【考證】姚範曰：楚世家「齧桑」正義曰在梁與彭城之間，又絳侯世家「攻齧桑先登」，今沛縣西南有齧桑亭。

〔一一〕【考證】顏師古曰：水維，水之綱維也。

〔一二〕【考證】顏師古曰：歌有二章，自「河湯湯」以下，更是其一，故云「一曰」也。湯湯，疾貌也。潺湲，激流也。

〔一三〕【考證】漢志「迂」作「回」，「浚」作「迅」。

〔一四〕【集解】如淳曰：「搴，取也。茭，草也，音郊。一曰，茭，竿也。取長竿樹之，用著石閒，以塞決河。」瓚曰：「竹葦絙謂之茭，下所以引致土石者也。」【索隱】搴，音己免反。茭，音交，竹葦絙也。一作「茇」，音廢，鄒氏又音紼也。【考證】方苞曰：祭川必沈玉，疑搴茭亦爲祭也。管子「淵深而不涸則沈玉極矣」。梁玉繩曰：班、酈並作「茭」。師古曰「字宜從竹」，而說文繫傳引此書作「茭」，蓋傳寫譌「茭」也。如淳以茭爲草，索隱謂一作「茇」，並非。

〔一五〕【集解】如淳曰：「旱燒，故薪不足。」【考證】顏師古曰：沈玉禮神，見許福祐，但以薪不屬逮，故無功也。中井積德曰：集解「旱」字當削，若旱何罪衛人？

〔一六〕【考證】顏師古曰：東郡本衛地，故言此衛人之罪也。方苞曰：東郡燒草以致柴薪少，故曰衛人罪也。神田本「衛」下有「之」字。

〔一七〕【集解】如淳曰：「河決，楗不能禁，故言菑。」韋昭曰：「楗，柱也。木立死曰菑。」【考證】神田本「噫」作「意」。積林竹者，即上所說「下淇園之竹以爲楗」也。石菑者，謂插石立之，然後以土就填塞也。沈欽韓曰：菑，讀如詩箋「熾菑」之「菑」，俗謂之「磯觜」，累石爲之。

〔一八〕【考證】姚範曰：宣房在今開州東南二十里，古濮陽故城。中井積德曰：「萬福」句亦庶幾之辭。

〔一九〕【考證】梁玉繩曰：上文言「禹斷二渠以引河，北載之高地」，蓋禹分二渠，自黎陽宿胥口始，其一引而北，爲大河之經流，其一東流爲漯川。自周定王五年河徙之後，河徙，見漢志王横所引周譜。遂從宿胥口東行漯川，孟康所謂「出貝丘西南，王莽時遂空」者，即水經大河故瀆，一名北瀆，是也。武帝所道，乃行漯川之北瀆，安得以商竭周移之變道，指爲鄴東之禹河。史不書河徙，已屬疏略，而此與封禪書並稱武帝道二渠復禹迹，豈史公明知非禹所穿，而以武帝自多其功，姑妄紀之乎？

自是之後，用事者争言水利。朔方、西河、河西、酒泉皆引河及川谷以溉田；而關中輔渠、靈軹〔一〕引堵水；〔二〕汝南、九江引淮；東海引鉅定；〔三〕泰山下引汶水：皆穿渠爲溉田，各萬餘頃。佗小渠披山通道者，不可勝言。〔四〕然其著者在宣房。

〔一〕【集解】如淳曰：「地理志盩厔有靈軹渠。」【索隱】按：溝洫志兒寬爲左内史奏請穿六輔渠。小顔云「今尚謂之輔渠，亦曰六渠也」。【考證】梁玉繩曰：漢志靈軹有成國、湋渠，攷地理志靈軹渠在盩厔，成國渠在郿，皆屬扶風，所謂輔渠也。而湋渠無徵，如淳曰「水出韋谷」。

〔二〕【集解】徐廣曰：「一作『諸川』。」

〔三〕【集解】瓚曰：「鉅定，澤名。」【考證】顧炎武曰：河渠書「東海引鉅定」，漢書溝洫志因之。「東海」疑是「北海」之誤。地理志齊郡縣十二，其五曰鉅定，下云「馬車瀆水首受鉅定，東北至琅槐入海」。又「千乘郡博昌」下云「博水東北至鉅定，入馬車瀆」。而孝武紀云「征和四年行幸東萊，臨大海上，耕于鉅定，還幸泰山脩封」。計其道里，亦當在齊，去東海遠矣。

〔四〕【考證】神田本「小」作「川」，「披」作「陂」。中井積德曰：漢志「披」作「陂」，謂隨山勢造陂隄以導水也。

太史公曰：余南登廬山，觀禹疏九江，遂至于會稽太湟，〔一〕上姑蘇，望五湖；東闚洛汭、大邳，迎河，〔二〕行淮、泗、濟、漯洛渠；西瞻蜀之岷山，及離碓；北自龍門至于朔方。曰：甚哉，水之爲利害也！〔三〕余從負薪塞宣房，悲瓠子之詩，而作河渠書。〔四〕

〔一〕【集解】徐廣曰：「一作『濕』。」

〔二〕【考證】姚範曰：諸本皆以「迎河」屬下，然同爲逆河，漢書作「迎河」，疑屬上爲長。

〔三〕【考證】岡白駒曰：利，謂溉田。害，謂河決也。

〔四〕【集解】徐廣曰：「溝洫志行田二百畝，分賦田與一夫二百畝也。以田惡，故更歲耕之。」【考證】館本考證云：「此集解與本文全不比附，乃他處錯簡。」愚按：此當上文「收皆畝一鍾」集解。

【索隱述贊】水之利害，自古而然。禹疏溝洫，隨山濬川。爰洎後世，非無聖賢。鴻溝既劃，龍骨斯穿。填閼攸墾，黎蒸有年。宣房在詠，梁楚獲全。

史記會注考證卷三十

平準書第八　　史記三十

【集解】漢書百官表曰：大司農屬官有平準令。【索隱】大司農屬官有平準令丞者，以均天下郡國轉販，貴則賣之，賤則買之，貴賤相權，輸歸于京都，故命曰「平準」。【考證】史公自序云：「維幣之行，以通農商，其極則玩巧，并兼茲殖，争於機利，去本趨末，作平準書以觀事變，第八。」茅坤曰：平準一書，太史公只叙武帝興利，而其精神融會處，真見窮兵黷武，酷吏興作，敗俗僨事，壞法亂紀，俱與興利相爲參伍，相爲根柢，故錯綜縱横，摹寫曲盡，篇首自軍旅糧餉起論，正此義也。而結按以「誅弘羊，天乃雨」終之，其意尤可見。查慎行曰：史記平準書，漢書改爲食貨志。平準以理財爲主，食貨兼農末而言，蓋平準之名創自漢武，而食貨之名則出於周書。平準寓刺譏於一時，故其辭微而婉；食貨垂法戒於異代，故其辭達而暢。兩人手筆，易地皆然，後儒或指此爲班馬異同，非通論也。

漢興，接秦之獘，〔一〕丈夫從軍旅，老弱轉糧饟，作業劇而財匱，自天子不能具鈞駟，〔二〕

而將相或乘牛車，齊民無藏蓋。〔三〕於是爲秦錢重難用，更令民鑄錢，〔四〕一黃金一斤，〔五〕約法省禁。而不軌逐利之民，蓄積餘業，以稽市物，物踊騰。〔六〕糶米至石萬錢，馬一匹則百金。〔七〕

〔一〕【考證】「漢興」二字突起，「接秦之弊」四字無所承上，漢興年表、曆書、外戚世家、儒林、酷吏、遊俠、佞幸諸傳序皆起首有數十字數百字議論，然後曰及漢興。曰漢興，此篇獨殊，可異。柯維騏史記攷要謂末段「太史公曰」四百字乃平準書之發端，後人截爲書末之論，非史記之舊。此說的確，無可疑者。梁氏志疑駁之云：趙汸讀貨殖傳云「書首言秦之弊，高祖重本抑末，輕徭薄賦，故文景之世，國家無事，百姓給足，府庫充實，人人自愛，而重犯法。後面序武帝事，節節與前相反，至論始推唐、虞、三代以來，而舉戰國秦皇功利之禍爲證，則武帝不能法祖宗之仁厚，而蹈始皇之覆轍，不待譏議而可見。學者先讀此論，而後讀其書，使先後相承，則太史公之意瞭然矣」。方氏補正亦云「七書皆依世次順序，以其事歷代之所同。平準乃武帝一時之法，故序上古及秦漢於書後，當然也」。諸說雖辯，愚未能從之，說又具于下文「太史公曰」條下。

〔二〕【索隱】天子駕駟馬，其色宜齊同。今言國家貧，天子不能具鈞色之駟馬。漢書作「醇駟」，「醇」與「純」同，純一色也。或作「騂」，非也。

〔三〕【集解】如淳曰：「齊等無有貴賤，故謂之齊民。若今言『平民』矣。」晉灼曰：「中國被教之民也。」蘇林曰：「無物可蓋藏也。」【考證】齊民，如說是。中井積德曰：藏蓋，猶儲蓄也。

〔四〕【集解】漢書食貨志曰：「鑄榆莢錢。」【索隱】顧氏按：古今注云「秦錢半兩，徑一寸二分，重十二銖」。食貨志云「鑄莢錢」。按：古今注云榆莢錢重三銖，錢譜云文爲「漢興」也。【考證】漢書食貨志「錢」上有「莢」字，此脱，不則下文「孝文時莢錢益多」不可解。蔡雲曰：莢錢，如榆莢耳。民間嫌其薄小而呼之，決非本名。平準書不於初鑄時著「莢」字，而著之孝文時，可見行之久而後有是稱也。參存。

〔五〕【索隱】按：如淳云「時以錢爲貨，黃金一斤，直萬錢」，非也。又臣瓚下注云「秦以一鎰爲一金，漢以一斤爲一金」，是其義也。【考證】漢志「黃」上無「一」字。張文虎曰：索隱本、北宋本、毛本無「一」字，與漢志合。梁玉繩曰：方氏補正云「一黃，疑當作『十貫』，以字形相近而誤」。王孝廉云「黃，疑『萬』字之譌」。王說較方爲長。中井積德曰：一黃金，謂黃金一錠也，黃金輕而賤，錢從之可知矣。蓋秦一鎰金直萬錢，而漢一斤金直萬錢云。愚按：中說更長。

〔六〕【集解】李奇曰：「稽，貯滯也。」如淳曰：「稽，考也。考校市物價貴賤有時。」晉灼曰：「踊，甚也。言計市物賤，而豫益稸之也。物貴而出賣，故使物甚騰也。漢書『糶』字作『躍』。」【索隱】李奇云「稽，貯滯」。韋昭云「稽，留待也」。「稽」字當如李韋二釋。晉灼及馬融訓「稽」爲「計」及「考」，於義爲疏。如淳云「踊騰，猶低昂也。低昂者，乍賤乍貴也」。今按：漢書「糶」字作「躍」者，謂物踊貴而價起，有如物之騰躍而起也。然糶者，出賣之名，故食貨志云「大熟，則上糴三而舍一」是也。【考證】漢志「業」作「贏」，義兩通。踊，跳也；騰，上也。「物踊騰」斷句。下文云「反本而萬物不得騰踊」，騰踊、踊騰同義。漢志「踊」作「痛」，下文「糶」作「躍」，連讀，譌，索隱曲爲之說。稽市物，韋、李二說是。

〔七〕【集解】瓚曰：「秦以一鎰爲一金，漢以一斤爲一金。」

天下已平，高祖乃令賈人不得衣絲乘車，重租稅以困辱之。孝惠、高后時，爲天下初定，復弛商賈之律，然市井之子孫亦不得仕宦爲吏。〔一〕量吏祿，度官用，以賦於民。而山川園池市井租稅之入，自天子以至于封君湯沐邑，皆各爲私奉養焉，不領於天下之經費。〔二〕漕轉山東粟，以給中都官，歲不過數十萬石。〔三〕

〔一〕【正義】古人未有市及井，若朝聚井汲水，便將貨物於井邊貨賣，故言「市井」也。【考證】孟子「市井」與「草莽」對言，漢志作「市肆」，義同。留青札記云「蓋市井之道四達如井，故曰市井」。張文虎曰：正義「及井」二字疑衍。

〔二〕【索隱】按：經訓常。言封君已下，皆以湯沐邑爲私奉養，故不領入天子之常税，爲一年之費也。【考證】中井積德曰：山川市井之入，則爲人君之私財，而不以爲國家經費之數也，天子亦然，封君小侯亦然。齊召南曰：蓋大司農掌天下之經費，若畿輔以内之山川、園池、市肆租税則盡入少府，爲天子私藏，其封君湯沐邑又各收以自供，俱不領於大司農也。

〔三〕【索隱】按：中都則都内也，皆天子之倉府。以給中都官者，即今太倉以畜官儲是也。【考證】説文云「漕，水轉穀也」。一曰，車運曰轉，水運曰漕。漢志「山東」作「關東」。顏師古曰：中都官，京師諸官府也。

至孝文時，莢錢益多輕，〔一〕乃更鑄四銖錢，其文爲「半兩」，〔二〕令民縱得自鑄錢。〔三〕故吴，諸侯也，以即山鑄錢，富埒天子，其後卒以叛逆。〔四〕鄧通，大夫也，以鑄錢財過王者。故吴、鄧氏錢布天下，〔五〕而鑄錢之禁生焉。

〔一〕【集解】如淳曰：「如榆莢也。」【考證】漢志作「益多而輕」。

〔二〕【考證】中井積德曰：錢重與文不相應也。愚按：此取名於秦錢，與武帝時鑄三銖錢重如其文異。

〔三〕【考證】賈誼諫之，文帝不聽。見漢志。

〔四〕【集解】徐廣曰：「埒者，際畔。言鄰接相次也。」駰按：孟康曰「富與天子等而微減也。或曰，埒，等也」。

〔五〕【索隱】按：即訓就。就山鑄錢，故下文云「銅山」是也。一解，即山，山名也。

〔五〕【考證】蔡雲曰：(四)〔西〕京雜記云「文帝賜鄧通蜀銅山，聽自鑄錢，文字肉好皆與天子錢同。時吴王亦有銅山，微重，文字肉好與漢錢不異」。據此則吴鄧所鑄錢仍遵漢制，葉德輝曰「是故能流行天下也」。

匈奴數侵盜北邊，屯戍者多，邊粟不足給食當食者。於是募民能輸及轉粟於邊者，拜

爵，爵得至大庶長。〔一〕

〔一〕【索隱】按漢書食貨志云：文帝用鼂錯言，「令人入粟邊六百石，爵上造；稍增至四千石，爲五大夫；萬二千石，爲大庶長：各以多少爲差」。【考證】鼂錯言，見于食貨志。中井積德曰：轉粟，轉官粟也。據是文，轉官粟者亦以率拜爵也。錢大昕曰：文帝用鼂錯之言，令民入粟拜爵，此賣爵，非賣官也。爵自公士至公乘，凡八等，雖有爵不得復除，與編户無異。自五大夫至大庶長十等，爵雖高，初無職事，非有治民之責也。官有定員，而爵無定員，故曰「爵者上之所擅，出於口而無窮」，蓋假以虚名，未嘗列于仕籍。錯雖言利，猶不妨吏道矣。孝武用兵，府庫益虚，乃有入羊爲郎之例，後置武功爵，爵至官首者，得試吏先除，雖買爵亦得入仕，蓋祖鼂錯之意而失之者也。

孝景時，上郡以西旱，亦復脩賣爵令，而賤其價以招民；〔一〕及徒復作，得輸粟縣官以除罪。〔二〕益造苑馬以廣用，〔三〕而宮室列觀輿馬益增脩矣。

〔一〕【考證】漢志「賤」作「裁」，「價」作「賈」，義同。

〔二〕【考證】漢書宣帝紀「女徒復作」，注「孟康曰：復，音服，謂弛刑徒也，有赦令詔書，去其鉗鈦赭衣。更犯事不從徒，加與民爲例，故當復爲官作，滿其本罪年月日，律名爲復作也」。方苞曰：復，除也。徒當作者，得入粟以除之也，既曰「徒復作」，又曰「輸粟縣官以除罪」者，明景帝時獨徒作者許除罪，至武帝，則一切當刑者皆可贖也。

〔三〕【索隱】謂增益苑囿，造廄而養馬以廣用，則馬是軍國之用也。【考證】漢志「益」作「始」。中井積德曰：苑所以牧馬之處，非廄養。苑即牧地，與苑囿不同。

至今上即位數歲，漢興七十餘年之閒，國家無事，非遇水旱之災，民則人給家足，〔一〕都鄙廩庾皆滿，而府庫餘貨財。京師之錢累巨萬，貫朽而不可校。〔二〕太倉之粟，陳陳相因，充溢露積於外，至腐敗不可食。衆庶街巷有馬，阡陌之閒成羣，而乘字牝者擯而不得聚會。〔三〕守閭閻者食粱肉，爲吏者長子孫，〔四〕居官者以爲姓號。〔五〕故人人自愛而重犯法，先行義而後紬恥辱焉。〔六〕當此之時，網疏而民富，役財驕溢，〔七〕或至兼并豪黨之徒，以武斷於鄉曲。〔八〕宗室有土公卿大夫以下，爭于奢侈，室廬輿服僭于上，無限度。〔九〕物盛而衰，固其變也。〔一〇〕

〔一〕【考證】漢志「民則」作「則民」。

〔二〕【集解】韋昭曰：「巨萬，今萬萬。」如淳曰：「校，數也。」【考證】校，考查也。

〔三〕【集解】漢書音義曰：「皆乘父馬，有牝馬閒其閒，則相踶齧，故斥不得出會同。」【考證】漢志「字」作「牸」。廣雅釋獸「牸，雌也」。顔師古曰：言時富饒，故恥乘牸牝，不必以其踶齧也。

〔四〕【集解】如淳曰：「時無事，吏不數轉，至于子孫長大，而不轉職任。」

〔五〕【集解】如淳曰：「倉氏、庾氏是也。」【索隱】注「倉氏、庾氏」，按出食貨志。【考證】索隱「食貨志」當作「貨殖傳」。

〔六〕【考證】漢志無「後」字，「紬」作「黜」，此「後」字衍。下文論贊云「先本紬末」，是「先」與「紬」對言。

〔七〕【考證】役以人言，財以貨言，下文云「蹛財役貧」。

〔八〕【索隱】謂鄉曲豪富，無官位，而以威勢主斷曲直，故曰「武斷」也。【考證】中井積德曰：武斷只是横恣，任意撓政也，未當以曲直解。

〔九〕【考證】茅坤曰：將言武帝耗財，先言其富溢，以爲起岸。

〔一〇〕【考證】凌稚隆曰：結上起下。

自是之後，嚴助、朱買臣等招來東甌，〔一〕事兩越，〔二〕江、淮之閒，蕭然煩費矣。〔三〕唐蒙、司馬相如開路西南夷，鑿山通道千餘里，以廣巴蜀，巴蜀之民罷焉。〔四〕彭吴賈滅朝鮮，置滄海之郡，則燕、齊之閒，靡然發動。〔五〕及王恢設謀馬邑，匈奴絶和親，侵擾北邊，兵連而不解，天下苦其勞，而干戈日滋。行者齎，居者送，中外騷擾而相奉，百姓抏獘以巧法，〔六〕財賂衰耗而不贍。入物者補官，出貨者除罪，選舉陵遲，廉恥相冒，武力進用，法嚴令具。興利之臣自此始也。〔七〕

〔一〕【正義】甌，烏侯反。今台州永寧是也。【考證】浙江温州永嘉縣。

〔二〕【正義】南越及閩越。南越，今廣州南海也。閩越，今建州建安也。【考證】南越，今廣東。閩越，今福建。

〔三〕【考證】顔師古曰：蕭然，猶騷然，勞動之貌。

〔四〕【考證】林伯桐曰：史公於司馬相如傳録其文章，多美辭焉，其通西南夷一事，則多婉辭，爲才人諱也。至於平準書則曰「司馬相如開路西南夷，巴蜀之民罷焉」，不隱惡也。

〔五〕【索隱】彭吴，人姓名。彭吴始開其道而滅之也。【考證】賈滅朝鮮，漢志作「穿穢貊朝鮮」。王念孫曰：「賈」當依漢志作「穿」。顔師古云：本皆荒梗，始開通之，故言「穿」。錢大昕曰：「滅」字當「濊」字之訛。漢書武帝紀「元朔元年，東夷薉君南閭等口二十八萬人降，爲蒼海郡」。食貨志「彭吴穿穢貊、朝鮮置滄海郡」。濊、穢、薉同。「滅」字與「濊」相似而訛。愚按：索隱以始(關)〔開〕其道解「賈」字，則其所見之本亦作「穿」。

〔六〕【索隱】按：三蒼，抏，音五官反。鄒氏又五亂反。按：抏者，耗也，消耗之名。言百姓貧弊，故行巧抵之法也。【考證】抏與刓同，鈍無廉隅也。弊、敝同，壞也。淮陰侯傳「印刓弊，忍不能予」，亦手弄角耗也。彼以印言，此以人言。索隱「貧弊」當作「貪弊」，貪、刓義近。顏師古曰：爲巧詐以避法也。愚按：所謂免無恥也。

〔七〕【集解】韋昭曰：「桑弘羊、孔僅之屬。」【考證】顏師古曰：冒，蒙也。

其後漢將歲以數萬騎出擊胡，及車騎將軍衛青取匈奴河南地，〔一〕築朔方。〔二〕當是時，漢通西南夷道，作者數萬人，千里負擔饋糧，率十餘鍾致一石，〔三〕散幣於邛、僰以集之。〔四〕數歲道不通，蠻夷因以數攻，吏發兵誅之。〔五〕悉巴蜀租賦不足以更之，〔六〕乃募豪民田南夷，入粟縣官，而内受錢於都内。〔七〕東至滄海之郡，人徒之費擬於南夷。〔八〕又興十萬餘人築衛朔方，〔九〕轉漕甚遼遠，〔一〇〕自山東咸被其勞，費數十百巨萬，府庫益虚。乃募民能入奴婢得以終身復，爲郎增秩，〔一一〕及入羊爲郎，始於此。

〔一〕【正義】謂靈、夏三州地，取在元朔二年。

〔二〕【正義】今夏州也。括地志云：「夏州，秦上郡，漢分置朔方郡，魏不改，隋置夏州也。」

〔三〕【集解】漢書音義曰：「鍾六石四斗。」

〔四〕【索隱】應劭云：「邛屬臨邛。僰屬犍爲。」【考證】邛，四川邛州。僰，四川敘州。漢志「集」作「輯」。顏師古曰：輯，安定也。

〔五〕【索隱】吏發興誅之。謂發軍興以誅之也。【考證】沈家本曰：漢志重一「吏」字。愚按：索隱本「兵」作「興」。漢志與今本同。

〔六〕【集解】韋昭曰：「更，續也。或曰，更，償也。」【考證】後説是。

〔七〕【集解】服虔曰：「入穀於外縣，受錢於内府也。」【考證】顏師古曰：服説非也。都内，京師主藏者也。百官公卿表大司農屬官有都内令丞也。

〔八〕【考證】漢志「至」作「置」，誤。擬猶比也。

〔九〕【考證】顔師古曰：既築其城，又守衛之。

〔一〇〕【索隱】按：説文云「漕，水轉穀也」。一云，車運曰轉，水運曰漕也。

〔一一〕【考證】顔師古曰：庶人入奴婢則復終身。爲郎者，就增其秩也。

其後四年，〔一〕而漢遣大將將六將軍，軍十餘萬，擊右賢王，獲首虜萬五千級。〔二〕明年，大將軍將六將軍，仍再出擊胡，得首虜萬九千級。〔三〕捕斬首虜之士，受賜黄金二十餘萬斤，虜數萬人，皆得厚賞，衣食仰給縣官；而漢軍之士馬死者十餘萬，兵甲之財、轉漕之費不與焉。於是大農陳藏錢經耗，賦税既竭，猶不足以奉戰士。〔四〕有司言：〔五〕「天子曰『朕聞，五帝之教不相復而治，禹、湯之法不同道而王，所由殊路，而建德一也。北邊未安，朕甚悼之。日者，大將軍攻匈奴，斬首虜萬九千級，留蹛無所食。〔六〕議令民得買爵，及贖禁錮免減罪』。〔七〕請置賞官，命曰武功爵。〔八〕級十七萬，凡直三十餘萬金。〔九〕諸買武功爵官首者，試補吏，先除；〔一〇〕千夫如五大夫；〔一一〕其有罪又減二等；爵得至樂卿：〔一二〕以顯軍功。」軍功多用越等，大者封侯卿大夫，小者郎吏。吏道雜而多端，則官職秏廢。〔一三〕

〔一〕【集解】徐廣曰：「元朔五年也。」

〔二〕【考證】「大將」下疑脱「軍」字。下文可證。大將軍，衛青。

〔三〕【考證】元朔六年。

〔四〕【集解】韋昭曰：「陳，久也。」【考證】漢志「大」下有「司」字，「藏」作「臧」，「耗」作「用」，無「猶」字。顏師古曰：陳，謂列奏之。經，常也。既，盡也。言常用之錢及諸賦稅並竭盡也。方苞曰：陳，奏也。既曰「大農陳」，又曰「有司言」者，大農陳奏，有司計要之質詞如此也，與後「大農上鹽鐵，丞孔僅、咸陽言」同義。中井積德曰：錢經，疑當作「經錢」。愚按：「於是」以下史公敍事之文，正承上文「財賂衰耗而不贍」。「陳藏錢經耗」五字必有譌誤，漢志以意改，與史義異。

〔五〕【考證】有司奏此事也。

〔六〕【索隱】留墆無所食。墆，音迭，謂貯也。韋昭音滯，謂積也。又按：古今字詁「墆，今滯字」，則「墆」與「滯」同。按：謂富人貯滯積穀，則貧者無所食也。【考證】姚鼐曰：捕斬首虜之士，受賜黃金十餘萬斤。此言應賜者有是數，而大農實無以與之，故詔曰「留蹛無食」。愚按：食猶享也。

〔七〕【考證】王先謙曰：漢志「減」作「臧」，非。減免，謂免罪及減罪也。漢武紀亦云「得減免罪」。愚按：以上天子言。

〔八〕【集解】瓚曰：「茂陵中書有武功爵：一級曰造士，二級曰閑輿衛，三級曰良士，四級曰元戎士，五級曰官首，六級曰秉鐸，七級曰千夫，八級曰樂卿，九級曰執戎，十級曰左庶長，十一級曰軍衛。此武帝所制以寵軍功。」【考證】「請」上當有「有司」二字，有司所請止于此。中井積德曰：集解「左庶長」，漢志注作「政戾庶長」，恐非。

〔九〕【索隱】大顏云「一金，萬錢也。計十一級，級十七萬，合百八十七萬金」。而此云「三十餘萬金」，其數必有誤者。顧氏按：解云，初一級十七萬，自此已上每級加二萬，至十一級合成三十七萬也。【考證】胡三省曰：級十七萬者，賣爵一級，爲錢十七萬，至二級則三十四萬矣，自此以上每級加增。王莽時黃金一斤，直錢萬，以此推之，則三十萬金爲錢三十餘萬萬矣，此當時鬻武功爵所直之數也。中井積德曰：級十七萬，是爲十七金，是買爵之定價矣。是時戰士有功，賜爵者多矣，以級十七金筭之，凡當三十餘萬金也，應上文「受賜黃金二十餘萬斤」句，以見置武功爵之功効也。初苦無金可賞，及置爵，乃綽綽有餘裕。得首虜萬九千級，級各受爵一級，級十七金，而萬九千之，則爲三十二萬三千金矣。又一級造士十七金，二級閑輿衛三十四金，以至十一級軍衛，則爲百八十七金，各以率受爵也。凡民欲買爵者，凡就軍士受爵者買也，非官自賣之。愚按：姚鼐亦有此說。

〔一〇〕【索隱】官首，武功爵第五也，位稍高，故得試爲吏，先除用也。

〔一一〕【索隱】千夫，武功爵第七，五大夫，二十爵第九也。言千夫爵秩比於五大夫，二十爵第九，故楊僕以千夫爲吏是也。【考證】李慈銘曰：五大夫得復卒一人，千夫如五大夫，亦得免徭役，下文言「兵革數動，民多買復，及五大夫，徵發之士益鮮」。於是除千夫、五大夫爲吏，不欲者出馬」，足見復役者優於補吏，以爲吏多得罪謫也。愚按：索隱「故楊僕」上，「二十爵第九」五字衍。

〔一二〕【集解】徐廣曰：「樂卿，爵名也。」駰案：漢書音義曰「十爵左庶長，以上至十八爵爲大庶長也，名樂卿。樂卿者，朝位從九卿，加『樂』者，別正卿。又十九爵爲樂公，食公卿祿而無職也」。【索隱】按：此言武功置爵，惟得至於樂卿也。臣瓚所引茂陵書，蓋後人記其爵失次耳。今注稱十爵至十八庶長爲樂卿，十九至二十爲樂公，乃以舊二十爵釋武功爵，蓋亦臆說，非也。大顏亦以爲然。【考證】顏師古曰：樂卿者武功爵第八等也，言買爵，唯得至第八也。中井積德曰：得至樂卿者，承上文謂「買爵者」也，若第九執戎以上，非實有軍功者不能得焉，故下文曰「以顯軍功」。愚按：是承上文「入物者補官，出貨者除罪」。

〔一三〕【考證】承上文「選舉陵遲，武力進用」。

自公孫弘以春秋之義繩臣下取漢相，張湯用峻文決理爲廷尉，於是見知之法生，而廢格沮誹窮治之獄用矣。〔一〕其明年，〔二〕淮南、衡山、江都王謀反迹見，而公卿尋端治之，竟其黨與，而坐死者數萬人，〔三〕長吏益慘急而法令明察。〔四〕

〔一〕【集解】張晏曰：「吏見知不舉，劾爲故縱。」如淳曰：「廢格，廢格天子文法，使不行也。誹，謂非上所行，若顏異反脣之比也。」【索隱】格，音閣，亦如字。沮，音才緒反。誹，音非。按：謂廢格天子之命而不行，及沮敗誹謗之者，皆被窮治，故云廢格沮誹之獄用矣。【考證】酷吏傳云：趙禹與張湯「作見知吏傳相監司，用法益刻」。漢書刑法志云「張湯、趙禹之屬條定法令，作見知故縱，監臨部主之法，緩深故之罪，急縱出之誅」。酷吏傳又云，天子以爲廢格沮事棄市。「沮誹」與「腹誹」異，如淳引顏異反脣，恐非。又按：此一節承上文「法嚴令具」。

〔二〕【考證】元狩元年。

〔三〕【考證】漢志「而」、「坐」倒。

〔四〕【考證】漢志無「長」字。

當是之時，招尊方正賢良文學之士，或至公卿大夫。公孫弘以漢相，布被，食不重味，爲天下先。然無益於俗，稍騖於功利矣。

其明年，〔一〕驃騎仍再出擊胡，獲首四萬。〔二〕其秋，渾邪王率數萬之衆來降，於是漢發車二萬乘迎之。〔三〕既至，受賞賜，及有功之士。是歲，費凡百餘巨萬。

〔一〕【考證】元狩二年。

〔二〕【考證】驃騎將軍霍去病。

〔三〕【考證】汲黯傳同，漢志「二萬乘」作「三萬兩」。

初，先是往十餘歲，〔一〕河決觀，〔二〕梁、楚之地固已數困，而緣河之郡，隄塞，河輒決壞，費不可勝計。其後番係欲省底柱之漕，穿汾、河渠，以爲溉田，作者數萬人；〔三〕鄭當時爲渭漕渠回遠，鑿直渠，自長安至華陰，作者數萬人；〔四〕朔方亦穿渠，作者數萬人：各歷二三朞，功未就，費亦各巨萬十數。〔五〕

〔一〕【考證】「初」、「往」二字，校勘者旁注誤入本文，漢志無。

〔二〕【集解】徐廣曰：「觀，縣名也。屬東郡，光武改曰衛，公國。」【考證】錢大昕曰：是時河決瓠子，東注鉅野，不及觀也。漢書作「灌」，屬下句，當從之。齊召南曰瓠子地在濮陽，其對岸即觀縣，史作「河決觀」是也。

〔三〕【考證】番係，人姓名，詳河渠書。

〔四〕【考證】顏師古曰：回，曲繞也。

〔五〕【考證】顏師古曰：巨萬十數，謂十萬萬也。愚按：又見河渠書。

天子爲伐胡，盛養馬，馬之來食長安者數萬匹，卒牽掌者，關中不足，乃調旁近郡。而胡降者皆衣食縣官，縣官不給，〔一〕天子乃損膳，解乘輿駟，出御府禁藏以贍之。〔二〕

〔一〕【考證】漢志「皆」上有「數萬人」三字。顏師古曰：調，謂選發也。

〔二〕【考證】何焯曰：損膳，與上文「布被」對。

其明年，〔一〕山東被水菑，民多飢乏，於是天子遣使者虛郡國倉廥，以振貧民。〔二〕猶不足，又募豪富人相貸假。〔三〕尚不能相救，乃徙貧民於關以西，及充朔方以南新秦中，七十餘萬口，〔四〕衣食皆仰給縣官。數歲，假予產業，使者分部護之，冠蓋相望。其費以億計，不可勝數。〔五〕於是縣官大空。

〔一〕【考證】元狩三年。

〔二〕【集解】徐廣曰：「廥，音膾。」【考證】漢志作「廩」。

〔三〕【考證】王先謙曰：武紀元狩三年，吏民能假貸者，以名聞。即此事也。

〔四〕【集解】服虔曰：「地名，在北方千里。」如淳曰：「長安已北，朔方已南。」瓚曰：「秦逐匈奴以收河南地，徙民以實之，謂之新秦。今以地空，故復徙民以實之。」【考證】中井積德曰：上文言衛青取河南地是也，此不當遠引秦事。蓋秦收河南之後，楚漢相距數年，匈奴又取河南也。

〔五〕【考證】漢志刪「不可勝數」四字。

而富商大賈，或蹛財役貧，轉轂百數，〔一〕廢居〔二〕居邑，〔三〕封君皆低首仰給。〔四〕冶鑄煑鹽，財或累萬金，而不佐國家之急，黎民重困。〔五〕於是天子與公卿議，更錢造幣以贍用，而摧浮淫并兼之徒。是時禁苑有白鹿而少府多銀錫。〔六〕自孝文更造四銖錢，至是歲四十餘年，〔七〕從建元以來，用少，縣官往往即多銅山而鑄錢，民亦閒盜鑄錢，不可勝數。錢益多而輕，〔八〕物益少而貴。〔九〕有司言曰：「古者皮幣，諸侯以聘享。金有三等，黃金爲上，白金爲中，赤金爲下。〔一〇〕今半兩錢，法重四銖，〔一一〕而姦或盜摩錢裏取鋊，〔一二〕錢益輕薄而物貴，則遠方用幣，煩費不省。」〔一三〕乃以白鹿皮方尺，緣以藻繢，爲皮幣，直四十萬。〔一四〕王侯宗室，朝覲聘享，必以皮幣薦璧，然后得行。

〔一〕【集解】漢書音義曰：「蹛，停也。一曰，貯也。」李奇曰：「轂，車也。」【索隱】蕭該按：字林云「貯，塵也，音佇」。此謂居積停滯塵久也。或作「貯」，子貢「發貯鬻財」是也。

〔二〕【集解】徐廣曰：「廢居者，貯畜之名也。有所廢，有所畜，言其乘時射利也。」【索隱】劉氏云：「廢，出賣；居，停蓄也。」是出賣於居者爲廢，故徐氏云「有所廢，有所畜」是也。

〔三〕【集解】駰按：服虔曰「居穀於邑也」。如淳曰「居賤物於邑中，以待貴也」。【索隱】服虔云「居穀於邑中」是也。【考證】中井積德曰：廢即居矣，即畜矣。愚按：廢居居邑，四字一事。上「居」，如「奇貨可居」之「居」，中說得之。下「居」，置也。

〔四〕【集解】晉灼曰：「低，音抵，距。」服虔曰：「仰給於商賈。」【索隱】按：服虔云「仰給於商賈」是也。而劉伯莊以爲「封君及大商，皆低首營私以自給，不佐天子」，非也。【考證】顔師古曰：封君，受封邑者，謂公主及列侯之屬也。低首，猶俯首也。時公主列侯雖有國邑，而無餘財，其朝夕所須者，皆俯首而取給於富商大賈，後方以邑入償之。

〔五〕【考證】亦就富商大賈而言。凌稚隆曰：暗伏後卜式助邊案。

〔六〕【考證】漢書百官表少府秦官，掌山海池澤之稅，以給共養。

〔七〕【考證】梁玉繩曰：鑄四銖錢，在孝文五年，至孝武元狩四年造白金皮幣，凡五十七年，此云「四十餘年」，非也。又文帝鑄四銖錢後，建元元年壞四銖行三(誅)〔銖〕，建元五年罷三銖行半兩錢，至元狩四年始改白金皮幣，何嘗五十餘年皆用孝文四銖錢哉！漢志亦仍此誤。愚按：是歲承上文「其明年山東被水菑，民多飢乏」，則元狩三年也。梁氏據漢書武紀元狩四年造白金，以史記爲誤。蓋曰「三年」者，依議更造之歲，曰「四年」者，依行錢幣之歲，皆未嘗誤也。四十，疑當「五十」之訛。

〔八〕【集解】如淳曰：「磨錢取鋊故也。」瓚曰：「鑄錢者多，故錢輕。輕亦賤也。」【考證】何焯曰：下云「錢益輕薄而物貴」，如說是，瓚說非也。周壽昌曰：輕對重言，非賤之謂也。鑄錢益多，則工省而質薄也。愚按：錢多則物貴，物多則錢貴，是自然之理。今物益少而錢益多，則物貴錢賤可知也。多而輕，與少而貴對言，以價言，不以質言，與下文「輕薄」義殊，瓚說可從。何、周二氏非是。

〔九〕【集解】如淳曰：「但鑄作錢，不作餘物。」【考證】中井積德曰：民爭逐什一，不唯不務農業，工技亦寡，故物少耳，豈人人鑄錢哉？愚按：貴謂物價踊騰也，五字接上文，敘錢物貴賤之狀。

〔一〇〕【集解】漢書音義曰：「白金，銀也。赤金，丹陽銅也。」【索隱】說文云：「銅，赤金也。」注云「丹陽銅」者，神異經云「西方金山有丹陽銅」也。【考證】中井積德曰：赤金，銅也，何必丹陽？

〔一一〕【集解】韋昭曰：「文爲半兩，實重四銖。」

〔一二〕【集解】徐廣曰：「音容。」呂靜曰：「冶器法謂之鋊。」【考證】漢志「裹」作「質」。張文虎曰：鋊，諸本作「鎔」，毛本作「鋊」，下同，字類引同，漢志亦作「鋊」。師古曰：音浴。攷異云，說文「鋊，銅屑也」。愚按：漢志注臣瓚云「摩錢漫面以取其屑，更以鑄錢。西京黃圖敘曰『民摩錢取屑』是也」。

〔一三〕【考證】以上有司之言。

〔一四〕【集解】徐廣曰：「藻，一作『紫』也。」【考證】漢志無「藻」字。顏師古曰：繢，繡也，繪五綵而爲之。

又造銀錫爲白金。〔一〕以爲天用莫如龍，〔二〕地用莫如馬，〔三〕人用莫如龜，〔四〕故白金三品：其一曰重八兩，圜之，其文龍，〔五〕名曰「白選」，〔六〕直三千；〔七〕二曰重差小，方之，〔八〕其文馬，直五百；〔九〕三曰復小，撱之，〔一〇〕其文龜，直三百。〔一一〕令縣官銷半兩錢，更鑄三銖錢，文如其重。〔一二〕盜鑄諸金錢，罪皆死，而吏民之盜鑄白金者不可勝數。〔一三〕

〔一〕【集解】如淳曰：「雜鑄銀錫爲白金也。」

〔二〕【索隱】易云，行天莫如龍也。

〔三〕【索隱】易云，行地莫如馬也。

〔四〕【索隱】禮曰「諸侯以龜爲寶也」。

〔五〕【索隱】顧氏案：錢譜「其文爲龍，隱起，肉好皆圜，文又作雲霞之象」。

〔六〕【索隱】名白選。蘇林曰：「選，音『選擇』之『選』。」包愷及劉氏音息戀反。尚書大傳云：「夏后氏不殺不刑，死罪罰二千饌。」馬融云：「饌，六兩。」漢書作「撰」，音同。

〔七〕【索隱】晉灼按：黄圖直三千二百。

〔八〕【索隱】謂以八兩差爲三品，此重六兩，下小隋，重四兩也。云「以重差小」者，謂半兩爲重，故差小，重六兩，而其形方也。【考證】中井積德曰：圜者重八兩，而直三千，是一兩三百七十五也，然則方者直五百，是重應踰於兩；橢者直三百，是重當不足兩也。各以錢數而乘除，以知其輕重，故後二者不論其重耳。索隱大誤。如索隱所云，下品四兩，重半上品，而直十之一矣，豈有是理哉！愚按：史云圜者重八兩，方者差小，橢者復小，三品之形無大差可知。但銀錫和造，品質不同，故三千、五百、三百，其直不同耳。索隱蓋有所依，未必爲誤。

〔九〕【索隱】錢譜：「肉好皆方，隱起馬形。肉好之下，又是有連珠文也。」

〔一〇〕【索隱】復小隋之。湯果反。爾雅注「隋者，狹長也」。謂長而方，去四角也。

〔一一〕【索隱】錢譜：「肉圓好方，爲隱起龜甲文。」【考證】漢志「名」下無「曰」字，「選」作「撰」，「二曰」下有「以」字。劉奉世曰：「白選」當在「其一曰」之下，衍「名」字。「二曰」、「三曰」之下皆當有金名，史文錯脱。姚鼐曰：劉説非也，重八兩，重差小，復小，乃白金上有此字，故加「曰」字，而「白選」乃其名，非白金上字。姚範曰：「重八兩」、「重差小」、「復小」上皆衍「曰」字。愚按：姚範説是。差小，承八兩，復小，承差小。史記其重耳，白金上不當鑄此等字也。

〔一二〕【考證】蔡雲曰：特書文如其重，見前此文爲半兩之非實也。

〔一三〕【考證】徐孚遠曰：白金本輕而值重，故盜鑄者愈多，嚴刑而不能禁也。

於是以東郭咸陽、孔僅爲大農丞，領鹽鐵事，桑弘羊以計算用事，侍中。〔一〕咸陽，齊之大煑鹽，孔僅，南陽大冶，皆致生累千金，故鄭當時進言之。弘羊，雒陽賈人子，以心計，年十三侍中。故三人言利事析秋豪矣。〔二〕

〔一〕【索隱】東郭，姓；咸陽，名也。按：風俗通東郭牙，齊大夫，咸陽其後也。【考證】漢書百官表「治粟內史，秦官，掌穀貨，有兩丞」。景帝元年，更名大農令，武帝太初元年，更名大司農。屬官有太倉、均輸、平準、都內、籍田五令丞。

〔二〕【索隱】按：言百物毫芒，至秋皆美細。今言弘羊等三人，言利事纖悉，能分析其秋毫也。【考證】沈欽韓曰：鹽鐵論「大夫曰：余結髮束脩，年十三，幸得宿衛給輦轂」。案其進蓋入羊爲郎之類。中井積德曰：秋毫以獸毛而言，不兼草穀。楊慎曰：用東郭咸陽等三語，所以摧兼并浮淫而奪其利。曰「三人言利析秋毫矣」，前應「興利之臣自此始」，後起籠鹽鐵算緡錢平準之事。

法既益嚴，吏多廢免。〔一〕兵革數動，民多買復及五大夫，徵發之士益鮮。〔二〕於是，除千夫、五大夫爲吏，不欲者出馬；故吏皆通適令伐棘上林，作昆明池。〔三〕

〔一〕【考證】凌稚隆曰：應前「爲吏長子孫」。

〔二〕【考證】顏師古曰：入財於官以取優復。錢大昕曰：鼂錯言爵五大夫以上，迺復卒一人，武帝置武功爵，爵千夫如五大夫，故五大夫與千夫皆不在徵召之限。

〔三〕【集解】韋昭曰：「欲令出馬，無馬者令伐棘。」【索隱】故吏皆適伐棘。謂故吏先免者，皆適令伐棘上林，不謂無馬者。韋說非也。按：黃圖云「昆明池，周四十里，以習水戰」。又荀悦云「昆明子居滇河中，故習水戰以伐之也」。【考證】索隱本無「通」字，與漢志合，可從。錢大昕曰：吏多坐法廢免買爵者多不願除吏，故又使出馬。顔師古曰：適，讀曰「謫」，責罰也。中井積德曰：鑿池亦適，故吏爲之。

其明年，大將軍、驃騎大出擊胡，〔一〕得首虜八九萬級，賞賜五十萬金，漢軍馬死者十餘萬匹，轉漕車甲之費不與焉。〔二〕是時財匱，戰士頗不得祿矣。〔三〕

〔一〕【集解】徐廣曰：「元狩四年也。」

〔二〕【考證】仍用前文，著用兵之弊。

〔三〕【考證】是時仍有武功爵，而戰士頗不得祿，則民不復欲買之矣。

有司言，三銖錢輕，易姦詐，乃更請諸郡國鑄五銖錢，周郭其下，令不可磨取鋊焉。〔一〕

〔一〕【考證】漢志「下」作「質」。查慎行曰：所謂「周郭其下」者，其形製不復見，豈在下則不可磨耶。

大農上鹽鐵丞孔僅、咸陽言：「山海，天地之藏也，皆宜屬少府，〔一〕陛下不私，以屬大農佐賦。願募民自給費，因官器作，煮鹽，官與牢盆。〔二〕浮食奇民欲擅管山海之貨，以致富羨，役利細民。〔三〕其沮事之議，不可勝聽。〔四〕敢私鑄鐵器煮鹽者，釱左趾，没入其器物。〔五〕郡不出鐵者，置小鐵官，便屬在所縣。」〔六〕使孔僅、東郭咸陽乘傳舉行天下鹽鐵，作官府，除故鹽鐵家富者爲吏。吏道益雜，不選，而多賈人矣。〔七〕

〔一〕【索隱】韋昭云：「天子私所給賜經用也。公用屬大司農也。」【考證】少府掌山海池澤之稅，以給共養，故云。顔師古曰：大司農供軍國之用，少府以養天子也。

〔二〕【集解】如淳曰：「牢，廩食也。古者名廩爲牢也。盆者，煮鹽之盆也。」【索隱】予牢盆。按：蘇林云「牢，價直也。今代人言『雇手牢盆』」。晉灼云，蘇説是。樂産云「牢乃盆名」，其説異。【考證】中井積德曰：作，謂冶鑄也。愚按：「作」字句，言採鐵者以官器冶鑄；煮鹽者，官與牢盆。牢盆未詳。或云，牢，蓄鹽之處；盆，盛鹽之器。又按漢志注引蘇林無「盆」字。

〔三〕【集解】張晏曰：「若人執倉庫之管籥。或曰：管，固。」【索隱】奇，包愷音羈，諸侯也。非農工之儔，故言奇也。擅筦，音管，上音善。羨，弋戰反。羨，饒也，與「衍」同義。【考證】奇民，奇邪之民。管，主也。

〔四〕【索隱】沮，止也。僅等言山海之藏宜屬大農，奇人欲擅利，必有沮止之議，此不可聽許也。【考證】不可勝聽，言多也。

〔五〕【集解】史記音義曰：「釱，音徒計反。」韋昭曰：「釱，以鐵爲之，著左趾以代刖也。」【索隱】按：三蒼云「釱，踏脚鉗也」。字林徒計反。張斐漢晉律序云「狀如跟，衣著左足下，重六斤，以代臏，至魏武，改以代刖也」。

〔六〕【集解】鄧展曰：「小鐵官，鑄故鐵。」【考證】漢志「便」作「使」，恐謬。朱一新曰：便屬，言以其便屬也。方苞曰：在所，應爲「所在」，誤倒。中井積德曰：大農之言，止于此。

〔七〕【考證】淩稚隆曰：此選舉陵遲。

商賈以幣之變多，積貨逐利。於是公卿言：「郡國頗被菑害，貧民無産業者，募徙廣饒之地。陛下損膳省用，出禁錢以振元元，寬貸賦，而民不齊出於南畝，商賈滋衆。〔一〕貧者畜積無有，皆仰縣官。異時算軺車，〔二〕賈人緡錢皆有差，〔三〕請算如故。諸賈人末作，貰貸買，居邑稽諸物，〔四〕及商以取利者，雖無市籍，各以其物自占，率緡錢二千而一算。〔五〕諸作有租及鑄，率緡錢四千一算。〔六〕非吏比者，三老、北邊騎士，軺車以一算；〔七〕商賈人軺車二算；〔八〕船五丈以上一算。匿不自占，占不悉，戍邊一歲，没入緡錢。〔九〕有能告者，以其半畀之。賈人有市籍者，及其家屬，皆無得籍名田，以便農。〔一〇〕敢犯令，没入田僮。」〔一一〕

〔一〕【集解】李奇曰：「齊，皆也。」【考證】顏師古曰：言農人尚少，不皆務耕種也。

〔二〕【索隱】異時，猶昔時也。説文云：「軺，小車也。」傅子云：「漢代賤乘軺，今則貴之。」言算軺車者，有軺車，使出税一算二算也。【考證】錢大昕曰：異時，謂漢初也。上文言高祖初平天下，令賈人不得乘車，重租税以困辱之，蓋謂此。沈欽韓曰：異時，謂元光六年，初算商車也。愚按：元光六年算商車，見漢書武紀。算緡，亦當有其事。史失書之也，下文「如故」二字可證。中井積德曰：一算，蓋錢二十也。

〔三〕【集解】李斐曰：「緡，絲也，以貫錢也。一貫千錢，出二十算也。詩云『維絲伊緡』。」如淳曰：「胡公名錢爲緡者，詩云『氓之蚩蚩，抱布貿絲』，故謂之緡也。」【索隱】緡，音旻。緡者，絲繩以貫錢者。千錢出二十算也。

〔四〕【索隱】稽者，停也，留也，即上文所謂「廢居居邑」也。【考證】漢志「貸」下有「賣」字，此疑脱。「稽」作「貯積」。顏師古曰：貰，賒也。貸，假與也。

〔五〕【集解】瓚曰：「此緡錢爲是儲緡錢也，故隨其用所施，施於利重者，其算亦多。」【索隱】按：郭璞云「占，自隱度也」。謂各自隱度其財物多少，爲文簿送之官也。若不盡，皆没入於官。音之贍反。【考證】姚鼐曰：是時商賈以幣之變多，積貨逐利，所藏者非錢幣，乃貨也，故令以其物自占。自占者，有物若干，值錢若干，自言於官也，直二千則一算。然則緡者，猶今商賈言貨本，以錢準之耳，而手力所作者無本錢，則以其所作直四千，乃一算，其匿不自占，占不悉者没入緡錢，其實物而非錢，故後言得民財物以億計，奴僕以千萬數，及田宅，此皆非錢，特以錢計耳。

〔六〕【集解】如淳曰：「以手力所作而賣之。」【考證】岡白駒曰：言「諸作有租及鑄」者，凡税皆曰租。

〔七〕【集解】如淳曰：「非吏而得與吏比者官，謂三老、北邊騎士也。樓船令邊郡選富者爲車騎士。」【考證】顔師古曰：比，例也。身非爲吏之例，非爲三老，非爲北邊騎士，而有軺車，皆令出一算。中井積德曰：吏比者一，三老一，騎士一，凡三項。愚按：吏比，非吏而比吏者。

〔八〕【集解】如淳曰：「商賈有軺車，使出二算，重其賦也。」

〔九〕【索隱】悉，盡也，具也。若通家財不周悉盡者，罰戍邊一歲。

〔一〇〕【索隱】謂賈人有市籍，不許以名占田也。【考證】漢書「得」下無「籍」字。賈人多財，使之得買田，則兼并之弊生，農民失産，是豫防之也。

〔一一〕【索隱】若賈人更占田，則没其田及僮僕，皆入之於官也。

天子乃思卜式之言，召拜式爲中郎，爵左庶長，賜田十頃，布告天下，使明知之。

初，卜式者，河南人也，以田畜爲事。親死，式有少弟，弟壯，式脱身出分，獨取畜羊百餘，田宅財物盡予弟。式入山牧十餘歲，羊致千餘頭，買田宅。而其弟盡破其業，式輒復分予弟者數矣。是時，漢方數使將擊匈奴，〔一〕卜式上書，願輸家之半縣官，助邊。天子使使問式：「欲官乎？」〔二〕式曰：「臣少牧，不習仕宦，不願也。」使問曰：「家豈有冤，欲言事乎？」〔三〕式曰：「臣生與人無分争。式邑人貧者貸之，不善者教順之，〔四〕所居人皆從式，式何故見冤於人？無所欲言也。」使者曰：「苟如此，子何欲而然？」式曰：「天子誅匈奴，愚以爲賢者宜死節於邊，有財者宜輸委，如此而匈奴可滅也。」使者具其言，入以聞。天子以語丞相弘。弘曰：「此非人情。不軌之臣，不可以爲化，而亂法，願陛下勿許。」於是上久不報式，數歲，乃罷式。式歸，復田牧。歲餘，會軍數出，渾邪王等降，縣官費衆，倉府空。〔五〕其明年，〔六〕貧民大徙，皆仰給縣官，無以盡贍。卜式持錢二十萬予河南守，以給徙民。河南上富人助貧人者籍，天子見卜式名，識之，曰「是固前而欲輸其家半助邊」，乃賜式外繇四百人。〔七〕式又盡復予縣官。是時富豪皆争匿財，唯式尤欲輸之助費。天子於是以式終長者，故尊顯以風百姓。〔八〕

〔一〕【考證】張文虎曰：舊刻無「數使將」三字。

〔二〕【考證】漢書卜式傳「欲」下有「爲」字。

〔三〕【考證】漢傳「問」作「者」。

〔四〕【考證】分讀爲「紛」，「順」讀爲「訓」。

〔五〕【考證】顔師古曰：倉，粟所積也。府，錢所聚也。

〔六〕【考證】元狩三年。

〔七〕【集解】漢書音義曰：「外繇，謂戍邊也。一人出三百錢，謂之過更。式歲得十二萬錢也。一說，在繇役之外，得復除四百人。」【考證】漢傳無「而」字。愚按：「而」與「之」通。郭嵩燾曰：漢律，踐更過更，謂之繇戍，出錢給代更者，皆官主之，故名更賦。外繇，正謂出繇戍錢者，下云式又盡與官，是所賜四百人更賦錢又復納之官，非復除至四百人也。疑古無除其家子四百人之例，一說誤。中井積德曰：式免徭戍四百人也，式多僮僕，故賜免也。愚按：中說是。

〔八〕【考證】結上文「爲中郎，爵左庶長，賜田十頃」。

初，式不願爲郎。上曰：「吾有羊上林中，欲令子牧之。」〔一〕式乃拜爲郎，布衣屩而牧羊。〔二〕歲餘，羊肥息。上過見其羊，善之。式曰：「非獨羊也，治民亦猶是也。以時起居；惡者輒斥去，毋令敗羣。」上以式爲奇，拜爲緱氏令試之，緱氏便之。遷爲成皋令，將漕最上。〔三〕以爲式朴忠，拜爲齊王太傅。〔四〕

〔二〕【考證】漢傳「羊」下有「在」字。王念孫曰：類聚、御覽引史記並有「在」字，今本脱去。

〔三〕【集解】韋昭曰：「𦊅，草𦊅。」【考證】漢傳「衣」下有「草」字。

〔三〕【考證】顏師古曰：爲縣令而又使領漕，其課最上。

〔四〕【考證】胡三省曰：齊王次昌，元朔三年薨，無後，國除。元狩六年，始封皇子閎爲齊王，式蓋傅閎也。

而孔僅之使天下鑄作器，三年中，拜爲大農，列於九卿。〔一〕而桑弘羊爲大農丞，筦諸會計事，稍稍置均輸，以通貨物矣。〔二〕

〔一〕【集解】徐廣曰：「元鼎二年，時丙寅歲也。」

〔二〕【集解】孟康曰：「謂諸當所輸於官者，皆令輸其土地所饒，平其所在時價，官更於他處賣之，輸者既便，而官有利。漢書百官表大司農屬官有均輸令。」【考證】鹽鐵論本議篇「大夫曰：往者郡國諸侯各以其物貢輸，往來煩雜，物多苦惡，或不償其費，故郡置輸官，以相給運，故曰『均輸』，均輸則民齊勞逸」，九章術「均輸以御遠近勞費」。

始令吏得入穀補官，郎至六百石。〔一〕

〔一〕【考證】顏師古曰：吏更遷補高官郎，又就增其秩，得至六百石也。沈欽韓曰：前此鬻爵，高者復除而已，此乃直任職也。黄霸亦以是進，然言吏，則庶民商賈不得也。

自造白金五銖錢後五歲，赦吏民之坐盜鑄金錢死者數十萬人。其不發覺相殺者，不可勝計。〔一〕赦自出者百餘萬人。然不能半，自出。〔二〕天下大抵無慮皆鑄金錢矣。〔三〕犯者衆，吏不能盡誅取，於是遣博士褚大、徐偃等分曹循行郡國，〔四〕舉兼并之徒守相爲吏者。〔五〕而御史大夫張湯方隆貴用事，減宣、杜周等爲中丞，義縱、尹齊、王温舒等用慘急刻深爲九卿，〔六〕而直指夏蘭之屬始出矣。〔七〕

〔一〕【考證】梁玉繩曰：案漢武紀元狩四年造白金，五年行五銖錢，元鼎元年赦天下，首尾纔四年耳，「五」當作「三」。愚按：「死」字上添「當」字看。「相殺」二字不可解。漢志文同，而顔氏不注，通鑑武紀元狩六年載此事，而删「赦」字、「相殺」字，義殊。

〔二〕【考證】赦自出，蓋聞赦令自首也，下「自出」疑上文複衍。

〔三〕【索隱】抵，音氐。抵，歸也。劉氏云「大抵，猶大略也」。案：大抵無慮者，謂言大略歸於鑄錢，更無他事從慮。【考證】王念孫曰：「無」或作「亡」，漢書趙充國傳「亡慮萬二千人」，注「亡慮，大計也」。愚按：大抵無慮，與莊周列傳「大抵率寓言也」同一字法。

〔四〕【集解】服虔曰：「分曹職案行。」【考證】漢武紀元狩六年六月詔云「今遣博士大等六人分循行天下」，注云「大，褚大也」。終軍傳「元鼎中，博士徐偃，使行風俗」。鹽鐵論刺復篇「大夫曰，博士褚泰、徐偃等承明詔，建節馳傳，巡省郡國，舉孝廉勸元元，而流俗不改」，蓋皆此事。但終軍傳「元鼎」當「元狩」之訛。

〔五〕【考證】顔師古曰：守，郡守也。相，諸侯相也。中井積德曰：「吏」當作「利」，漢志作「利」。

〔六〕【考證】諸人詳于酷吏傳。

〔七〕【考證】漢書百官表「侍御史有繡衣直指，出討姦猾，治大獄，武帝所制，不常置」，注服虔曰直指，「指事而行，無阿私也」。顏師古曰「衣以繡者，尊寵之也」。蘇林曰「夏蘭，人姓名」。

而大農顏異誅。〔一〕初，異爲濟南亭長，以廉直稍遷至九卿。上與張湯既造白鹿皮幣，問異。異曰：「今王侯朝賀以蒼璧，直數千，而其皮薦反四十萬，本末不相稱。」天子不說。張湯又與異有郤，及人有告異以它議，事下張湯治異。異與客語，客語初令下有不便者，〔二〕異不應，微反脣。〔三〕湯奏當，異九卿，見令不便，不入言而腹誹，論死。自是之後，有腹誹之法以此，〔四〕而公卿大夫多諂諛取容矣。

〔一〕【集解】徐廣曰：「元狩四年，時壬戌歲也。」【考證】王先謙曰：百官表元狩四年，「大農令顏異，二年坐腹非誅」。六年再書「大農令正夫」，以此文序事推之，異誅當在六年。

〔二〕【集解】李奇曰：「異與客語，道詔令初下，有不便處也。」【考證】中井積德曰：此客語，非異語，注誤。初令，猶言新令也。

〔三〕【考證】張照曰：蓋異聞客語不敢應，而倉卒自禁，不覺微笑，而脣褰耳。

〔四〕【考證】各本「當異」作「異當」。陳仁錫曰：漢志作「當異」。當，去聲，謂處斷其罪。張文虎曰：北宋本與漢志合。梁玉繩曰：「以」字衍，「此」當作「比」。張文虎曰：梁說與漢志合。顏師古曰：比則例也。

天子既下緡錢令而尊卜式，百姓終莫分財佐縣官，於是楊可告緡錢縱矣。〔一〕

〔一〕【考證】錢大昕曰：漢志無「楊可」二字，索隱於此處無注，至下文「楊可告緡偏天下」始云「楊姓，可名也」。則此處本無「楊可」二字明矣。顏師古曰：縱，放也，放使相告言也。

郡國多姦鑄錢，錢多輕，〔一〕而公卿請令京師鑄鍾官赤側，〔二〕一當五，賦、官用非赤側不得行。〔三〕白金稍賤，民不寶用，縣官以令禁之，無益。歲餘，白金終廢不行。

〔一〕【索隱】謂多姦巧，襍以鉛錫也。

〔二〕【集解】如淳曰：「以赤銅爲其郭也，今錢見有赤側者，不知作法云何。」【索隱】鍾官掌鑄赤側之錢。韋昭云「側，邊也」。故晉灼云「以赤銅爲郭，今錢見有赤側者」。【考證】梁玉繩曰：漢志脱「鍾」字。考百官表，水衡都尉之屬有鍾官，主鑄者，即下文所説「上林三官」之一。愚按：令京師依倣鍾官所鑄赤側鑄錢也。

〔三〕【集解】漢書音義曰：「俗所謂紫紺錢也。」【考證】顔師古曰：充賦及給官用，皆令以赤側。

是歲也，張湯死，而民不思。〔一〕

〔一〕【集解】徐廣曰：「元鼎二年。」【索隱】樂産云：「諸所廢興，附上困下，皆自湯，故人不思之也。」【考證】王先謙曰：漢武紀湯死在元鼎二年。

其後二歲，赤側錢賤，民巧法用之，不便，又廢。〔一〕於是悉禁郡國無鑄錢，專令上林三官鑄。〔二〕錢既多，而令天下非三官錢不得行，諸郡國所前鑄錢皆廢銷之，輸其銅三官。而民之鑄錢益少，計其費不能相當，唯真工大姦乃盜爲之。

〔一〕【考證】漢書公卿表云元鼎三年「郿侯周仲居爲太常，坐不收赤側錢收行錢論」，蓋此時事。

〔二〕【集解】漢書百官表：「水衡都尉，武帝元鼎二年初置，掌上林苑，屬官有上林均輸、鍾官、辨銅令。」然則上林三官，其是此三令乎？【考證】據百官表，水衡都尉諸官，武帝元鼎二年置。齊召南曰：鹽鐵論云「廢天下諸錢，而專命水衡三官作」，即言此事。

卜式相齊，而楊可告緡徧天下，〔一〕中家以上大抵皆遇告。〔二〕杜周治之，獄少反者。〔三〕乃分遣御史廷尉正監分曹往，〔四〕即治郡國緡錢，得民財物以億計，奴婢以千萬數，田大縣數百頃，小縣百餘頃，宅亦如之。於是商賈中家以上大率破，民偷甘食好衣，不事畜藏之産業，〔五〕而縣官有鹽鐵緡錢之故，用益饒矣。

〔一〕【集解】瓚曰：「商賈居積，及伎巧之家，非桑農所生出，謂之緡。茂陵中書有緡田奴婢是也。」【索隱】姓楊，名可。如淳云：「告緡者，令楊可告占緡之不盡者也。」【考證】顏師古曰：如説非也，楊可據令而發動之，故天下皆被告。岡白駒曰：「卜式相齊」一語，於文前後不相蒙，而大意自聯貫。愚按：卜式相齊，不在京師，無復言聚斂之害者，前後呼應，是史公文章之妙。

〔二〕【考證】周壽昌曰：中家，猶文帝所云中人産也。

〔三〕【集解】如淳曰：「治匿緡之罪，其獄少有反者。」【索隱】反，音番。反，謂反使從輕也。案：劉德爲京兆尹，每行縣，多所平反，是也。【考證】反，翻前案也，非稍輕之謂。

〔四〕【索隱】如淳云：「曹，輩也。謂分曹輩而出爲使也。」【考證】漢百官表廷尉秦官，掌刑辟，有正左右監。漢書誤重「往」字。

〔五〕【考證】顏師古曰：偷，苟且也。

益廣關，置左右輔。〔一〕

〔一〕【集解】徐廣曰：「元鼎三年，丁卯歲，徙函谷關於新安東界。」【考證】百官表元鼎四年，更置二輔都尉、都尉丞各一人。何焯曰：始之以重斂，繼之以奪攘，其貧者既爲盜賊，富者知不可保，亦爲不終之計。武帝之不亡者，賴祖宗休養之澤深耳。

初，大農筦鹽鐵官布多，置水衡，欲以主鹽鐵；〔一〕及楊可告緡錢，上林財物衆，乃令水衡主上林。上林既充滿，益廣。是時越欲與漢用船戰逐，〔二〕乃大修昆明池，列觀環之。治樓船，高十餘丈，旗幟加其上，甚壯。〔三〕於是天子感之，乃作柏梁臺，高數十丈。宮室之修，由此日麗。〔四〕

〔一〕【索隱】布，謂泉布。【考證】官布，官錢也。

〔二〕【集解】韋昭曰：「戰鬭馳逐也。」

〔三〕【索隱】蓋始穿昆明池，欲與滇王戰，今乃更大修之，將與南越呂嘉戰逐，故作樓船，於是楊僕有將軍之號。又下云「因南方樓船卒二十餘萬擊南越」也。昆明池有豫章館。豫章，地名，以言將出軍於豫章也。【考證】昆明池所作樓船，雖以習水戰，不過用爲游觀，索隱非是，說詳下文。

〔四〕【考證】漢書武紀作柏梁臺在元鼎二年。顏師古曰：三輔舊事云以香柏爲之。

乃分緡錢諸官，而水衡、少府、大農、太僕各置農官，往往即郡縣比沒入田田之。〔一〕其沒入奴婢，分諸苑養狗馬禽獸，及與諸官。〔二〕諸官益雜置多，〔三〕徙奴婢衆，而下河漕度四百萬石，〔四〕及官自糴，乃足。〔五〕

〔一〕【索隱】比者所沒入之田也。【考證】顏師古曰：即，就也。

〔二〕【考證】漢舊儀武帝時，官奴婢及天下，貧民貲不滿五千，徙置苑中養鹿，因收取鹿矢，人日五錢，到元帝時七十億萬，以給軍擊西域。

〔三〕【集解】如淳曰：「水衡、少府、太僕、司農皆有農官，是爲多。」【考證】漢志無「諸」字。張文虎曰：雜，從北宋本，與食貨志合。各本譌「新」。顏師古曰：謂雜置官員分衆事耳，非農官也。中井積德曰：雜置多，承上文「置農官」，而曰「益」，可知不特農官也。

〔四〕【索隱】樂產云：「度，猶運也。」【考證】梁玉繩曰：他本「徙」多作「徒」，與漢志合，此譌。愚按：梁說非也。徙奴婢，謂没入奴婢自郡國徙者。顏師古曰：度，計也。音大各反。

〔五〕【索隱】按：謂天子所給稟食者多，故官自糴乃足也。【考證】中井積德曰：合河漕與官糴，用乃足也。

所忠言：「世家子弟富人，〔一〕或鬭雞，走狗馬，弋獵博戲，亂齊民。」〔二〕乃徵諸犯令，相引數千人，命曰「株送徒」。入財者得補郎，郎選衰矣。〔三〕

〔一〕【集解】如淳曰：「世家，世世有禄秩家。」【索隱】所忠，人姓名。服虔云「掌故官，取書於司馬相如者，封禪書公孫卿因所忠言寶鼎是也」。唯姚察獨以爲「所患」，非也。

〔二〕【索隱】晉灼云：「中國被教整齊之人也。」【考證】齊，等也，若言平民。

〔三〕【集解】應劭曰：「株，根本也。送，引也。」如淳曰：「株，根蔕也。諸坐博戲事決爲徒者，能入錢得補郎也。或曰，先至者爲根。」【索隱】李奇云：「先至者爲魁株。」應劭云：「株，根本也。送，當作『選』。選，引也。」應、李二音是。先至之人，令之相引，似若得其株本，則枝葉自窮，故曰「株送徒」。又文穎曰：「凡鬭雞勝者爲株。」傳云：「陽溝之雞，三歲爲株。」今則鬭雞走馬者用之。因其鬭雞本勝時名，故云株送徒者也。【考證】中井積德曰：諸犯，犯事非一。又曰：株送，意如拔茅也。蓋灌木及草，一株或數十百莖，故悉其類送之，命爲株送耳。徒，謂罪人也。即因徒矣，非徒刑。愚按：「株送徒」句，「入財者」以下別是一事。

是時山東被河菑，及歲不登數年，人或相食，方一二千里。天子憐之，〔一〕詔曰：「江南火耕水耨，〔二〕今飢民得流就食江、淮閒，欲留留處。」〔三〕遣使冠蓋相屬於道，護之，下巴、蜀粟以振之。

〔一〕【考證】漢武紀關東水災在元鼎二年，人相食在三年，此併叙。漢志「一二千里」作「二三千里」。

〔二〕【集解】應劭曰：「燒草，下水種稻，草與稻並生，高七八寸，因悉芟去，復下水灌之，草死，獨稻長，所謂火耕水耨也。」【考證】貨殖傳云「楚越之地，地廣而人希，飯稻羹魚，火耕而水耨」。鹽鐵論通有篇云「荊揚南有桂林之饒，內有江湖之利，伐木而樹穀，燔萊而播粟，火耕而水耨」。愚按：先以火焚草，然後植之以苗，灌之以水，則土肥而苗長，及雜草生，輒除去之。

〔三〕【考證】張文虎曰：下「留」從北宋本，與漢志合，各本譌「之」。顔師古曰：流，謂恣其行移若水之流。愚按：漢武紀録此詔于元鼎二年，文更詳。

其明年，天子始巡郡國。東度河，河東守不意行至，不辨，自殺。〔一〕行西踰隴，隴西守以行往卒，天子從官不得食，隴西守自殺。〔二〕於是上北出蕭關，從數萬騎，獵新秦中，以勒邊兵而歸。新秦中或千里無亭徼，〔三〕於是誅北地太守以下，而令民得畜牧邊縣，〔四〕官假馬母，三歲而歸，及息什一，以除告緡，用充仞新秦中。〔五〕

〔一〕【考證】不辨，供張不具也。

〔二〕【集解】漢書音義曰：「踰，度也。卒，倉卒也。」【考證】王先謙曰：幸河東在元朔四年，西踰隴在五年，此併叙之。

〔三〕【集解】如淳曰：「徼，亦卒求盜之屬也。」晉灼曰：「徼，塞也。」瓚曰：「既無亭候，又不徼循，無衛邊之備也。」【考證】徼，晉説是。

〔四〕【集解】漢書音義曰：「令民得畜牧於邊縣也。」瓚曰：「先是，新秦中千里無民，畏寇不敢畜牧，令設亭徼，故民得畜牧也。」

〔五〕【集解】李奇曰：「邊有官馬，今令民能畜官母馬者，滿三歲歸之也。及有蓄息，與當出緡算者，皆復令居新秦中，又充仞之也。謂與民母馬，令得爲馬種；令十母馬還官一駒，此爲息什一也。」瓚曰：「前以邊用不足，故設告緡之令，設亭徼，邊民無警，皆得田牧新秦中，已充，故除告緡，不復取於民也。」【考證】岡白駒曰：十母一駒，其息爲輕，所以優遇邊民也。中井積德曰：除告緡，特謂邊縣畜牧出息之民也。非總罷告緡，下文入粟處，亦言不告緡，可以見。

既得寶鼎，立后土、太一祠，公卿議封禪事，〔一〕而天下郡國皆豫治道橋，繕故宮，及當馳道縣，縣治官儲，設供具，而望以待幸。〔二〕

〔一〕【集解】徐廣曰：「元鼎四年，立后土。五年，立泰畤。」【考證】詳于封禪書。

〔二〕【考證】漢志「官儲」作「宮儲」。凌稚隆曰：鑒河東、隴之守，以不辨抵罪。

其明年，南越反，西羌侵邊爲桀，〔一〕於是天子爲山東不贍，赦天下，〔二〕因南方樓船卒二十餘萬人擊南越，〔三〕數萬人發三河以西騎擊西羌，〔四〕又數萬人渡河築令居。〔五〕初置張掖、酒泉郡，〔六〕而上郡、朔方、西河、河西開田官，斥塞卒六十萬人戍田之。〔七〕中國繕道餽糧，遠者三千，近者千餘里，皆仰給大農。邊兵不足，〔八〕乃發武庫工官兵器以贍之。車騎馬乏絶，縣官錢少，買馬難得，乃著令，令封君以下至三百石以上吏，以差出牝馬天下亭，亭有畜牸馬，歲課息。〔九〕

〔一〕【考證】元鼎五年。

〔二〕【考證】漢志「下」下有「因」字。

〔三〕【考證】方苞曰：昆明池所作樓船，雖以習水戰，不過爲游觀，而近粵之地別有習戰之樓船，故特言南方樓船卒以別之。南越傳「令罪人及江淮以南樓船十萬師往討之」，是也。索隱謂即昆明池樓船二十餘萬人，豈昆明池所能容乎？梁玉繩曰：南越傳及漢書武紀擊南越樓船十萬人，此非也。漢志仍其誤。

〔四〕【考證】漢志無「數萬人」三字，似當衍，即有，亦宜在「騎」字下，而武紀是十萬人。

〔五〕【索隱】令，音零。姚氏音連。韋昭云：「金城縣。」

〔六〕【集解】徐廣曰：「元鼎六年。」【考證】梁玉繩曰：武紀元狩二年，匈奴昆邪王來降，以其地爲酒泉郡，與武威郡共置。地理志謂「酒泉郡太初元年開，武威郡太初四年開」者，誤也。元鼎六年，分武威爲張掖郡，與分酒泉爲敦煌郡共置。地理志謂「張掖郡太初元年開，敦煌郡後元年分」者，誤也。而此書謂置張掖、酒泉皆在元鼎六年，不但以酒泉之建誤居于張掖之後，且以分置之張掖誤同于始置之酒泉矣。而漢志亦仍此誤。王先謙曰：「酒泉」字誤，當作「敦煌」。

〔七〕【集解】如淳曰：「塞候斥卒。」【考證】顔師古曰：開田，始開屯田也。斥塞，廣塞令卻。初置二郡，故塞更廣也，以開田之官，廣塞之卒，戍而田之也。

〔八〕【考證】兵，兵器。

〔九〕【考證】錢大昭曰：昭帝始元五年，罷天下亭母馬，是也。

齊相卜式上書曰：「臣聞主憂臣辱。〔一〕南越反，臣願父子與齊習船者往死之。」天子下詔曰：「卜式雖躬耕牧，不以爲利，有餘，輒助縣官之用。今天下不幸有急，而式奮願父子死之，雖未戰，可謂義形於內。賜爵關內侯，金六十斤，田十頃。」〔二〕布告天下，天下莫應。列

侯以百數，皆莫求從軍擊羌、越。〔三〕至酎，少府省金，〔四〕而列侯坐酎金失侯者百餘人。〔五〕乃拜式爲御史大夫。〔六〕

〔一〕【考證】國語越語范蠡曰「爲人臣者，君憂臣勞，君辱臣死」。韓非子又云「主辱臣苦，上下相與同憂久矣」。

〔二〕【考證】漢書卜式傳録是詔更詳，「六十斤」作「四百斤」。食貨志作「四十斤」。

〔三〕【索隱】劉氏言其多以百而數，故坐酎金失侯者一百六人。

〔四〕【集解】如淳曰：「省視諸侯金，有輕有重也。或曰至嘗酎飲宗廟時，少府視其金多少也。」【考證】漢書景紀元年，「高廟酎，奏五德、文始、五行之舞」，武紀元鼎五年九月，「列侯坐獻黃金酎祭宗廟不如法，奪爵者百六人」。張晏注「正月旦作酒，八月成，名曰酎，酎之言純也」。服虔注「因八月獻酎祭宗廟，使諸侯各獻金助祭也」。顔師古注「酎，丈救反。三重釀醇酒也」。中井積德曰：省金，察其美惡也。又曰：酎金非大罪，而皆失侯者，武帝有怨怒於諸侯也，非特帝之貪毒也。

〔五〕【集解】如淳曰：「漢儀注王子爲侯，侯歲以户口酎黃金於漢廟，皇帝臨，受獻金以助祭。大祀日飲酎，飲酎受金。金少不如斤兩，色惡，王削縣，侯免國。」

〔六〕【集解】徐廣曰：「元鼎六年。」

式既在位，見郡國多不便縣官作鹽鐵，鐵器苦惡，賈貴，〔一〕或彊令民賣買之。〔二〕而船有算，商者少，物貴，乃因孔僅言船算事。上由是不悦卜式。

〔一〕【集解】瓚曰：「謂作鐵器，民患苦其不好。」【索隱】器苦惡。苦，音(苦)楛(反)，言苦其器惡而買賣也。言器苦窳不好。凡病之器云苦。窳，音庾。語見本紀。苦如字讀亦通也。【考證】張文虎曰：索隱本無一「鐵」字，與漢志合，此衍。方苞曰：器苦惡，而賈又貴也。愚按：苦，音盬。

〔三〕【考證】漢志無「賣」字。

漢連兵三歲，誅羌，滅南越，番禺以西至蜀南者置初郡十七，〔一〕且以其故俗治，毋賦稅。南陽、漢中以往郡，各以地比給初郡吏卒奉食幣物，傳車馬被具。〔二〕而初郡時時小反，殺吏，漢發南方吏卒往誅之，閒歲萬餘人，費皆仰給大農。大農以均輸調鹽鐵助賦，故能贍之。然兵所過縣，爲以訾給毋乏而已，不敢言擅賦法矣。〔三〕

〔一〕【集解】徐廣曰：「南越爲九郡。」駰案：晉灼曰「元鼎六年，定越地，以爲南海、蒼梧、鬱林、合浦、交趾、九真、日南、珠崖、儋耳郡；定西南夷，以爲武都、牂柯、越巂、沈犂、汶山郡；及地理志、西南夷傳所置犍爲、零陵、益州郡，凡十七也。」

〔二〕【索隱】比，音鼻。南陽、漢中已往之郡，各以其地比近給初郡。初郡，即西南夷初所置之郡。奉，扶用反，包氏同。【考證】岡白駒曰：「各以地比」至「車馬被具」十八字當連爲一句。愚按：比，「比鄰」之「比」。地比，地與初郡近接也。王先謙曰：被具，文不成義，當作「傳車駕被具」，言傳車、駕車、被馬之物皆具也。郊祀志兩言「駕被具」，是其證。「駕」字脱上半，故訛爲「馬」耳。愚按：漢志亦作「馬」，被具，言傳車馬之被具，不必改其字。

〔三〕【集解】徐廣曰：「擅，一作『經』。經，常也。惟取用足耳，不暇顧經常法則也。」【考證】「然兵」以下漢志作「然兵所過縣，縣以爲訾給毋乏而已，不敢言輕賦法矣」。何焯曰：擅賦法，謂常法正供外，擅取諸民，以訾給所過軍也。方苞曰：軍所過縣，吏擅賦法以多取於民，而衆亦不敢以爲言也。愚按：「縣」字不必重。以爲，漢志似長。擅賦，史記爲長。訾、資通。

其明年，元封元年，卜式貶秩爲太子太傅。而桑弘羊爲治粟都尉，領大農，盡代僅筦天下鹽鐵。〔一〕弘羊以諸官各自市，相與争，物故騰躍，〔二〕而天下賦輸或不償其僦費，〔三〕乃請置大農部丞數十人，分部主郡國，各往往縣置均輸鹽鐵官，〔四〕令遠方各以其物貴時商賈所轉販者爲賦，而相灌輸。〔五〕置平準于京師，都受天下委輸。〔六〕召工官治車諸器，皆仰給大農。大農之諸官盡籠天下之貨物，貴即賣之，賤則買之。如此，富商大賈無所牟大利，則反本，而萬物不得騰踊。故抑天下物，名曰「平準」。〔七〕天子以爲然，許之。於是天子北至朔方，東到太山，巡海上，並北邊以歸。所過賞賜，用帛百餘萬匹，錢金以巨萬計，皆取足大農。

〔一〕【考證】劉敞曰：大司農，舊治粟都尉耳。弘羊爲搜粟都尉也。愚按：僅，孔僅。

〔二〕【考證】方苞曰：先是，水衡、少府、太僕、大農分受緡錢。弘羊欲併歸大農也，諸官各自市者，儲以待用，及貴而糶之也。

〔三〕【索隱】不償其僦。服虔云：「雇載云僦，言所輸物不足償其雇載之費也。僦，音子就反。」【考證】中井積德曰：僦假車馬而運轉，故謂給費爲僦費也。

〔四〕【考證】錢大昭曰：河東有均輸長，見漢書黄霸傳。郡國有鹽官者三十六，有鐵官者五十，皆弘羊請置。愚按：漢志「置」上無「縣」字，蓋奪。

〔五〕【考證】漢志「物」下有「如」字，「貴」作「異」，史文義較明。方苞曰：前此稍置均輸以通貨物，然猶官自輸，故弘羊以爲賦輸或不償其僦費。今曰「相灌輸」，民以次相輸如灌也，名爲不加賦，而私費不啻倍之矣，故當時論其弊，即謂「農民重苦，女工再税」也。

〔六〕【考證】葉德輝曰：續漢志補注引漢官解詁云「委，積也。郡國所積聚金帛貨財，隨時輸送諸司農曰委輸，以供國用」。

〔七〕【集解】如淳曰：「牟，取也。」【考證】鹽鐵論本議篇大夫曰：「開委府于京，以籠貨物，賤即買，貴即賣，是以縣官不失實，商賈無所牟利，故曰平準。平準則民不失職，故平準所以平萬物也。」文學曰：「縣官猥發，闔門擅市，則萬物並收；萬物並收，則物騰躍；騰躍則商賈侔利自市；侔利自市，則吏容姦豪。而富商積貨儲物，以待其急，輕賈姦吏，收賤以取貴，未見準之平也。」

弘羊又請令吏得入粟補官，〔一〕及罪人贖罪。令民能入粟甘泉，各有差，以復終身，不告緡。他郡各輸急處，〔二〕而諸農各致粟，山東漕益歲六百萬石。一歲之中，太倉甘泉倉滿。邊餘穀諸物均輸帛五百萬匹。民不益賦，而天下用饒。於是弘羊賜爵左庶長，黃金再百斤焉。

〔一〕【考證】梁玉繩曰：漢志作「令民得入粟補吏」，恐非。觀下文云「令民能入粟甘泉，各有差，以復終身」，則此當是吏入粟補官矣。

〔二〕【索隱】謂他郡能入粟，輸所在急要之處也。【考證】各本「郡」下有「國」字。張文虎曰：索隱本無「國」字，與漢志合。

是歲小旱，上令官求雨。〔一〕卜式言曰：「縣官當食租衣稅而已，今弘羊令吏坐市列肆，販物求利。〔二〕亨弘羊，天乃雨。」〔三〕

〔一〕【考證】漢志「黃金再百斤焉」作「黃金者再百焉」。「官」上有「百」字。

〔二〕【索隱】坐市列，謂吏坐市肆行列之中。【考證】漢志無「肆」字。

〔三〕【考證】凌稚隆曰：一篇結束，借此以斷興利之臣之罪。顧炎武曰：古人作史，有不待論斷，而于序事之中即見其指者，惟太史公能之。平準書末載卜式語，王翦傳末載客語，荆軻傳末載魯句踐語，鼂錯傳末載劉公與景帝語，武安侯田(份)〔蚡〕傳末載武帝語，皆史家於叙事中寓論斷法也。

太史公曰：農工商交易之路通，而龜貝金錢刀布之幣興焉。所從來久遠，自高辛氏之前尚矣，靡得而記云。〔一〕故書道唐、虞之際，詩述殷、周之世，安寧則長庠序，先本絀末，以禮義防于利；事變多故，而亦反是。是以物盛則衰，時極而轉，〔二〕一質一文，終始之變也。禹貢九州，各因其土地所宜、人民所多少而納職焉。湯武承獘易變，使民不倦，各兢兢所以爲治，而稍陵遲衰微。齊桓公用管仲之謀，通輕重之權，徼山海之業，以朝諸侯，用區區之齊，顯成霸名。〔三〕魏用李克，盡地力，爲彊君。〔四〕自是之後，天下争於戰國，貴詐力而賤仁義，先富有而後推讓。故庶人之富者或累巨萬，而貧者或不厭糟糠；有國彊者，或并羣小以臣諸侯，而弱國或絶祀而滅世。以至於秦，卒并海内。虞、夏之幣，金爲三品，〔五〕或黄，或白，或赤；或錢，或布，〔六〕或刀，〔七〕或龜貝。〔八〕及至秦，中一國之幣爲三等，黄金以鎰名，爲上幣；〔九〕銅錢識曰半兩，重如其文，爲下幣。〔一〇〕而珠玉龜貝銀錫之屬，爲器飾寶藏，不爲幣。然各隨時而輕重無常。於是外攘夷狄，内興功業，海内之士，力耕不足糧饟，女子紡績不足衣服。古者嘗竭天下之資財以奉其上，猶自以爲不足也。無異故云，〔一一〕事勢之流，相激使

然，曷足怪焉。〔一二〕

〔一〕【考證】柯維騏曰：太史公此贊，乃平準書之發端耳，上述三代貢賦之常，中列管仲、李克富强之術，下及嬴秦虚耗之弊，次及漢事，文理相續，不然，則此書首云「漢興接秦之弊」，似無原因，其贊不叙漢事，似欠結束，漢書食貨志頗採此文，條理甚明，乃知俗本非太史公舊也。所叙武帝事未竟而遷死，不得成就其書，故其文止于「烹弘羊，天乃雨」，後之人遂截首一段，移爲書末之贊，不恤其文之無章也。姚鼐曰：柯維騏之説極爲的當，惟云其文止於「烹弘羊，天乃雨」爲叙事未竟而遷死，不得成就，則非是。太史公此書以「平準」爲題，叙至此年置平準，則事窮矣。載卜式之言以論平準，義亦盡矣，無可復益以長語矣。此書止於元年，封禪書止於天漢三年，較平準過十年，以報任安書「少卿抱不測之罪」語推之，是征和二年，太史公尚見任安之及禍，又過封禪書十年矣，豈因其死而有未竟哉？太史公本文，謂至是可以止耳。

〔二〕【集解】徐廣曰：「時，一作『衰』。」

〔三〕【集解】管子有輕重之法。【考證】漢食貨志云「管仲相桓公，通輕重之權曰『歲有凶穰，故穀有貴賤；令有緩急，故物有輕重。人君不理，則畜賈游於市，乘民之不給，百倍其本矣。故萬乘之國必有萬金之賈，千乘之國必有千金之賈者，利有所并也。計本量委則足矣，然而民有飢餓者，穀有所臧也。民有餘則輕之，故人君斂之以輕；民不足則重之，故人君散之以重。凡輕重斂散之以時則準平。守準平，使萬室之邑必有萬鍾之臧，臧繦千萬；千室之邑，必有千鍾之臧，臧繦百萬。春以奉耕，夏以奉耘，耒耜器械，種饟糧食必取澹焉。故大賈畜家，不得豪奪吾民矣』。桓公遂用區區之齊，合諸侯，顯霸名」。愚按：班氏采管子國蓄篇文，以釋「輕重」之義。

〔四〕【考證】貨殖傳云「當魏文侯時，李克務盡地力之教」，魏世家、吴起傳有李克對魏文侯語，且嘗爲中山守，而不及盡地力之事。孟荀列傳則云「魏有李悝盡地力之教」。漢書食貨志亦云「李悝爲魏文侯作盡地力之教」。王應麟曰：以藝文志考之，李克七篇在儒家，李悝三十二篇在法家。盡地力者，悝也，非克也。愚按：克、悝同時，豈悝唱之，而克行之耶？漢食貨志云「李悝爲魏文侯作盡地力之教，以爲地方百里，提封九萬頃，除山澤邑居，參分去一，爲田六百萬晦，治田勤謹，則晦益三升，不勤，則損亦如之。地方百里之增減，輒爲粟百八十萬石矣。又曰糴甚貴傷民，甚賤傷農。民傷則離散，農傷則國貧。故甚貴與甚賤，其傷一也。善爲國者，使民毋傷，而農益勸。今一夫挾五口，治田百晦，歲收晦一石半，爲粟百五十石，除十一之税十五石，餘百三十五石。食，人月一石有半，五人終歲爲粟九十石，餘有四十五石。石三十，爲錢千三百五十，除社閭嘗新、春秋之祠用錢三百，餘千五十。衣，人率用錢三百，五人終歲用錢千五百，不足四百五十。不幸疾病死喪之費及上賦斂又未與此。此農夫所以常困，有不勸耕之心，而令糴至於甚貴者也。是故善平糴者，必謹觀歲有上中下孰。上孰，其收自四，餘四百石；中孰自三，餘三百石；下孰自倍，餘百石。小飢則收百石，中飢七十石，大飢三十石。故大孰則上糴三而舍一，中孰則糴二，下孰則糴一，使民適足賈平則止。小飢則發小孰之所斂，中飢則發中孰之所斂，大飢則發大孰之所斂而糶之。故雖遇饑饉水旱，糴不貴而民不散，取有餘以補不足也。行之魏國，國以富彊」。愚按：班氏時，李悝之書猶存，故録其説尤詳。

〔五〕【索隱】即下「或黄，或赤、白」。黄，黄金也；白，白銀也；赤，赤銅也：並見食貨志。【考證】書禹貢楊州、荆州並貢金三品，史公蓋據此以爲虞夏之幣也。

〔六〕【集解】如淳曰：「布於民間也。」

〔七〕【集解】如淳曰：「名錢爲刀者，以其利於民也。」

〔八〕【索隱】按：錢本名泉，言貨之流如泉也，故周有泉府之官。及景王乃鑄大錢。布者，言貨流布，故周禮有二夫之布。食貨志貨布首長八分，足支八分。刀者，錢也。食貨志有契刀、錯刀，形如刀，長二寸，直五千。以其形如刀，故曰刀，以其利於人也。又古者貨貝寶龜，食貨志有十朋五貝，皆用爲貨，其各有多少，元龜直十貝，故直二千一百六十，已下各有差也。【考證】王鳴盛曰：漢書食貨志云「太公爲周立九府圜法：黄金方寸而重一斤。錢圜函方，輕重以銖。布帛廣二尺二寸爲幅，長四丈爲匹。故貨寶於金，利於刀，流於泉，布於布，束於帛」。據此，則周人所用貨幣凡有四種。或曰布亦名錢者，天官「外府掌邦布之入出」，鄭康成注：「布，泉也。其藏曰泉，其行曰布」，賈疏「一物兩名」是也，而與此處所言「布帛」之「布」不同，言豈一端而已，各有所當也。元帝時貢禹言「鑄錢采銅，民心動摇，棄本逐末，宜罷鑄錢，毋復以幣，租税禄賜皆以布帛及穀，使百姓壹意農桑」。議者以交易待錢，布帛不可尺寸分裂，禹議亦寢。然即此可見古固有以布帛爲市者，而布固非錢也。愚按：古又以龜爲幣，故易云「或錫之十朋之龜」，又以貝爲幣，故財、貨、貢、賦、賄、賂、購、買、貲、資、貰、貸、貧、貪、販、賈等字皆從貝；禽獸害人，出入佩刀，是刀亦有爲幣之時。中井積德曰：索隱「契刀、錯刀」是。王莽之制不當以解古文，「貨布長二寸五分亦然」，其引班志，於本文無所當，亦莽制云。

〔九〕【集解】孟康曰：「二十兩爲溢。」【考證】姚範曰：中，猶分也。愚按：折中之中。徐孚遠曰：名爲三等，止敘其二，不及中幣，恐「三」字誤也。愚按：毛本及漢志作「二」。

〔一〇〕【考證】二十四銖爲兩，半兩錢重十二銖。

〔一一〕【考證】「也」下添「者」字看。張文虎曰：無異故，猶言無它故也。岡白駒曰：此引始皇事也，婉言曰古者。或於「無異」絶句，非。

〔一二〕【考證】黄震曰：平準者，桑弘羊籠天下貨，官自爲商賈買賣於京師之名也。蓋漢更文景恭儉，至武帝初，公私之富極矣。自開西南夷，滅朝鮮，至置初郡；自設謀馬邑挑匈奴，至大將軍、驃騎將軍連年出塞，大農耗竭，猶不足以奉戰士。乃賣爵，乃更錢幣，乃算舟車，而事益煩，財益屈，宜天下無可枝梧之術矣。未幾，孔僅、東郭咸陽乘傳行天下鹽鐵，楊可告緡徧天下，得民財物以億計，而縣官之用反以饒，而宫室之修於是日麗，鑿無爲有，逢君之惡，小人之術何怪也。然漢自是連兵三歲，費皆仰給大農，宜無可復繼之術矣。又未幾，桑弘羊領大農，置平準，於是天子北至朔方，東至泰山，巡海上，巡北邊以歸，用帛百餘萬疋，錢金以巨萬計，又一歲之中，太倉甘泉倉皆滿，而邊餘穀，其始愈取而愈不足於用，及今愈用而反愈有餘，小人之術展轉無窮，又何怪之甚也！嗚呼！武帝五十年間，因兵革而財用耗，因財用而刑法酷，沸四海而爲鼎，生民無所措手足。迨至末年，平準之置，則海内蕭然，户口減半，陰奪於民之禍於斯爲極。遷備著始終相因之變，特以平準名書，而終之曰「亨弘羊，天乃雨」，嗚呼旨哉！

【索隱述贊】平準之立，通貨天下。既入縣官，或振華夏。其名刀布，其文龍馬。增算告緡，裒多益寡。弘羊心計，卜式長者。都内充殷，取贍郊野。

史記會注考證卷三十一

史記三十一

吴太伯世家第一

【索隱】系家者，記諸侯本系也。言其下及子孫常有國。故孟子曰「陳仲子，齊之系家」。又董仲舒曰「王者封諸侯，非官之也，得以代爲家也」。【正義】世家者，志曰「謂世世有禄秩之家」。案：累世有爵土封國，故孟子云「陳仲子，齊之世家也」。【考證】史公自序云：「太伯避歷，江蠻是適；文、武攸興，古公王跡。闔廬弑僚，賓服荆、楚；夫差克齊，子胥鴟夷；信嚭親越，吴國既滅。嘉伯之讓，作吴世家〔第一〕。」劉知幾曰：「馬遷之記諸國也，其編次之體，與本紀不殊。蓋欲抑彼諸侯，異乎天子，故假以他稱，名爲世家耳。」愚按：孟子所謂世家，猶言世禄之家。以稱侯王將相及聖賢名世者，與本紀、列傳對言，蓋自史公創。趙甌北引衛世家贊「世家言」，以爲自古有此稱，不知「世家言」三字又見管蔡、陳杞各世家，史公自稱其書也。

吴太伯，〔一〕太伯弟仲雍，〔二〕皆周太王之子，而王季歷之兄也。季歷賢，而有聖子昌。太王欲立季歷以及昌，於是太伯、伯雍二人乃犇荆蠻，文身斷髮，示不可用，以避季歷。〔三〕季歷果立，是爲王季，而昌爲文王。太伯之犇荊蠻，自號句吳。〔四〕荊蠻義之，從而歸之千餘家，立爲吳太伯。

〔一〕【集解】韋昭曰：「後武王追封爲吳伯，故曰吳太伯。」【索隱】國語曰「黃池之會，晉定公使謂吳王夫差曰『夫命圭有命，固曰吳伯，不曰吳王』」，是吳本伯爵也。范寧解論語曰「太者，善大之稱；伯者，長也。周太王之元子，故曰太伯」。稱仲雍、季歷，皆以字配名，則伯亦是字，又是爵，但其名史籍先闕耳。【正義】吳，國號也。太伯居梅里，在常州無錫縣東南六十里。至十九世孫壽夢居之，號句吳。壽夢卒，諸樊南徙吳。至二十一代孫光，使子胥築闔閭城都之，今蘇州也。【考證】中井積德曰：索隱云「吳本伯爵」。按吳是子爵矣。春秋經、傳可證，國語恐不足據。

〔二〕【索隱】伯、仲、季是兄弟次第之字。若表德之字，意義與名相符，則系本曰「吳孰哉居蕃離」，宋忠曰「孰哉，仲雍字。蕃離，今吳之餘暨也」。解者云雍是孰食，故曰雍字孰哉也。

〔三〕【集解】應劭曰：「常在水中，故斷其髮，文其身，以象龍子，故不見傷害。」【正義】江熙云：「太伯少弟季歷，生文王昌，有聖德，太伯知其必有天下，故欲傳國於季歷。以太王病，託採藥於吳、越不反。太王薨，而季歷立，一讓也；季歷薨而文王立，二讓也；文王薨，而武王立，遂有天下，三讓也。」又釋云：「太王病，託採藥，生不事之以禮，一讓也；太王薨而不反，使季歷主喪，不葬之以禮，二讓也；斷髮文身，示不可用，使歷主祭祀，不祭之以禮，三讓也。」【考證】左傳僖五年云：「大伯、虞仲，大王之昭也，大伯不從，是以不嗣。」哀七年云：「大伯端委，以治周禮。仲雍嗣之，斷髮文身，贏以爲飾。」論語泰伯篇：「子曰：『泰伯其可謂至德也已矣。三以天下讓，民無得而稱焉。』」微子篇謂：「虞仲、夷逸，隱居放言。身中清，廢中權。」王應麟曰：左傳言太伯端委，仲雍斷髮。史記云「二人皆文身斷髮，示不可用」，與傳異。崔述曰：大王，周之賢主也。廢長立少，庸主猶或不爲，況大王乎？聖人之生，固有異於常兒，然其德亦必待壯而後成。生而有聖德，特國語、列女傳事後之推崇云爾，豈得以此爲據也哉？且大王安知王季之必傳之文王也哉？已既欲廢長而立少矣，安知王季之不亦然？況大伯之德，固自足以興周，而何爲舍之而待夫不可必立之文王乎？由是言之，大伯之讓王季，乃大伯自欲讓之耳。又按：詩云「柞棫斯拔，松柏斯兑。帝作邦作對，自大伯、王季」，似大伯已嘗君周，而後讓之王季。論語記逸民有虞仲而無大伯，亦似獨虞仲未嘗爲君者。或大伯既立之後，讓之虞仲，虞仲逃之，而後讓之王季乎？春秋傳又云「大伯端委以治周禮，仲雍嗣之，斷髮文身，裸以爲飾」。然則斷髮文身，亦非大伯事矣。論語既曰「泰伯以天下讓」，春秋傳亦曰「大伯不嗣」，則泰伯未嘗君周明矣。詩曰「自大伯、王季」者，言天生兄弟，以興周室耳。詩人義泰伯讓位，特存其名於此，亦未可知也。

〔四〕【集解】宋衷曰：「句吴，太伯始所居地名。」【索隱】荆者，楚之舊號，以州而言之曰荆。蠻者閩也，南夷之名；蠻亦稱越。此言自號句吴，吴名起於太伯，明以前未有吴號。地在楚、越之界，故稱荆蠻。顔師古注漢書以吴言「句」者，夷語之發聲，猶言「於越」耳。此言「號句吴」，當如顔解。而注引宋忠以爲地名者，系本居篇曰「孰哉居蕃離，孰姑徙句吴」，宋氏見史記有「太伯自號句吴」之文，遂彌縫解彼云是太伯始所居地名。裴氏引之，恐非其義。蕃離既有其地，句吴何總不知真實？吴人不聞别有城邑曾名句吴，則系本之文或難依信。吴地記曰：「泰伯居梅里，在闔閭城北五十里許。」【正義】宋忠世本注云：「句吴，太伯所居地名也。」

太伯卒，〔一〕無子，弟仲雍立，是爲吴仲雍。仲雍卒，〔二〕子季簡立。季簡卒，子叔達立。叔達卒，子周章立。是時周武王克殷，求太伯、仲雍之後，得周章。周章已君吴，因而封之。乃封周章弟虞仲於周之北故夏虚，〔三〕是爲虞仲，〔四〕列爲諸侯。

〔一〕【集解】皇覽曰：「太伯冢在吴縣北梅里聚，去城十里。」【正義】括地志：「太伯冢，在吴縣北五十里無錫縣界西梅里鴻山上，去太伯所居城十里。」

〔二〕【索隱】吴地記曰：「仲雍冢在吴鄉常孰縣西海虞山上，與言偃冢並列。」【考證】吴、虞，同音相通。詩「不吴不敖」，史封禪書作「不虞不驁」，可證。吴仲雍，論語、左傳所謂虞仲也。

〔三〕【集解】徐廣曰：「在河東大陽縣。」

〔四〕【索隱】夏都安邑，虞仲都大陽之虞城，在安邑南，故曰夏虚。左傳曰「太伯、虞仲，太王之昭」，則虞仲是太王之子必也。又論語稱虞仲、夷逸隱居放言，是仲雍稱虞仲。今周章之弟亦稱虞仲者，蓋周章之弟字仲，始封於虞，故曰虞仲。則仲雍本字仲，而爲虞之始祖，故後代亦稱虞仲，所以祖與孫同號也。【正義】周本紀云：「古公有長子曰太伯，次曰虞仲。」左傳云：「太伯、虞仲，太王之昭。」按：周章弟亦稱虞仲，當是周章弟仲初封於虞，號曰虞仲。然太伯弟仲雍亦稱虞仲者，當是周章弟封於虞，仲雍是其始祖，後代人以國配仲，故又號始祖爲虞仲。【考證】顧炎武曰：虞仲，仲雍之曾孫。殷時諸侯有虞國，所謂虞芮質厥成者。武王時國滅，而封周章弟於其故墟，乃有虞仲之名耳。

周章卒，子熊遂立。〔一〕熊遂卒，子柯相立。〔二〕柯相卒，子彊鳩夷立。彊鳩夷卒，子餘橋疑吾立。〔三〕餘橋疑吾卒，子柯盧立。柯盧卒，子周繇立。〔四〕周繇卒，子屈羽立。〔五〕屈羽卒，子夷吾立。夷吾卒，子禽處立。禽處卒，子轉立。〔六〕轉卒，子頗高立。〔七〕頗高卒，子句卑立。〔八〕是時晉獻公滅周北虞公，以開晉伐虢也。〔九〕句卑卒，子去齊立。去齊卒，子壽夢立。〔一〇〕壽夢立，而吴始益大，稱王。

〔一〕【考證】梁玉繩曰：吴越春秋「章子熊，熊子遂」，是二代。

〔二〕【正義】柯，音歌。相，音相匠反。

〔三〕【正義】橋，音蹻驕反。【考證】吳越春秋「橋」作「喬」。

〔四〕【正義】繇，音遥，又音由。【考證】吳越春秋「盧」作「廬」。

〔五〕【正義】屈，居勿反。

〔六〕【索隱】譙周古史考云「柯轉」。【考證】梁玉繩曰：吳越春秋「轉」作「專」，字省耳。

〔七〕【索隱】古史考作「頗夢」。

〔八〕【索隱】古史考云「畢軫」。【考證】梁玉繩曰：吳越春秋作「句畢」。

〔九〕【索隱】春秋經僖公五年：「冬，晉人執虞公。」左氏二年傳曰：「晉荀息請以屈産之乘與垂棘之璧假道伐虢，宫之奇諫，不聽。虞公許之，且請先伐之，遂伐虢，滅下陽。」五年傳曰「晉侯復假道伐虢，宫之奇諫，不聽。以其族行，曰：『虞不臘矣。』八月甲午，晉侯圍上陽。冬十有二月，滅虢，師還，遂襲虞，滅之」也。【正義】晉滅虞、虢在周惠王之二十二年，從武王元年至滅，四百七十八年。【考證】「是歲」以下本僖五年春秋經、傳。北虞，即周章弟仲封於夏墟者。下文又稱之「中國之虞」。

〔一〇〕【正義】夢，莫公反。當周簡王元年，左傳「吳子乘卒」，杜預云「壽夢也」。左傳及世本又云「吳孰姑，壽夢也」。世謂「孰夢諸」也。春秋傳「壽」作「孰」，音相近。姑之言諸也，毛詩傳讀「月諸」爲「月姑」，是以知「姑」爲「諸」也。則知孰姑、壽夢一人耳。又名乘。【考證】春秋書吳子乘卒，則當乘其名，壽夢其號。顧炎武云「壽夢非號也，一言爲乘，二言爲壽夢」。果如顧説，則僚爲州于，光爲闔閭，亦可謂合音乎？梁玉繩曰：史于壽夢、諸樊、闔盧之立，皆舍名稱號，非例也。

自太伯作吳五世，而武王克殷，封其後爲二：其一虞，在中國；其一吳，在夷蠻。十二世而晉滅中國之虞。中國之虞滅二世，而夷蠻之吳興。〔一〕大凡從太伯至壽夢十九世。〔二〕

〔一〕【正義】中國之虞滅後二世，合七十一年，至壽夢而興大，稱王。

〔二〕【索隱】壽夢是仲雍十九代孫也。

王壽夢二年，〔一〕楚之亡大夫申公巫臣怨楚將子反而奔晉，自晉使吳，教吳用兵乘車，令其子爲吳行人，〔二〕吳於是始通於中國。吳伐楚。〔三〕十六年，楚共王伐吳，至衡山。〔四〕

〔一〕【索隱】自壽夢已下始有其年，春秋唯記卒年。計二年，當成七年也。【考證】俞樾曰：春秋之世，吳、楚稱王，然夷狄大國，無不稱王者。秦本紀襄公元年，以女弟繆嬴爲豐王妻。秦寧公三年，與亳戰，亳王奔戎。皇甫謐曰「亳王號湯，西夷之國也」。秦穆公三十四年，戎王使由余於秦。厲共公十六年，伐大荔，取其王城。三十三年，伐義渠，虜其王。孝公元年，西斬戎之獂王。然則吳、楚之稱王，亦沿夷狄之俗耳。齊桓不以稱王責楚，其以此乎？

〔二〕【集解】服虔曰：「行人，掌國賓客之禮籍，以待四方之使賓大客，受小客之幣辭。」【索隱】左傳魯成二年曰：「巫臣使齊及鄭，使介反幣，而以夏姬行，遂奔晉。」七年傳曰「子重、子反殺巫臣之族而分其室，巫臣遺二子書曰：『余必使爾罷於奔命以死。』巫臣使於吳，吳子壽夢悅之，乃通吳于晉，教吳乘車，教之戰陣，教之叛楚，寘其子狐庸焉，使爲行人。吳始伐楚，伐巢，伐徐。馬陵之會，吳入州來，子重、子反於是乎一歲七奔命」是。【考證】三條本「車」下有「戰」字。中井積德曰：怨子反，在出奔後，非怨而奔。史筆失前後。又曰：行人掌出使，故曰行人。若待賓客，其餘事耳，非職之主。張文虎曰：集解「使賓」之「賓」，周禮作「擯」。

〔三〕【考證】「楚之亡大夫」以下本成公七年左傳。

〔四〕【集解】杜預曰：「吳興，烏程縣南也。」【索隱】春秋經襄三年：「楚公子嬰齊，帥師伐吳。」左傳曰：「楚子重伐吴，爲簡之師，克鳩茲至于衡山也。」【考證】「十六年」以下采襄公三年左傳。錢大昕曰：烏程，吴之南境。楚兵不能深入至此。今當塗縣北有横山，即春秋之衡山也。

二十五年，王壽夢卒。〔一〕壽夢有子四人，長曰諸樊，〔二〕次曰餘祭，次曰餘眛，〔三〕次曰季札。〔四〕季札賢，而壽夢欲立之，季札讓不可，於是乃立長子諸樊，攝行事當國。〔五〕

〔一〕【索隱】襄十二年經曰：「秋九月，吴子乘卒。」左傳曰壽夢。計從成六年至此，正二十五年。」系本曰「吴孰姑徙句吴」。宋忠曰：「孰姑，壽夢也。」代謂祝夢乘諸也。壽、孰，音相近。姑之言諸也。毛詩傳讀「姑」爲「諸」，知孰姑、壽夢是一人，又名乘也。【考證】采左傳襄十二年經傳。

〔二〕【索隱】春秋經書「吴子遏」。左傳稱「諸樊」，蓋遏是其名，諸樊是其號。公羊傳「遏」作「謁」。

〔三〕【索隱】左傳曰：「閽戕戴吴。」杜預曰：「戴吴，餘祭也。」又襄二十八年左傳「齊慶封奔吴，句餘與之朱方」。杜預曰：「句餘，吴子夷末也。」計餘祭以襄二十九年卒，則二十八年賜慶封邑，不得是夷末。且句餘、餘祭或謂是一人。夷末惟史記、公羊作「餘眛」，左氏及穀梁並爲「餘祭」。夷末、句餘，音字各異，不得爲一，或杜氏誤耳。【正義】祭，側界反。眛，莫葛反。【考證】梁玉繩曰：餘祭，左傳襄二十八年稱句餘，杜注以爲夷末，索隱謂别一人，皆誤。三十一年傳又稱戴吴。蓋音近隨呼耳。夷末之名，左、穀春秋並同。公羊「末」作「眛」，史于刺客傳作「夷眛」，從公羊也。而表與世家作「餘眛」。夷、餘聲近，古文通借。

〔四〕【索隱】公羊傳曰：「謁也，餘祭也，夷末也，與季子同母者四人。季子弱而才，兄弟皆愛之，同欲以爲君，兄弟遞相爲君，而致國乎季子。故謁也死，餘祭也立；餘祭也死，夷末也立；夷末也死，則國宜之季子，季子使而亡焉。僚者長庶也，即之。闔閭曰：『將從先君之命與，則國宜之季子也；如不從君之命，則宜立者我也。僚惡得爲君乎？』於是使專諸刺僚。」史記壽夢四子，亦約公羊文，但以僚爲餘眛子，爲異耳。左氏其文不明，服虔用公羊，杜預依史記及吳越春秋。下注徐廣引系本曰「夷昧及僚，昧夷生光」，檢系本，今無此語。然按左狐庸對趙文子謂「夷末甚德而度，其天所啓也，必此君之子孫實終之」。若以僚爲末子，不應此言。又光言「我王嗣國」，是夷昧子，且明是庶子。【考證】中井積德曰：狐庸之言，不悉應焉。然亦唯言王僚有國而已。意實未及于孫矣，不當以孫之不應別立論。

〔五〕【考證】以上本襄公二十九年公羊傳。

王諸樊元年，〔一〕諸樊已除喪，讓位季札。季札謝曰：「曹宣公之卒也，諸侯與曹人不義曹君，〔二〕將立子臧，子臧去之，以成曹君，〔三〕君子曰『能守節矣』。〔四〕君義嗣，〔五〕誰敢干君。有國非吾節也。札雖不材，願附於子臧之義。」〔六〕吳人固立季札，季札弃其室而耕，乃舍之。〔七〕秋，吳伐楚，楚敗我師。〔八〕四年，晉平公初立。〔九〕

〔一〕【集解】世本曰：「諸樊徙吳也。」

〔二〕【集解】服虔曰：「宣公，曹伯盧也。以魯成公十三年會晉侯伐秦，卒于師。曹君，公子負芻也。負芻在國，聞宣公卒，殺太子而自立，故曰不義之也。」

〔三〕【集解】服虔曰：「子臧，負芻庶兄。」【索隱】成十三年左傳曰：「曹宣公卒于師，曹人使公子負芻守，使公子欣時逆喪。秋，負芻殺其太子而自立。」杜預曰：「皆宣公庶子也。負芻，成公也。欣時，子臧也。」十五年傳曰：「會于戚，討曹成公也。執而歸諸京師。諸侯將見子臧於王而立之。子臧曰：前志有之，曰聖達節，杜預曰：「聖人應天命，不拘常禮也。」次守節，杜預曰：「謂賢者也。」下失節，杜預曰：「愚者妄動也。」爲君非吾節也。雖不能聖，敢失守乎？遂逃奔宋。」

〔四〕【索隱】君子者，左丘明所爲史評仲尼之詞，指仲尼爲君子也。【考證】張照曰：季札聘魯，孔子八歲。讓國時孔子未生也。其引子臧之事，何遽得孔子論斷之語而稱之？左氏于孔子論斷，類皆明著其説，其稱「君子曰」者，是記當時之君子有此語耳。或以爲邱明自謂，或以君子爲孔子，皆未達左氏之義也。

〔五〕【集解】王肅曰：「義，宜也。嫡子嗣國，得禮之宜。」杜預曰：「諸樊嫡子，故曰義嗣。」【考證】龜井昱曰：自不義曹君來。

〔六〕【考證】楓山、三條本「義」下有「以無失節」四字。

〔七〕【索隱】「諸樊元年已除喪」至「乃舍之」皆襄十四年左氏傳。【正義】舍，音捨。

〔八〕【考證】梁玉繩曰：是年爲諸樊二年，當魯襄十四年，是楚伐吴，吴敗楚師。若吴伐楚而敗，乃前年事也，此誤。

〔九〕【索隱】左傳襄十六年春，葬晉悼公，平公即位，是也。【考證】梁玉繩曰：世家于各國之事，有附書在當年者，有追書往年者，挂一漏萬，殊無義例，豈皆本舊史，如春秋傳所云告則書，不然則否邪？

十三年，王諸樊卒。〔一〕有命授弟餘祭，欲傳以次，必致國於季札而止，以稱先王壽夢之意，且嘉季札之義，兄弟皆欲致國，令以漸至焉。〔二〕季札封於延陵，故號曰延陵季子。〔三〕

〔一〕【索隱】春秋經襄二十五年「十有二月，吴子遏伐楚，門于巢，卒」。左傳曰：「吴子諸樊伐楚，以報舟師之役，門于巢。巢牛臣曰：『吴王勇而輕，若啓之將親門，我獲射之必殪。是君也死，疆其少安。』從之。吴子門焉，牛臣隱於短牆以射之，卒。」

〔二〕【考證】楓山、三條本「止」作「上」。

〔三〕【索隱】襄三十一年左傳趙文子問於屈狐庸曰：「延州來季子其果立乎？」杜預曰：「延州來，季札邑也。」昭二十七年左傳曰「吴子使延州來季子聘于上國」。杜預曰：「季子本封延陵，後復封州來，故曰延州來。」成七年左傳曰「吳入州來」。杜預曰：「州來，楚邑，淮南下蔡縣是。」昭十三年傳「吳伐州來」，二十三年傳「吳滅州來」。則州來本爲楚邑，吳光伐滅，遂以封季子也。地理志云：「會稽毗陵縣，季札所居。」太康地理志曰：「故延陵邑，季札所居。栗頭有季札祠。」地理志沛郡下蔡縣云「古州來國，爲楚所滅，後吳取之，至夫差，遷昭侯於此」。公羊傳曰：「季子去之延陵，終身不入吳國。」何休曰：「不入吳朝廷也。」此云「封於延陵」，謂因而賜之以采邑。而杜預春秋釋例土地名則云「延州來，闕」，不知何故而爲此言也。【考證】中井積德曰：州來，蓋季子之別邑，其采地有兩邑也，非前後遷移。

王餘祭三年，齊相慶封有罪，自齊來犇吳。吳予慶封朱方之縣，以爲奉邑，以女妻之，富於在齊。〔一〕

〔一〕【集解】吳地記曰：「朱方，秦改曰丹徒。」【考證】事詳于襄二十八年左傳。但慶封先奔魯而來吳也。又無以女妻之之事。

四年，吳使季札聘於魯，〔一〕請觀周樂。〔二〕爲歌周南、召南。〔三〕曰：「美哉，始基之矣，〔四〕猶未也。〔五〕然勤而不怨。」〔六〕歌邶、鄘、衛。〔七〕曰：「美哉，淵乎，憂而不困者也。〔八〕吾聞衛康叔、武公之德如是，是其衛風乎？」〔九〕歌王。〔一〇〕曰：「美哉，思而不懼，其周之東乎？」〔一一〕歌鄭。〔一二〕曰：「其細已甚，民不堪也，是其先亡乎？」〔一三〕歌齊。曰：「美哉，泱泱乎大風也哉。〔一四〕表東海者，其太公乎？〔一五〕國未可量也。」〔一六〕歌豳。曰：「美哉，蕩蕩乎，樂而不淫，〔一七〕其周公之東乎？」〔一八〕歌秦。曰：「此之謂夏聲。夫能夏則大，大之至也，其周之舊乎？」〔一九〕歌魏。曰：「美哉，渢渢乎，〔二〇〕大而寬，儉而易行，〔二一〕以德輔此，則盟主也。」〔二二〕歌唐。曰：「思深哉，其有陶唐氏之遺風乎？不然，何憂之遠也？〔二三〕非令德之後，誰能若是！」歌陳。曰：「國無主，其能久乎？」〔二四〕自鄶以下，無譏焉。〔二五〕歌小雅。〔二六〕曰：「美哉，思而不貳，〔二七〕怨而不言，〔二八〕其周德之衰乎？〔二九〕猶有先王之遺民也。」〔三〇〕歌大雅。〔三一〕曰：「廣哉，熙熙乎，〔三二〕曲而有直體，〔三三〕其文王之德乎？」歌頌。〔三四〕曰：「至矣哉，〔三五〕直而不倨，〔三六〕曲而不詘，〔三七〕近而不偪，〔三八〕遠而不攜，〔三九〕遷而不淫，〔四〇〕復而不厭，〔四一〕哀而不愁，〔四二〕樂而不荒，〔四三〕用而不匱，〔四四〕廣而不宣，〔四五〕施而不費，〔四六〕取而不貪，〔四七〕處而不底，〔四八〕行而不流。〔四九〕五聲和，八風平，〔五〇〕節有度，守有序，〔五一〕盛德之所同也。」〔五二〕見舞象箾、南籥者，〔五三〕曰：「美哉，猶有感。」〔五四〕見舞大武，〔五五〕曰：「美哉，周之盛也其若此乎？」見舞韶護者，〔五六〕曰：「聖人之弘也，〔五七〕猶有慙德，聖人之難也！」〔五八〕見舞大夏，〔五九〕曰：「美哉，勤而不德！〔六〇〕非禹其誰能及之？」〔六一〕見舞招箾，〔六二〕曰：「德至矣哉，大矣，〔六三〕如天之無不幬也，如地之無不載也，〔六四〕雖甚盛德，無以加矣。觀止矣，若有他樂，吾不敢觀。」〔六五〕

〔一〕**【集解】**在春秋魯襄公二十九年。**【考證】**竹添光鴻曰：自盟宋後，中夏諸侯盡朝於楚。吳、楚方讎，故歷聘上國，以聯遠交，且以觀諸侯之嚮背也。

〔二〕**【集解】**服虔曰：「周樂，魯所受四代之樂也。」杜預曰：「魯以周公故，有天子禮樂。」**【考證】**竹添光鴻曰：聘禮記：「歸大禮之日，既受饔餼，請觀。」鄭注云：「聘於是國，欲見其宗廟之好，百官之富。」然則古禮於所聘之國本有請觀之事。

〔三〕【集解】杜預曰：「此皆各依其本國歌所常用聲曲。」

〔四〕【集解】王肅曰：「言始造王基也。」

〔五〕【集解】賈逵曰：「言未有雅、頌之成功也。」杜預曰：「猶有商紂，未盡善也。」【考證】龜井道載曰：言王化未洽也。

〔六〕【集解】杜預曰：「未能安樂，然其音不怨怒。」【考證】龜井昱曰：勤，詩序所謂「憂勤勤勞」是也。此語與論語「勞而不怨」同。二南之時，士民猶有勤勞，如汝墳「殷其雷」，是勤而不怨之辭也。故聲音亦與時勢人情通矣。

〔七〕【集解】杜預曰：「武王伐紂，分其地爲三監。三監叛，周公滅之，并三監之地，更封康叔，故三國盡被康叔之化。」【正義】漢書地理志云：「河内殷之舊都，周既滅殷，分其畿内爲三國：邶，以封紂子武庚；鄘，管叔尹之；衛，蔡叔尹之，以監殷人，謂之三監。」又帝王世紀云：「自殷都以東爲衛，管叔監之；殷都以南爲鄘，蔡叔監之；殷都以北爲邶，霍叔監之，是爲三監。」二說不同，未詳。【考證】三監，正義後說近是。說詳于周本紀。

〔八〕【集解】賈逵曰：「淵，深也。」杜預曰：「亡國之音哀以思，其民困。衛康叔、武公德化深遠，雖遭宣公淫亂，懿公滅亡，民猶秉義不至於困。」【考證】龜井昱曰：有憂而憂，憂也。窮居戚戚，困也。困則失志失身，此遭憂而委頓已。

〔九〕【集解】賈逵曰：「康叔遭管叔、蔡叔之難，武公罹幽王褒姒之憂，故曰康叔、武公之德如是。」杜預曰：「康叔、武公皆衛之令德君也。聽聲以爲別，故有疑言。」【考證】龜井昱曰：楚莊王論周頌審矣。吳、楚接壤，蚤已往來，季札而不知詩三百乎？知而未聞雅聲，今聞其音，憂而不困，合於康叔、武公之德，始得觀衛之風，故曰「是其衛風乎」。彼不告以其國，故稱其國荅之，如未始知其詩者，蓋謙也。

〔一〇〕【集解】服虔曰：「王室當在雅，衰微而列在風，故國人猶尊之，故稱王，猶春秋之王人也。」杜預曰：「王，黍離也。」

〔一一〕【集解】服虔曰：「平王東遷雒邑。」杜預曰：「宗周殞滅，故憂思；猶有先王之遺風，故不懼也。」【正義】思，音肆。

〔一二〕【集解】賈逵曰：「鄭風，東鄭是。」

〔一三〕【集解】服虔曰：「其風細弱已甚，攝於大國之閒，無遠慮持久之風，故曰民不堪，將先亡也。」【考證】左傳「曰」下有「美哉」二字。

〔一四〕【集解】服虔曰：「泱泱，舒緩深遠，有大和之意。其詩風刺，辭約而義微，體疏而不切，故曰大風。」【索隱】泱，於良反。泱泱，猶汪汪洋洋，美盛貌也。杜預曰「弘大之聲」也。

〔一五〕【集解】王肅曰：「言爲東海之表式。」【考證】中井積德曰：言在東海之濱，而爲諸邦之表式也。

〔一六〕【集解】服虔曰：「國之興衰，世數長短，(短)〔未〕可量也。」杜預曰：「言其或將復興。」【考證】杜說爲是。呂氏亡，田氏興，季札何豫知之乎？但聽其弘大之聲，言有興隆之勢耳。顧炎武曰：季札聞鄭風以爲先亡，而鄭至三家分晉之後始滅于韓。聞齊風以爲未可量，乃不久篡于陳氏。左傳所記之言不盡信也。愚按：左氏亦記所傳耳。

〔一七〕【集解】賈逵曰：「蕩然無憂，白樂而不荒淫也。」【考證】龜井昱曰：蕩乎，王民皞皞之意。愚按：樂而不淫，以音聲言之。

〔一八〕【集解】杜預曰：「周公遭管、蔡之變東征，爲成王陳后稷先公，不敢荒淫，以成王業，故言其周公東乎。」【考證】中井積德曰：周公之東，以東山、狼跋篇而言，非指七月。

〔一九〕【集解】杜預曰：「秦仲始有車馬禮樂，去戎狄之音，而有諸夏之聲，故謂之夏聲。及襄公佐周平王東遷，而受其故地，故曰『周之舊』也。」【考證】中井積德曰：秦國即周之舊都，故其聲夏也。夏聲，猶言京音也。故曰「周之舊乎」，非去戎狄之音之謂。即以爲諸夏之聲，則十五國皆夏聲矣，何特秦？

〔二〇〕【索隱】渢，音馮，又音泛。杜預曰：「中庸之聲。」【考證】錢大昕曰：説文無「渢」字，蓋即「汎」之異文。中井積德曰：「渢」乃「汎」字。汎汎，浮沈宛轉之貌。

〔二一〕【索隱】左傳作「大而婉」。杜預曰：「婉，約也。大而約，則儉節易行。」「寬」字宜讀爲「婉」也。【考證】左傳「寬」作「婉」，「儉」作「險」。張文虎曰：寬，各本作「婉」。索隱本作「寬」，與注合。各本依左傳改。錢大昕、梁玉繩説同。龜井道載曰：雖大而婉，雖險而易行也。杜改「儉」，恐誤。龜井昱曰：大中有婉，險中有易，細大難易，和而不相奪，所以爲渢渢也。愚按：儉、險古通用。

〔二二〕【集解】徐廣曰：「盟，一作『明』。」駰案：賈逵曰「其志大直而有曲體，歸中和，中庸之德難成而實易行，故曰以德輔此則盟主也」。杜預曰：「惜其國小而無明君。」【索隱】注引徐廣曰「盟，一作『明』」。按：左傳亦作「明」，此以聽聲知政，言其明聽耳，非盟會也。【考證】沈濤曰：左傳「明主」當作「盟主」，謂有德則爲諸侯之盟主耳。史記正作「盟主」，可證。集解引賈逵傳注亦作「盟主」，則元凱之説非也。

〔二三〕【集解】杜預曰：「晉本唐國，故有堯之遺風。憂深思遠，情發於聲也。」

〔二四〕【集解】杜預曰：「淫聲放蕩，無所畏忌，故曰國無主。」

〔二五〕【集解】服虔曰：「鄶以下及曹風也。其國小，無所刺譏。」【正義】括地志云：「故鄶城在鄭州新鄭縣東北四十二里。」【考證】龜井道載曰：譏，察也。「關譏而不征」之「譏」，無所省察臧否也。龜井昱曰：昭公十九年傳「吾以是譏之」。

〔二六〕【集解】杜預曰：「小雅，小正，亦樂歌之章」。【考證】陸粲曰：「二雅篇數既多，當時樂師或間歌其一二，札因就所聞而評議之。服虔以爲歎變小雅也。」中井積德曰：陸所云間歌一二者，當通前後，不特二雅。

〔二七〕【集解】杜預曰：「思文武之德，無貳叛之心也。」

〔二八〕【集解】王肅曰：「非不能言，畏罪咎也。」【考證】中井積德曰：不言，不敢言也。忠厚之意。

〔二九〕【集解】杜預曰：「衰，小也。」

〔三〇〕【集解】杜預曰：「謂有殷王餘俗，故未大〔衰〕。」【考證】服虔曰：「先王指文、武、成、康。」徐孚遠曰：蓋言文、武遺民，周衰尚在。鎬京無緣有殷王餘俗。

〔三一〕【集解】杜預曰：「大雅陳文王之德，以正天下。」

〔三二〕【集解】杜預曰：「熙熙，和樂聲。」【考證】竹添光鴻曰：周語云「熙廣也」。重言之則曰熙熙，謂其廣熙熙然也。

〔三三〕【集解】杜預曰：「論其聲。」【考證】龜井昱曰：易彖稱文王之德曰「內文明而外柔順」。

〔三四〕【集解】杜預曰：「頌者以其成功告於神明。」

〔三五〕【集解】賈逵曰：「言道備至也。」

〔三六〕【集解】杜預曰：「倨，傲也。」【考證】倨，「倨中矩」之「倨」。龜井昱曰：以下極言中和之德，音無不具也。

〔三七〕【集解】杜預曰：「詘，撓也。」

〔三八〕【集解】杜預曰：「謙退也。」【考證】中井積德曰：偪，切迫。

〔三九〕【集解】杜預曰：「攜，貳也。」

〔四〇〕【集解】服虔曰：「遷，徙也。文王徙豐，武王居鄗。」杜預曰：「淫，過蕩也。」

〔四一〕【集解】杜預曰：「常日新也。」

〔四二〕【集解】杜預曰：「知命也。」

〔四三〕【集解】杜預曰：「節之以禮也。」

〔四四〕【集解】杜預曰：「德弘大。」

〔四五〕【集解】杜預曰：「不自顯也。」

〔四六〕【集解】杜預曰：「因民所利而利之。」

〔四七〕【集解】杜預曰：「義然後取。」【考證】龜井昱曰：施取得中，故不至費，又不至貪。

〔四八〕【集解】杜預曰：「守之以道。」【考證】董份曰：不底，言其不觝滯也。蓋居則易滯，故云。

〔四九〕【集解】杜預曰：「制之以義。」

〔五〇〕【集解】杜預曰：「宮商角徵羽，謂之五聲。八方之氣，謂之八風。」

〔五一〕【集解】杜預曰：「八音克諧，節有度也。無相奪倫，守有序也。」

〔五二〕【集解】杜預曰：「頌有殷、魯，故曰『盛德之所同』。」【考證】劉炫曰：此直據周頌，非挾商、魯頌說，且魯頌唯美僖公之德，本非德洽之類。龜井昱曰：周頌即盛德所集也，劉炫得之。

〔五三〕【集解】賈逵曰：「象文王之樂武象也。箾，舞曲也。南籥，以籥舞也。」【索隱】箾，音朔，又素交反。【考證】中井積德曰：象與南是舞名。箾與籥是器名，舞者所執。孔穎達曰：箾即簫也。程大昌曰：南籥者，二南之籥。鼓鍾之詩所謂「以雅以南，以籥不僭」者也。龜井道載曰：蓋吹簫以舞象，執以舞二南也。

〔五四〕【集解】服虔曰：「憾，恨也。恨不及己以伐紂而致太平也。」【索隱】「感」讀爲「憾」，字省耳，胡暗反。【考證】張文虎曰：索隱本「感」，各本作「憾」。蓋今本依左傳改。讀書雜志云「襄二十九年左傳、釋文作『感』」。

〔五五〕【集解】賈逵曰：「大武，周公所作，武王樂也。」

〔五六〕【集解】賈逵曰：「韶護，殷成湯樂，大護也。」【考證】館本考證云：「左傳及他書『護』皆作『濩』。」

〔五七〕【集解】賈逵曰：「弘，大也。」

〔五八〕【集解】服虔曰：「慙於始伐，而無聖佐，故曰聖人之難也。」【考證】龜井昱曰：不革命，則生民塗炭，彝倫滅矣。自具聖德，其可坐視乎？革命則有來世口實，進退有大難處者。故曰聖人之難也。弘者，言其德盛大，能達節通變也。省「美哉」字，與秦同，其美見於論矣。

〔五九〕【集解】賈逵曰：「夏禹之樂大夏也。」

〔六〇〕【集解】服虔曰：「禹勤其身以治水土也。」

〔六一〕【考證】左傳「及」作「脩」。

〔六二〕【集解】服虔曰：「有虞氏之樂大韶也。」【索隱】「韶」、「簫」二字，體變耳。【考證】龜井昱曰：尚書曰「簫韶」，蓋韶樂兼簫爲名，「簫」字或上或下耳。

〔六三〕【集解】服虔曰：「至，帝王之道極於韶也，盡美盡善也。」

〔六四〕【集解】賈逵曰：「燾，覆也。」

〔六五〕【集解】服虔曰：「周用六代之樂，堯曰咸池，黄帝曰雲門。魯受四代，下周二等，故不舞其二。季札知之，故曰有他樂，吾不敢請。」【考證】左傳「吾不敢觀」作「吾不敢請已」。止，猶言極也、盡也。舞故曰觀。傅遜曰：季札以韶樂至盛無加，故云雖有他樂不敢請，非謂樂之終也。

去魯，遂使齊。說晏平仲曰：「子速納邑與政。〔一〕無邑無政，乃免於難。〔二〕齊國之政將有所歸；未得所歸，難未息也。」故晏子因陳桓子以納政與邑，是以免於欒、高之難。〔三〕

〔一〕【集解】服虔曰：「入邑與政職於公，不與國家之事。」

〔二〕【考證】「邑」下「無」字，凌本作「與」，涉上而誤。

〔三〕【集解】難在魯昭公八年。【正義】難，乃憚反，在魯昭公八年。欒施、高彊二氏作難，陳桓子和之，乃解也。【考證】中井積德曰：左傳昭公十年，陳氏、鮑氏伐欒氏、高氏。欒、高伐虎門，戰于稷，敗，奔魯。難者，蓋指此也。竹添光鴻曰：帶敘後事。

去齊，使於鄭。見子產，如舊交。謂子產曰：「鄭之執政侈，難將至矣，政必及子。子爲政，慎以禮。〔一〕不然，鄭國將敗。」去鄭，適衛。說蘧瑗、史狗、史鰌、公子荆、公叔發、公子朝，曰：「衛多君子，未有患也。」

〔一〕【集解】服虔曰：「禮，所以經國家，利社稷也。」

自衛如晉，將舍於宿，〔一〕聞鍾聲，〔二〕曰：「異哉！吾聞之，辯而不德，必加於戮。〔三〕夫子獲罪於君以在此，〔四〕懼猶不足，而又可以畔乎？〔五〕夫子之在此，猶燕之巢于幕也。〔六〕君在殯，而可以樂乎？」〔七〕遂去之。文子聞之，終身不聽琴瑟。〔八〕

〔一〕【集解】左傳曰：「將宿於戚。」【索隱】注引左傳曰「將宿於戚」。按：太史公欲自爲一家，事雖出左氏，文則隨義而換。既以「舍」字替「宿」，遂誤下「宿」字替於「戚」。戚既是邑名，理應不易。今宜讀「宿」爲「戚」。戚，衛邑，孫文子舊所食地。【正義】宿，音戚。【考證】錢大昕曰：古音戚，如蹙。「蹙」與「縮」通。「宿」本有「蹙」音。

〔二〕【集解】服虔曰：「孫文子鼓鐘作樂也。」

〔三〕【集解】服虔曰：「辯，若鬬辯也。夫以辯爭，不以德居之，必加於刑戮也。」【考證】龜井昱曰：辯、辨相混。此辯謂才幹知略能治辨者，後世所謂有才而無德者。林父頗有幹局，故引是語以風之。注誤。

〔四〕【集解】賈逵曰：「夫子，孫文子也。獲罪，出獻公，以戚畔也。」

〔五〕【索隱】左傳曰「而又何樂」。此「畔」字宜讀曰「樂」。樂謂所聞鐘聲也，畔非其義也。【考證】洪頤煊曰：

「畔」即「般」字，古字通用。爾雅釋詁「般樂也」。錢大昕、梁玉繩説同。

〔六〕【集解】王肅曰：「言至危也。」

〔七〕【集解】賈逵曰：「衛君獻公棺在殯，未葬。」【考證】古鈔本「君」下有「又」字，與左傳合。樂，音逆學反。

〔八〕【集解】服虔曰：「聞義而改也。琴瑟不聽，況於鐘鼓乎？」【考證】亦帶叙後事。

適晉，説趙文子、〔一〕韓宣子、〔二〕魏獻子，〔三〕曰：「晉國其萃於三家乎！」〔四〕將去，謂叔向曰：「吾子勉之！君侈而多良，大夫皆富，政將在三家。〔五〕吾子直，〔六〕必思自免於難。」〔七〕

〔一〕【索隱】名武也。

〔二〕【索隱】名起也。【正義】世本云名秦。

〔三〕【索隱】名鍾舒也。【考證】沈家本曰：按左傳，獻子名舒。

〔四〕【集解】服虔曰：「言晉國之祚將集於三家。」【考證】左傳杜注「祚」作「政」。

〔五〕【集解】杜預曰：「富必厚施，故政在三家也。」【考證】中井積德曰：君侈則人心離焉，臣良則人心歸焉。且富者人之所趨，自然之符也。不必以厚施爲説。崔適曰：趙、韓、魏三子，雖相繼采政，然前乎趙文子者爲中行穆子、中行獻子，後乎魏獻子者爲范獻子，至中行文子、范昭子與趙簡子相攻，知伯瑶尤强，幾滅趙氏，是時六卿之勢力不相上下。季札非蓍非蔡，何由知中行、范必滅，分晉者在此三家乎？自是三家分晉後語。愚按：此事昔人亦疑之。然季子但言晉國萃於三家耳，未嘗言中行、范必滅，三家分晉國。崔説未得，且季子之言，於晉則徵，於齊、鄭則否，左氏之言未必悉浮誇也。

〔六〕【集解】服虔曰：「直，不能曲撓以從衆。」

〔七〕【考證】「吳使季札聘於魯」以下采襄二十九年左傳。

季札之初使，北過徐君。〔一〕徐君好季札劍，口弗敢言。季札心知之，爲使上國，未獻。還至徐，徐君已死，於是乃解其寶劍，繫之徐君冢樹而去。〔二〕從者曰：「徐君已死，尚誰予乎？」季子曰：「不然。始吾心已許之，豈以死倍吾心哉！」〔三〕

〔一〕【考證】論衡祭意篇、藝文類聚無「君」字。

〔二〕【正義】括地志云：「徐君廟在泗州徐城縣西南一里，即延陵季子挂劍之徐君也。」

〔三〕【考證】新序節士篇又録是事云：「徐人嘉而歌之曰：『延陵季子兮不忘故，脱千金之劍兮帶丘墓。』」又見于論衡祭意、書虚篇。

七年，楚公子圍弒其王夾敖而代立，是爲靈王。〔一〕十年，楚靈王會諸侯，而以伐吳之朱方，以誅齊慶封。吳亦攻楚，取三邑而去。〔二〕十一年，楚伐吳，至雩婁。〔三〕十二年，楚復來伐，次於乾谿，楚師敗走。〔四〕

〔一〕【索隱】春秋經襄二十五年，吳子遏卒；二十九年，閽殺吳子餘祭；昭十五年，吳子夷末卒。是餘祭在位四年，餘眛在位十七年。系家倒錯二王之年，此七年正是餘眛之三年。昭元年經曰「冬十有一月，楚子麇卒」。左傳曰「楚公子圍將聘于鄭，未出竟，聞王有疾而還。入問王疾，縊而殺之。孫卿曰：以冠纓絞之。遂殺其子幕及平夏。葬王于郟，謂之郟敖」也。【考證】據昭元年左傳。

〔二〕【集解】左傳曰：「吳伐楚，入棘、櫟、麻，以報朱方之役。」【索隱】杜預注彼云「皆楚東鄙邑也。譙國酇縣東北有棘亭，汝陰新蔡縣東北有櫟亭」。按：解者以麻即襄城縣故麻城，是也。【考證】據昭四年左氏經傳改

「入」爲「取」，未詳。

〔三〕【集解】服虔曰：「雩婁，楚之東邑。」【索隱】昭五年左傳曰「楚子使沈尹射待命于巢，薳啓強待命於雩婁」。今直言至雩婁，略耳。【考證】本昭五年左傳。

〔四〕【集解】杜預曰：「乾谿在譙國城父縣南，楚東境。」【考證】昭六年左傳。

十七年，王餘祭卒，〔一〕弟餘眛立。〔二〕王餘眛二年，楚公子弃疾弑其君靈王代立焉。〔三〕

〔一〕【索隱】春秋襄二十九年經曰「閽殺吳子餘祭」。左傳曰「吳人伐越，獲俘焉，以爲閽，使守舟。吳子餘祭觀舟，閽以刀殺之」。公羊傳曰「近刑人則輕死之道」是也。【考證】王觀國曰：春秋襄二十九年閽殺吳子餘祭，是餘祭嗣位四年被弑也。左氏、公羊、穀梁、史記十二諸侯年表皆同，唯其世家稱十七年餘祭卒。梁玉繩曰：餘祭四年，夷眛十七年，史誤倒。愚按：索隱説同，見上。

〔二〕【考證】餘眛，左氏春秋經作「夷末」，公羊經作「夷眛」。

〔三〕【索隱】據春秋，即眛之十五年也。昭十三年經曰「夏四月，楚公子比自晉歸于楚，弑其君虔于乾谿，楚公子棄疾殺公子比」。左傳具載，以詞繁不録。公子比、弃疾皆靈王弟也。比即子干也。靈王，公子圍也，即位後易名爲虔。弃疾即位後易名熊居，是爲平王。史記以平王遂有楚國，故曰「弃疾弑君」；春秋以子干已爲王，故曰「比殺君」，彼此各有意義也。

四年，王餘眛卒，〔一〕欲授弟季札。季札讓，逃去。於是吳人曰：「先王有命，兄卒弟代立，必致季子。季子今逃位，則王餘眛後立。今卒，其子當代。」乃立王餘眛之子僚爲王。〔二〕

〔一〕【考證】昭十五年左氏經：「春王正月吳子夷末卒。」

〔二〕【集解】吳越春秋曰「王僚，夷眛子」，與史記同。【索隱】此文以爲餘眛子，公羊傳以爲壽夢庶子也。【考證】

史記、公羊不同，說具下文「公子光者，諸樊之子也」下。

王僚二年，〔一〕公子光伐楚，〔二〕敗而亡王舟。光懼，襲楚，復得王舟而還。〔三〕

〔一〕【索隱】計僚元年，當昭十六年。此二年，公子光亡王舟，事在昭十七年左傳。

〔二〕【集解】徐廣曰：「世本云夷昧生光。」

〔三〕【集解】左傳曰舟名「餘皇」。

五年，楚之亡臣伍子胥來犇，公子光客之。〔一〕公子光者，王諸樊之子也。〔二〕常以爲「吾父兄弟四人，當傳至季子。季子即不受國，光父先立。即不傳季子，光當立」。陰納賢士，欲以襲王僚。〔三〕

〔一〕【索隱】左傳昭二十年曰：「伍員如吳，言伐楚之利於州于。杜預曰：州于，吳子僚也。公子光曰：『是宗爲戮，而欲反其讎，不可從也。』員曰：『彼將有他志，余姑爲之求士，而鄙以待之。』乃見鱄設諸焉，而耕於鄙。」是謂客禮以接待也。【考證】楓山、三條本「客」作「容」。

〔二〕【索隱】此文以爲諸樊子，系本以爲夷昧子。【考證】梁玉繩曰：左傳昭二十年稱僚爲州于，當是其號。攷公羊傳，僚長庶也。世本「夷昧及僚，夷昧生光」。服虔云：「夷昧生光而廢之。僚者，夷昧之庶兄。夷昧卒，僚代立。故光曰：『我王嗣。』」左氏襄三十一年，狐庸對趙文子，謂「夷昧天所啓，必此君子孫實終之」。若僚是夷昧子，不應此言，則光是夷昧子，僚是壽夢庶子。而史謂僚爲夷昧子，光爲諸樊子。何休、杜預、孔穎達及王逸天問注、元徐天祐吳越春秋注皆從之。孔疏又云：「世本多誤，不足依憑。」二者未知孰是。杜注左傳昭廿七年二公子掩餘、燭庸云「僚母弟」，是夷昧子也。而昭廿三年傳「掩餘」注又云：「壽夢子。」世族譜云：「二公子，壽夢子。」用公羊爲説，何自相矛盾邪？

〔三〕【考證】「常以爲」以下本襄二十九年公羊傳。

八年，吴使公子光伐楚，敗楚師，迎楚故太子建母於居巢以歸。因北伐，敗陳、蔡之師。〔一〕九年，公子光伐楚，拔居巢、鍾離。〔二〕初，楚邊邑卑梁氏之處女與吴邊邑之女争桑，〔三〕二女家怒相滅，兩國邊邑長聞之，怒而相攻，滅吴之邊邑。吴王怒，故遂伐楚，取兩都而去。〔四〕

〔一〕【考證】據昭二十三年左傳。是役吴子自將，非使公子光伐。且敗楚及陳、蔡，與取建母二事也。建母在郹，亦非居巢也。

〔二〕【集解】服虔曰：「鍾離，州來西邑也。」【索隱】昭二十四年經曰「冬，吴滅巢」。左傳曰：「楚子爲舟師以略吴疆。沈尹戌曰：『此行也，楚必亡邑。不撫人而勞之，吴不動而速之。』吴人踵楚，邊人不備，遂滅巢及鍾離，乃還也。」地理志居巢屬廬江，鍾離屬九江。應劭曰「鍾離子之國也」。【考證】左傳言吴人不言公子光，史公別有所據。

〔三〕【索隱】左傳無其事。【考證】史公據吕氏春秋察微篇。

〔四〕【正義】兩都，即鍾離、居巢。【考證】趙翼曰：伍子胥傳亦云兩女子争桑，而楚世家則曰吴邊邑卑梁與楚邊邑小童争桑。一事也，而或云女子，或云小童，且吴世家則以卑梁屬楚，楚世家以卑梁屬吴，是文之失檢者。張照説同。梁玉繩曰：卑梁是吴邑。當依十二侯表及楚世家、伍子胥傳爲是。然此乃誤承吕氏春秋察微篇來。宜云「吴邊邑之處女與楚邊邑之女争桑」。張文虎曰：類聚引「怒相滅」作「相怒喧」。

伍子胥之初奔吴，説吴王僚以伐楚之利。公子光曰：「胥之父兄爲僇於楚，欲自報其仇耳。未見其利。」於是伍員知光有他志，〔一〕乃求勇士專諸，見之光。〔二〕光喜，乃客伍子胥。子胥退而耕於野，以待專諸之事。〔三〕

〔一〕【集解】服虔曰：「欲取國。」

〔二〕【集解】賈逵曰：「吳勇士。」【索隱】專，或作「剸」。左傳作「鱄設諸」。刺客傳曰「諸，堂邑人也」。【正義】吳越春秋云：「專諸，豐邑人。伍子胥初亡楚如吳時，遇之於途，專諸方與人鬬，甚不可當，其妻呼，還。子胥怪而問其狀。專諸曰：『夫屈一人之下，必申萬人之上。』胥因而相之，雄貌，深目，侈口，熊背，知其勇士。」【考證】沈家本云：正義「豐邑」，今本吳越春秋作「堂邑」，與刺客傳合。

〔三〕【索隱】依左傳，即上五年「公子光客之」是也。事合記於五年，不應略彼而更具於此也。【考證】「伍子胥」以下采昭二十年左傳。子胥欲報父讎，而從光弒僚，事敗，不免夷滅，薦專諸，所以結于光，退耕于野，所以全身。子胥之慮深矣。

十二年冬，楚平王卒。〔一〕十三年春，吳欲因楚喪而伐之，〔二〕使公子蓋餘、燭庸〔三〕以兵圍楚之六、灊。〔四〕使季札於晉，以觀諸侯之變。〔五〕楚發兵絕吳兵後，吳兵不得還。於是吳公子光曰：「此時不可失也。」〔六〕告專諸曰：「不索何獲！〔七〕我真王嗣，當立，吾欲求之。季子雖至，不吾廢也。」〔八〕專諸曰：「王僚可殺也。母老子弱，〔九〕而兩公子將兵攻楚，楚絕其路。方今吳外困於楚，而內空無骨鯁之臣，〔一〇〕是無柰我何。」〔一一〕光曰：「我身，子之身也。」〔一二〕四月丙子，〔一三〕光伏甲士於窟室，〔一四〕而謁王僚飲。〔一五〕王僚使兵陳於道，自王宮至光之家，門階户席，皆王僚之親也，人夾持鈹。〔一六〕公子光詳爲足疾，〔一七〕入于窟室，〔一八〕

使專諸置匕首於炙魚之中以進食。〔一九〕手匕首刺王僚，鈹交於匈，〔二〇〕遂弒王僚。公子光竟代立爲王，是爲吳王闔廬。〔二一〕闔廬乃以專諸子爲卿。

〔一〕【索隱】昭二十六年春秋經書「楚子居卒」是也。按十二諸侯年表及左傳，合在僚十一年。【考證】梁玉繩曰：此與刺客傳言九年，並誤。

〔二〕【索隱】據表及左氏傳止合有十二年，事並見昭二十七年左傳也。【考證】十三年春，當作「十二年夏」。

〔三〕【集解】賈逵曰：「二公子皆吳王僚之弟。」【索隱】春秋作「掩餘」，史記並作「蓋餘」，義同而字異。或者謂太史公被腐刑，不欲言「掩」也。賈逵及杜預及刺客傳皆云「二公子，王僚母弟」。而昭二十三年左傳曰「光帥右，掩餘帥左」，杜注彼則云「掩餘，吳王壽夢子」。又系族譜亦云「二公子並壽夢子」。若依公羊，僚爲壽夢子，則與系族譜合也。【考證】梁玉繩曰：史公未嘗諱「掩」。如項羽紀「梁掩其口」，封禪書「方士皆奄口」，李斯傳「掩馳說之口」，彭越傳「上使使掩梁王」，其他不及偏舉，又何不欲言「掩」之有？刺客傳「燭」作「屬」，字相亂。吳越春秋「庸」作「傭」，文通用。

〔四〕【集解】杜預曰：「灊，在廬江六縣西南。」【考證】左傳無「六」字。

〔五〕【集解】服虔曰：「察彊弱。」

〔六〕【集解】賈逵曰：「時，言可殺王時也。」

〔七〕【集解】服虔曰：「不索當何時得也。」

〔八〕【集解】王肅曰：「聘晉還至也。」

〔九〕【集解】服虔曰：「母老子弱，專諸託其母子於光也。」王肅曰：「專諸言王母老子弱也。」【索隱】依王肅解，與史記同，於理無失。服虔、杜預見左傳下文云「我，爾身也」，「以其子爲卿」，遂强解「是無若我何」，猶言「我無若是何」，語不近情，過爲迂回，非也。

〔一〇〕【考證】左傳無「而兩公子」至「骨鯁之臣」四句二十七字，「母老子弱」句直接「是無奈我何」句。崔適曰：四句當移上文「於是吴公子光曰」下，「兩公子」上。「而」字衍。

〔一一〕【考證】竹添光鴻曰：言時極可，而母老子弱，身不可死，是我自無若我身何。杜預曰：欲以老弱託光。

〔一二〕【集解】服虔曰：「言我身猶爾身也。」【考證】龜井昱曰：汝爲我死，我必成汝。立其子爲卿，猶不死。

〔一三〕【索隱】春秋經唯言「夏四月」，左傳亦無「丙子」，當別有按據，不知出何書也。

〔一四〕【集解】杜預曰：「掘地爲室也。」

〔一五〕【索隱】謁，請也。本或作「請」也。

〔一六〕【集解】音披。【索隱】音披。劉逵注吴都賦「鈹，兩刃小刀」。【考證】孔穎達曰：從門至户，從户至席。親，謂父兄宗族也。

〔一七〕【索隱】詳爲，上音陽，下如字。左傳曰「光僞足疾」，「詳」即「僞」也。或讀此「爲」字音「僞」，非也，豈「詳」「僞」重言邪？【考證】龜井昱曰：蓋僞顛躓而稱疾也。

〔一八〕【集解】杜預曰：「恐難作，王黨殺己，素避之也。」

〔一九〕【集解】服虔曰：「全魚炙也。」【索隱】劉氏曰：「匕首，短劍也。」按：鹽鐵論以爲長尺八寸。通俗文云「其頭類匕，故曰匕首也」。【考證】中井積德曰：「食」字衍。左傳作「以進」，刺客傳作「而進之」，並無「食」字。

〔二〇〕【集解】賈逵曰：「交專諸匈也。」

〔二一〕【考證】古鈔本、凌本無「代」字。

季子至，曰：「苟先君無廢祀，民人無廢主，社稷有奉，乃吾君也。吾敢誰怨乎？哀死事生，以待天命。〔一〕非我生亂，立者從之，先人之道也。」〔二〕復命，哭僚墓，〔三〕復位而待。〔四〕吳公子燭庸、蓋餘二人將兵遇圍於楚者，聞公子光弒王僚自立，乃以其兵降楚，楚封之於舒。〔五〕

〔一〕【集解】服虔曰：「待其天命之終也。」

〔二〕【集解】杜預曰：「吳自諸樊以下，兄弟相傳，而不立適，是亂由先人起也。季子自知力不能討光，故云。」【考證】龜井昱曰：先人猶前人。汎斥先君也。不立適而使國人從立者，此前世之習也。中井積德曰：季子即欲討而力不能，宜出奔，何必事讎之爲？力能討焉，亦不肯討，季子之爲人素如此耳。故闔閭曾不忌云。季子蓋過於仁柔者，元凱有回護之意。

〔三〕【集解】服虔曰：「復命於僚，哭其墓也。」【正義】復，音伏，下同。復命，反歸報命也。

〔四〕【集解】杜預曰：「復本位待光命。」【考證】「十二年春」以下采昭二十七年左傳，又見伍子胥傳、刺客傳、呂氏春秋論威篇。又按：襄二十九年公羊傳云：「闔閭使專諸刺僚而致國乎季子，季子不受曰：『爾殺吾君，吾受爾國，是吾與爾爲篡也。爾殺吾兄，吾又殺爾，是父子兄弟相殺，終身無已也。』去之延陵，終身不入吳國。」所傳不同。

〔五〕【索隱】左傳昭二十七年曰「掩餘奔徐，燭庸奔鍾吾」。三十年經曰「吳滅徐，徐子奔楚」。左傳曰「吳子使徐人執掩餘，使鍾吾人執燭庸。二公子奔楚，楚子大封而定其徙」。無封舒之事，當是「舒」「徐」字亂，又且疏略也。【考證】梁玉繩曰：左傳燭庸、掩餘二公子奔楚而已。楚世家是。此與伍子胥傳云以兵降楚，誤一。闔閭元年，掩餘奔徐，燭庸奔鍾吾，至三年，二公子奔楚，此云奔楚在元年，誤二。楚城養，使二公子居之，與以城父、胡田，無封舒之事。此與子胥傳云封舒，誤三。

王闔廬元年，舉伍子胥爲行人，而與謀國事。楚誅伯州犂，其孫伯嚭亡奔吴，〔一〕吴以爲大夫。

〔一〕【集解】徐廣曰：「伯嚭，州犂孫也。史記與吴越春秋同。嚭，音披美反。」【考證】定四年左傳云：「伍員爲吴行人，以謀楚，楚之殺郤宛也，伯氏之族出，伯州黎之孫嚭爲吴大宰以謀楚。」梁玉繩曰：嚭奔吴非因誅州犂也。

三年，吴王闔廬與子胥、伯嚭將兵伐楚，拔舒，殺吴亡將二公子。光謀欲入郢，〔二〕將軍孫武曰：「民勞，未可，待之。」〔三〕四年，伐楚，取六與灊。〔三〕五年，代越，敗之。〔四〕六年，楚使子常囊瓦伐吴。〔五〕迎而擊之，大敗楚軍於豫章，取楚之居巢而還。〔六〕

〔二〕【考證】張文虎曰：「光」疑「王」字誤。

〔三〕【索隱】左傳此年有子胥對耳，無孫武事也。【考證】左傳子胥對亦無是言。梁玉繩曰：攷春秋傳，晉使卿爲軍將，謂之將中軍、將上軍、將下軍，雖有將軍之文，未定將軍之官，而其名實起于此。自是之後，遂以爲官名。故晉狐夜姑爲將軍，穀梁傳。魏獻子爲將軍，左傳。趙文子問叔向六將軍。墨子、淮南子、新序。此外楚有將軍子重、公羊傳。將軍屈完、將軍子常，楚世家。秦有三將軍，秦本紀。齊有諸將軍，晏子春秋。將軍穰苴，史本傳及晏子春秋。衛有將軍文子，檀弓。鄭有將軍詹伯，國語。吴有將軍孫武。吴世家。又黄池之會，十旌一將軍。國語。魯有將軍慎子，孟子。又魯召子貢授將軍之印。淮南子。其餘未可悉數，而將軍尚無異名也。惟國策梁王以故相爲上將軍，越范蠡爲上將軍，魏太子申爲上將軍，楚屈匄爲大將軍，並世家。但有「上」與「大」之異名，而無前後左右之稱也。漢書百官公卿表云「前後左右將軍，皆周末官」，殊未核。

〔三〕【考證】昭三十一年左傳云：「吳人伐夷侵潛、六。」不云「取六與灊」。

〔四〕【考證】昭三十二年春秋經「夏，吳伐越」，左傳云：「始用師於越也。」

〔五〕【正義】左傳云「楚囊瓦爲令尹」，杜預云「子囊之孫子常」。【考證】中井積德曰：子常是子囊之孫，名瓦，以祖字爲氏。

〔六〕【索隱】左傳定二年，當爲七年。【考證】楓山、三條本「迎」上有「吳」字。梁玉繩曰：事在楚昭八年，吳闔閭七年。此與楚世家、伍子胥傳及年表誤在前一年。

九年，吳王闔廬謂伍子胥、孫武曰：「始子之言郢未可入，今果如何？」〔一〕二子對曰：「楚將子常貪，而唐、蔡皆怨之。王必欲大伐，必得唐、蔡乃可。」闔廬從之，〔二〕悉興師，與唐、蔡西伐楚，至於漢水。楚亦發兵拒吳，夾水陳。〔三〕吳王闔廬弟夫槩欲戰，闔廬弗許。〔四〕夫槩曰：「王已屬臣兵，兵以利爲上，尚何待焉？」〔五〕遂以其部五千人襲冒楚，楚兵大敗，走。於是吳王遂縱兵追之。比至郢，五戰，楚五敗。〔六〕楚昭王亡出郢，奔鄖。〔七〕鄖公弟欲弑昭王，〔八〕昭王與鄖公犇隨。〔九〕而吳兵遂入郢。〔一〇〕子胥、伯嚭鞭平王之尸以報父讎。〔一一〕

〔一〕【索隱】言今欲果敢伐楚可否也。【考證】中井積德曰：言今而伐楚，其可入不可入，果如何也。

〔二〕【考證】唐、蔡怨子常，見定三年左傳。

〔三〕【正義】音陣。

〔四〕【正義】槩，音古代反。

〔五〕【考證】楓山、三條本「何」下有「以復」二字。

〔六〕【索隱】定四年「戰于柏舉，吳入郢」是也。

〔七〕【集解】服虔曰：「鄖，楚縣。」

〔八〕【正義】左傳云鄖公辛之弟懷也。

〔九〕【集解】服虔曰：「隨，楚與國也。」

〔一〇〕【考證】「悉興師」以下據定四年左傳。

〔一一〕【索隱】左氏無此事。【考證】「尸」疑當作「墓」，説具于子胥傳。中井積德曰：「『伯嚭』二字衍，楚殺伯州犂在昭王之世，伯嚭何怨於平王乎哉？」顧棟高曰：「案武王定天下，此時泰伯之子孫已自立于句吳。武王因而封之，時大江以南尚屬蠻夷之地，分茅胙土之所不及，非中原齊、魯星羅棊置也，故其地最廣遠。春秋初尚服屬于楚，自後寖强，遂爲勍敵。而其所并吞之國，亦歷歷可紀焉。大抵北出，則擾廬、壽；東出，則向番陽。其他略有江南全省，而徐州屬宋，廬、鳳屬楚，安慶屬羣舒。最後廬、鳳亦入于吳，而入郢之禍自此始。太平府則與楚之和州對岸，江寧府則與楚之六合接境，其自浙之嘉興，以及湖州、杭州，則與越日相角逐之區也。其自浙之嚴州以及江南之徽州、江西之饒州，則與楚日相窺之地也。方輿家以江西全省亦俱爲吳地，然于經傳無所見。」

十年春，越聞吳王之在郢，國空，乃伐吳。〔一〕吳使別兵擊越。〔二〕楚告急秦，〔三〕秦遣兵救楚擊吳，吳師敗，闔廬弟夫槩見秦、越交敗吳，吳王留楚不去，夫槩亡歸吳，而自立爲吳王。闔廬聞之，乃引兵歸，攻夫槩。夫槩敗奔楚。楚昭王乃得以九月復入郢，而封夫槩於堂谿，爲堂谿氏。〔四〕十一年，吳王使太子夫差伐楚，取番。楚恐而去郢徙鄀。〔五〕

〔一〕【考證】定五年左氏經傳。

〔二〕【考證】左傳無此事。蓋史公以意補之。

〔三〕【考證】定四年左傳云：「申包胥如秦乞師。」

〔四〕【集解】司馬彪曰：「汝南吳房有堂谿亭。」【索隱】案地理志而知。【正義】括地志云：「豫州吳房縣在州西北九十里。應劭云『吳王闔閭弟夫槩奔楚，封之於堂谿氏，本房子國，以封吳，故曰吳房』。」【考證】「秦遣兵」以下據定五年左傳。

〔五〕【集解】服虔曰：「鄀，楚邑。」【索隱】定六年左傳「四月己丑，吳太子終纍敗楚舟師」。杜預曰「闔廬子，夫差兄」。此以爲夫差，當謂名異而一人耳。左傳又曰「獲潘子臣、小惟子及大夫七人，楚於是乎遷郢於鄀」。此言番，番音潘，楚邑名，子臣即其邑之大夫也。【考證】梁玉繩曰：蓋史公以獲潘子臣爲伐番也，此與楚世家、伍子胥傳、年表書「取番」同誤。索隱彌縫其說，妄甚。愚按：鄀縣故城在今湖北襄陽府宜縣東南九十里。

十五年，孔子相魯。〔一〕

〔一〕【索隱】定十年左傳曰「夏，公會齊侯于祝其，實夾谷，孔丘相。犂彌言於齊侯曰『孔丘知禮而無勇』」是也。杜預以爲「相會儀也」，而史遷孔子系家云「攝行相事」。案：左氏「孔丘以公退，曰『士兵之』」，又使茲無還揖對」，是攝國相也。【考證】中井積德曰：孔子是會儀之相矣。太史公誤爲國相也。索隱牽合太甚。趙翼曰：列國世家與孔子毫無相涉者，亦皆書「是歲孔子相魯」「孔子卒」，以其繫天下輕重也。

十九年夏，吳伐越，越王句踐迎擊之檇李。〔一〕越使死士挑戰，〔二〕三行造吳師，呼，自剄。〔三〕吳師觀之，越因伐吳，敗之姑蘇，〔四〕傷吳王闔廬指，軍卻七里。吳王病傷而死。〔五〕闔廬使立太子夫差，謂曰：「爾而忘句踐殺汝父乎？」〔六〕對曰：「不敢！」〔七〕三年，乃報越王。〔八〕

〔一〕【集解】賈逵曰：「檇李，越地。」杜預曰：「吳郡嘉興縣南有檇李城也。」檇，音醉。【考證】楓山、三條本「檇」下有「敗」字。公羊作「醉李」。今浙江嘉興府秀水縣有檇李故城，即吳、越戰處。

〔二〕【集解】徐廣曰：「死，一作『亶』，越世家亦然，或者以爲人名氏乎？」駰案：賈逵曰：「死士，死罪人也。」鄭衆曰「死士，欲以死報恩者也」。杜預曰：「敢死之士也。」【正義】挑，音田鳥反。【考證】左傳云：「勾踐患吳之整也，使死士再禽焉，不應。」

〔三〕【集解】左傳曰「使罪人三行屬劒於頸」。【正義】行，胡郎反。造，千到反。呼，火故反。頸，堅鼎反。【考證】依左傳，「三行」上脱「使罪人」三字。王若虚曰：案左氏，死士與罪人是兩節，而遷混之，故義理不明。

〔四〕【集解】越絶書曰：「闔廬起姑蘇臺，三年聚材，五年乃成，高見三百里。」【索隱】姑蘇，臺名，在吳縣西三十里。左傳定十四年曰「越子大敗之，靈姑浮以戈擊闔廬，闔廬傷將指，還卒於陘，去檇李七里」。杜預以爲檇李在嘉興縣南。靈姑浮，越大夫也。【正義】姑蘇、檇李相去二百里。【考證】左傳無「姑蘇」二字。陳仁錫曰：此衍「姑蘇」二字。

〔五〕【集解】越絶書曰：「闔廬冢在吳縣昌門外，名曰虎丘。下池廣六十步，水深一丈五尺，桐棺三重，澒池六尺，玉鳧之流，扁諸之劒三千，方員之口三千，槃郢魚腸之劒在焉。卒十餘萬人治之，取土臨湖，葬之三日，白虎居其上，故號曰虎丘。」【索隱】澒，胡貢反。以水銀爲池。【正義】顧野王云：「水銀謂之澒也。」

〔六〕【考證】左傳云：「夫差使人立於庭，苟出入，必謂己曰：『夫差，而忘越王之殺而父乎？』則對曰：『唯，不敢忘。』」與此異。王念孫曰：「爾」字衍，左傳可證。愚按：爾，汝也。「而」字衍，伍子胥傳可證。

〔七〕【索隱】此以爲闔廬謂夫差，夫差對闔廬。若左氏傳則云「對曰」者，夫差對所使之人也。

〔八〕【考證】「十九年」以下，本定十四年左傳。龜井昱曰：三年間一年也。與尚書數日法同。儀禮「日用丁巳筮旬有一日」。敖氏云：「以丁巳筮丁巳，而曰十一日，則是并筮日之日而數之也。」古數日之法，於此可見。

夫差元年，〔一〕以大夫伯嚭爲太宰。〔二〕習戰射，常以報越爲志。二年，吴王悉精兵以伐越，敗之夫椒，〔三〕報姑蘇也。〔四〕越王句踐乃以甲兵五千人棲於會稽，〔五〕使大夫種因吴太宰嚭而行成，請委國爲臣妾。〔六〕吴王將許之，伍子胥諫曰：「昔有過氏〔七〕殺斟灌，以伐斟尋，〔八〕滅夏后帝相。〔九〕帝相之妃后緡方娠，〔一〇〕逃於有仍，〔一一〕而生少康。〔一二〕少康爲有仍牧正。〔一三〕有過又欲殺少康，少康奔有虞。〔一四〕有虞思夏德，〔一五〕於是妻之以二女，而邑之於綸，〔一六〕有田一成，有衆一旅。〔一七〕後遂收夏衆，撫其官職。〔一八〕使人誘之，〔一九〕遂滅有過氏，復禹之績，祀夏配天，〔二〇〕不失舊物。〔二一〕今吴不如有過之彊，而句踐大於少康。今不因此而滅之，又將寬之，不亦難乎！且句踐爲人能辛苦，〔二二〕今不滅，後必悔之。」吴王不聽，聽太宰嚭，卒許越平，與盟而罷兵去。〔二三〕

〔一〕**【集解】**越絶書曰：「太伯到夫差二十六代，且千歲。」**【索隱】**史記太伯至壽夢十九代，諸樊已下六王，唯二十五代。

〔二〕**【索隱】**案：左傳定四年，伯嚭爲太宰，當闔廬九年，非夫差代也。**【考證】**史公欲言疎子胥，先補此句。

〔三〕**【集解】**賈逵曰：「夫椒，越地。」杜預曰：「太湖中椒山也。」**【索隱】**賈逵云越地，蓋近得之。然其地闕，不知所在。杜預以爲太湖中椒山，非戰所。夫椒與椒山不得爲一。且夫差以報越爲志，又伐越當至越地，何乃不離吴境，近在太湖中？又案：越語云「敗五湖也」。**【正義】**杜預曰：「太湖中也。」賀循會稽記云：「句踐逆吴，戰於五湖中，大敗而退。今夫椒山在太湖中洞庭山西北。」**【考證】**中井積德曰：按越世家，句踐聞吴王且報越，先往伐之。吴王聞之，悉發精兵擊越。然則戰在半途，或在吴地耳。

〔四〕【正義】越世家云「吴師敗於檇李」，言報姑蘇，誤也。姑蘇乃是夫差敗處，太史公甚疏。【考證】哀元年左傳云：「吴王夫差敗越于夫椒，報檇李也。」陳仁錫曰：姑蘇當作「檇李」。梁玉繩曰：姑蘇乃吴都所在，越師雖勝，豈能直抵吴都？越世家依左傳作「檇李」是，此與子胥傳同誤。

〔五〕【集解】賈逵曰：「會稽，山名。」【索隱】鳥所止宿曰棲。越爲吴敗，依託於山林，故以鳥棲爲喻。左傳作「保」，國語作「棲」。【考證】中井積德曰：甲兵五千人，左傳作「甲楯五千」。棲於山上，如鳥棲宿於木上，故曰「棲」。愚按：會稽山在今浙江紹興府會稽縣東南十二里。

〔六〕【集解】服虔曰：「行成，求成也。」【索隱】大夫，官也。種，名也。吴越春秋以爲種姓文。而劉氏云「姓大夫」，非也。【正義】國語云：「越飾美女八人納太宰嚭曰『子苟然，放越之罪』。」成，平也。

〔七〕【集解】賈逵曰：「過，國名也。」【索隱】過，音戈。寒浞之子澆所封國也，猗姓國。晉地道記曰：「東萊掖縣有過鄉，北有過城，古過國也。」

〔八〕【集解】斟灌，斟尋，夏同姓。夏后相依斟灌而國，故曰殺夏后相也。【索隱】斟灌，斟尋，夏同姓，賈氏據系本而知也。按：地理志北海壽光縣，應劭曰「古斟灌亭是也」。平壽縣，復云「古北㪷尋，禹後，今㪷城是也」。然「㪷」與「斟」同。【考證】龜井昱曰：殺斟灌，殺其君也。

〔九〕【集解】服虔曰：「夏后相，啓之孫。」

〔一〇〕【集解】賈逵曰：「緡，有仍之姓也。」杜預曰：「娠，懷身也。」

〔一一〕【集解】賈逵曰：「有仍，國名，后緡之家。」【索隱】未知其國所在。春秋經桓五年「天王使仍叔之子來聘」，穀梁經傳並作「任叔」。仍、任，聲相近，或是一地。猶甫吕、虢郭之類。案：地理志東平有任縣，蓋古仍國。

〔一二〕【集解】服虔曰：「后緡遺腹子。」

〔一三〕【集解】王肅曰：「牧正，牧官之長也。」

〔一四〕【集解】賈逵曰：「有虞，帝舜之後。」杜預曰：「梁國虞縣。」【正義】括地志云：「宋州虞城縣，本虞國，舜後所封之邑也。」左傳云「伍員曰『昔少康奔有虞，虞思妻之以二姚』」。杜預云「思，虞君也。姚，虞姓也」。

〔一五〕【考證】張照曰：按左傳，「思」是虞君名。此直作「思念」之「思」。梁玉繩曰：當依傳，衍「有」、「夏德」三字。

〔一六〕【集解】賈逵曰：「綸，虞邑。」

〔一七〕【集解】賈逵曰：「方十里爲成，五百人爲旅。」

〔一八〕【集解】服虔曰：「因此基業，稍收取夏遺民餘衆，撫修夏之故官憲典。」

〔一九〕【索隱】左傳云「使女艾諜澆，遂滅過、戈」。杜預曰：「諜，候也。」

〔二〇〕【集解】服虔曰：「以鯀配天也。」【考證】陳仁錫曰：以禹配天也。

〔二一〕【集解】賈逵曰：「物，職也。」杜預曰：「物，事也。」【考證】中井積德曰：「舊物，猶舊業。」又曰：「左傳襄四年魏莊子之言，説羿、浞之事甚明。滅帝相者，后羿也，非浞澆也。滅二斟者，寒浞也，非過也。伍子胥之言，則差舛尤多。」

〔二二〕【考證】「能」讀曰「耐」。

〔二三〕【考證】「二年」以下，本哀元年左傳。楓山、三條本「越」下有「王」字。

七年，吳王夫差聞齊景公死而大臣争寵，新君弱，仍興師北伐齊。〔一〕子胥諫曰：「越王句踐，食不重味，衣不重采，弔死問疾，且欲有所用其衆。此人不死，必爲吳患。今越在腹心疾，〔二〕而王不先，而務齊，不亦謬乎！」吳王不聽，遂北伐齊，敗齊師於艾陵。〔三〕至繒，〔四〕召魯哀公而徵百牢。〔五〕季康子使子貢以周禮説太宰嚭，乃得止。〔六〕因留略地於齊、魯之南。九年，爲騶伐魯，〔七〕至，(興)〔與〕魯盟乃去。〔八〕十年，因伐齊而歸。〔九〕十一年，復北伐齊。〔一〇〕

〔一〕【考證】梁玉繩曰：是年無伐齊事，伐齊在魯哀十年，當夫差十一年。且吴之伐齊，因前年齊悼公與吴謀伐魯，既而齊與魯平，吴恨之，反與魯謀伐齊，其事去齊景公之卒已四年矣。此及子胥傳同誤，而即以此爲艾陵之役，則更誤矣。

〔二〕【考證】楓山、三條本「在」作「猶」，與吴語合。

〔三〕【集解】杜預曰：「艾陵，齊地。」【索隱】七年，魯哀公之六年也。左傳此年無伐齊事，哀十一年敗齊艾陵爾。【考證】國語吴語亦爲夫差十二年事。與左傳合。艾陵，在今山東泰安府泰安縣博縣故城南。

〔四〕【集解】杜預曰：「瑯邪繒縣。」【考證】今山東兗州府嶧縣東。

〔五〕【集解】賈逵曰：「周禮，王合諸侯，享禮十有二牢；上公九牢；侯伯七牢；子男五牢。」【索隱】事在哀七年。是年當夫差八年，不應上連七年。案：左傳曰「子服景伯對，不聽，乃與之」，非謂季康子使子貢説，得不用百牢。太宰嚭自別召康子，乃使子貢辭之耳。

〔六〕【考證】梁玉繩曰：左傳會繒，在魯哀七年，當夫差八年。艾陵之師，在哀十一年，當夫差十二年。此倒叙會繒于艾陵之後，而并書乎夫差之七年，誤一。子胥傳同誤。吴之會繒，欲以求霸，非因伐齊而至繒也，誤二。魯世家同誤。繒之會，吴徵百牢，子服景伯對曰：「先王未之有也。」吴人弗聽，乃與之。太宰嚭召季康子，康子使子貢辭曰：「寡君既共命焉，其老豈敢棄其國？」判然兩事，而此與年表、魯世家竟合與牢辭召爲一，以徵牢之對出于子貢，若魯未嘗與吴百牢者，誤三。此云召哀公，尤非也。

〔七〕【索隱】左傳「騶」作「邾」。聲相近自亂耳。杜預注左傳亦曰「邾，今魯國騶縣是也」。騶，宜音邾。

〔八〕【考證】「九年」以下，據哀八年左傳。

〔九〕【考證】梁玉繩曰：「十」下脫「一」字，「因而歸」三字衍，説在後。沈家本曰：吳越春秋亦在十一年。

〔一〇〕【索隱】依左氏，「十一年」合作「十二年」也。

越王句踐率其衆以朝吳，厚獻遺之，吳王喜。〔一〕唯子胥懼，曰：「是弃吳也。」〔二〕諫曰：「越在腹心，今得志於齊，猶石田，無所用。〔三〕且盤庚之誥有顛越勿遺，〔四〕商之以(與)〔興〕。」〔五〕吳王不聽，使子胥於齊，子胥屬其子於齊鮑氏，〔六〕還報吳王。吳王聞之大怒，賜子胥屬鏤之劍以死。〔七〕將死，曰：「樹吾墓上以梓，令可爲器。〔八〕抉吾眼置之吳東門，以觀越之滅吳也。」〔九〕

〔一〕【考證】左傳云：「吳將伐齊，越子率其衆以朝焉。王及列士皆有饋賂，吳人皆喜。」

〔二〕【集解】左氏作「豢吳」。豢，養也。【考證】楓山、三條本「是」下有「天」字，義長。

〔三〕【集解】王肅曰：「石田不可耕。」

〔四〕【集解】服虔曰：「顛，隕也。越，墜也。顛越無道，則割絶無遺也。」【索隱】左傳曰：「其顛越不共，則劓殄無遺育，無俾易種于茲邑，是商所以興也，今君易之。」此則艾陵戰時也。【正義】杜預云：「顛越不共，從横不承命者也。」【考證】言顛越者，悉滅絶之，勿有所遺育。

〔五〕【集解】徐廣曰：「一本作『盤庚之誥有顛之越之，商之以興』。子胥傳『誥曰有顛越商之興』。」【考證】中井積德曰：「以」上脱「所」字，子胥傳可證。集解引傳有脱文。

〔六〕【集解】服虔曰：「鮑氏，齊大夫。」【索隱】左傳直曰「使於齊」，杜預曰「私使人至齊，屬其子」。案：左傳又曰「反役，王聞之」，明非子胥自使也。【考證】穆文熙曰：子胥屬子於齊，蓋誓以死諫，且不欲絶先人之後也。

或謂屬鏤之劍，乃所自招，不知其心矣。

〔七〕【集解】服虔曰：「屬鏤，劍名。賜使自刎。」【索隱】劍名，見越絶書。【正義】屬，音燭。鏤，音力于反。【考證】竹添光鴻曰：荀子榮辱篇注「钃，刺也，之欲反。故良劍謂之钃鏤，亦取其利也」。書禹貢孔傳：「鏤，鋼鐵也。」

〔八〕【索隱】左傳云：「樹吾墓檟，檟可材也，吳其亡乎！」梓、檟相類，因變文也。【正義】言吳必滅亡，梓木耐濕，可以爲棺，故樹。【考證】秦鼎曰：「暗致備王棺材之意。」龜井昱曰：襄二年左傳「穆姜使擇美檟以自爲櫬」。其四年，「季孫爲己樹六檟」。檟之爲棺材審矣。愚按：「越王句踐」以下，采哀十一年左傳。

〔九〕【索隱】抉，烏穴反。此國語文，彼以「抉」爲「辟」。又云「以手抉之」。王慍曰：『孤不使大夫得有見。』乃盛以鴟夷，投之江也。」【正義】吳俗傳云「子胥亡後，越從松江北開渠，至横山東北，築城伐吳，子胥乃與越軍夢，令從東南入破吳。越王即移向三江口岸立壇，殺白馬祭子胥，杯動酒盡，越乃開渠。子胥作濤，盪羅城東，開入滅吳。至今猶號曰示浦，門曰鱔鯆」。是從東門入滅吳也。【考證】「抉吾眼」以下，依國語吳語。梁玉繩曰：誅員，在魯哀十一年，爲夫差十二年。此與年表、子胥傳並誤。又曰「抉吾眼置之吳東門」，此是一時忿詞。而呂氏春秋知化篇、韓詩外傳七言夫差實抉子胥之目著于門。莊子盜跖篇、楚辭劉向九歎並有「子胥抉眼」之語，殆未可信。

齊鮑氏弑齊悼公。〔一〕吳王聞之，哭於軍門外三日，〔二〕乃從海上攻齊。〔三〕齊人敗吳，吳王乃引兵歸。〔四〕

〔一〕【索隱】公名陽生，左傳哀十年曰：「吳伐齊南鄙，齊人殺悼公」，不言鮑氏。又鮑牧以哀八年爲悼公所殺，今言鮑氏，蓋其宗黨爾。且此伐在艾陵戰之前年，今記於後，亦爲顛倒錯亂也。

〔二〕【集解】服虔曰：「諸侯相臨之禮。」

〔三〕【集解】徐廣曰：「上，一作『中』。」

〔四〕【考證】梁玉繩曰：此即十一年伐齊事，疑錯簡于此，應移在上文「十一年伐齊」之下，譌作「十年因伐齊而歸」也。齊人弒悼公，亦不得言鮑氏，當云「十二年伐齊，齊人弒悼公」云云。

十三年，吳召魯、衛之君。會於橐皋。〔一〕

〔一〕【集解】服虔曰：「橐皋，地名也。」杜預曰：「在淮南逡遒縣東南。」【索隱】哀十二年左傳曰：「公會吳于橐皋。衛侯會吳于鄖。」此并言會衛橐皋者，案左傳「吳徵會于衛。初衛殺吳行人，懼，謀於子羽。子羽曰『不如止也』。子木曰『往也』」。以本不欲赴會，故魯以夏會衛及秋乃會。太史公以其本召於橐皋，故不言鄖。鄖，發陽也，廣陵縣東南有發繇口。橐，音他各反。逡遒，上七巡反，下酒尤反。【正義】橐，音柘。【考證】橐皋今安徽盧州府巢縣西北六十里柘皋鎮，俗猶名吳會城。杭世駿曰：左傳橐皋之會，但有魯君。秋，徵會于衛，乃會于鄖耳。此并兩事爲一。梁玉繩曰：此與表言衛亦會于橐皋，非。索隱知其誤，而曲爲之說。

十四年春，吳王北會諸侯於黄池，〔一〕欲霸中國以全周室。〔二〕六月戊子，越王句踐伐吳。〔三〕乙酉，越五千人與吳戰。〔四〕丙戌，虜吳太子友。丁亥，入吳。吳人告敗於王夫差，夫差惡其聞也。〔五〕或泄其語，吳王怒，斬七人於幕下。〔六〕七月辛丑，吳王與晉定公争長。吳王曰：「於周室我爲長。」〔七〕晉定公曰：「於姬姓我爲伯。」〔八〕趙鞅怒，將伐吳，〔九〕乃長晉定公。〔一〇〕吳王已盟，與晉別，欲伐宋。太宰嚭曰：「可勝而不能居也。」〔一一〕乃引兵歸國。國亡太子，內空，王居外久，士皆罷敝，於是乃使厚幣以與越平。〔一二〕

〔一〕【集解】杜預曰：「陳留封丘縣南有黄亭，近濟水。」【考證】通鑑輯覽云：「黄池在今河南開封府封丘縣西南。」王夫之曰：黃池，黃水也。水出小黃之黃溝，經外黃至沛入泗。黃水所自出，謂之黃溝，一曰黃池，在今杞縣之西，大河之南。故國語曰「吳王夫差起師將北會黃池，闕溝于商魯之間，北屬之沂，西屬之沛」，蓋自沛泝黃水而上也。云商魯之間者，商，宋也，黃水經外黃，今考城縣宋地也。以地考吳子但泝沛黃二水，未嘗濟河而北，杞縣在河之南，與考城相近，黃池在此必矣。杜云封丘縣南黃亭近濟水，則在大河之北，失之。

〔二〕【考證】楓山、三條本「全」作「令」。

〔三〕【考證】梁玉繩曰：戊子，左傳作「丙子」，此誤。愚按：楓山、三條本作「丙子」。

〔四〕【考證】陳子龍曰：外傳「范蠡、舌庸率師沿海，泝淮以絕吳路」，當起數道之師，不止五千人也。梁玉繩曰：攷哀十三年左傳，是戰也，吳大夫王孫彌庸屬徒五千，史公必因此而誤。

〔五〕【集解】賈逵曰：「惡其聞諸侯。」

〔六〕【集解】服虔曰：「以絕口。」

〔七〕【集解】杜預曰：「吳爲太伯後，故爲長。」

〔八〕【集解】杜預曰：「爲侯伯。」

〔九〕【考證】梁玉繩曰：案左傳鞅與司馬寅之言，祇是争長耳，非怒而欲伐吳也。史與傳不合。

〔一〇〕【集解】徐廣曰：「黃池之盟，吳先歃，晉次之，與外傳同。」駰案：賈逵曰「外傳曰『吳先歃，晉亞之』。先叙晉，晉有信，又所以外吳」。【索隱】此依左傳文。案：左傳「趙鞅呼司馬寅曰『建鼓整列，二臣死之，長幼必可知也』。是趙鞅怒。司馬寅請姑視之，反曰：『肉食者無墨，今吳王有墨，國其勝乎？』杜預曰：墨，氣色下也，國爲敵所勝。又曰：『太子死乎？且夷德輕，不忍久，請少待之。』乃先晉人」，是也。徐、賈所云據國語，不與左傳合，非也。左氏魯襄公代晉、楚爲會，先書晉，晉有信耳。外傳即國語也，書有二名也。外吳者，吳夷，賤之，不許同中國，故言「外」也。【正義】國語云：「晉責吳曰『夫周室命圭，有命曰吳伯，不言吳王，諸侯是以敢辭。夫諸侯無二君，而無卑天子以干不祥，而曰吳公，孤敢不順從君命』。」吳王許諾。吳公先歃，晉侯次之。【考證】梁玉繩曰：案公羊哀十三年會黃池，傳曰：「吳主會也，與外傳言吳公先歃，晉侯亞之同。」左傳云『乃先晉人』，先吳于晉也。先儒謂經書吳在下，是晉實先之，誤矣。史公于秦紀及晉、趙兩世家言長吳，而此言長晉，共說一事。二文不同，何自歧也。以情勢揆之，晉人不競已歷數世，自宋之會，即爲楚所先，而況其能與吳爭乎？李笠曰：「晉、趙世家言長吳，此言長晉者，亦傳疑之例也。」

〔一二〕【考證】言宋可敗也，而我不可久止也。

〔一三〕【考證】「十四年春」以下，依哀十三年左傳。中井積德曰：「使」下似脱一「使」字。愚按：古鈔本有。

十五年，齊田常殺簡公。〔一〕

〔一〕【考證】哀十四年左氏經傳，楓山、三條本「殺」下有「其君」二字。

十八年，越益彊。越王句踐率兵使伐敗吳師於笠澤。〔一〕楚滅陳。〔二〕

〔一〕【正義】吳地記云：「笠澤江，松江之別名。在蘇州南三十五里。」又云：「笠澤即太湖。」【考證】本哀十七年左傳。中井積德曰：「使」字衍，張文虎曰當「復」之譌。

〔二〕【考證】哀十七年左傳。

二十年，越王句踐復伐吳。〔一〕二十一年，遂圍吳。〔二〕二十三年十一月丁卯，越敗吳。越王句踐欲遷吳王夫差於甬東，〔三〕予百家居之。吳王曰：「孤老矣，不能事君王也。〔四〕吾悔不用子胥之言，自令陷此。」遂自剄死。〔五〕越王滅吳，誅太宰嚭，以爲不忠，而歸。〔六〕

〔一〕【索隱】哀十九年左傳曰：「越人侵楚，以誤吳也。」杜預曰：「誤吳使不爲備也，無伐吳事。」

〔二〕【考證】哀二十年左傳。

〔三〕【集解】賈逵曰：「甬東，越東鄙，甬江東也。」韋昭曰：「句章，東海口外州也。」【索隱】國語曰甬句東，越地，會稽句章縣東海中州也。案：今鄮縣是也。

〔四〕【考證】哀二十二年左傳。

〔五〕【集解】越絶書曰：「夫差冢在猶亭西卑猶位，越王使干戈人一㙇土以葬之。近太湖，去縣五十七里。」【索隱】左傳「乃縊，越人以歸」也。猶亭，亭名。「卑猶位」三字共爲地名，吴地記曰「徐枕山一名卑猶山」是。㙇，音路禾反，小竹籠，以盛土也。【正義】㙇，力和反。【考證】國語吴語云：「夫差將死，使人説於子胥曰：『使死者無知則已矣，若其有知，吾何面目以見員也。』遂自殺。」史公取其意，易其文。梁玉繩曰：左傳作「縊」，越世家云「自殺」，其義一也。而此言「自剄」。越絶書、吴越春秋作「伏劍」，淮南道應、説苑正諫與此同。子胥傳又言越殺夫差，並小異。孫詒讓曰：集解「卑猶」當作「申酉」。申酉，正西方，此記墓所在方位。「㙇」乃「虆」之俗也。

〔六〕【考證】越世家云「越王葬吴王而誅太宰嚭」。伍子胥傳云：「殺王夫差而誅太宰嚭。」吴越春秋云：「誅嚭，并妻子。」劉恕曰：左傳哀二十四年閏月，哀公如越，季孫懼，使因太宰嚭而納賂焉。在吴亡後二年也。如左氏之説，則嚭入越亦用事，安吴亡即誅哉？竹添光鴻曰：據左氏，則此時未必誅嚭。越之誅嚭，當在季孫納賂之後。史公特因滅吴而牽連書之爾。

太史公曰：孔子言「太伯可謂至德矣，三以天下讓，民無得而稱焉」。〔一〕余讀春秋古文，乃知中國之虞與荊蠻句吴兄弟也。〔二〕延陵季子之仁心，慕義無窮，見微而知清濁。嗚呼，又何其閎覽博物君子也！〔三〕

〔一〕【集解】王肅曰：「太伯弟季歷賢，又生聖子昌，昌必有天下，故太伯以天下三讓於王季。其讓隱，故無得而稱言之者，所以爲至德也。」【正義】繆協云：「其讓之跡，詭權反常，當時莫知，故無明稱，可謂至德也已。」范甯云：「其德弘遠，故曰至也。」【考證】論語泰伯篇。

〔二〕【考證】春秋古文，即左氏春秋傳。劉歆與太常博士書、許慎説文序可證。

〔三〕【集解】皇覽曰：「延陵季子冢在毗陵縣暨陽鄉，至今吏民皆祀之。」

【索隱述贊】太伯作吴，高讓雄圖。周章受國，别封於虞。壽夢初霸，始用兵車。三子遞立，延陵不居。光既篡位，是稱闔閭。王僚見殺，賊由專諸。夫差輕越，取敗姑蘇。甬東之恥，空慙伍胥。

史記會注考證卷三十二

齊太公世家第二　史記三十二

【正義】括地志云：「天齊池，在青州臨淄縣東南十五里。封禪書云『齊之所以爲齊者，以天齊也』。」【考證】史公自序云：「申、呂肖矣，尚父側微，卒歸西伯，文武是師；功冠羣公，繆權于幽；番番黃髮，爰饗營丘。不背柯盟，桓公以昌，九合諸侯，霸功顯彰。田闞争寵，姜姓解亡。嘉父之謀，作齊太公世家第二」。顧棟高曰：齊於春秋號爲大國，然以山東全省計之，兗州强半屬魯，泰安與魯參半，東昌、晉、衛錯處；他如青州、濟南，魯地犬牙其間；齊所全有者，武定、登、萊三府及曹、沂所屬數縣而已。其形勢要害不如晉，幅員廣遠不如吳、楚。徒以東至海，饒魚鹽之利；西至河，憑襟帶之固；南至穆陵，有大峴之險；北至無棣，收廣莫之地。用管子之計，官山府海，遂成富强，爲五伯首。豈惟地利，抑亦人謀之善也。然管子以圖伯者，陳氏亦用以竊國。器一也，而操之者則異，豈非得其人則用以興，失其人則遂以亡者歟？愚按：左傳僖四年所謂「東至海，西至河」四句，就太公賜履之地而言之，非說齊封疆也。而顧氏云穆陵，山東青州臨朐縣南；無棣，直隸天津慶雲縣，誤以近齊地名充之，故其所說封疆則略得其要。說又見「太公」條下。

太公望呂尚者，東海上人。〔一〕其先祖嘗爲四嶽，佐禹平水土，甚有功。〔二〕虞、夏之際，封於呂，〔三〕或封於申，〔四〕姓姜氏。夏、商之時，申、呂或封枝庶，子孫或爲庶人，尚其後苗裔也。本姓姜氏，從其封姓，故曰呂尚。

〔一〕【集解】呂氏春秋曰：「東夷之士。」【索隱】譙周曰：「姓姜，名牙。炎帝之裔，伯夷之後，掌四岳，有功，封之於呂，子孫從其封姓，尚其後也。」按：後文王得之渭濱云「吾先君太公望子久矣」，故號太公望。蓋牙是字，尚是其名，後武王號爲師尚父也。【正義】按：蘇州海鹽縣有太公宅及廟，其縣臨海，故云東海。【考證】崔述曰：孟子、春秋傳皆稱爲太公。果如史記之說，則太公即王季，豈可去「望」而以「太公」稱之？蓋望其名，尚父其字，呂其氏也，姜其姓也，師其官也，公其爵也，太公，齊人之追稱之也。是時諸侯尚未有謚。周之大臣有謚，自周公始。太公爲齊始封君，故號之曰太公。猶亶父之號爲太王也。師尚父者，連官與字而稱之者也，猶所謂保奭、史佚也。太公望者，連號與名而稱之者也，猶所謂周公旦、召公奭也。呂尚者，連氏與字而稱之而省文者也，猶子游之稱言游，子華之稱公西華也。牙之名，尚父之官，皆不見於經傳，蓋由不知望之即名，尚父之即字，而妄爲之說者也。梁玉繩曰：孟子曰「太公望」，則其名望審矣。中井積德曰：太公不知何許人也，孟子稱「辟紂居東海之濱」，則其非東海上人也明矣。梁玉繩曰：呂氏春秋當染、首時注，淮南氾論注、水經注九並言太公河内汲人。

〔二〕【考證】國語周語曰：「四岳，共工之從孫，佐伯禹，高高下下，疏川導滯，鍾水豐物，皇天嘉之，祚四岳國，命爲侯伯，賜姓曰姜，氏曰有呂，謂其能爲禹股肱心膂，以養物豐民人也。」史公所本。柯維棋曰：周語以四岳爲共工之從孫，佐禹治水。又鄭語云「姜，伯夷之後」。太史公于陳杞世家云「伯夷之後，至周武王，復封于齊，曰太公望」，乃本鄭語，而齊世家云「四岳」者，乃本周語，豈四岳即伯夷邪？

〔三〕【集解】(除)〔徐〕廣曰：「呂，在南陽宛縣西。」

〔四〕【索隱】地理志申在南陽宛縣，申伯國也。呂亦在宛縣之西也。【考證】國語周語：「申、呂雖衰，齊、許猶在。」

呂尚蓋嘗窮困，年老矣，〔一〕以漁釣奸周西伯。〔二〕西伯將出獵，卜之，曰「所獲非龍非彲，〔三〕非虎非羆；〔四〕所獲霸王之輔」。〔五〕於是周西伯獵，果遇太公於渭之陽，與語大說，曰：「自吾先君太公曰『當有聖人適周，周以興』。子真是邪？吾太公望子久矣。」故號之曰「太公望」，載與俱歸，立爲師。〔六〕

〔一〕【索隱】譙周曰：「呂望嘗屠牛於朝歌，賣飲於孟津。」【考證】荀子君道篇：「文王舉太公於州人而用之，行年七十有二，齫然而齒墮矣。」

〔二〕【正義】奸，音干。括地志云：「兹泉水，源出岐州岐山縣西南凡谷。呂氏春秋云『太公釣於兹泉，遇文王』。酈元云『磻磎中有泉，謂之兹泉。泉水潭積自成淵渚，即太公釣處，今人謂之凡谷。石壁深高，幽篁邃密，林澤秀阻，人跡罕及。東南隅有石室，蓋太公所居也。水次有磻石可釣處，即太公垂釣之所。其投竿跪餌，兩膝遺跡猶存，是有磻磎之稱也。其水清泠神異，北流十二里，注于渭』。說苑云『呂望年七十，釣于渭渚三日三夜，魚無食者，望即忿脱其衣冠。上有農人者，古之異人，謂望曰「子姑復釣，必細其綸，芳其餌，徐徐而投，無令魚駭」。望如其言，初下得鮒，次得鯉，刺魚腹得書，書文曰「呂望封於齊」，望知其異』。」【考證】張文虎曰：詩文王疏引「奸」作「干」，册府元龜同。梁玉繩曰：太公就養西歸，天下仰爲大老，何云奸也？獵渭載歸之説，余猶疑之，此皆戰國好事者僞造，不足依信。呂覽首時篇謂太公聞文王賢，故釣于渭以觀之，言尚近理。然聖如文王、太公，應久見知，何煩觀乎？蓋太公未遇時，若漁釣，若屠牛，若賣食，或曾爲之，總非歸西伯時事。諸子紛馳，千言成實，甚且衍爲魚腹得書之異，其妄與搜神記神託夢同。

〔三〕【集解】徐廣曰：「勑知反。」【索隱】徐廣音勑知反，餘本亦作「螭」字。

〔四〕【考證】梁玉繩曰：章懷、崔駰達旨注，李善、班固答賓戲注，初學記並引史記作「非熊非羆」。

〔五〕【考證】當時不當有「霸王」語。彲、羆、輔，韻。

〔六〕【考證】梁玉繩曰：詩齊風譜疏引世家作「立爲太師」，呂子長見篇注同。崔述曰：戰國時人以割烹要湯誣伊尹，以食牛干秦誣百里奚，孟子皆嘗辯之。太公，伊尹儔也，其不以漁干文王也明甚。然即所謂文王田渭濱與語，而載與俱歸者，亦恐未必然也。中井積德曰：漁釣干西伯，固是俗說，至太公望子，妄亦太甚。顧炎武曰：周之太王，齊之太公，吳之太伯，有國之始祖，謂之太祖，其義一也。

或曰，太公博聞，嘗事紂。紂無道，去之。游説諸侯，無所遇，而卒西歸周西伯。〔一〕或曰，呂尚處士，隱海濱。周西伯拘羑里，散宜生、閎夭素知而招呂尚。呂尚亦曰「吾聞西伯賢，又善養老，盍往焉」。三人者爲西伯求美女奇物，獻之於紂，以贖西伯。西伯得以出，反國。〔二〕言呂尚所以事周雖異，然要之爲文武師。

〔一〕【考證】崔述曰：孟子云「太公辟紂居東海之濱」，則是太公不仕紂也。太公辟紂之不暇，而寧肯自投於朝歌，孟津紂之國中哉？梁玉繩曰：周初無游説之風，而太公又豈游説之士？明是戰國好事者爲之。孫子用間云：「周之興也，呂牙在殷。」鬼谷子午合云：「呂尚三入殷朝，三就文王，然後合于文王。」或之説本此。

〔二〕【考證】梁玉繩曰：依此説，則是太公非身遇文王，而閎、散爲之介紹也。豈其然乎？況囚羑里之時，太公猶未歸周也。此本尚書大傳之繆説而增損之。美女奇物之獻尤妄，辨見殷紀中。

周西伯昌之脱羑里歸，與呂尚陰謀修德，以傾商政，其事多兵權與奇計，〔一〕故後世之言兵及周之陰權，皆宗太公爲本謀。〔二〕周西伯政平，及斷虞、芮之訟，而詩人稱西伯受命曰文王。伐崇、密須、〔三〕犬夷，〔四〕大作豐邑。天下三分，其二歸周者，太公之謀計居多。

〔二〕【正義】六韜云：「武王問太公曰：『律之音聲，可以知三軍之消息乎？』太公曰：『深哉，王之問也！夫律管十二，其要有五，宮商角徵羽，此其正聲也，萬代不易。五行之神，道之常也，可以知敵。金木水火土，各以其勝攻之。其法以天，清静無陰雲風雨，夜半遣輕騎，往至敵人之壘九百步，偏持律管横耳，大呼驚之，有聲應管，其來甚微。角管聲應，當以白虎；徵管聲應，當以玄武；商管聲應，當以句陳；五管盡不應，無有商聲，當以青龍：此五行之府，佐勝之徵，陰敗之機也。』」【考證】楓山、三條本正義「消息」下有「勝負之決」四字。「應」「當」間有「當以朱雀羽聲應」七字，「無有商聲」四字作「宮也」二字，「府」作「符」，「陰敗」作「成敗」。

〔二〕【考證】葉夢得曰：此說出六韜。夫太公賢者，其所用王術，其所事聖人，則出處必有義，而致君必有道，自墨翟以太公干文王爲「忤合」，孫子謂之「用間」，且以嘗爲文武將兵，故尚權詐者，多並緣自見。

〔三〕【索隱】按：郡國志在東郡廩丘縣北，今曰顧城。密須，姞姓，在河南密縣東，故密城是也。與安定姬姓密國別也。

〔四〕【考證】錢大昕曰：犬戎即昆夷。中井積德曰：以虞、芮之符者，漢儒之誣誕耳。

文王崩，武王即位。九年，欲修文王業，東伐以觀諸侯集否。師行，師尚父〔一〕左杖黄鉞，右把白旄以誓，曰：「蒼兕蒼兕，〔二〕總爾衆庶，與爾舟楫，後至者斬！」遂至盟津。諸侯不期而會者八百諸侯。〔三〕諸侯皆曰：「紂可伐也。」武王曰：「未可。」還師，與太公作此太誓。〔四〕

〔一〕【集解】劉向別録曰：「師之，尚之，父之，故曰師尚父。父亦男子之美號也。」

〔三〕【索隱】亦有本作「蒼雉」。按：馬融曰「蒼兕，主舟楫官名」。又王充曰「蒼兕者，水獸九頭」。今誓衆令急濟，故言蒼兕以懼之。然此文上下並今文泰誓也。【正義】按：言以此獸名官，令其衆庶便水而疾濟。【考證】臧琳曰：郭氏山海經序曰：「鈞天之庭，豈伶人之所躡？無航之津，豈蒼兕之所涉？」蒼兕與伶人相對，是郭氏亦同馬說，謂無涯之水，非世閒主舟楫官所能涉也。蓋蒼兕本水獸，善覆舟，故以此名官。張文虎曰：蒼兕本水獸，又善奔突，故以名水軍。猶秦官名犀首，犀兕同類。愚按：索隱「王充曰」，論衡是應篇。今本論衡譌作「蒼光」。

〔三〕【考證】梁玉繩曰：「諸侯」二字衍。

〔四〕【考證】楓山、三條本「師」作「歸」。梁玉繩曰：作此太誓者，即上文所謂「蒼兕」諸語也。愚按：此伏生所傳今文泰誓文，說具殷紀。

居二年，紂殺王子比干，囚箕子。武王將伐紂，卜，龜兆不吉，風雨暴至。羣公盡懼，唯太公彊之勸武王，武王於是遂行。〔一〕十一年〔二〕正月甲子，誓於牧野，伐商紂。〔三〕紂師敗績。紂反走，登鹿臺，遂追斬紂。〔四〕明日，武王立于社，羣公奉明水，〔五〕衛康叔封布采席，〔六〕師尚父牽牲，史佚策祝，以告神，討紂之罪。〔七〕散鹿臺之錢，發鉅橋之粟，以振貧民。封比干墓，釋箕子囚。遷九鼎，脩周政，與天下更始。師尚父謀居多。〔八〕

〔一〕【考證】通典一百六十二引六韜云：「周武王伐紂，師至汜水牛頭山，風甚雷疾，鼓旗毀折。王之驂乘惶恐而死，太公曰：『好賢而能用，舉事而得時，則不看時日而事利，不假卜筮而事吉，不禱祀而福從。』遂命驅之前進。周公曰：『今時迎太歲，龜灼言凶，卜筮不吉，星變爲災，請還師。』太公怒曰：『今紂刳比干，囚箕子，以飛廉爲政，伐之有何不可？枯草朽骨，安可知乎？』乃焚龜折蓍，援枹而鼓，率衆先涉河，武王從之，遂滅紂。」梁玉繩曰：「六韜之書，後人所作。史記又采用六韜，好事者妄矜太公，非實事也。」

〔二〕【集解】徐廣曰：「一作『三年』。」

〔三〕【考證】「十一年」以下，本書泰誓、牧誓序。

〔四〕【考證】斬紂，妄也，說在周紀。

〔五〕【索隱】周本紀「毛叔鄭奉明水」也。【考證】梁玉繩曰：周紀本逸書，此言「羣公」，誤。

〔六〕【索隱】周本紀「衛康叔封布茲」。茲是席，故此亦云「采席」也。

〔七〕【考證】楓山、三條本「討」作「說」。

〔八〕【考證】凌稚隆曰：一曰太公之謀居多，一曰師尚父謀多，是收拾上文，且與前「陰謀修德」、「宗太公爲本謀」二句相應。

於是武王已平商而王天下，封師尚父於齊營丘。〔一〕東就國，〔二〕道宿行遲。逆旅之人曰：「吾聞時難得而易失。客寢甚安，殆非就國者也。」太公聞之，夜衣而行，犂明至國。〔三〕萊侯來伐，與之爭營丘。營丘邊萊。萊人，夷也。會紂之亂，而周初定，未能集遠方，是以與太公爭國。〔四〕

〔一〕【正義】括地志云：「營丘在青州臨淄北百步外城中。」【正義】臨淄城中有丘，淄水出其前，經其左，故有營丘之名。【考證】營丘故城在今山東青州昌樂縣。

〔二〕【考證】梁玉繩曰：鄭注檀弓云：「太公受封，留爲大師。」則太公固與旦、奭同相周也。故金縢稱「二公」，此言「就國」者，或受封之始，往治其國，旋即返周歟？

〔三〕【索隱】犂，音里奚反。犂，猶比也。一云，犂，猶遲也。【考證】御覽引「甚」作「處」，「就國」之「國」作「封」。

〔四〕【考證】中井積德曰：據下文，「萊侯」當作「萊人」。愚按：説苑權謀篇以爲鄭桓公就封事。葉適曰：「客寢甚安，殆非就國者」，此後世鄙語，而遷以施之周公、師尚父之間，是世無復有聖賢，何取於論載也？

太公至國，脩政，因其俗，簡其禮，〔一〕通商工之業，便魚鹽之利，而人民多歸齊，齊爲大國。及周成王少時，管、蔡作亂，淮夷畔周，〔二〕乃使召康公〔三〕命太公曰：「東至海，西至河，南至穆陵，北至無棣，〔四〕五侯九伯，實得征之。」〔五〕齊由此得征伐，爲大國。都營丘。

〔一〕【考證】魯世家載太公言云：「吾簡其君臣禮，從其俗爲也。」

〔二〕【正義】孔安國云：「淮浦之夷，徐州之戎。」

〔三〕【集解】服虔曰：「召公奭。」

〔四〕【集解】服虔曰：「是皆太公始受封土地疆境所至也。」【索隱】舊説穆陵在會稽，非也。按：今淮南有故穆陵門，是楚之境。無棣在遼西孤竹，服虔以爲太公受封境界所至，不然也，蓋言其征伐所至之域也。【考證】或云，穆陵今山東青州臨朐縣南。無棣，直隸天津慶雲縣，皆就齊境言之。據此，則下文「五侯九伯」八字不可解，索隱爲長。

〔五〕【集解】杜預曰：「五等諸侯，九州之伯，皆得征討其罪也。」【考證】「召康公」以下采僖四年左傳管仲言。龜井昱曰：九伯，蓋每州一伯，統五侯者。

蓋太公之卒百有餘年，〔一〕子丁公呂伋立。〔二〕丁公卒，子乙公得立。乙公卒，子癸公慈母立。〔三〕癸公卒，子哀公不辰立。〔四〕

〔一〕【集解】禮記曰：「太公封於營丘，比及五世，皆反葬於周。」鄭玄曰：「太公受封，留爲太師，死葬於周。五世之後，乃葬齊。」皇覽曰：「吕尚冢在臨菑縣城南，去縣十里。」【考證】沈家本曰：按太公反周，安得冢在臨菑？

〔二〕【集解】徐廣曰：「一作『及』。」【正義】謚法「述義不克曰丁」。【考證】鄭樵曰：謚法雖始有周，是時諸侯猶未能徧及。齊五世後稱謚，則知所謂丁公者，長第之次也。汪中曰：史記吕伋稱丁公，丁公之子得稱乙公，乙公子慈母稱癸公，丁、乙、癸並从十干。周初諸侯，未有稱謚。「周文公」見於國語，經傳但稱周公。「召康公」見於左氏春秋、毛詩序，經傳但稱召公。齊之太公，亦非謚也。故伯禽稱魯公，蔡叔之子胡稱蔡仲，蔡仲之子荒稱蔡伯，振鐸稱曹叔，曹叔之子脾稱大伯，大伯之子平稱仲君，封稱康叔，康叔之子稱康伯，宋始封之君稱微子、微仲，微仲之子稽稱宋公，宋公之子申亦稱丁公，虞稱唐叔，唐叔之子燮稱晉侯。當時易名之典，惟施于王者，諸侯之得謚者，多在再傳及三四傳之後，前此或以伯仲，或以國邑。而夏、殷之禮相沿而未革，故猶有以「甲」、「乙」爲號者。齊之丁、乙、癸，宋之丁公是也。梁玉繩曰：謚法「述義不克曰丁」，吕伋賢嗣，何以蒙此不韙之名字？

〔三〕【索隱】系本作「廥公慈母」。譙周亦曰「祭公慈母」也。

〔四〕【索隱】系本作「不臣」，譙周亦作「不辰」。宋忠曰：「哀公荒淫田游，國史作還詩以刺之也。」【考證】據詩序，齊風雞鳴、還二詩，刺哀公也。中井積德曰：哀侯始用謚，謚始起于此時。

哀公時，紀侯譖之周，周烹哀公。〔一〕而立其弟静，是爲胡公。〔二〕胡公徙都薄姑，〔三〕而當周夷王之時。

〔一〕【集解】徐廣曰：「周夷王。」【考證】周烹哀侯，見莊四年公羊傳。何休注鄭氏云「懿始受譖而烹齊哀公」是也。周語亦有其事。

〔二〕【正義】謚法「彌年壽考曰胡」。

〔三〕【正義】括地志云：「薄姑城在青州博昌縣東北六十里。」

哀公之同母少弟山怨胡公，乃與其黨率營丘人襲攻殺胡公而自立，是爲獻公。〔一〕獻公元年，盡逐胡公子，因徙薄姑，都治臨菑。〔二〕

〔一〕【索隱】宋忠曰：「其黨周馬繻人將胡公於貝水殺之，而(出)〔山〕自立也。」

〔二〕【考證】詩大雅烝民篇毛傳，以齊去薄姑遷臨菑爲宣王時，與史異。毛公在馬遷之前，其言當有準據，存參。

九年，獻公卒，〔一〕子武公壽立。武公九年，周厲王出奔，居彘。〔二〕十年，王室亂，大臣行政，號曰「共和」。二十四年，周宣王初立。

〔一〕【考證】梁玉繩曰：獻公之年有脱誤，疑是二十九年。

〔二〕【正義】直厲反。括地志云：「晉州霍邑縣也。」鄭玄云：「霍山在彘，本秦時霍伯國。」

二十六年，武公卒，子厲公無忌立。厲公暴虐，故胡公子復入齊，齊人欲立之，乃與攻殺厲公。胡公子亦戰死。齊人乃立厲公子赤爲君，是爲文公，而誅殺厲公者七十人。〔一〕

〔一〕【考證】梁玉繩曰：厲公在位九年，此脱。

文公十二年卒，子成公脱立。〔一〕成公九年卒，子莊公購立。〔二〕

〔一〕【索隱】系本及譙周皆作「説」。【考證】舊刻毛本「脱」作「説」，與年表及齊風譜疏引合，作「説」爲是。

〔二〕【索隱】劉氏音神欲反。系家及系本並作「贖」。【考證】張文虎曰：單本無此索隱，蓋從年表移屬。

莊公二十四年，犬戎殺幽王，周東徙雒。秦始列爲諸侯。〔一〕五十六年，晉殺其君昭侯。

〔一〕【考證】程一枝曰：秦繼周而王者乎？其始爲諸侯也，列國世家皆書曰「秦襄公始爲諸侯」。曷爲書之？慎其始也，謂其係天下之强弱也。

六十四年，莊公卒，子釐公禄甫立。

釐公九年，魯隱公初立。〔一〕十九年，魯桓公弑其兄隱公而自立爲君。〔二〕

〔一〕【考證】馮班曰：世家書魯隱公立，春秋之始也。

〔二〕【考證】隱十一年左傳。

二十五年，北戎伐齊。鄭使太子忽來救齊，齊欲妻之。忽曰：「鄭小齊大，非我敵。」遂辭之。〔一〕

〔一〕【考證】桓六年左傳。

三十二年，釐公同母弟夷仲年死。其子曰公孫無知，釐公愛之，令其秩服奉養比太子。〔一〕

〔一〕【考證】「釐公」以下，采莊八年左傳，但不記夷仲年没年。

三十三年，釐公卒，太子諸兒立，是爲襄公。

襄公元年，始爲太子時，嘗與無知鬭，及立，絀無知秩服，無知怨。〔一〕

〔一〕【考證】梁玉繩曰：案莊八年左傳，是因其並適而絀之，非鬭也。史豈别有據乎？

四年，魯桓公與夫人如齊，齊襄公故嘗私通魯夫人。魯夫人者，襄公女弟也，自釐公時，嫁爲魯桓公婦，及桓公來，而襄公復通焉。魯桓公知之，怒夫人，夫人以告齊襄公。齊襄公與魯君飲，醉之，使力士彭生抱上魯君車，因拉殺魯桓公，〔一〕桓公下車則死矣。魯人以爲讓，〔二〕而齊襄公殺彭生以謝魯。〔三〕

〔一〕【集解】公羊傳曰：「搚幹而殺之。」何休曰：「搚，折聲也。」【正義】拉，音力合反。幹，脅也。

〔二〕【集解】讓，猶責也。

〔三〕【考證】「魯桓公」以下，雜采桓十八年左、公羊二氏。

八年，伐紀，紀遷去其邑。〔一〕

〔一〕【集解】徐廣曰：「年表云，去其都邑。」【索隱】按：春秋莊四年「紀侯大去其國」，左傳云「違齊難」，是也。【正義】括地志云：「故劇城，在青州壽光縣南三十一里，故紀國城也。帝王世紀云『周之紀國姜姓也。紀侯譖齊哀公於周懿王，烹之』，外傳云『紀侯入爲周卿士』，竹書云『齊襄公滅紀遷紀云』。」【考證】莊四年經、傳。梁玉繩曰：春秋書「紀侯大去其國」。此「遷」字未安，蓋齊以漸滅紀，非僅此年伐之而已。徐孚遠曰：紀侯譖烹齊哀公，故齊伐之。所謂「襄公復九世之仇」也。

十二年，初，襄公使連稱、管至父戍葵丘，〔一〕瓜時而往，及瓜而代。〔二〕往戍一歲，卒瓜時而公弗爲發代。或爲請代，公弗許。故此二人怒，因公孫無知謀作亂。連稱有從妹在公宮，無寵，〔三〕使之閒襄公，〔四〕曰「事成以女爲無知夫人」。〔五〕冬十二月，襄公游姑棼，〔六〕遂獵沛丘。〔七〕見彘，從者曰「彭生」。〔八〕公怒，射之，彘人立而啼。〔九〕公懼，墜車，傷足，失屨。反而鞭主屨者茀三百。〔一〇〕茀出宮。而無知、連稱、管至父等聞公傷，乃遂率其衆襲宮。逢主屨茀，茀曰：「且無入驚宮，驚宮未易入也。」無知弗信，茀示之創，〔一〕乃信之。待宮外，令茀先入，茀先入，即匿襄公户閒。良久，無知等恐，遂入宮。茀反，與宮中及公之幸臣攻無知等，不勝，皆死。無知入宮，求公，不得。或見人足於户閒，發視，乃襄公，遂弑之，而無知自立爲齊君。〔一二〕

〔一〕【集解】賈逵曰：「連稱、管至父皆齊大夫。」杜預曰：「臨淄縣西有地名葵丘。」【索隱】杜預曰：「臨淄西有地名葵丘。」又桓三十五年會諸侯於葵丘，當魯僖公九年，杜預曰「陳留外黄縣東有葵丘」。不同者，蓋葵丘有兩處，杜意以戍葵丘當不遠出齊境，故引臨淄縣西之葵丘。若三十五年會諸侯於葵丘，杜氏又以不合在本國，故引外黄東葵丘爲注，所以不同爾。

〔二〕【集解】服虔曰：「瓜時，七月。及瓜，謂後年瓜時。」【考證】李笠曰：「『及』上當據左氏補『曰』字。」

〔三〕【集解】服虔曰：「爲妾在宮也。」

〔四〕【集解】王肅曰：「候公之閒隙。」

〔五〕【考證】楓山、三條本「女」作「汝」。

〔六〕【集解】賈逵曰：「齊地也。」【正義】音扶云反。

〔七〕【集解】杜預曰：「樂安博昌縣南有地名貝丘。」【索隱】左傳作「貝丘」也。【正義】左傳云「齊襄公田于貝丘，墜車傷足」，即此也。【考證】梁玉繩曰：貝、沛，古以音近通借。

〔八〕【集解】服虔曰：「公見彘，從者乃見彭生，鬼改形爲豕也。」【考證】龜井昱曰：杜云「從者見彭生」，然既曰豕，則非妖鬼，從者紿而驚怵之耳。其爲無知之黨可知矣。

〔九〕【考證】龜井昱曰：忽舉前足而悲叫也。

〔一〇〕【正義】非佛反，下同。茀，主履者也。【考證】左傳云：「誅屨于徒人費，弗得，鞭之見血。」

〔一一〕【正義】音瘠。

〔一二〕【考證】「十二年」以下，據莊八年左傳。方苞曰：觀史公所增益，知左傳敘事神施鬼設之奇。

桓公元年春，齊君無知游於雍林。〔一〕雍林人嘗有怨無知，及其往游，雍林人襲殺無知，〔二〕告齊大夫曰：「無知弒襄公自立，臣謹行誅。唯大夫更立公子之當立者，唯命是聽。」〔三〕

〔一〕【集解】賈逵曰：「渠丘大夫也。」【索隱】亦有本作「雍廩」。賈逵曰「渠丘大夫」。左傳云「雍廩殺無知」，杜預曰「雍廩，齊大夫」。此云「游雍林，雍林人嘗有怨無知，遂襲殺之」，蓋以雍林爲邑名，其地有人殺無知。賈言「渠丘大夫」者，渠丘，邑名，雍林爲渠丘大夫也。【正義】按：林、廩，齊語輕重，隨音改異也。蓋雍林地名云。【考證】莊八年左傳云：「初，公孫無知虐于雍林。」梁玉繩曰：雍廩，人名。賈逵以爲渠丘大夫者，因昭十一年左傳及楚語上並有「齊渠丘實殺無知」之語。渠丘爲雍廩邑，雍廩爲人名，益信。岡白駒曰：是年小白立，故繫於桓公元年。

〔二〕【考證】莊九年左傳：「春，雍林殺無知。」

〔三〕【考證】「告齊大夫」以下，史公以意補。

初，襄公之醉殺魯桓公，通其夫人，殺誅數不當，淫於婦人，數欺大臣，〔一〕羣弟恐禍及，故次弟糾奔魯。其母魯女也。管仲、召忽傅之。次弟小白奔莒，鮑叔傅之。〔二〕小白母，衛女也，有寵於釐公。小白自少好善大夫高傒。〔三〕及雍林人殺無知，議立君，高、國先陰召小白於莒。魯聞無知死，亦發兵送公子糾，而使管仲別將兵遮莒道，射中小白帶鉤。小白詳死，管仲使人馳報魯。魯送糾者行益遲。六日至齊，則小白已入，高傒立之，是爲桓公。

〔一〕【考證】莊八年左傳云「初，襄公立無常」，史公敷演爲廿六字。

〔二〕【考證】中井積德曰：兩「傳」字，蓋後人揣量之言耳。且當時智者取奇貨而出，何必論官銜。左氏云「奉公子」，乃得其實也。伊藤維楨曰：管子及莊子、荀卿、韓非、越絕書等皆以子糾爲兄。物部茂卿曰：以子糾爲弟者，自漢薄昭始。其言出於一時諱避。子糾兄，而小白弟，章章明哉。

〔三〕【集解】賈逵曰：「齊正卿，高敬仲也。」【正義】傒音奚。

桓公之中鉤，詳死以誤管仲，已而載温車中馳行，亦有高、國內應，故得先入立，發兵距魯。〔一〕秋，與魯戰于乾時，〔二〕魯兵敗走，齊兵掩絕魯歸道。齊遺魯書曰：「子糾兄弟，弗忍誅，請魯自殺之。召忽、管仲讎也，請得而甘心醢之。不然，將圍魯。」魯人患之，遂殺子糾于笙瀆。〔三〕召忽自殺，管仲請囚。〔四〕桓公之立，發兵攻魯，心欲殺管仲。鮑叔牙曰：「臣幸得從君，君竟以立。君之尊，臣無以增君。君將治齊，即高傒與叔牙足也。君且欲霸王，非管夷吾不可。夷吾所居國，國重，不可失也。」於是桓公從之。乃詳爲召管仲欲甘心，實欲用之。管仲知之，故請往。鮑叔牙迎受管仲，及堂阜而脫桎梏，〔五〕齋祓而見桓公。桓公厚禮以爲大夫，任政。〔六〕

〔一〕【考證】「小白」以下，史公蓋有所據。今其書亡逸。温車，蓋密閉卧車。

〔二〕【集解】杜預曰：「乾時，齊地也。時水在樂安界，岐流，旱則涸竭，故曰乾時。」

〔三〕【集解】賈逵曰：「魯地句瀆也。」【索隱】賈逵云「魯地句瀆。」又按：鄒誕生本作「莘瀆」，莘、笙聲相近。笙如字。瀆，音豆。論語作「溝瀆」，蓋後代聲轉而字異，故諸文不同也。【考證】梁玉繩曰：笙瀆，左傳作「生竇」，鄒誕生本作「莘瀆」。竇、瀆古通，而「生」之爲「笙」、爲「莘」，一以義通，一以音近。中井積德曰：論語「溝瀆」非地名。

〔四〕【考證】「秋與魯戰」以下，莊九年左傳。

〔五〕【集解】賈逵曰：「堂阜，魯北境。」杜預曰：「堂阜，齊地。東莞蒙陰縣西北有夷吾亭，或曰鮑叔解夷吾縛於此，因以爲名也。」

〔六〕【考證】以上雜采莊九年左傳、國語齊語。

桓公既得管仲，與鮑叔、隰朋、高傒修齊國政，〔一〕連五家之兵，〔二〕設輕重魚鹽之利，〔三〕以贍貧窮，祿賢能，齊人皆說。

〔一〕【集解】徐廣曰：「朋，或作『崩』也。」

〔二〕【集解】國語曰：「管子制國，五家爲軌，十軌爲里，四里爲連，十連爲鄉，以爲軍令。」【考證】五家之兵，詳于國語齊語、管子小匡篇。

〔三〕【索隱】按：管子有理人輕重之法七篇。輕重，謂錢也。又有捕魚、煮鹽法也。【考證】中井積德曰：輕重，謂權衡錢穀之貴賤而均平之也。愚按：輕重，又見平準書、管仲傳。

二年，伐滅郯，〔一〕郯子奔莒。初，桓公亡時過郯，郯無禮，故伐之。

〔一〕【集解】徐廣曰：「一作『譚』。」【索隱】據春秋魯莊十年「齊師滅譚」是也。杜預曰「譚國在濟南平陵縣西南」。然此郯乃東海郯縣，蓋亦不當作「譚」字也。【考證】洪亮吉曰：春秋宣四年，魯侯、齊侯平莒、郯。成八年，四國會伐郯。昭十六年，郯人會齊人盟蒲遂。十七年，郯子如魯。是郯未嘗滅也，杜預云：「譚國，在濟南平陵縣。」通典「濟南郡，春秋時屬齊，桓公從齊奔莒，或先過譚」，此記「郯」字自當從左傳作「譚」。索隱說非。陳傳良曰：滅國始于此。春秋滅國三十六，五伯爲之也。

五年，伐魯，魯將師敗。魯莊公請獻遂邑以平，〔一〕桓公許，與魯會柯而盟。〔二〕魯將盟，曹沫以匕首劫桓公於壇上，〔三〕曰：「反魯之侵地！」桓公許之。已而曹沫去匕首，北面就臣位。桓公後悔，欲無與魯地而殺曹沫。管仲曰：「夫劫許之，而倍信殺之，〔四〕愈一小快耳，〔五〕而弃信於諸侯，失天下之援，不可。」於是，遂與曹沫三敗所亡地於魯。諸侯聞之，皆信齊而欲附焉。〔六〕七年，諸侯會桓公於甄，〔七〕而桓公於是始霸焉。

〔一〕【集解】杜預曰：「遂在濟北蛇丘縣東北。」【正義】蛇，音移。【考證】楓山、三條本「師」作「帥」。中井積德曰：「將」字疑衍。梁玉繩曰：齊桓公五年，爲魯莊十三年。桓公爲北杏之會，遂人不至，故滅之。無齊伐魯，及魯敗獻邑事。滅遂亦與魯無涉。此及刺客傳同誤。愚按：莊十三年春秋經，齊侯、宋人、陳人、蔡人、邾人會于北杏。胡安國云：春秋之世，以諸侯而主天下會盟之政，自北杏始。其後宋襄、晉文、楚莊、秦穆交主夏盟，跡之而爲之者也。北杏之會，所關極大。史公不記，何也？

〔二〕【集解】杜預曰：「此柯，今濟北東阿，齊之阿邑，猶祝柯今爲祝阿。」【考證】今兖州府陽穀縣東北有阿城鎮，即春秋齊阿邑。

〔三〕【集解】何休曰：「土基三尺，階三等，曰壇。會必有壇者，爲升降揖讓，稱先君以相接也。」【考證】楓山、三條本無「盟」字，義長。中井積德曰：會所往往無大殿屋，故作壇耳，壇如假殿。

〔四〕【集解】徐廣曰：「一云已許之而背信殺劫也。」

〔五〕【考證】岡白駒曰：愈讀曰偷，苟也。

〔六〕【考證】本莊十三年公羊傳。崔適曰：柯盟於魯爲莊公十三年，春秋書之，太史公於曹沫劫桓公事，再見於魯世家，三見於管仲傳，四見於魯仲連傳，五見於刺客傳，且爲齊霸所自始。中録管仲語，視公羊傳爲詳，繁露、説苑亦載之。此固春秋時一大事焉。左氏於是盟無傳，惟於十年長勺之戰，有曹劌戰勝，而無反侵地事。劌、沫聲近，必是一人。改劫爲戰，故與今文學立異。此古文家恒情也。葉適曰：遷言曹沫以匕首劫齊桓公，遂與沫三敗所亡地。此事公羊先見。按左氏魯莊公九年，納糾敗于乾時，幾獲。十年有長勺之勝，劌實主之，齊猶未已，與宋次乘丘，公子偃敗宋師，齊乃還。十三年，北杏之會，齊將稱霸。其冬，魯乃會于柯，是三戰而再勝，未嘗失地。三年不交兵，何用要劫？二十三年，曹劌復諫觀社，詳其前後詞語，豈操匕首于壇坫之間者邪？愚按：葉説可從。

〔七〕【集解】杜預曰：「甄，衛地。今東郡甄城也。」【正義】「甄」當作「鄄」。括地志云：「濮州鄄城縣」是也。【考證】莊十四年春秋經、年表及左氏「甄」作「鄄」。甄、鄄通，音絹，今山東曹州府濮州鄄城故城是。

十四年，陳厲公子完，〔一〕號敬仲，來奔齊。〔二〕齊桓公欲以爲卿，讓；於是以爲工正。〔三〕田成子常之祖也。

〔一〕【正義】音桓。

〔二〕【考證】中井積德曰：敬，謚也。仲，字也。何號之有？

〔三〕【集解】賈逵曰：「掌百工。」【考證】莊廿二年左傳。

二十三年，山戎伐燕，〔一〕燕告急於齊。齊桓公救燕，〔二〕遂伐山戎，至于孤竹而還。〔三〕燕莊公遂送桓公入齊境。桓公曰：「非天子，諸侯相送不出境，吾不可以無禮於燕。」於是分溝割燕君所至與燕，命燕君復修召公之政，納貢于周，如成康之時。諸侯聞之，皆從齊〔四〕。

〔一〕【集解】服虔曰：「山戎，北狄，蓋今鮮卑也。」何休曰：「山戎者，戎中之別名也。」

〔二〕【考證】莊卅年左傳。梁玉繩曰：左傳及燕世家伐山戎在齊桓二十二年，此與年表並誤書于二十三年。

〔三〕【考證】國語齊語、管子小匡篇。

〔四〕【考證】又見燕世家，未詳史所本。

二十七年，魯湣公母曰哀姜，桓公女弟也。〔一〕哀姜淫於魯公子慶父，慶父弒湣公，哀姜欲立慶父，魯人更立釐公。〔二〕桓公召哀姜，殺之。〔三〕

〔一〕【考證】楓山、三條本「母」下有「姊」字。梁玉繩曰：魯世家依閔二年左傳。以湣公爲哀姜娣叔姜所生，哀姜無子也。此以哀姜爲湣公母者，適母也。

〔二〕【集解】徐廣曰：「史記『僖』字皆作『釐』。」

〔三〕【考證】閔二年左傳。

二十八年，衞文公有狄亂，告急於齊。齊率諸侯城楚丘，〔一〕而立衞君。〔二〕

〔一〕【集解】賈逵曰：「衞地也。」【索隱】杜預曰：「不言城衞，衞未遷。楚丘在濟陰城武縣南，即今之衞南縣。」【考證】今河南衞輝府滑縣東。

〔二〕【考證】閔二年、僖二年左傳。

二十九年，桓公與夫人蔡姬戲船中。蔡姬習水，蕩公。〔一〕公懼，止之，不止。出船，怒，歸蔡姬，弗絕。蔡亦怒，嫁其女。桓公聞而怒，興師往伐。〔二〕

〔一〕【集解】賈逵曰：「蕩，搖也。」

〔二〕【考證】僖三年左傳。

三十年春，齊桓公率諸侯伐蔡，蔡潰。〔一〕遂伐楚。楚成王興師問曰：「何故涉吾地？」〔二〕管仲對曰：「昔召康公命我先君太公曰：『五侯九伯，若實征之，以夾輔周室。』〔三〕賜我先君履，〔四〕東至海，西至河，南至穆陵，北至無棣。楚貢包茅不入，王祭不具，〔五〕是以來責。昭王南征不復，是以來問。」〔六〕楚王曰：「貢之不入，有之，寡人罪也，敢不共乎！昭王之出不復，君其問之水濱。」〔七〕齊師進次于陘。〔八〕夏，楚王使屈完將兵扞齊，〔九〕齊師退次召陵。〔一〇〕桓公矜屈完以其衆。屈完曰：「君以道則可；若不，則楚方城以爲城，江、漢以爲溝，君安能進乎？」〔一一〕乃與屈完盟而去。〔一二〕過陳，陳袁濤塗詐齊，令出東方，覺。秋，齊伐陳。〔一三〕是歲，晉殺太子申生。〔一四〕

〔一〕【集解】服虔曰：「民逃其上曰潰也。」

〔二〕【考證】左傳作「使楚子與師言曰」。

〔三〕【集解】左傳曰：「周公、太公，股肱周室，夾輔成王也。」

〔四〕【集解】杜預曰：「所踐履之界。」

〔五〕【集解】賈逵曰：「包茅，菁茅，包匭之也，以供祭祀。」杜預曰：「尚書『包匭菁茅』，茅之爲異，未審。」

〔六〕【集解】服虔曰：「周昭王南巡狩，涉漢未濟，船解而溺昭王。王室諱之，不以赴諸侯，不知其故，故桓公以爲辭，責問楚也。」【索隱】宋衷云：「昭王南伐楚，辛由靡爲右，涉漢，中流而隕，由靡逐王，遂卒不復，周乃侯其後于西翟。」

〔七〕【集解】杜預曰：「昭王時，漢非楚境，故不受罪。」【正義】按：鬻熊爲周文王師，至于文武以勤勞之後嗣，而封熊繹于楚蠻，封以子男之田，居丹陽。在荆州枝江縣界，有枝江故城是。故云「漢非楚境」。【考證】左氏「楚使」作「對故」，「寡人」作「寡君」。楓山、三條本「共」作「供」。

〔八〕【集解】杜預曰：「陘，楚地，潁川召陵縣南有陘亭。」左傳曰：「凡師一宿爲舍，再宿爲信，過信爲次。」【考證】陘，今開封府新縣南三十里陘山，杜説非是。

〔九〕【考證】左傳作「楚子使屈完如師」。龜井昱曰：如師，懼而求盟也。史記全失傳意。

〔一〇〕【集解】杜預曰：「召陵，潁川縣。」【考證】今郾城縣東有召陵故城，即屈完來盟地。

〔一一〕【集解】服虔曰：「方城山，在漢南。」韋昭曰：「方城，楚北之阨塞。」杜預曰「方城山在南陽葉縣南」是也。【索隱】按：地理志葉縣南有長城，號曰方城，則杜預、韋昭説爲得，而服氏云「在漢南」，未知有何憑據。【考證】左傳「江漢」作「漢水」。中井積德曰：方城、漢池，誇天險也。

〔一二〕【正義】左傳云「齊桓公帥諸侯師，盟于召陵」是也。

〔一三〕【集解】左傳曰：「討不忠也。」【考證】以上僖四年左傳。

〔一四〕【考證】僖四年左傳。

三十五年夏，會諸侯于葵丘。〔一〕周襄王使宰孔賜桓公文武胙、彤弓矢、大路，〔二〕命無拜。〔三〕桓公欲許之，管仲曰「不可」，乃下拜受賜。〔四〕秋，復會諸侯於葵丘，〔五〕益有驕色。周使宰孔會。諸侯頗有叛者。〔六〕晉侯病，後，遇宰孔。宰孔曰：「齊侯驕矣，弟無行。」從之。〔七〕是歲，晉獻公卒，里克殺奚齊、卓子，〔八〕秦穆公以夫人入公子夷吾爲晉君。桓公於是討晉亂，至高梁。〔九〕使隰朋立晉君，還。

〔一〕【集解】杜預曰：「陳留外黃縣東有葵丘也。」【正義】左傳云「僖九年齊桓公會諸侯于葵丘」即此也。【考證】葵丘，宋地，今河南歸德府考城縣有葵丘聚，其地有盟臺，亦名盟臺鄉。

〔二〕【集解】賈逵曰：「大路，諸侯朝服之車，謂之金路。」【考證】左傳但曰賜胙，不曰賜彤弓矢、大路，史公以齊語補。

〔三〕【考證】依左、國「拜」上宜補「下」字。

〔四〕【集解】韋昭曰：「下堂拜賜也。」【考證】中井積德曰：左傳云「下拜登受」不可改。愚按：齊語亦云「下拜升受」。

〔五〕【考證】孟子告子篇云：「葵丘之會，諸侯束牲載書而不歃血，初命曰：『誅不孝，無易樹子，無以妾爲妻。』再命曰：『尊賢育才，以彰有德。』三命曰：『敬老慈幼，無忘賓旅。』四命曰：『士無世官，官事無攝。取士必得，無專殺大夫。』五命曰：『無曲防，無遏糴，無有封而不告。』曰：『凡我同盟之後，言歸於好。』」僖九年穀梁傳云：「葵丘之盟，壹明天子之禁，曰：『毋雍泉，毋訖糴，毋易樹子，毋以妾爲妻，毋使婦人與國事。』」桓公會諸侯，葵丘最盛，盟辭亦完好無闕，史公不揭者，何也？

〔六〕【集解】公羊傳曰：「葵丘之會，桓公震而矜之，叛者九國。」

〔七〕【考證】以上采僖九年左傳、公羊傳，參以國語。

〔八〕【集解】徐廣曰：「史記『卓』多作『悼』。」【正義】卓，丑角反。

〔九〕【集解】服虔曰：「晉地也。」杜預曰：「在平陽縣西南。」【考證】僖九年左傳。高梁，今山西平陽府臨汾縣。

是時周室微，唯齊、楚、秦、晉爲彊。晉初與會，〔一〕獻公死，國內亂。秦穆公辟遠，不與中國會盟。楚成王初收荊蠻有之，夷狄自置。〔二〕唯獨齊爲中國會盟，而桓公能宣其德，故諸侯賓會。於是桓公稱曰：「寡人南伐至召陵，望熊山；〔三〕北伐山戎、離枝、孤竹；〔四〕西伐大夏，涉流沙，〔五〕束馬懸車登太行，至卑耳山而還。〔六〕諸侯莫違寡人。寡人兵車之會三，〔七〕乘車之會六，〔八〕九合諸侯，一匡天下。〔九〕昔三代受命，有何以異於此乎？〔一〇〕吾欲封泰山，禪梁父。」管仲固諫，不聽；乃説桓公以遠方珍怪物至乃得封，桓公乃止。〔一一〕

〔一〕【正義】與，音預，下同。

〔二〕【考證】置，猶居也。

〔三〕【考證】楓山、三條本「熊山」作「熊耳山」。熊耳山，在商州上洛縣西四十里。國語、管子作「汶山」。

〔四〕【集解】地理志曰：令支縣有孤竹城，疑離枝即令支也，令、離聲相近。應劭曰：「令，音鈴。」鈴、離聲亦相近。管子亦作「離」字。【索隱】離枝，音零支，又音令祇，又如字。離枝、孤竹皆古國名。秦以離枝爲縣，故地理志遼西令支縣有孤竹城。爾雅曰「孤竹、北户、西王母、日下謂之四荒」也。【考證】離枝，國語作「令支」，管子作「泠支」。

〔五〕【正義】大夏，并州晉陽是也。【考證】大夏，國語作「西吳」，管子作「西虞」。中井積德曰：齊桓北伐山戎而已，未嘗西涉流沙也。是等語皆後人之附益矣，非桓公之言。

〔六〕【正義】卑，音壁。劉伯莊及韋昭並如字。【考證】卑耳，管子同。國語作「辟耳」。韋昭曰：「山險，故縣鉤其車，傴束其馬，而以度也。」

〔七〕【正義】左傳云魯莊十三年，會北杏以平宋亂，僖四年，侵蔡遂伐楚，六年，伐鄭圍新城也。

〔八〕【正義】左傳云魯莊十四年，會于鄄；十五年，又會鄄；十六年，同盟于幽。僖五年，會首止；八年盟于洮；九年，會葵丘。是也。【考證】封禪書同，國語、管子並有此語。而莊廿七年穀梁傳云：「衣裳之會十一，兵車之會四。」愚按：春秋傳桓公之會諸侯，不止於此，説詳于梁玉繩史記志疑十六卷。

〔九〕【正義】匡，正也。一匡天下，謂定襄王爲太子之位也。一説，謂陽穀之會，令諸侯云「無障谷，無貯粟，無以妾爲妻」，天下皆從之，謂云一匡天下。【考證】中井積德曰：兵車之會、乘車之會，是後人揣摩解九合之辭，非實然。注一一分疏，非也。又曰：九合、一匡，出于論語，是獎稱霸功之語，以爲自語則無味。九，語數之多也，非實數。一匡，謂卒弭天下之亂也，非定襄王之謂。梁玉繩曰：論語「九合」，朱子據春秋傳「糾合」，以爲古字通用，固是。而實則「九合」，猶左傳「夷于九縣」，公羊「叛者九國」，不必改「九」爲「糾」。九之爲言多也，丹鉛録云「九爲陽數之極，書傳稱九者，皆極言之」，此解甚愜。若必求以實之，則左傳之「九縣」乃十一國，公羊之「九國」，惟厲叛命，何以言九？推之楚詞九歌有十一篇，顔之推還冤志引周春秋曰「左儒九諫而王不聽」，孫子云「善攻者動于九天之上，善守者伏于九地之下」，以及「九原」、「九泉」之類，莫不皆然。

〔一〇〕【考證】「桓公稱曰」以下本管子小匡篇。國語齊語亦載此事，而不爲桓公語。中井積德曰：「何」字宜在「有」字之上，此恐傳寫之譌。愚案：有讀爲又。或云當作「者」，管子作「昔三代之受命者，其異於此乎」。

〔一一〕【考證】「吾欲封泰山」以下，蓋本管子封禪篇，説既具封禪書。

三十八年，周襄王弟帶與戎、翟合謀伐周，齊使管仲平戎於周。周欲以上卿禮管仲，管仲頓首曰：「臣陪臣，安敢！」〔一〕三讓，乃受下卿禮以見。〔二〕三十九年，周襄王弟帶來奔齊，齊使仲孫請王，爲帶謝。襄王怒，弗聽。〔三〕

〔一〕【考證】杜預曰：「諸侯之臣曰陪臣也。陪，重也。其君已爲王臣，已又爲王臣之臣，故對王曰重臣也。」李笠曰：上「臣」字疑衍，周紀與左傳並無。

〔三〕【考證】僖十二年左傳。

〔三〕【考證】僖十二、十三年左傳。梁玉繩曰：叔帶奔齊，在桓公三十八年，此在三十九年，與周紀、年表書于三十七年同誤。

四十一年，秦穆公虜晉惠公，復歸之。〔一〕是歲，管仲、隰朋皆卒。〔二〕管仲病，桓公問曰：「羣臣誰可相者？」管仲曰：「知臣莫如君。」〔三〕公曰：「易牙如何？」〔四〕對曰：「殺子以適君，非人情，不可。」公曰：「開方如何？」對曰：「倍親以適君，非人情，難近。」〔五〕公曰：「豎刁如何？」〔六〕對曰：「自宮以適君，非人情，難親。」管仲死，而桓公不用管仲言，卒近用三子，三子專權。〔七〕

〔一〕【考證】僖十五年左傳。

〔二〕【正義】括地志云：「管仲冢，在青州臨淄縣南二十一里牛山上，與桓公冢連。隰朋墓，在青州臨淄縣東北七里也。」【考證】管子戒篇云：「管仲卒，後十月，隰朋亦卒。」

〔三〕【考證】通俗編云：「管子大匡篇：鮑叔曰『先人有言，知子莫若父，知臣莫若君』。左傳僖七年令尹子文曰『古人有言，知臣莫若君』。晉語祁奚曰『人有言，擇臣莫若君，擇子莫若父』。戰國策趙武靈王謂周紹曰『選子莫若父，論臣莫若君』。」

〔四〕【正義】即雍巫也。賈逵云：「雍巫，雍人，名巫，易牙也。」

〔五〕【集解】管仲曰：「衛公子開方去其千乘之太子而臣事君也。」【考證】集解據管子戒篇。

〔六〕【正義】刁，鳥條反。顏師古云：「豎刁、易牙皆齊桓公臣，管仲有病，桓公往問之，曰：『將何以教寡人？』管仲曰：『願君遠易牙、豎刁。』公曰：『易牙烹其子以快寡人，尚何疑邪？』對曰：『人之情非不愛其子也，其子之忍，又將何愛於君！』公曰：『豎刁自宮以近寡人，猶尚疑邪？』對曰：『人之情非不愛其身也，其身之忍，又將何有於君？』公曰：『諾。』管仲遂盡逐之，而公食不甘，心不怡者三年。公曰：『仲父不已過乎？』於是皆即召反。明年，公有病，易牙、豎刁相與作亂，塞宮門，築高牆，不通人。有一婦人踰垣入至公所。公曰：『我欲食。』婦人曰：『吾無所得。』公曰：『我欲飲。』婦人曰：『吾無所得。』公曰：『何故？』曰：『易牙、豎刁相與作亂，塞宮門，築高牆，不通人，故無所得。』公慨然歎，涕出曰：『嗟乎，聖人所見，豈不遠哉！若死者有知，我將何面目見仲父乎？』蒙衣袂而死乎壽宮。蟲流於户，蓋以楊門之扇，二月不葬也。」【考證】顔説蓋節録呂氏春秋知接篇。中井積德曰：饔人也，閹豎也。桓公雖愚，豈有相之之意哉？此問答蓋後人之附益耳。注所引稍近理。

〔七〕【考證】「管仲病」以下，本韓非子難一。梁玉繩曰：管子戒篇、列子力命、莊子徐無鬼、呂氏春秋貴公、韓子十過皆言管仲將死，桓公問管仲欲相鮑叔，管仲以爲不可，惟隰朋可。又諫桓公去三子。亦見管小稱、韓非難、呂知接。固兩事也。史略不具，且述三子事，亦不明晰。或問：上文言「是歲管仲、隰朋皆卒」，而説苑復恩篇言：「鮑叔先管仲死。」與管子諸書不同，何故？曰：朋之卒，後仲十月，見管子戒篇，故仲歿時猶薦之。若説苑管仲哭鮑叔之事，前賢曾辨其非。然韓子十過篇載桓公與管仲問答語云「居一年餘，管仲死」，安知鮑叔之卒不在此一年中乎？穀梁于僖十二年云「管仲死」，非也。

四十二年，戎伐周，周告急於齊，齊令諸侯各發卒戍周。〔一〕是歲，晉公子重耳來，桓公妻之。〔二〕

〔一〕【考證】僖十六年左傳。

〔二〕【考證】僖二十三年左傳。

四十三年，初，齊桓公之夫人三，曰王姬、徐姬、蔡姬，皆無子。〔一〕桓公好内，〔二〕多内寵，如夫人者六人。長衛姬生無詭，〔三〕少衛姬生惠公元，鄭姬生孝公昭，葛嬴生昭公潘，〔四〕密姬生懿公商人，宋華子生公子雍。〔五〕桓公與管仲屬孝公於宋襄公，以爲太子。雍巫〔六〕有寵於衛共姬，因宦者豎刁以厚獻於桓公，亦有寵，桓公許之立無詭。〔七〕管仲卒，五公子皆求立。冬十月乙亥，齊桓公卒。易牙入，與豎刁因内寵殺羣吏，〔八〕而立公子無詭爲君。太子昭奔宋。〔九〕

〔一〕【索隱】案：系本徐，嬴姓。禮，婦人稱國及姓，今此言「徐姬」者，然姬是衆妾之總稱，故漢禄秩令云「姬妾數百」，婦人亦總稱姬。姬亦未必盡是姓也。【考證】楓山、三條本「三」下有「人」字。中井積德曰：「齊」字疑衍。又曰：徐姬與上下二姬對，必是姓，非總稱之姬。下文亦皆稱姬。梁玉繩曰：徐本嬴姓，左傳作「徐嬴」，是也。

〔二〕【集解】服虔曰：「内，婦，官也。」

〔三〕【索隱】左傳作「無虧」也。【考證】梁玉繩曰：詭、虧古通，故人表亦作「詭」。

〔四〕【考證】中井積德曰：昭公潘以兄孝公之諱爲謚，可見古人避諱之不嚴。

〔五〕【集解】賈逵曰：「宋華氏之女，子姓。」

〔六〕【集解】賈逵曰：「雍巫，雍人名巫，易牙字。」【索隱】賈逵以雍巫爲易牙，未知何據。按：管子有棠巫，恐與雍巫是一人也。【考證】雍、饔通。此人爲掌食之官。

〔七〕【集解】杜預曰：「易牙既有寵於公，爲長衛姬請立。」【考證】左傳「共姬」作「恭姬」，「豎刁」作「寺人貂」。共、恭，刁，貂通。

〔八〕【集解】服虔曰：「內寵如夫人者六人。羣吏，諸大夫也。」杜預曰：「內寵，內官之有權寵者。」【考證】龜井昱曰：內寵，主衛共姬言之，杜誤。

〔九〕【考證】「四十三年」以下，僖十八年左傳。

桓公病，五公子各樹黨爭立。及桓公卒，遂相攻，以故宮中空，莫敢棺。〔一〕桓公尸在牀上六十七日，尸蟲出于戶。〔二〕十二月乙亥，無詭立，乃棺赴。辛巳夜，斂殯。〔三〕

〔一〕【正義】音古患反。

〔二〕【考證】晏子春秋諫上：「桓公身死乎胡宮而不舉，蟲出而不收。」韓非子十過篇：「桓公身死，三月不收，蟲出於戶。」呂氏春秋知接篇：「桓公絶乎壽宮，蟲流出於戶，上蓋以楊門之扇，三月不葬。」所傳不同。

〔三〕【集解】徐廣曰：「斂，一作『臨』也。」【考證】「十二月」以下，僖十八年左傳。左傳無「斂」字。

桓公十有餘子，要其後立者五人。無詭立三月死，無謚；次孝公；次昭公；次懿公；次惠公。孝公元年三月，宋襄公率諸侯兵送齊太子昭而伐齊。齊人恐，殺其君無詭。齊人將立太子昭，四公子之徒攻太子，太子走宋，宋遂與齊人四公子戰。五月，宋敗齊四公子師而立太子昭，是爲齊孝公。宋以桓公與管仲屬之太子，故來征之。以亂故，八月乃葬齊桓公。〔一〕

〔一〕【集解】皇覽曰：「桓公冢在臨菑城南七里所菑水南。」【正義】括地志云：「齊桓公墓在臨菑縣南二十一里牛山上，亦名鼎足山，一名牛首堈。一所二墳。晉永嘉末，人發之，初得版，次得水銀池，有氣不得入，經數日，乃牽犬入中，得金蠶數十薄，珠襦、玉匣、繒綵、軍器不可勝數。又以人殉葬，骸骨狼藉也。」【考證】「孝公元年以下」，本僖十八年左傳。

六年春，齊伐宋，以其不同盟于齊也。〔一〕夏，宋襄公卒。〔二〕七年，晉文公立。〔三〕

〔一〕【集解】服虔曰：「魯僖公十九年，諸侯盟于齊，以無忘桓公之德。宋襄公欲行霸道，不與盟，故伐之。」【考證】僖廿三年左傳。

〔二〕【考證】僖二十三年春秋經、傳。

〔三〕【考證】僖二十四年左傳。

十年，孝公卒。〔一〕孝公弟潘因衛公子開方殺孝公子而立潘，是爲昭公。昭公，桓公子也，其母曰葛嬴。〔二〕

〔一〕【考證】僖二十七年春秋經、傳。

〔二〕【考證】「立」下「潘」字疑衍，且與上文複，因「衛公子開方」，又見年表。梁玉繩曰：此事三傳不載，蓋別有所本也。

昭公元年，晉文公敗楚於城濮，〔一〕而會諸侯踐土，朝周。〔二〕天子使晉稱伯。〔三〕六年，翟侵齊。晉文公卒。〔四〕秦兵敗於殽。〔五〕十二年，秦穆公卒。〔六〕

〔一〕【正義】賈逵云：「衛地也。」【考證】今山東曹州府濮州南有臨濮故城，即春秋城濮。

〔二〕【正義】括地志云：「故王宮，在鄭州滎澤縣西北四十五里，王宮城中。城內東隅，有踐土臺也。」【考證】今滎澤縣屬河南開封府。

〔三〕【正義】音霸。【考證】「晉文公」以下，左傳僖二十八年。中井積德曰：「伯」音如字。是「西伯」、「侯伯」之「伯」。

〔四〕【考證】杭世駿曰：左傳文公卒于齊昭之五年，在翟侵齊之前。此作「六年」，誤。

〔五〕【考證】僖卅三年春秋經、傳。殽在今河南河南府永寧縣。

〔六〕【考證】文六年左傳。

十九年五月，昭公卒。〔一〕子舍立，爲齊君。舍之母無寵於昭公，國人莫畏。昭公之弟商人以桓公死争立而不得，陰交賢士，附愛百姓，百姓説。及昭公卒，子舍立，孤弱。即與衆〔二〕十月即墓上弑齊君舍，而商人自立，是爲懿公。懿公，桓公子也，其母曰密姬。〔三〕

〔一〕【考證】昭公卒，春秋經、傳在魯文十四年。「十九年」當作「二十年」。

〔二〕【考證】楓山、三條本「與」作「興」。

〔三〕【考證】「子舍立」以下，本文十四年左傳。左傳云：「秋七月乙卯夜，齊商人殺舍。」則「十月」當作「七月」。即墓上，史公别有所本。董份曰：上既曰某姬生某公矣，則此復曰其母曰某姬，恐衍。蓋太史公不及删者。

懿公四年春，初，懿公爲公子時，與丙戎之父獵，争獲不勝。〔一〕及即位，斷丙戎父足，〔二〕而使丙戎僕。〔三〕庸職之妻好，〔四〕公内之宫，使庸職驂乘。〔五〕五月，懿公游於申池，〔六〕二人浴戲。職曰：「斷足子！」戎曰：「奪妻者！」二人俱病此言，乃怨，謀與公游竹中，二人弑懿公車上，弃竹中而亡去。

〔一〕【索隱】左傳「丙」作「邴」。邴，歜也。【考證】梁玉繩曰：年表及衛世家作「邴歜」，與左傳、楚語同。愚按：獵争獲，不勝，左傳作「争田而不勝」，史公解「田」爲田獵也。

〔二〕【正義】左傳云「乃掘而刖之」，杜預云「斷其尸足也」。

〔三〕【集解】賈逵曰：「僕，御也。」

〔四〕【索隱】左傳作「閻職」，此言「庸職」。不同者，傳所云「閻」姓，「職」名也；此言「庸職」，庸非姓，蓋謂受顧織之妻，史意不同，字則異耳。【正義】國語及左傳作「閻職」。【考證】錢大昕曰：庸、閻聲相近。書「毋若火始燄燄」，漢書作「庸庸」。

〔五〕【考證】杜預曰：驂乘，陪乘也。

〔六〕【集解】杜預曰：「齊南城西門，名申門，齊城無池，唯此門左右有池，疑此是也。」左思齊都賦注曰：「申池，海濱，齊藪也。」【考證】中井積德曰：索隱「申池，齊藪」，未知當否。然言「游於申池」，則是山川風景佳處，或是苑囿矣，必非城隍。

懿公之立，驕，民不附。齊人廢其子而迎公子元於衛，立之，是爲惠公。惠公，桓公子也。〔一〕其母衛女，曰少衛姬，避齊亂，故在衛。〔二〕

〔一〕【考證】「初懿公」以下，文十八年左傳。

〔二〕【考證】何焯曰：五公子事，至此完。

惠公二年，長翟來，〔一〕王子城父攻殺之，〔二〕埋之於北門。〔三〕晉趙穿弒其君靈公。〔四〕

〔一〕【集解】穀梁傳曰：「身橫九畝，斷其首而載之，眉見於軾。」【正義】夏時號房風，今號長翟。【考證】左傳爲齊襄公二年事，誤。說詳下文。

〔二〕【集解】賈逵曰：「王子城父，齊大夫。」【正義】父，音甫。

〔三〕【考證】文十一年左傳云：「冬十月甲午，敗狄于鹹，獲長狄喬如，富父終甥摏其喉，以戈殺之，埋其首於子駒之北門。」「晉之滅潞也，獲喬如之弟焚如。」魯宣十五年。「齊襄公之二年，魯桓十六年。鄋滿伐齊，齊王子成父獲其弟榮如，埋其首於周首之北門，衛人獲其季弟簡如。」杜注「榮如，焚如之弟也。焚如後死，而先説者，欲其兄弟伯季相次也。榮如以魯桓十六年死，至宣十五年一百三歲，其兄猶在，傳言『既長且壽』也」。陸粲曰：魯世家引此傳文作齊惠公之二年。齊世家、年表並同。惠之二年，即魯宣公二年也。知此傳寫誤。愚按：豈有弟見獲而百有三年，其兄尚能爲寇者乎？陸説是。左傳「齊襄公」當依史記作「齊惠公」。史公所見左傳未誤。

〔四〕【考證】宣二年左傳。

十年，惠公卒，子頃公無野立。〔一〕初，崔杼有寵於惠公。惠公卒，高、國畏其偪也，逐之，崔杼奔衛。〔二〕

〔一〕【正義】頃，音傾。

〔二〕【考證】宣十年左氏經傳。杜預曰：高、國二家，齊正卿也。竹添光鴻曰：崔杼此年奔衛，至魯襄公廿五年弒莊公，相距五十一年，又二年自縊。説者或有疑其年歲者，不知崔杼便佞性生，弱冠已擅寵也。

頃公元年，楚莊王彊，伐陳；〔一〕二年，圍鄭，鄭伯降，已復國鄭伯。〔二〕

〔一〕【考證】宣十一年左氏經傳。

〔二〕【考證】宣十二年左傳。楓山、三條本「國」作「圍」。

六年春，晉使郤克於齊，齊使夫人帷中而觀之。郤克上，夫人笑之。〔一〕郤克曰：「不是報，不復涉河！」歸，請伐齊，晉侯弗許。齊使至晉，郤克執齊使者四人河内，殺之。〔二〕八年，晉伐齊，齊以公子彊質晉，晉兵去。〔三〕十年春，齊伐魯、衛。〔四〕魯、衛大夫如晉請師，皆因郤克。〔五〕晉使郤克以車八百乘爲中軍將，〔六〕士燮將上軍，欒書將下軍，以救魯、衛，伐齊。〔七〕六月壬申，與齊侯兵合靡笄下。〔八〕癸酉，陳于鞍。〔九〕逢丑父爲齊頃公右，〔一〇〕頃公曰：「馳之，破晉軍會食。」射傷郤克，流血至履。克欲還入壁，其御曰：「我始入，再傷，不敢言疾，恐懼士卒，願子忍之。」遂復戰。戰，齊急。〔一一〕丑父恐齊侯得，乃易處，頃公爲右，車絓於木而止。〔一二〕晉小將韓厥，〔一三〕伏齊侯車前曰「寡君使臣救魯、衛」，戲之。〔一四〕丑父使頃公下取飲，〔一五〕因得亡，脱去，入其軍。晉郤克欲殺丑父，丑父曰：「代君死而見僇，後人臣無忠其君者矣。」克舍之，〔一六〕丑父遂得亡歸齊。於是晉軍追齊至馬陵。〔一七〕齊侯請以寶器謝，〔一八〕不聽，必得笑克者蕭桐叔子，〔一九〕令齊東畝。〔二〇〕對曰：「叔子，齊君母。齊君母亦猶晉君母，子安置之？〔二一〕且子以義伐，而以暴爲後，其可乎？」於是乃許，令反魯、衛之侵地。〔二二〕

〔一〕【考證】杜預曰：跛而登階，故笑也。杜蓋據穀梁傳。公羊及晉世家所言微異。

〔二〕【考證】杭世駿曰：左傳及年表在頃七年，爲魯宣十七年。此誤。梁玉繩曰：宣十七年左傳，晉徵會于齊，使高固、晏弱、蔡朝、南郭偃會，高固先逃歸，晉執三子，及苗賁皇言于晉侯以緩，得先後逸去。何嘗有殺四人于河内之事，史通已糾其謬矣。

〔三〕【考證】宣十八年左傳。

〔四〕【考證】梁玉繩曰：齊頃十年，爲魯成二年，乃衛侵齊而敗。衛世家同。齊未嘗有伐衛之事也。

〔五〕【索隱】成二年左傳，魯臧宣叔、衛孫桓子如晉，皆主於郤克，是。

〔六〕【集解】賈逵曰：「八百乘，六萬人。」

〔七〕【考證】梁玉繩曰：「案左傳，士燮是佐上軍，將上軍者，荀庚也。時庚不出。」

〔八〕【集解】徐廣曰：「靡，一作『摩』。」賈逵曰：「靡笄，山名也。」【索隱】靡如字。靡笄山名，在濟南，與代地磨笄山不同。

〔九〕【集解】服虔曰：「鞍，齊地名也。」

〔一〇〕【集解】賈逵曰：「丑父，齊大夫。」

〔一一〕【考證】毛本不重「戰」字。

〔一二〕【正義】絓，胡卦反，止也，有所礙也。

〔一三〕【考證】左傳云：「韓厥爲司馬。」

〔一四〕【考證】左傳云「韓厥執縶馬前，再拜稽首，奉觴加璧以進」，未嘗見戲侮之事。岡白駒曰：戲，三軍之偏也。言爲偏將也。

〔一五〕【正義】左傳云：「及華泉，驂絓於木而止。丑父使公下如華泉取飲，鄭周父御佐車，苑茷爲右，載齊侯獲免也。」

〔一六〕【正義】舍，音捨。左傳云「郤子曰『人不難以死免其君，我戮之不祥，赦之以勸事君』」也。

〔一七〕【集解】徐廣曰：「一作『陘』。」駰案：賈逵曰「馬陘，齊地也」。【考證】「陵」作「陘」，是也。左傳作「馬陘」。馬陵非齊地。

〔一八〕【集解】左傳曰：「賂以紀甗、玉磬也。」【正義】左傳云「賂以紀甗、玉磬」。按：甗，玉甑也。齊伐紀得之，故曰「紀」。鄭司農云「甗，無底甑也」。

〔一九〕【集解】杜預曰：「桐叔，蕭君之字，齊侯外祖父。子，女也。難斥言其母，故遠言之。」賈逵曰：「蕭，附庸，子姓。」【考證】左傳無「笑克者」三字，史公添此，以見在帷笑者爲何人。然郤克大國之卿，中軍之將，以君命接敵使，不宜及其私怨，必無此言也。左傳「桐」作「同」。

〔一〇〕【集解】服虔曰：「欲令齊隴畝東行。」【索隱】隴畝東行，則晉車馬東向齊，行易也。

〔一一〕【考證】左傳載齊使陳東畝之失甚悉，史公省之者何也？李笠曰：疑「且子」二語上下有脱文。

〔一二〕【正義】左傳云：晉師及齊國使齊人歸我汶陽之田也。【考證】「齊伐魯衛」以下，本成二年左傳。中井積德曰：正義「國」下脱「佐盟于爰婁」五字。

十一年，晉初置六卿，賞鞍之功。〔一〕齊頃公朝晉，欲尊王晉景公，〔二〕晉景公不敢受，乃歸。〔三〕歸而頃公弛苑囿，薄賦斂，振孤問疾，虚積聚以救民，民亦大説。厚禮諸侯，竟頃公卒，百姓附，諸侯不犯。〔四〕

〔一〕【考證】成三年左傳云：「十二月甲戌，晉作六軍，韓厥、趙括、鞏朔、韓穿、荀騅、趙旃皆爲卿，賞鞍之功也。」

〔二〕【索隱】王劭按：張衡曰「禮，諸侯朝天子執玉，既授而反之。若諸侯自相朝，則不授玉」。齊頃公戰敗，朝晉而授玉，是欲尊晉侯爲王，太史公探其旨而言。今按：此文不云「授玉」，王氏之説，復何所依，聊記異耳。【考證】成三年左傳：「齊侯朝于晉，將授玉。郤克趨進曰：『寡君未之敢任。』」杜注：「授玉，行朝禮也。」孔疏：「此時天子雖微，諸侯並盛，晉文不敢請隧，楚莊不敢問鼎，又齊弱於晉，所較不多，豈爲一戰而勝，即以王相許？準時度勢，理不必然。」齊侯朝於晉，將授玉，遷之意所以有此説者，當讀此傳「將授玉」，以爲「將授王」，遂飾爲此謬辭耳。梁玉繩曰：諸侯相朝授玉，春秋之禮爲然。成六年，鄭伯如晉，授玉東楹之東。乃知是時相朝授玉，無國不然。若授玉之故，便謂尊王，是鄭悼公亦欲尊晉景公爲王乎？張説不可通矣。

〔三〕【考證】梁玉繩曰：左傳疏及困學紀聞十一引史「不敢受」作「不敢當」，疑今本誤。

〔四〕【考證】成八年公羊傳云：「鞍之戰，齊師大敗。齊侯歸，弔死視疾。七年不飲酒，不食肉。」

十七年，頃公卒，〔一〕子靈公環立。

〔一〕【考證】皇覽曰：「頃公冢，近呂尚冢。」【考證】成九年春秋。

靈公九年，晉欒書弑其君厲公。〔二〕十年，晉悼公伐齊，齊令公子光質晉。〔三〕十九年，立子光爲太子，高厚傅之，令會諸侯，盟於鍾離。〔三〕二十七年，晉使中行獻子伐齊。〔四〕齊師敗，靈公走入臨菑。晏嬰止靈公，靈公弗從。曰：「君亦無勇矣！」〔五〕晉兵遂圍臨菑，臨菑城守不敢出，晉焚郭中而去。〔六〕

〔二〕【考證】成十八年左氏經傳。

〔三〕【考證】襄元年左傳「公子」作「太子」。

〔三〕【正義】括地志云：「鍾離故城，在沂州承縣界。」【考證】襄十年左傳。愚按：光爲太子既久。今安徽鳳陽縣東有鍾離故城。

〔四〕【索隱】荀偃祖林父，代爲中行，後改姓爲中行氏。獻子名偃。【考證】中井積德曰：中行，族耳，未嘗廢荀氏，豈改姓云乎？

〔五〕【考證】梁玉繩曰：案左傳，晏子有「君固無勇」語，乃逆料之辭，未嘗止靈公之走也。

〔六〕【考證】以上襄十八年左傳。

二十八年，初，靈公取魯女，生子光，以爲太子。仲姬、戎姬。〔一〕戎姬嬖，仲姬生子牙，屬之戎姬。戎姬請以爲太子，公許之。仲姬曰：「不可。光之立，列於諸侯矣，〔二〕今無故廢之，君必悔之。」公曰：「在我耳。」遂東太子光，〔三〕使高厚傅，牙爲太子。靈公疾，崔杼迎故太子光而立之，是爲莊公。莊公殺戎姬。五月壬辰，靈公卒，莊公即位，執太子牙於句竇之丘，殺之。八月，崔杼殺高厚。晉聞齊亂，伐齊，至高唐。〔四〕

〔一〕【考證】左傳云：「諸子，仲子、戎子。」諸子謂宮人也。董份曰：「爲太子」下即著「仲姬戎姬」，恐有脱字。陳仁錫曰：仲姬、戎姬不言「取」，蒙上文也。梁玉繩曰：依上文「取魯女」之例，當脱「取宋女」三字。而二「姬」字，又「子」之誤。

〔二〕【集解】服虔曰：「數從諸侯征伐盟會。」

〔三〕【集解】賈逵曰：「徙之東垂也。」

〔四〕【集解】杜預曰：「高唐，在祝阿縣西北。」【考證】以上本襄十九年左傳。張照曰：按左傳，莊公即位，執公子牙于句瀆之丘，以夙沙衛異己，衛奔高唐以叛。晉士匄侵齊，及穀，聞喪而還。此皆在崔杼殺高厚前，爲五月事。馬遷并二事爲一，又有晉使至高唐之文，皆與傳異。

莊公三年，晉大夫欒盈奔齊，〔一〕莊公厚客待之。晏嬰、田文子諫，公弗聽。〔二〕四年，齊莊公使欒盈閒入晉曲沃爲内應，〔三〕以兵隨之，上太行，入孟門。〔四〕欒盈敗，齊兵還，取朝歌。〔五〕

〔一〕【集解】徐廣曰：「史記『盈』多作『逞』。」【考證】錢泰吉曰：史記當避孝惠諱，諸「盈」字皆當作「逞」。梁玉繩曰：年表、田完世家皆作「逞」。張文虎曰：案：如徐廣説，則當時已有改作「盈」者矣。

〔二〕【考證】梁玉繩曰：襄廿年左傳，晏子諫納欒盈，弗聽，退告陳文子，而文子未嘗諫也。此與田完世家同誤。

〔三〕【集解】賈逵曰：「曲沃，欒盈之邑。」

〔四〕【集解】賈逵曰：「孟門、太行皆晉山隘也。」【索隱】孟門山在朝歌東北。太行山在河内温縣西。【正義】左傳云「伐晉爲二隊，入孟門，登太行」。

〔五〕【集解】賈逵曰：「晉邑。」【考證】襄二十三年左傳。

六年，初，棠公妻好，〔一〕棠公死，崔杼取之。莊公通之，數如崔氏，以崔杼之冠賜人。侍者曰：「不可。」崔杼怒，因其伐晉，欲與晉合謀襲齊，而不得閒。〔二〕莊公嘗笞宦者賈舉，賈舉復侍，爲崔杼閒公，以報怨。〔三〕五月，莒子朝齊，齊以甲戌饗之。崔杼稱病不視事。乙亥，公問崔杼病，遂從崔杼妻。崔杼妻入室，與崔杼自閉户不出，公擁柱而歌。〔四〕宦者賈舉遮公從官而入，閉門。崔杼之徒持兵從中起。公登臺而請解，不許；請盟，不許；請自殺於廟，不許。皆曰：「君之臣杼疾病，不能聽命。〔五〕近於公宫。〔六〕陪臣爭趣，有淫者，〔七〕不知二命。」〔八〕公踰牆，射中公股，公反墜，遂弑之。晏嬰立崔杼門外，曰：〔九〕「君爲社稷死則死之，爲社稷亡則亡之。〔一〇〕若爲己死己亡，非其私暱，誰敢任之！」〔一一〕門開而入，枕公尸而哭，三踊而出。〔一二〕人謂崔杼：「必殺之。」崔杼曰：「民之望也，舍之得民。」〔一三〕

〔一〕【集解】賈逵曰：「棠公，齊棠邑大夫。」

〔二〕【考證】李笠曰：左氏襄公二十五年傳「侍者曰：『不可。』公曰：『不得崔氏，其無冠乎？』崔氏因此」云云。此「不可」下無公語，則文氣不完，疑或脱「公不聽」三字。

〔三〕【集解】服虔曰：「伺公閒隙。」【正義】閒，音閑，又如字。

〔四〕【集解】服虔曰：「公以爲姜氏不知己在外，故歌以命之也。一曰：公自知見欺，恐不得出，故歌以自悔。」

【考證】梁玉繩曰：此當依左傳，作姜與崔子自側户出。若閉户不出，則公知有變，必不拊楹而歌矣。列女傳依史。

〔五〕【集解】服虔曰：「言不能親聽公命。」【考證】解，免也。皆，皆持兵者也。

〔六〕【集解】服虔曰：「崔杼之宫，近公宫，淫者或詐稱公。」

〔七〕【集解】徐廣曰：「争，一作『扞』。」【索隱】左傳作「扞趣」，此爲「争趣」者，是太史公變左氏之文，言陪臣但争趣投有淫者耳，更不知他命也。【正義】言行夜得淫人，受崔杼命討之，不知他命也。此言争趣者，太史公變文。今依字讀，言陪臣但争向有淫者捉之，更不知他命也。【考證】梁玉繩曰：徐廣謂「争，一作『扞』」，是「扞趣」與左傳「干掫」同。杜預曰：「干掫，行夜也。」

〔八〕【集解】杜預曰：「言得淫人，受崔子命討之，不知他命也。」

〔九〕【集解】賈逵曰：「聞難而來。」【考證】竹添光鴻曰：應「閉門」，伏「門開」。

〔一〇〕【集解】服虔曰：「謂以公義爲社稷死亡也。如是者，臣亦隨之死亡。」

〔一一〕【集解】服虔曰：「言君自以己之私欲取死亡之禍，則私近之臣所當任也。」杜預曰：「私暱，所親愛也。非所親愛，無爲當其禍也。」【考證】楓山、三條本「死」下有「爲」字，與左傳合。徐孚遠曰：莊公好勇，是變也。勇士從死者八人，故晏子云然。

〔一二〕【考證】踊，「擗踊」之「踊」。

〔一三〕【集解】服虔曰：「置之，所以得人心。」【考證】以上襄二十五年左傳。

丁丑，崔杼立莊公異母弟杵臼，〔一〕是爲景公。景公母，魯叔孫宣伯女也。景公立，以崔杼爲右相，慶封爲左相。二相恐亂起，乃與國人盟曰：「不與崔慶者死！」晏子仰天曰：「嬰所不獲，唯忠於君利社稷者是從！」〔二〕不肯盟。〔三〕慶封欲殺晏子，崔杼曰：「忠臣也，舍之。」〔四〕齊太史書曰「崔杼弑莊公」，崔杼殺之。其弟復書，崔杼復殺之。少弟復書，崔杼乃舍之。〔五〕

〔一〕【集解】徐廣曰：「史記多作『箸臼』。」

〔二〕【考證】左傳作「嬰所不唯忠於君、利社稷者是與，有如上帝」。史「不唯」間有「獲」字，「是與」改作「是從」。張文虎曰：「『獲』字疑衍，左傳無。愚按：『所不』，誓辭常語。『是從』，猶言從若是人，與『有如上帝』文異義合。

〔三〕【考證】不肯盟，不從崔氏盟辭也。左傳作「乃歃」。

〔四〕【考證】梁玉繩曰：慶封欲殺晏子，未聞。

〔五〕【考證】襄二十五年左傳「莊公」作「其君」。梁玉繩曰：左傳云「其弟嗣書，而死者二人」。如史言，則不見是二人矣。

景公元年，〔一〕崔杼生子成及彊，〔二〕其母死，取東郭女，生明。東郭女使其前夫子無咎與其弟偃相崔氏。〔三〕成有罪，〔四〕二相急治之，立明爲太子。成請老於崔杼，〔五〕崔杼許之，二相弗聽，曰：「崔，宗邑，不可。」〔六〕成、彊怒，告慶封。〔七〕慶封與崔杼有郤，欲其敗也。成、彊殺無咎、偃於崔杼家，家皆奔亡。崔杼怒，無人，使一宦者御，見慶封。慶封曰：「請爲子誅之。」使崔杼仇盧蒲嫳攻崔氏，〔八〕初殺成、彊，盡滅崔氏，崔杼婦自殺。崔杼毋歸，亦自殺。〔九〕慶封爲相國，專權。〔一〇〕

〔一〕【考證】梁玉繩曰：「元」當作「二」。

〔二〕【考證】楓山、三條本「成」作「城」。

〔三〕【正義】杜預云：「東郭偃，東郭姜之弟也。」

〔四〕【正義】左傳云「成有疾而廢之」。杜預云「有惡疾也」。

〔五〕【考證】梁玉繩曰：卿之後，何得稱爲太子？史公失辭。陳仁錫曰：崔，邑名。「杼」字衍，左傳無「杼」字。張文虎曰：吳校删「杼」字。

〔六〕【集解】杜預曰「濟南東朝陽縣西北有崔氏城」也。【正義】崔杼乃崔家長，其宗邑宗廟所在，不可與成也。杜預云「濟南東朝陽縣西北有崔氏城，成欲居崔城以終老也」。

〔七〕【正義】左傳云：成、彊告慶封曰：「夫子身亦子所知也，唯無咎與偃是從，父兄莫能進矣。恐害夫子，敢以告。」慶封曰：「苟利夫子，必去之，難吾助汝。」乃殺東郭偃、棠無咎於崔氏朝也。其妻及崔杼皆縊死，崔明奔魯。

〔八〕【集解】賈逵曰：「嫳，齊大夫，慶封之屬。」【考證】左傳無「崔杼仇」三字。梁玉繩曰：嫳乃慶封之屬，何以爲崔杼仇？莊公之難，盧蒲癸奔晉，意者嫳與癸或兄弟行，故以爲仇乎？

〔九〕【索隱】毋，音無也。【考證】楓山、三條本「崔杼」下有「歸」字。

〔一〇〕【考證】以上本襄二十七年左傳。梁玉繩曰：「相國」之稱誤，是時無此官名。

三年十月，慶封出獵。初，慶封已殺崔杼，益驕，嗜酒好獵，不聽政令。慶舍用政，〔一〕已有内郤。田文子謂桓子曰：「亂將作。」〔二〕田、鮑、高、欒氏相與謀慶氏。慶舍發甲圍慶封宫，〔三〕四家徒共擊破之。〔四〕慶封還，不得入，奔魯。齊人讓魯，封奔吳。吳與之朱方，聚其

族而居之，富於在齊。〔五〕其秋，齊人徙葬莊公，僇崔杼尸於市以説衆。〔六〕

〔一〕【集解】服虔曰：「舍，慶封之子也。生傳其職政與子。」【考證】中井積德曰：用政，亦唯代攝也，非生傳之謂。

〔二〕【考證】田文子，左傳作「陳文子」。桓子，文子之子無宇也。

〔三〕【正義】宮爲衛。【考證】方苞曰：圍慶封宫，圍繞以爲衛也。愚按：左傳云「慶氏以其甲環公宫」，與此異。

〔四〕【考證】左傳云「盧蒲癸刺慶舍」。史脱。

〔五〕【考證】本襄二十八年左傳，小異。

〔六〕【考證】「秋」當作「冬」。襄二十八年左傳，爲十二月乙亥朔事。

九年，景公使晏嬰之晉，與叔向私語曰：「齊政卒歸田氏。田氏雖無大德，以公權私，有德於民，民愛之。」〔一〕十二年，景公如晉，見平公，欲與伐燕。〔二〕十八年，公復如晉，見昭公。〔三〕二十六年，獵魯郊，因入魯，與晏嬰俱問魯禮。〔四〕三十一年，魯昭公辟季氏難，奔齊。齊欲以千社封之。〔五〕子家止昭公，昭公乃請齊，伐魯取鄆，〔六〕以居昭公。〔七〕

〔一〕【考證】「景公」以下，昭三年左傳。

〔二〕【考證】梁玉繩曰：魯昭公六、七兩年左傳，齊侯如晉請伐燕，納簡公，晉許之。齊受燕賂，不克入其君而還。而齊世家云「景公如晉見平公，欲與伐燕」，晉世家云「伐燕」，燕世家又云「齊高偃如晉請共伐燕。晉許，與齊伐燕，入惠公」，「惠」當作「簡」。十二諸侯年表亦云「入燕君」，未知何據。伐燕二役，齊侯往晉自請，不得言「高偃如晉」。齊受賂不克入，亦不得言「入其君」矣。而晉實未嘗同齊出師，尤不得言「晉伐燕」。

〔三〕【考證】昭十二年左傳。

〔四〕【考證】魯世家、孔子世家、年表並載此事，而左傳無之。

〔五〕【集解】賈逵曰：二十五家爲一社。千社，二萬五千家也。

〔六〕【正義】鄆城也。【考證】杜預曰：子家羈，莊公之玄孫也。岡白駒曰：子家教昭公不受也。愚按：楓山、三條本重「齊」字。

〔七〕【考證】昭廿五年左傳。梁玉繩曰：千社之封，齊侯之口惠，何待子家之止，子家勸公至晉耳。伐鄆居昭公，亦齊之意，非公請之也。

三十二年，彗星見。景公坐柏寢，嘆曰：「堂堂！誰有此乎？」〔一〕羣臣皆泣，晏子笑，公怒。晏子曰：「臣笑羣臣諛甚。」景公曰：「彗星出東北，當齊分野，寡人以爲憂。」〔二〕晏子曰：「君高臺深池，賦斂如弗得，刑罰恐弗勝，〔三〕茀星將出，〔四〕彗星何懼乎？」〔五〕公曰：「可禳否？」晏子曰：「使神可祝而來，亦可禳而去也。〔六〕百姓苦怨以萬數，而君令一人禳之，安能勝衆口乎？」是時景公好治宮室，聚狗馬，奢侈，厚賦重刑，故晏子以此諫之。〔七〕

〔一〕【集解】服虔曰：「景公自恐德薄不能久享齊國，故曰『誰有此』也。」【正義】柏寢，在青州千乘縣東北二十里。韓子云「景公與晏子游於少海，登柏寢之臺，而望其國。公曰：『美哉堂堂乎，後代孰有此？』晏子曰：『其田氏乎？』曰：『寡人有國，而田氏有之，奈何？』對曰：『君欲奪之，則近賢遠不肖，治其煩亂，緩其刑罰，賑窮乏，卹孤寡，行恩惠，崇節儉，雖十田氏，其如君何？』」按：與此文不同也。【考證】梁玉繩曰：堂堂，御覽引史作「堂乎堂乎」，韓子外儲篇右上作「堂堂乎」。岡白駒曰：堂堂，整正貌。言室美盛也。中井積德曰：誰有此，自悲命之不長也。

〔二〕【考證】分野，古謂王者封國，上應列宿之位。周禮春官「保章氏，掌天星以志星辰日月之變動，以觀天下之遷，辨其吉凶，以星土辨九州之地所封，封域皆有分星，以觀天祥」。鄭玄注：「九州，諸國之封域，於星有分。今可言者，十二次之分也。星紀，吴、越也。玄枵，齊也。訾娵，衛也。降婁，魯也。大梁，趙也。實沈，晉也。鶉首，秦也。鶉火，周也。鶉尾，楚也。壽星，鄭也。大火，宋也。析木，燕也。」國語周語：「歲之所在，則我有周之分野〔之〕屬是也。」

〔三〕【考證】項羽紀「殺人如不能舉，刑人如恐不勝」。韓非子難二「治亂之刑，如恐不勝，而姦當不盡」。

〔四〕【正義】茀，音佩。謂客星侵近邊則欲相害。【考證】錢大昕曰：「茀」即「孛」字。中井積德曰：茀如彗，而光芒四出。

〔五〕【正義】彗，息歲反。若帚形。見其境，有亂也。

〔六〕【正義】祝，音章受反。

〔七〕【考證】梁玉繩曰：禳彗星，歎路寢，見左傳昭二十六年。及晏子諫篇、外篇。泣牛山，見晏子諫篇。列子力命篇。是三事也，史公并爲一事，而變易其辭耳。愚按：又見韓非子外儲説右上。

四十二年，吴王闔閭伐楚，入郢。〔一〕

〔一〕【考證】定四年左氏經傳。

四十七年，魯陽虎攻其君，不勝，奔齊，請齊伐魯。鮑子諫景公，乃囚陽虎。陽虎得亡，奔晉。〔一〕

〔一〕【考證】定八年左傳。梁玉繩曰：虎欲去三桓，遂有劫公之事，非攻君也。或曰，其君，陽虎之君，指季氏。

四十八年，與魯定公好會夾谷。〔一〕犂鉏〔二〕曰：「孔丘知禮而怯，請令萊人爲樂，〔三〕因執魯君，可得志。」景公害孔丘相魯，懼其霸，〔四〕故從犂鉏之計。方會，進萊樂，孔子歷階上，使有司執萊人斬之，〔五〕以禮讓景公。景公慙，乃歸魯侵地以謝，而罷去。〔六〕是歲，晏嬰卒。〔七〕

〔一〕【集解】服虔曰：「東海祝其縣是也。」

〔二〕【索隱】且，即餘反。即犂彌也。

〔三〕【集解】杜預曰：「萊人，齊所滅萊夷。」

〔四〕【考證】中井積德曰：據左傳，孔子相會儀耳，無爲國相之事。

〔五〕【考證】歷階，不聚足也。中井積德曰：據左傳，孔子言「士兵之」，而齊侯「遽辟之」也，非實斬之。

〔六〕【考證】定十八年左傳。歷階上，據穀梁傳。

〔七〕【考證】梁玉繩曰：是歲爲景公四十八年，嬰先景十年卒也。然說苑君道載景公謂弦章曰「吾失晏子，于今十有七年」。則嬰又似非卒于是歲矣。

五十五年，范、中行反其君於晉，〔一〕晉攻之急，來請粟。田乞欲爲亂，樹黨於逆臣，說景公曰：「范、中行數有德於齊，不可不救。」乃使乞救，而輸之粟。〔二〕

〔一〕【考證】楓山、三條本「行」下有「氏」字。

〔二〕【考證】梁玉繩曰：哀二年左傳云「齊輸范氏粟，范吉射逆之」，此與田完世家及年表皆增中行氏，非也。又曰：齊時叛晉，故助范、中行，非因陳乞黨逆而然。此與田完世家同誤。

五十八年夏，景公夫人燕姬適子死。景公寵妾芮姬生子荼，〔一〕荼少，其母賤，無行，諸大夫恐其爲嗣，乃言願擇諸子長賢者爲太子。景公老，惡言嗣事，又愛荼母，欲立之，憚發之口，乃謂諸大夫曰：「爲樂耳，國何患無君乎？」秋，景公病，命國惠子、高昭子〔二〕立少子荼爲太子，逐羣公子，遷之萊。〔三〕景公卒，〔四〕太子荼立，是爲晏孺子。冬，未葬，而羣公子畏誅，皆出亡。荼諸異母兄公子壽、〔五〕駒、黔〔六〕奔衛，〔七〕公子駔、〔八〕陽生奔魯。〔九〕萊人歌之曰：「景公死乎弗與埋，三軍事乎弗與謀，〔一〇〕師乎師乎，胡黨之乎？」〔一一〕

〔一〕【索隱】左傳曰「鬻姒之子荼嬖」，則荼母姓姒，此作「芮姬」，不同也。譙周依左氏作「鬻姒」，鄒誕生本作「芮姁」。姁，音五句反。【考證】梁玉繩曰：此文因景公之卒而追敍前事，非當年事也。然承接欠明。荼母姒姓，非芮姓也，應依左傳作「芮姒」。下文「孺子」，亦與田完世家同誤。徐廣于彼云「一作『粥子』」。索隱于此云「鄒誕本作『芮姁』」，皆非。晏子諫篇上「淳于人納女于景公，生孺子荼」。

〔二〕【集解】杜預曰：「惠子，國夏也。昭子，高張也。」

〔三〕【集解】服虔曰：「萊，齊東鄙邑。」【考證】今山東登州府黃縣東有萊子城。徐孚遠曰：高、國，命卿也。而受不正之命，蹈荀息之禍，蓋天啓田氏也。

〔四〕【集解】皇覽曰：「景公冢與桓公冢同處。」

〔五〕【索隱】一作「嘉」。【考證】左傳作「嘉」。

〔六〕【正義】三公子。

〔七〕【集解】徐廣曰：「一云『壽、黔奔衛』。」【索隱】三人奔衛。

〔八〕【索隱】左傳作「鉏」。

〔九〕【索隱】二人奔魯，凡五公子也。

〔一〇〕【集解】服虔曰：「萊人見五公子遠遷鄙邑，不得與景公葬埋之事，及國三軍之謀，故愍而歌。」杜預曰：「稱謚蓋葬後而爲此歌，哀羣公子失所也。」【考證】龜井昱曰：「稱景公死，所以爲萊夷之歌。受葬埋以三軍，是齊國兵氣之見於歌謠者也。」竹添光鴻曰：不與謀，言置之于萊不用也。謀，音媒，古支、灰合韻。

〔一一〕【集解】服虔曰：「師，衆也。黨，所也。言公子徒衆何所適也。」【考證】龜井昱曰：羣公子其黨瓜分，國之衆庶其將何之邪？此歌言國將有羣公子之爭亂也。愚按：「黨」非「黨與」之「黨」，服解爲是。公羊文十三年傳「往黨」注：「黨，所也。蓋齊人之語。」又按：「五十八年」以下，本哀五年左傳。

晏孺子元年春，田乞僞事高、國者，〔一〕每朝，乞驂乘，言曰：「子得君，大夫皆自危，欲謀作亂。」〔二〕又謂諸大夫曰：「高昭子可畏，及未發，先之。」〔三〕大夫從之。六月，田乞、鮑牧乃與大夫以兵入公宮，攻高昭子。昭子聞之，與國惠子救公。公師敗，田乞之徒追之，國惠子奔莒，遂反殺高昭子。晏圉奔魯。〔四〕八月，齊秉意茲。〔五〕田乞敗二相，〔六〕乃使人之魯召公子陽生。陽生至齊，私匿田乞家。十月戊子，田乞請諸大夫曰：「常之母有魚菽之祭，〔七〕幸來會飲。」會飲，田乞盛陽生橐中，置坐中央，發橐出陽生，曰：「此乃齊君矣！」大夫皆伏謁。將與大夫盟而立之，〔八〕鮑牧醉，乞誣大夫曰：「吾與鮑牧謀共立陽生。」鮑牧怒曰：「子忘景公之命乎？」諸大夫相視欲悔，陽生前，頓首曰：「可則立之，否則已。」鮑牧恐禍起，乃復曰：「皆景公子也，何爲不可！」乃與盟，立陽生，是爲悼公。悼公入宮，使人遷晏孺子於駘，殺之幕下，而逐孺子母芮子。〔九〕芮子故賤，而孺子少，故無權，國人輕之。〔一〇〕

〔一〕【考證】事，猶黨也。杜預曰：「高張、國夏受命立荼，陳乞欲害之，故先僞事焉。」

〔二〕【考證】杜預曰：「得君，得君寵也。」

〔三〕【考證】梁玉繩曰：生而呼謚，非也。此與田完世家同誤。當依左傳作「二子」，謂國惠子、高昭子。傳曰「二子者禍矣」。愚按：「昭」當作「國」。

〔四〕【集解】賈逵曰：「國，晏嬰之子。」【考證】「晏孺子元年」以下，本哀六年左傳。梁玉繩曰：攷左傳，高、張奔魯，則此與田完世家言陳乞反兵殺高、張並妄。愚按：「攻高昭子」四字、「遂反殺」三字疑衍。

〔五〕【集解】徐廣曰：「左傳八月，齊邴意茲奔魯。」【考證】張文虎曰：「齊」字疑衍。中井積德曰：「意茲」下脱「奔魯」二字。梁玉繩曰：秉、邴以音同通借也。

〔六〕【考證】中井積德曰：蓋指前事也。

〔七〕【集解】何休曰：「齊俗婦人首祭事。言魚豆者，示薄陋無所有也。」【考證】何休曰：常，陳乞子。難言其妻，故云爾。梁玉繩曰：案左傳是十月丁卯。愚按：公羊不記月日。

〔八〕【考證】「田乞敗二相」以下，哀六年公羊傳。

〔九〕【集解】賈逵曰：「駘，齊邑。」【考證】楓山、三條本「幕」作「墓」。左傳云：「遷孺子於駘，不至，殺諸野幕之下。」

〔一〇〕【考證】「鮑牧醉」以下，哀六年左傳。

悼公元年，齊伐魯取讙、闡。〔一〕初，陽生亡在魯，季康子以其妹妻之。及歸即位，使迎之。季姬與季魴侯通，言其情，魯弗敢與，〔二〕故齊伐魯，竟迎季姬。季姬嬖，齊復歸魯侵地。〔三〕

〔一〕【集解】杜預曰：「闡，在東平剛縣北。」【索隱】二邑名。讙，在今博城縣西南。杜預曰：「闡，在東平剛縣北。」【考證】梁玉繩曰：「『元年』當作『二年』。」愚按：哀八年左傳。年表亦係之二年。

〔二〕【集解】杜預曰：「魴侯，康子叔父也。」【考證】龜井昱曰：季，「季氏」之「季」，非「伯季」之「季」。楓山、三條本「言」上有「女」字，與左傳合。

〔三〕【考證】以上哀八年左傳。

鮑子與悼公有郤，不善。〔一〕四年，吳、魯伐齊南方。〔二〕鮑子弒悼公，〔三〕赴于吳。吳王夫差哭於軍門外三日，〔四〕將從海入討齊。齊人敗之，吳師乃去。〔五〕晉趙鞅伐齊，至賴而去。〔六〕齊人共立悼公子壬，則爲簡公。〔七〕

〔一〕【考證】哀八年左傳云：「悼公殺鮑子。」與此異。

〔二〕【考證】哀十年左氏經傳。

〔三〕【考證】梁玉繩曰：悼公之弒，左傳但云「齊人」。史公於秦紀依左傳「齊人弒悼公」。齊人者，陳恒也。晏子春秋諫上篇明云「田氏殺陽生」。乃此與吳、衛世家、伍子胥傳、年表或云「鮑子」，或曰「鮑氏」，而田完世家直曰「鮑牧」。夫弒君大逆，何可輕誣，況牧既于前二年爲悼公所殺。

〔四〕【考證】竹添光鴻曰：三日哭于軍門之外，諸侯相臨之禮。

〔五〕【考證】馮景曰：三日哭以誤齊，使不備也。舟師自海，正三日間事也。

〔六〕【集解】服虔曰：「賴，齊邑。」【考證】「赴于吳」以下，哀十年左傳。

〔七〕【集解】徐廣曰：「年表云，簡公壬者，景公之子也。」【考證】館本考證云：「鮑子殺悼公，齊人立其子壬爲簡公。無景公之子語。」徐孚遠曰：左傳亦作悼公子。且簡公非悼公子，則在魯而監止有寵，其事難通。沈家本曰：今年表云「齊鮑子殺悼公，齊人立其子任爲簡公」。與徐廣所言本異，豈後人據世家改耶？

簡公四年春，初，簡公與父陽生俱在魯也，監止有寵焉。〔一〕及即位，使爲政。田成子憚之，驟顧於朝。〔二〕御鞅〔三〕言簡公曰：「田、監不可並也，君其擇焉。」〔四〕弗聽。子我夕，〔五〕田逆殺人，逢之，〔六〕遂捕以入。〔七〕田氏方睦，〔八〕使囚病，而遺守囚者酒，〔九〕醉而殺守者，得亡。子我盟諸田於陳宗。〔一〇〕初，田豹欲爲子我臣，〔一一〕使公孫言豹，〔一二〕豹有喪而止。後卒以爲臣，〔一三〕幸於子我。子我謂曰：「吾盡逐田氏而立女，可乎？」對曰：「我遠田氏矣。〔一四〕且其違者不過數人，〔一五〕何盡逐焉！」遂告田氏。子行曰：「彼得君，弗先，必禍子。」〔一六〕子行舍於公宮。〔一七〕

〔一〕【集解】賈逵曰：「闞止，子我也。」【索隱】監，左傳作「闞」，音苦濫反。闞，在東平須昌縣東南也。【考證】張文虎曰：官本「監」與索隱本合，各本作「闞」，蓋妄依左傳改。

〔二〕【集解】杜預曰：「心不安，故數顧也。」

〔三〕【集解】賈逵曰：「鞅，齊大夫也。」【索隱】鞅，名也，爲僕御之官，故曰御鞅，亦田氏之族。按：系本陳桓子無宇産子亹，亹産子獻，獻産鞅也。

〔四〕【集解】杜預曰：「擇用一人也。」

〔五〕【集解】服虔曰：「夕省事。」【考證】人臣見於君，朝見謂之朝，暮見謂之夕。左傳昭十二年「子革夕」，杜云「夕，莫見」是也。

〔六〕【集解】服虔曰：「子我將往夕省事於君，而逢逆之殺人也。」杜預曰：「逆，子行。陳氏宗。」

〔七〕【集解】杜預曰：「執逆入至於朝也。」

〔八〕【集解】服虔曰：「陳常方欲謀有齊國，故和其宗族。」【考證】中井積德曰：田氏簒齊，是後來之事，當初未必有此謀也。其好施睦族，亦自美事，不當皆作詐譎也。其欲昌其家而假飾收人心，亦才人之常，不以姦謀詬之。

〔九〕【集解】服虔曰：「使陳逆詐病而遺也。」【考證】因即田逆。左傳云「使疾，而遺之潘沐，備酒食焉。饗守囚者，醉而殺之而逃」。杜注：「使詐病，因內潘沐，并得內酒肉。潘，米汁，可以沐頭。」

〔一〇〕【集解】服虔曰：「子我見陳逆得生出，而恐爲陳氏所怨，故與盟而請和也。陳宗，宗長之家。」

〔一一〕【集解】賈逵曰：「豹，陳氏族也。」

〔一二〕【集解】賈逵曰：「公孫，齊大夫也。」杜預曰：「言介達之意。」【考證】左傳「豹」作「己」。

〔一三〕【集解】杜預曰：「終喪也。」【考證】中井積德曰：左傳有「憚其爲人」等語言，故審敘豹有喪等，以示其遲澁也。此削去下句，則「豹有喪」等皆贅言矣。是節略之不善者，不可以爲法。

〔一四〕【集解】服虔曰：「言我與陳氏宗疏遠也。」【考證】楓山、三條本「謂」下有「豹」字。中井積德曰：言我於陳氏爲庶孽遠裔也。

〔一五〕【集解】服虔曰：「違者，不從子我者。」【考證】竹添光鴻曰：「違」與「回」通，邪也。

〔一六〕【集解】服虔曰：「彼謂闞止也。子謂陳常也。」

〔一七〕【集解】服虔曰：「止於公宮，爲陳氏作內閒也。」

夏五月壬申，成子兄弟四乘如公。〔一〕子我在幄，〔二〕出迎之，遂入，閉門。〔三〕宦者禦之，〔四〕子行殺宦者。〔五〕公與婦人飲酒於檀臺，〔六〕成子遷諸寢。〔七〕公執戈將擊之，〔八〕太史子餘〔九〕曰：「非不利也，將除害也。」〔一〇〕成子出舍于庫，〔一一〕聞公猶怒，將出，〔一二〕曰：「何所無君！」〔一三〕子行拔劍曰：「需，事之賊也。〔一四〕誰非田宗？〔一五〕所不殺子者，有如田宗。」〔一六〕乃止。子我歸，屬徒〔一七〕攻闈與大門，〔一八〕皆弗勝，乃出。田氏追之。豐丘人執子我以告。〔一九〕殺之郭關。〔二〇〕成子將殺大陸子方，〔二一〕田逆請而免之。以公命取車於道，〔二二〕出雍門。〔二三〕田豹與之車，弗受，曰：「逆爲余請，豹與余車，余有私焉。事子我而有私於其讎，何以見魯、衛之士？」〔二四〕

〔一〕【集解】服虔曰：「成子兄弟八人，二人共一乘，故曰四乘。」【索隱】服虔曰：「成子兄弟八人，二人共乘一車，故四乘。」按：系本陳僖子乞產成子常、簡子齒、宣子其夷、穆子安廩、丘子尚醫、茲子芒盈、惠子得，凡七人。杜預又取昭子莊以充八人之數。按系本，昭子是桓子之子，成子之叔父，又不名莊，彊相證會，言四乘有八人耳。今按：田完系家云田常兄弟四人如公宮，與此事同。今此唯稱「四乘」，不云人數，知「四乘」謂兄弟四人乘車而入，非二人共車也。然其昆弟三人不見者，蓋時或不在，不同入公宮，不可彊以四乘爲八人，添叔父爲兄弟之數。服、杜殊失也。【正義】杜預云：「成子兄弟，昭子莊、簡子齒、宣子夷、穆子安、廩丘子意、茲子盈、惠子得，凡八人，二人共一乘也。」田完世家云田常兄弟四人如公宮，服虔、杜預云「八人四乘」者，未詳。【考證】中井積德曰：四乘，四人共一車。兄弟中未詳其爲誰。愚按：據田敬仲世家，「四」下疑脱「人」字。

〔二〕【集解】杜預曰：「幄，帳也，聽政之處也。」

〔三〕【集解】服虔曰：「成子兄弟見子我出，遂突入，反閉門，子我不得復入。」

〔四〕【集解】服虔曰：「闞豎以兵禦陳氏。」【考證】中井積德曰：宦者拒之，不聽閉耳，不必以兵。

〔五〕【集解】服虔曰：「舍於公宮，故得殺之。」

〔六〕【集解】服虔曰：「當陳氏入時，飲酒於此臺。」

〔七〕【集解】服虔曰：「欲徙公令居寢也。」

〔八〕【集解】杜預曰：「疑其作亂也。」

〔九〕【集解】服虔曰：「齊大夫。」

〔一〇〕【集解】杜預曰：「言將爲公除害也。」【考證】「非」字下添「爲公」二字看。

〔一一〕【集解】杜預曰：「以公怒故也。」

〔一二〕【集解】服虔曰：「出奔也。」

〔一三〕【考證】龜井昱曰：「何事非君之意。」

〔一四〕【集解】杜預曰：「言需疑則害事。」【正義】需，音須，待也，言疑惑待事，恐賊害起也。

〔一五〕【集解】杜預曰：「言陳氏宗族衆多。」【考證】龜井昱曰：陳氏多族，皆可以代爲陳宗也。杜誤。

〔一六〕【集解】杜預曰：「言子若欲出，我必殺子，明如陳宗。」【考證】龜井道載曰：以陳宗要誓也。杜誤。龜井昱曰：陳氏之子，誰非代子爲陳宗者？需疑，賊大事者，陳宗之所不赦，故誓之曰：自有陳宗在，斷不子活。

〔一七〕【集解】服虔曰：「會徒衆。」

〔一八〕【集解】宮中之門曰闈。大門，公門也。【考證】孔穎達曰：公宮非止一門，蓋從別門入兵，得至闈。故與大門並攻也。

〔一九〕【集解】賈逵曰：「豐丘，陳氏邑也。」

〔二〇〕【集解】服虔曰：「齊關名。」

〔二一〕【集解】服虔曰：「子方，子我黨，大夫東郭賈也。」

〔一二〕【集解】杜預曰：「子方取道中行人車。」

〔一三〕【集解】杜預曰：「齊城門。」【正義】臨淄北門名雍門也。

〔一四〕【集解】服虔曰：「子方將欲奔魯、衛也。」左傳曰：「東郭賈奔衛。」

庚辰，田常執簡公于徐州。〔一〕公曰：「余蚤從御鞅言，不及此。」〔二〕(田)〔甲〕午，田常弒簡公于徐州。〔三〕田常乃立簡公弟驁，〔四〕是爲平公。平公即位，田常相之，專齊之政，割齊安平以東爲田氏封邑。〔五〕

〔一〕【集解】春秋作「舒州」。賈逵曰：「陳氏邑也。」【索隱】徐，音舒，其字從人。左氏作「舒」，舒，陳氏邑。說文作「郐」，郐在薛縣。【考證】田完世家正義云「齊之西北界上地名」。愚按：是時薛尚存，正義可從。

〔二〕【考證】中井積德曰：是悔並陳闞以致禍也。

〔三〕【考證】「簡公四年春」以下，采哀十四年左傳。崔述曰：高、國既微，欒、高又滅，逮鮑氏亡，而政遂盡歸於陳氏，簡公力右闞止，使與之抗，卒不能勝。於是陳氏得以盡置其宗族黨羽於內之百僚，外之都邑，久而其勢益固。是以遷康公於海上，而莫之禁。

〔四〕【索隱】系本及譙周皆作「敬」，蓋誤也。

〔五〕【集解】徐廣曰：「年表云：平公之時，齊自是稱田氏。」【索隱】安平，齊邑。按：地理志涿郡有安平縣也。

平公八年，越滅吳。〔一〕二十五年卒，子宣公積立。〔二〕

〔一〕【考證】越滅吳，哀二十年左傳。

〔二〕【考證】梁玉繩曰：表名就市，或有二名。

宣公五十一年卒，子康公貸立。田會反廩丘。〔一〕

〔一〕【索隱】田會，齊大夫。廩，邑名，東郡有廩丘縣也。【考證】梁玉繩曰：年表、田完世家會反在宣公五十一年。此書于康公元年。

康公二年，韓、魏、趙始列爲諸侯。十九年，田常曾孫田和始爲諸侯，遷康公海濱。〔一〕

〔一〕【考證】梁玉繩曰：康侯以十四年遷，當安王十一年，不與田和爲侯同歲。田完世家是也。此與年表誤以遷海上爲十九年。

二十六年，康公卒，呂氏遂絶其祀。田氏卒有齊國，爲齊威王，彊於天下。〔一〕

〔一〕【考證】中井積德曰：威王是田和之孫，是文似混同，豈脫文邪？或曰「爲」字當作「及」。

太史公曰：吾適齊，自泰山屬之琅邪，北被于海，膏壤二千里，〔一〕其民闊達多匿知，其天性也。〔二〕以太公之聖建國本，〔三〕桓公之盛修善政，以爲諸侯會盟，稱伯，不亦宜乎！洋洋哉，固大國之風也！〔四〕

〔一〕【考證】岡白駒曰：此言適齊所觀之地勢也。

〔二〕【考證】漢書地理志云：「太公治齊，修道術，尊賢智，賞有功。故其士多好經術，矜功名，舒緩闊達而足智，其失夸奢朋黨，言與行繆，虛詐不情。」參諸貨殖傳所述，可以知齊國風尚矣。

〔三〕【考證】岡白駒曰：謂通商工之業，便漁鹽之利。

〔四〕【考證】襄二十九年左傳吳季札議齊風曰：「美哉，泱泱乎，大風也哉。表東海者，其太公乎？國未可量也。」

愚按：洋洋，猶泱泱也。

【索隱述贊】太公佐周，實秉陰謀。既表東海，乃居營丘。小白致霸，九合諸侯。及溺内寵，釁鍾蟲流。莊公失德，崔杼作仇。陳氏專政，厚貨輕收。悼、簡遘禍，田、闞非儔。渢渢餘烈，一變何由？

史記會注考證卷三十三

魯周公世家第三　史記三十三

【考證】史公自序云：「依之違之，周公綏之。憤發文德，天下和之。輔翼成王，諸侯宗周。隱桓之際，是獨何哉。三桓爭彊，魯乃不昌。嘉旦金縢，作周公世家第三。」何焯曰：前據詩、書，後據春秋。顧棟高曰：案魯在春秋，兼有九國之地。極項、鄟邿、根牟，魯所取也。向、須句、鄫、鄅，則邾、莒滅之，而魯從而有之也。其疆域全有兗州府之曲阜、寧陽、泗水、金鄉、魚臺、汶上、濟寧州、嘉祥八州縣之地。後兼涉滕縣、鄒縣、嶧縣，與邾接境，又泰安府之泰安縣，與齊接境。兼有新泰縣、萊蕪縣、沂州府治及費縣、沂水縣。曹州府之鄆城縣爲魯西鄆，鉅野縣爲獲麟處，城父縣、單縣爲高魚邑，涉范縣界，又兼涉青州府之安邱、諸城二縣，與莒接境，又河南陳州府項城縣爲魯所滅項國地。又涉江南之海州。跨三省，共二十六州縣。其地平衍，無高山大川爲之限隔，無魚鹽之利爲之饒沃，故終春秋之世，常畏齊而附晉。又其西南則宋、鄭、衛及邾、莒、杞、鄫諸國地，犬牙相錯，祊易之鄭，防取之宋，須句取之邾，向鄫取之莒，而邾則空其國都，致邾衆退保嶧山，與莒爭鄆無寧日。逮晉文分曹地，則有東昌府濮州西南。而越既滅吳，而與魯泗東方百里，地界稍稍擴矣。然終不能抗衡齊、晉，豈特其君臣之孱弱，亦其地當走集，以守則不足以固，以攻則不足以取勝也。徒以周公之後，世爲望國，爲晉、楚所重，故楚靈爲章華之臺，致魯侯以落之，好以大屈。至戰國時猶存，豈非周公之明德遠哉！

周公旦者，周武王弟也。〔一〕自文王在時，旦爲子孝，〔二〕篤仁異於羣子。及武王即位，旦常輔翼武王，用事居多。武王九年，東伐至盟津，〔三〕周公輔行。十一年，伐紂，至牧野。〔四〕周公佐武王，作牧誓。〔五〕破殷，入商宮。已殺紂，周公把大鉞，召公把小鉞，以夾武王，釁社，告紂之罪于天，及殷民。釋箕子之囚，封紂子武庚祿父，使管叔、蔡叔傅之，以續殷祀。徧封功臣同姓戚者。封周公旦於少昊之虛曲阜，〔六〕是爲魯公。〔七〕周公不就封，留佐武王。

〔一〕【集解】譙周曰：「以太王所居周地爲其采邑，故謂周公。」【索隱】周，地名，在岐山之陽，本太王所居，後以爲周公之菜邑，故曰周公。即今之扶風雍東北故周城是也。謚曰周文公。見國語。【正義】括地志云「周公城，在岐縣北九里。此地周之畿内，周公食采之地也。周公、邵公，周室元宰，輔佐文、武、成、康已下，蓋嫡子封于燕、魯，次子食采畿甸，奕葉爲卿士，故謂之周公、邵公也。」

〔二〕【索隱】鄒誕本「孝」作「敬」也。

〔三〕【正義】「盟」作「孟」，地名。津，渡黄河處。

〔四〕【正義】衛州即牧野之地，東北去朝歌七十三里。

〔五〕【考證】王若虛曰：牧誓，王言也。以爲周公佐之而作，何所據？

〔六〕【正義】括地志云：「兗州曲阜縣外城，即魯公伯禽所築也。」【考證】定四年左傳云：「命以伯禽，而封於小皞之虛。」愚按：此與衛世家「封康叔爲衛君，居河、淇間故商墟」同一文例。曲阜，今山東泰安府曲阜縣。

〔七〕【考證】中井積德曰：「是爲魯公」句，當在下文「代就封於魯」下。魯公宜指伯禽，若周公，未嘗以魯稱焉。

武王克殷二年，天下未集，武王有疾，不豫，羣臣懼，太公、召公乃繆卜。〔一〕周公曰：「未可以戚我先王。」〔二〕周公於是乃自以爲質，設三壇，周公北面立，戴璧秉圭，〔三〕告于太王、王季、文王。〔四〕史策祝曰：〔五〕「惟爾元孫王發，勤勞阻疾。〔六〕若爾三王是有負子之責於天，以旦代王發之身。〔七〕旦巧能，多材多蓺，能事鬼神。〔八〕乃王發不如旦多材多蓺，不能事鬼神。乃命于帝庭，敷佑四方，〔九〕用能定汝子孫于下地，四方之民罔不敬畏。〔一〇〕無墜天之降葆命，我先王亦永有所依歸。〔一一〕今我其即命於元龜，〔一二〕爾之許我，我以其璧與圭歸，以俟爾命。〔一三〕爾不許我，我乃屏璧與圭。」〔一四〕周公已令史策告太王、王季、文王，欲代武王發，於是乃即三王而卜。卜人皆曰「吉」。發書視之，信吉。〔一五〕周公喜，開籥，乃見書，遇吉。〔一六〕周公入賀武王曰：「王其無害。旦新受命三王，維長終是圖。〔一七〕茲道能念予一人。」〔一八〕周公藏其策金縢匱中，〔一九〕誡守者勿敢言。〔二〇〕明日，武王有瘳。〔二一〕

〔一〕【集解】徐廣曰：「古書『穆』字多作『繆』。」【考證】查德基曰：案今書「繆」作「穆」。穆、繆，聲之轉耳。春秋隱三年左氏傳「癸未，葬宋穆公」，公羊作「繆」，穀梁釋文「繆，音穆。本亦作『穆』」。文十二年公羊傳「賢繆公也」，釋文：「繆，音木。」襄二年傳「齊姜與繆姜」，釋文「繆，音穆」。穀梁莊二十七年傳注「繆公召縣子而問焉」，釋文「繆，音穆」。並繆、穆通用之證。愚按：書傳「穆，敬也」。

〔二〕【集解】孔安國曰：「戚，近也。未可以死近先王也。」鄭玄曰：「二公欲就文王廟卜。戚，憂也。未可憂怖我先王也。」【考證】鄭說近是。

〔三〕【集解】孔安國曰：「璧以禮神，圭以爲贄。」【考證】尚書「質」作「功」，「戴」作「植」。中井積德曰：史記所載金縢往往與今書文異。蓋依孔安國古文尚書也，又與今所有古文異。漢書儒林傳曰「司馬遷亦從安國」，故遷書載堯典、禹貢、洪範、微子、金縢諸篇多古文説。愚按：質、贄通，或以爲「周鄭交質」之「質」，疑非。查德基曰：易林无妄之繇曰：「載璧秉珪」。載、戴通用。

〔四〕【集解】孔安國曰：「告，謂祝辭。」

〔五〕【集解】孔安國曰：「史爲策書祝祠也。」鄭玄曰：「策，周公所作，謂簡書也。祝者讀此簡書以告三王。」

〔六〕【集解】徐廣曰：「阻，一作『淹』。」【考證】尚書「勤勞阻疾」作「遘厲虐疾」。

〔七〕【集解】孔安國曰：「大子之責，謂疾不可救也。不可救于天，則當以旦代之。死生有命，不可請代，聖人敍臣子之心，以垂世教。」【索隱】尚書「負」爲「丕」，今此爲「負」者，謂三王負於上天之責，故我當代之。鄭玄亦曰「丕」讀曰「負」。【考證】查德基曰：書正義引鄭玄云「丕」讀曰「不」。小司馬引鄭玄云「負」讀曰「丕」，疑轉寫之誤。愛子孫曰子，愛百姓亦曰子，玄孫阻疾，若爾三王不救，是將有不愛子孫之過，爲天所責。此語蓋周公告於三王，欲使三王爲之請命也。沈家本曰：集解「孔安國曰」云云，今孔傳無「也不可救」四字。

〔八〕【集解】孔安國曰：「言可以代武王之意。」【考證】尚書「旦巧」作「予仁若考」，史公訓「考」爲「巧」，故以「巧」字易之。巧、考皆从丂，聲例得相通。

〔九〕【集解】馬融曰：「武王受命於天帝之庭，布其道以佑助四方。」

〔一〇〕【集解】孔安國曰：「言武王用受命帝庭之故，能定先人子孫於天下，四方之民無不敬畏也。」

〔一一〕【集解】孔安國曰：「言不救，則墜天寶命也。救之，則先王長有所依歸矣。」鄭玄曰：「降，下也。寶，猶神也。有所依歸，爲宗廟之主也。」【正義】墜，直類反。【考證】尚書「無」上有「嗚呼」二字，「葆」作「寶」。集解「有所依歸」下，楓山、三條本有「歎惜武王」四字。

〔一二〕【集解】孔安國曰：「就受三王之命於元龜，卜知吉凶者也。」馬融曰：「元龜，大龜也。」【考證】尚書無「其」字。

〔一三〕【集解】孔安國曰：「許，謂疾瘳。待命，當以事神也。」馬融曰：「待汝命，武王當愈，我當死也。」【考證】尚書「以其」倒。

〔一四〕【集解】孔安國曰：「不許，不愈也。屏，藏。言不得事神。」【考證】集解「不許」下，楓山、三條本有「謂」字。

〔一五〕【集解】孔安國曰：「占兆書也。」【考證】方苞曰：「發書視之信吉」六字衍文。張文虎曰：「乃卜三龜，一習吉，啓籥（書）見書，乃并是吉」，蓋三龜一習吉，卜人之言，證之以兆書，果皆吉也。史依寫經文，而「發書」六字與下文義複，疑是傍注誤混。

〔一六〕【集解】王肅曰：「籥，藏占兆書管也。」

〔一七〕【集解】孔安國曰：「我新受三王命，武王維長終是謀周之道。」【考證】尚書無「周公入賀」四字，蓋史公以意補。尚書「王其」上有「體」字，「曰」作「予小子受」，「命」作「命于」。

〔一八〕【集解】馬融曰：「一人，天子也。」鄭玄曰：「茲，此也。」【正義】予，周公也。一人，武王也。【考證】尚書「茲道」作「茲攸俟」。「能念予一人」，謂長念天子之康安也。

〔一九〕【集解】孔安國曰：「藏之於匱，緘之以金，不欲人開也。」

〔二〇〕【考證】六字，尚書無，蓋史公以意補。

〔二一〕【考證】「武王克殷二年」以下采尚書金縢。

其後武王既崩，成王少，在强葆之中。〔一〕周公恐天下聞武王崩而畔，周公乃踐阼，代成王攝行政當國。〔二〕管叔及其羣弟流言於國曰：「周公將不利於成王。」〔三〕周公乃告太公望、召公奭〔四〕曰：「我之所以弗辟而攝行政者，恐天下畔周，無以告我先王太王、王季、文王。〔五〕三王之憂勞天下久矣，於今而后成。武王蚤終，成王少，將以成周，我所以爲之若此。」〔六〕於是卒相成王，而使其子伯禽代就封於魯。周公戒伯禽曰：「我文王之子，武王之弟，成王之叔父，我於天下亦不賤矣。〔七〕然我一沐三捉髮，一飯三吐哺，起以待士，猶恐失天下之賢人。〔八〕子之魯，慎無以國驕人。」〔九〕

〔一〕【索隱】强葆，即襁褓。古字少，假借用之。【正義】强，闊八寸，長八尺，用約小兒於背而負行。葆，小兒被也。【考證】梁玉繩曰：金縢曰周公以詩貽王，而王亦未敢誚公，則成王非不識不知之孩稚矣。曰王與大夫盡弁，則成王已冠矣。故康成以爲武王崩時，成王年十歲，王肅以爲武王崩時，成王年十三。其詳見洛誥、詩豳風、禮明堂位、穀梁文十二年諸正義及家語冠頌。先儒説成王即位之年雖異詞，而其非居强葆明矣。乃魯世家及蒙恬、相如傳俱有强葆語，賈誼新書脩政篇又言成王年六歲即位，後書郎顗傳言成王生于克紂之後。而路史發揮反主襁褓之説，謂武王崩，成王才一二歲，以康成爲非。羅苹注更引真源賦，謂「武王之崩，成王始生」，皆不根之論也。若武王崩時成王方在襁褓，則成王母弟尚有唐叔、應侯，亦成王弟，其時將未晬邪？抑遺腹邪？魏源曰：若襁褓負扆之言，則由於誤讀保傅篇之文。以成王爲太子時事，譌爲即天子位後之事。又曰：成王喪畢，年十五而冠矣，故能讀鴟鴞之詩，悟金縢之策，勝爵弁之服，有歸禾之弟。豈有襁褓之説，負扆之朝哉！

〔二〕【考證】事見荀子儒效篇、禮記文王世子、明堂位。楓山、三條本「畔」下重「周」字。

〔三〕【集解】孔安國曰：「放言於國以誣周公，以惑成王也。」【考證】金縢「成王」作「孺子」。陳仁錫曰：成王未崩，以謚稱。史文誤也。梁玉繩曰：改「孺子」爲「成王」何意？豈忘成王見在邪？

〔四〕【考證】查德基曰：金縢但云「告二公」，而不言太公、召公。考齊、魯世家，太公受封後即就國，不在王朝。書正義以爲時畢公爲太傅，是二公乃畢公、召公，非太公，理或然歟？張文虎説同。

〔五〕【正義】辟，音避。

〔六〕【考證】金縢云：「武王既喪，管叔及其羣弟乃流言於國曰：『公將不利於孺子。』周公乃告二公曰：『我之弗辟，我無以告我先王。』」史公蓋敷演之也。或云是據古文尚書也。梁玉繩曰：此周公語也。可云「成王」乎？

〔七〕【考證】「其子伯禽」以下采尚書大傳。梁玉繩曰：世家前後誤稱「成王」者四，獨此乃仍大傳洛誥篇、荀子堯問篇、韓詩外傳三，史公采擇失檢爾。説苑載周公戒伯禽語，改作「今王之叔父」。

〔八〕【考證】呂覽謹聽篇云：「昔者禹一沐而三捉髮，一食而三起，以禮有道之士。」淮南子氾論篇亦爲夏禹事。梁玉繩曰：吐握之事，諸子所説，恐未必有之。黄氏日鈔云：「此形容之語，本無其事。」王滹南亦以爲妄。故呂覽、淮南屬之夏禹。

〔九〕【考證】「子之魯」以下采尚書大傳。

管、蔡、武庚等果率淮夷而反。周公乃奉成王命，興師東伐，作大誥。〔一〕遂誅管叔，殺武庚，放蔡叔，收殷餘民，以封康叔於衛，封微子於宋，以奉殷祀。寧淮夷東土，〔二〕二年而畢定。〔三〕諸侯咸服宗周。〔四〕

〔一〕【考證】「管蔡武庚」以下本書大誥序。

〔二〕【考證】以上本書微子之命、康誥、成王政，周官序。

〔三〕【考證】梁玉繩曰：書言周公居東二年，詩言周公東征三年，辭各不同。大傳、毛傳以「居東」即東征，王肅從之，僞孔傳、古史、朱子詩傳亦然。馬、鄭以「居東」爲居東都，與東征是兩事。蔡傳從之，而謂「居東」爲居國之東。以「居東」爲東征者，解金縢「我之弗辟」爲法。以「居東」非東征者，解「辟」爲「避」。史公依伏、毛之説，以「居東」即東征，而又解「弗辟」爲不避位。考書言「居東」，則非東征明甚。流言初起，莫知所由，公方見疑，出居自遠，詎宜遽爾東征乎？二年猶待罪也。蓋武王既喪，管蔡流言，政當成王諒闇，周公攝政之時。公居東避之二年，始得罪人主名。公貽王鴟鴞之詩，王尚疑而未悟。迨感風雷而後迎公，管、蔡等懼，遂叛。公乃奉王命東伐。王迎公之時，三年之喪已畢。故曰「王與大夫盡弁」。此其事之本末也。史記殊非。蔣悌生曰：三叔流言，語侵周公。此誠國家重事。周公不即遏絶禍萌，而避嫌疑，退居散地，三叔乘殷民之未靖，挾武庚以叛，設或張皇，則天下安危之寄，寧忍優游坐視，而託之他人乎？馬端辰曰：周公當流言四起之時，明知三監之必畔，使徒引嫌避位，舍而去之，則三監得乘虚而入，是直墮其術中而不知，豈周公之智而出此哉？劉逢禄曰：史不書東征，而曰「居東」，不斥管、蔡，而曰「罪人」，緣周公之心，而爲之諱也。愚按：東居即東征，蔣、馬諸氏説是。史公所記，終不可動。書曰二年，詩曰三年，一以月計，一以歲言，其實同耳。弗辟之辟，亦當從正義讀爲避。

〔四〕【考證】楓山、三條本「服」作「復」。

天降祉福，唐叔得禾，異母同穎，〔一〕獻之成王，成王命唐叔以餽周公於東土，作餽禾。〔二〕周公既受命禾，嘉天子命，〔三〕作嘉禾。〔四〕東土以集，周公歸報成王，〔五〕乃爲詩貽王，命之曰鴟鴞。〔六〕王亦未敢訓周公。〔七〕

〔一〕【集解】徐廣曰：「一作『穗』，穎即穗也。」【索隱】尚書曰「異畝」，此「母」義並通。鄒誕本同。【考證】錢大昕曰：古文「畒」作「晦」，「母」即「晦」之省。

〔二〕【考證】「唐叔得禾」以下，采書餽禾序。錢大昕曰：書序「餽」作「歸」，歸有餽音。姚鼐曰：周公居東，即伐殷事。故史記康叔得嘉穀，成王以歸周公於兵所。周公受禾於東土，此居東之證。

〔三〕【集解】徐廣曰：「嘉，一作『魯』，今書序作『旅』也。」【索隱】徐廣云「一作『魯』」，「魯」字誤也。今書序作「旅」。史記「嘉天子命」，於文亦得，何須作「嘉旅」？【考證】沈濤曰：「嘉」作「魯」者是也。古魯、旅通字，書序作「旅天子命」，後人因嘉禾篇名遂妄改爲「嘉」耳。愚按：周紀作「魯」，與「旅」通。爾雅釋詁：「旅，陳也。」

〔四〕【考證】以上采書嘉禾序。

〔五〕【考證】中井積德曰：以、已同。楓山、三條本「以」上有「已」字，蓋衍其一。

〔六〕【集解】毛詩序曰：「成王未知周公之志，公乃爲詩以遺王，名之曰鴟鴞。」毛傳曰：「鴟鴞，鸋鴂也。」【正義】貽，音怡，與也。鸋，音寧。鴂，音決。【考證】見詩豳風。中井積德曰：「鴟鴞之詩，蓋作於管、蔡未誅之前。」

〔七〕【集解】徐廣曰：「訓，一作『誚』。」【索隱】按：尚書作「誚」。誚，讓也。此作「訓」，字誤耳，義無所通。徐氏合定其本，何須云一作「誚」也？【考證】「爲詩貽王」以下，采書金縢。錢大昕曰：誚从肖，古書或省从小，轉寫譌爲「川」耳。余有丁曰：按此文是成王疑周公時，不宜置于此。凌稚隆曰：「乃爲詩」至「訓周公」十七字，宜在上文「我所以爲之若此」句下。梁玉繩曰：若貽詩在誅管、蔡後，詩何以云「未雨綢繆」乎？

成王七年二月乙未，王朝步自周，至豐，〔一〕使太保召公先之雒相土。〔二〕其三月，周公往營成周雒邑，〔三〕卜居焉，曰吉，遂國之。〔四〕

〔一〕【集解】馬融曰：「周，鎬京也。豐，文王廟所在。朝者，舉事上朝，將即土中易都，大事，故告文王、武王廟。」鄭玄曰：「步，行也。堂下謂之步。豐、鎬異邑，而言步者，告武王廟即行，出廟入廟，不以爲遠，爲父恭也。」

【索隱】豐，文王所作邑。後武王都鎬，於豐立文王廟。按：豐在鄠縣東，臨豐水，東去鎬二十五里也。【考證】「成王七年」四字，史公以意補。尚書大傳云：「周公攝政五年，營成周。」與此異。蓋五年始工，七年而成也。禮記明堂位云：「周公七年致政於成王。」是周公攝政七年，即成王七年也。

〔二〕【集解】鄭玄曰：「相，視也。」

〔三〕【集解】公羊傳曰：「成周者何？東周也。」何休曰：「名爲成周者，周道始成，王所都也。」

〔四〕【考證】「二月乙未」以下，采書召誥、洛誥。

成王長，能聽政。於是周公乃還政於成王，成王臨朝。周公之代成王治，南面倍依以朝諸侯。〔一〕及七年後，還政成王，北面就臣位，匔匔如畏然。〔二〕

〔一〕【集解】禮記曰：「周公朝諸侯于明堂之位，天子負斧依，南向而立。」鄭玄曰：「周公攝王位，以明堂之禮儀朝諸侯也。不於宗廟，避王也。天子，周公也。負之言倍也。斧依，爲斧文屏風於户牖之閒，周公於前立也。」【正義】倍，音負。依，音於致反。此段重敍周公初攝時也。鄭玄曰：「負之言倍也。」

〔二〕【集解】徐廣曰：「匔匔，謹敬貌也。見三蒼。音窮窮。一本作『夔夔』也。」【考證】書洛誥云：「惟周公誕保文王，受命惟七年。」尸子云：「昔者武王崩，成王少，周公旦踐東宮，履乘石，祀明堂，假爲天子七年。」韓非子難二：「周公旦假爲天子七年，成王壯，授之以政。」禮記明堂位：「周公踐天子之位，七年致政於成王。」史公蓋本於此。又按明堂位云：「周公朝諸侯于明堂之位，天子負斧依，南鄉而立」，是定天子之所居耳，非曰周公自居其位也。「南面倍依」四字，可删。

初，成王少時，病，周公乃自揃其蚤，沈之河，以祝於神曰：「王少未有識，奸神命者，乃旦也。」亦藏其策於府。成王病有瘳。及成王用事，人或譖周公，周公奔楚。〔一〕成王發府，見

周公禱書，乃泣，反周公。〔二〕

〔二〕【索隱】經典無文，其事或别有所出。而譙周云「秦既燔書，時人欲言金縢之事，失其本末，乃云『成王少時病，周公禱河，欲代王死，藏祝策于府。成王用事，人讒周公，周公奔楚，成王發府見策，乃迎周公』」。又與蒙恬傳同，事或然也。【考證】揃，翦也。蚤，蒙恬傳作「爪」，儀禮士喪禮「蚤揃他日」，鄭注「蚤讀爲爪」。

〔三〕【考證】事又見蒙恬傳。王應麟曰：考之書，啓金縢之書在周公未薨前，而無揃蚤事。此蓋一事，傳之者不同耳。葉適曰：是時楚未有國，公奚之焉？

周公歸，恐成王壯，治有所淫佚，乃作多士，作毋逸。〔一〕毋逸稱：「爲人父母，爲業至長久，子孫驕奢忘之，以亡其家，爲人子可不慎乎！〔二〕故昔在殷王中宗，嚴恭敬，畏天命，自度，〔三〕治民震懼，不敢荒寧，〔四〕故中宗饗國七十五年。其在高宗，〔五〕久勞于外，爲與小人，〔六〕作其即位，乃有亮闇，三年不言，〔七〕言乃讙，〔八〕不敢荒寧，密靖殷國，〔九〕至于小大無怨，〔一〇〕故高宗饗國五十五年。〔一一〕其在祖甲，〔一二〕不義惟王，久爲小人〔一三〕于外，〔一四〕知小人之依，能保施小民，不侮鰥寡，〔一五〕故祖甲饗國三十三年。」〔一六〕多士稱曰：「自湯至于帝乙，無不率祀明德，帝無不配天者。〔一七〕在今後嗣王紂，誕淫厥佚，不顧天及民之從也。〔一八〕其民皆可誅。」〔一九〕周多士。〔二〇〕「文王日中昃不暇食，饗國五十年。」〔二一〕作此以誡成王。

〔一〕【考證】楓山、三條本「壯」作「枉」。梁玉繩曰：多士非誡成王之作，與周紀言無佚告殷民同謬。蓋于紀不當云「作無佚」，于世家不當云「作多士」。愚按：下文云「多士稱曰」，史記原文若是，「作多士」三字非衍。

〔二〕【考證】梁玉繩曰：此與毋逸迥殊。必史公約其意以爲文，非有異本也。然太不類。

〔三〕【集解】孔安國曰：「用法度也。」【考證】古鈔本「自」作「用」。中井積德曰：天命自度，謂以命自律也。

〔四〕【集解】馬融曰：「知民之勞苦，不敢荒廢自安也。」

〔五〕【正義】武丁也。

〔六〕【集解】孔安國曰：「父小乙使之久居人閒，勞是稼穡，與小人出入同事也。」馬融曰：「武丁爲太子時，其父小乙使行役有所勞役於外，與小人從事，知小人艱難勞苦也。」鄭玄曰：「爲父小乙將師役於外也。」【考證】中井積德曰：武丁蓋降在民間也，非行役，亦非父命故然也。豈庶出，初未見知邪？將有所諱而匿之也？李笠曰：爲，疑「爰」之誤。尚書作「爰曁小人」。

〔七〕【集解】孔安國曰：「武丁起其即王位，則小乙死，乃有信嘿三年不言，言孝行著也。」鄭玄曰：「楣謂之梁。闇，謂廬也。」

〔八〕【集解】鄭玄曰：「讙，喜悅也。言乃喜悅，則民臣望其言久矣。」【考證】書「讙」作「雍」。岡白駒曰：在喪則不言，喪畢發言，則天下乃喜。愚按：讙讀爲懽。

〔九〕【集解】馬融曰：「密，安也。」【考證】書「密」作「嘉」。

〔一〇〕【集解】孔安國曰：「小大之政，民無怨者，言無非也。」【考證】蔡沈曰：萬民咸和也。中井積德曰：小大，猶貴賤也。

〔一一〕【集解】尚書云五十九年。

〔一二〕【集解】孔安國、王肅曰：「祖甲，湯孫太甲也。」馬融、鄭玄曰：「祖甲，武丁子帝甲也。」【索隱】孔安國以爲湯孫太甲，馬融、鄭玄以爲武丁子帝甲。按：紀年太甲唯得十二年，此云祖甲享國三十三年，知祖甲是帝甲明矣。【考證】中井積德曰：殷紀稱帝甲淫亂，殷復衰，或是別人。

〔一三〕【集解】孔安國曰：「爲王不義，久爲小人之行。伊尹放之桐宮。」馬融曰：「祖甲有兄祖庚，而祖甲賢，武丁欲立之。祖甲以王廢長立少不義，逃亡民閒，故曰『不義惟王，久爲小人』也。武丁死，祖庚立。祖庚死，祖甲立。」【考證】中井積德曰：不義惟王，以立爲王爲不義也。

〔一四〕【考證】中井積德曰：「于外」二字屬上文。愚按：書無此二字。

〔一五〕【集解】孔安國曰：「小人之所依，依仁政也，故能安順於衆民，不敢侮慢惸獨也。」【考證】中井積德曰：依，謂所依怙也，未遽謂仁政。

〔一六〕【集解】王肅曰：「先中宗，後祖甲，先盛德，後有過也。」【考證】「毋逸稱」以下，據書無逸。

〔一七〕【集解】孔安國曰：「無敢失天道者，故無不配天也。」【考證】因文例，「曰」字當衍。

〔一八〕【集解】徐廣曰：「一作『敬之』也。」駰案：馬融曰「紂大淫樂其逸，無所能顧念於天施，顯道於民而敬之也」。【正義】言紂信爲淫荒逸樂，不顧念於天道，不顧念民之從其化，故其民皆可誅也。【考證】書多士「不顧天及民之從也」作「罔顧于天顯民祇」。梁玉繩曰：依多士「之從」作「敬之」，是。中井積德曰：「也」字衍。

〔一九〕【考證】以上見今本書多士。

〔二〇〕【考證】言周多賢士也。

〔二一〕【考證】愚按：日中昃不暇食，蓋吐哺握髮之意。「文王」以下十三字，見書無逸，而此文承「多士稱」，則史公所見之書與今本異。又按「周多士」三字，今本無逸亦無。

成王在豐，天下已安，周之官政未次序，於是周公作周官，官別其宜。作立政，以便百姓，百姓說。〔一〕

〔一〕【集解】孔安國曰：「周公既致政成王，恐其怠忽，故以君臣立政爲戒也。」【考證】書序云：「周公作立政，成王既黜殷命，滅淮夷，還歸在豐，作周官。」與此異。史公蓋以意補。楓山、三條本「未」下有「有」字。

周公在豐，病將没，曰：「必葬我成周，〔一〕以明吾不敢離成王。」周公既卒，成王亦讓，葬周公於畢，〔二〕從文王，以明予小子不敢臣周公也。〔三〕

〔一〕【集解】徐廣曰：「衛世家云管叔欲襲成周，然則或説尚書者不以成周爲洛陽乎？諸侯年表敍曰『齊、晉、楚、秦，其在成周，微之甚也』。」

〔二〕【正義】括地志云：「周公墓在雍州咸陽北十三里畢原上。」【考證】張文虎云：冊府元龜引史「離」下無「成」字，是。

〔三〕【考證】「周公在豐」以下采書序、尚書大傳。

周公卒後，秋未穫，暴風雷雨，禾盡偃，大木盡拔。周國大恐。成王與大夫朝服以開金縢書，〔一〕王乃得周公所自以爲功代武王之説。〔二〕二公及王乃問史百執事，〔三〕史百執事曰：「信有，昔周公命我勿敢言。」成王執書以泣，〔四〕曰：「自今後，其無繆卜乎！〔五〕昔周公勤勞王家，惟予幼人弗及知。今天動威以彰周公之德，惟朕小子其迎，我國家禮亦宜之。」〔六〕王出郊，天乃雨，反風，禾盡起。〔七〕二公命國人，凡大木所偃，盡起而築之。〔八〕歲則大孰。〔九〕於是成王乃命魯得郊，〔一〇〕祭文王。〔一一〕魯有天子禮樂者，以褒周公之德也。〔一二〕

〔一〕【索隱】據尚書，武王崩後，有此雷風之異，今此言周公卒後更有暴風之變，始開金縢之書，當不然也。蓋由史遷不見古文尚書，故説乖誤。【正義】按尚書，武王崩後，周公被流言而東征，王亦未敢誚公，乃有風雨之異。此乃是周公卒後，疑太史公不見古文尚書，有斯乖誤矣。【考證】梁玉繩曰：王孝廉云「暴風雷雨」，書作「雷電以風」，故下文云「天乃雨」。今先雜入「雨」字，與下不相應。

〔二〕【集解】徐廣曰：「一作『簡』。」駰案：孔安國曰：「所藏請命策書本也。」【考證】楓山、三條本「所」下有「藏」字。崔適曰：「功」當作「質」，後人據古文尚書改，致上文「乃自以爲質」乖異。

〔三〕【集解】孔安國曰：「二公倡王啓之，故先見書也。史百執事，皆從周公請命者。」鄭玄曰：「問者，問審然否也。」

〔四〕【集解】鄭玄曰：「泣者，傷周公忠孝如是，而無知之者。」

〔五〕【集解】孔安國曰：「本欲敬卜吉凶，今天意可知，故止。」

〔六〕【集解】王肅曰：「亦宜褒有德也。」【正義】孔安國云：「周公以成王未寤，故留東未還，成王改過自新，遣使者逆之，亦國家禮有德之宜也。」王、孔二說非也。按：言成王以開金縢之書，知天風雷以彰周公之德，故成王亦設郊天之禮以迎，我國家先祖配食之禮，亦當宜之，故成王出郊，天乃雨反風也。【考證】中井積德曰：此「迎」字不通，本文已異，王、孔解無所當。愚按：迎，書金縢作「逆」。王親迎周公也。史記事在周公已卒後，則迎周公神也。宜依文解之。

〔七〕【集解】孔安國曰：「郊以玉幣謝天也，天即反風起禾，明郊之是也。」馬融曰：「反風，風還反也。」【考證】出郊，在金縢則郊迎之義，在史記則爲郊祭之義。

〔八〕【集解】徐廣曰：「築，拾也。」駰案：馬融曰：「禾爲木所偃者，起其木，拾其下禾，乃無所失亡也。」

〔九〕【考證】崔述曰：成王感風雷之變而親迎周公一事，史記載於周公卒後。今按：尚書金縢篇在作鴟鴞後，伐武庚前，惟顏師古引尚書大傳文，以此爲成王將葬周公於成周時事。然則史記蓋因傳而誤也。夫以爲在周公卒後，則所謂親迎者，迎何人乎？所謂出郊者，欲何爲乎？史記不能解說，遂以郊爲郊祀之郊，而謂魯之得郊因此。是因一誤而再誤矣。愚按：漢書梅福傳云：「梅福曰：『成王以諸侯禮葬周公，而皇天動威，雷風著災。』」顏師古注引尚書大傳云：「周公疾曰『吾死，必葬於成周』，示天下臣於成王也。周公死，天乃雷雨以風，禾盡偃，大木斯拔，國恐，王與大夫開金縢之書，執書以泣曰『周公勤勞王家，予幼人弗及知』。乃不葬於成周，而葬之於畢，示天下不敢臣。」儒林傳注引大傳意同文略。史公蓋從大傳。

〔一〇〕【集解】禮記曰：「魯君祀帝于郊，配以后稷，天子之禮。」【考證】通鑑前編成王十一年引尚書大傳云：「魯郊，成王所以禮周公也。」史公所本。

〔一一〕【集解】禮記曰：「諸侯不得祖天子。」鄭玄曰：「魯以周公之故立文王之廟也。」

〔一二〕【考證】禮記明堂位云：「成王以周公爲有勳勞於天下，命魯公世世祀周公以天子之禮樂。」「是以魯君孟春乘大路，載弧韣，旂十有二旒，日月之章，祀帝于郊，配以后稷，天子之禮也」。祭統云：「周公既没，成王、康王追念周公之所以勳勞者，而欲尊魯，故賜之以重祭。外祭則郊、社是也，内祭則大嘗、禘是也。夫大嘗禘，升歌清廟，下而管象，朱干玉戚，以舞大武，八佾以舞大夏。此天子之樂也。」史公所本。陳仁錫曰：竹書紀年魯惠公使宰讓請郊廟之禮，平王使史角如魯。魯之用郊，蓋由惠公請之也。至僖公作頌始以郊祭爲誇焉。梁玉繩曰：此乃好事者妄談以誣周之賢王，以誤後之學士。唐文粹高郢魯議責成王之賜、伯禽之受爲非禮。程子因之，王安石又謂周公有人臣不能爲之功，而成王報以人臣不得用之禮，悖孰甚焉。魯之僭禮，夫子以爲周公之衰，奈何移于成王、伯禽時乎？桓林已弱，尚拒楚武之稱尊；襄鄭尤微，能禁晉文之請隧。況成王盛君，伯禽令子邪？然則魯僭始于何時？曰：竹書平王四十二年，魯惠公使宰讓請郊廟之禮，呂氏春秋當染篇亦云。此一大確證，使成王已賜，惠公何必復請？且成王之賢，萬倍于宜臼，平猶靳之，而成顧昧然賜之哉？斯論發于宋劉敞春秋意林，後儒多從之，而成王、伯禽之誣遂大白于千載矣。

周公卒，子伯禽固已前受封，是爲魯公。〔一〕魯公伯禽之初受封之魯，三年而後報政周公。周公曰：「何遲也？」伯禽曰：「變其俗，革其禮，喪三年然後除之，故遲。」太公亦封於齊，五月而報政周公。周公曰：「何疾也？」曰：「吾簡其君臣禮，從其俗爲也。」及後聞伯禽報政遲，乃歎曰：「嗚呼，魯後世其北面事齊矣！夫政不簡不易，民不有近；〔二〕平易近民，民必歸之。」〔三〕

〔一〕【索隱】周公元子就封於魯，次子留相王室，代爲周公。其餘食小國者六人，凡、蔣、邢、茅、胙、祭也。

〔二〕【正義】爲政之法，必須略而易行，民則親近；若不簡不易，民則不親近也。

〔三〕【集解】徐廣曰：「一本云『政不簡不行，不行不樂，不樂則不平易。平易近民，民必歸之』。又一本云『夫民不簡不易，有近乎簡易，民必歸之』。」【索隱】言爲政簡易者，民必附近之。近謂親近也。【正義】言政平等簡易，親近於民，遠方之衆必襁負而歸之。周公見伯禽難其禮，故設此言，是也。【考證】呂氏春秋長見篇云：「太公望封於齊，周公旦封於魯，二君者甚相善也。相謂曰：『何以治國？』太公望曰：『尊賢上功。』周公曰：『親親上恩。』太公曰：『魯自此削矣。』周公曰：『魯雖削，有齊者亦必非呂氏也？』」淮南齊俗訓亦載此事，與史記異。困學紀聞十一引說齋唐氏曰：「此後世苟簡之説，非周公之言。遷不能辨其是否，從而筆之于書，使後人務速成之功者，藉爲口實，其害豈小哉！」

伯禽即位之後，有管、蔡等反也，淮夷、徐戎亦並興反。〔一〕於是伯禽率師伐之於肸，作肸誓，〔二〕曰：「陳爾甲胄，無敢不善。無敢傷牿，〔三〕馬牛其風，臣妾逋逃，〔四〕勿敢越逐，敬復之。〔五〕無敢寇攘，踰牆垣。〔六〕魯人三郊三隧，〔七〕峙爾芻茭、糗糧、楨榦，〔八〕無敢不逮。我甲戎築而征徐戎，〔九〕無敢不及，有大刑。」〔一〇〕作此肹誓，〔一一〕遂平徐戎，定魯。

〔二〕【集解】孔安國曰：「淮浦之夷，徐州之戎，並起爲寇。」【考證】「淮夷徐戎」以下依書費誓及其序。王鳴盛曰：淮安府，淮水從此入海，即詩所謂淮浦，大約今淮、揚二府近海之地，皆古淮夷。而此經淮夷則在淮北者也。

〔三〕【集解】徐廣曰：「肹，一作『鮮』，一作『獮』。」駰案：尚書作「費」。孔安國曰「魯東郊之地名也」。【索隱】尚書作「費誓」。徐廣云一作「鮮」，一作「獮」。按：尚書大傳見作「鮮誓」，鮮誓即肹誓，古今字異，義亦變也。鮮，獮也。言於肹地誓衆，因行獮田之禮，以取鮮獸而祭，故字或作「鮮」，或作「獮」。孔安國云「費，魯東郊地名」。即魯卿季氏之費邑地也。【正義】周公伐三監，魯公伐淮夷，故於費地而盟衆，即東伐淮夷徐奄之屬。【考證】本書大誥、費誓序。費，今山東沂州府費縣西北。

〔三〕【正義】古毒反。牿，牛馬牢也。令臣無傷其牢，恐牛馬逸。

〔四〕【集解】鄭玄曰：「風，走逸。臣妾，厮役之屬也。」

〔五〕【集解】徐廣曰：「敬，一作『振』。」孔安國曰：「勿敢弃越壘伍而求逐也。衆人有得佚馬牛、逃臣妾，皆敬還。」【正義】書「敬」作「祗」。祗，敬也。祗、振古通用。【考證】查德基曰：「祗」作「敬」者，史公以訓詁字代經也。一作「振」者，今文尚書也。

〔六〕【集解】鄭玄曰：「寇，劫取也。因其失亡曰『攘』。」【考證】李笠曰：牆垣，當依書費誓作「垣牆」。傷牿，與「越逐」、「敬復」相韻叶，此「牆」字亦與「攘」字叶。

〔七〕【集解】王肅曰：「邑外曰郊，郊外曰隧。不言四者，東郊留守，故言三也。」【考證】今書「隧」作「遂」。隧、遂古通用。中井積德曰：師出東方，則東郊，東遂，供兵賦之重，故於儲峙不與焉。王先謙曰：禮王制疏引大傳云：「古者百里之國，三十里之遂，二十里之郊。」魯國百里，則郊當在二十里之外。遂又在其外也。

〔八〕【集解】孔安國曰：「皆當儲峙汝糧，使足食，多積芻茭，供軍牛馬。」馬融曰：「楨、榦，皆築具。楨在前，榦在兩旁。」【正義】糗，去九反。楨，音貞。【考證】峙（峙）、庤通，儲具以待用也。

〔九〕【集解】孔安國曰：「甲戌日，當築攻敵壘距堙之屬。」【考證】古鈔、楓山、三條本無「無敢不逮」四字。中井積德曰：甲戌，此出師之日。使供具皆會於是日耳。又曰：築者，築我之壁壘也，未及攻具。

〔一〇〕【集解】馬融曰：「大刑，死刑。」

〔一一〕【考證】以上節録書費誓。

魯公伯禽卒，〔一〕子考公酋立。〔二〕考公四年卒，立弟熙。〔三〕是謂煬公。煬公築茅闕門。〔四〕六年卒，〔五〕子幽公宰立。〔六〕幽公十四年，幽公弟濆殺幽公而自立，是爲魏公。〔七〕魏公五十年卒，子厲公擢立。〔八〕厲公三十七年卒，魯人立其弟具，是爲獻公。獻公三十二年卒，〔九〕子真公濞立。〔一〇〕

〔一〕【集解】徐廣曰：「皇甫謐云：伯禽以成王元年封，四十六年，康王十六年卒。」【考證】漢書律歷志云：「伯禽即位四十六年，康王十六年薨。」與皇甫謐合。

〔二〕【索隱】系本作「就」，鄒誕本作「遒」。【考證】中井積德曰：考公始有謚，若齊第四世哀公始有謚。世家雖不同，年代相比，夫謚之起，蓋成、康之後云。

〔三〕【索隱】一作「怡」，考公弟。

〔四〕【集解】徐廣曰：「一作『第』，又作『夷』。」世本曰：「煬公徙魯。」宋忠曰：「今魯國。」【考證】洪頤煊曰：古文雉、茅、夷三字通用。茅門，即春秋所謂雉門。孫詒讓曰：茅闕門，即春秋定二年經之雉門兩觀也。諸侯三門，庫、雉、路，外朝在雉門外。

〔五〕【考證】錢大昕曰：漢書律歷志：「煬公即位六十年，子幽公宰立。」此「六」下脱「十」字。愚按：洪亮吉、洪頤煊説同。梁玉繩駁之，非也。楓山、三條本「六年」作「十六」年，蓋倒。

〔六〕【索隱】系本名圉。

〔七〕【集解】徐廣曰：「世本作『微公』。」【索隱】系本「濆」作「弗」，音沸；「魏」作「微」。且古書多用「魏」字作「微」，則太史公意亦不殊也。【考證】金履祥曰：按弑君争國之禍，自是始。而昭王不能討，失政甚矣。史稱昭王時王道微缺，朱子亦謂周綱陵夷自昭王始，有故也。

〔八〕【索隱】系本作「翟」，音持角反。【正義】擢，音濁。

〔九〕【集解】徐廣曰：「劉歆云五十年。皇甫謐云三十六年。」【考證】梁玉繩曰：獻公在位五十年。漢志作「五十年」，謂出世家也。

〔一〇〕【索隱】真，音慎。本亦多作「慎公」。按：衛亦有真侯，可通也。濞，系本作「摯」，或作「鼻」，音匹位反。鄒誕本作「慎公嚊」。【考證】梁玉繩曰：「真」乃「慎」之誤。沈家本曰：左傳、釋文引作「順公」。順、慎，聲轉字通。愚按：「真」字，春秋以前書無所見，而老、莊二子常用之。

真公十四年，周厲王無道，出奔彘，共和行政。二十九年，周宣王即位。

三十年，真公卒，弟敖立，是爲武公。

武公九年春，〔一〕武公與長子括、少子戲西朝周宣王。〔二〕宣王愛戲，欲立戲爲魯太子。

周之樊仲山父諫宣王曰：〔三〕「廢長立少，不順；不順，必犯王命；犯王命，必誅之：故出令不可不順也。令之不行，政之不立；〔四〕行而不順，民將弃上。〔五〕夫下事上，少事長，所以爲順。今天子建諸侯，立其少，是教民逆也。〔六〕若魯從之，諸侯效之，王命將有所壅；〔七〕若弗從而誅之，是自誅王命也。〔八〕誅之亦失，不誅亦失，〔九〕王其圖之。」宣王弗聽，卒立戲爲魯太子。夏，武公歸而卒。〔一〇〕戲立，是爲懿公。

〔一〕【考證】表作「十年」。國語無「春」字。

〔二〕【正義】戲，許義反，又音許宜反，後同。

〔三〕【考證】羣書治要無「樊」字。韋昭曰：仲山父，王卿士，食采於樊。

〔四〕【集解】韋昭曰：「令不行則政不立。」

〔五〕【集解】韋昭曰：「使長事少，故民將弃上。」

〔六〕【集解】唐固曰：「言不教之順，而教之逆。」

〔七〕【集解】韋昭曰：「言先王立長之命，將壅塞不行也。」【考證】屠隆曰：將有所壅，即上之犯王命而不從也。誅王命，乃自出令而自誅之也。俱在今王上説，註非。

〔八〕【集解】韋昭曰：「先王之命立長，今魯亦立長，若誅之，是自誅王命。」【考證】中井積德曰：先王之教，即今王之所以命諸侯。王命宜以今王解。

〔九〕【集解】韋昭曰：「誅之，誅王命。不誅，則王命廢。」

〔一〇〕【集解】徐廣曰：「劉歆云立二年。」【考證】國語無「夏」字。

懿公九年，〔一〕懿公兄括之子伯御〔二〕與魯人攻弑懿公，而立伯御爲君。伯御即位十一年，周宣王伐魯，殺其君伯御，〔三〕而問魯公子能道順諸侯者，〔四〕以爲魯後。〔五〕樊穆仲曰：〔六〕「魯懿公弟稱，〔七〕肅恭明神，敬事耆老；賦事行刑，必問於遺訓而咨於固實；〔八〕不干所問，不犯所知。」〔九〕宣王曰：「然，能訓治其民矣。」乃立稱於夷宮。〔一〇〕是爲孝公。自是後，諸侯多畔王命。〔一一〕

〔二〕【考證】漢律曆志同。國語無「九年」二字。

〔三〕【正義】御，我嫁反，下同。【考證】漢志作「柏御」。

〔三〕【考證】國語作宣王三十二年，依表即伯御十一年也。

〔四〕【集解】徐廣曰：「順，一作『訓』。」【正義】道，音導。順，音訓。【考證】國語作「宣王欲得國子能導訓諸侯者」，注韋昭曰「國子，同姓諸姬也」，與史義異。

〔五〕【考證】國語無此四字。

〔六〕【集解】韋昭曰：「穆仲，仲山父之謚也。猶魯叔孫穆子謂之穆叔也。」

〔七〕【正義】尺證反。【考證】國語作「魯侯」。

〔八〕【集解】徐廣曰：「固，一作『故』。」韋昭曰：「故實，故事之是者。」【考證】國語「固」作「故」。固、故古通。中井積德曰：固實即故事。注以「是者」解「實」字，泥。

〔九〕【考證】國語「知」作「咨」。王念孫曰：「知」當作「咨」。所問所咨，皆承上文而言。楓山、三條本無「不犯所知」四字。

〔一〇〕【集解】韋昭曰：「夷宮者，宣王祖父夷王之廟。古者爵命必於祖廟。」【考證】立稱於夷宮，國語作「命魯孝公於夷宮」，韋昭注「命爲侯伯也」。蓋國語爲孝公立後事，史記爲未立時事。

〔一〕【考證】「武公與長子括」以下采國語周語。

孝公二十五年，諸侯畔周，犬戎殺幽王，秦始列爲諸侯。

二十七年，孝公卒。〔一〕子弗湟立，〔二〕是爲惠公。

〔一〕【考證】館本考證云：「二十七年，表作三十八年。宣王誅伯御，在伯御之十一年。其年乃孝公元年，而表以伯御元年爲孝公元年，故較世家多十一年。」

〔二〕【集解】徐廣曰：「表云弗生也。」【索隱】系本作「弗皇」。年表作「弗生」。【考證】梁玉繩曰：「湟」當作「湼」。沈家本曰：左傳正義引世家作「弗皇」。釋文隱元年作「不皇」，文十六年引世家作「弗皇」。

惠公三十年，晉人弒其君昭侯。四十五年，晉人又弒其君孝侯。四十六年，惠公卒，長庶子息〔一〕攝當國，行君事，是爲隱公。〔二〕初，惠公適夫人無子，〔三〕公賤妾聲子生子息。〔四〕息長，爲娶於宋。宋女至而好，惠公奪而自妻之。〔五〕生子允。〔六〕登宋女爲夫人，以允爲太子。〔七〕及惠公卒，爲允少，故魯人共令息攝政，不言即位。〔八〕

〔一〕【索隱】隱公也。系本隱公名息姑。【考證】梁玉繩曰：「息」下缺「姑」字。今本脱之。魯頌疏、文十六年左傳疏及釋文、穀梁首篇疏並引世家作「息姑」。沈家本曰：年表作「息姑」。

〔二〕【考證】隱元年左傳云：「不書即位，攝也。」歐陽脩作春秋論駁之云：「隱公非攝也。使隱果攝，則春秋不稱公，春秋稱公，則隱公非攝也。」

〔三〕【正義】適，音的。

〔四〕【考證】梁玉繩曰：聲子是繼室，何云賤妾？

〔五〕【索隱】左傳宋武公生仲子，仲子手中有「爲魯夫人」文。故歸魯，生桓公。今此云惠公奪息婦而自妻。又經傳不言惠公無道，左傳文見分明，不知太史公何據而爲此説。譙周亦深不信然。

〔六〕【集解】徐廣曰：「一作『軌』。」【索隱】系本亦作「軌」也。

〔七〕【考證】梁玉繩曰：當惠公世，仲子未嘗爲夫人，桓亦未嘗爲太子也。杜元凱云：隱公繼室之子，當嗣世，以禎祥之故，追成父志，爲桓尚少，是以立爲太子。

〔八〕【考證】左傳云「隱公立，而奉桓公」，不云魯人共令息姑攝位。

隱公五年，觀漁於棠。〔一〕八年，與鄭易天子之太山之邑祊及許田，君子譏之。〔二〕

〔一〕【集解】賈逵曰：「棠，魯地。陳漁而觀之。」杜預曰：「高平方與縣北有武棠亭，魯侯觀漁臺也。」【考證】隱五年春秋經傳。

〔二〕【集解】穀梁傳曰：「祊者鄭伯之所受命於天子，而祭泰山之邑也。許田乃魯之朝宿之邑。天子在上，諸侯不得以地相與。」【正義】括地志云：「祊田在沂州費府東南。許田在許州。許昌縣有魯城，周公廟在焉。」杜預云：「成王營成周，有遷都之志，故賜周公許田。」【考證】隱八年春秋經傳「天子之」三字，史公以意補。梁玉繩曰：是年鄭歸祊爾，易許田在後四年，泰山之祊近魯，而許田近鄭，故互割以相屬也。

十一年冬，公子揮諂謂隱公曰：「百姓便君，君其遂立。吾請爲君殺子允，君以我爲相。」〔一〕隱公曰：「有先君命，吾爲允少，故攝代。今允長矣，吾方營菟裘之地老焉，以授子允政。」〔二〕揮懼子允聞而反誅之，乃反譖隱公於子允曰：「隱公欲遂立，去子，子其圖之。請爲子殺隱公。」子允許諾。〔三〕十一月，隱公祭鍾巫，〔四〕齊于社圃，〔五〕館于蔿氏。〔六〕揮使人弑

隱公于蔿氏，而立子允爲君，是爲桓公。〔七〕

〔一〕【集解】左傳曰：「羽父請殺桓公，將以求太宰也。」【考證】史公蓋敷演左傳也。梁玉繩曰：左傳翬欲求爲太宰，何以易稱相也？太宰元屬天官之長，齊吴僭設，並爲尊秩。然宋亦有太宰，亞于司寇，楚、鄭皆有太宰，又非正卿。以此例之，則太宰不定是相矣。

〔二〕【集解】服虔曰：「菟裘，魯邑也。營菟裘以作宮室，欲居之以終老也。」杜預曰：「菟裘在泰山梁父縣南。」

【考證】楓山、三條本集解「縣南」下有「不欲復居魯朝故別營外邑」十一字。

〔三〕【考證】梁玉繩曰：生而稱謚，非也。當衍兩「隱」字。

〔四〕【集解】賈逵曰：「鍾巫，祭名也。」【考證】龜井昱曰：鍾巫，蓋古之神巫也。周禮大筮有巫更、巫環，凡九巫。山海經有巫彭、巫相六巫，及巫咸、巫羅十巫。

〔五〕【集解】杜預曰：「社圃，園名。」

〔六〕【集解】服虔曰：「館，舍也。蔿氏，魯大夫。」

〔七〕【考證】以上依隱十一年左傳。

桓公元年，鄭以璧易天子之許田。〔一〕二年，以宋之賂鼎入於太廟，君子譏之。〔二〕

〔一〕【集解】麋信曰：「鄭以祊不足當許田，故復加璧。」【正義】麋信字南山，東海人，魏樂平太守。【考證】依桓元年春秋經傳。中井積德曰：春秋書「鄭伯以璧假許田」，「假」字乃有意義也。今作「易」字，太史公之意不可曉。又曰：太山之祊，冒以天子猶可，若夫許是魯朝宿之邑，何天子之有？周紀云「許田，天子之用事太山田也」，與此合。蓋太史公謬以許爲祊也。愚按：經典釋文麋信注穀梁傳十二卷。

〔三〕【集解】穀梁傳曰：「桓公内殺其君，外成人之亂，受賂而退，以事其祖，非禮也。」公羊傳曰：「周公廟曰太廟。」【考證】桓二年春秋經傳。左氏傳云：「取郜大鼎于宋，納于太廟。非禮也。臧哀伯諫之，公不聽。」中井積德曰：譏者，以賂也。如内弑君，非此所論。左氏宜從，穀梁失之。

三年，使揮迎婦于齊，爲夫人。〔一〕六年，夫人生子，與桓公同日，故名曰同。同長，爲太子。〔二〕

〔一〕【考證】桓三年春秋經傳。

〔二〕【考證】桓六年春秋經傳。

十六年，會于曹，伐鄭，入厲公。〔一〕

〔一〕【考證】桓十六年經傳。梁玉繩曰：「入」上缺「謀」字。蓋厲未入也。

十八年春，公將有行，〔一〕遂與夫人如齊。申繻諫止，〔二〕公不聽，遂如齊。齊襄公通桓公夫人。公怒夫人，夫人以告齊侯。夏四月丙子，齊襄公饗公，〔三〕公醉，使公子彭生抱魯桓公，因命彭生摺其脅，公死于車。〔四〕魯人告于齊曰：「寡君畏君之威，不敢寧居，來脩好禮。禮成而不反，無所歸咎，請得彭生以除醜於諸侯。」齊人殺彭生以説魯。〔五〕立太子同，是爲莊公。莊公母夫人因留齊，不敢歸魯。〔六〕

〔一〕【集解】杜預曰：「始議行事也。」

〔二〕【集解】賈逵曰：「申繻，魯大夫。」【正義】繻，音須。

〔三〕【集解】服虔曰：「爲公設享讌之禮。」

〔四〕【考證】莊元年公羊傳云：「齊侯怒，與之飲酒，於其出焉，使公子彭生送之，於其乘焉，搚幹而殺之。」

〔五〕【考證】以上采桓十八年左傳，補以公羊傳。

〔六〕【考證】中井積德曰：據春秋，姜氏已與喪俱還。莊元年，孫于齊，已而復還，二年以後，頻與齊侯爲姦會遇也。史記不據焉，豈別有所本邪？

莊公五年冬，伐衛，內衛惠公。〔一〕

〔一〕【考證】莊五年春秋經傳。

八年，齊公子糾來奔。〔一〕九年，魯欲內子糾於齊，後桓公，桓公發兵擊魯，魯急，殺子糾。召忽死。齊告魯生致管仲。〔二〕魯人施伯曰：〔三〕「齊欲得管仲，非殺之也，將用之，用之則爲魯患。不如殺，以其屍與之。」〔四〕莊公不聽，遂囚管仲與齊。齊人相管仲。〔五〕

〔一〕【考證】莊八年左傳。

〔二〕【考證】莊九年左傳。

〔三〕【正義】世本云：施伯，魯惠公孫。

〔四〕【索隱】屍，本亦作「死」字也。【考證】國語作「屍」。

〔五〕【考證】「魯人」以下采國語齊語。囚，束縛也。

十三年，魯莊公與曹沬會齊桓公於柯，曹沬劫齊桓公，求魯侵地，已盟而釋桓公。桓公欲背約，管仲諫，卒歸魯侵地。〔一〕十五年，齊桓公始霸。〔二〕二十三年，莊公如齊觀社。〔三〕

〔一〕【考證】本莊十三年公羊傳。穀梁傳亦云：「冬，公會齊侯，盟于柯，曹劌之盟也，信齊侯也。」劌、沫音近。梁玉繩曰：劫齊事妄，說在刺客傳。

〔二〕【考證】莊十五年左傳。

〔三〕【集解】韋昭曰：「齊因祀社，蒐軍實以示軍容，公往觀之。」【考證】莊二十三年春秋經傳。

三十二年，初，莊公築臺臨黨氏，〔一〕見孟女，〔二〕說而愛之，許立爲夫人，割臂以盟。〔三〕孟女生子斑。斑長，說梁氏女，往觀。〔四〕圉人犖自牆外與梁氏女戲。〔五〕斑怒，鞭犖。莊公聞之，曰：「犖有力焉，遂殺之，是未可鞭而置也。」斑未得殺。會莊公有疾。〔六〕莊公有三弟，長曰慶父，次曰叔牙，次曰季友。〔七〕莊公取齊女爲夫人，曰哀姜。哀姜無子。哀姜娣曰叔姜，生子開。〔八〕莊公無適嗣，〔九〕愛孟女，欲立其子斑。莊公病，而問嗣於弟叔牙。叔牙曰：「一繼一及，魯之常也。〔一〇〕慶父在，可爲嗣，君何憂？」〔一一〕莊公患叔牙欲立慶父，退而問季友。季友曰：「請以死立斑也。」莊公曰：「曩者叔牙欲立慶父，柰何？」季友以莊公命命牙待於鍼巫氏，〔一二〕使鍼季劫飲叔牙以鴆，〔一三〕曰：「飲此則有後奉祀；不然，死且無後。」牙遂飲鴆而死，魯立其子爲叔孫氏。〔一四〕八月癸亥，莊公卒，季友竟立子斑爲君，如莊公命。侍喪，舍于黨氏。〔一五〕

〔一〕【集解】賈逵曰：「黨氏，魯大夫。任姓。」【考證】釋文云：「黨，音掌。」

〔二〕【集解】賈逵曰：「黨氏之女。」【索隱】即左傳云孟任。黨氏二女。孟，長也；任，字也，非姓耳。【考證】中井積德曰：孟，字也。任，姓也。

〔三〕【集解】服虔曰：「割其臂以與公盟。」

〔四〕【集解】杜預曰：「梁氏，魯大夫也。」【考證】春秋傳「子斑」作「子般」。

〔五〕【集解】服虔曰：「圉人，掌養馬者，犖其名也。」【正義】犖，力角反。【考證】左傳「子般與女公子同往梁氏，觀習雩祭之禮。犖與女公子戲」，與此異。

〔六〕【考證】「初莊公」以下，本莊三十二年左傳，小異。說已見上。

〔七〕【考證】依莊二十七年公羊傳。梁玉繩曰：公羊傳云公子慶父、公子牙、公子友，莊公之母弟也。故齊語韋注云「慶父，莊公之弟」。史依公羊，而杜注左傳云「慶父，莊公庶兄，爲叔牙同母兄。季友是莊公母弟」，以公羊爲妄。杜注較長。

〔八〕【正義】娣，田戾反。

〔九〕【考證】「莊公取齊女」以下，本閔二年左傳。梁玉繩曰：閔公名當作「開方」。

〔一〇〕【集解】何休曰：「父死子繼，兄死弟及。」

〔一一〕【考證】「莊公病」以下，莊三十二年公羊傳。

〔一二〕【集解】杜預曰：「鍼巫氏，魯大夫也。」【考證】龜井道載曰：鍼氏，巫名。季，其字。

〔一三〕【集解】服虔曰：「鴆鳥，一曰運日鳥。」

〔一四〕【集解】杜預曰：「不以罪誅，故得立後，世繼其祿也。」

〔一五〕【正義】未至公宮，止於舅氏。【考證】「莊公患叔牙」以下，采莊卅二年左傳。左傳「舍」作「次」，無「侍喪」二字。中井積德曰：此疑衍。楓山、三條本「侍」作「持」。

先時慶父與哀姜私通，欲立哀姜娣子開。〔一〕及莊公卒，而季友立斑。十月己未，慶父使

圉人犖殺魯公子斑於黨氏。季友犇陳。〔二〕慶父竟立莊公子開，是爲湣公。〔三〕

〔一〕【考證】中井積德曰：據左傳，慶父之私通，蓋在莊公卒之後，史記似失。

〔二〕【集解】服虔曰：「季友内知慶父之情，力不能誅，故避其難出奔。」

〔三〕【索隱】系本名啓。今此作「開」，避漢景帝諱耳。春秋作「閔公」也。【考證】「十月」以下，依莊卅二年左傳。「慶父竟」三字，史公以意補。中井積德曰：據閔二年左傳，立閔公非慶父之爲，國人之爲也。沈家本曰：按左傳疏引杜世族譜，名啓方，謂杜從世本，與小司馬異，疑此奪「方」也。

湣公二年，慶父與哀姜通益甚。哀姜與慶父謀殺湣公而立慶父。〔一〕慶父使卜齮襲殺湣公於武闈。〔二〕季友聞之，自陳與湣公弟申如邾，請魯求内之。〔三〕魯人欲誅慶父，慶父恐，奔莒。於是季友奉子申入，立之，是爲釐公。〔四〕釐公亦莊公少子。〔五〕哀姜恐，奔邾。季友以賂如莒，求慶父。慶父歸，使人殺慶父。慶父請奔，弗聽，乃使大夫奚斯行哭而往。〔六〕慶父聞奚斯音，乃自殺。齊桓公聞哀姜與慶父亂以危魯，乃召之邾而殺之，〔七〕以其屍歸，戮之魯。魯釐公請而葬之。〔八〕

〔一〕【考證】中井積德曰：與慶父謀，立慶父，是行文疎處。

〔二〕【集解】賈逵曰：「卜齮，魯大夫也。宮中之門謂之闈。」【正義】齮，魚綺反。闈，音韋。【考證】據左傳「公傅奪卜齮田，公不禁」，故卜齮怨公。

〔三〕【正義】邾國，兗州鄒縣，古邾國也。【考證】閔元年春秋經云「秋八月，季子來歸」，與此異。梁玉繩曰：季子已于前年歸魯，故春秋書「季子來歸」。此云自陳，與釐公申如邾，下又云「陳送友及申」，不但誤以友爲在陳，并誤認釐公亦在陳矣。「請魯求内之」五字當衍。友與申如邾，避慶父也。慶父奔莒，友即入魯立申，魯無人焉，何請之有？又何求内之有？而申爲湣公庶兄，是以夏父弗忌曰「新鬼大，故鬼小」，此云湣公弟申，亦誤。愚按：依左傳「自陳」二字亦當削。

〔四〕【索隱】湣公弟名申，成季相之，魯國以理，於是魯人爲僖公作魯頌。【考證】中井積德曰：釐公是湣公之兄，是逆祀所由起，所謂「新鬼大，故鬼小」是也，注謬。又曰：魯頌起於僭禮，非作于感戴。

〔五〕【考證】梁玉繩曰：釐乃閔之兄，恐非少子。

〔六〕【考證】梁玉繩曰：案傳是慶父使奚斯請免死，不許，斯哭而往。此言季友使奚斯哭而往，雖與傳違，理亦得通。

〔七〕【考證】左傳云「齊人取而殺之」，不云桓公。

〔八〕【考證】「哀姜恐」以下，本閔二年左傳。

季友母陳女，故亡在陳，陳故佐送季友及子申。〔一〕季友之將生也，父魯桓公使人卜之，〔二〕曰：「男也，其名曰『友』，閒于兩社，爲公室輔。〔三〕季友亡，則魯不昌。」〔四〕及生，有文在掌曰「友」，遂以名之，〔五〕號爲成季。其後爲季氏，慶父後爲孟氏也。

〔一〕【考證】梁玉繩曰：昭三十二年傳云「昔成季友，桓之季也，文姜之愛子也」，友爲莊公母弟，文姜所生。史言母陳女，妄也。「申」上衍「子」字。愚按：楓山、三條本（本）無「母陳女故」四字。

〔二〕【考證】張文虎曰：「父魯」二字衍。愚按：左傳無。

〔三〕【集解】賈逵曰：「兩社，周社、亳社也。兩社之閒，朝廷執政之臣所在。」【考證】閔二年左傳「其名曰友」下有「在公之右」四字。定六年左傳陽虎盟公及三桓于周社，盟國人于亳社。周社即國社，在中門内。亳社在庫門內。中井積德曰：閒于兩社，謂季子居第。

〔四〕【考證】左傳「友」作「氏」。龜井昱曰：子同爲伯，仲慶父、叔牙亦既生矣，故呼爲「季」也。氏，家也。季氏，猶曰此少男之家。愚按：社、輔，亡、昌，韻。

〔五〕【考證】「季友之將生」以下，采閔二年左傳。古者言「字」爲「文」，左傳宣十二年「於文止戈爲武」，十五年「文反正爲乏」，昭元年「於文皿蟲爲蠱」，中庸「書同文」，孟子「說詩者，不以文害辭」，可證。左氏隱元年前傳「有文在其手，曰『爲魯夫人』」，昭元年「有文在其手曰『虞』」，皆掌理自然成字，或若「魯」字，或若「虞」字然。季友之事，與此同。

釐公元年，以汶陽、鄪封季友。〔一〕季友爲相。

〔一〕【集解】賈逵曰：「汶陽、鄪，魯二邑。」杜預曰：「汶陽，汶水北地也。汶水出泰山萊蕪縣。」【索隱】鄪，或作「費」，同音祕。按：費在汶水之北，則「汶陽」非邑。賈言二邑，非也。地理志東海費縣，班固云「魯季氏邑」。蓋尚書費誓即其地。【考證】僖元年左傳云「公賜季友汶陽之田及費」，愚按：此賞靖難之功也。季氏有費始此。

九年，晉里克殺其君奚齊、卓子。〔一〕齊桓公率釐公討晉亂，至高梁而還，〔二〕立晉惠公。〔三〕十七年，齊桓公卒。〔四〕二十四年，晉文公即位。〔五〕

〔一〕【集解】徐廣曰：「卓，一作『悼』。」

〔二〕【索隱】高梁，晉地，在平陽縣西北。【考證】今山西平陽府臨汾縣。

〔三〕【考證】本僖九年左傳。梁玉繩曰：傳云「令不及魯，故春秋不書」，則魯未嘗與伐晉，此與表同誤。

〔四〕【考證】僖十七年春秋經傳。

〔五〕【考證】僖二十四年左傳。

三十三年，釐公卒，子興立，是爲文公。〔一〕

〔一〕【考證】僖三十三年、文元年春秋。

文公元年，楚太子商臣弑其父成王，代立。〔一〕三年，文公朝晉襄公。〔二〕

〔一〕【考證】文元年春秋經傳。

〔二〕【考證】文三年春秋經傳。　龜井昱曰：公如晉，春秋書之，自此始。

十一年十月甲午，魯敗翟于鹹，〔一〕獲長翟喬如，富父終甥舂其喉，以戈殺之，〔二〕埋其首於子駒之門，〔三〕以命宣伯。〔四〕

〔一〕【集解】服虔曰：「魯地也。」

〔二〕【集解】服虔曰：「富父終甥，魯大夫也。　舂猶衝。」

〔三〕【集解】賈逵曰：「子駒，魯郭門名。」

〔四〕【集解】服虔曰：「宣伯，叔孫得臣子喬如也。　得臣獲喬如以名其子，使後世旌識其功。」【考證】中井積德曰：左傳「十一年十月甲午」上，有「卜使叔孫得臣追之」數語。　得臣，將也，終甥其同乘之人，是得臣之功，故以命其子耳。

初，宋武公之世，鄋瞞伐宋，〔一〕司徒皇父帥師禦之，以敗翟于長丘，〔二〕獲長翟緣斯。〔三〕晉之滅路，〔四〕獲喬如弟棼如。　齊惠公二年，鄋瞞伐齊，齊王子城父獲其弟榮如，埋其首於北

門。〔五〕衛人獲其季弟簡如。〔六〕鄋瞞由是遂亡。〔七〕

〔一〕【集解】服虔曰：「武公，周平王時，在春秋前二十五年。鄋瞞，長翟國名。」【正義】「鄋」作「廋」。音所劉（友）〔反〕。瞞，莫寒反。仲尼云：汪罔氏之君守封禺之山，爲漆姓，在虞、夏、商爲汪罔，周爲長翟，今謂之大人。其國在湖州武康縣，本防風氏。杜預云「鄋瞞，狄國名也，防風之後，漆姓也」。【考證】宋世家、十二諸侯年表以宋獲緣斯爲昭公四年事，即魯文公十一年，魯獲長翟僑如之歲也。此採左傳文，則當據此訂彼。說又見宋世家。

〔二〕【集解】杜預曰：「宋地名。」【考證】楓山、三條本「司」上有「宋」字，無「皇父帥師」四字。

〔三〕【集解】賈逵曰：「喬如之祖。」

〔四〕【集解】在魯宣公十五年。【考證】左傳「路」作「潞」。【正義】魯宣十六年。杜預云：「潞，赤狄之別種也。按今潞州也。」

〔五〕【集解】按年表，齊惠公二年，魯宣公之二年。【考證】左傳「惠公」作「襄公」。陸粲曰：魯世家引左傳文作「齊惠公二年」，齊世家、年表三同。知今本左傳傳寫誤。

〔六〕【集解】服虔曰：「獲與喬如同時。」

〔七〕【集解】杜預曰：「長翟之種絶。」【考證】「十一年甲午」以下，依文十一年左傳。竹添光鴻曰：亡者謂其部落亡，非言長狄之種絶也。鄋瞞兄弟，身軀長大，其勇力蓋亦殊絶於一時，恃此以暴横於諸夏，故歷序其死，至此乃言鄋瞞由是遂亡，其意蓋爲諸夏幸之也。

十五年，季文子使於晉。〔一〕

〔一〕【考證】文十五年春秋經傳。

十八年二月，文公卒。文公有二妃，長妃齊女，爲哀姜，〔一〕生子惡及視；次妃敬嬴，嬖愛，生子俀。〔二〕俀私事襄仲，〔三〕襄仲欲立之，叔仲曰不可。〔四〕襄仲請齊惠公，惠公新立，欲親魯，許之。〔五〕冬十月，襄仲殺子惡及視而立俀，是爲宣公。哀姜歸齊，哭而過市，〔六〕曰：「天乎！襄仲爲不道，殺適立庶！」〔七〕市人皆哭，魯人謂之「哀姜」。〔八〕魯由此公室卑，三桓彊。〔九〕

〔一〕【索隱】此「哀」非謚，蓋以哭而過市，國人哀之，謂之「哀姜」，故生稱「哀」，與上桓夫人別也。【考證】哀姜，文公嫡夫人，不當與敬嬴並稱爲二妃。

〔二〕【集解】徐廣曰：「一作『倭』。」【索隱】倭，音人唯反，一作「俀」，音同。【考證】梁玉繩曰：當作「倭」，漢志曰宣公倭，左傳疏曰：「名倭，或作『接』。」釋文曰：「名倭，一名接，又作『委』。」楓山、三條本作「俀」。

〔三〕【集解】服虔曰：「襄仲，公子遂。」

〔四〕【集解】服虔曰：「叔仲，惠伯。」【考證】楓山、三條本無「曰」字。

〔五〕【考證】中井積德曰：齊侯欲親魯，而許魯殺吾二姪，亦遠於人情。

〔六〕【考證】左傳「哭」上有「將行」二字。

〔七〕【正義】適，音的。

〔八〕【考證】「十八年二月」以下，文十八年左傳。

〔九〕【集解】服虔曰：「三桓，魯桓公之族，仲孫、叔孫、季孫。」【考證】昭三十二年左傳云：「晉史墨曰：『魯文公薨，而東門遂殺適立庶，魯君於是乎失國。』」又見下文。

宣公俀〔十〕二年，楚莊王彊，圍鄭。鄭伯降，復國之。〔一〕十八年，宣公卒，子成公黑肱立，〔二〕是爲成公。季文子曰：「使我殺適立庶失大援者，襄仲。」〔三〕襄仲立宣公，公孫歸父有寵。〔三〕宣公欲去三桓，與晉謀伐三桓。會宣公卒，季文子怨之，歸父奔齊。〔四〕

〔一〕【考證】宣十二年春秋經傳。岡白駒曰：彊，言兵强也。

〔二〕【集解】徐廣曰：「肱，一作『股』。」【考證】李笠曰：以上下句例之，「黑肱」上「成公」二字衍。

〔三〕【集解】服虔曰：「援，助也。仲殺適立庶，國政無常，鄰國非之，是失大援助也。」杜預曰：「襄仲立宣公，南通於楚，既不固，又不能堅事齊、晉，故云失大援。」【考證】楓山、三條本「集解曰」下有「適謂子惡齊外甥」七字，「仲」下有「殺之」二字。

〔三〕【集解】服虔曰：「歸父，襄仲之子。」

〔四〕【考證】宣十八年左傳。

成公二年春，齊伐取我隆。〔一〕夏，公與晉郤克敗齊頃公於鞍，齊復歸我侵地。〔二〕四年，成公如晉，晉景公不敬魯。魯欲背晉合於楚，或諫，乃止。〔三〕十年，成公如晉，晉景公卒，因留。成公送葬，魯諱之。〔四〕十五年，始與吴王壽夢會鍾離。〔五〕

〔一〕【集解】左傳作「龍」。杜預曰：「魯邑，在泰山博縣西南。」【考證】龍，今山東泰安府泰安縣西南龍鄉城。

〔二〕【考證】成二年春秋經傳。今山東歷城縣藥山東南有鞍山，舊傳「晉伐齊戰于鞍」，即此。

〔三〕【考證】成四年左傳。張文虎曰：「欲」上「魯」字，舊刻作「公」。愚按：依左傳，季文子諫之也。

〔四〕【索隱】經不書其葬，唯言「公如晉」，是諱之。【考證】成十年左傳。愚按：魯諱之，左氏釋經之詞，在史不必言。

〔五〕【正義】括地志云：「鍾離國故城，在濠州鍾離縣東五里。」【考證】成十五年春秋經傳。今安徽鳳陽府鳳陽縣東四里有鍾離城，壽夢時吳、楚以此爲界。

十六年，宣伯告晉，欲誅季文子。〔一〕文子有義，晉人弗許。〔二〕

〔一〕【集解】服虔曰：「宣伯，叔孫喬如。」

〔二〕【考證】成十六年春秋經傳。

十八年，成公卒，子午立，是爲襄公。〔一〕是時襄公三歲也。〔二〕

〔一〕【考證】成十八年春秋經傳。

〔二〕【考證】襄九年左傳云「晉公問公年，季武子對曰：『會于沙隨之歲，寡君以生。』晉侯曰：『十二年矣。』」愚按：沙隨之會在成十六年，則成公薨時襄公方三歲矣。

襄公元年，晉立悼公。往年冬，晉欒書弑其君厲公。〔一〕四年，襄公朝晉。〔二〕

〔一〕【考證】成十八年左傳。史云襄元年悼公立者，從其即位之年。

〔二〕【考證】襄四年春秋經傳。

五年，季文子卒，家無衣帛之妾，廄無食粟之馬，府無金玉，以相三君。〔一〕君子曰：「季文子廉忠矣。」〔二〕

〔一〕【索隱】宣公、成公、襄公。

〔三〕【考證】襄五年左傳。

九年，與晉伐鄭。晉悼公冠襄公於衛，〔一〕季武子從相，行禮。〔二〕

〔一〕【集解】左傳曰：「冠于成公之廟，假鐘磬焉，禮也。」

〔二〕【考證】襄九年左傳。

十一年，三桓氏分爲三軍。〔一〕

〔一〕【集解】韋昭曰：「周禮，天子六軍，諸侯大國三軍。魯，伯禽之封，舊有三軍，其後削弱，二軍而已。季武子欲專公室，故益中軍，以爲三軍，三家各征其一。」【索隱】征，謂起徒役也。武子爲三軍，故一卿主一軍之征賦也。【考證】襄十一年春秋經傳、國語魯語。中井積德曰：舊三軍，後二軍，並無證。崔述曰：春秋魯襄公十年作「三軍」。傳云「三分公室，季氏盡征之，叔孫氏臣其子弟，孟氏取其半焉」。昭公五年「舍中軍」，傳云「四分公室，季氏擇二，二子各一，皆盡征之，而貢於公」，説者緣是遂謂魯國盡爲三桓所分，而魯君無復尺土一民之有。夫使魯國果盡屬於三桓，則當時三桓之外，魯之大夫尚多，若叔氏、臧氏、施氏、郈氏、叔仲氏、東門之屬，其禄皆於何取之？蓋三桓所分者鄉遂，至於都鄙之地固自若也。古者鄉遂之地，君所自奉，謂之公室，故曰「三分公室」，曰「四分公室」，明鄉遂以外魯之國自若也。故臧氏之邑在防，武仲出奔，仍入據防而請後，是諸大夫之采邑未嘗歸三桓也。不但大夫之采邑然也，都鄙之中亦有公邑，仍爲公有。故季武子取卞曰：「卞人將叛，既取之矣，故告。」襄公曰：「欲之而言叛，祇見疏也。」是季氏未取卞以前，卞仍屬於魯君也。後人不達古人鄉遂都鄙之制，遂謂通國盡屬三桓，誤矣。

十二年，朝晉。〔一〕十六年，晉平公即位。〔二〕二十一年，朝晉平公。〔三〕

〔一〕【考證】襄十二年春秋經傳。

〔二〕【考證】襄十六年左傳。

〔三〕【考證】襄二十一年春秋經傳。

二十二年，孔丘生。〔一〕

〔一〕【正義】生在周靈王二十一年，魯襄二十二年，晉平七年，吴諸樊十年。【考證】公羊傳云「襄公二十有一年十有一月庚子，孔子生」，穀梁傳「襄公二十有一年冬十月庚子，孔子生」，並與此異。俞樾曰：公羊、穀梁兩傳年日俱同，惟有一月之差。然陸德明公羊音義云「庚子孔子生，傳文上有『十月庚辰』，此亦十月也。一本作『十一月庚子』，又本無此句」。是陸子所據本無「十有一月」四字，與穀梁同。楊士勛穀梁疏云「仲尼以此年生，故傳因而録之」。史記世家云襄公二十二年生者，馬遷之言與經典不同者非一，故與此傳異年耳。楊子但言史記與穀梁異年，而不言公羊與穀梁異月，則其所見公羊傳亦必無「十有一月」四字也。唐石經誤衍此四字，而各本從之，遂致兩傳有一月之差，是不可以不辯也。至生年爲襄二十一年，則兩傳皆同。襄三十一年左傳正義引二十一年賈逵注經云「此年仲尼生」，哀公十六年夏四月卒，七十三年」，又引昭二十四年服虔載賈逵語云「是歲孟僖子卒，屬其子使事仲尼，時年三十五」，計自襄二十一至昭二十四，正三十五歲，是孔子以襄二十一年生，賈、服舊説皆同。自襄二十一至哀十六，共七十四年，而賈逵云年七十三者，猶絳縣老人生於文十一年，至襄三十年，亦是七十四年，而傳稱七十三年也。杜預不達此義，乃從史記作「襄二十二年生」，朱子論語序説亦云「襄二十二年十有一月庚子生」，胥失之矣。今定孔子于襄二十一年十月庚子生。是月庚辰朔，則庚子二十一日也。周十一月，夏八月，爲今八月二十一日。

二十五年，齊崔杼弑其君莊公，立其弟景公。〔一〕

〔一〕【考證】襄二十五年春秋經傳。

二十九年，吳延陵季子使魯，問周樂，盡知其意，魯人敬焉。〔一〕

〔一〕【考證】襄二十九年左傳。事詳吳世家。楓山、三條本「敬」作「驚」。

三十一年六月，襄公卒。其九月，太子卒。〔一〕魯人立齊歸之子裯爲君，〔二〕是爲昭公。

〔一〕【集解】左傳曰：「毀也。」【索隱】左傳云：「胡女敬歸之子子野立，三月卒。」【考證】杜預曰：敬歸，襄公之妾。楓山、三條本索隱「立」字在「胡」上。愚按：左傳云「敬歸之娣齊歸」。

〔二〕【集解】徐廣曰：「裯，一作『袑』。」服虔曰：「胡，歸姓之國也。齊，謚也。」【索隱】系本作「稠」。又徐廣云「一作『袑』」，音紹也。【考證】世家從左傳作「裯」。年表從世本作「稠」。

昭公年十九，猶有童心。〔一〕穆叔不欲立，〔二〕曰：「太子死，有母弟可立，不即立長。〔三〕年鈞擇賢，義鈞則卜之。〔四〕今裯非適嗣，且又居喪，意不在戚，而有喜色，若果立，必爲季氏憂。」季武子弗聽，卒立之。比及葬，三易衰。〔五〕君子曰：「是不終也。」〔六〕

〔一〕【集解】服虔曰：「言無成人之志，而有童子之心。」

〔二〕【索隱】魯大夫叔孫豹也。宣伯喬如之弟。

〔三〕【集解】服虔曰：「無母弟則立庶子之長。」

〔四〕【集解】杜預曰：「先人事，後卜筮。義鈞謂賢等。」【考證】龜井昱曰：年既鈞，而賢不肖不相遠，其義並可以受終，則決之卜筮也。杜似直以義爲賢，失之。

〔五〕【集解】杜預曰：「言其嬉戲無度。」

〔六〕【考證】「三十一年」以下，采襄三十一年左傳。愚按：不終也，謂其不終君位也。下文昭公奔齊伏案，語本左傳「君子是以知其不能終」也。

昭公三年，朝晉至河，晉平公謝還之，魯恥焉。〔一〕四年，楚靈王會諸侯於申，昭公稱病不往。〔二〕七年，季武子卒。〔三〕八年，楚靈王就章華臺，召昭公。昭公往賀，〔四〕賜昭公寶器；已而悔，復詐取之。〔五〕十二年，朝晉至河，晉平公謝還之。〔六〕十三年，楚公子弃疾弒其君靈王，代立。〔七〕

〔一〕【考證】春秋經傳係之昭二年。梁玉繩曰：「三」字譌，表在二年。

〔二〕【考證】昭四年春秋經傳。

〔三〕【考證】昭七年春秋經傳。

〔四〕【集解】春秋云：「七年三月，公如楚。」

〔五〕【集解】左傳曰：「好以大屈。」服虔曰：「大屈，寶金，可以爲劒。一曰大屈，弓名。魯連書曰『楚子享魯侯于章華，與之大曲之弓，既而悔之』。大屈，殆所謂大曲之弓。」【正義】弨，尺招反。弛貌也，角弓不張也。禮云「張弓尚筋，弛弓尚角」是也。【考證】本昭七年左傳。梁玉繩曰：案春秋在七年，此與表並誤書于八年。楓山、三條本集解「殆」作「弨」。

〔六〕【考證】昭十二年春秋經傳。

〔七〕【考證】昭十三年春秋經傳。

十五年，朝晉，晉留之，葬晉昭公，魯恥之。〔一〕二十年，齊景公與晏子狩竟，因入魯問禮。〔二〕二十一年，朝晉至河，晉謝還之。〔三〕

〔一〕【考證】梁玉繩曰：昭公爲晉人所止，故十五年冬如晉，至十六年夏始返，並非晉留使送葬。且晉昭公以八月卒，十月葬，在公歸之後，安謂晉留之送葬？此與年表俱誤。蓋是年季平子如晉葬昭公，史因誤以爲公耳。中井積德曰：此恐錯以成公送景公葬事附會也。

〔二〕【索隱】齊系家亦然。左傳無其事。【考證】古鈔本「竟」作「境」。岡白駒曰：狩魯境也。

〔三〕【考證】昭二十一年春秋經傳。

二十五年春，鸜鵒來巢。〔一〕師己曰：「文、成之世，童謠曰：〔二〕『鸜鵒來巢，公在乾侯。鸜鵒入處，公在外野。』」〔三〕

〔一〕【集解】周禮曰：「鸜鵒不踰濟。」公羊傳曰：「非中國之禽也，宜穴而巢。」穀梁傳曰：「來者，來中國也。」

〔二〕【集解】賈逵曰：「師己，魯大夫也。文、成，魯文公、成公。」

〔三〕【考證】童謠與左氏所記異。乾侯地名，伏下文晉居昭侯、乾侯。

季氏與郈氏鬭雞，〔一〕季氏芥雞羽，〔二〕郈氏金距。〔三〕季平子怒而侵郈氏，〔四〕郈昭伯亦怒平子。〔五〕臧昭伯之弟會〔六〕爲讒臧氏，匿季氏，〔七〕臧昭伯囚季氏人。〔八〕季平子怒，因臧氏老。〔九〕臧、郈氏以難告昭公。〔一〇〕昭公九月戊戌，伐季氏，遂入。〔一一〕平子登臺請曰：「君以讒不察臣罪誅之，請遷沂上。」弗許。〔一二〕請囚於鄪，弗許。〔一三〕請以五乘亡，弗許。〔一四〕子家駒曰：「君其許之，政自季氏久矣。爲徒者衆，衆將合謀。」弗聽。〔一五〕郈氏曰：「必殺之。」〔一六〕叔孫氏之臣戾〔一七〕謂其衆曰：「無季氏與有，孰利？」皆曰：「無季氏，是無叔孫氏。」戾曰：「然，救季氏！」遂敗公師。〔一八〕孟懿子聞叔孫氏勝，亦殺郈昭伯。〔一九〕郈昭伯爲公使，故孟氏得之。〔二〇〕三家共伐公，公遂奔。己亥，公至于齊。齊景公曰：「請致千社待君。」〔一一〕子家曰：「弃周公之業而臣於齊，可乎？」乃止。子家曰：「齊景公無信，不如早之晉。」弗從。〔一二〕叔孫見公，還見平子。平子頓首，初欲迎昭公，孟孫、季孫後悔，乃止。〔一三〕

〔一〕【集解】徐廣曰：「郈，一本作『厚』。世本亦然。」杜預曰：「季平子、郈昭伯二家相近，故鬬雞。」

〔二〕【集解】服虔曰：「擣芥子播其雞羽，可以坌郈氏雞目。」杜預曰：「或云以膠沙播之爲介雞。」【正義】介，甲也。【考證】左傳「芥」作「介」。賈逵注左傳云「介，甲也」，高誘注呂覽察微篇云「介，甲也」。中井積德曰：左傳云「介其雞」，介，甲也，用革護其膺以拒距擊也。芥子可以坌敵目，而亦以自坌其目，何利之有？

〔三〕【集解】服虔曰：「以金鍇距。」

〔四〕【集解】服虔曰：「怒其不下己也，侵郈氏之宮地以自益。」

〔五〕【索隱】按系本，昭伯名惡，魯孝公之後，稱厚氏也。

〔六〕【集解】賈逵曰：「昭伯，臧孫賜也。」【索隱】系本，臧會，臧頃伯也，宣叔許之孫，與昭伯賜爲從父昆弟也。

〔七〕【考證】據左傳會竊臧氏寶玉以逃，而僞云「有爲讒構者，不得居臧氏」。凌本「爲」作「僞」，左傳「讒」下有「於」字。

〔八〕【考證】梁玉繩曰：臧氏（遂）〔逐〕會，執諸季氏中門之外，非囚季氏人也。楓山、三條本「人」上有「家」字。

〔九〕【集解】服虔曰：「老，臧氏家之大臣。」

〔一〇〕【考證】楓山、三條本「臧」下有「氏」字。

〔一一〕【考證】中井積德曰：「昭公」二字當在「戊戌」之下。

〔一二〕【集解】杜預曰：「魯城南自有沂水，平子欲出城待罪也。大沂水出蓋縣南，至下邳入泗水。」

〔一三〕【集解】服虔曰：「鄪，季氏邑。」

〔一四〕【集解】服虔曰：「言五乘自省約以出。」

〔一五〕【索隱】子家駒，魯大夫仲孫氏之族，名駒，謚懿伯也。【考證】楓山、三條本「衆」、「衆」間有「徒」字。龜井昱曰：事幾正在此，昭公立斷，豈其出辱？

〔一六〕【考證】岡白駒曰：言殺季平子。

〔一七〕【集解】左傳曰鬷戾。

〔一八〕【考證】左傳「然」下有「則」。

〔一九〕【集解】賈逵曰：「懿子，仲孫何忌。」

〔二〇〕【考證】淩稚隆曰：昭伯爲公使，蓋時方以昭公伐季氏之命告孟孫，故在孟孫所也。

〔二一〕【考證】杜預曰：「二十五家爲一社，千社，二萬五千家，欲以給公也。」

〔二二〕【考證】陳仁錫曰：齊景公，當作「齊君」。

〔二三〕【考證】昭二十五年左傳。

二十六年春，齊伐魯，取鄆，而居昭公焉。〔一〕夏，齊景公將內公，令無受魯賂。申豐、汝賈〔二〕許齊臣高齕、子將粟五千庾。〔三〕子將言於齊侯曰：「羣臣不能事魯君，有異焉。〔四〕宋元公爲魯如晉，求內之，道卒。〔五〕叔孫昭子求內其君，無病而死。〔六〕不知天弃魯乎？抑魯君有罪于鬼神也？願君且待。」齊景公從之。〔七〕

〔一〕【集解】賈逵曰：「魯邑。」

〔二〕【集解】賈逵曰：「申豐、汝賈，魯大夫。」【考證】杜預曰：豐、賈二人皆季氏家臣也。

〔三〕【集解】賈逵曰：「十六斗爲庾。五千庾，八萬斗。」【索隱】一本「子將」上有「貨」字。子將即梁丘據也。齕，音紇，子將家臣也。左傳「子將」作「子猶」。【考證】梁玉繩曰：案左傳「高齕」乃「高齮」之誤，「子將」乃「子猶」之誤，而「子猶」上脱「貨」字，故索隱云「一本『將』上有『貨』字」。

〔四〕【集解】服虔曰：「異，猶怪也。」【考證】左傳作「羣臣不盡力于魯君者，非不能事君也，然據有異焉」，史文削去數字，義欠分曉。據，子猶名。

〔五〕【集解】春秋曰：「宋公佐卒于曲棘。」

〔六〕【索隱】昭子名婼，即穆叔子。

〔七〕【考證】以上昭二十六年左傳。楓山、三條本「有」下有「得」字。

二十八年，昭公如晉，求入。季平子私於晉六卿，六卿受季氏賂，諫晉君，晉君乃止，居昭公乾侯。〔一〕二十九年，昭公如鄆。齊景公使人賜昭公書，自謂「主君」。〔二〕昭公恥之，怒而去乾侯。〔三〕三十一年，晉欲内昭公，召季平子。平子布衣跣行，〔四〕因六卿謝罪。六卿爲言曰：「晉欲内昭公，衆不從。」晉人止。〔五〕三十二年，昭公卒於乾侯。〔六〕魯人共立昭公弟宋爲君，是爲定公。

〔一〕【集解】杜預曰：「乾侯，在魏郡斥丘縣，晉竟内邑。」【考證】本昭二十七年、二十八年左傳。左傳但云范獻子取貨於季孫，不云六卿。斥丘古城在今直隸廣平府成安縣東南十三里。

〔二〕【集解】服虔曰：「大夫稱『主』。比公於大夫，故稱主君。」【考證】昭二十九年左傳云齊侯使高張唁公，稱「主君」。杜預注云「比公於大夫」，與集解所引服説同。據此則稱魯君爲「主君」也。史記「自」字宜删。梁玉繩曰：賜昭公書，不知何出，豈別有據乎？竹添光鴻曰：醫和謂趙孟曰「主是謂矣」，魏戊曰「主以不賄聞於諸侯」，此大夫稱「主」也。大夫唯稱「主」，加以「君」字，不必爲大夫之稱，第此中自有卑意，故子家子曰「齊卑君矣」。史記甘茂傳樂羊拔中山，魏文侯示之謗書，樂羊曰「此非臣之功也，主君之力也」。戰國策梁王魏嬰觴諸侯於范臺，魯君曰「主君之尊，儀狄之酒也，主君之味，易牙之調也」。蓋世降而名稱變耳。

〔三〕【考證】左傳「去」作「如」，自鄆如乾侯也。楓山、三條本「去」下有「復之」二字，當依訂。

〔四〕【集解】王肅曰：「示憂戚。」【考證】梁玉繩曰：傳「布衣」作「練冠麻衣」。

〔五〕【考證】「三十年」以下，本昭三十年、三十一年左傳。傳「六卿」作「荀躒」。陳仁錫曰：昭，當作「魯」。

〔六〕【考證】昭三十二年春秋經傳。

定公立，趙簡子問史墨曰：「季氏亡乎？」史墨對曰：「不亡。〔一〕季友有大功於魯，受鄪爲上卿，至于文子、武子，世增其業。魯文公卒，東門遂殺適立庶，〔二〕魯君於是失國政，政在季氏，於今四君矣。民不知君，何以得國！是以爲君愼器與名，不可以假人。」〔三〕

〔一〕【集解】服虔曰：「史墨，晉史蔡墨。」【考證】梁玉繩曰：案傳言簡子問墨「季子出君而民服，諸侯與之，君死于外，莫之或罪」。此云問季氏亡，與傳相反，誤矣。

〔二〕【集解】服虔曰：「東門遂，襄仲也。居東門，故稱東門遂。」【索隱】系本作「述」，鄒誕本作「秫」。又系本遂產子家歸父及昭子子嬰也。

〔三〕【集解】杜預曰：「器，車服；名，爵號。」【考證】「定公立」以下，采昭三十二年左傳。龜井昱曰：此段專言季氏得魯國，有自而然，非獨意如之不臣，時勢之所流激，有不可如何者。故以此句結之曰：名器一失，國非其國，雖至於見逐，亦末如之何也。又曰：政在季氏，此謂假名器，夫政者自君出之名也，而君之紀綱，國家之器也。成二年左傳直指曲縣、繁纓之名與器，故曰「若以假人，與人政也」。此直謂假政爲假名器，語勢之所注射，活潑自在，固不容彼此牽合矣。又曰：二句本古言，前傳所引，或是本義。

定公五年，季平子卒。陽虎私怒，囚季桓子，與盟，乃捨之。〔一〕七年，齊伐我，取鄆，以爲魯陽虎邑，以從政。〔二〕八年，陽虎欲盡殺三桓適，而更立其所善庶子以代之。載季桓子，將殺之，桓子詐而得脱。三桓共攻陽虎，陽虎居陽關。〔三〕九年，魯伐陽虎，陽虎奔齊，已而奔晉趙氏。〔四〕

〔一〕【考證】定五年左傳。岡白駒曰：陽虎欲葬平子以璵璠，季氏臣不可，陽虎怒，是私怒也。

〔二〕【考證】梁玉繩曰：案春秋傳「春，齊人歸鄆、陽關，陽虎居之以爲政。秋，齊伐魯」。兩事也，此誤。

〔三〕【集解】服虔曰：「陽關，魯邑。」【考證】定八年左傳。

〔四〕【正義】左傳云：仲尼曰「趙氏其世有亂乎？」杜預云「受亂人故」。【考證】定九年左傳。

十年，定公與齊景公會於夾谷，孔子行相事。齊欲襲魯君，孔子以禮歷階，誅齊淫樂，齊侯懼，乃止，歸魯侵地而謝過。〔一〕十二年，使仲由毀三桓城，收其甲兵。〔二〕孟氏不肯墮城，〔三〕伐之，不克而止。〔四〕季桓子受齊女樂，孔子去。〔五〕

〔一〕【考證】定十年春秋經傳。歷階，登階不聚足也。中井積德曰：孔子相會儀而已，以此爲國相，謬也，淫樂又非實殺之，並詳于齊世家。

〔二〕【集解】服虔曰：「仲由，子路。」

〔三〕【集解】杜預曰：「墮，毀。」

〔四〕【考證】定十二年春秋經傳。中井積德曰：據左傳，墮三都是子路之謀；而帥師墮郈者，叔孫也；墮費者，仲孫也；圍成者，公也。史記並似失矣。

〔五〕【集解】孔安國曰：「桓子使定公受齊女樂，君臣相與觀之，廢朝禮三日。」【考證】論語微子篇。楓山、三條本集解「桓子」下有「季孫斯也」四字。

十五年，定公卒，〔一〕子將立，是爲哀公。〔二〕

〔一〕【考證】定十五年春秋經傳。

〔二〕【索隱】系本「將」作「蔣」也。

哀公五年，齊景公卒。〔一〕六年，齊田乞弒其君孺子。〔二〕

〔一〕【考證】哀五年春秋經傳。

〔二〕【考證】哀六年春秋經傳。

七年，吴王夫差彊，伐齊，至繒，徵百牢於魯。季康子使子貢説吴王及太宰嚭，以禮詘之。吴王曰：「我文身，不足責禮。」乃止。〔一〕

〔一〕【考證】哀七年左傳。文身不足責禮，言我生吴國，斷髮文身，不知中國之禮也。乃止，吴世家作「乃得止」，孔子世家作「然後得已」，言不復徵也，左傳無此二字，與史異。梁玉繩曰：會繒在伐齊前，非因伐齊至繒，且此年無伐齊事也。至徵牢之對，出自景伯，而仍與之。康子辭召，出自子貢，而得不往。此誤合兩事爲一，並見吴世家。文身豈禮？即是子貢語，史公竄易其言，而移于吴王口中，謬矣。

八年，吴爲鄒伐魯，至城下，盟而去。〔一〕齊伐我，取三邑。〔二〕十年，伐齊南邊。〔三〕十一年，齊伐魯。季氏用冉有有功，〔四〕思孔子，孔子自衛歸魯。〔五〕

〔一〕【正義】「鄒」作「騶」，見于陳世家。音邾，後同也。【考證】春秋經哀七年秋，公伐邾，入邾，以邾子益來。八年夏歸邾子益于邾。

〔二〕【考證】「八年」以下，哀八年春秋經傳。館本考證云：「左傳八年夏，齊人取讙及闡二邑。齊世家亦作『取二邑』，此與年表皆誤。」

〔三〕【考證】哀十年經傳。

〔四〕【考證】張文虎曰：十一年，從宋本、毛本，與左傳合，它本並作「十二年」。楓山、三條本亦作「十一年」。

〔五〕【考證】哀十一年左傳。

十四年，齊田常弒其君簡公於徐州。孔子請伐之，哀公不聽。〔一〕十五年，使子服景伯、子貢爲介，適齊，〔二〕齊歸我侵地。〔三〕田常初相，欲親諸侯。〔四〕

〔一〕【考證】哀十四年左傳、論語憲問篇。徐从人，左傳作「舒」。

〔二〕【考證】哀十五年左傳。

〔三〕【考證】杭世駿曰：齊歸我讙闡，在八年。春秋經傳無十五年歸侵地之事，大約因歸成之語而誤耳。梁玉繩曰：左傳公孫宿以成叛，因子貢言，齊歸成，非侵地也，此與表同誤。

〔四〕【考證】張文虎曰：八字疑非史文。

十六年，孔子卒。〔一〕

〔一〕【考證】哀十六年左傳。

二十二年，越王句踐滅吴王夫差。〔一〕

〔一〕【考證】哀二十二年左傳。

二十七年春，季康子卒。〔一〕夏，哀公患三桓，將欲因諸侯以劫之，三桓亦患公作難，故君臣多閒。〔二〕公游于陵阪，〔三〕遇孟武伯於街，〔四〕曰：「請問余及死乎？」〔五〕對曰：「不知也。」公欲以越伐三桓。八月，哀公如陘氏。〔六〕三桓攻公，公奔于衛，去如鄒，遂如越。〔七〕國人迎哀公復歸，卒于有山氏。〔八〕子寧立，是爲悼公。

〔一〕【考證】梁玉繩曰：案傳康子卒于夏四月己亥，非春也，當衍「春」字，移「夏」字于上。

〔二〕【集解】賈逵曰：「閒，隙也。」

〔三〕【集解】服虔曰：「陵阪，地名。」【考證】黄帝陵在曲阜城東北，少皞陵在黄帝陵東。相傳陵阪即其地。

〔四〕【索隱】有本作「衛」者，非也。左傳「於孟氏之衢」。

〔五〕【集解】杜預曰：「問己可得以壽死不。」【考證】龜井昱曰：公欲去三桓，故三桓亦必有異圖矣。公恐有一朝之變而不自安，因問余能安穩以及死之日乎，以察其有異圖與否也。全身以至自死之時，曰「及死」。

〔六〕【集解】杜預曰：「陘氏，即有山氏。」【考證】梁玉繩曰：案傳作「有陘氏」，即有山氏也。此脱「有」字。

〔七〕【正義】今蘇州西南四十五里横山南有魯郡村，村内有城，俗云魯哀公如越，越居哀公焉。【考證】「二十七年」以下，哀二十七年左傳。梁玉繩曰：案傳言公孫于邾，即鄒也，無奔衛事。

〔八〕【集解】徐廣曰：「皇甫謐云：哀公元甲辰，終庚午。」【考證】左傳正義云：「傳稱國人施罪於有山氏，不得復歸而卒也。」館本考證云：「年表甲辰爲定十三年，哀公元爲丁未。」

悼公之時，三桓勝，魯如小侯，卑於三桓之家。〔一〕

〔一〕【考證】徐孚遠曰：自此以後，不紀三桓，其衰微之故不可考也。

十三年，三晉滅智伯，分其地有之。〔一〕三十七年，悼公卒，〔二〕子嘉立，是爲元公。元公二十一年卒，〔三〕子顯立，是爲穆公。〔四〕穆公三十三年卒，〔四〕子奮立，是爲共公。共公二十二年卒，〔五〕子屯立，是爲康公。〔六〕康公九年卒，〔七〕子匽立，是爲景公。〔八〕景公二十九年卒，〔九〕子叔立，是爲平公。〔一〇〕是時六國皆稱王。

〔一〕【考證】陳仁錫曰：自悼公以下，智伯之滅，秦惠、懷之卒，秦拔郢，楚徙陳，皆與年表不合，蓋世家錯誤。梁玉繩曰：智伯之滅，在悼公十五年，此誤。

〔二〕【集解】徐廣曰：「一本云：悼公即位三十年，乃於秦惠王卒，楚懷王死年合。又自悼公以下，盡與劉歆歷譜合，而反違年表，未詳何故。皇甫謐云：悼公四十年，元辛未，終庚戌。」【考證】梁玉繩曰：徐廣引別本所紀年數，非。

〔三〕【集解】徐廣曰：「皇甫謐云：元辛亥，終辛未。」

〔三〕【索隱】系本「顯」作「不衍」。

〔四〕【集解】徐廣曰：「皇甫謐云：元壬申，終甲辰。」【考證】沈家本曰：漢律曆志、表止三十二年。

〔五〕【集解】徐廣曰：「皇甫謐云：元乙巳，終丙寅。」【考證】沈家本曰：漢律曆志合，表爲二十三年。

〔六〕【索隱】屯，音竹倫反。

〔七〕【集解】徐廣曰：「皇甫謐云：元丁卯，終乙亥。」

〔八〕【索隱】匽，音偃。【考證】梁玉繩曰：「匽」乃古「偃」字，年表、漢志作「偃」。

〔九〕【集解】徐廣曰：「皇甫謐云：元丙子，終甲辰。」【考證】年表景公立于顯王二十六年，薨于愼靚王六年，始戊辰，終丙午，與世家合。

〔一〇〕【索隱】系本「叔」作「旅」。【考證】漢律曆志作「旅」。

平公十二年，秦惠王卒。〔一〕二十二年，平公卒，〔二〕子賈立，是爲文公。〔三〕文公七年，楚懷王死于秦。〔四〕二十三年，文公卒，〔五〕子讎立，是爲頃公。

〔一〕【考證】沈家本曰：按秦惠王卒在平公八年。

〔二〕【集解】徐廣曰：「皇甫謐云：元乙巳，終甲子。」【考證】年表周赧王元年，魯平公元年、二十一年，魯文公元年，與此異。梁玉繩曰：下「二」字衍，平公在位二十年也。沈家本曰：二十年，與漢律曆志合，然楚表止十九年。

〔三〕【索隱】系本作「湣公」，鄒誕本亦同，仍云「系家或作『文公』」。【考證】漢書律歷志作「緡公」。中井積德曰：魯不得有兩文公，作「湣」爲是。然「湣」又與「閔」同，則亦有兩閔公也，或是別字之譌，今不可考。

〔四〕【考證】梁玉繩曰：事在文公元年，誤作七年。沈家本曰：按楚懷王卒於頃襄王三年，世家與表均合在文公元年之上一年，以表年計之，則平公十九年也。

〔五〕【集解】徐廣曰：「皇甫謐云：元乙丑，終丁亥。」

頃公二年，秦拔楚之郢，〔一〕楚頃王東徙于陳。〔二〕十九年，楚伐我，取徐州。〔三〕二十四年，楚考烈王伐滅魯。頃公亡，遷於下邑，爲家人，〔四〕魯絶祀。頃公卒于柯。〔五〕

〔一〕【集解】徐廣曰：年表云文公十八年，秦拔郢，楚走陳。

〔二〕【考證】梁玉繩曰：「楚頃」下缺「襄」字。

〔三〕【集解】徐廣曰：「徐州在魯東，今薛縣。」【索隱】按：說文「𨛦，邾之下邑，在魯東。」又郡國志曰「魯國薛縣，六國時曰徐州。」又紀年云「梁惠王三十一年，下邳遷于薛，故名曰徐州」。則「徐」與「郤」並音舒也。【考證】梁玉繩曰：徐州即舒州，自來屬齊，其屬魯也，蓋在齊湣王之世，故呂氏春秋首時云「齊以東帝困于天下，而魯取(徐)〔徐〕州」，或以史文爲誤，非。又攷是年楚取魯，封魯君于莒，年表書之。沈家本曰：表於楚考烈八年，書取魯。魯君封於莒，爲魯頃之十八年，與此差一年。

〔四〕【集解】徐廣曰：「下，一作『卞』。」【索隱】下邑謂國外之小邑。或有本作「卞邑」，然魯有卞邑，所以惑也。【考證】岡白駒曰：家人，齊民也。韋昭云「庶人之家也，謂居家之人無官職也」。梁玉繩曰：卞邑是也。胡三省曰春秋「夫人姜氏會齊侯于卞」，即其地。班志，卞縣屬魯郡。

〔五〕【集解】徐廣曰：「皇甫謐云：元戊子，終辛亥。」【索隱】按：春秋「齊伐魯柯而盟」，杜預云「柯，齊邑，今濟北東阿也」。【考證】俞樾曰：魯亡於頃公，齊亡於康公，晉亡於靜公。國亡矣，其君何以有謚也？鄭君乙，世家無謚，而年表曰鄭康公。宋王偃史記無謚，而呂氏春秋作宋康王，荀子作宋獻王，則亦有謚也。楊倞注荀子曰「國滅之後，其臣子各私自爲謚」，然則魯、齊諸君之有謚，亦其臣子所爲也。

魯起周公，至頃公，凡三十四世。〔一〕

〔一〕【考證】梁玉繩曰：史不數伯御一代，故云三十四世。

太史公曰：余聞孔子稱曰「甚矣魯道之衰也！洙、泗之閒齗齗如也」。〔一〕觀慶父及叔牙、閔公之際，何其亂也？隱、桓之事；襄仲殺適立庶；三家北面爲臣，親攻昭公，昭公以奔。〔二〕至其揖讓之禮則從矣，而行事何其戾也？〔三〕

〔一〕【集解】徐廣曰：「漢書地理志云『魯濱洙、泗之閒，其民涉渡，幼者扶老者而代其任。俗既薄，長者不自安，與幼者相讓，故曰斷斷如也』。斷，魚斤反，東州語也。蓋幼者患苦長者，長者忿愧自守，故斷斷爭辭，所以爲道衰也。」【索隱】斷，音魚斤反，讀如論語「誾誾如也」。言魯道雖微，而洙、泗之閒尚誾誾如也。鄒誕生亦音銀。又作「齗齗」，如尚書讀，則「斷斷」是專一之義。徐廣又引地理志音五艱反，云「斷斷」是鬭爭之貌。故繁欽遂行賦云「涉洙、泗而飲馬兮，恥少長之斷斷」是也。今按：下文云「至于揖讓之禮則從矣」，魯尚有揖讓之風，如論語音誾爲得之也。【考證】楊慎曰：斷斷，鬭爭得之。索隱讀作「誾誾」，不通。繁欽賦曰：「涉洙、泗而飲馬，恥少長之斷斷」，「恥」字益明。中井積德曰：「斷斷」只是瑣屑爭辯之貌，不必因涉渡。

〔二〕【考證】趙恒曰：言揖讓之禮則是，而行事則戾，正是「斷斷」之意。

〔三〕【正義】言魯被周公之化，揖讓之禮則從矣，而君臣相弒，何戾之甚。

【索隱述贊】武王既没，成王幼孤。周公攝政，負扆據圖。及還臣列，北面匑如。元子封魯，少昊之墟。夾輔王室，系職不渝。降及孝公，穆仲致譽。隱能讓國，春秋之初。丘明執簡，襃貶備書。

史記會注考證卷三十四

燕召公世家第四　史記三十四

【考證】史公自序云：「武王克紂，天下未協而崩。成王既幼，管、蔡疑之，淮夷叛之，於是召公率德，安集王室，以寧東土。燕易之禪，乃成禍亂。嘉〔甘〕棠之詩，作燕世家第四。」

召公奭與周同姓，姓姬氏。〔一〕周武王之滅紂，封召公於北燕。〔二〕

〔一〕【集解】譙周曰：「周之支族，食邑於召，謂之召公。」【索隱】召者，畿內菜地。奭始食於召，故曰召公。或說者以爲文王受命，取岐周故墟周、召地分爵二公，故詩有周、召二南，言皆在岐山之陽，故言南也。後武王封之北燕，在今幽州薊縣故城是也。亦以元子就封，而次子留周室，代爲召公。至宣王時，召穆公虎其後也。【考證】梁玉繩曰：穀梁莊三十年傳云「燕，周之分子也」。白虎通王者不臣章「召公，文王子」，論衡氣壽篇「召公，周公之兄」，書、詩疏及詩、禮釋文引皇甫謐曰「文王庶子」，書君奭疏及史集解引譙周曰「周之支族」。皇甫之説本白虎通、論衡，然不可信。孔穎達、陸德明並言左傳富辰數文昭十六國無燕，則召公必非文王子，斥士安爲謬。蓋既爲周同姓，稱分子也可，稱支族也可。

〔二〕【集解】世本曰：「居北燕。」宋忠曰：「有南燕，故云北燕。」【正義】括地志云：「滑州城，古之燕國也。」應劭曰：「南燕，姞姓之國，黄帝之後也。」【考證】北燕，幽州薊縣故城，今直隸順天府薊州。

其在成王時，召公爲三公：〔一〕自陝以西，召公主之；自陝以東，周公主之。〔二〕成王既幼，周公攝政，當國踐祚，召公疑之，作君奭。〔三〕君奭不説周公。〔四〕周公乃稱「湯時有伊尹，假于皇天；〔五〕在太戊時，則有若伊陟、臣扈，假于上帝，巫咸治王家；〔六〕在祖乙時，則有若巫賢；〔七〕在武丁時，則有若甘般；〔八〕率維茲有陳，保乂有殷」。〔九〕於是召公乃説。

〔一〕【考證】書君奭序云：「召公爲保，周公爲師，相成王爲左右。」

〔二〕【集解】何休曰：「陝者，蓋今弘農陝縣是也。」【考證】「召公」以下，據隱五年公羊傳。梁玉繩曰：此本公羊傳文。白虎通封公侯章釋主陝東西云「不分南北何？東方被聖人化日少，西方被聖人化日久，故分東西，使聖人主其難，賢者主其易，乃俱致太平也」。而王應麟詩地理攷曰「朱氏云，公羊分陝之説可疑，蓋陝東地廣，陝西只是關中雍州之地，恐不應分得如此不均」。但各本史記多作「陝」從兩「人」，音甲。或作「陜」字。此從兩「入」。公羊釋文曰：「陝，一云當作『郟』，王城郟鄏。」余謂作「郟」爲是。崔述曰：傳云「成王定鼎郟鄏」，周語云「晉文公既定襄王於郟」，是洛亦稱郟也。洛邑天下之中，當於是分東西爲均。「陝」「郟」字形相似，或傳寫者之誤。

〔三〕【集解】孔安國曰：「尊之曰君，陳古以告之，故以名篇。」

〔四〕【集解】馬融曰：「召公以周公既攝政致太平，功配文、武，不宜復列在臣位，故不説，以爲周公苟貪寵也。」【考證】「召公疑之」以下，本書君奭序。余有丁曰：「作君奭」下，不應復説君奭不説周公。愚按：「君奭不說周公」六字，屬下文讀。蔡沈曰：諸家之說，皆爲書序所誤。乃召公自以盛滿難居，欲避權位，退老厥邑，周公反覆告諭以留之爾。崔述曰：細玩篇中之語，無非勉厲召公，同心協力，共輔大業。不但不見召公有不說周公之意，亦殊不見召公有盛滿難居之心。然則此篇乃周公自與召公相勤勉之言。愚按：崔說與史記異，今就君奭原文推之，幾乎得其實。

〔五〕【集解】孔安國曰：「伊摯佐湯，功大至天，謂致太平也。」鄭玄曰：「皇天，北極天帝也。」【考證】楓山、三條本「有」下有「若」字，與尚書合。蔡沈曰：假于皇天，其治化與天無間。中井積德曰：假天，只是合天道而已。

〔六〕【集解】孔安國曰：「伊陟、臣扈率伊尹之職，使其君不隕祖業，故至天之功不隕，巫咸治王家，言其不及二臣。」馬融曰：「道至于上帝，謂奉天時也。」鄭玄曰：「上帝，太微中其所統也。」【正義】按：巫咸吳人，今蘇州常熟縣西海隅山上有巫咸冢及巫賢冢。【考證】中井積德曰：上帝即皇天，「假」字無二義。

〔七〕【集解】孔安國曰：「時賢臣有如此巫賢也。賢，咸子；巫，氏也。」

〔八〕【集解】孔安國曰：「高宗即位，甘般佐之。後有傳說。」

〔九〕【集解】徐廣曰：「一無此九字。」駰案：王肅曰「循此數臣，有陳列之功，安治有殷也。」【考證】以上采周書君奭。

召公之治西方，甚得兆民和。召公巡行鄉邑，有棠樹，〔一〕決獄政事其下，自侯伯至庶人各得其所，無失職者。召公卒，而民人思召公之政，懷棠樹不敢伐，哥詠之，作甘棠之詩。〔二〕

〔一〕【正義】今之棠梨樹也。括地志云：「召伯廟在洛州壽安縣西北五里。」召伯聽訟甘棠之下，周人思之，不伐其樹，後人懷其德，因立廟，有棠，在九曲城東阜上。

〔二〕【考證】本詩召南甘棠篇。梁玉繩曰：案樹下決獄之說，史公必有所本，故漢書王吉諫昌邑亦云「召公述職當民事，時舍于棠下而聽斷焉」。嗣後如説苑貴德篇、風俗通首卷以及鄭箋並同。然竊疑樹下非聽訟之所，周初盛規，不應簡陋如是。楊升菴嘗譏之。而韓詩外傳一謂召公不欲勞民營居，出就蒸庶，廬于樹下，聽斷于隴畝之閒，尤覺矯情難信。呂祖謙讀詩記引劉氏曰「召伯憩息此棠樹之下，説者謂召公不重煩勞百姓，止舍棠下，是爲墨子之道也」。黄氏日鈔曰：「岷隱謂召伯行省風俗，偶憩棠下，非必受民訟，亦非有意于不擾。晦菴、雪山、華谷並合。」余因攷白虎通巡狩章引甘棠詩云「召公述職，親説舍于野樹之下」。易林睽之第三十八云「召伯避暑」，皆無聽訟之説，史公妄耳。

自召公已下九世至惠侯。〔一〕燕惠侯當周厲王奔彘，共和之時。

〔一〕【索隱】並國史先失也。又自惠侯已下皆無名，亦不言屬，惟昭王父子有名，蓋在戰國時，旁見他説耳。燕四十二代，有二惠侯、二釐侯、二宣侯、三桓侯、二文侯，蓋國史微失本謚，故重耳。

惠侯卒，子釐侯立。〔二〕是歲，周宣王初即位。〔三〕釐侯二十一年，鄭桓公初封於鄭。三十六年，釐侯卒，子頃侯立。

〔二〕【正義】釐，音僖。

〔三〕【考證】梁玉繩曰：宣王不與燕釐同元年，其即位在前一年。

頃侯二十年，周幽王淫亂，爲犬戎所弒。秦始列爲諸侯。

二十四年，頃侯卒，子哀侯立。哀侯二年卒，子鄭侯立。〔一〕鄭侯三十六年卒，子繆侯立。

〔一〕【索隱】按：謚法無「鄭」，「鄭」或是名。

繆侯七年，而魯隱公元年也。十八年卒，子宣侯立。〔二〕宣侯十三年卒，子桓侯立。〔三〕桓侯七年卒，〔三〕子莊公立。

〔一〕【索隱】譙周曰：「系本謂燕自宣侯已上皆父子相傳無及，故系家桓侯已下，並不言屬，以其難明故也。」按：今系本無燕代系，宋忠依太史公書以補其闕，尋徐廣作音，尚引系本，蓋近代始散佚耳。

〔二〕【集解】徐廣曰：「古史考曰世家自宣侯已下不説其屬，以其難明故也。」【考證】張文虎曰：上文索隱引譙周曰系本「桓侯已下不言屬」，與此同引一書，既有參差。而上召公「九世至惠侯」索隱又云「自惠侯已下不言屬」，又復不同。然今史文釐、頃、哀、鄭、繆、宣、桓、莊、襄七侯二公上，皆有「子」字。梁氏志疑謂皆後人妄增，舉漢書人表獨燕諸君以世計數至三十六世，文公以後始注某公子爲證。或當然也。

〔三〕【集解】世本曰：「桓侯徙臨易。」宋忠曰：「今河閒易縣是也。」【考證】楓山、三條本「七年」作「十年」。

莊公十二年，齊桓公始霸。〔一〕十六年，與宋、衛共伐周惠王，惠王出奔温，立惠王弟穨爲周王。〔二〕十七年，鄭執燕仲父而内惠王于周。〔三〕二十七年，山戎來侵我，齊桓公救燕，遂北伐山戎而還。〔四〕燕君送齊桓公出境，桓公因割燕所至地予燕，〔五〕使燕共貢天子，如成周時職；使燕復修召公之法。〔六〕三十三年卒，子襄公立。

〔一〕【考證】莊十五年左傳。

〔二〕【集解】譙周曰：「按春秋傳，燕與子穨逐周惠王者，乃南燕姞姓也。世家以爲北燕，失之。」【索隱】譙周云：據左氏，「燕與衛伐周惠王乃是南燕姞姓，而系家以爲北燕伯，故著史考云「此燕是姞姓」。今檢左氏莊十九年「衛師、燕師伐周」，二十年傳云「執燕仲父」，三十年「齊伐山戎」，傳曰「謀山戎，以其病燕故也」。據傳文及此記，元是北燕不疑。杜君妄説仲父是南燕伯，爲伐周故。且燕、衛俱是姬姓，故有伐周納王之事，若是姞燕與衛伐周，則鄭何以獨伐燕而不伐衛乎？

〔三〕【正義】杜預云：「燕仲父，南燕伯也。周本紀云『鄭、虢君怒』，鄭與虢君伐殺王子穨，入惠王，故鄭怒南燕，所以執其仲父。」【考證】「十六年」以下，本莊十九年、二十年左傳。梁玉繩曰：十六、十七兩年伐周，及執仲父事，當削。蓋伐王是南燕也。仲父是南燕伯也。南燕姞姓與召公後姬姓之北燕別，史公混而一之。又曰：衛與南燕伐周，與宋亦無涉。而奔温者子穨也，惠王不奔温。鄭、虢納王在燕莊十八年，非十七年，誤之中又誤焉。沈家本曰：「宋」字疑衍。

〔四〕【正義】左傳莊三十年，齊人伐山戎，杜預云：「山戎，北狄，無終國名也。」括地志云：「幽州漁陽縣，本北戎無終國，其後晉滅山戎也。」【考證】莊三十年左傳。

〔五〕【正義】予，音與。括地志云：「燕留故城，在滄州長蘆縣東北十七里，即齊桓公分溝割燕君所至地與燕，因築此城，故名燕留。」

〔六〕【考證】「燕君送齊桓公」以下，未詳其所本。莊三十年穀梁傳云「燕，周之分子也，貢職不至，山戎爲之伐矣」。范甯注：「言由山戎爲害伐擊燕，使之隔絶於周室。」與此義異。

襄公二十六年，晉文公爲踐土之會，稱伯。〔一〕三十一年，秦師敗于殽。〔二〕三十七年，秦穆公卒。〔三〕四十年，襄公卒，桓公立。

〔一〕【考證】僖廿八年左傳。

〔二〕【考證】僖卅三年春秋經傳。

〔三〕【考證】文六年左傳。

桓公十六年卒，〔一〕宣公立。宣公十五年卒，昭公立。昭公十三年卒，武公立。是歲，晉滅三郤大夫。〔一〕

〔一〕【索隱】譙周云：「系本襄伯生宣伯，無桓公。」今檢史記，並有「桓公立十六年」，又宋忠據此史補系家亦有桓公，是允南所見本異，則是燕有三桓公也。【正義】燕四十三代，三桓公，二僖公，二宣公，二惠公，二文公。蓋國微，其謚故重。【考證】錢泰吉曰：索隱「家」當作「本」。

〔二〕【考證】梁玉繩曰：晉滅三郤在前年，當燕昭公十三年，非武立之歲也。

武公十九年卒，文公立。文公六年卒，懿公立。懿公元年，齊崔杼弑其君莊公。〔一〕四年卒，子惠公立。

〔一〕【考證】襄二十五年春秋經。

惠公元年，齊高止來奔。〔一〕六年，惠公多寵姬，公欲去諸大夫而立寵姬宋，大夫共誅姬宋，〔二〕惠公懼，奔齊。四年，齊高偃如晉，請共伐燕，入其君。晉平公許，與齊伐燕，入惠公。惠公至燕而死。〔三〕燕立悼公。

〔一〕【考證】襄二十九年春秋經傳。

〔二〕【索隱】宋，其名也。或作「宗」。劉氏云：「其父兄爲執政，故諸大夫共滅之。」【考證】昭三年左傳云：「燕簡公多嬖寵，欲去諸大夫而立其寵人。冬，燕大夫比以殺公之外嬖，公懼奔齊。」據此，「惠公」當作「簡公」。張照曰：三「姬」字，俱當作「臣」。年表云公「殺公卿立幸臣」，「公恐出奔齊」，然則三「姬」字並爲「臣」字之訛，無疑也。公欲立寵姬爲妃，何必去諸大夫而後得立耶？梁玉繩曰：蓋簡公欲立之寵人多矣，而宋爲居首，故共誅之。然左傳並無主名，不知史公何據。

〔三〕【索隱】春秋昭三年「北燕伯款奔齊」，至六年又云「齊伐北燕」，一與此文合。左傳無納款之文，而云「將納簡公，晏子曰『燕君不入矣』，齊遂受賂而還」。事與此乖，而又以款爲簡公。簡公去惠公已五代，則與春秋經傳不相協，未可强言也。【考證】梁玉繩曰：齊侯如晉請伐燕，是九年事；昭六年左傳。齊受燕賂不克入其君，是十年事；昭七年左傳。齊高偃納燕伯，是十五年事；昭十二年左傳。而此以爲四年，殊謬。上文已書六年，何得于後倒書四年？張文虎曰：表伐燕在九年，「四」字疑傳寫誤。愚按：墨子明鬼篇引燕春秋云簡公冤其臣莊子儀，爲其所擊，殪于車上，與杜伯射宣王事相類，而亦不説其年。

悼公七年卒，共公立。共公五年卒，平公立。晉公室卑，六卿始彊大。〔一〕平公十八年，吴王闔閭破楚入郢。〔二〕十九年卒，簡公立。簡公十二年卒，〔三〕獻公立。〔四〕晉趙鞅圍范、中行於朝歌。〔五〕獻公十二年，齊田常弑其君簡公。〔六〕十四年，孔子卒。〔七〕二十八年，獻公卒，孝公立。〔八〕

〔一〕【考證】杭世駿曰：左傳晉昭公卒，六卿强，晉室卑弱，是年爲燕共公之三年。

〔二〕【考證】定四年春秋經傳。

〔三〕【考證】梁玉繩曰：簡公，當作「惠公」。十二年，當作「十五年」。

〔四〕【索隱】王劭按紀年，簡公後次孝公，無獻公。然紀年之書多是僞謬，聊記異耳。

〔五〕【考證】哀元年左傳。梁玉繩曰：表圍朝歌在前二歲，此書于獻公立年，誤。

〔六〕【考證】哀十四年春秋經傳。

〔七〕【考證】哀十六年左傳。

〔八〕【考證】梁玉繩曰：人表「孝」作「考」。此下索隱所引紀年多誤，不盡可憑，當分别取之。

孝公十二年，韓、魏、趙滅知伯，分其地，〔一〕三晉彊。

〔一〕【索隱】按紀年，智伯滅在成公二年也。

十五年，孝公卒，成公立。成公十六年卒，湣公立。〔一〕湣公三十一年卒，釐公立。〔二〕是歲，三晉列爲諸侯。〔三〕

〔一〕【索隱】按紀年，成公名載。

〔二〕【索隱】年表作「釐侯莊」。徐廣云：一無「莊」字。按：燕失年紀及其君名，表言「莊」者，衍字也。【考證】楓山、三條本「釐」作「僖」。

〔三〕【索隱】按紀年作「文公二十四年卒，簡公立，十三年，而三晉命邑爲諸侯」，與此不同。

釐公三十年，伐敗齊于林營。〔一〕釐公卒，〔二〕桓公立。桓公十一年卒，文公立。〔三〕是歲，秦獻公卒，秦益彊。

〔一〕【索隱】林營，地名。一云：林，地名，於林地立營，故曰林營也。【考證】各本「敗齊」作「齊敗」，誤倒。今依志疑乙。張文虎曰：索隱本無「伐」字，表作「敗齊于林孤」。

〔二〕【索隱】紀年作「簡公四十五年卒」，妄也。按：上簡公生獻公，則此當是釐，但紀年又誤耳。

〔三〕【索隱】系本已上文公爲閔公，則「湣」與「閔」同，而上懿公之父，謚文公。【考證】梁玉繩曰：人表以文公爲桓公子。又曰：索隱非也，不但前已有湣公，而國策、人表並是文公，與史不殊。

文公十九年，齊威王卒。二十八年，蘇秦始來見，說文公。文公予車馬金帛以至趙，〔一〕趙肅侯用之。因約六國，爲從長。〔二〕秦惠王以其女爲燕太子婦。〔三〕

〔一〕【考證】戰國策燕策。

〔二〕【正義】從，足從反。長，丁丈反。

〔三〕【考證】「秦惠王」以下采燕策。

二十九年，文公卒，太子立，是爲易王。

易王初立，齊宣王因燕喪伐我，取十城。蘇秦說齊，使復歸燕十城。〔一〕十年，燕君爲王。〔二〕蘇秦與燕文公夫人私通，懼誅，乃說王使齊爲反閒，欲以亂齊。〔三〕易王立十二年卒，子燕噲立。

〔一〕【考證】「文公卒」以下采燕策。

〔二〕【索隱】君，即易王也。言君初以十年即稱王也。上言易王者，易，謚也，後追書謚耳。

〔三〕【集解】孫子兵法曰：「反閒者，因敵閒而用之者也。凡軍之所欲擊，城之所欲攻，人之所欲殺，必先知其守將、左右謁者、門者、舍人之姓名，令吾閒必索敵閒之來閒我者，因而利導舍之，故反閒可得用也。」【正義】使，音所吏反。閒，音紀莧反。

燕噲既立，齊人殺蘇秦。蘇秦之在燕，與其相子之爲婚，〔一〕而蘇代與子之交。及蘇秦死，而齊宣王復用蘇代。〔二〕燕噲三年，與楚、三晉攻秦，不勝而還。子之相燕，貴重，主斷。〔三〕蘇代爲齊使於燕，〔四〕燕王問曰：「齊王奚如？」〔五〕對曰：「必不霸。」燕王曰：「何也？」對曰：「不信其臣。」蘇代欲以激燕王以尊子之也。於是燕王大信子之。子之因遺蘇代百金，而聽其所使。〔六〕

〔一〕【考證】燕策下文又云「燕相子之與蘇代婚」，與此異。

〔二〕【考證】張照曰：田完世家及六國年表齊宣王卒後四年，燕王噲方立，齊人殺蘇秦，及齊破燕，並是齊湣王事，與孟子異。乃此處却謂是齊宣。太史公不應首鼠兩端，蓋「宣」爲「湣」字之訛也。顧孟子作「齊宣」而史記作「齊湣」，其故不可得而考矣。愚按：田完世家、六國年表及下文失之，此獨得之。顧、趙諸人論之甚詳，說見下文。

〔三〕【考證】横田惟孝曰：斷，謂決斷國事。

〔四〕【索隱】按：戰國策曰「子之使蘇代侍質子於齊，齊使代報燕」是也。

〔五〕【考證】策：「齊」下有「宣」字。

〔六〕【正義】瓚云「秦以一溢爲一金」。孟康云：「二十四兩曰溢。」【考證】平準書孟康注、孟子趙岐注、儀禮鄭玄注皆以二十兩爲溢。

鹿毛壽謂燕王：〔一〕「不如以國讓相子之。人之謂堯賢者，以其讓天下於許由，許由不受，有讓天下之名，而實不失天下。今王以國讓於子之，子之必不敢受，是王與堯同行也。」燕王因屬國於子之，子之大重。〔二〕或曰：「禹薦益，已〔三〕而以啓人爲吏。〔四〕及老，而以啓人爲不足任乎天下，傳之於益。〔五〕已而啓與交黨攻益，奪之。〔六〕天下謂禹名傳天下於益，已而實令啓自取之。今王言屬國於子之，而吏無非太子人者，〔七〕是名屬子之，而實太子用事也。」王因收印自三百石吏已上而效之子之。〔八〕子之南面行王事，而噲老不聽政，顧爲臣，〔九〕國事皆決於子之。

〔一〕【集解】徐廣曰：「一作『厝毛』。」又曰：「甘陵縣本名厝。」【索隱】春秋後語亦作「厝毛壽」，又韓子作「潘壽」。【考證】横田惟孝曰：鹿毛壽或人，皆代之所使也。愚按：索隱所引韓非外儲右下。

〔二〕【索隱】大重，謂尊貴也。

〔三〕【索隱】按：以「已」配「益」，則「益已」是伯益，而經、傳無其文，未知所由。或曰：已，語終辭。【考證】策無「已」字。凌稚隆曰：「已」、「而」俱屬下爲句。盧文弨曰：索隱解非，當以「已而以啓人爲吏」爲句，下兩「已而」文法一例。若以「益已」爲名，則「攻益奪之」，又何單稱「益」也？

〔四〕【索隱】人，猶臣也。謂以啓臣爲益吏。【考證】中井積德曰：人者謂親信者。

〔五〕【考證】楓山、三條本「啓」下無「人」字，與國策、韓非合。中井積德曰：蓋由上文而衍。

〔六〕【考證】楓山、三條本「交」作「支」，「策」作「友」。

〔七〕【索隱】此「人」亦訓臣也。

〔八〕【索隱】鄭玄云：「效，呈也。以印呈與子之。」【正義】顧野王云：「效，學也，象也，法也。」【考證】效，索隱是。呂祖謙曰：以石計禄，始見于此。

〔九〕【索隱】顧，猶反也。言噲反爲子之臣也。有本作「願」者，非。

三年，國大亂，百姓恫恐。〔一〕將軍市被與太子平謀，將攻子之。〔二〕諸將謂齊湣王曰：「因而赴之，破燕必矣。」〔三〕齊王因令人謂燕太子平曰：「寡人聞太子之義，將廢私而立公，飭君臣之義，明父子之位。〔四〕寡人之國小，不足以爲先後。〔五〕雖然，則唯太子所以令之。」太子因要黨聚衆，將軍市被圍公宮，攻子之，不克。將軍市被及百姓反攻太子平。將軍市被死，以徇。〔六〕因構難數月，死者數萬，衆人恫恐，百姓離志。〔七〕孟軻謂齊王曰：「今伐燕，此文、武之時，不可失也。」〔八〕王因令章子〔九〕將五都之兵，〔一〇〕以因北地之衆以伐燕。〔一一〕士卒不戰，城門不閉，燕君噲死，齊大勝燕，子之亡。〔一二〕二年，而燕人共立太子平，是爲燕

昭王。〔一〕〔二〕〔三〕

〔一〕【索隱】恫，音通，痛也。恐，懼也。【考證】楓山、三條本「恐」作「怨」，下文同，與策合。王念孫曰：恫亦恐也。中井積德曰：恫，懼也。是「恫疑」之「恫」。

〔二〕【正義】市被，人姓名。

〔三〕【考證】策「湣王」作「宣王」。顧炎武曰：孟子以伐燕爲齊宣王事，與史記不同。通鑑以威王、宣王之卒各下十年，以合孟子之書。今按史記，湣王元年爲周顯王之四十六年，歲在著雍閹茂。又八年，燕王噲讓國于相子之，又二年，燕人立太子平，則已爲湣王之十二年，而孟子書「吾甚慚于孟子」，尚是宣王，何不以宣王之卒移下十二三年，則以孟子之書無不皆合，而但拘於十年之成數邪？趙翼曰：齊伐燕一事，孟子手自著書以爲齊宣王，此豈有錯誤？乃史記則以爲湣王，遂致後人紛紛之疑。按國策「韓、齊爲與國」篇，燕噲以國與子之，國中大亂。適秦、魏伐韓，田臣思曰：「秦伐韓，則楚、趙必救，而齊可以乘燕之亂，是天以燕賜我也。」齊王乃起兵攻燕，三十日而舉燕。此篇所言齊王尚未確指宣王。而「燕王噲既立」篇則明言子之亂，儲子勸齊宣王，因而仆之，并載孟子勸王伐燕之語。宣王因令章子將五都兵伐之，是伐燕之爲宣王無可疑也。史記所以係之湣王者，則以湣王之走死，實因樂毅伐齊，而樂毅之伐齊，實因齊破燕，而爲燕昭王報怨。想齊伐燕，與燕破齊之事，相距不甚遠，而湣王在位二十九年，燕、齊相報，不應如是之久，故不得不以伐燕爲湣王。不知是亦在國策，特史遷未詳考耳。國策言齊破燕之後二年，燕昭王始立。又「昭王築宮事郭隗」篇，言昭王與百姓同甘苦二十八年，然後以樂毅爲將，破齊七十餘城。是齊破燕至燕破齊之歲，相去本有三十餘年，則破燕者宣王，而爲燕所破者湣王，國策原自明白。齊宣王破齊之後，不久即卒，湣王嗣位，二十九年乃爲燕所破。計其年歲，正與燕昭二十八年之數約略相符。史遷漫不加考，故於燕世家則云子之亂，孟子謂湣王曰「此文武之時不可失也」，王因令章子將兵伐之。而田齊世家則宣、湣兩王俱不載伐燕之事，忽於湣王二十九年，突出樂毅爲燕伐齊一段，可見史遷並未細核年歲，遂難於敍次，强以係之湣王，而不知國策之文原自與孟子相合也。況將兵之章子即匡章也。匡章在威王時已將兵伐秦，若如史記所云，則歷威王三十六年，宣王十九年，湣王二十六七年，其人不且歷宦八九十年乎？有是理乎？愚按：顧、趙二氏以伐燕爲宣王事，其説確不可易。荀子王霸篇云「齊閔、薛公彊，南足以破楚，西足以詘秦，北足以敗燕，中足以舉宋。及燕、趙起而攻之，若振槁然，而身死國亡，爲天下大戮」。「南足以破楚」數句，荀子唯稱齊之强耳，非謂齊閔有其事也。後人或據此以護史記，非也。

〔四〕【正義】飭，音敕。

〔五〕【正義】先後，並去聲。

〔六〕【正義】徇，行示也。【考證】策「徇」作「殉」。李光縉曰：田藝衡云「將軍市被既初謀攻子之，又率百姓反攻太子，又死以徇國，何舛也？」余謂讀者不察耳。當云將軍市被既攻子之不克，及至百姓之反攻太子也，市被遂赴鬭，爲太子死難。此「及」字，當作「及至」之「至」，不當作「又及」之「及」。愚按：及，猶與也。果如李説，是多了中間「將軍市被」四字。市被反覆，故徇之以顯其罪也。

〔七〕【考證】策「因」作「國」，屬上句讀。

〔八〕【索隱】謂如武王成文王之業伐紂之時，然此語與孟子不同也。【正義】軻，字子輿，鄒人，著孟子十四卷，趙岐注。【考證】策「齊」下有「宣」字。吴師道曰：此當時所謂孟子勸齊伐燕者也。使無孟子之書，則人將此言之信乎？要之聖賢決無是事也，推此則凡後世之誣罔聖賢而無徵者可知。

〔九〕【集解】章子，齊人，見孟子。【索隱】按：孟子云「章子，齊人」。【考證】章子即匡章。閻若璩曰：人名下係以「子」字者，當時有此稱。田盼爲盼子，田嬰爲嬰子，田文爲文子，秦魏冉稱冉子。匡章稱章子，亦是。

〔一〇〕【索隱】五都，即齊也。按：臨淄是五都之一也。【考證】中井積德曰：五都並指國外別邑也。若臨淄是國治矣，必不在其數。

〔一一〕【索隱】北地，即齊之北邊也。【正義】謂齊之北境，滄德等五衆也。

〔一二〕【集解】徐廣曰：「年表云：君噲及太子、相子之皆死。」駰案：汲冢紀年曰「齊人禽子之，而醢其身也」。

〔一三〕【集解】徐廣曰：「噲立七年而死，其九年燕人共立太子平。」【索隱】按：上文太子平謀攻子之，而年表又云君噲及太子、相子之皆死，紀年又云子之殺公子平，今此文云「立太子平，是爲燕昭王」，則年表、紀年爲謬也。而趙系家云：武靈王聞燕亂，召公子職於韓，立以爲燕王，使樂池送之。裴駰亦以此系家無趙送公子職之事，當是遥立職而送之，事竟不就，則昭王名平非職，明矣。進退參詳，是年表既誤，而紀年因之而妄說耳。【考證】「蘇秦之在燕」以下，采燕策。策以伐燕爲齊宣王事，史以爲湣王事，此爲異耳。梁玉繩曰：年表云「君噲及太子相子之皆死」，而所謂太子者，世家以爲太子平即昭王，余深疑之。世家稱「太子平」，年表、紀年稱「公子平」，冢庶不明，疑一。先是太子與子之争權，舉兵攻子之，不克，百姓反攻太子，則其不爲國人所戴可知。賢如昭王，不應有此，疑二。齊并燕二年，燕人共立平。夫既攻之，而又立之，于理頗乖，且何以遲至二年復立乎？二年之中，太子安在？疑三。昭王語郭隗曰「齊因孤之國亂而襲破燕」，齊之入燕，實因太子爲内應，今觀昭王之言，殊不合事情，疑四。攷趙世家，武靈王召公子職于韓，立爲燕王，使樂池送之，諸處俱不書，集解疑趙聞燕亂，遥立職爲燕王，雖使樂池送之，竟不能就，斯乃虚揣之譚，未見確證。竊意職爲王時，在噲死之後，昭王未立之先。職立二年卒，而始立昭王，而昭王並非太子，太子已同君噲及相子之死于齊難矣。徐孚遠云太子平與昭王當是二人，或昭王名平，太子不名平。徐說甚覈。世家誤仍國策來耳。

燕昭王於破燕之後即位，〔一〕卑身厚幣以招賢者。謂郭隗曰：「齊因孤之國亂而襲破燕，〔二〕孤極知燕小力少，不足以報。然誠得賢士以共國，以雪先王之恥，孤之願也。〔三〕先生視可者，得身事之。」郭隗曰：「王必欲致士，先從隗始。況賢於隗者，豈遠千里哉！」〔四〕於是昭王爲隗改築宮而師事之。樂毅自魏往，鄒衍自齊往，劇辛自趙往，士争趨燕。〔五〕燕王弔死問孤，與百姓同甘苦。

〔一〕**【考證】**策「於」作「收」。

〔二〕**【考證】**策「之國」二字倒，新序雜事篇同策。

〔三〕**【考證】**楓山、三條本「以共」作「與共」。雪，音刷。趙翼曰：老子道化章「人之所惡，惟孤寡不穀，而侯王以爲稱」，戰國策顔觸亦曰：「孤寡者人之困賤下位也，而侯王以之自謂。」蓋古人自稱，皆從謙詞。按禮記庶方小侯自稱曰「孤」，諸侯自稱曰「寡人」，其在凶服，曰「適子孤」。是「孤」本小侯之稱，諸侯遭喪，則又稱之，此定制也。晉悼公將立，謂諸大夫曰「孤始願不及此」，此未爲君之詞，猶沿遭喪稱「孤」之禮也。諸侯或遇危難，則亦有稱孤者。臧文仲曰：列國有凶，稱孤，禮也。及秦、漢之閒，而「孤」已爲南面之雄稱。田横曰「吾始與漢王皆南面稱孤」，韓王信對使者曰「陛下擢僕閭巷，南面稱孤」，可見是時爲侯王美稱，非復古制「適子孤」及「庶方小侯」之詞矣。

〔四〕**【考證】**鮑彪曰：郭隗臣役之對，天下之格言，市馬之喻，萬世之美談。史公獨何爲削之，亦異于孔氏刪脩之法矣。

〔五〕**【考證】**梁玉繩曰：樂毅諸人往燕，史本國策，然有可疑者。如劇辛自趙來，其年當非幼少，乃至後燕王喜十三年，將兵伐趙，爲趙將龐煖所殺，計去昭王即位時已七十年，恐未必如是之壽，則其來不在此時。

二十八年，燕國殷富，士卒樂軼輕戰，於是遂以樂毅爲上將軍，與秦、楚、三晉合謀以伐齊。齊兵敗，湣王出亡於外。燕兵獨追北，入至臨淄，盡取齊寶，燒其宮室宗廟。齊城之不下者，獨唯聊、莒、即墨，〔一〕其餘皆屬燕，六歲。

〔一〕【索隱】按：餘篇及戰國策並無「聊」字。【正義】括地志云：「聊城在博州聊城縣西二十四里。莒，即密州莒縣是。即墨故城，在萊州膠水縣南六十里。」【考證】以上采燕策。策無「聊」字。徐孚遠曰：燕將已下聊城，有郄而不歸，則「聊」字衍文。且齊城未拔者惟二也。梁玉繩曰：史樂毅、田單傳及齊、燕策並無「聊」也。惟燕策又有「三城未下」之語，史或因此增加以實之。然後書李通傳論注引史云「下齊七十餘城，其不下者唯莒、即墨」，無「聊」字。愚按：「聊」字衍。

昭王三十三年卒，子惠王立。

惠王爲太子時，與樂毅有隙；及即位，疑毅，使騎劫代將。樂毅亡走趙。齊田單以即墨擊敗燕軍，騎劫死，燕兵引歸，齊悉復得其故城。〔一〕湣王死于莒，乃立其子爲襄王。〔二〕

〔一〕【考證】「即位疑毅」以下采燕策。策云：用齊人反閒疑樂毅。

〔二〕【考證】「湣王死」以下依齊策。

惠王七年卒。〔一〕韓、魏、楚共伐燕。〔二〕燕武成王立。

〔一〕【索隱】按：趙系家，惠文王二十八年，燕相成安君公孫操弑其王，樂資以爲即惠王也。徐廣按年表，是年燕武成王元年，武成即惠王子，則惠王爲成安君弑明矣。此不言者，燕遠，諱不告，或太史公之説疏也。【考證】索隱「燕遠諱不告」五字，當削。

〔二〕【考證】梁玉繩曰：此時伐燕者，齊、韓、魏，而楚則救燕者。「楚」字當作「齊」字。

武成王七年，齊田單伐我，拔中陽。〔一〕十三年，秦敗趙於長平，四十餘萬。〔二〕十四年，武成王卒，子孝王立。

〔一〕【正義】中陽故城，(份)〔汾〕州隰城縣南十里。【考證】梁玉繩曰：「中陽」當作「中人」。

〔二〕【正義】長平故城，在澤州高平縣西北二十一里，秦、趙戰時所築也。【考證】館本考證云：「六國年表及秦本紀，秦昭襄之四十七年，于趙孝成王爲六年，是時秦阬趙卒，於燕武成王爲十二年，此云十三年，與趙世家合，於秦本紀及年表差一年。」梁玉繩曰：毛本作「十二年」，是。

孝王元年，秦圍邯鄲者解去。三年卒，子今王喜立。〔一〕

〔一〕【索隱】今王，猶今上也。有作「令」者，非也。按謚法無「令」也。【考證】中井積德曰：當時書傳，蓋有記時事稱喜爲「今王」者，而轉入史編也。錢大昕曰：今王，蓋當時人所稱，猶紀年稱魏襄王爲「今王」也。愚按：顧炎武、梁玉繩亦有此說。

今王喜四年，秦昭王卒。燕王命相栗腹約歡趙，以五百金爲趙王酒。〔一〕還報燕王曰：「趙王壯者皆死長平，其孤未壯，可伐也。」〔二〕王召昌國君樂閒問之。〔三〕對曰：「趙四戰之國，〔四〕其民習兵，不可伐。」王曰：「吾以五而伐一。」〔五〕對曰：「不可。」燕王怒，羣臣皆以爲可。卒起二軍，車二千乘，〔六〕栗腹將而攻鄗，〔七〕卿秦攻代。〔八〕唯獨大夫將渠〔九〕謂燕王曰：「與人通關約交，以五百金飲人之王，使者報，而反攻之，不祥，兵無成功。」燕王不聽，自將偏軍隨之。將渠引燕王綬止之曰：「王必無自往，往無成功。」王蹴之以足。將渠泣曰：「臣非以自爲，爲王也！」燕軍至宋子，〔一〇〕趙使廉頗將，擊破栗腹於鄗。破卿秦、樂乘於代。〔一一〕樂閒奔趙。〔一二〕廉頗逐之五百餘里，圍其國。燕人請和，趙人不許，必令將渠處和。燕相將渠以處和。〔一三〕趙聽將渠，解燕圍。

〔一〕【考證】策作「以百金爲趙孝成王壽，酒三日反報」。「酒」疑當作「壽」，壽、酒以音近譌。或云：酒所養老，獻金曰壽，義蓋本於此，則作「酒」亦通。鑿解。

〔二〕【考證】策「王」作「民」，趙世家作「氏」。

〔三〕【考證】鮑彪曰：殺子。吴師道曰：史殺奔趙後，燕王復以其子樂閒爲昌國君。

〔四〕【正義】趙，東鄰燕，西接秦境，南錯韓、魏，北連胡、貊，故言「四戰」。【考證】胡三省曰：言其四境皆鄰于彊敵，四面拒戰也。策「戰」作「達」。

〔五〕【索隱】謂以五人而伐一人。

〔六〕【考證】策作「六十萬」。

〔七〕【集解】徐廣曰：「在常山，今曰高邑。」【索隱】鄗氏音火各反，一音昊。【考證】今直隸趙州柏鄉縣北有鄗縣故城，春秋晉邑，戰國屬趙。

〔八〕【索隱】戰國策曰：「廉頗以二十萬遇栗腹於鄗，樂乘以五萬遇爰秦於代，燕人大敗」，不同也。【正義】今代州也。戰國策云「廉頗以二十萬遇栗腹於鄗，樂乘以五萬遇慶秦於代，燕人大敗」，與此不同也。【考證】「燕王命相栗腹」以下，見燕策，不同。

〔九〕【索隱】人名姓也。一云上「卿秦」及此「將渠」者，卿、將皆官也，秦、渠名也。國史變文而書，遂失姓也。戰國策云「爰秦」，爰是姓也，卿是其官耳。【考證】沈濤曰：卿秦、將渠皆人姓名。卿秦，戰國策作「慶秦」，慶、卿通字，明非「公卿」之「卿」。下文云「燕相將渠以處和」，集解曰「以將渠爲相」，又豈得爲「將相」之「將」乎？

〔一〇〕【集解】徐廣曰：「屬鉅鹿。」

〔一一〕【考證】梁玉繩曰：案燕策云「趙使樂乘以五萬遇慶秦于代」，則樂乘趙將也。故下文云「趙悼襄王使樂乘代廉頗」，此與樂毅傳同誤。當以「樂乘」置「破卿秦」上。愚按：「樂乘」疑當作「樂閒」。

〔一二〕【考證】「趙使廉頗」以下見燕策，小異。

〔一三〕【集解】以將渠爲相。【索隱】謂欲令將渠處之使和也。【考證】國，國都。中井積德曰：索隱宜言欲令將渠居閒以和也。愚按：將渠初諫燕王不令伐趙，趙人知之。

六年，秦滅東西周，置三川郡。〔一〕七年，秦拔趙榆次三(七)〔十〕七城，秦置太原郡。〔二〕九年，秦王政初即位。十年，趙使廉頗將攻繁陽，〔三〕拔之。趙孝成王卒，悼襄王立。使樂乘代廉頗，廉頗不聽，攻樂乘，樂乘走，廉頗奔大梁。十二年，趙使李牧攻燕，拔武遂、〔四〕方城。〔五〕劇辛故居趙，與龐煖善，〔六〕已而亡走燕。燕見趙數困于秦，而廉頗去，令龐煖將也，欲因趙獘攻之。問劇辛，辛曰：「龐煖易與耳。」燕使劇辛將擊趙，〔七〕趙使龐煖擊之，取燕軍二萬，殺劇辛。秦拔魏二十城，置東郡。十九年，秦拔趙之鄴九城。〔八〕趙悼襄王卒。二十三年，太子丹質於秦，亡歸燕。〔九〕二十五年，秦虜滅韓王安，置潁川郡。二十七年，秦虜趙王遷，滅趙。趙公子嘉自立爲代王。

〔一〕【考證】「西」字衍，西周已滅於赧王五十七年。

〔二〕【考證】梁玉繩曰：置太原郡在燕喜八年。

〔三〕【集解】徐廣曰：「屬魏郡。」【考證】故城在今河南彰德府内黄縣東。

〔四〕【集解】徐廣曰：「屬河閒。」

〔五〕【集解】徐廣曰：「屬涿，有督亢亭。」

〔六〕【索隱】煖，音況遠反。

〔七〕【考證】張照曰：六國年表劇辛死於趙，在十三年。又曰：昭王即位，劇辛自趙往，至此經七十年，歷五王，當有兩劇辛耶？否則傳訛也。

〔八〕【正義】即相州鄴縣也。

〔九〕【考證】「太子丹」以下，燕策。

燕見秦且滅六國，秦兵臨易水，禍且至。〔一〕燕太子丹陰養壯士二十人，〔二〕使荊軻獻督亢地圖於秦，〔三〕因襲刺秦王，秦王覺，殺軻。〔四〕使將軍王翦擊燕。二十九年，秦攻拔我薊，〔五〕燕王亡，徙居遼東，斬丹以獻秦。〔六〕三十年，秦滅魏。

〔一〕【集解】徐廣曰：「易水出涿郡故安也。」【考證】「燕見秦」以下采燕策。

〔二〕【考證】策不言養壯士二十人，史公別有所本。

〔三〕【索隱】徐廣云：「涿有督亢亭。」地理志屬廣陽。然督亢之田在燕東，甚良沃，欲獻秦，故畫其圖而獻焉。【正義】「地」下有「圖」字者，俗本也。括地志云「督亢坡，在幽州范陽縣東南十里。劉向別録云『督亢，膏腴之地』。風俗通云『亢，莽也。言平望莽莽無涯際也』。亢，澤之無水斥鹵之謂」。【考證】今順天府涿州東南有督亢陂，跨連新城、固安二境。

〔四〕【考證】「使荊軻」以下采燕策，事在燕喜二十八年。

〔五〕【考證】薊，燕都，今直隸順天府大興縣。

〔六〕【考證】以上采燕策。

三十三年，秦拔遼東，虜燕王喜，卒滅燕。〔一〕是歲，秦將王賁亦虜代王嘉。〔二〕

〔一〕【考證】「秦拔」以下采燕策。

〔三〕【正義】賁，音奔，王翦子。

太史公曰：召公奭可謂仁矣！甘棠且思之，況其人乎？〔一〕燕北迫蠻貉，内措齊、晉，〔二〕崎嶇彊國之閒，最爲弱小，幾滅者數矣。然社稷血食者八九百歲，於姬姓獨後亡，豈非召公之烈邪！〔三〕

〔一〕【考證】襄十四年左傳引甘棠詩云「武子之德在民，如周人之思召公焉。愛其甘棠，況其子乎」，史公句法所本。

〔二〕【索隱】措，交雜也。又作「錯」。劉氏云争陌反。【正義】措，置也，安也。言燕之地都邑交在齊、晉之境内也。【考證】王念孫曰：北，當作「外」。錯、笮同，迫也。風俗通義皇霸篇「燕外迫蠻貊，内窄齊、晉」，即用史記之文。

〔三〕【考證】梁玉繩曰：姬姓之國，衛最後絶，燕先滅矣，何云後亡？中井積德曰：燕獨後亡者，以其在邊陲最遠也。且以此頌召公，則將置周公於何地也？太史公之論未得當。愚按：梁、中二説失乎鑿。

【索隱述贊】召伯作相，分陝而治。人惠其德，甘棠是思。莊送霸主，惠羅寵姬。文公從趙，蘇秦騁辭。易王初立，齊宣我欺。燕噲無道，禪位子之。昭王待士，思報臨菑。督亢不就，卒見芟夷。

史記會注考證卷三十五

管蔡世家第五

史記三十五

【考證】史公自序云：「管、蔡相武庚，將寧舊商；及旦攝政，二叔不饗；殺鮮放度，周公爲盟；太任十子，周以宗彊。嘉仲悔過，作管蔡世家第五。」

管叔鮮、蔡叔度者，周文王子，而武王弟也。〔一〕武王同母兄弟十人，母曰太姒。〔二〕文王正妃也。其長子曰伯邑考，次曰武王發，次曰管叔鮮，次曰周公旦，次曰蔡叔度，次曰曹叔振鐸，次曰成叔武。〔三〕次曰霍叔處，〔四〕次曰康叔封，〔五〕次曰冉季載。〔六〕冉季載最少，同母昆弟十人。〔七〕唯發、旦賢，左右輔文王。〔八〕故文王舍伯邑考，而以發爲太子。〔九〕及文王崩，而發立，是爲武王。伯邑考既已前卒矣。

〔一〕【正義】鮮，音仙。括地志云：「鄭州管城縣，今州外城即管國城也，是叔鮮所封國也。」【考證】楓山、三條本無「蔡叔度」三字。

〔二〕【正義】國語云：「杞、繒二國，姒姓，夏禹之後，太姒之家。太姒，文王之妃，武王之母。」列女傳云：「太姒者，武王之母，禹後姒氏之女也。在郃之陽，在渭之涘。仁而明道，文王嘉之，親迎于渭，造舟爲梁。及入太姒，思媚太姜、太任，旦夕勤勞，以進婦道。太姒號曰文母。文王理外，文母治內。太姒生十男，教誨自少及長，未嘗見邪僻之事，言常以正道持之也。」

〔三〕【正義】括地志云：「在濮州雷澤縣東南九十一里，漢郕陽縣。古郕伯，姬姓之國，其後遷於成之陽。」

〔四〕【正義】處，昌汝反。括地志云：「晉州霍邑縣本漢彘縣也。鄭玄注周禮云霍山在彘，本春秋時霍伯國地。」

〔五〕【索隱】孔安國曰：「康，畿內國名，地闕。叔，字也。封，叔名。」

〔六〕【索隱】冄，國也。載，名也。季，字也。冄，或作「那」。按：國語曰冄（季）〔由〕鄭姬。賈逵曰「文王子聃季之國」也。莊十八年「楚武王克權，遷於那處」。杜預云「那處，楚地。南郡編縣有那口城」。聃與那皆音奴甘反。【正義】冄，音奴甘反。或作「那」，音同。冄，國名也。季載，人名也。伯邑考最長，所以加「伯」。諸中子咸言「叔」，以載最少，故言季載。【考證】中井積德曰：季，字也，故配邑爲稱。載，名也。或以字配名，則稱季載也。錢大昕曰：冄，左傳作「聃」，亦音乃甘切。洪頤煊曰：那，當通作「郱」，即沈國也。下文爲晉滅沈。集解杜預曰：汝南平輿縣有郱亭是也。即冄季載所封地。愚按：僖二十四年左傳，富辰以管、蔡、郕、霍、魯、衛、聃、毛爲序，與此不同。

〔七〕【集解】徐廣曰：「文王之子爲侯者十有六國。」【考證】徐廣依僖二十四年左傳。

〔八〕【正義】左右，並去聲。

〔九〕【考證】禮記檀弓文王舍伯邑考而立武王。中井積德曰：舍伯邑考，出于戴記，然彼以立子不立孫而言，伯邑考早死，而文王以發爲嗣也，非生時廢長之謂，史公恐失據也。

武王已克殷紂，平天下，封功臣昆弟。於是封叔鮮於管，〔一〕封叔度於蔡：〔二〕二人相紂子武庚祿父，治殷遺民。封叔旦於魯而相周，爲周公。封叔振鐸於曹，〔三〕封叔武於成，〔四〕封叔處於霍。〔五〕康叔封、冄季載皆少，未得封。〔六〕

〔一〕【集解】杜預曰：「管，在滎陽京縣東北。」【考證】今河南開封府鄭州有管城，鮮所封。

〔二〕【集解】世本曰：「居上蔡。」【考證】今河南汝寧府新蔡縣故蔡城，度所封。

〔三〕【考證】今山東曹州府定陶縣有曹故城，振鐸所封。

〔四〕【索隱】按：春秋隱五年「衛師入郕」。杜預曰：「東平剛父縣有郕鄉」。後漢郡國志以爲成本國。又地理志廩丘縣南有成故城。應劭云「武王封弟季載於成」，是古之成邑，應仲遠誤云季載封耳。【考證】今山東兖州府寧陽縣有成縣故城，叔武所封。

〔五〕【索隱】春秋閔元年，晉滅霍。地理志河東彘縣，霍太山在東北，是霍叔之所封。【考證】今山西平陽府霍州有霍城，霍叔所封。

〔六〕【考證】中井積德曰：康叔封衛，宜去「康」號，而仍稱「康」者何也？豈亦周召之比邪？梁玉繩曰：牧野之役，康叔布兹，不可言少矣。楊慎曰：敍武王同母兄弟十人之爲支爲本，賢否成敗，條分晰列，可爲序支派之法。

武王既崩，成王少，周公旦專王室。管叔、蔡叔疑周公之爲不利於成王，乃挾武庚以作亂。〔一〕周公旦承成王命，伐誅武庚，殺管叔，而放蔡叔，遷之，與車十乘，徒七十人〔二〕從。而分殷餘民爲二：其一封微子啓於宋，以續殷祀；其一封康叔爲衛君，是爲衛康叔。封季載於冄。冄季、康叔皆有馴行，〔三〕於是周公舉康叔爲周司寇，冄季爲周司空，〔四〕以佐成王治，皆有令名於天下。

〔一〕【考證】中井積德曰：管、蔡實有亂心，欲覆周室，於成王何有？所謂不利於成王，是流言之語，所以離間周之君臣，非管、蔡心事，此引用失倫。

〔二〕【考證】定四年左傳「十乘」作「七乘」。

〔三〕【索隱】馴如字，音巡。馴，善也。【考證】馴讀爲順。

〔四〕【索隱】事見定四年左傳。

蔡叔度既遷而死。其子曰胡，胡乃改行，率德馴善。〔一〕周公聞之，而舉胡以爲魯卿士，〔二〕魯國治。於是周公言於成王，復封胡於蔡，〔三〕以奉蔡叔之祀，是爲蔡仲。餘五叔皆就國，〔四〕無爲天子吏者。〔五〕

〔一〕【考證】馴讀爲順。左傳無「馴善」二字。

〔二〕【索隱】按：尚書云「蔡仲克庸祇德，周公以爲卿士，叔卒，乃命諸王，邦之蔡」，元無仕魯之文。又伯禽居魯，乃是七年致政之後，此言乃説居攝政之初，未知史遷何憑而有斯言也。【考證】梁玉繩曰：左傳云「周公舉之，以爲己卿士」。杜注「爲周公臣」，晚出。尚書云「周公以爲卿士」，此言仕魯。孔穎達、司馬貞俱糾史之謬，但爲周公臣即是仕魯，史似不誤。錢氏考異辨之矣。

〔三〕【集解】宋忠曰：「胡徙居新蔡。」

〔四〕【索隱】管叔、蔡叔、成叔、曹叔、霍叔。【考證】陳子龍曰：管叔已誅，不紹封。此言五叔者，總論前後也。梁玉繩曰：此因左傳「五叔無官」之語而誤者也。左傳是泛説，不專指管、蔡叛後，故杜注五叔以管、蔡、成、霍、毛當之。史直書于復封蔡仲之後，則不得有五叔矣，于情事未合。

〔五〕【考證】「管叔蔡叔疑周公」以下，雜采書序及書金縢、定四年左傳，以意補之。

蔡仲卒，子蔡伯荒立。蔡伯荒卒，子宮侯立。〔一〕宮侯卒，子厲侯立。厲侯卒，子武侯立。武侯之時，周厲王失國，奔彘，共和行政，諸侯多叛周。

〔一〕【考證】梁玉繩曰：蔡爲侯爵，何以荒稱伯？又謚無「宮」。

武侯卒，子夷侯立。夷侯十一年，周宣王即位。二十八年，夷侯卒，子釐侯所事立。

釐侯三十九年，周幽王爲犬戎所殺，周室卑而東徙。秦始得列爲諸侯。〔一〕

〔一〕【正義】周幽王爲犬戎所殺，平王東徙洛邑，秦襄公以兵救，因送平王至洛，故平王封襄公。

四十八年，釐侯卒，子共侯興立。共侯二年卒，子戴侯立。戴侯十年卒，子宣侯措父立。〔一〕

〔一〕【考證】館本考證云：「措父，春秋作『考父』。」

宣侯二十八年，魯隱公初立。三十五年，宣侯卒，〔一〕子桓侯封人立。桓侯三年，魯弑其君隱公。二十年，桓侯卒，〔二〕弟哀侯獻舞立。

〔一〕【考證】隱八年春秋。

〔二〕【考證】桓十七年春秋。

哀侯十一年，初，哀侯娶陳，息侯亦娶陳。〔一〕息夫人將歸，過蔡，蔡侯不敬。息侯怒，請楚文王：〔二〕「來伐我，我求救於蔡，蔡必來，楚因擊之，可以有功。」楚文王從之，虜蔡哀侯以歸。〔三〕哀侯留九歲，死於楚。凡立二十年卒。〔四〕蔡人立其子肸，是爲繆侯。

〔二〕【集解】杜預曰：「息國，汝南新息縣。」【考證】今河南光州息縣有古息里，即息侯國。

〔二〕【考證】左傳「王」下有「曰」字，義更明。

〔三〕【考證】「初哀公」以下采莊十年左傳。

〔四〕【考證】梁玉繩曰：楚世家言文王虜哀侯，已而釋之。則哀侯不死于楚，與此異詞，莫知孰是。

繆侯以其女弟爲齊桓公夫人。十八年，齊桓公與蔡女戲船中，夫人蕩舟，桓公止之，不止，公怒，歸蔡女而不絕也。蔡侯怒，嫁其弟。〔一〕齊桓公怒，伐蔡；蔡潰，〔二〕遂虜繆侯，南至楚邵陵。已而諸侯爲蔡謝齊，齊侯歸蔡侯。〔三〕二十九年，繆侯卒。〔四〕子莊侯甲午立。

〔一〕【索隱】弟，女弟，即蕩舟之姬。【考證】「齊桓公」以下，采僖三年左傳。

〔二〕【考證】以上采僖四年左傳。

〔三〕【考證】梁玉繩曰：此在繆侯十九年，而書于十八年，與表同誤。又春秋三傳無虜繆侯事，恐妄。

〔四〕【考證】僖十四年春秋。

莊侯三年，齊桓公卒。十四年，晉文公敗楚於城濮。〔一〕二十年，楚太子商臣弒其父成王代立。二十五年，秦穆公卒。三十三年，楚莊王即位。三十四年，莊侯卒，子文侯申立。

〔一〕【考證】徐孚遠曰：蔡邊楚，依楚爲存亡，故此世家專敍楚事。

文侯十四年，楚莊王伐陳，殺夏徵舒。十五年，楚圍鄭，鄭降楚，楚復醳之。〔一〕二十年，

文侯卒，〔一〕子景侯固立。〔二〕

〔一〕【正義】𨍲，音釋。

〔二〕【考證】宣十七年春秋。

〔三〕【考證】固，各本誤作「同」，今依年表。

景侯元年，楚莊王卒。二十九年，景侯爲太子般娶婦於楚，而景侯通焉。太子弑景侯而自立，〔一〕是爲靈侯。

〔一〕【考證】「景侯」以下，本襄三十年春秋經傳。楓山、三條本「婦」下有「好」字。梁玉繩曰：「四」誤作「二」，景公在位四十九年也。

靈侯二年，楚公子圍弑其王郟敖而自立，爲靈王。〔一〕九年，陳司徒招弑其君哀公。〔二〕楚使公子弃疾滅陳而有之。十二年，楚靈王以靈侯弑其父，誘蔡靈侯于申，〔三〕伏甲，飲之醉而殺之，〔四〕刑其士卒七十人，令公子弃疾圍蔡。十一月，滅蔡，使弃疾爲蔡公。〔五〕

〔一〕【正義】郟，紀洽反。敖，五高反。

〔二〕【索隱】招，或作「昭」，或作「韶」，並時遥反。【考證】梁玉繩曰：招弑悼太子，非弑君也，此誤。

〔三〕【正義】故申城在鄧州。

〔四〕【考證】左傳云：三月丙申，楚子伏甲而饗蔡侯於申，醉而執之，夏四月丁巳殺之。梁玉繩曰：此與楚世家言醉殺蔡侯，非也。

〔五〕【正義】蔡之大夫也。【考證】「誘蔡靈侯」以下，采昭十一年左傳。以靈侯弑其君，未知其所本。

楚滅蔡三歲，楚公子弃疾弑其君靈王，代立爲平王。〔一〕平王乃求蔡景侯少子廬，立之，是爲平侯。〔二〕是年，楚亦復立陳。楚平王初立，欲親諸侯，故復立陳、蔡後。〔三〕

〔一〕【考證】中井積德曰：弑靈王者子比也，非棄疾，楚世家明言之，此略言之失當者。

〔二〕【集解】宋忠曰：「平侯徙下蔡。」【索隱】今系本無者，近脱耳。【考證】梁玉繩曰：平侯爲景侯曾孫，其父爲隱太子友。又曰：集解引宋忠謂蔡仲徙新蔡，平侯徙下蔡，誤甚。蔡本都于上蔡，平侯徙新蔡，至昭侯遷州來，乃下蔡也。

〔三〕【集解】世本曰：「平侯者，靈侯般之孫，太子友之子。」【考證】「平王」以下采昭十三年左傳。

平侯九年卒，〔一〕靈侯般之孫東國攻平侯子而自立，是爲悼侯。〔二〕悼侯父曰隱太子友。隱太子友者，靈侯之太子，〔三〕平侯立而殺隱太子，故平侯卒，而隱太子之子東國，攻平侯子而代立，是爲悼侯。〔四〕悼侯三年卒，〔五〕弟昭侯甲立。〔六〕

〔一〕【考證】昭二十年春秋。

〔二〕【考證】梁玉繩曰：昭二十一年左傳，平侯太子朱即位，楚費無極取貨于東國，謂朱不用命，將圍蔡。蔡人懼，出朱而立東國，愬于楚。則東國未嘗攻殺平侯子也，此與年表同誤。

〔三〕【考證】各本不重「隱太子〔友〕」四字，今依楓山、三條本，毛本、館本。

〔四〕【考證】梁玉繩曰：案殺隱太子者楚靈王也，立平侯者楚平王也。平侯爲東國兄，亦隱太子之子，何得妄加平侯以殺父之大逆乎？平侯之太子朱出奔楚，實緣楚費無極取貨于東國之故，亦不得言東國攻兄自立。蓋史公誤以平侯爲景侯子，遂別生異端，造爲世代相攻之事，而不知經、傳所載甚明，豈可誣哉！中井積德曰：「是爲悼侯」是複文，當削。

〔五〕【考證】梁玉繩曰：悼侯止二年，無三年。

〔六〕【考證】張文虎曰：甲，中統、游、毛本並作「申」，表亦作「申」，與春秋哀四年經合，乃與文侯同名。它本作「甲」，又與莊侯同名。

昭侯十年，朝楚昭王，持美裘二，〔一〕獻其一於昭王，而自衣其一。楚相子常欲之，不與。子常讒蔡侯，留之楚三年。蔡侯知之，乃獻其裘於子常；子常受之，乃言歸蔡侯。蔡侯歸而之晉，請與晉伐楚。〔二〕

〔一〕【考證】梁玉繩曰：左傳蔡侯作「兩佩兩裘」，此及表皆言裘而佩自在其中，猶傳言「獻佩于子常」，而裘即在其中也。左氏言佩，公、穀言裘，亦互見之。

〔二〕【考證】「昭公十年」以下采定三年左傳。

十三年春，與衛靈公會邵陵。蔡侯私於周萇弘以求長於衛；〔一〕衛使史鰌言康叔之功德，乃長衛。〔二〕夏，爲晉滅沈，〔三〕楚怒，攻蔡。蔡昭侯使其子爲質於吳，〔四〕以共伐楚。冬，與吳王闔閭遂破楚入郢。蔡怨子常，子常恐，奔鄭。〔五〕十四年，吳去，而楚昭王復國。〔六〕十六年，楚令尹爲其民泣以謀蔡，蔡昭侯懼。〔七〕二十六年，孔子如蔡。楚昭王伐蔡，蔡恐，告急於吳。吳爲蔡遠，約遷以自近，易以相救；昭公私許，不與大夫計。吳人來救蔡，因遷蔡于州來。〔八〕二十八年，昭侯將朝于吳，大夫恐其復遷，乃令賊利殺昭侯；〔九〕已而誅賊利以解過，而立昭侯子朔，是爲成侯。〔一〇〕

〔一〕【集解】服虔曰：「載書使蔡在衛上。」

〔二〕【考證】梁玉繩曰：案召陵之會，將長蔡于衛，衛侯使祝佗私于萇弘。此言蔡侯私弘，非。「祝佗」亦誤作「史鰌」，蓋以二人俱字魚而誤。

〔三〕【集解】杜預曰：「汝南平輿縣北有邥亭。」【考證】沈，今河南汝寧府汝陽縣有沈亭，春秋沈國。

〔四〕【正義】質，音致。

〔五〕【考證】「十三年」以下，本定四年左傳。

〔六〕【考證】「十四年」以下，定五年左傳。

〔七〕【考證】梁玉繩曰：此事左傳不載，年表書于十七年。

〔八〕【索隱】州來，在淮南下蔡縣。【考證】州來，今江南鳳陽府壽州北下蔡城。梁玉繩曰：案昭王伐蔡在二十五年，孔子如蔡在二十七年，蔡遷在二十六年。然攷哀元、二兩年經、傳及注，楚圍蔡，蔡聽命，楚彊于江、汝之閒而還。楚既還，蔡更叛，請遷于吳。中悔，吳因聘蔡納師，蔡侯告大夫，殺公子駟以説于吳，言不時遷駟之爲，遂遷州來。然則非蔡告急于吳也，非吳欲遷蔡也，非蔡侯私許不與大夫計也，非吳興師來救也。

〔九〕【索隱】案利，賊名也。【考證】梁玉繩曰：案哀四年傳，殺昭侯者公孫翩也。孔子世家書之。此「利」字誤，索隱以「利」爲賊名，妄。

〔一〇〕【集解】徐廣曰：「或作『景』。」

成侯四年，宋滅曹。〔一〕十年，齊田常弑其君簡公。〔二〕十三年，楚滅陳。〔三〕十九年，成侯卒，子聲侯産立。聲侯十五年卒，子元侯立。元侯六年卒，子侯齊立。

〔一〕【考證】宋滅曹，哀八年春秋經傳。

〔二〕【考證】哀十四年左傳。

〔三〕【考證】哀十七年左傳。

侯齊四年，楚惠王滅蔡，蔡侯齊亡，蔡遂絶祀。後陳滅三十三年。〔一〕

〔一〕【索隱】魯哀十七年，楚滅陳，其楚滅蔡，又在滅陳之後三十三年，即在春秋後二十三年。【考證】梁玉繩曰：案「三十三年」當作「三十一年」。

伯邑考，其後不知所封。〔一〕武王發，其後爲周，有本紀言。〔二〕管叔鮮作亂誅死，無後。周公旦，其後爲魯，有世家言。蔡叔度，其後爲蔡，有世家言。曹叔振鐸，其後爲曹，有世家言。成叔武，其後世無所見。〔三〕霍叔處，其後晉獻公時滅霍。〔四〕康叔封，其後爲衛，有世家言。冄季載，其後世無所見。〔五〕

〔一〕【考證】中井積德曰：伯邑考蓋無子也。

〔二〕【考證】董份曰：言，如曰語也。

〔三〕【考證】梁玉繩曰：案春秋隱五年，衛師入郕。十年，齊人、鄭人入郕。莊八年，師及齊師圍郕，郕降于齊師。文十二年，郕伯來奔。皆有傳。此則後世之略可見者，特不知名謚年世耳。

〔四〕【考證】晉滅霍，見于閔元年左傳、文五年左傳。先且居曰霍伯，蓋食霍也，今山東平陽府霍州西有霍城，古霍城也。

〔五〕【考證】沈家本曰：周語富辰言聃之亡，由鄭姬，而列于鄶之後，息鄧之前。鄶之亡，在釐王之時，則聃之亡，亦當在桓莊時乎？凌稚隆曰：前已敍兄弟十人，此復敍十人封邑以終其義，此最關鍵處。

太史公曰：管、蔡作亂，無足載者。然周武王崩，成王少，天下既疑，賴同母之弟成叔、冄季之屬十人爲輔拂，〔一〕是以諸侯卒宗周，故附之世家言。

〔一〕【正義】拂，音弼。本作「弼」。【考證】中井積德曰：除伯邑考、武王、管、蔡外，周公及曹、成、霍、康、冄僅六人矣，不得稱十人。又成王之時，不當稱母弟。

曹叔振鐸者，周武王弟也。〔一〕武王已克殷紂，封叔振鐸於曹。〔二〕

〔一〕【索隱】按：上文「叔振鐸，其後爲曹，有系家言」，則曹亦合題系家，今附管蔡之末，而不出題者，蓋以曹微小而少事迹，因附管蔡之末，不別題篇爾。且又管叔雖無後，仍是蔡、曹之兄，故題管、蔡而略曹也。【考證】篇首各本題「曹叔世家」四字。張文虎曰：史公自序不及曹叔，小司馬述贊亦不別出，索隱云「附管蔡之末，而不出題」，則史本無題矣。

〔二〕【集解】宋忠曰：「濟陰定陶縣。」【正義】曹，在曹南，因名曹。按今曹州也。【考證】今曹州府定陶縣有曹故城，振鐸封此。

叔振鐸卒，子太伯脾立。太伯卒，子仲君平立。仲君平卒，子宮伯侯立。〔一〕宮伯侯卒，子孝伯雲立。孝伯雲卒，子夷伯喜立。

〔一〕【考證】梁玉繩曰：平何以稱仲君？而謚亦無「宮」。

夷伯二十三年，周厲王奔于彘。

三十年卒，弟幽伯彊立。幽伯九年，弟蘇殺幽伯代立，是爲戴伯。〔一〕戴伯元年，周宣王

已立三歲。三十年，戴伯卒，子惠伯兕立。〔二〕

〔一〕【考證】曹風疏引世家同，年表「蘇」作「鮮」。

〔二〕【集解】孫檢曰：「兕，音徐子反。曹惠伯，或名雉，或名弟，或復名弟兕也。」【索隱】按：年表作「惠公伯雉」，注引孫檢，未詳何代。或云齊人，亦恐其人不注史記。今以王儉七志、阮孝緒七録並無，又不知是裴駰所録否？【正義】孫檢，或云齊人，不知何代。史記注内有此人，其注無別音異，略存名字而已。王儉七志、阮孝緒七録並無，疑非裴駰所録，恐此人自加之。

惠伯二十五年，周幽王爲犬戎所殺，因東徙，益卑，諸侯畔之。秦始列爲諸侯。

三十六年，惠伯卒，子石甫立，其弟武殺之代立，是爲繆公。〔一〕繆公三年卒，子桓公終生立。〔二〕

〔一〕【考證】梁玉繩曰：按繆公已下改稱「公」，不可曉，其弟者，石甫之弟也。曹詩疏引史「石」作「碩」。愚按：楓山、三條本亦作「碩」。

〔二〕【集解】孫檢云：「作『終湦』。湦，音生。」

桓公三十五年，魯隱公立。〔一〕四十五年，魯弑其君隱公。〔二〕四十六年，宋華父督弑其君殤公，及孔父。〔三〕五十五年，桓公卒，〔四〕子莊公夕姑立。〔五〕

〔一〕【考證】馮班曰：世家書魯隱公立，春秋之始也。

〔二〕【考證】隱十一年春秋經傳。

〔三〕【考證】桓二年春秋經傳。四十六年，年表作「四十七年」，爲是。

〔四〕【考證】桓十年春秋經傳。

〔五〕【索隱】夕姑，上音亦。即射姑也，同音亦。【考證】梁玉繩曰：攷釋文云或作「亦」。人表作「亦姑」，而春秋及史表並作「射姑」。曹詩譜疏引世家同。此作「夕」者，必「夜」字之譌脱。猶功臣表深澤侯趙將夜，漢表譌作「夕」也。古射、夜多通借，春秋文六年經「狐射姑」，穀梁作「夜姑」，左昭二十五年「申夜姑」，釋文或作「射」也。

莊公二十三年，齊桓公始霸。〔一〕

〔一〕【考證】莊十五年春秋經傳。

三十一年，莊公卒。〔一〕子釐公夷立。〔二〕釐公九年卒，子昭公班立。昭公六年，齊桓公敗蔡，遂至楚召陵。〔三〕九年，昭公卒，〔四〕子共公襄立。

〔一〕【考證】莊廿三年春秋。

〔二〕【考證】莊二十四年春秋「戎侵曹，曹羈出奔陳，赤歸于曹」，左氏無傳。杜注云「羈，蓋曹世子也。先君既葬而不稱爵者，微弱不能自定，曹人以名赴。赤，僖公也，蓋爲戎所納，故曰歸」，與此異。

〔三〕【考證】「齊桓公」以下，僖四年春秋。

〔四〕【考證】僖七年春秋。

共公十六年，初，晉公子重耳其亡過曹，曹君無禮，欲觀其駢脅。〔一〕釐負羈諫不聽，私善於重耳。〔二〕二十一年，晉文公重耳伐曹，虜共公以歸，令軍毋入釐負羈之宗族閭。或説晉文公曰：「昔齊桓公會諸侯，復異姓；今君囚曹君，滅同姓，何以令於諸侯？」晉乃復歸

共公。〔三〕

〔一〕【集解】韋昭曰：「駢者，并幹也。」【正義】駢，白邊反。脅，許業反。【考證】沈家本曰：年表亦敘于十六年，然史文有「初」字，則非十六年之事。楓山、三條本「重耳」下無「其」字，駢脅，謂脅骨比連，若一骨然。左傳云「浴，薄而觀之」，薄，帷也。

〔二〕【正義】釐，音僖，曹大夫。【考證】楓山、三條本「聽」下有「負羈」二字。「初晉公子」以下，采僖二十三年左傳。

〔三〕【考證】以上采僖二十八年左傳。

二十五年，晉文公卒。〔一〕三十五年，共公卒。〔二〕子文公壽立。文公二十三年卒，〔三〕子宣公彊立。〔四〕宣公十七年卒，弟成公負芻立。〔五〕

〔一〕【考證】僖三十二年春秋經傳。

〔二〕【考證】文九年春秋。

〔三〕【考證】宣十四年春秋。

〔四〕【索隱】按左傳宣公名廬。【考證】梁玉繩曰：案三傳、春秋及漢書人表宣公名廬，即年表亦作「盧」，不聞名「彊」也。況宣公之先有幽伯彊，何容宣又名彊，其誤審矣。

〔五〕【考證】成十三年春秋經傳。左傳言「公子負芻」，不言「弟」。杜注以爲宣公庶子，近是。

成公三年，晉厲公伐曹，虜成公以歸，已復釋之。〔一〕五年，晉欒書、中行偃使程滑弒其君厲公。〔二〕二十三年，成公卒，〔三〕子武公勝立。〔四〕武公二十六年，楚公子弃疾弒其君靈王代立。〔五〕二十七年，武公卒，〔六〕子平公頃立。〔七〕平公四年卒，〔八〕子悼公午立。是歲，宋、衛、

陳、鄭皆火。〔九〕

〔一〕【索隱】按：左傳成十五年，晉厲公執負芻，歸于京師。晉立宣公弟子臧，子臧曰「聖達節，次守節，下失節。爲君非吾節也」。遂逃奔宋。曹人請于晉。晉人謂子臧「反國，吾歸而君」。子臧反，晉於是歸負芻。【考證】成十五年左傳。陳仁錫曰：事在曹成公二年。張文虎曰：表二年「晉執我公以歸」。春秋經、傳皆云「執之於會」，不云「伐」。

〔二〕【考證】成十八年春秋經傳。

〔三〕【考證】襄十八年春秋。

〔四〕【考證】昭十四年春秋「勝」作「滕」。

〔五〕【考證】昭十三年春秋經傳。

〔六〕【考證】昭十四年春秋。

〔七〕【考證】楓山、三條本「頃」作「須」，與年表、春秋合，此誤。

〔八〕【考證】昭十八年春秋經傳。

〔九〕【考證】四國火，昭十八年春秋經傳。

悼公八年，宋景公立。九年，悼公朝于宋，宋囚之；曹立其弟野，是爲聲公。悼公死於宋，歸葬。

聲公五年，平公弟通弒聲公代立，是爲隱公。〔一〕隱公四年，聲公弟露弒隱公代立，是爲靖公。〔二〕靖公四年卒，〔三〕子伯陽立。〔四〕

〔一〕【索隱】按：譙周云春秋無其事。今檢系本及春秋，悼伯卒，弟露立，謚靖公，實無聲公、隱公，蓋是彼文自疏也。

〔二〕【考證】靖公名露，與春秋合。年表作「路」。梁玉繩曰：案此所說，春秋皆無其事，不知史公何據。

〔三〕【考證】定八年春秋。

〔四〕【考證】梁玉繩曰：伯者曹伯，陽者其名。蓋史公誤認「伯」亦是名，故連「陽」字呼之。

伯陽三年，國人有夢衆君子立于社宮，〔一〕謀欲亡曹；曹叔振鐸止之，請待公孫彊，許之。旦，求之曹，無此人。夢者戒其子曰：「我亡，〔二〕爾聞公孫彊爲政，必去曹，無離曹禍。」〔三〕及伯陽即位，好田弋之事。六年，曹野人公孫彊亦好田（戈）〔弋〕，獲白鴈而獻之，且言田弋之說，因訪政事。伯陽大說之，有寵，使爲司城以聽政。〔四〕夢者之子乃亡去。

〔一〕【集解】賈逵曰：「社宮，社也。」鄭衆曰：「社宮，中有室屋者。」

〔二〕【考證】左傳「亡」作「死」。

〔三〕【索隱】離即罹。罹，被也。

〔四〕【考證】竹添光鴻曰：曹國近宋，故倣宋司城之名，其曰「聽政」，蓋正卿也。

公孫彊言霸說於曹伯。十四年，曹伯從之，乃背晉干宋。〔一〕宋景公伐之，晉人不救。〔二〕十五年，宋滅曹，執曹伯陽及公孫彊以歸而殺之。曹遂絶其祀。〔三〕

〔一〕【集解】賈逵曰：「以小加大。」【索隱】干，謂犯也。言曹因弃晉而犯宋，遂致滅也。裴氏引賈逵注云「以小加大」者，加，陵也。小，即曹也。大，謂晉及宋也。【考證】梁玉繩曰：事不知何歲，左傳在哀七年，乃是追敍，故曰「初」。此與表書夢于陽三年，書爲司城于陽六年，未確也。

〔二〕【考證】「國人有夢」以下，采哀七年左傳。

〔三〕【考證】「宋滅曹」以下采哀八年春秋經傳。

太史公曰：〔一〕余尋曹共公之不用僖負羈，乃乘軒者三百人，〔二〕知唯德之不建。〔三〕及振鐸之夢，豈不欲引曹之祀者哉？如公孫彊不脩厥政，叔鐸之祀忽諸。〔四〕

〔一〕【索隱】檢諸本，或無此論。

〔二〕【正義】晉世家云：「晉師入曹，數之，以其不用僖負羈言，而美女乘軒三百人也。」列女傳云：「曹僖武妻者曹大夫僖負羈之妻也。晉公子重耳亡過曹，曹恭公不禮，聞其駢脅，伺其將浴，設微薄而視之。負羈妻言於負羈曰：『吾覩晉公子，其從者三人，皆國相也，皆善戮力以輔一人，必得晉國。若得歸國，必霸諸侯而討無禮，曹爲首。若曹有難，子必不免，子胡不早自貳焉？且吾聞之，不知其子者視其友，不知其君者視其所使，今其從者皆國相之僕也，則其君必霸王之主也。若加禮焉，必能報施矣。若有罪必能討過。子不早圖，禍至不久矣。』負羈乃遺壺飱，加璧其上，公子受飱反璧。及公子反國伐曹，乃表負羈之閭，令兵士無入，士民扶老攜弱而赴其閭者，閭外成市。君子謂僖氏之妻能達識矣。」

〔三〕【正義】夫治國立政，知唯在德而不建立也。不用僖負羈言，乃美女三百人乘軒車，是不建立德也。【考證】楓山、三條本「建」作「逮」，誤，說見下。

〔四〕【正義】至如公孫彊不脩霸道之政，而伯陽之子立，叔鐸猶尚饗祭祀，豈合忽絶之哉！【考證】凌本「及」作「乃」。楓山、三條本「忽諸」上有「易」字。柯維騏曰：按左氏文公六年，臧文仲聞六與蓼滅，曰：「臯陶、庭堅，不祀忽諸。德之不建，民之无援，哀哉！」太史公之語本此。杜預注謂「忽諸者，忽然而絶也」。正義乃謂「豈合忽絶之哉」，是蓋未讀左氏傳也。王念孫曰：張說甚謬。如讀爲而，言叔鐸非不欲引曹之祀，而無若公孫彊之不脩國政以致絶祀，何也？此云「知德之不建」，又云「叔鐸之祀忽諸」，皆用左氏臧文仲語。

【索隱述贊】武王之弟，管、蔡及霍。周公居相，流言是作。狼跋致艱，鴟鴞討惡。胡能改行，克復其爵。獻舞執楚，遇息禮薄。穆侯虜齊，蕩舟乖謔。曹共輕晉，負羈先覺。伯陽夢社，祚傾振鐸。

史記會注考證卷三十六

史記三十六

陳杞世家第六

【考證】史公自序云：「王後不絶，舜禹是説；維德休明，苗裔蒙烈。百世享祀，爰周陳杞，楚實滅之。齊、田既起，舜何人哉？作陳杞世家第六。」

陳胡公滿者，虞帝舜之後也。〔一〕昔舜爲庶人時，堯妻之二女，居于嬀汭，〔二〕其後因爲氏姓，姓嬀氏。〔三〕舜已崩，傳禹天下，而舜子商均爲封國。〔四〕夏后之時，或失或續。〔五〕至于周武王克殷紂，乃復求舜後，〔六〕得嬀滿，封之於陳，〔七〕以奉帝舜祀，是爲胡公。

〔一〕【考證】本襄二十五年、昭八年左傳。

〔二〕【正義】括地志云：「嬀汭水，源出蒲州河東縣南首山。地記云：『河東郡首山北中有二泉，下南流者汭水。蒲坂城中有舜廟，城外有舜宅及二妃壇。』」按：河東縣本漢蒲坂縣。【考證】本尚書堯典。正義依桃源鈔補。校之五帝本紀，譌脱甚多。

〔三〕【考證】梁玉繩曰：案帝舜姓姚，至周封胡公，乃賜姓爲嬀。史謂胡公之前已姓嬀，不但乖舛無徵，且與下文言及胡公周賜之姓相違反。孔仲達、鄭漁仲皆辨其誤矣。王莽傳載莽言「虞帝之先，受姓曰姚，其在陶唐曰嬀，在周曰陳」，尤屬妄説。豈緣史誤而增飾之歟？

〔四〕【索隱】按：商均所封虞，即今之梁國虞城是也。【正義】譙周云：「以虞封舜子。」按：宋州虞城縣，商均封爲虞公，其子虞思事少康爲相，號幕。下至遂公淮，事成湯爲司徒，湯滅夏，封爲遂公，號曰虞遂。遂後代子孫名希，去殷入周，事王季爲宫尹。希之子孫遏父事文王爲陶正，遏父之子滿，武王滅殷，封爲陳侯，賜嬀氏，謚胡公。【考證】趙翼曰：左傳哀元年，少康逃奔有虞，虞思妻以二姚。注云：思，舜之後也。則舜之後在夏時封於虞者。左傳昭八年「舜寘後於遂」。注云：「殷封舜後於遂，則舜之後在殷時封於遂者。」左傳襄廿五年，子産曰「昔虞閼父爲周陶正，武王以元女妻其子胡公」，則胡公滿之父也，而陳世家皆不載。

〔五〕【索隱】按夏代猶封虞思、虞遂，是也。

〔六〕【索隱】遏父爲周陶正。遏父，遂之後。陶正，官名。生滿。

〔七〕【索隱】左傳曰：「武王以元女太姬配虞胡公而封之陳，以備三恪。」【正義】詩譜云：「帝舜後有遏父者，爲周武王陶正。武王賴其器用，封其子嬀滿於陳丘，宛丘之側。」按：今陳州城在古陳城内西北隅也。【考證】梁玉繩曰：案襄廿五傳子産曰：「虞閼父爲周陶正，以服事我先王。我先王庸以元女大姬配胡公，而封諸陳。」則非求而得之矣。大戴禮少閒篇謂「禹受命，乃遷邑姚姓于陳」。下文索隱引宋忠謂「湯封虞遂于陳」，然則胡公其續封歟？恐未可信。愚按：陳國於宛丘，今河南淮陽縣。

胡公卒，子申公犀侯立。申公卒，弟相公皋羊立。相公卒，立申公子突，是爲孝公。孝公卒，子慎公圉戎立。慎公當周厲王時。〔一〕慎公卒，子幽公寧立。

〔二〕【考證】茅坤曰：胡公四傳而爲慎公，遂及周之厲王，其誤可知矣。

幽公十二年，周厲王奔于彘。〔一〕

〔一〕【考證】陳仁錫曰：史表在十三年。

二十三年，幽公卒，子釐公孝立。釐公六年，周宣王即位。〔一〕三十六年，釐公卒，子武公靈立。武公十五年卒，子夷公説立。是歲，周幽王即位。〔二〕夷公三年卒，弟平公燮立。〔三〕平公七年，周幽王爲犬戎所殺，周東徙。秦始列爲諸侯。

〔一〕【考證】陳仁錫曰：史表在五年。

〔二〕【考證】梁玉繩曰：夷公立于幽王二年，此誤。

〔三〕【正義】燮，先牒反。

二十三年，平公卒，子文公圉立。

文公元年，取蔡女，生子佗。〔一〕十年，文公卒，長子桓公鮑立。

〔一〕【正義】佗，徒何反。【考證】楓山、三條本「圉」作「圍」。梁玉繩曰：文不取于蔡，佗母未聞，説見後。

桓公二十三年，魯隱公初立。〔一〕二十六年，衛殺其君州吁。〔二〕三十三年，魯弑其君隱公。〔三〕

〔一〕【考證】春秋始于此。

〔二〕【考證】隱四年春秋經傳。梁玉繩曰：州吁，弑君之賊也，而書曰「其君」，背于春秋書名之義矣。

〔三〕【考證】隱十一年左傳。

三十八年正月甲戌、己丑，桓公鮑卒。〔一〕桓公弟佗，其母蔡女，故蔡人爲佗殺五父及桓公太子免而立佗，〔二〕是爲厲公。桓公病而亂作，國人分散，故再赴。〔三〕

〔一〕【索隱】陳亂，故再赴其日。【正義】甲戌、己丑凡十六日。【考證】依桓五年春秋經傳，各本「桓公」上衍「陳」字，今從索隱本。中井積德曰：春秋在魯記之，故隨赴書兩日耳。是不當入世家，且從前公卒不日，此何論日。

〔二〕【集解】譙周曰：「春秋傳謂佗即五父，世家與傳違。」【索隱】譙周曰「春秋傳謂他即五父，與此違」者，此以他爲厲公，太子免弟躍爲利公，而左傳以厲公名躍。他立未踰年，無謚，故「蔡人殺陳他」。又莊二十二年傳云：「陳厲公，蔡出也，故蔡人殺五父而立之。」則他與五父俱爲蔡人所殺，其事不異，是一人明矣。史記既以他爲厲公，遂以躍爲利公。尋厲、利聲相近，遂誤以他爲厲公，五父爲別人，是太史公錯耳。班固又以厲公躍爲桓公弟，又誤。【考證】桓五年左傳云「陳侯鮑卒，於是陳亂。文公子佗殺大子免而代之」。六年經云「蔡人殺陳佗」。十二年經云「八年壬辰，陳侯躍卒」。莊二十二年左傳云「陳厲公蔡出也，故蔡人殺五父而立之」。襄二十五年左傳云「子產曰『桓公之亂，蔡人欲立其出，我先君莊公奉五父而立之，蔡人殺之，我又與蔡人奉戴厲公』」。索隱所引未明，故特詳之。

〔三〕【集解】徐廣曰：「班氏云：厲公躍者，桓公之弟也。」【考證】「桓公病」以下，采桓五年左傳。中井積德曰：上文不題春秋，則再赴者，不知告于何國也，且是何論於世家，並削可也。

厲公二年，生子敬仲完。周太史過陳，〔一〕陳厲公使以周易筮之，卦得觀之否：〔二〕「是爲觀國之光，利用賓于王。〔三〕此其代陳有國乎？〔四〕不在此，其在異國？〔五〕非此其身，在其

子孫。〔六〕若在異國，必姜姓。〔七〕姜姓，太嶽之後。〔八〕物莫能兩大，陳衰，此其昌乎？」〔九〕

〔一〕【考證】梁玉繩曰：完未定生于是年。愚按：左傳止言「周史」，不言「太史」。

〔二〕【集解】賈逵曰：「坤下巽上，觀。坤下乾上，否。觀爻在六四，變而之否。」

〔三〕【集解】杜預曰：「此周易觀卦六四爻辭也。易之爲書，六爻皆有變象，又有互體，聖人隨其義而論之。」【正義】君在親近而得其位，明習國之禮義，故利於賓於王，言爲王賓。否卦義云「否閉之世，非是人道交通之時，不利君子爲正也。上下不交，而天下困否也」。言利賓於王，逢否困之世，故刺君子爲政必君困也。【考證】竹添光鴻曰：之，適也。繫辭云「唯變所適」，是變而有所之也，「之」字自包變義，而以變爲「之」字正訓則非也。古之筮法，有以前卦統後卦，有以後卦斷前卦，有兼二卦，有止一卦。此遇觀之否，其吉在於觀國之光，利用賓于王。左傳襄二十五年，遇困之大過，其凶在於困于石，據於蒺藜，此以前卦占之也。閔二年，遇大有之乾，其吉在於同復于父，敬如君所，此以後卦占之也。閔元年，遇屯之比，其吉在於車從馬，足居之，兄長之，母覆之，衆歸之。昭五年，遇明夷之謙，其凶在於火焚山，山敗，於人爲言，敗言爲讒，此兼二卦占之也。僖十五年，遇蠱。成十六年，遇復。此止一卦占之也。愚按：光、王，韻。

〔四〕【考證】龜井昱曰：「代興」之「代」也，應陳衰其昌。

〔五〕【正義】六四變，内卦爲中國，外卦爲異國。

〔六〕【正義】内卦爲身，外卦爲子孫。變在外，故知在子孫也。【考證】龜井昱曰：異國子孫，左氏詳説之，史公刪之，正義以外卦變説之，非是。

〔七〕【正義】六四變，此爻是辛未，觀上體巽，未爲羊，巽爲女，女乘羊，故爲姜。姜，齊姓，故知在齊。【考證】必姜姓，亦左氏詳説，史公刪之。正義「未爲羊」以下可削。春秋時未嘗以十二支配十二神。

〔八〕【集解】杜預曰：「姜姓之先，爲堯四嶽。」【考證】龜井昱曰：所變者爲艮之主，故以艮言之。

〔九〕【正義】周敬王四十一年，楚惠王殺陳湣公。齊簡公，周敬王三十九年被田常殺之。【考證】龜井昱曰：後世陳若衰，則此子孫其必代而昌。愚按：「生子敬仲」以下，采莊二十二年左傳。

厲公取蔡女，蔡女與蔡人亂，厲公數如蔡淫。七年，厲公所殺桓公太子免之三弟，長曰躍，中曰林，少曰杵臼，共令蔡人誘厲公以好女，與蔡人共殺厲公而立躍，是爲利公。〔一〕利公者，桓公子也。利公立五月卒，立中弟林，是爲莊公。〔二〕莊公七年卒，〔三〕少弟杵臼立，是爲宣公。

〔一〕【集解】公羊傳曰：「淫于蔡，蔡人殺之。」【考證】桓六年公羊傳。又見穀梁傳。

〔二〕【考證】梁玉繩曰：案年表云陳文公生桓公鮑、厲公他，他母蔡女，桓公三十八年卒。弟他殺太子免代立。厲公淫蔡，蔡殺公。田完世家云：「陳完者，陳厲公佗之子也。」「厲公者，陳文公少子也，其母蔡女。文公卒，厲公兄鮑立，是爲桓公。桓公與佗異母。及桓公病，蔡人爲佗殺桓公及太子免而立佗，爲厲公。厲公既立，取蔡女。蔡女淫于蔡人，數歸，厲公亦數如蔡。桓公之少子林，怨厲公殺其父與兄，乃令蔡人誘厲公而殺之。林自立，是爲莊公。」凡此皆史之大誤也。考春秋經傳，厲公名躍，桓公之子，桓公取蔡女生厲公，故厲公母爲蔡女。若他乃文公子，桓公弟即五父也。他因桓公疾，殺太子免代立，而厲公蔡出，蔡人因殺佗立厲公。厲公在位七年卒，弟莊公林立。莊公卒，弟宣公杵臼立。佗簒立踰年，無謚，不成爲君，絶之焉爾。乃史以厲公爲文公子，則與公羊桓十二年傳注以厲公爲佗子何異？誤一；以陳佗爲厲公，誤二；以厲公母蔡女，爲佗之母，誤三；分佗與五父爲兩人，誤四；佗自殺免，于蔡何涉，謂蔡人爲佗殺之，誤五；佗但殺免不殺桓公，謂佗殺桓公鮑，誤六；蔡人殺佗，即在桓卒之明年，謂佗立七年見殺，誤七；取蔡女者桓公，左傳莊二十二言「厲公蔡出」可據，謂厲公佗取蔡女，猶上文稱文公取蔡女，誤八；陳佗淫蔡，公、穀二家之說，而傳會其事，謂厲公淫蔡，遂誘以好女而殺之，誤九；蔡自殺佗，于太子免之三弟亦復無干，謂三弟共令蔡誘殺佗，誤十；此言三弟，以林爲中子，而田完世家言少子林，不及躍與杵臼，誤十一；表、田完世家皆無利公，而此別出利公躍，妄分厲公、躍爲兩人，誤十二；陳佗踰年死，厲公躍七年卒，今既以佗爲厲公，在位七年，便稱利公躍立五月而卒，誤十三。索隱及毛詩、左傳疏雖俱糾其謬，然不甚詳核，余故綜而辨之。又曰：古利、厲通用，論語「利其器」，漢書梅福傳作「厲其器」，左傳文七年「利兵」，亦即「厲兵」也。

〔三〕【考證】莊元年春秋。

宣公三年，楚武王卒，楚始彊。〔一〕十七年，周惠王娶陳女爲后。〔二〕

〔一〕【考證】楚武卒，莊四年左傳。

〔二〕【考證】莊十八年左傳。

二十一年，宣公後有嬖姬生子款，欲立之，〔一〕乃殺其太子禦寇。禦寇素愛厲公子完，完懼禍及己，乃奔齊。齊桓公欲使陳完爲卿，完曰：「羈旅之臣，〔二〕幸得免負擔，君之惠也，不敢當高位。」〔三〕桓公使爲工正。〔四〕齊懿仲欲妻陳敬仲，卜之，〔五〕占曰：「是謂鳳皇于飛，和鳴鏘鏘。〔六〕有嬀之後，將育于姜。〔七〕五世其昌，並于正卿。〔八〕八世之後，莫之與京。」〔九〕

〔一〕【考證】梁玉繩曰：傳無嬖款之事，豈別有所據乎？

〔二〕【集解】賈逵曰：「羈，寄旅客也。」【考證】羈讀爲羇。

〔三〕【考證】負擔，言勞役也。

〔四〕【正義】周禮云：「冬官爲考工，主作器械。」【考證】杜預曰：掌百工之官也。

〔五〕【考證】梁玉繩曰：齊懿仲，左傳作「懿氏」，杜注「陳大夫」。此云「仲」，誤；云「齊」，尤誤。當作「懿氏」，而改「齊」字爲「初」字方合，蓋此追書前事也。

〔六〕【集解】杜預曰：「雄曰鳳，雌曰皇。雄雌俱飛，相和而鳴鏘鏘然也。猶敬仲夫妻有聲譽。」【考證】中井積德曰：唯言夫妻和睦也，未及聲譽。若敬仲聲譽猶可，其妻何聲譽之有？竹添光鴻曰：上文「是謂觀國之光」二句，周易爻辭。則此二句，亦卜書繇辭。上文「此其代陳」以下，筮者之辭。則此文「有嬀之後」以下，亦卜者之辭。愚按：鏘與姜，卿、京韻合，則竹說未必是。集解「夫妻」下，楓山、三條本有「相隨適齊」四字。

〔七〕【集解】杜預曰：「嬀，陳姓。姜，齊姓。」【考證】龜井昱曰：育，子孫蕃育也。卜妻之，故曰育。隱八年左傳「不爲夫婦，何以能育」。

〔八〕【集解】服虔曰：「言完後五世，與卿並列。」【正義】按：五世謂桓子無宇。【考證】龜井昱曰：左傳疏云：與卿並爲上大夫也。按昭十年，謂陳無宇非卿，執諸中都，叔向曰「齊使上大夫送之」，正與是占照應」。

〔九〕【集解】賈逵曰：「京，大也。」【正義】按：陳敬仲八代孫，田常之子襄子盤也。而杜以常爲八代者，以桓子無宇生武子開，與釐子乞皆相繼事齊，故以常爲八代。【考證】「乃殺太子禦寇」以下，采莊二十二年左傳。「莫之與京」，言其位最高也。

三十七年，齊桓公伐蔡，蔡敗；南侵楚，至召陵，還過陳。陳大夫轅濤塗惡其過陳，詐齊令出東道。東道惡，桓公怒，執陳轅濤塗。〔一〕是歲，晉獻公殺其太子申生。〔二〕

〔一〕【考證】楓山、三條本「還」作「遠」。「齊桓公」以下采僖四年公羊傳，與左氏小異。

〔二〕【考證】僖四年左傳。

四十五年，宣公卒，〔一〕子款立，是爲穆公。穆公五年，齊桓公卒。〔二〕十六年，晉文公敗楚師于城濮。是歲，穆公卒。〔三〕子共公朔立。共公六年，楚太子商臣弑其父成王代立，是爲穆王。〔四〕十一年，秦穆公卒。〔五〕十八年，共公卒，〔六〕子靈公平國立。

〔一〕【考證】僖十二年春秋。

〔二〕【考證】僖十七年春秋。

〔三〕【考證】僖二十八年春秋經傳。

〔四〕【考證】文元年春秋經傳。

〔五〕【考證】文六年左傳。

〔六〕【考證】文十三年春秋。

靈公元年，楚莊王即位。〔一〕六年，楚伐陳。〔二〕十年，陳及楚平。〔三〕

〔一〕【正義】謚法云：「亂而不損曰靈。」

〔二〕【考證】宣元年春秋經傳。

〔三〕【考證】宣五年左傳。

十四年，靈公與其大夫孔寧、儀行父皆通於夏姬，〔一〕衷其衣以戲於朝。〔二〕泄冶諫曰：「君臣淫亂，民何效焉？」靈公以告二子，二子請殺泄冶，公弗禁，遂殺泄冶。〔三〕十五年，靈公與二子飲於夏氏。公戲二子曰：「徵舒似汝。」二子曰：「亦似公。」〔四〕徵舒怒。〔五〕靈公罷酒出，徵舒伏弩廄門，射殺靈公。〔六〕孔寧、儀行父皆奔楚，〔七〕靈公太子午奔晉。徵舒自立爲陳侯。〔八〕徵舒，故陳大夫也。夏姬，御叔之妻，舒之母也。

〔一〕【正義】「寧」作「甯」，音寧。列女傳云：「陳女夏姬者，陳大夫夏徵舒之母，御叔之妻也。三爲王后，七爲夫人，公侯争之，莫不迷惑失意。」杜預云：「夏姬，鄭穆公女，陳大夫御叔之妻。」左傳云：「殺御叔，弑靈侯，戮夏南，出孔儀，喪陳國。」

〔二〕【集解】左傳曰：「衷其衵服。」穀梁傳曰：「或衣其衣，或中其襦。」【正義】衵，尼乙反。近身衣。【考證】龜井昱曰：衷，「衷甲」之「衷」。

〔三〕【集解】春秋曰：「陳殺其大夫泄冶。」【考證】宣九年左傳。

〔四〕【集解】杜預曰：「靈公即位十五年，徵舒已爲卿。年大無嫌是公子也。蓋以夏姬淫放，故謂其子多似，以爲戲也。」【考證】正義本「公」作「君」。竹添光鴻曰：荒淫無恥至此，千古無兩。

〔五〕【考證】左傳「怒」作「病之」。

〔六〕【集解】左傳曰：「公出自其廐。」【考證】中井積德曰：集解「廐」下脱「射而殺之」四字。

〔七〕【考證】以上采宣十年左傳。

〔八〕【考證】蘇轍曰：太子未嘗奔晉，徵舒未嘗爲君，蓋楚入陳，然後陳侯奔晉耳。梁玉繩曰：時陳侯在晉，非奔晉也。全祖望曰：史記夏氏弑君自立，成公以太子奔晉，楚人迎而立之，而不見于左傳，是史之誣也。夏氏未嘗自立，成公已預辰陵之盟，何嘗以太子出奔乎？使夏氏自立，則辰陵之盟，孔子豈肯書爲陳侯？可不辨而明已。

成公元年冬，楚莊王爲夏徵舒殺靈公，率諸侯伐陳。謂陳曰：「無驚，吾誅徵舒而已。」已誅徵舒，因縣陳而有之，羣臣畢賀。申叔時使於齊，來還，獨不賀。〔一〕莊王問其故，對曰：「鄙語有之，牽牛徑人田，田主奪之牛，徑則有罪矣，奪之牛，不亦甚乎？今王以徵舒爲賊弑君，故徵兵諸侯，以義伐之，已而取之，以利其地，則後何以令於天下！是以不賀。」莊王曰：「善。」〔二〕乃迎陳靈公太子午於晉而立之，復君陳如故，是爲成公。〔三〕孔子讀史記，至楚復陳，曰：「賢哉楚莊王！輕千乘之國而重一言。」〔四〕

〔一〕【集解】賈逵曰：「叔時，楚大夫。」

〔二〕【考證】「冬楚莊王」以下，宣十一年左傳。

〔三〕【考證】宣十一年左傳云「陳侯在晉，是成公既即位，奔竄在晉也」。左傳下文又云「楚莊王復封陳」，是成公自晉歸陳也，與史文異。

〔四〕【索隱】謂申叔時之語。【正義】家語云：「孔子讀史記，至楚復陳，喟然曰：『賢哉楚莊王，輕千乘之國，而重一言之信。非申叔時之忠，弗能建其義，非楚莊王之賢，不能受其訓也。』」【考證】「孔子讀史記」數句，三傳、國語不載。凌稚隆曰：是敘事中入贊語。

二十八年，楚莊王卒。〔一〕二十九年，陳倍楚盟。〔二〕三十年，楚共王伐陳。是歲，成公卒，〔三〕子哀公弱立。〔四〕楚以陳喪，罷兵去。〔五〕

〔一〕【考證】杭世駿曰：年表，陳成公八年，楚莊王薨。此衍「二十」兩字。愚按：春秋爲宣十八年事。

〔二〕【考證】襄三年春秋經傳。

〔三〕【考證】襄四年春秋經傳。

〔四〕【考證】梁玉繩曰：哀公之名，春秋作「溺」，漢人表作「弱」，蓋古通用。

〔五〕【考證】襄四年左傳。

哀公三年，楚圍陳，復釋之。〔一〕二十八年，楚公子圍弒其君郟敖，自立爲靈王。〔二〕

〔一〕【考證】襄八年左傳。

〔二〕【考證】昭元年春秋經傳。

三十四年，〔一〕初，哀公娶鄭，長姬生悼太子師，少姬生偃。〔二〕二嬖妾，長妾生留，少妾生勝。留有寵哀公，哀公屬之其弟司徒招。〔三〕哀公病，三月，招殺悼太子，立留爲太子。哀公怒，欲誅招，招發兵圍守哀公，哀公自經殺。〔四〕招卒立留爲陳君。四月，陳使使赴楚。楚靈王聞陳亂，乃殺陳使者，〔五〕使公子弃疾發兵伐陳，陳君留奔鄭。九月，楚圍陳。十一月，滅陳。〔六〕使弃疾爲陳公。〔七〕

〔一〕【考證】中井積德曰：據春秋，當作「三十五年」。

〔二〕【索隱】按：昭八年經云「陳侯之弟招殺陳世子偃師」。左傳「陳哀公元妃鄭姬生悼太子偃師」。今此云兩姬，又分偃、師爲二人，亦恐此非。

〔三〕【正義】招，一作「苕」，同韶。

〔四〕【集解】徐廣曰：「三十五年時。」【考證】左傳「自經」作「縊」，義同。竹添光鴻曰：哀公實無廢殺太子之心也，不然，招殺之而何爲憤恚自經乎？其屬留於招者，恐留素有寵，太子或恚，留不能善保其弟耳。

〔五〕【索隱】即司徒招也。一作「苕」也。【正義】使者干徵師也。左傳云：昭八年，陳哀公縊，干徵師赴於楚，楚執陳行人干徵師殺之。【考證】正義是。

〔六〕【考證】「初哀公」以下，本昭八年左傳。

〔七〕【考證】梁玉繩曰：案左傳爲陳公者穿封戌也，弃疾爲蔡公，此誤。

招之殺悼太子也，太子之子名吳，出奔晉。〔一〕晉平公問太史趙曰：「陳遂亡乎？」對曰：「陳，顓頊之族。〔二〕陳氏得政於齊，乃卒亡。〔三〕自幕至于瞽瞍，無違命。〔四〕舜重之以明德，至於遂，〔五〕世世守之。及胡公，周賜之姓，使祀虞帝。〔六〕且盛德之後，必百世祀。虞之世未也，其在齊乎？」〔七〕

〔一〕【考證】梁玉繩曰：案吳恐無奔晉之事，傳曰「楚公子弃疾奉孫吳圍陳」，則未嘗奔晉矣。

〔二〕【集解】服虔曰：「陳祖虞舜，舜出顓頊，故爲顓頊之族。」

〔三〕【集解】賈逵曰：「物莫能兩盛。」

〔四〕【集解】賈逵曰：「幕，舜後虞思也。至于瞽瞍，無聞違天命以廢絶者。」鄭衆曰：「幕，舜之先也。」駰案國語，賈義爲長。【索隱】按：賈逵以幕爲虞思，非也。左傳言自幕至瞽瞍，知幕在瞽瞍之前，必非虞思明矣。【考證】龜井昱曰：魯語「幕能帥顓頊者也，有虞氏報焉」，楚語「虞幕能聽協風以成物樂生者也」，呂覽古樂篇「帝堯立，乃命夔爲樂，瞽叟乃拌五絃之琴，以爲十五絃之瑟，命之曰大章，以祭上帝。舜立，仰延乃拌瞽叟之所爲瑟，益之八絃，以爲二十三絃之瑟」。蓋顓頊之宗亡，幕是其族，而舜之祖也。至于鼓瞍，有土君后，故曰「無違命」，瞽瞍作大章祭上帝，能世幕之業以不失隊可知。疏云「瞽瞍始失國」，果然，傳不宜曰「無違命」也。蓋瞽瞍欲立象，故降黜舜，此所以在側陋而耕稼陶漁也。殷代帝子猶有勤苦民間，何復深疑之？

〔五〕【集解】杜預曰：「遂，舜後。蓋殷之興，存舜之後而封遂，言舜德乃至於遂也。」【索隱】重，音持用反。按：杜預以爲舜有明德，乃至遂有國，義亦然也。且文云「自幕至瞽瞍，無違命，舜重之以明德」，是言舜有明德爲天子也。乃云殷封遂，代守之，亦舜德也。按：系本云「陳，舜後」，宋忠云「虞思之後，箕伯直柄中衰，殷湯封遂於陳以祀舜。」

〔六〕【集解】杜預曰：「胡公滿，遂之後也。事周武王，賜姓曰嬀，封之陳。」

〔七〕【考證】「晉平公」以下，昭八年左傳。愚按：左傳「之世」下有「數」字。

楚靈王滅陳五歲，楚公子弃疾弒靈王代立，是爲平王。平王初立，欲得和諸侯，乃求故陳悼太子師之子吳，立爲陳侯，〔一〕是爲惠公。惠公立，探續哀公卒時年而爲元，空籍五歲矣。〔二〕

〔一〕【考證】以上據昭十三年左傳。梁玉繩曰：吳非行遯，不必言「求」。「師」上當補「偃」字。

〔二〕【索隱】惠公探取哀公死楚，陳滅之後年爲元年，故今空籍五歲矣。一云籍，借也，謂借失國之後年爲五年。【正義】哀公被楚滅，使弃疾爲陳侯五年，及弃疾立爲楚王，而立惠公，探續哀公卒爲元年，故空籍至此五歲也。【考證】洪頤煊曰：年表，哀公自殺，次年即書陳惠公元年。索隱前説是。

七年，陳火。〔一〕十五年，吳王僚使公子光伐陳，取胡、沈而去。〔二〕二十八年，吳王闔閭與子胥敗楚入郢。是年，惠公卒，〔三〕子懷公柳立。

〔一〕【考證】昭十八年春秋經傳。表在十年，與春秋經傳合。「七」當作「十」。

〔二〕【索隱】系本云「胡，歸姓；沈，姬姓」。沈國在汝南平輿，胡亦在汝南。【考證】昭二十三年春秋經傳。今安徽潁州府阜陽縣有胡城，春秋胡子國。河南汝寧府汝陽縣有沈亭，春秋沈國。

〔三〕【考證】定四年春秋經傳。

懷公元年，吳破楚，在郢，召陳侯。陳侯欲往，大夫曰：「吳新得意；楚王雖亡，與陳有故，不可倍。」懷公乃以疾謝吳。〔一〕四年，吳復召懷公。懷公恐，如吳。吳怒其前不往，留之，因卒吳。〔二〕陳乃立懷公之子越，是爲湣公。〔三〕

〔一〕【考證】「吳破楚」以下本哀元年左傳。大夫，逢滑。梁玉繩曰：大夫數語，與逢滑之對不合。以疾謝吳，與以晉辭亦不合。

〔二〕【考證】定八年春秋止云「秋七月陳侯柳卒，九月葬陳懷公」，三傳亦不記如吳留死之事，史公別有所據乎？

〔三〕【索隱】按左傳，湣公名周，是史官記不同。【考證】梁玉繩曰：左傳無湣公名周之文，孟子有之，小司馬誤。孟子曰「主司城貞子爲陳侯周臣」，趙岐注「陳侯周，陳懷公子」，蓋湣公名越，又名周也。

湣公六年，孔子適陳。〔一〕吳王夫差伐陳，取三邑而去。〔二〕十三年，吳復來伐陳，陳告急楚，楚昭王來救，軍於城父，吳師去。是年，楚昭王卒於城父。〔三〕時孔子在陳。〔四〕十五年，宋滅曹。〔五〕十六年，吳王夫差伐齊，敗之艾陵。〔六〕使人召陳侯。陳侯恐，如吳。楚伐陳。〔七〕二十一年，齊田常弑其君簡公。〔八〕二十三年，楚之白公勝殺令尹子西、子綦，襲惠王。葉公攻敗白公，白公自殺。〔九〕

〔一〕【考證】梁玉繩曰：孔子世家是時孔子尚在衛，過陳在七年，此與表皆誤。

〔二〕【考證】陳仁錫曰：「吳」上當有「八年」二字。梁玉繩曰：攷哀元年春秋經傳及年表，皆不言「取三邑」，疑此與孔子世家同誤。

〔三〕【正義】父，音甫。亳州縣。【考證】哀六年左傳。

〔四〕【索隱】按：孔子以魯定公十四年適陳，當陳湣公之六年，上文説是。此十三年，孔子仍在陳，凡經八年，何其久也？【考證】梁玉繩曰：案此謂湣公十三年也。攷孔子至陳，凡經五年，共二次。始則在定十五年，當陳湣七年。至哀二年而去，當湣九年。繼即在哀二年，至四年而去，當湣十一。孔子世家甚明。金氏前編、薛氏甲子會記謂孔子三至陳者，俱謬。而其謬亦有自來，陳世家言湣公六年，孔子適陳，當定十四。十三年，孔子在陳，當哀六。亦猶年表及衛世家謂衛出公八年，當哀十。孔子自陳入衛也，而不知均屬誤書。定公十四年，孔子在衛，尚未適陳，哀公六年，孔子自楚返衛，久已去陳，哀公十年，孔子猶居衛，安得如年表、陳、衛世家之說？索隱未究其誤，妄疑孔子在陳何以有八年之久，前編亦未究其誤，反據陳世家以駁孔子世家，皆非也。

〔五〕【考證】哀八年春秋經傳。

〔六〕【考證】哀十一年春秋經傳。梁玉繩曰：案艾陵之戰在陳湣十八年，非十六年也。

〔七〕【考證】春秋經傳無此事。梁玉繩曰：是時陳已服吴，何煩再召？蓋又因吴召懷公事而誤。

〔八〕【考證】哀十四年春秋經傳。

〔九〕【正義】括地志云：「白亭，在許州扶口縣北四十五里，即勝所封。」按：白亭在豫州褒信縣者是也。以解在楚世家。【考證】哀十六年左傳。今河南光州東有白城，東北七十里有褒信城。

二十四年，楚惠王復國，以兵北伐，殺陳湣公，遂滅陳而有之。〔一〕是歲，孔子卒。〔二〕

〔一〕【正義】楚惠王十年滅陳，當周敬王四十一年，魯哀公十六年。【考證】哀十七年左傳。

〔二〕【考證】哀十六年左傳。梁玉繩曰：楚惠復國及孔子之卒皆在湣公二十三年，此誤。沈家本曰：此五字疑在上文「白公自殺」下，方與左傳文合。

杞東樓公者，夏后禹之後苗裔也。〔一〕殷時或封或絶。周武王克殷紂，求禹之後，得東樓公，封之於杞，以奉夏后氏祀。〔二〕

〔一〕【索隱】杞，國名也，東樓公號謚也。不名者，史先失耳。宋忠曰「杞，今陳留雍丘縣」。故地理志云「雍丘縣，故杞國，周武王封禹後爲東樓公」是也。蓋周封杞而居雍丘，至春秋時，杞已遷東國，故左氏隱四年傳云「莒人伐杞，取牟婁」。牟婁，曹東邑也。僖十四年傳云「杞遷緣陵」。地理志北海有營陵，淳于公之縣。臣瓚云「即春秋緣陵，淳于公所都之邑」。又州，國名，杞後改國曰州，而稱淳于公，故春秋桓五年經云「州公如曹」，傳曰「淳于公如曹」，是也。然杞後代又稱「子」者，以微小又假居東夷，故襄二十九年經稱「杞子來盟」，傳曰「書曰子，賤之」是也。【考證】中井積德曰：據春秋，州公稱淳于公者，別自一國，州滅後，杞有其地也。

〔二〕【集解】宋忠曰：「杞，今陳留雍丘縣也。」【考證】杞，今河南開封府杞縣。

東樓公生西樓公，西樓公生題公，題公生謀娶公。〔一〕謀娶公當周厲王時。謀娶公生武公。〔二〕武公立四十七年卒，子靖公立。靖公二十三年卒，子共公立。共公八年卒，子德公立。〔三〕德公十八年卒，弟桓公姑容立。〔四〕桓公十七年卒，〔五〕子孝公匄立。〔六〕孝公十七年卒，〔七〕弟文公益姑立。文公十四年卒，〔八〕弟平公鬱立。〔九〕平公十八年卒，〔一〇〕子悼公成立。悼公十二年卒，〔一一〕子隱公乞立。七月，隱公弟遂弒隱公自立，是爲釐公。〔一二〕釐公十九年卒，〔一三〕子湣公維立。湣公十五年，楚惠王滅陳。〔一四〕十六年，湣公弟閼路弒湣公代立，是爲哀公。〔一五〕哀公立十年卒，湣公子敕立，是爲出公。〔一六〕出公十二年卒，子簡公春立。立一年，楚惠王之四十四年，滅杞。杞後陳亡三十四年。〔一七〕

〔一〕【集解】徐廣曰：「謀，一作『謨』。」【索隱】注「謨，一作『謀』」，音牒。娶，音子臾反。【考證】陳子龍曰：東樓、西樓，或所居地名。題、謀娶，或名字，必非謚也。

〔二〕【考證】梁玉繩曰：案周有天下，至厲王流彘，二百八十餘年，而杞以四世當之，必無此理。王觀國曰：春秋始周平王四十九年，去厲王已六十年，則知杞武公在春秋前也。然春秋襄公六年三月壬午，杞伯姑容卒。姑容者，杞桓公也。自襄公六年去隱公元年，一百六十一年矣，以史記世家攷之，自武公至杞桓公卒之年，纔一百一十有三年，是杞武公在春秋中也。然則世家謂周厲王時生武公，蓋誤也。

〔三〕【集解】徐廣曰：「世本曰惠公。」【索隱】系本及譙周並作「惠公」。又云：惠公生成公及桓公，是此系家脱成公一代，故云「弟桓公姑容立」，非也。且成公又見春秋經傳，故左傳莊二十五年云杞成公娶魯女，有婚姻之好。至僖二十三年卒，始赴而書。左傳云成公也，未同盟，故不書名。是杞有成公，必當如譙周所説。【考證】梁玉繩曰：集解、索隱引世本及譙周並作「惠公」，則「德公」非也。

〔四〕【集解】徐廣曰：「世本曰：惠公立十八年，生成公及桓公；成公立十八年，桓公立十七年。」【考證】陳仁錫曰：史記脱成公一代。梁玉繩曰：攷春秋僖二十三年書「杞子卒」，左氏以爲成公，則推而上之，至僖五年春秋書杞伯姬來朝其子，適合十八年。是成公者，伯姬之子，而娶伯姬者惠公也。世家既脱成公一代，而又以桓爲德公弟，并謚號亦不同。故知世家于小國尤多疎舛。

〔五〕【考證】桓公卒，襄六年春秋經傳。梁玉繩曰：案春秋經傳成公以僖二十三年卒，是桓公以僖二十四年即位，至襄六年卒，則在位七十年，此作「十七」，仍世本之誤。自古諸侯享國之久，未有如杞桓公者也。

〔六〕【索隱】匄，音蓋。匄，名。

〔七〕【考證】襄二十三年春秋經傳。

〔八〕【考證】昭六年春秋經傳。

〔九〕【索隱】鬱，一作「郁釐」。譙周云名郁來，蓋「鬱」、「郁」，「釐」、「來」並聲相近，遂不同耳。【考證】梁玉繩曰：春秋左、穀作「郁釐」，史從公羊作「鬱」。

〔一〇〕【考證】昭二十四年春秋經傳。

〔一一〕【考證】定四年春秋。

〔一二〕【考證】梁玉繩曰：案春秋哀八年，僖公名過，孔疏引世家同，則「遂」字是今本之譌。

〔一三〕【考證】哀八年春秋。

〔一四〕【考證】哀十七年左傳。梁玉繩曰：楚惠王十一年滅陳，當陳湣公二十四年，魯哀公十七年，乃杞湣公之九年也。此作「十五年」，誤。

〔一五〕【索隱】閼，音遏。哀公殺兄湣公而立，謚哀。譙周云：謚懿也。

〔一六〕【集解】徐廣曰：「敕，一作『遬』。」【正義】敕，音速，注同音。

〔一七〕【正義】年表云：楚惠王十年滅陳，四十四年滅杞，是杞後陳亡三十四年。然湣公一年，哀公十年，出公十二年，簡公一年，合成二十四年，計數缺十年，未知缺何公十年，是太史公疎矣。【考證】楓山、三條本「王」下「之」上有「殺」字。梁玉繩曰：杞滅于楚惠王四十四年，陳滅于楚惠十一年，故云「杞後陳亡三十四年」。但陳滅之歲爲杞湣九年，此言湣公十六年，哀公十年，出公十二年，簡公一年滅，自湣十年至滅凡三十載，則杞君之年必有誤。或謂簡公在位四年，非一年也。

杞小微，其事不足稱述。

舜之後，周武王封之陳，至楚惠王滅之，有世家言。禹之後，周武王封之杞，楚惠王滅之，有世家言。契之後爲殷，殷有本紀言。殷破，周封其後於宋，齊湣王滅之，有世家言。后稷之後爲周，秦昭王滅之，有本紀言。皋陶之後，或封英、六，〔一〕楚穆王滅之，無譜。〔二〕伯夷之後，至周武王復封於齊，曰太公望。〔三〕陳氏滅之，有世家言。伯翳之後，至周平王時封爲秦，項羽滅之，有本紀言。〔四〕垂、益、夔、龍，〔五〕其後不知所封，不見也。右十一人者，皆唐、虞之際，名有功德臣也；〔六〕其五人之後，皆至帝王，〔七〕餘乃爲顯諸侯。〔八〕滕、薛、騶，夏、殷、周之閒封也，小，不足齒列，弗論也。〔九〕

〔一〕【索隱】蓼、六，本或作英、六，皆通。然蓼、六皆咎繇之後也。據系本，二國皆偃姓，故春秋文五年左傳云楚人滅六，臧文仲聞六與蓼滅曰「皋陶、庭堅不祀忽諸」。杜預曰「蓼與六皆咎繇後」。地理志云六，故國，皋陶後，偃姓，爲楚所滅。又僖十七年「齊人、徐人伐英氏」。杜預又曰「英、六皆皋陶後，國名」。是有英、蓼，實未能詳。或者英，後改號曰蓼也。【正義】括地志曰：「光州固始縣，古蓼國，南蓼城也，春秋時蓼國也。偃姓，皋陶之後，又有北蓼城，在固始縣北六十里。蓼國有南北二城，故六城在嘉州安豐縣南百三十二里。帝王世紀云『皋陶生於曲阜之偃地，故帝因之賜姓曰偃也』。」英，見春秋僖十七年經。檢無英國，蓋英爲蓼耳。

【考證】梁玉繩曰：索隱謂「本或作蓼、六」，非也。英即春秋僖十七年所稱英氏，路史云「六分爲英」是已。此世家索隱及夏本紀、黥布傳正義言英後改蓼，謬甚。

〔二〕【考證】三條本「譜」作「語」。

〔三〕【考證】梁玉繩曰：案史公作齊世家，四岳爲其祖，而此與鄭世家以齊爲伯夷後，則是齊有二祖矣。然史仍國語來，周語富辰曰齊、許、申、呂由太姜。太子晉云胙四岳國，命爲侯伯，賜姓曰姜氏，曰有呂。申、呂雖衰，齊、許猶在。鄭語史伯曰姜，伯夷之後，伯夷能禮于神以佐堯者。一以爲四岳，一以爲伯夷，不應出一人手而錯互至此。閻氏尚書疏證四云「言四岳者是。觀太公望稱呂尚，子丁公稱呂伋，系出四岳，明甚。韋昭注伯夷，四岳之族，詎便爲一人。且伯夷典舜三禮，未聞佐堯，已明與書悖，他尚足信哉？」余謂帝咨四岳，僉舉伯夷，自非一人，而齊並稱爲祖者，以同爲炎帝之後，猶秦、趙同祖之比，不得硬斷其誤。況四岳乃官名，人得爲之，安知作秩宗之伯夷不又爲四岳之官？譙周云「伯夷掌四岳」，必非無據。而其爲秩宗也，似舜仍其舊職，未是改官，觀稷、契諸人非新命可見，何得斥佐堯爲悖乎？

〔四〕【索隱】秦祖伯翳，解者以翳、益則一人，今言十一人，敘伯翳而又別言垂、益，則是二人也。且按舜本紀敘十人，無翳，而有彭祖。彭祖亦墳典不載，未知太史公意如何，恐多是誤。然據秦本紀敍翳之功云「佐舜馴調鳥獸」，與舜典「命益作虞，若予上下草木鳥獸」文同，則爲一人必矣，今未詳其所由也。【考證】伯翳，詳于秦本紀。

〔五〕【考證】若以伯翳爲伯益，「垂益」之「益」不可解。梁玉繩曰：「益」字當衍。崔適曰：以舜本紀例之，此「垂益夔龍」疑當作「夔龍彭祖」，後人習見垂益，不知「益」即「翳」，誤增「益」而去「彭祖」，以合十一人之數爾。

〔六〕【考證】楓山、三條本「右」上有「此」字。愚按：「右」、「此」衍其一。

〔七〕【索隱】舜、禹身爲帝王，其稷、契及翳，則後代皆爲帝王也。

〔八〕【考證】董份曰：太史公重唐、虞之際有功德之臣，故歷著其後裔或爲王，或爲顯諸侯，見有功德者之不泯也。

〔九〕【索隱】滕，不知本封，蓋軒轅氏子有滕姓，是其祖也。後周封文王子錯叔繡於滕，故宋忠云「今沛國公丘是滕國也」。薛，奚仲之後，任姓，蓋夏、殷所封，故春秋有滕侯、薛侯。郳，曹姓之國，陸終氏之子會人之後。郳國，今魯國騶縣是也。然三國微小，春秋時亦預會盟，蓋史缺無可敘列也。【正義】鄒，音郳。括地志云：「公丘故城，在徐州滕縣西南十五里，秦滕縣城即古滕國，蓋黃帝之子滕姓所封。」世本又云：「滕錯叔繡，周文王子，居滕。」宋忠云沛國公丘縣也。故薛城在滕縣，古薛國，黄帝之子任姓所封。又左傳定元年，薛宰云「薛之皇祖奚仲居薛，爲夏車正，奚仲遷於邳」，隱十一年傳云「滕侯、薛侯來朝」，是也。故郳城在黄州□□縣東南一百二十一里。郳子曹姓，陸終氏之子，會人之後。郳俠居郳，至隱公徙蘄。蘄，今徐州縣也，後又□□□，今滕縣是。又徙鄒，魯穆公改郳作鄒。地理志云「鄒縣，故郳國，曹姓。二十九世爲楚所滅」。然三國微小，春秋之時，亦預會盟，蓋史缺無可敘列也。

周武王時，侯伯尚千餘人。及幽、厲之後，諸侯力攻相并。〔一〕江、黄、〔二〕胡、沈之屬，〔三〕不可勝數，故弗采著于傳上。〔四〕

〔一〕【考證】楓山、三條本「攻」作「政」，爲是。

〔二〕【索隱】按：系本江、黄二國，並嬴姓。又地理志江國在汝南安陽縣。

〔三〕【正義】括地志云：「安陽故城，在豫州新息縣西南八十里。應劭曰：『古江國也。』」黄國故城在光州定城縣西十二里，春秋時黄國都也。胡、沈解在前。

〔四〕【考證】張照曰：「上」當是「云」字之譌。

太史公曰：舜之德可謂至矣！禪位於夏，而後世血食者歷三代。〔一〕及楚滅陳，而田常得政於齊，卒爲建國，百世不絶，苗裔茲茲，有土者不乏焉。〔二〕至禹，於周則杞，微甚，不足數也。楚惠王滅杞，其後越王句踐興。〔三〕

〔一〕【考證】血食，享祭也。古者取毛血以祭，故云。

〔二〕【正義】茲，一作「班」。【考證】中井積德曰：以田常簒齊，亦爲舜之德乎？舜恐有不懌之色也。

〔三〕【考證】梁玉繩曰：勾踐非禹後，説在越世家。俞樾曰：楚之滅杞，在周定王之二十四年。而周敬王時，勾踐已即位，元王時勾踐已滅吴矣。越世家言周元王使人賜勾踐胙，命爲伯，是勾踐之霸在楚滅杞之前。太史公乃謂杞滅而勾踐興，誤也。

【索隱述贊】盛德之祀，必及百世。舜、禹餘烈，陳、杞是繼。嬀滿受封，東樓纂系。閼路篡逆，夏姬淫嬖。二國衰微，或興或替。前并後虜，皆亡楚惠。句踐勃興，田和吞噬。蟬聯血食，豈其苗裔？

史記會注考證卷三十七

衛康叔世家第七　史記三十七

【考證】史公自序云：「收殷餘民，叔封始邑。申以商亂，酒、材是告，及朔之生，衛傾不寧。南子惡蒯聵，子父易名。周德卑微，戰國既彊，衛以小弱，角獨後亡。嘉彼康誥，作衛世家第七。」

衛康叔名封，〔一〕周武王同母少弟也。其次尚有冄季，冄季最少。

〔一〕【索隱】康，畿内國名。宋忠曰：「康叔從康徙封衛，衛即殷墟定昌之地。畿内之康，不知所在。」【正義】衛城，在衛州衛縣西二十里，本朝歌邑，殷都也。不□□□康叔爲君居河、淇間故商墟，即朝歌是也。故康城，在洛州陽翟縣西北三十里。洛陽記云是少康之故邑。【考證】衛，今河南衛輝府淇縣有朝歌故城，康叔封此。中井積德曰：封於衛，仍稱康叔者，蓋周、召之比云，不得言徙封。

武王已克殷紂，復以殷餘民封紂子武庚禄父，比諸侯，以奉其先祀勿絶。爲武庚未集，〔二〕恐其有賊心，〔三〕武王乃令其弟管叔、蔡叔傅相武庚禄父，以和其民。武王既崩，成王少，周公旦代成王治，當國。管叔、蔡叔疑周公，〔三〕乃與武庚禄父作亂，欲攻成周。〔四〕周公旦以成王命，興師伐殷，殺武庚禄父、管叔，放蔡叔，〔五〕以武庚殷餘民，封康叔爲衛君，居河、淇閒故商墟。〔六〕

〔一〕【索隱】集，猶和也。

〔二〕【考證】張文虎曰：大誥序疏引作「恐有側心」，疑今本誤。

〔三〕【考證】中井積德曰：疑周公，失事實。

〔四〕【索隱】成周，洛陽。其時周公相成王營洛邑，猶居西周鎬京。管、蔡欲搆難，先攻成周，於是周公東居洛邑，伐管、蔡。【正義】括地志云：「洛陽故城，在洛州洛陽縣東北二十六里，周公所築，即成周城也。」【考證】中井積德曰：「成」字疑衍文。營洛邑，在武庚死後，尚書可徵，是時未有成周之名，此欲攻西周而已。梁玉繩曰：案史誤以鎬京爲成周，索隱曲説不足據。

〔五〕【考證】楓山、三條本「管」上有「誅」字。

〔六〕【索隱】宋忠曰：「今定昌也。」【考證】「封康叔」以下，依定四年左傳、書序。

周公旦懼康叔齒少，乃申告康叔曰：「必求殷之賢人君子長者，問其先殷所以興、所以亡，而務愛民。」告以紂所以亡者，以淫於酒，酒之失，婦人是用，故紂之亂自此始。爲梓材，示君子可法則。〔一〕故謂之康誥、酒誥、梓材以命之。〔二〕康叔之國，既以此命，能和集其民，民大説。

〔一〕【正義】若梓人爲材，君子觀爲法則也。梓，匠人也。【考證】楓山本「始」下有「告」字。楓山、三條本「示」上有「亦」字。

〔三〕【考證】「周公旦」以下依書康誥、酒誥、梓材篇及序。王若虛曰：酒誥之文，曷嘗有用婦人之語？

成王長，用事，舉康叔爲周司寇，賜衛寶祭器，以章有德。〔一〕

〔一〕【集解】左傳曰：「分康叔以大路、大旂、少帛、綪茷、旃旌、大呂」。賈逵曰：「大路，金路也。少帛，雜帛也。綪茷，大赤也。通帛爲旃，析羽爲旌。大呂，鍾名」。鄭衆曰：「綪茷，旆名也。」【考證】「舉康叔」以下依定四年左傳。

康叔卒，子康伯代立。〔一〕康伯卒，子考伯立。〔二〕考伯卒，子嗣伯立。嗣伯卒，子庢伯立。〔三〕庢伯卒，子靖伯立。靖伯卒，子貞伯立。〔四〕貞伯卒，子頃侯立。

〔一〕【索隱】系本康伯名髠。宋忠曰：「即王孫牟也，事周康王爲大夫。」按：左傳所稱王孫牟父是也。牟、髠，聲相近，故不同耳。譙周古史考無康伯，而云子牟伯立，蓋以不宜父子俱謚康，故因其名云牟伯也。【考證】梁玉繩曰：康叔之「康」，書疏引馬、王云圻内國名，甚是。白虎通姓名篇「康、南皆采也」。路史國名紀五曰「康城在潁川」。受封于衛，仍兼康號」。其時謚法初行，諸侯尚未偏行，列國之君有至四世五世而後有謚者，康叔、康伯皆因食采以爲號。鄭康成以康爲謚，非。張文虎曰：「髠」與「牟」聲絶不近，疑「髠」本作「髦」，傳寫誤。

〔二〕【考證】梁玉繩曰：案世表、人表作「孝伯」，詩疏引史亦作「孝」，則今本譌爲「考伯」也。

〔三〕【集解】史記音隱曰：「音捷。」【索隱】系本作「摯伯」。

〔四〕【索隱】系本作「箕伯」。【考證】楓山、三條本「貞」作「真」，蓋誤。

頃侯厚賂周夷王，夷王命衛爲侯。〔一〕頃侯立十二年卒，子釐侯立。

〔一〕【索隱】按：康誥稱命爾侯于東土，又云「孟侯，朕其弟，小子封」，則康叔初封已爲侯也。比子康伯即稱伯者，謂方伯之伯耳，非至子即降爵爲伯也。故孔安國曰「孟，長也。五侯之長，謂方伯」。方伯，州牧也，故五代孫祖恒爲方伯耳。至頃侯德衰，不監諸侯，乃從本爵而稱侯，非是至子即削爵，及頃侯賂夷王而稱侯也。【考證】顧炎武曰：是頃侯以前之稱伯，乃「伯子男」之「伯」。雖有詩序「毛立責衛伯」之文可據，然非太史公意也。且古無以「方伯」之「伯」而繫謚者。周公、召公，二伯也，其謚則曰文公、康公。張照曰：衛始封侯，見于書，爲方伯見于詩，詩、書並有文，豈得復疑？索隱謂史遷之誤，是也。顧炎武申龍門而難小司馬，泥矣。謂古無以「方伯」之「伯」而繫謚者，安知其無邪？何不即舉衛爲有之驗耶？余有丁曰：按言「方伯」，亦未確，或「伯仲」之「伯」耳。姚鼐曰：太史公疑衛本伯爵，不知周初字謚之法。其稱「伯」者，以字爲謚也，非爵也。書康誥篇「王曰：孟侯」。衛自康叔爲侯矣，豈待夷王哉？愚按：姚説近是。下文云「謚曰共伯」可證。

釐侯十三年，周厲王出犇于彘，共和行政焉。〔二〕二十八年，周宣王立。

〔二〕【考證】梁玉繩曰：世家言頃侯賂夷王。頃侯十二年卒，子釐侯嗣立之十四年，便及共和之元，何歟？將逆推其世，而釐侯立于厲王二十五年，頃侯立于厲王十三年，安得逮事夷王？將順數其世，而夷、厲兩王凡四十五年，安得釐侯十四年當共和行政之歲？進退互乖，無從勘檢，蓋世家于頃侯之年有譌脱。

四十二年，釐侯卒，太子共伯餘立爲君。共伯弟和有寵於釐侯，多予之賂；和以其賂賂士，以襲攻共伯於墓上，共伯入釐侯羨自殺。〔一〕衛人因葬之釐侯旁，謚曰共伯，而立和爲衛侯，是爲武公。〔二〕

〔一〕【索隱】羨，音延。延，墓道。又音以戰反。恭伯名餘也。

〔二〕【索隱】和殺恭伯代立，此說蓋非也。按：季札美康叔、武公之德。又國語稱武公年九十五矣，猶箴誡於國，恭恪于朝，倚几有誦，至于没身，謂之叡聖。又詩著衛世子恭伯蚤卒，不云被殺，若武公殺兄而立，豈可以爲訓而形之于國史乎？蓋太史公採雜説而爲此記耳。【考證】姚鼐曰：柏舟詩「髧彼兩髦」。髦者，子事父母之禮也，明共伯死於釐公之前，安得有立爲君之事？武公，衛之賢君，而太史公采雜家之說，誣以簒弑，可謂考之至疎矣。梁玉繩曰：案淇奥詩疏云「詩美武公之德。武公殺兄簒國，得爲美者，美其逆取順守，德流于民」，此仲達過信史記，妄爲之說。愚按：詩疏奉太宗勅以撰，太宗殺兄簒位，與史記所記武公事相似。仲達假以護之耳，其說不足據。

武公即位，修康叔之政，百姓和集。四十二年，犬戎殺周幽王，武公將兵往佐周平戎，甚有功，周平王命武公爲公。〔一〕五十五年，卒，子莊公揚立。〔二〕

〔一〕【考證】梁玉繩曰：案東遷以後，諸侯于其國皆稱公，從未有天子命諸侯爲公者。武公蓋入爲王卿士耳。愚按：後世見於春秋仍曰衛侯，則其不爲公可知。

〔二〕【考證】張文虎曰：表「揚」作「楊」，與詩譜疏引合。

莊公五年，取齊女爲夫人，好而無子。又取陳女爲夫人，〔一〕生子，蚤死。陳女女弟亦幸於莊公，而生子完。〔二〕完母死，莊公令夫人齊女子之，〔三〕立爲太子。莊公有寵妾，生子州吁。十八年，州吁長，好兵，莊公使將。石碏諫莊公曰：「庶子好兵，使將，亂自此起。」不聽。〔四〕二十三年，莊公卒，太子完立，是爲桓公。

〔一〕【考證】孔穎達曰：禮，諸侯不再娶。且莊姜仍在，左傳惟言又娶于陳，不言爲夫人，世家非也。梁玉繩曰：取齊女，何以在五年？亦未確。

〔二〕【索隱】女弟，戴嬀也。子桓公完爲州吁所殺，戴嬀歸陳。詩燕燕于飛之篇是。【考證】孔穎達曰：左傳惟言戴嬀生桓公，莊姜以爲己子，不言其死。云「完母死」，非也。

〔三〕【索隱】子之，謂養之爲子也。齊女，即莊姜也。詩碩人篇美之是也。

〔四〕【集解】賈逵曰：「石碏，衛上卿。」【考證】「莊公取齊女」以下本隱三年左傳。中井積德曰：左傳無「使將」之語。梁玉繩曰：書于十八年，非。

桓公二年，弟州吁驕奢，桓公絀之，州吁出犇。〔一〕十三年，鄭伯弟段攻其兄，不勝，亡，〔二〕而州吁求與之友。〔三〕十六年，州吁收聚衛亡人以襲殺桓公，〔四〕州吁自立爲衛君。爲鄭伯弟段欲伐鄭，請宋、陳、蔡與俱，三國皆許州吁。〔五〕州吁新立，好兵，弑桓公，衛人皆不愛。石碏乃因桓公母家於陳，詳爲善州吁。至鄭郊，石碏與陳侯共謀，使右宰醜進食，因殺州吁于濮，〔六〕而迎桓公弟晉於邢而立之，〔七〕是爲宣公。

〔一〕【考證】馬驌曰：左傳無州吁出奔事。

〔二〕【考證】隱元年左傳。

〔三〕【考證】楓山本「友」作「交」。馬驌曰：左傳無友段事。

〔四〕【考證】隱四年春秋云：「二月戊申，衛州吁弑其君完。」左傳云：「衛州吁弑桓公而立。」而不云「收聚亡人」，又不云「襲」。

〔五〕【考證】齊召南曰：左傳及宋世家，鄭内公子馮，州吁弑君自立，欲免諸侯，故爲公子馮而伐鄭。此云州吁友于叔段，爲段伐鄭，與彼異。梁玉繩曰：伐鄭，脩怨也。爲叔段乎哉？馬氏（釋）〔繹〕史亦云。

〔六〕【集解】服虔曰：「右宰醜，衛大夫。濮，陳地。」【索隱】賈逵曰：「濮，陳地。」按：濮水首受河，又受汴，汴亦受河，東北至離狐分爲二，俱東北至鉅野入濟。則濮在曹、衛之閒，賈言陳地，非也。若據地理志陳留封丘縣濮水受泲，當言陳留水也。【考證】梁玉繩曰：案隱四年傳，州吁如陳，石碏使告于陳而執之，使右宰醜涖殺州吁，非陳桓公至鄭，碏與共謀殺之也，而又何進食之有？中井積德曰：據此文以濮爲鄭郊也，諸說皆失之。然其實濮是衛地，據左傳，陳人執州吁送致衛地濮而殺之也。此本文已失實，不得回護。

〔七〕【集解】賈逵曰：「邢，周公之胤，姬姓國。」【考證】「州吁新立」以下，本隱四年春秋經傳。梁玉繩曰：以晉爲桓弟，未的。

宣公七年，魯弑其君隱公。〔一〕九年，宋督弑其君殤公及孔父。〔二〕十年，晉曲沃莊伯弑其君哀侯。〔三〕

〔一〕【考證】隱十一年左傳。

〔二〕【考證】桓二年春秋經傳。楓山、三條本「父」下有「嘉」字。

〔三〕【考證】張照曰：按莊伯卒于哀侯之二年，是「莊伯」二字明是「武公」之誤。觀年表及晉世家自見。

十八年，初，宣公愛夫人夷姜，夷姜生子伋，以爲太子。〔一〕而令右公子傅之。〔二〕右公子爲太子取齊女，未入室，而宣公見所欲爲太子婦者好，説而自取之，更爲太子取他女。〔三〕宣公得齊女，生子壽、子朔，令左公子傅之。〔四〕太子伋母死，〔五〕宣公正夫人〔六〕與朔共讒惡太子伋。宣公自以其奪太子妻也，心惡太子，欲廢之。及聞其惡，大怒，乃使太子伋於齊，而令盜遮界上殺之，〔七〕與太子白旄，而告界盜，見持白旄者殺之。〔八〕且行，子朔之兄壽，太子異母弟也，知朔之惡太子，而君欲殺之，乃謂太子曰：「界盜見太子白旄，即殺太子，太子可毋行。」〔九〕太子曰：「逆父命求生，不可。」遂行。壽見太子不止，乃盜其白旄而先馳至界。界盜見其驗，即殺之。壽已死，而太子伋又至，謂盜曰：「所當殺乃我也。」盜并殺太子伋，以報宣公。〔一〇〕宣公乃以子朔爲太子。十九年，宣公卒。〔一一〕太子朔立，是爲惠公。

〔一〕【考證】左傳云：「宣公烝於夷姜，生急子。」杜注云：「夷姜，宣公之庶母。此謂之夫人，謬也。」龜井昱曰：此在春秋前，莊公卒在春秋前十三年。

〔二〕【考證】據左傳，名職。龜井昱曰：此蓋宣公即位之後也，宣公元年，伋當十四五歲。

〔三〕【考證】楓山、三條本「室」作「至」，「婦」上有「入」字。竹添光鴻曰：即新臺詩所謂「納伋之妻，作新臺於河上以要之」是也。

〔四〕【集解】杜預曰：「左右媵之子，因以爲號。」【考證】據左傳，左公子名泄。中井積德曰：左右或以居室爲稱也，必非左右媵之謂。

〔五〕【考證】左傳云「夷姜縊」，杜注「失寵而自殺也」。

〔六〕【考證】左傳作「宣姜」。杜注「宣公所取急子之妻也」。

〔七〕【正義】左傳云「衛宣公使太子伋之齊，使盜待諸莘，將殺之」，杜預云：「莘，衛地。」

〔八〕【考證】左傳止言旌，不言白旄。

〔九〕【考證】李笠曰：左傳言「使行」者，欲令其亡去，此云「毋行」，欲令其毋使齊。欲其避界盜，一也，語反而意不反。志疑曰不合，非也。

〔一〇〕【考證】「初宣公」以下，依桓十六年左傳。詩邶風「二子乘舟」序云：「思伋、壽也。衛宣公二子爭相爲死，國人傷而思之，作是詩也。」亦與此合。梁玉繩曰：按新序節士篇謂「壽母及朔使人與伋乘舟，將沈而殺之，壽因與同舟，不得殺」。又謂「伋見壽之死，載屍還境而自殺」。愈演愈殊，與經、史俱乖，其可信乎！

〔一二〕【考證】宣公卒，桓十二年春秋。

左、右公子不平朔之立也，〔一〕惠公四年，左、右公子怨惠公之讒殺前太子伋而代立，乃作亂，攻惠公，立太子伋之弟黔牟爲君，惠公犇齊。〔二〕

〔一〕【考證】楓山、三條本無「朔之立也」四字。

〔二〕【考證】「左右公子」以下采桓十七年左傳。

衛君黔牟立八年，齊襄公率諸侯奉王命共伐衛，〔一〕納衛惠公，誅左、右公子。衛君黔牟犇于周，〔二〕惠公復立。惠公立三年出亡，〔三〕亡八年復入，與前通年凡十三年矣。〔四〕

〔一〕【考證】梁玉繩曰：黔牟以桓十七年即位，以莊六年奔周，首尾八年。世家言八年，固不誤。乃表既減惠公前立之一年，以益黔牟，又退惠公復入之一年以歸黔牟，遂謂黔牟在位十年，誤矣。馬驌曰：春秋諸侯逆王命，此云「奉王命」，誤也。沈家本曰：按春秋王人子突救衛，無齊襄奉王命事。

〔二〕【考證】「衛君黔牟」以下，本莊五年、六年春秋經傳。

〔三〕【考證】楓山、三條本「三」作「四」。陳仁錫曰：「三年」乃「四年」之誤。孫人龍曰：上文云「四年」。

〔四〕【考證】陳仁錫曰：三，當作「二」。許應元曰：左傳衛朔立四年，出亡，八年復入，通年十二。李笠曰：「年」字重，非誤衍也。晉世家「晉武公始都晉國」，前即位曲沃，通年三十八年，與此同。

二十五年，惠公怨周之容舍黔牟，與燕伐周。周惠王犇溫，衛、燕立惠王弟穨爲王。〔一〕

二十九年，鄭復納惠王。〔二〕三十一年，惠公卒，〔三〕子懿公赤立。

〔一〕【考證】梁玉繩曰：左傳莊十九年，五大夫奉子穨以伐王，不克，出奔溫。燕、衛復伐周，遂立子穨。明年，王處于鄭之櫟。則燕、衛其再伐也，非首伐也。奔温，乃子穨也，非王也。此與本紀及鄭世家、年表言奔温同謬。

〔二〕【考證】莊二十一年左傳。杭世駿曰：左傳及年表在二十七年。

〔三〕【考證】莊二十五年春秋。

懿公即位，好鶴，〔一〕淫樂奢侈。九年，翟伐衛，〔二〕衛懿公欲發兵，兵或畔。大臣言曰：「君好鶴，鶴可令擊翟。」翟於是遂入殺懿公。〔三〕

〔一〕【正義】括地志云：「故鶴城，在滑州匡城縣西南十五里。左傳云『衛懿公好鶴，鶴有乘軒者。狄伐衛，公欲戰，國人受甲者皆曰「使鶴，鶴實有禄位，余焉能戰」』。俗傳懿公養鶴於此城，因名也。」

〔二〕【考證】楓山、三條本「翟」下有「人」字。

〔三〕【考證】閔二年左傳。梁玉繩曰：左傳使鶴之誚，國人言之，非大臣也。

懿公之立也，百姓大臣皆不服。自懿公父惠公朔之讒殺太子伋代立，至於懿公，常欲敗之，卒滅惠公之後，而更立黔牟之弟昭伯頑之子申爲君，是爲戴公。〔一〕

〔一〕【考證】立戴公，閔二年左傳。

戴公申元年卒。齊桓公以衛數亂，乃率諸侯伐翟，爲衛築楚丘，〔一〕立戴公弟燬爲衛君，〔二〕是爲文公。文公以亂故犇齊，齊人入之。

〔一〕【正義】括地志云：「城武縣有楚丘亭。」【考證】城楚丘封衛，僖二年春秋經傳。梁玉繩曰：案左傳及年表，城楚丘在衛文二年。此在初立之年，誤。今河南衛輝府滑縣東有衛南廢縣，即齊桓公爲衛所築地，非戎伐凡伯之楚邱也。

〔三〕【集解】賈誼書曰：「衛侯朝於周，周行人問其名，荅曰衛侯辟疆。周行人還之，曰啓疆、辟疆，天子之號，諸侯弗得用。衛侯更其名曰燬，然後受之。」【正義】燬，音毁。【考證】今本賈子審微篇「燬」作「熸」。

初，翟殺懿公也，衛人憐之，思復立宣公前死太子伋之後，〔一〕伋子又死，而代伋死者子壽又無子。太子伋同母弟二人：其一曰黔牟，黔牟嘗代惠公爲君八年，復去；〔二〕其二曰昭伯。昭伯、黔牟皆已前死，故立昭伯子申爲戴公。戴公卒，復立其弟燬爲文公。

〔一〕【考證】梁玉繩曰：案憐懿公，則宜思立懿之後，何以思立伋後？況上文云「懿公之立，百姓大臣皆不服」，自懿公父惠公朔之讒殺太子伋代立，至于懿公，常欲敗之，卒滅惠公之後，則衛人之不憐懿公也，明甚。此語必誤。愚按：此一節重複乖離，非史筆之至者。

〔二〕【考證】楓山、三條本「代」作「伐」。

文公初立，輕賦平罪，〔一〕身自勞，與百姓同苦，以收衛民。〔二〕

〔一〕【索隱】輕賦稅，平斷刑也。「平」或作「卒」。卒，謂士卒也。「罪」字連下讀，蓋亦一家之義耳。

〔二〕【考證】閔二年左傳云：「衛文公大布之衣，大帛之冠，務材訓農，通商惠工，敬教勸學，授方任能。元年革車卅乘，季年乃三百乘。」

十六年，晉公子重耳過，無禮。〔一〕十七年，齊桓公卒。〔二〕二十五年，文公卒。〔三〕子成公鄭立。

〔一〕【考證】僖二十三年左傳。梁玉繩曰：重耳過，書于十六年，誤。表書在二十三年，爲僖公二十三年，雖若與左傳合，而實是舛謬。蓋左傳追敘前事耳。晉語云：「衛文公有邢、翟之虞，不能禮焉。甯莊子言于公，弗聽。」而衛文十六年無邢狄之難。攷春秋僖十八年，「邢人、狄人伐衛」，僖十八，即衛文十八，則重耳過衛當在衛文之十八年。

〔二〕【考證】僖十七年左傳。

〔三〕【考證】僖二十五年春秋。

成公三年，晉欲假道於衛救宋，成公不許。〔一〕晉更從南河度，〔二〕救宋，徵師於衛。衛大夫欲許，成公不肯。大夫元咺攻成公，成公出犇。〔三〕晉文公重耳伐衛，分其地予宋，討前過無禮及不救宋患也。〔四〕衛成公遂出犇陳。〔五〕二歲，如周求入，與晉文公會。〔六〕晉使人鴆衛成公，成公私於周主鴆，令薄，得不死。〔七〕已而周爲請晉文公，卒入之衛，而誅元咺，〔八〕衛君瑕出犇。〔九〕七年，晉文公卒。〔一〇〕十二年，成公朝晉襄公。〔一一〕十四年，秦穆公卒。〔一二〕二十六年，齊邴歜弑其君懿公。〔一三〕三十五年，成公卒，〔一四〕子穆公遬立。〔一五〕

〔一〕【考證】梁玉繩曰：案僖廿八年傳，假道伐曹非爲救宋也，此誤。

〔二〕【集解】服虔曰：「南河，濟南之東南流河也。」杜預曰：「從汲郡南度，出衛南。」【正義】括地志云：「衛州汲縣南，河水至此有棘津之名，亦謂之右濟津，故南津也。」左傳云：「僖公二十八年，晉伐曹，曹在衛東，假道于衛。衛人不許，還自南河濟，即此也。」【考證】渡河而南，出衛之東。

〔三〕【索隱】犇楚。【正義】咺，況遠反。【考證】梁玉繩曰：案傳云「晉侯、齊侯盟于斂盂，衛侯請盟，晉人弗許。衛侯欲與楚，國人不欲。故出其君以說于晉。衛侯居于襄牛」。則晉無救宋徵師之事，衛亦無元咺攻公之事。

〔四〕【考證】梁玉繩曰：案傳，乃是討其前過無禮，及不肯假道，非爲不救宋也。

〔五〕【索隱】按：左傳「衛侯聞楚師敗，懼出奔楚，遂適陳」是。【考證】「成公三年」以下，本僖廿八年左傳。中井積德曰：此一節多與左傳不合。

〔六〕【考證】梁玉繩曰：案前二年爲與元咺訟殺叔武事，晉執衛侯歸于京師，非如周求入也，非與晉會也。史不言叔武、元咺事，亦疏。

〔七〕【索隱】按：「私」謂賂之也。【考證】凌稚隆曰：按左傳云「晉侯使醫衍酖衛侯，甯俞貨醫，使薄其酖，不死。公魯僖公。爲之請，納玉于王與晉侯，王許之，乃釋之」。又曰：一本「周主」作「晉主」。愚按：作「晉」與左傳合。

〔八〕【考證】「晉使人鴆」以下本僖三十年左傳。

〔九〕【索隱】是元咺所立者，成公入而殺之。故僖三十年經云：「衛殺其大夫元咺及公子瑕。」此言「奔」，非也。

〔一〇〕【考證】僖三十二年春秋。

〔一一〕【考證】文四年左傳。

〔一二〕【考證】文六年左傳。

〔一三〕【索隱】邴歜與左氏同，而齊系家作「邴戎」者，蓋邴歜掌御戎車，故號邴戎。邴，音丙。歜，亦作「鄐」。【考證】文十八年春秋經傳。

〔一四〕【集解】世本曰：「成公徙濮陽。」宋忠曰：「濮陽，帝丘，地名。」【考證】宣九年春秋。徙都于帝丘，成公六年事。見僖卅一年春秋經傳。

〔一五〕【正義】遬，音速。【考證】梁玉繩曰：表作「速」，此作「遬」，從公羊也。左、穀俱作「速」。

穆公二年，楚莊王伐陳，殺夏徵舒。〔一〕三年，楚莊王圍鄭，鄭降，復釋之。〔二〕十一年，孫良夫救魯伐齊，復得侵地。穆公卒，〔三〕子定公臧立。定公十二年卒，〔四〕子獻公衎立。

〔一〕【考證】宣十一年春秋經傳。

〔二〕【考證】宣十二年春秋經傳。

〔三〕【考證】成二年春秋經傳。孫良夫，衛大夫。梁玉繩曰：衛爲齊所敗，如晉乞師，伐齊，非爲救魯也。

〔四〕【考證】成十四年春秋經傳。

獻公十三年，公令師曹教宮妾鼓琴，〔一〕妾不善，曹笞之。妾以幸惡曹於公，公亦笞曹三百。〔二〕十八年，獻公戒孫文子、甯惠子食，皆往。日旰不召，〔三〕而去射鴻於囿。二子從之，〔四〕公不釋射服，與之言。〔五〕二子怒，如宿。〔六〕孫文子子數侍公飲，〔七〕使師曹歌巧言之卒章。〔八〕師曹又怒公之嘗笞三百，乃歌之，欲以怒孫文子，報衛獻公。〔九〕文子語蘧伯玉，伯玉曰：「臣不知也。」〔一〇〕遂攻出獻公。獻公犇齊，齊置衛獻公於聚邑。〔一一〕孫文子、甯惠子共立定公弟秋爲衛君，〔一二〕是爲殤公。

〔一〕【集解】賈逵曰：「師曹，樂人。」【正義】師曹，樂官。曹，名也。

〔二〕【考證】梁玉繩曰：案笞曹事未必在十三年。

〔三〕【集解】服虔曰：「孫文子，林父也。甯惠子，甯殖也。敕戒二子，欲共宴食，皆服朝衣待命。旰，晏也。」【考證】中井積德曰：二子朝服如公宮，以待召入也，非待於家。

〔四〕【集解】服虔曰：「從公於囿。」

〔五〕【集解】左傳曰：「不釋皮冠。」

〔六〕【集解】服虔曰：「孫文子邑也。」【索隱】左傳作「戚」，此亦音戚也。【正義】宿，音戚。【考證】中井積德曰：左傳「怒」下有「孫文子」三字。如宿，孫文子，非甯子亦往也，此似謬。

〔七〕【集解】左傳曰文子子即孫蒯也。

〔八〕【集解】杜預曰：「巧言，詩小雅也。其卒章曰：『彼何人斯？居河之麋。無拳無勇，職爲亂階。』公欲以譬文子居河上而爲亂。」

〔九〕【考證】「衛獻」二字，左傳無，宜削。

〔一〇〕【集解】賈逵曰：「伯玉，衛大夫。」【考證】左傳云：「孫蒯懼告文子，文子曰：『君忌我矣，弗先必死。』入見蘧伯玉曰：『君之暴虐，子所知也，大懼社稷之傾覆，將若之何？』對曰：『君制其國，臣敢奸之。雖奸之，庸知愈乎？』遂行，從近關出。」

〔一一〕【考證】杭世駿曰：左傳「以郲寄衛侯」，此譌爲「聚」。

〔一二〕【集解】徐廣曰：「班氏云：獻公弟焱。」【索隱】左傳作「剽」，古今人表作「焱」，蓋音相亂，字易改耳。音方遥反，又匹妙反。【考證】梁玉繩曰：剽乃穆公子黑背之子，於定公爲從子，於獻公爲從父昆弟。此與年表俱云定公弟，謬。愚按：「公使師曹教宮妾」以下，本襄十四年左傳，又見呂覽慎小篇。

殤公秋立，封孫文子林父於宿。〔一〕十二年，甯喜與孫林父争寵相惡，殤公使甯喜攻孫林父。林父犇晉，復求入故衛獻公。獻公在齊，齊景公聞之，與衛獻公如晉求入。晉爲伐衛，誘與盟。衛殤公會晉平公，平公執殤公與甯喜，而復入衛獻公。〔二〕獻公亡在外十二年而入。

〔一〕【考證】梁玉繩曰：案宿爲孫氏邑舊矣，奚待殤公封之？妄也。

〔三〕【考證】楓山、三條本「入」下有「立」字。梁玉繩曰：案襄二十六年左傳，甯喜欲復獻公，故伐孫氏，弒殤公。孫林父以戚如晉。此言甯、孫爭寵，殤公使喜攻林父，因而奔晉，求入獻公者，誤也。獻公初奔齊居郲，後晉納于夷儀，緣甯喜等納之，從夷儀入國。而獻公之入，與殤公之弒，皆在二月。獻公既入侵戚，晉爲林父戍戚，獻公殺晉戍三百人，故六月晉會諸侯討衛，執獻公及喜，齊景公如晉請之。此誤以景公如晉爲求入獻公，又誤以獻公被執爲殤公事。是時殤公已弒五月矣，尚安得與平公會而執之乎？此與表言齊、晉殺殤公復入獻公同誤。而世家之誤尤甚。

獻公後元年，誅甯喜。〔一〕

〔一〕【考證】襄二十七年春秋經傳。黃震曰：衛獻公亡在外十二年而入，稱「後元年」。漢文之稱「後元年」，殆昉於此歟？出公亡在外四年復入，亦稱元年。

三年，吳延陵季子使過衛，〔一〕見蘧伯玉、史鰌，曰：「衛多君子，其國無故。」〔二〕過宿，孫林父爲擊磬，曰：「不樂，音大悲，使衛亂乃此矣。」〔三〕是年，獻公卒，〔四〕子襄公惡立。

〔一〕【考證】楓山、三條本無「衛」字。

〔二〕【考證】襄二十九年左傳。

〔三〕【考證】與襄二十九年左傳、吳世家異。梁玉繩曰：案吳世家依左傳，此所載矛盾，不祇一以爲鐘，一以爲磬之異也。故滹南集辨惑云：「如前說，是文子自作樂，而季子適聞之。如後說，是文子爲札而作也。前說，則罪其不自愧懼，而安于娛樂。後說，則以音聲之悲，而知其爲亂之徵。是何乖異邪？前說本于左氏，當以爲是。」

〔四〕【考證】襄二十九年春秋。

襄公六年，楚靈王會諸侯，襄公稱病不往。〔一〕

〔一〕【考證】昭四年春秋經傳。

九年，襄公卒。〔一〕初，襄公有賤妾，幸之，有身，夢有人謂曰：「我康叔也，令若子必有衛，名而子曰『元』。」妾怪之，問孔成子。〔二〕成子曰：「康叔者，衛祖也。」及生子，男也，以告襄公。襄公曰：「天所置也。」名之曰元。襄公夫人無子，於是乃立元爲嗣，是爲靈公。〔三〕

〔一〕【考證】昭七年春秋經傳。

〔二〕【集解】服虔曰：「衛卿，孔烝鉏。」

〔三〕【考證】梁玉繩引邵氏疑問云「昭七年傳，孔成子、史朝夢康叔，今云妾夢，與傳違。且閨中夢兆，先及外庭，生男告語，始呈公聽，夫豈衛襄嬖幸之寵姬，不若鄭文燕姞之徵蘭哉」。

靈公五年，朝晉昭公。〔一〕六年，楚公子弃疾弑靈王，自立爲平王。〔二〕十一年，火。〔三〕

〔一〕【考證】昭十二年左傳。

〔二〕【考證】昭十三年春秋經傳。

〔三〕【考證】昭十八年春秋經傳。

三十八年，孔子來，禄之如魯。後有隙，孔子去。後復來。〔一〕

〔一〕【考證】衛靈三十八年，魯定十三年。

三十九年，太子蒯聵與靈公夫人南子有惡，〔一〕欲殺南子。蒯聵與其徒戲陽遬謀，朝，使殺夫人。〔二〕戲陽後悔，不果。蒯聵數目之，夫人覺之，懼，呼曰：〔三〕「太子欲殺我！」靈公怒，太子蒯聵犇宋，〔四〕已而之晉趙氏。〔五〕

〔一〕**【集解】**賈逵曰：「南子，宋女。」

〔二〕**【集解】**賈逵曰：「戲陽遬，太子家臣。」**【正義】**戲，音羲。**【考證】**中井積德曰：朝，謂朝於夫人。

〔三〕**【正義】**呼，火故反。

〔四〕**【考證】**「太子蒯聵」以下本定十四年左傳。

〔五〕**【考證】**哀二年左傳。

四十二年春，靈公游于郊，令子郢僕。〔一〕郢，靈公少子也，字子南。靈公怨太子出犇，謂郢曰：「我將立若爲後。」郢對曰：「郢不足以辱社稷，君更圖之。」〔二〕夏，靈公卒，夫人命子郢爲太子，曰：「此靈公命也。」〔三〕郢曰：「亡人太子蒯聵之子輒在也，不敢當。」於是衛乃以輒爲君，〔四〕是爲出公。〔五〕

〔一〕**【集解】**賈逵曰：「僕，御也。」**【考證】**梁玉繩曰：游郊非當年事。左傳是「初」字，宜改「春」爲「初」。

〔二〕**【集解】**服虔曰：「郢自謂己無德，不足立以污辱社稷。」**【考證】**中井積德曰：「辱」是套語，勿泥解。

〔三〕**【考證】**梁玉繩曰：靈公甫卒，安得便有謚。當衍「靈」字。左傳「夫人曰『君命也』」。

〔四〕**【考證】**「靈公游于郊」以下，哀二年左傳。

〔五〕**【考證】**梁玉繩曰：案朱子注孟子，疑衛孝公即出公輒。攷輒在位前後凡二十年，不應無謚，孝公當是出公。

六月乙酉，趙簡子欲入蒯聵，乃令陽虎詐命衛十餘人衰絰歸，〔一〕簡子送蒯聵。衛人聞之，發兵擊蒯聵，蒯聵不得入，入宿而保，衛人亦罷兵。〔二〕

〔一〕【集解】服虔曰：「衰絰，爲若從衛來迎太子也。」【考證】梁玉繩曰：案哀二年左傳云晉趙鞅納衛太子于戚，宵迷，陽虎使太子絻，八人衰絰，僞自衛逆者，告于門，哭而入。此言十餘人，非。

〔二〕【考證】梁玉繩曰：左傳無衛發兵擊太子事。

出公輒四年，齊田乞弑其君孺子。〔一〕八年，齊鮑子弑其君悼公。〔二〕

〔一〕【考證】哀六年春秋經傳。

〔二〕【考證】哀十年左傳云：「齊人弑悼公。」不云鮑子，此謬。

孔子自陳入衛。〔一〕九年，孔文子問兵於仲尼，仲尼不對。其後魯迎仲尼，仲尼反魯。〔二〕

〔一〕【考證】梁玉繩曰：時孔子自楚入衛已五年矣。言自陳入衛，亦誤。

〔二〕【考證】哀十一年左傳，孔文子，衛大夫，名圉。左傳云：「孔文子之將攻大叔也，訪於仲尼，仲尼曰：『胡簋之事，則嘗學之矣。甲兵之事，未之聞也。』」崔述曰：按此文「胡簋」四句，與論語問陳章「俎豆」數語相類，其事亦相類，未必兩事適相符如此，而又皆適在衛，蓋本一事，而傳聞者異也。

十二年，〔一〕初，孔圉文子取太子蒯聵之姊，生悝。孔氏之豎渾良夫美好，孔文子卒，良夫通於悝母。太子在宿，悝母使良夫於太子。太子與良夫言曰：「苟能入我國，報子以乘軒，免子三死，毋所與。」〔二〕與之盟，許以悝母爲妻。閏月，良夫與太子入，舍孔氏之外圃。〔三〕昏，二人蒙衣而乘，〔四〕宦者羅御如孔氏。孔氏之老欒甯問之，〔五〕稱姻妾以告。〔六〕遂入，適伯姬氏。〔七〕既食，〔八〕悝母杖戈而先，〔九〕太子與五人介，輿猳從之。〔一〇〕伯姬劫悝於廁，〔一一〕彊盟之，遂劫以登臺。〔一二〕欒甯將飲酒，炙未熟，聞亂，使告仲由，〔一三〕召護駕乘車，〔一四〕行爵食炙，〔一五〕奉出公輒奔魯。〔一六〕

〔一〕【考證】梁玉繩曰：此「十三年」之誤。

〔二〕【集解】杜預曰：「軒，大夫車也。三死，死罪三。」【正義】杜預云：三罪，紫衣、袒裘、帶劍也。紫衣，君服也。熱，故偏袒，不敬也。衛侯求令名者與之食焉，太子請使良夫，良夫紫衣狐裘，不釋劍而食，太子使牽退，數之罪而殺之。與，音預。【考證】中井積德曰：正義以紫衣等解三罪，大謬。杜注元不若是。愚按：言雖三次有死罪皆宥之。又按：左傳作「服冕乘軒，三死無與」，與此異。

〔三〕【集解】服虔曰：「圃，園。」

〔四〕【集解】服虔曰：「二人，謂良夫、太子。蒙衣，爲婦人之服，以巾蒙其頭而共乘也。」

〔五〕【集解】服虔曰：「家臣稱老，問其姓名。」

〔六〕【集解】賈逵曰：「婚姻家妾也。」【考證】龜井道載曰：呼姻妾名氏以告也。

〔七〕【集解】服虔曰：「入孔氏家，適伯姬所居。」【考證】伯姬即悝母。

〔八〕【考證】龜井昱曰：見人無知者，悠然謀事也。

〔九〕【集解】服虔曰：「先至孔悝所。」

〔一〇〕【集解】賈逵曰：「介，被甲也。輿猳豚，欲以盟故也。」【考證】孔穎達曰：盟當用牛，於時迫促，難得牲耳。龜井昱曰：輿牛掣牛，非謀也。此豈得以諸侯平常之盟論乎？

〔一一〕【考證】竹添光鴻曰：居高臨垂邊曰廁，高岸夾水曰廁。漢書張釋之傳：「上居霸北臨廁，使慎夫人鼓瑟。」

師古曰廁，岸之邊側也。此曰迫孔悝於廁，蓋亦邊側之義。孔悝見衆至，必走避之，故迫之至邊側之處，使無可走避，乃得與之盟也。成十年左傳「晉侯如廁，陷而卒」。此則溷廁也。史記汲黯傳「衛青大將軍侍中，上踞廁見之」。郅都傳「賈姬如廁，有野彘入廁」。則有「踞」字、「如」字，此解爲溷廁，方穩。愚按：「踞廁」之「廁」，亦爲邊側，床側也。

〔一二〕【集解】服虔曰：「於衛臺上召衛羣臣。」

〔一三〕【集解】服虔曰：「季路爲孔氏邑宰，故告之。」

〔一四〕【集解】服虔曰：「召護，衛大夫。駕乘車，不駕兵車也。言無距父之意。」【考證】召護，左傳作「召獲」。

〔一五〕【集解】服虔曰：「欒甯使召季路，乃行爵食炙。」【考證】古鈔本「爵」作「嚼」。行嚼食炙，尤見蒼黃之狀。

〔一六〕【集解】服虔曰：「召護奉衛侯。」【考證】龜井昱曰：日既昏矣，欒甯將夜飲，太子之亂自中起，疾雷不暇掩耳。欒甯曰：孔悝既見迫，無可如何，此亂非我所能禦，不如護君而避之。乃馳一介於季子，呼召獲以駕行車，食未熟之炙，相偕飲而後出也。太子劫孔悝，帥衆在臺上，而出公亦不敢拒其父，故欒甯如是閒暇。是即時光景，良史所摸寫。愚按：前説甚巧，然不近人情。不若讀爵爲嚼之勝也。

仲由將入，遇子羔將出，〔一〕曰：「門已閉矣。」子路曰：「吾姑至矣。」〔二〕子羔曰：「不及，莫踐其難。」〔三〕子路曰：「食焉不辟其難。」〔四〕子羔遂出。子路入，及門，公孫敢闔門，曰：「毋入爲也！」〔五〕子路曰：「是公孫也？〔六〕求利而逃其難。由不然，利其祿，必救其患。」有使者出，子路乃得入。〔七〕曰：「太子焉用孔悝？雖殺之，必或繼之。」〔八〕且曰：「太子無勇。若燔臺，必舍孔叔。」〔九〕太子聞之，懼，下石乞、盂黶敵子路，〔一〇〕以戈擊之，割纓。子路曰：「君子死，冠不免。」結纓而死。〔一一〕孔子聞衛亂，曰：「嗟乎，柴也其來乎？由也其死矣。」孔悝竟立太子蒯聵，是爲莊公。

〔一〕【集解】賈逵曰：「子羔，衛大夫高柴，孔子弟子也。將出犇。」

〔二〕【集解】杜預曰：「且欲至門。」

〔三〕【集解】賈逵曰：「言家臣憂不及國，不得踐履其難。」鄭衆曰：「是時輒已出，不及事，不當踐其難。子羔言不及，以爲季路欲死國也。」【考證】不及，鄭説是，言事勢不可及也。

〔四〕【集解】服虔曰：「言食悝之禄，欲救悝之難，此明其不死國也。」【考證】龜井昱曰：子羔仕衛侯輒。輒既出，則可以去矣。蒯聵非所可禦，子路仕孔悝，悝將見殺，義可以死矣。中井積德曰：子路，孔悝之臣也，非衛侯之臣。孔悝見劫，故往救之耳。專爲孔悝也，非爲出公。曰「其難」，曰「其患」，曰「食焉」，曰「利其禄」，皆就孔悝而言，不在衛侯矣。則與衛大夫高柴地位已異，非特氣象不同也。註不發是意，何也？

〔五〕【集解】服虔曰：「公孫敢，衛大夫。言輒已出，無爲復入。」【考證】龜井昱曰：子路欲救孔悝而至，然悝已見劫，孤身爲敵所奪，入無益也。故止之。注以輒已出説之，似不與下文緊接。

〔六〕【考證】是公孫之聲也，我將告吾意。

〔七〕【正義】公孫敢既閉，因有使者出，子路乃得入。

〔八〕【集解】王肅曰：「必有繼續其後攻太子。」【考證】中井積德曰：言別立孔氏宗人以爲難，謂不以孔悝一人作去就，然亦劫逼之言耳。龜井昱曰：此子路明救孔悝之死也。

〔九〕【考證】龜井昱曰：燔臺及半，以孔叔授我耳。子路之意，欲得孔悝以救其死耳。言於太子，則稱孔悝。言於衆，則稱孔叔，禮也。

〔一〇〕【集解】服虔曰：「二子，蒯聵之臣。敵，當也。」【正義】燔，音煩。舍，音捨。黶，音乙減反。【考證】龜井昱曰：蓋介者五人之二也。

〔一〕【集解】服虔曰：「不使冠在地。」【正義】纓，冠緌也。【考證】左傳「割」作「斷」。

莊公蒯聵者，出公父也，居外，怨大夫莫迎立。元年即位，欲盡誅大臣，曰：「寡人居外久矣，子亦嘗聞之乎？」羣臣欲作亂，乃止。〔一〕

〔一〕【考證】「初孔圉文子」以下采哀十五年左傳。梁玉繩曰：出公奔魯，春秋書于襄十六年正月，從告也。當依左傳在十五年爲是。此與表俱誤在十四年。

二年，魯孔丘卒。〔一〕

〔一〕【考證】梁玉繩曰：卒即在元年。「二年」當作「是年」。

三年，莊公上城，見戎州。〔一〕曰：「戎虜何爲是？」戎州病之。〔二〕十月，戎州告趙簡子，簡子圍衛。十一月，莊公出犇，〔三〕衛人立公子斑師爲衛君。〔四〕齊伐衛，虜斑師，更立公子起爲衛君。〔五〕

〔一〕【集解】賈逵曰：「戎州，戎人之邑。」【索隱】左傳曰「戎州人攻之」是也。隱二年「公會戎于潛」，杜預云「陳留濟陽縣東南有戎城」。濟陽與衛相近，故莊公登臺望見戎州。又七年云「戎伐凡伯于楚丘」，是戎近衛。【正義】括地志云：「宋州楚丘縣，古戎州己氏之城也。」左傳隱七年「戎伐凡伯于楚丘，以歸」。括地志云：「楚丘故城，在楚丘縣北三十里，衛楚丘之邑也。」按：諸侯爲衛城楚丘居文公者，即滑州南縣是也。左傳哀公十七年「初，衛莊公登城以望戎州以問之，以告，公曰『我姬姓也，何戎之有焉？』」杜預云：「己氏，戎人姓也。呂姜，莊公夫人也。」【考證】今山東曹州府曹縣楚丘亭。梁玉繩曰：「三年」當作「二年」。莊公無三年也。

〔二〕【考證】左傳云：「莊公登城以望，見戎州問之，以告，公曰：『我姬姓也，何戎之有焉？』翦之」。呂氏春秋愼小篇云：「莊公登臺以望，見戎州而問之曰：『是何爲者也？』侍者曰：『戎州也。』公曰：『我姬姓也，戎人安敢居國？』使奪之宅，殘其州。」據此則「戎虜何爲是戎州」七字，莊公之言。病之，翦殘之也。

〔三〕【索隱】按：左傳莊公本由晉趙氏納之，立而背晉，晉伐衛，衛人出莊公，立公子般師，晉師退，莊公復入，般師出奔。初，公登城見戎州己氏之妻髮美，髡之以爲夫人髢。又欲翦戎州兼逐石圃，故石圃攻莊公。莊公懼，踰北牆，折股，入己氏，己氏殺之。今系家不言莊公復入，及死己氏，直云出奔，亦其疏也。又左傳云衛復立般師，齊伐衛，立公子起，執般師。明年衛石圃逐其君起，起奔齊，出公輒復歸。是左氏詳，而系家略也。【考證】「莊公上城」以下，本哀十七年左傳。梁玉繩曰：莊公翦戎州，後爲戎州人己氏所殺。而簡子之伐衛，與戎州無涉，不得云戎州告簡子也。公出奔在十月，若十一月，則晉師已還，爲莊公復入被殺之月矣。此與表俱誤。

〔四〕【集解】左傳曰：「斑師，襄公之孫。」

〔五〕【集解】服虔曰：「起，靈公子。」【考證】哀十七年左傳。

衛君起元年，衛石曼尃逐其君起，〔一〕起犇齊。衛出公輒自齊復歸立。〔二〕初，出公立十二年亡，亡在外四年，復入。出公後元年，賞從亡者。立二十一年卒，〔三〕出公季父黔攻出公子而自立，是爲悼公。〔四〕

〔一〕【索隱】左傳作「石圃」，此作「塼」，音徒和反。「塼」或作「尃」，諸本或無「曼」字。【考證】梁玉繩曰：「曼」字衍。

〔二〕【考證】哀十八年左傳。

〔三〕【索隱】按：出公初立十二年，亡在外四年，復入九年卒，是立二十一年。自即位至卒，凡經二十五年而卒于越。【考證】梁玉繩曰：出公以魯哀三年立，至哀十五年亡，在位十三年。亡三年復入，爲哀十九年，在位七年復亡，爲哀二十五年。明年，悼公立，當周元王七年。即表八年。出公後卒於越。左氏甚明。出公前後在位二十年。悼公之立，出公未卒，其卒不知何歲，乃衛世家云：「出公立十二年亡，四年復入，立二十一年卒。」其誤政與表同，索隱亦誤。

〔四〕【考證】楓山、三條本「黔」上有「子」字。梁玉繩曰：案哀廿六年左傳，悼公乃衛人立之，無攻出公子之事。

悼公五年卒，〔一〕子敬公弗立。〔二〕敬公十九年卒，子昭公糾立。〔三〕是時三晉彊，衛如小侯，屬之。〔四〕

〔一〕【索隱】按：紀年云「四年卒于越」。系本名虔。

〔二〕【集解】世本云敬公費也。【索隱】系本「弗」作「費」。【考證】李笠曰：弗、費，字通。

〔三〕【索隱】系本云：「敬公生檮公舟。」非也。【考證】表二十年。

〔四〕【正義】屬趙也。

昭公六年，公子亹弑之代立，是爲懷公。〔一〕懷公十一年，公子穨弑懷公而代立，是爲慎公。慎公父，公子適；〔二〕適父，敬公也。慎公四十二年卒，子聲公訓立。〔三〕聲公十一年卒，子成侯遬立。〔四〕

〔一〕【正義】亹，音尾。【考證】表五年。梁玉繩曰：懷公，年表作「悼公」，與此駁。亹前三世爲悼公，後六世爲懷君，此必有誤。

〔二〕【索隱】音的。按：系本「適」作「虔」。虔，悼公也。【考證】梁玉繩曰：適，敬公庶子。索隱謂即悼公，非。

〔三〕【索隱】訓，亦作「馴」，同，休運反。系本作「聖公馳」。【考證】李笠曰：聲、聖，音近字通。左氏文十七年傳。

聲姜，公羊傳作「聖姜」。

〔四〕【索隱】遬，音速。系本作「不逝」。按：上穆公已名遬，不可成侯更名，則系本是。

成侯十一年，公孫鞅入秦。〔一〕十六年，衛更貶號曰侯。

〔一〕【索隱】按：秦本紀云孝公元年，鞅入秦。又按：年表成侯與秦孝公同年，然則「十一年」當爲「元年」，字誤耳。【考證】凌稚隆曰：公孫鞅入秦，特書，以衛之亡在鞅也。梁玉繩曰：秦孝公元年，當衛成公十五年。年表于衛出公已下，其年皆錯。索隱不察，遂仍其誤耳。

二十九年，成侯卒，子平侯立。〔一〕平侯八年卒，子嗣君立。〔二〕

〔一〕【考證】表三十九年。

〔二〕【索隱】按：樂資據紀年，以嗣君即孝襄侯也。

嗣君五年，更貶號曰君，獨有濮陽。〔一〕

〔一〕【考證】濮陽，今山東曹州府濮州東。

四十二年卒，子懷君立。懷君三十一年，朝魏，魏囚殺懷君。魏更立嗣君弟，是爲元君。〔一〕元君爲魏壻，故魏立之。〔二〕元君十四年，秦拔魏東地，〔三〕秦初置東郡，更徙衛野王縣，〔四〕而并濮陽爲東郡。二十五年，元君卒，子君角立。〔五〕

〔一〕【考證】表三十年。

〔二〕【集解】徐廣曰：「班氏云：元君者懷君之弟。」

〔三〕【索隱】魏都大梁。濮陽、黎陽並是魏之東地，故立郡名東郡也。【正義】東地，謂濮陽、黎陽等地也。

〔四〕【索隱】按：年表元君十一年，秦置東郡。十三年，魏徙野王，與此不同也。【正義】元君徙濮陽，又徙野王。

濮陽，濮州縣也。野王，懷州城，古野王邑也。

〔五〕【集解】年表云元君十一年秦置東郡，十二年徙野王，二十三年卒。【考證】梁玉繩曰：案元君在位二十五年，表誤在二十三年也。秦拔魏地置東郡，在始皇五年，當元君二十四年，此「元君」下脱「二」字。明年，衛徙野王，此亦誤，應移「二十五年」四字于「更徙衛野王」上，而「元君卒」之上再補「是年」二字。集解、索隱俱仍年表之誤。

君角九年，秦并天下，立爲始皇帝。二十一年，二世廢君角爲庶人，〔一〕衛絶祀。〔二〕

〔一〕【考證】梁玉繩曰：君角立于始皇七年，至秦并天下凡二十年，廢于二世元年，在位三十二年。此書角立于始皇十八年，則所云「九年」、「二十一年」，皆史公故縮其年以合之。

〔二〕【考證】俞樾曰：秦滅六國，以天下爲郡縣，而古之建國猶有存者，衛是也。抑非獨此也。莊襄王使吕不韋滅周，盡入其國，不絶其祀，以陽人地賜周君，奉其祭祀。至始皇時，未聞見奪，則周君猶在也。秦始皇二十二年，韓、魏滅亡之後，尚有安陵君。陳、項之亂，掃地盡矣。

太史公曰：余讀世家言，至於宣公之太子以婦見誅，弟壽争死以相讓，此與晉太子申生不敢明驪姬之過同，俱惡傷父之志，然卒死亡，何其悲也！或父子相殺，兄弟相滅，亦獨何哉？

【索隱述贊】司寇受封，梓材有作。成錫厥器，夷加其爵。暨武能脩，從文始約。詩美歸燕，傳矜石碏。皮冠射鴻，乘軒使鶴。宣縱淫嬖，亶生伋、朔。蒯聵得罪，出公行惡。衛祚日衰，失於君角。

史記會注考證卷三十八

史記三十八

宋微子世家第八

【考證】史公自序云：「嗟箕子乎，嗟箕子乎！正言不用，乃反爲奴。武庚既死，周封微子。襄公傷於泓，君子孰稱。景公謙德，熒惑退行。剔成暴虐，宋乃滅亡。嘉微子問太師，作宋微子世家第八。」

微子開者，〔一〕殷帝乙之首子而紂之庶兄也。〔二〕紂既立，不明，淫亂於政，微子數諫，紂不聽。及祖伊以周西伯昌之修德，滅阢國，懼禍至，以告紂。〔三〕紂曰：「我生不有命在天乎？是何能爲！」〔四〕於是微子度紂終不可諫，欲死之，及去，未能自決，乃問於太師、少師，〔五〕曰：「殷不有治政，不治四方。〔六〕我祖遂陳於上，〔七〕紂沈湎於酒，婦人是用，〔八〕亂敗湯德於下。〔九〕殷既小大好草竊姦宄，〔一〇〕卿士師師非度，〔一一〕皆有罪辜，乃無維獲，〔一二〕小民乃並興，相爲敵讎。〔一三〕今殷其典喪！若涉水無津涯。〔一四〕殷遂喪，越至于今。」〔一五〕曰：

「太師、少師，〔一六〕我其發出往？〔一七〕吾家保于喪？〔一八〕今女無故告，〔一九〕予顛躋，如之何其？」〔二〇〕太師若曰：「王子，天篤下菑亡殷國，〔二一〕乃毋畏畏，不用老長。〔二二〕今殷民乃陋淫神祇之祀。〔二三〕今誠得治國，國治身死不恨。爲死，終不得治，不如去。」〔二四〕遂亡。〔二五〕

〔一〕【集解】孔安國曰：「微，畿內國名。子，爵也，爲紂卿士。」【索隱】按：尚書微子之命篇云命微子啓代殷後，今此名開者，避漢景帝諱也。

〔二〕【索隱】按：尚書亦以爲殷王元子，而是紂之兄。按：呂氏春秋云生微子時，母猶爲妾，及爲妃而生紂。故微子爲紂同母庶兄。【考證】徐孚遠曰：因尚書殷王元子之言，呂氏遷就而爲之說。其實殷王元子，不必元妃之子也。愚按：說詳于殷紀。索隱所引呂氏春秋當務篇。

〔三〕【集解】徐廣曰：「阢，音耆。」【索隱】阢，音耆。耆即黎也。鄒誕本云「𨛫，音黎」。孔安國云「黎在上黨東北，即今之黎亭是也。」【考證】張文虎曰：各本重「阢」字。攷異云「下『阢』衍，今依索隱本刪一『阢』字，『阢』當作『阢』」。愚按：楓山、三條本不重「阢」字。阢，殷紀作「飢」，周紀作「耆」，其實一耳。又按：耆與黎爲二國，伐耆者文王，戡黎者武王。史公據尚書大傳以西伯戡黎篇載于伐耆下，并爲一案，誤。說具于殷紀。

〔四〕【考證】「祖伊」以下本書西伯戡黎篇。

〔五〕【集解】孔安國曰：「太師，三公，箕子也。少師，孤卿，比干也。」【考證】查德基曰：案：今書微子篇「太師」作「父師」。孔說以太師爲箕子，少師爲比干，此可疑。下文於比干死之後云「太師、少師乃勸微子去」，則少師非比干，太師非箕子，明甚。殷本紀亦云「微子與太師、少師謀去」。而比干剖心，箕子爲奴，殷之太師、少師乃持其祭樂器奔周」。周本紀又云「紂昏亂暴虐滋甚，殺王子比干，囚箕子，太師疵、少師彊抱其樂器而奔周」。是則太師、少師爲殷之樂官，非箕子、比干也，無待辨矣。愚按：方苞、段玉裁、姚範、崔適、李笠亦有此說。

〔六〕【集解】孔安國曰：「言殷不有治政四方之事，將必亡也。」

〔七〕【集解】馬融曰：「我祖，湯也。」孔安國曰：「言湯遂其功，陳力於上世也。」【考證】書微子篇「祖」下有「底」字。

〔八〕【考證】書無「婦人是用」句。

〔九〕【集解】馬融曰：「下，下世也。」

〔一〇〕【集解】孔安國曰：「草野盜竊，又爲姦宄於外内。」【考證】書「既小大」作「罔不小大」。愚按：楓山、三條本「既」作「無」。既，當讀爲旡。旡、無同。黄式三曰：草、鈔通，强掠也。見孫疏。竊，闇取之也。

〔一一〕【集解】馬融曰：「非但小人學爲姦宄，卿士已下轉相師效，爲非法度。」【考證】中井積德曰：此「卿士」，通「卿大夫元士」之辭。

〔一二〕【集解】鄭玄曰：「獲，得也。羣臣皆有是罪，其爵禄又無常得之者，言屢相攻奪。」【考證】書「維」作「常」。黄式三曰：所加辠者，無一定獲辠之法，言濫刑也。

〔一三〕【集解】孔安國曰：「卿士既亂，而小民各起，共爲敵讎，言不和同。」【考證】書「並」作「方」。方、旁通，故史公訓爲並。

〔一四〕【集解】徐廣曰：「一作『陟水無舟航』，言危也。」駰謂典，國典也。【索隱】尚書「典」作「淪」，篆字變易，其義亦殊。徐廣曰「典，國典也」。喪，音息浪反。【考證】錢大昕曰：典讀如殄。典喪者，殄喪也。攷工記注：鄭司農云「典讀爲殄」，燕禮鄭注「古文『腆』作『殄』」，是典、腆與殄通。愚按：閻若璩亦有此說。

〔一五〕【集解】馬融曰：「越，於也。於是至矣，於今到矣。」【考證】中井積德曰：越，發語辭。

〔一六〕【集解】馬融曰：「重呼告之。」【考證】書「太」作「父」。

〔一七〕【集解】鄭玄曰：「發，起也。紂禍敗如此，我其起作出往也。」【索隱】往，尚書作「狂」，蓋亦今文尚書，意異耳。

〔一八〕【集解】徐廣曰：「一云『於是家保』。」駰案：馬融曰「卿大夫稱家」。【正義】言紂淫亂，吾宗室保喪亡。吾，微子也。【考證】書作「吾家耄遜于荒」，與史異。崔適曰：案：我其發出往者，我其起而出往于周也。吾家保于喪者，往周以保吾家，使不至於亡也。愚按：出往者，去殷也。

〔一九〕【集解】王肅曰：「無意告我也，是微子求教誨也。」【正義】微子言太師、少師无別意故告我理殷國也。【考證】書「故」作「指」。

〔二〇〕【集解】馬融曰：「躋，猶墜也。恐顛墜於非義，當如之何也。」鄭玄曰：「其，語助也。齊、魯之閒聲(加)〔如〕『姬』。記曰『何居』。」

〔二一〕【集解】孔安國曰：「微子，帝乙子，故曰『王子』。天生紂爲亂，是下菑也。」鄭玄曰：「少師不荅，志在必死。」【正義】菑，音災。【考證】書「太」作「父」，「篤」作「毒」，「亡」作「荒」。錢大昕曰：尚書「篤」作「毒」。大宛傳「其東南有身毒國，即天竺也」。竺，古「篤」字。小司馬亦讀毒爲篤。中井積德曰：爲微子謀，何干己之死生？鄭注舛。

〔二二〕【集解】孔安國曰：「上不畏天菑，下不畏賢人，違戾耆老之長，不用其教。」【考證】書「不用老長」作「咈其耉長舊有位人」。愚按：上「畏」讀如字，下「畏」讀爲威。

〔二三〕【集解】徐廣曰：「一云『今殷民侵神犧』，又一云『陋淫侵神祇』。」駰案：馬融曰「天曰神，地曰祇」。【索隱】陋淫，尚書作「攘竊」。劉氏云「陋淫，猶輕穢也」。

〔二四〕【考證】「乃問太師少師」以下，本書微子篇。崔適曰：「國治」二字與上句意複，必是衍文。王念孫曰：爲，猶如也，言如身死而國終不治，不如去也。中井積德曰：「今誠」以下數句與上文不相肖，蓋太史公擇取書意而自言之也。

〔二五〕【考證】論語微子篇。

箕子者，紂親戚也。〔一〕紂始爲象箸，〔二〕箕子歎曰：「彼爲象箸，必爲玉桮；爲桮，則必思遠方珍怪之物而御之矣。〔三〕輿馬宮室之漸自此始，不可振也。」〔四〕紂爲淫泆，箕子諫，不聽。人或曰：「可以去矣。」箕子曰：「爲人臣諫不聽而去，是彰君之惡而自説於民。吾不忍爲也。」〔五〕乃被髮詳狂而爲奴。〔六〕遂隱而鼓琴以自悲，故傳之曰箕子操。〔七〕

〔一〕【集解】馬融曰：「箕，國名也。子，爵也。」【索隱】箕國，子爵也。司馬彪曰「箕子名胥餘」。馬融、王肅以箕子爲紂之諸父。服虔、杜預以爲紂之庶兄。杜預云「梁國蒙縣有箕子冢」。【考證】下文云：王子比干亦紂之親戚也。梁玉繩曰：案：李斯傳「紂殺親戚」，亦謂箕子、比干。然親戚有數解。左傳伍尚曰「親戚爲戮」，大戴禮曾子疾病篇曰「親戚既没，雖欲孝，誰爲孝」，孟子曰「人莫大焉，亡親戚君臣上下」，楚世家之「如悲親戚」，孟嘗傳之「遺其親戚」，是稱父兄也。左傳富辰曰「封建親戚以蕃屏周」，是稱子弟也。國策蘇秦曰「富貴則親戚畏懼」，是稱妻嫂也。曲禮曰「兄弟親戚」，孔疏言「親是族内，戚是族外也」。攷商書、左傳、僖十五年。論語注疏，先儒論比干爲紂諸父，無異説，以孟子有明文。至于箕子，馬、鄭、王諸儒以爲紂之諸父，服、杜以爲紂之庶兄，孔仲達謂「既無正文，各以意言之」，又謂「父師呼微子爲王子，則父師非王子矣。鄭、王等以爲紂之諸父，當是實也」。

〔二〕【索隱】箸，音持略反。按：下云「爲象箸必爲玉杯」，杯箸事相近，周禮六尊有犧、象、著、壺、泰、山。著尊者，著地無足是也。劉氏音直慮反，則杯箸亦食用之物，亦並通。

〔三〕【考證】羣書治要、樂府詩集引史，下「桮」上有「玉」字。

〔四〕【考證】「紂始爲象箸」以下本韓非子喻老篇、説林篇。振，救也。梁玉繩曰：龜策傳雖非史公本書，而有紂爲「象郎」（乃）〔及〕「匰之象郎」語。象牙飾廊，視象箸更侈矣。

〔五〕【考證】中井積德曰：此非箕子之言也，以後人之臆度相傳爲是語也。

〔六〕【考證】戰國策秦策「箕子、接輿，漆身而爲厲，被髮而爲狂」，論語微子篇「箕子爲之奴」。中井積德曰：奴者，紂囚箕子奴之也。故書曰「囚奴正士」，非箕子自爲奴。

〔七〕【集解】風俗通義曰：「其道閉塞，憂愁而作者，命其曲曰操。操者，言遇菑遭害，困厄窮迫，雖怨恨失意，猶守禮義，不懼不懾，樂道而不改其操也。」【考證】中井積德曰：操是操絃作曲之謂。

王子比干者，亦紂之親戚也。見箕子諫不聽而爲奴，則曰：「君有過而不以死争，則百姓何辜！」乃直言諫紂。紂怒曰：「吾聞聖人之心有七竅，信有諸乎？」乃遂殺王子比干，刳視其心。

微子曰：「父子有骨肉，而臣主以義屬。故父有過，子三諫不聽，則隨而號之；人臣三諫不聽，則其義可以去矣。」於是太師、少師乃勸微子去，遂行。〔一〕

〔一〕【集解】時比干已死，而云少師者，似誤。【考證】「父子有骨肉」云云，亦非微子語，史公推其心事而言之耳。張文虎曰：「微子曰」至「遂行」五十二字，疑當在上文「不如去」下。「遂行」二字，即「遂亡」之衍。殷本紀云「微子數諫不聽，乃與太師、少師謀遂去」，事在比干剖心之前，其文正相應，錯簡於此，遂來裴氏之疑。梁玉繩以爲追敍，殆非也。愚按：中井積德亦有是説。劉敞曰：古者同姓雖危不去國。微子紂庶兄也，何入周之有？論語云「去之」者，去紂都也。雖去不踰國，斯仁矣。崔述曰：箕、比之奴與死，皆由所遇之異，非必自期於奴死也。且箕子不諫紂則已，被髮佯狂，欲何爲者？此必箕、比皆驟諫紂，幸而紂怒未甚，則取而奴之；不幸而紂怒甚，則取而殺之耳。謂箕子不辭奴則然，謂箕子自欲奴則不然。謂比干不畏死則可，謂比干必欲死則不可。又曰：諫不聽而去，乃異姓疏遠之臣然耳。微子，商之懿親，豈得以此爲比？細玩微子一篇，似微子雖紂兄弟，而實不與於政事者，所處之地與春秋衛文公頗相類，與箕、比之有官守者不同。是以父師、少師皆不以諫勸之，而但云「王子弗出，我乃顛隮」，不必待箕、比之受禍而後去也。史記以爲數諫不聽，大抵亦出於揣度耳。

周武王伐紂克殷，微子乃持其祭器，造於軍門，肉袒面縛，〔一〕左牽羊，右把茅，膝行而前以告。〔二〕於是武王乃釋微子，復其位如故。

〔一〕【索隱】肉袒者，袒而露肉也。面縛者，縛手于背而面向前也。劉氏云「面即背也」，義亦稍迂。

〔二〕【考證】僖六年左傳云：「蔡穆公將許僖公以見楚子於武城，許男面縛銜璧，大夫衰絰，士輿櫬。楚子問諸逢伯。對曰：『昔武王克商，微子啓如是。王親釋其縛，受其璧，焚其櫬，禮而歸之。』楚子從之。」史記所本。孔穎達曰：史記之言，多有錯繆。微子手縛於後，故以口銜璧，又焉得牽羊把茅也？梁玉繩曰：案：殷紀言「太師、少師持其樂器奔周」，即周紀所云太師疵、少師彊，非箕子、比干也，乃是二樂官，亦猶夏太史終古執圖法奔殷，殷內史向摯載圖法奔周，非微子也，而此以爲微子持器造軍門。至肉袒之事，更爲誣戾。其時微子已行矣，則伐商之際，必不自歸以取辱。又呂氏春秋誠廉篇載武王使召公盟微子于共頭之下，曰「世爲長侯，守殷常祀，相奉桑林，宜私孟諸」，益可驗無軍門之辱也。蓋共頭之下，即微子去位行遯處，故周就而盟之。其所以知微子遯共頭者，必物色得之耳。史本于左傳逢伯對楚成王語，而不知此乃左氏之妄記。武王非討微子，微子非亡國之子，何爲其然？通鑑前編據王柏之説云「面縛銜璧，必武庚也，後世失其傳也」，斯論真不可易。

武王封紂子武庚祿父，以續殷祀，使管叔、蔡叔傅相之。

武王既克殷，訪問箕子。〔一〕

〔一〕【考證】史公不爲箕子立傳，故附載之宋世家。梁玉繩曰：周紀言克殷後二年，訪洪範。因武王克殷在十一年，而洪範稱十三祀故耳。與大傳稱武王封箕子朝鮮，于十三祀來朝，而問洪範政合。此謂克殷之後，即訪洪範，非訪洪範乃封朝鮮。

武王曰：「於乎！維天陰定下民，相和其居，〔一〕我不知其常倫所序。」〔二〕

〔一〕【集解】孔安國曰：「天不言而默定下民，助合其居，使有常生之資也。」【考證】書洪範「定」作「騭」，「和」作「協」。

〔二〕【集解】孔安國曰：「言我不知天所以定民之常道理次序，問何由。」【考證】書「常」作「彝」，下同。

箕子對曰：「在昔鯀陻鴻水，汩陳其五行，〔一〕帝乃震怒，不從鴻範九等，常倫所斁。〔二〕鯀則殛死，禹乃嗣興。〔三〕天乃錫禹鴻範九等，常倫所序。〔四〕

〔一〕【集解】孔安國曰：「陻，塞。汩，亂也。治水失道，是亂陳五行。」【考證】書「鴻」作「洪」，下同。

〔二〕【集解】徐廣曰：「一作『釋』。」駰案：鄭玄曰「帝，天也。天以鯀如是，乃震動其威怒，不與天道大法九類，言王所問所由敗也」。【考證】書「從」作「畀」，「等」作「疇」。

〔三〕【集解】鄭玄曰：「春秋傳曰『舜之誅也殛鯀，其舉也興禹』。」

〔四〕【集解】孔安國曰：「天與禹，洛出書也。神龜負文而出，列於背有數至于九，禹遂因而第之，以成九類。」【考證】楓山、三條本「九等」作「九疇」。易繫辭傳云：「河出圖，洛出書，聖人則之。」書顧命云「天球河圖在東序」，論語子罕篇云「子曰：『鳳鳥不至，河不出圖，吾已矣夫。』」則河出圖，必有其事矣，必有其物矣；洛出書，亦必有其事矣，必有其物矣，而今不可臆定也。而後儒或以洪範九疇爲洛書。愚謂易傳但云「洛出書」，不云錫禹。洪範但云「錫禹」，不云河出九疇，彼此無些交涉。林之奇云：洛出書之説，不可深信。「帝乃震怒，不畀洪範九疇，彝倫攸斁」，猶言天奪之鑑也。「天乃錫禹洪範九疇，彝倫攸敍」，猶言天誘其衷也。又云：洪範之書，大抵發明彝倫之敍，本非由數而起。是説極是。

「初一曰五行；二曰五事；〔一〕三曰八政；〔二〕四曰五紀；〔三〕五曰皇極；〔四〕六曰三德；〔五〕七曰稽疑；〔六〕八曰庶徵；〔七〕九曰嚮用五福，畏用六極。〔八〕

〔一〕【考證】書「曰」下有「敬用」二字。

〔二〕【考證】書「曰」下有「農用」二字。

〔三〕【考證】書「曰」下有「協用」二字。

〔四〕【考證】書「曰」下有「建用」二字。

〔五〕【考證】書「曰」下有「乂用」二字。

〔六〕【考證】書「曰」下有「明用」二字。

〔七〕【考證】書「曰」下有「念用」二字。

〔八〕【集解】馬融曰：「言天所以畏懼人用六極。」【考證】嚮讀爲饗，享也。書「畏」作「威」，怵惕也。

「五行：一曰水，二曰火，三曰木，四曰金，五曰土。〔一〕水曰潤下，火曰炎上；〔二〕木曰曲直，〔三〕金曰從革，〔四〕土曰稼穡。〔五〕潤下作鹹，〔六〕炎上作苦，〔七〕曲直作酸，〔八〕從革作辛，〔九〕稼穡作甘。〔一〇〕

〔一〕【集解】鄭玄曰：「此數本諸陰陽所生之次也。」【考證】五行，見於書甘誓而不言其目。說者謂四時盛德所行之政也。以水、火、木、金、土爲五行，始於洪範，蓋以爲萬有之原，猶天竺以地、水、火、風爲四大也，而未言其相生相克，又未言其相始終。至周末漢初，附益穿鑿益甚，於是乎伏勝、董仲舒、劉向、劉歆、班固諸人各有述作，愈出愈怪。

〔二〕【集解】孔安國曰：「言其自然之常性也。」

〔三〕【集解】孔安國曰：「木可揉使曲直也。」

〔四〕【集解】馬融曰：「金之性從人，而更可銷鑠。」【考證】張晏曰：革，改也。王先謙曰：「曲直」有二義，則「從」與「革」亦當分訓。言金可從順，又可變革。

〔五〕【集解】王肅曰：「種之曰稼，斂之曰穡。」【考證】書「曰」作「爰」。

〔六〕【集解】孔安國曰：「水鹵所生。」

〔七〕【集解】孔安國曰：「焦氣之味。」

〔八〕【集解】孔安國曰：「木實之性。」

〔九〕【集解】孔安國曰：「金氣之味。」

〔一〇〕【集解】孔安國曰：「甘味生於百穀。五行以下箕子所陳。」

「五事：一曰貌，二曰言，三曰視，四曰聽，五曰思。貌曰恭，言曰從，〔一〕視曰明，聽曰聰，思曰睿。〔二〕恭作肅，從作治，〔三〕明作智，聰作謀，〔四〕睿作聖。〔五〕

〔一〕【集解】馬融曰：「發言當使可從。」【考證】蔡沈曰：從者順也。方苞曰：得其次序也。春秋傳「典從禮順」。

〔二〕【集解】馬融曰：「睿，通也。」

〔三〕【集解】馬融曰：「出令而從，所以爲治也。」【考證】書「治」作「乂」。

〔四〕【集解】孔安國曰：「所謀必成審也。」馬融曰：「上聰則下進其謀。」【考證】書「智」作「哲」。

〔五〕【集解】孔安國曰：「於事無不通，謂之聖。」【考證】言貌恭則心肅，言順則事治，視明則裁斷不誤，聽聰則謀成，思睿則於事無不通。諸解以恭、從、明、聰、睿屬君，以肅、治、智、謀、聖屬臣，恐非。

「八政：一曰食，〔一〕二曰貨，〔二〕三曰祀，〔三〕四曰司空，〔四〕五曰司徒，〔五〕六曰司寇，〔六〕七曰賓，〔七〕八曰師。〔八〕

〔一〕【考證】鄭玄曰：「食，謂掌民食之官，若后稷者也。」

〔二〕【考證】鄭玄曰：「貨，掌金帛之官，若周禮司貨賄是也。」

〔三〕【考證】鄭玄曰：「祀，掌祭祀之官，若宗伯者也。」

〔四〕【集解】馬融曰：「司空，掌營城郭，主空土以居民。」

〔五〕【集解】孔安國曰：「主徒衆，教以禮義。」

〔六〕【集解】馬融曰：「主誅寇害。」

〔七〕【集解】鄭玄曰：「掌諸侯朝覲之官。」

〔八〕【集解】鄭玄曰：「掌軍旅之官。」

「五紀：一曰歲，二曰月，三曰日，四曰星辰，〔一〕五曰曆數。〔二〕

〔一〕【集解】馬融曰：「星，二十八宿。辰，日月之所會也。」鄭玄曰：「星，五星也。」

〔二〕【集解】孔安國曰：「曆數，節氣之度，以爲曆數，敬授民時。」【考證】江聲曰：「分至啓閉以紀歲，朔望朏晦以紀月，永短昏昕以紀日，列星見伏昏旦中，日月躔逡以紀星辰，贏縮經緯，終始相差，以紀曆數。」

「皇極：皇建其有極，〔一〕斂時五福，用傅錫其庶民，〔二〕維時其庶民于女極，〔三〕錫女保極。〔四〕凡厥庶民，毋有淫朋，人毋有比德，維皇作極。〔五〕凡厥庶民，有猷有爲有守，女則念之。〔六〕不協于極，不離于咎，皇則受之。〔七〕而安而色，曰予所好德，女則錫之福。〔八〕時人斯其維皇之極。〔九〕毋侮鰥寡，而畏高明。〔一〇〕人之有能有爲，使羞其行，而國其昌。〔一一〕凡厥正人，既富方穀。〔一二〕女不能使有好于而家，時人斯其辜。〔一三〕于其毋好，女雖錫之福，其作女用咎。〔一四〕毋偏毋頗，遵王之義。〔一五〕毋有作好，遵王之道。〔一六〕毋有作惡，遵王之路。毋偏毋黨，王道蕩蕩。〔一七〕毋黨毋偏，王道平平。〔一八〕毋反毋側，王道正直。〔一九〕會其有極，〔二〇〕歸其有極。〔二一〕曰王極之傅言，〔二二〕是夷是訓，于帝其順。〔二三〕凡厥庶民，極之傅言，〔二四〕是順是行，〔二五〕以近天子之光。〔二六〕曰天子作民父母，以爲天下王。〔二七〕

〔一〕【集解】孔安國曰：「太中之道，人立其有中，謂行九疇之義。」

〔二〕【集解】馬融曰：「當斂是五福之道，用布與衆民。」【考證】斂，聚也。時，是也。書「傅」作「敷」，普也。錫，與也。

〔三〕【集解】馬融曰：「以其能斂是五福，故衆民於汝取中正以歸心也。」

〔四〕【集解】鄭玄曰：「又賜女以守中之道。」【考證】黄式三曰：福、極，韻。

〔五〕【集解】孔安國曰：「民有善則無淫過朋黨之惡，比周之德，惟天下皆大爲中正也。」【考證】黄式三曰：言君立其本，則民人無淫比也。德、極，韻。愚按：德，猶行也。

〔六〕【集解】馬融曰：「凡其衆民，有謀有爲，有所執守，當思念其行有所趣舍也。」

〔七〕【集解】孔安國曰：「凡民之行，雖不合於中，而不罹於咎惡，皆可進用大法受之。」【考證】守、咎、有，韻。

〔八〕【集解】孔安國曰：「女當安女顔色，以謙下人。人曰我所好者德也，女則與之爵禄。」

〔九〕【集解】孔安國曰：「不合于中之人，女與之福，則是人，此其惟大之中，言可勉進也。」【考證】黄式三曰：色、德、福、極，韻。

〔一〇〕【集解】馬融曰：「高明顯寵者，不枉法畏之。」【考證】「毋」字管下七字。書「鰥寡」作「煢獨」。畏，猶憚也。

〔一一〕【集解】王肅曰：「使進其行，任之以政，則國爲之昌。」【考證】黄式三曰：明、行、昌，韻。

〔一二〕【集解】孔安國曰：「正直之人，既當爵禄富之，又當以善道接之。」【考證】楓山、三條本「方」作「有」。

〔一三〕【集解】孔安國曰：「不能使正人有好於國家，則是人斯其詐取罪而去也。」

〔一四〕【集解】鄭玄曰：「無好於女家之人，雖錫之以爵禄，其動作爲女用惡。謂爲天子結怨於民。」

〔一五〕【集解】孔安國曰：「偏，不平；頗，不正。言當循先王正義以治民。」【考證】頗、義，韻。書「義」作「誼」。

〔一六〕【集解】馬融曰：「好，私好也。」【考證】黄式三曰：作，擅爲之也。好、道，韻。

〔一七〕【集解】孔安國曰：「言開辟也。」鄭玄曰：「黨，朋黨。」【考證】黄式三曰：惡、路、黨、蕩，韻。

〔一八〕【集解】孔安國曰：「言辨治也。」【正義】平，音頻然反。【考證】平讀如辨。黄式三曰：偏、平，韻。

〔一九〕【集解】馬融曰：「反，反道也。側，傾側也。」

〔二〇〕【集解】鄭玄曰：「謂君也，當會聚有中之人以爲臣也。」

〔二一〕【集解】鄭玄曰：「謂臣也，當就有中之君而事之。」【考證】黄式三曰：側、直、極，韻。

〔二二〕【集解】馬融曰：「王者當盡極行之，使臣下布陳其言。」【考證】書「王」作「皇」。楓山、三條本「傅」作「敷」，下同。與書合。

〔二三〕【集解】馬融曰：「是大中而常行之，用是教訓天下，於天爲順也。」【考證】書「夷」作「彝」，「順」作「訓」，彝、夷通。「訓」作「順」，史義長。黄式三曰：順、訓，韻。

〔二四〕【集解】馬融曰：「亦盡極敷陳其言於上也。」

〔二五〕【集解】王肅曰：「民納言於上而得中者，則順而行之。」【考證】書「順」作「訓」，史義長。

〔二六〕【集解】王肅曰：「近，猶益也。順行民言，所以益天子之光。」【考證】黄式三曰：近，附也。

〔二七〕【集解】王肅曰：「政教務中，民善是用，所以爲民父母，而爲天下所歸往。」【正義】是箕子美中正之道，誠可爲天子也。君能守中正，而民順行之，是天子爲父母，而爲天下所歸往。【考證】蔡沈曰：「曰」者民之辭也。黄式三曰：行、光、王，韻。

「三德：一曰正直，〔一〕二曰剛克，三曰柔克。〔二〕平康正直，〔三〕彊不友剛克，〔四〕内友柔克，〔五〕沈漸剛克，〔六〕高明柔克。〔七〕維辟作福，維辟作威，維辟玉食。〔八〕臣無有作福作威玉食。臣有作福作威玉食，其害于而家，凶于而國，人用側頗辟，民用僭忒。〔九〕

〔一〕【集解】鄭玄曰：「中平之人。」

〔二〕【集解】鄭玄曰：「克，能也。剛而能柔，柔而能剛，寬猛相濟，以成治立功」。【考證】克，勝也，治也。

〔三〕【集解】孔安國曰：「世平安，用正直治之。」【考證】「平康」以下皆言其資質。平康，得中者。

〔四〕【集解】孔安國曰：「友，順也。世彊禦不順，以剛能治之。」【考證】書「不」作「弗」。弗讀爲佛，「友」字疑涉下而衍。蔡沈曰：以剛克剛也。

〔五〕【集解】孔安國曰：「世和順，以柔能治之也。」【索隱】内，當爲「燮」。燮，和也。【考證】楓山、三條本「内」作

「燮」，與書合。蔡沈曰：以柔克柔也。

〔六〕【集解】馬融曰：「沈，陰也。潛，伏也。陰伏之謀，謂賊臣亂子，非一朝一夕之漸，君親無將，將而誅。」【索隱】尚書作「沈潛」，此作「漸」字，其義當依馬注。【正義】漸，音潛，謂温和也。言温和之人主政，須能剛斷。【考證】蔡沈曰：沈潛者，沈深潛退不及中者也。黄式三曰：猶滯弱也。

〔七〕【集解】馬融曰：高明君子，亦以德懷也。【正義】高明，謂俊朗也，言俊朗之人主政，須能柔和。【考證】蔡沈曰：高明者，高亢明爽過乎中者也。朱熹曰：言人資質沈潛者，當以剛治之；資質高明者，當以柔治之。黄式三曰：滯弱勝以剛，高明勝以柔，能勝質之所偏也。德、直、克，韻。

〔八〕【集解】馬融曰：辟，君也。玉食，美食。不言王者，關諸侯也。鄭玄曰：「作福，專爵賞也。作威，專刑罰也。玉食，備珍美也。」【考證】福、食，韻。

〔九〕【集解】孔安國曰：「在位不端平，則下民僭差。」【正義】孔安國曰：「家謂臣，國謂君也，爲上無制，爲下逼上，凶害之道。辟，音僻。」【考證】書「辟」作「僻」，食、國、忒，韻。正義依慶長本標記補，今本書傳無。

「稽疑：擇建立卜筮人，〔一〕乃命卜筮。曰雨，曰濟，曰涕，〔二〕曰霧，〔三〕曰克，曰貞，曰悔，凡七。卜五，占之用二，衍貣。〔四〕立時人爲卜筮，〔五〕三人占，則從二人之言。〔六〕女則有大疑，謀及女心，謀及卿士，謀及庶人，謀及卜筮。〔七〕女則從，龜從，筮從，卿士從，庶民從，是之謂大同，〔八〕而身其康彊，而子孫其逢吉。〔九〕女則從，龜從，筮從，卿士逆，庶民逆，吉。卿士從，龜從，筮從，女則逆，庶民逆，吉。庶民從，龜從，筮從，女則逆，卿士逆，吉。〔一〇〕女則從，龜從，筮逆，卿士逆，庶民逆，作内吉，作外凶。〔一一〕龜筮共違于人，用静吉，用作凶。〔一二〕

〔一〕【集解】孔安國曰：「龜曰卜，蓍曰筮。考正疑事，當選擇知卜筮人而建立之。」

〔二〕【集解】尚書作「圛」。【索隱】涕，音亦。尚書作「圛」。孔安國云「氣駱驛亦連續」。今此文作「涕」，是涕泣亦相連之狀也。

〔三〕【集解】徐廣曰：「一曰『洟』，曰『被』。」【索隱】霧，音蒙，然「蒙」與「霧」亦通。徐廣所見本「涕」作「洟」，「蒙」作「被」，義通而字變。【考證】錢大昕曰：書「涕」作「驛」，「霧」作「蒙」。又「蒙」在「驛」上，與此文異。梁玉繩曰：五兆之名，各本不同。如「霽」之爲「濟」，「克」之爲「剋」，字義並通，不足爲異。所可異者，今本洪範曰「驛」，史作「涕」，徐廣一作「洟」，説文及鄭氏尚書注、詩載驅箋、周禮太卜注皆作「圛」；今本曰「蒙」，史作「霧」，徐「一作『被』」，鄭尚書注作「雺」，太卜注作「蟊」。攷詩載驅疏云：「古文作『悌』，今文作『圛』。」賈逵以今文校之，定爲「圛」。鄭依賈所奏，然則史必作「悌」。史公從孔安國問，多得古文之説，故作「悌」也。尚書後案曰「説文口部，圛从口，睪聲。尚書『曰圛』。圛，升雲半有半無，讀若驛。蓋古文作『悌』，太迂，故賈逵作『圛』。許慎書偁孔氏，又攷之于逵，其説宜從。僞孔乃因其讀若驛，而即改爲『驛』，妄矣。其作『涕』者，篆『立』、『心』與『水』相似，讀者誤從水。『洟』又因『涕』而誤也」。再攷「霧」與「雺」是一字，然當依鄭作「雺」爲定。鄭云「雺，聲近蒙也」。尚書後案云「鄭讀若蒙，而即改爲『蒙』則非矣」。今俗刻史記誤「雺」爲「霧」，其作「蟊」者，音近而假借。錢大昕曰：被，蓋「敄」之譌，即「霧」之省。

〔四〕【集解】鄭玄曰：「卜五占之用，謂雨、濟、圛、霧、克也。二衍貣，謂貞、悔也。將立卜筮人，乃先命名兆卦，而分別之。兆卦之名凡七，龜用五，易用二，審此道者，乃立之也。雨者，兆之體，氣如雨然也。濟者，如雨止之雲氣在上者也。圛者，色澤而光明也。霧者，氣不釋，鬱冥冥也。克者，如祲氣之色相犯也。內卦曰貞，貞，正也。外卦曰悔，悔之言晦也。晦，猶終也。卦象多變，故言『衍貣』也。」【考證】書無「之」字，「貣」作「忒」。馬融曰：占，筮也。以「占用二」爲句。卜用五，占用二，以推其變也。愚按：卜五，雨、濟、圛、雺、克也。占二，貞，悔也。江聲曰：衍，演也，廣也。貣，態也。林之奇曰：卜筮，天所示也。人事盡，然後可求之天，故龜筮稽疑，必在皇極、三德之後。

〔五〕【集解】鄭玄曰：「立是能分別兆卦之名者，以爲卜筮人。」【考證】時人，是人也。

〔六〕【集解】鄭玄曰：「從其多者，蓍龜之道，幽微難明，慎之深。」

〔七〕【集解】孔安國曰：「先盡謀慮，然後卜筮以決之。」【正義】孔安國云：「將舉事，而汝則有大疑，先盡汝心以謀慮之，次及卿士衆民，然後卜筮以決之。」

〔八〕【集解】孔安國曰：「大同於吉。」

〔九〕【集解】孔安國曰：「動不違衆，故後世遇吉也。」【考證】馬融曰：逢，大也。黄式三曰：馬氏讀逢爲豐。存參。

〔一〇〕【集解】鄭玄曰：「此三者，皆從多，故爲吉。」

〔一一〕【集解】鄭玄曰：「此逆者多，以故舉事於境内則吉，境外則凶。」

〔一二〕【集解】孔安國曰：「安以守常則吉，動則凶。」鄭玄曰：「龜筮皆與人謀相違，人雖三從，猶不可以舉事。」【考證】用，以也，如下文「用成」、「用明」之「用」。

「庶徵：曰雨，曰陽，曰奥，曰寒，曰風，〔一〕曰時。五者來備，各以其序，庶草繁廡。〔二〕一極備，凶。一極亡，凶。〔三〕曰休徵：〔四〕曰肅，時雨若；〔五〕曰治，時暘若；〔六〕曰知，時奥若；〔七〕曰謀，時寒若；〔八〕曰聖，時風若。〔九〕曰咎徵：〔一〇〕曰狂，常雨若；〔一一〕曰僭，常暘若；〔一二〕曰舒，常奥若；〔一三〕曰急，常寒若；〔一四〕曰霧，常風若。〔一五〕王眚維歲，〔一六〕卿士維月，〔一七〕師尹維日。〔一八〕歲月日時毋易，〔一九〕百穀用成，治用明，〔二〇〕畯民用章，家用平康。〔二一〕日月歲時既易，百穀用不成，治用昏不明，畯民用微，家用不寧。〔二二〕庶民維星，〔二三〕

星有好風，星有好雨。〔二四〕日月之行，有冬有夏。〔二五〕月之從星，則以風雨。〔二六〕

〔一〕【集解】孔安國曰：「雨以潤物，陽以乾物，煖以長物，寒以成物，風以動物，五者各以時，所以爲衆驗。」【考證】書「陽」作「暘」，「奥」作「燠」。張文虎曰：蔡、王、柯、凌本作「陽」，中統、舊刻、游本作「暘」。段玉裁曰：五行志、王莽傳作「陽」，假借字。

〔二〕【集解】孔安國曰：「言五者備至，各以次序，則衆草木繁廡滋豐也。」【考證】五者，雨、陽、奥、寒、風也。書「繁」作「蕃」。段玉裁曰：「曰時五者來備」六字當作「五是來備」。後漢書李雲傳云「得其人則五氏來備」，章懷注云「史記曰『五是來備』」。荀爽傳云「五韙咸備」，注「史記曰『五是來備，各以其序，庶草繁蕪』」。案此二條可以證今本史記之誤。愚按：毛本後漢書李雲傳注作「五者」，不作「五是」，段氏不知據何本。「曰時五者來備」爲一句。曰，改端之詞。時，是也。下文「時毋易」、「時既易」之「時」字同，不必據章懷注改今本史記。

〔三〕【集解】孔安國曰：「一者備極過甚則凶，一者極無不至亦凶，謂其不時失敘之謂也。」

〔四〕【集解】孔安國曰：「敘美行之驗。」

〔五〕【集解】孔安國曰：「君行敬，則時雨順之。」【考證】黄式三曰：若，順也，應也。謂順其氣以應之也。

〔六〕【集解】孔安國曰：「君政治，則時暘順之。」

〔七〕【集解】孔安國曰：「君昭哲，則時煖順之。」

〔八〕【集解】孔安國曰：「君能謀，則時寒順之。」

〔九〕【集解】孔安國曰：「君能通理，則時風順之。」

〔一〇〕【集解】孔安國曰：「敘惡行之驗也。」

〔一一〕【集解】孔安國曰：「君行狂妄，則常雨順之。」

〔一二〕【集解】孔安國曰：「君行僭差，則常暘順之。」

〔一三〕【集解】孔安國曰：「君臣逸豫，則常燠順之。」【索隱】舒，依字讀。按：下有「曰急」也。【考證】書「舒」作「豫」。說者以爲猶豫之義，與「舒」意同。

〔一四〕【集解】孔安國曰：「君行急，則常寒順之。」

〔一五〕【集解】孔安國曰：「君行霧闇，則常風順之。」【考證】書「霧」作「蒙」，心之不通明也。

〔一六〕【集解】馬融曰：「言王者所眚職，如歲兼四時也。」【正義】眚，山井反。王者省歲之休咎，知民豐儉，此下教王者及民識歲月之善惡也。【考證】書「眚」作「省」，察也。

〔一七〕【集解】孔安國曰：「卿士各有所掌，如月之有別。」

〔一八〕【集解】孔安國曰：「衆正官之吏分治其職，如日之有歲月也。」【正義】師尹，謂長正，若今刺史、縣令。師尹視旬日之變。【考證】江聲曰：王者所省，如歲之兼四時。卿士分職治事，如月統于歲；衆正之官，統于卿，如日統于月。

〔一九〕【集解】孔安國曰：「各順常。」

〔二〇〕【集解】孔安國曰：「歲月無易，則百穀成。君臣無易，則正治明。」【考證】書「治」作「乂」。

〔二一〕【集解】孔安國曰：「賢臣顯用，國家平寧。」【考證】書「畯」作「俊」。成、明、章、康，韻。

〔二二〕【正義】孔安國云：「君失其柄，權臣擅命，治闇賢隱，國家亂。」【考證】成、明、寧，韻。

〔二三〕【集解】孔安國曰：「星，民象，故衆民惟若星也。」【考證】維星，言其衆也。

〔二四〕【集解】馬融曰：「箕星好風，畢星好雨。」【考證】是言庶民之心各異。馬說拘于「好風好雨」四字。

〔二五〕【集解】孔安國曰：「日月之行，冬夏各有常度。」

〔二六〕【集解】孔安國曰：「月經于箕則多風，離于畢則多雨。政教失常，以從民欲，亦所以亂。」【考證】楓山、三條本「風」下有「以」字。夏、雨，韻。

「五福：一曰壽，二曰富，〔一〕三曰康寧，〔二〕四曰攸好德，〔三〕五曰考終命。〔四〕六極：一曰凶短折，〔五〕二曰疾，三曰憂，四曰貧，五曰惡，〔六〕六曰弱。」〔七〕

〔一〕【正義】壽，百二十年。富，財豐備也。

〔二〕【集解】鄭玄曰：「康寧平安。」

〔三〕【集解】孔安國曰：「所好者，德福之道。」

〔四〕【集解】孔安國曰：「各成其短長之命以自終，不橫夭。」【考證】黄式三曰：攸，喜也。好德，美德也。考，成也。終，永也。成永長之命，如聖賢能終其天年。

〔五〕【集解】鄭玄曰：「未齔曰凶，未冠曰短，未婚曰折。」【索隱】未齔，未毀齒也。音楚憾反。

〔六〕【集解】孔安國曰：「惡，醜陋也。」

〔七〕【集解】鄭玄曰：「愚懦不壯毅曰弱。」【考證】「武王既克殷」以下采書洪範。黄式三曰：凶短折，謂短促，考終命之反也。疾，康之反，不安也。憂，寧之反，不如願也。貧，富之反。惡，謂惡人，攸好德之反也。弱，謂未老，壽之反也。愚按：弱，羸弱也。

於是武王乃封箕子於朝鮮而不臣也。〔一〕

〔一〕【索隱】潮仙二音，地因水爲名也。【正義】朝鮮，潮仙二音。括地志云：「高驪平壤城，本漢樂浪郡王儉城，即古朝鮮也。」【考證】尚書大傳云「武王勝殷，釋箕子囚。箕子不忍周之釋，走之朝鮮。武王聞之，因以朝鮮封之。箕子既受周之封，不得無臣禮，於十三祀來」，與此異。

其後箕子朝周，過故殷虛，感宮室毀壞，生禾黍，箕子傷之，欲哭則不可，欲泣爲其近婦人，〔一〕乃作麥秀之詩以歌詠之。其詩曰：「麥秀漸漸兮，禾黍油油。〔二〕彼狡僮兮，不與我好兮！」〔三〕所謂狡童者，紂也。殷民聞之，皆爲流涕。〔四〕

〔一〕【索隱】婦人之性，多涕泣。

〔二〕【索隱】漸漸，麥芒之狀，音子廉反，又依字讀。油油者，禾黍之苗光悦貌。

〔三〕【考證】油、好，韻。

〔四〕【集解】杜預曰：「梁國蒙縣有箕子冢。」【考證】麥秀之歌，尚書大傳以爲微子事，語亦有異同。梁玉繩曰：今本大傳云「麥秀蔪兮，黍禾蠅蠅。彼狡童兮，不我好仇」。文選思舊賦注引大傳云：「麥秀漸兮，黍禾䵶䵶，彼狡童兮不我好。」又漢書伍被傳注「張晏曰：箕子歌曰『麥秀之漸漸兮，黍苗之繩繩兮，彼狡童兮，不與我好兮』」。崔述曰：麥秀之歌，有怨君之心，無傷舊之意，其詞亦大不敬，必後人所擬作，非微、箕所爲。

武王崩，成王少，周公旦代行政當國。管、蔡疑之，乃與武庚作亂，欲襲成王、周公。〔一〕周公既承成王命，誅武庚，殺管叔，放蔡叔，乃命微子開代殷後，奉其先祀，作微子之命以申之，國于宋。〔二〕微子故能仁賢，乃代武庚，故殷之餘民甚戴愛之。〔三〕

〔一〕【集解】徐廣曰：「一云『欲襲成周』。」【考證】梁玉繩曰：徐廣作「欲襲成周」，非也。史詮刪「成」字，亦非。

〔二〕【集解】世本曰：「宋更曰睢陽。」【考證】宋，今河南歸德府商邱縣。通志「周封微子于宋，以爲商後，故曰商邱」。中井積德曰：微子仍稱微者，猶周、召、康叔之類云。

〔三〕【考證】岡白駒曰：故、固通。徐孚遠曰：周移殷遺民于洛邑三世，其風始革。國于宋者，安然無虞，非微子之德，蓋新故異故也。陳子龍曰：殷之頑民率在紂故都，宋之遺民非頑民也。

微子開卒，立其弟衍，是爲微仲。〔一〕微仲卒，子宋公稽立。〔二〕宋公稽卒，子丁公申立。丁公申卒，子湣公共立。〔三〕湣公共卒，弟煬公熙立。煬公即位，湣公子鮒祀弒煬公而自立，〔四〕曰「我當立」，是爲厲公。厲公卒，子釐公舉立。

〔一〕【集解】禮記曰：「微子舍其孫腯而立衍也。」鄭玄曰：「微子適子死，立其弟衍，殷禮也。」【索隱】按：家語微子弟仲思，名衍，一名泄，嗣微子爲宋公。雖遷爵易位，而班級不過其故，故以舊官爲稱。故二微雖爲宋公，猶稱「微」，至子稽乃稱宋公也。【考證】集解所引禮記檀弓篇。索隱所引家語本姓解。中井積德曰：禮記所云以衍爲微子之庶子也，此不可據作説。梁玉繩曰：仲乃微子之子，非弟也。僞家語恐不可信。方苞曰：微子、微仲，雖受周封，猶稱殷號，周家之忠厚也。洪範王曰「嗚呼箕子」，編書者又以「微子之命」名篇，則知武王、周公不忍革其故號。故微仲之子始稱宋公。

〔二〕【索隱】譙周云：「未謚，故名之。」

〔三〕【考證】沈家本曰：表云丁公弟，與此異。

〔四〕【集解】徐廣曰：「鮒，一作『魴』。」【索隱】徐云「一本作『魴』」，譙周亦作「魴祀」。據左氏，即湣公庶子也。弒煬公，欲立太子弗父何，何讓不受。

釐公十七年，周厲王出奔彘。

二十八年，釐公卒，子惠公覸立。〔一〕惠公四年，周宣王即位。三十年，惠公卒，子哀公立。〔二〕哀公元年卒，子戴公立。

〔一〕【集解】呂忱曰：「覸，音古莧反。」

〔二〕【考證】錢大昕曰：表三十一年哀公薨，次年即爲戴公元年，少哀公一年。

戴公二十九年，周幽王爲犬戎所殺，秦始列爲諸侯。

三十四年，戴公卒，子武公司空立。武公生女，爲魯惠公夫人，生魯桓公。〔一〕十八年，武公卒，子宣公力立。

〔一〕【考證】「武公生女」以下，隱元年左氏前傳。

宣公有太子與夷。十九年，宣公病，讓其弟和曰：「父死子繼，兄死弟及，天下通義也。我其立和。」和亦三讓而受之。〔一〕宣公卒，弟和立，是爲穆公。

〔一〕【考證】宋，殷之後，故仍用兄弟相及之義。

穆公九年，病，召大司馬孔父謂曰：「先君宣公舍太子與夷而立我，我不敢忘。我死，必立與夷也。」孔父曰：「羣臣皆願立公子馮。」穆公曰：「毋立馮，吾不可以負宣公。」於是穆公使馮出居于鄭。八月庚辰，穆公卒，兄宣公子與夷立，是爲殤公。君子聞之曰：「宋宣公可謂知人矣，立其弟以成義，然卒其子復享之。」〔一〕

〔一〕【考證】「穆公九年病」以下采隱三年左傳。愚按：「君子聞之曰『宋宣公可謂知人矣』」，正采左氏文，褒之至矣。而論贊則用公羊氏説曰「春秋譏宋之亂自宣公廢太子而立弟」。前褒後譏，不一其揆，蓋釐正未至者也。

殤公元年，衛公子州吁弑其君完自立，欲得諸侯，使告於宋曰：「馮在鄭，必爲亂，可與

我伐之。」宋許之，與伐鄭，至東門而還。〔一〕二年，鄭伐宋，以報東門之役。〔二〕其後諸侯數來侵伐。〔三〕

〔一〕【考證】隱四年左傳。

〔二〕【考證】隱五年春秋經傳。

〔三〕【考證】楓山、三條本無「伐」字。

九年，大司馬孔父嘉妻好，出，道遇太宰華督，〔一〕督説，目而觀之。〔二〕督利孔父妻，乃使人宣言國中曰：「殤公即位十年耳，而十一戰，〔三〕民苦不堪，皆孔父爲之，我且殺孔父以寧民。」〔四〕是歲，魯弑其君隱公。〔五〕十年，華督攻殺孔父，取其妻。殤公怒，遂弑殤公，而迎穆公子馮於鄭而立之，是爲莊公。

〔一〕【集解】服虔曰：「戴公之孫。」

〔二〕【集解】服虔曰：「目者，極視精不轉也。」【考證】王若虛曰：左氏「目逆而送之」，其言甚文，史乃云「目而觀之」，不成語矣。中井積德曰：目，目送之也。又曰：華父督不宜言華督，蓋「華父」其字也，是時未以爲氏族也。是太史公之粗處。

〔三〕【集解】賈逵曰：「一戰，伐鄭圍其東門；二戰，取其禾；三戰，取邾田；四戰，邾、鄭伐宋入其郛；五戰，伐鄭圍長葛；六戰，鄭以王命伐宋；七戰，魯敗宋師于菅；八戰，宋、衛入鄭；九戰，伐戴；十戰，鄭入宋；十一戰，鄭伯以虢師大敗宋。」【考證】董份曰：「殤」字當是死而謚者，今臣不宜稱，恐誤。即張敖傳稱「高祖」也。梁玉繩曰：「殤」字誤，當省。

〔四〕【考證】楓山、三條本「爲」上有「所」字。桓元年、二年左傳。

〔五〕【考證】杭世駿曰：隱公弑于宋殤公八年，此敘在九年，誤。

莊公元年，華督爲相。〔一〕九年，執鄭之祭仲，〔二〕要以立突爲鄭君。祭仲許，竟立突。〔三〕十九年，莊公卒。〔四〕子湣公捷立。

〔一〕【考證】桓二年左傳。

〔二〕【正義】上側界反。括地志云：「故祭城，在鄭州管城縣東北五十里。鄭大夫祭仲邑也。」杜預云：「左傳釋例云『祭城，在河南，上有敖倉，周公所封也』。」

〔三〕【考證】桓十一年左傳。梁玉繩曰：事在宋莊公十年。

〔四〕【考證】莊二年春秋。陳仁錫曰：十九年，史表作「十八年」。梁玉繩曰：莊公十八年卒，無十九年。

湣公七年，齊桓公即位。〔一〕九年，宋水，魯使臧文仲往弔水。〔二〕湣公自罪曰：「寡人以不能事鬼神，政不脩，故水。」臧文仲善此言。此言乃公子子魚教湣公也。〔三〕

〔一〕【考證】莊九年春秋經傳。

〔二〕【集解】賈逵曰：「問凶曰弔。」

〔三〕【考證】本莊十一年左傳。梁玉繩曰：此史公改左傳文而誤者，未必所見本異也。左傳云「宋大水，公使弔焉」，未詳所使何人。其辭曰：「孤實不敬，天降之災。」文仲稱其言懼而名禮。若如史所云「寡人」，何得謂名禮？而辭出于公子御說，史又誤爲子魚，子魚乃桓公御說之子也。此與年表並妄。

十年夏，宋伐魯，戰於乘丘，〔一〕魯生虜宋南宮萬。〔二〕宋人請萬，萬歸宋。〔三〕十一年秋，湣公與南宮萬獵，因博争行，湣公怒，辱之曰：「始吾敬若；今若，魯虜也。」萬有力，病此言，〔四〕遂以局殺湣公于蒙澤。〔五〕大夫仇牧聞之，以兵造公門。萬搏牧，牧齒著門闔死。〔六〕因殺太宰華督，乃更立公子游爲君。〔七〕諸公子犇蕭，公子禦説犇亳。〔八〕萬弟南宮牛將兵圍亳。冬，蕭及宋之諸公子共擊殺南宮牛，〔九〕弒宋新君游而立湣公弟禦説，是爲桓公。〔一〇〕宋萬犇陳。〔一一〕宋人請以賂陳。〔一二〕陳人使婦人飲之醇酒，〔一三〕以革裹之，歸宋。〔一四〕宋人醢萬也。〔一五〕

〔一〕【集解】徐廣曰：「乘，一作『媵』。」駰案：杜預曰「乘丘，魯地」。【考證】梁玉繩曰：乘丘之役，在宋湣八年。此書于十年者，蓋因下左傳于莊十一年追敍南宮萬，而誤差二年也。

〔二〕【集解】賈逵曰：「南宮氏，萬名，宋卿。」

〔三〕【考證】莊十一年左傳。

〔四〕【考證】雜取莊十一年左傳、十二年公羊傳。梁玉繩曰：「十一年」三字衍。湣公立十年而被弒，上文已書曰「十年」也。又史本公羊，以弒公因博起釁，然不聞獵也，豈別有據乎？

〔五〕【集解】賈逵曰：「蒙澤，宋澤名也。」杜預曰：「宋地，梁國有蒙縣。」【考證】梁玉繩曰：公羊云「萬搏閔公，絶其脰」，此言以局殺公，亦異。

〔六〕【集解】何休曰：「闔，門扇。」【考證】公羊云「仇牧聞君弒，趨而至，遇之於門，手劍而叱之。萬臂摋仇牧，碎其首，齒著乎門闔」，亦微異。

〔七〕【考證】子游，不知何公之子。

〔八〕【集解】服虔曰：「蕭、亳，宋邑也。」杜預曰：「今沛國有蕭縣、蒙縣，西北有亳城也。」

〔九〕【考證】左傳「蕭」下有「叔大心」三字。大心，蕭大夫名，叔其字。

〔一〇〕【考證】中井積德曰：游不成君，未可稱弒。愚按：左傳作「殺」。

〔一一〕【考證】中井積德曰：此宋世家也，與春秋不同。不得「宋萬」之稱，不可以爲法。

〔一二〕【考證】楓山、三條本無「陳」字，義長。中井積德曰：「請」字當在「賂」下，是傳寫之誤，亦通。

〔一三〕【集解】服虔曰：「宋萬多力，勇不可執，故先使婦人誘而飲之酒，醉而縛之。」

〔一四〕【集解】左傳曰：「以犀革（裏）〔裹〕之。」【考證】左傳云「以犀革（裏）〔裹〕之，比及宋，手足皆見」，能狀萬多力，千歲如生。史公節略數字，索然無味。

〔一五〕【集解】服虔曰：「醢，肉醬。」【考證】「殺湣公于蒙澤」以下采莊十二年左、公二傳。

桓公二年，諸侯伐宋，至郊而去。〔一〕三年，齊桓公始霸。〔二〕二十三年，迎衛公子燬於齊，立之，是爲衛文公。文公女弟爲桓公夫人。〔三〕秦穆公即位。三十年，桓公病，太子茲甫讓其庶兄目夷爲嗣。桓公義太子意，竟不聽。〔四〕三十一年春，桓公卒，太子茲甫立，是爲襄公。以其庶兄目夷爲相。未葬，而齊桓公會諸侯于葵丘，襄公往會。〔五〕

〔一〕【考證】莊十四年春秋經傳。

〔二〕【考證】莊十五年春秋經傳。

〔三〕【考證】閔二年左傳。

〔四〕【考證】僖八年左傳。

〔五〕【考證】僖九年左傳。

襄公七年，宋地霣星如雨，與雨偕下；〔一〕六鶂退蜚，〔二〕風疾也。〔三〕

〔一〕【集解】左傳曰：「隕石于宋五，隕星也。」【索隱】按：僖十六年左傳「隕石于宋五，霣星也，六鶂退飛過宋都」。是當宋襄公之時。訪內史叔興曰：「吉凶焉在？」對曰：「君將得諸侯而不終也。」然莊七年傳又云「恒星不見，夜中星霣如雨，與雨偕也」。且與雨偕下，自在別年，不與霣石退鶂之事同。此史以霣石爲霣星，遂連恒星不見之時與雨偕爲文，故與左傳小不同也。【考證】李笠曰：案「與雨偕下」四字疑後人旁注溷入。

〔二〕【集解】公羊傳曰：「視之則六，察之則鷁，徐察之則退飛。」

〔三〕【集解】賈逵曰：「風起於遠，至宋都，高而疾，故鶂逢風卻退。」【考證】春秋莊八年「夏四月辛卯，夜恒星不見，夜中星隕如雨」，在宋湣五年。僖十六年「春王正月戊申朔，隕石于宋。是月，六鷁退飛過宋都」，在宋襄七年。王若虛曰：星隕如雨，初不指其在宋，且莊七年與僖十六年相去遠矣，安得併爲宋地同時之事乎？蓋見左氏釋隕石爲隕星，故誤誌焉。而隕石之事反遺而不書，疏甚。

八年，齊桓公卒，〔一〕宋欲爲盟會。十二年春，宋襄公爲鹿上之盟，〔二〕以求諸侯於楚，楚人許之。公子目夷諫曰：「小國争盟，禍也。」不聽。秋，諸侯會宋公盟于盂。〔三〕目夷曰：「禍其在此乎？君欲已甚，何以堪之！」於是楚執宋襄公以伐宋。冬，會于亳，以釋宋公。子魚曰：「禍猶未也。」〔四〕十三年夏，宋伐鄭。子魚曰：「禍在此矣。」秋，楚伐宋以救鄭。襄公將戰，子魚諫曰：「天之弃商久矣，不可。」〔五〕冬，十一月，襄公與楚成王戰于泓。〔六〕楚人未濟，〔七〕目夷曰：「彼衆我寡，及其未濟擊之。」公不聽。已濟未陳，又曰：「可擊。」公曰：「待其已陳。」陳成，宋人擊之。宋師大敗，襄公傷股。國人皆怨公。〔八〕公曰：「君子不困人於阸，不鼓不成列。」〔九〕子魚曰：「兵以勝爲功，何常言與！〔一〇〕必如公言，即奴事之耳，又何戰爲？」

〔一〕【考證】僖十七年春秋經傳。先是齊桓公立公子昭爲太子，屬諸宋襄公。桓公卒，易牙等立公子無虧，公子昭走宋，襄公以諸侯伐齊，殺無虧，立昭，是爲孝公，是宋襄起事之始。龜井昱曰：宋襄一戰而殺無虧，再戰而立孝公，此其所以志氣炎上也。至此霸心遂決，故有明年之事。又曰：僖十六年左傳，周内史叔興曰「君將得諸侯而不終」，蓋宋襄求霸既久矣。

〔二〕【集解】杜預曰：「鹿上，宋地，汝陰有原鹿縣。」【索隱】按：汝陰原鹿，其地在楚。僖二十一年，宋人、楚人、齊人盟於鹿上，是也。然襄公始求諸侯於楚，楚纔許之，計未合至女陰鹿上。今濟陰乘氏縣北有鹿城，蓋此地也。【考證】王夫之曰：索隱以鹿上爲楚地，然宋、齊不應遠如楚而相受盟。濟陰乘氏縣之鹿城，其地在今曹縣，乃曹、宋之境。杜預以爲宋地，斯得之矣。

〔三〕【集解】杜預曰：「盂，宋地。」【考證】楓山、三條本「公」下無「盟」字，與左傳合。盂，今河南歸德府睢州盂亭是。

〔四〕【考證】僖廿一年左傳。子魚即公子目夷。

〔五〕【考證】子魚之言至此。

〔六〕【集解】穀梁傳曰：「戰于泓水之上。」【考證】泓，水名，今河南歸德府柘城縣渙水支流。

〔七〕【考證】中井積德曰：未濟，左傳作「未既濟」，「既」字不當省。

〔八〕【考證】左傳「怨」作「咎」。

〔九〕【集解】何休曰：「軍志，以鼓戰，以金止，不鼓不戰也。不成列，未成陳。」【正義】厄，謂阻隘也。

〔一〇〕【集解】徐廣曰：「一云『尚何言與』。」

楚成王已救鄭，鄭享之；去而取鄭二姬以歸。〔一〕叔瞻曰：「成王無禮，〔二〕其不沒乎？爲禮卒於無別，有以知其不遂霸也。」〔三〕

〔一〕【索隱】謂鄭夫人芈氏、姜氏之女，既是鄭女，故云「二姬」。【考證】中井積德曰：據左傳，芈氏、姜氏並鄭伯之夫人勞楚子者，楚子所取二姬，是芈氏所生之女。

〔二〕【正義】謂取鄭二姬也。

〔三〕【考證】以上，僖廿二年左傳。左傳「別」下有「諸侯」二字。叔瞻之言止於「無別」。徐孚遠曰：此楚事著于宋傳，失删政也。梁玉繩曰：楚世家不載此事。則是史家帶敘之法，不得失于删政。惟成王生而稱謚爲非，當曰「楚王無禮」。愚按：左傳作「楚王」。

是年，晉公子重耳過宋，襄公以傷於楚，欲得晉援，厚禮重耳以馬二十乘。〔一〕

〔一〕【集解】服虔曰：「八十四。」【考證】僖廿三年左傳。古鈔本「乘」下有「遺之」二字。梁玉繩曰：案左傳重耳歷游諸國，惟自鄭至楚，及楚送諸秦，當在魯僖二十三年。過衛，在僖十八年，餘皆追敘，莫定在何歲。此及晉世家書過宋于宋襄十三年傷泓之後，謂國敗禮重耳，未確也。

十四年夏，襄公病傷於泓而竟卒，〔一〕子成公王臣立。〔二〕

〔一〕【索隱】按：春秋戰于泓在僖二十三年，重耳過宋及襄公卒在二十四年。今此文以重耳過與傷泓共歲，故云「是年」。又重耳過與宋襄公卒共是一歲，則不合更云十四年，是進退俱不合於左氏，蓋太史公之疏耳。【考證】僖廿三年春秋經傳。

〔三〕【考證】穀梁經「王臣」作「壬臣」。

成公元年，晉文公即位。〔一〕三年，倍楚盟親晉，以有德於文公也。〔二〕四年，楚成王伐宋，宋告急於晉。〔三〕五年，晉文公救宋，楚兵去。〔四〕九年，晉文公卒。〔五〕十一年，楚太子商臣弑其父成王代立。〔六〕十六年，秦穆公卒。〔七〕

〔一〕【考證】僖廿四年左傳。

〔二〕【考證】僖廿六年左傳。

〔三〕【考證】僖廿七年左傳。

〔四〕【考證】僖廿八年左傳。

〔五〕【考證】僖卅二年春秋經傳。

〔六〕【考證】文元年春秋經傳。

〔七〕【考證】文六年左傳。

十七年，成公卒。〔一〕成公弟禦殺太子及大司馬公孫固，〔二〕而自立爲君。宋人共殺君禦，而立成公少子杵臼，〔三〕是爲昭公。

〔一〕【正義】年表云：公孫固殺成公。【考證】文七年春秋經傳。

〔二〕【正義】世本云：宋莊公孫名固，爲大司馬。【考證】沈家本曰：左傳無殺太子事。

〔三〕【正義】年表云：宋昭元年。杵臼，襄公之子。徐廣曰：「一云成公少子。」【考證】梁玉繩曰：案經傳無禦作亂事。是時樂豫代公孫固爲司馬，固已不爲司馬，故文七年傳但云「殺公孫固、公孫鄭于公宫」。

昭公四年，宋敗長翟緣斯於長丘。〔一〕七年，楚莊王即位。

〔一〕【集解】魯世家云：「宋武公之世，獲緣斯於長丘。」今云此時，未詳。【索隱】徐廣曰「魯系家云宋武公之代，獲緣斯於長丘。今云此時，未詳」者，春秋文公十一年，魯敗翟于鹹，獲長狄緣斯於長丘，齊系家「惠公二年，長翟來，王子城父攻殺之」，此並取左傳之說，載於諸國系家，今考其年歲，亦頗相協。而魯系家云武公，此云昭公，蓋此「昭」當爲「武」，然前代雖已有武公，此杵臼當亦謚武也。若將不然，豈下五系公子特爲君，又合謚昭乎？【正義】裴駰云「魯世家云武公之世，獲緣斯於長丘，今此云昭公，未詳」。按春秋文公十一年，「魯敗狄於鹹，獲長狄緣斯於長丘」，與年表同。齊世家云魯惠公二年長翟來，王子城父殺之，年表亦同。據春秋及年表、世家，年歲符合，魯世家云宋武公，是誤，當爲「昭公」，即符合矣。【考證】文十一年左傳云「冬十月甲午，敗狄于鹹，獲長狄喬如。初，宋武公之世鄋瞞伐宋，司徒皇父帥師禦之，敗狄于長丘，獲長狄緣斯」，杜注「武公在春秋前也」。余有丁曰：左傳載武公獲緣斯，在春秋前。魯世家語是，此云昭公，誤也。索隱牽合以昭亦謚武，曲說不通。愚按：黄氏日抄、考古質疑、史記志疑亦主此說，可從。沈家本曰：索隱「敗翟于鹹」下文義不明，當有奪文。

九年，昭公無道，國人不附。昭公弟鮑革賢而下士。〔二〕先，襄公夫人欲通於公子鮑，不可，〔三〕乃助之施於國，〔三〕因大夫華元爲右師。〔四〕昭公出獵，夫人王姬使衛伯攻殺昭公杵臼，弟鮑革立，是爲文公。〔五〕

〔二〕【集解】徐廣曰：「一無『革』字。」【考證】錢大昕曰：左氏無「革」字，下文亦有單稱公子鮑者，則「革」爲衍文明矣。愚按：年表亦無「革」字。

〔三〕【集解】服虔曰：「襄公夫人，周襄王之姊王姬也。不可，鮑不肯也。」【考證】宋襄卒而二十七年，夫人年蓋進六十矣。

〔三〕【正義】施，貳是反。襄夫人助公子鮑布施恩惠於國人也。

〔四〕【正義】公子鮑因華元請得爲右師。華元，戴公五代孫華督之曾孫也。【考證】凌稚隆曰：按左傳云「昭公無道，國人奉公子鮑，以因夫人，於是華元爲右師」云云，此云「因大夫華元爲右師」，文義不順。中井積德曰：本文錯脱不可讀，注亦錯謬，恐當作「公子鮑因華元請」，然亦謬解。

〔五〕【考證】「昭公無道」以下本于文十六年左傳。館本考證云：「左傳『昭公將田孟諸，未至，夫人王姬使帥甸攻而殺之』。此云『衛伯』，不知何據。」中井積德曰：衛伯或是宮衛之長。

文公元年，晉率諸侯伐宋，責以弑君。聞文公定立，乃去。〔一〕二年，昭公子因文公母弟須與武、繆、戴、莊、桓之族爲亂，文公盡誅之，出武、繆之族。〔二〕

〔一〕【考證】文十七年春秋經傳。

〔二〕【集解】賈逵曰：「出，逐也。」【考證】梁玉繩曰：案：文十八年左傳，武氏之族道昭公子，將奉司城須作亂，宋公殺須及昭公子，使戴、莊、桓之族攻武氏，遂出武穆之族。然則始亂者武族，非昭公子因須爲亂也。黨于武者爲穆族，而戴、莊、桓三族乃攻武族者。此謂戴、莊、桓亦偕亂被誅，誤矣。

四年春，鄭命楚伐宋。〔一〕宋使華元將，鄭敗宋，囚華元。華元之將戰，殺羊以食士，其御羊羹不及，〔二〕故怨，馳入鄭軍，故宋師敗，得囚華元。宋以兵車百乘、文馬四百匹贖華元。〔三〕未盡入，華元亡歸宋。〔四〕

〔一〕【考證】凌稚隆曰：鄭公子歸生受命於楚伐宋，此云「鄭命楚」，恐誤。張照曰：此傳寫倒置耳。

〔二〕【集解】左傳曰：「御，羊斟也。」

〔三〕【集解】賈逵曰：「文，貍文也。」王肅曰：「文馬，畫馬也。」【正義】按：文馬者，裝飾其馬。四百匹用牽車百乘遺鄭，贖華元也。又云：文馬，赤鬣縞身，目如黃金。【考證】楓山、三條本「得囚」下無「華元」二字。文馬，正義前說得之。

〔四〕【考證】宣二年左傳。左傳「未盡入」作「半入」。

十四年，楚莊王圍鄭。鄭伯降楚，楚復釋之。〔一〕

〔一〕【考證】宣十二年春秋經傳。

十六年，楚使過宋，宋有前仇，執楚使。〔一〕九月，楚莊王圍宋。〔二〕十七年，楚以圍宋五月不解。〔三〕宋城中急，無食，華元乃夜私見楚將子反。子反告莊王。王問：「城中何如？」曰：「析骨而炊，易子而食。」〔四〕莊王曰：「誠哉言！我軍亦有二日糧。」以信故，遂罷兵去。〔五〕

〔一〕【考證】中井積德曰：前仇者申舟孟諸之田抶宋公僕也，事在宋文公十二年。今申舟爲使，故執之也。史記不說者，事脫漏耳。又左傳曰「殺之」，此云「執」，亦謬。

〔二〕【考證】宣十四年左傳。

〔三〕【考證】中井積德曰：以、已同。張照曰：按杜預注左傳云「在宋積九月」，此云「五月不解」，承公羊傳「夏五月，宋人與及楚人平」之文，年表遂云「圍宋五月」，其誤正與此同。呂氏春秋云「莊王圍宋九月」，「康王圍宋五月」，「聲王圍宋十月」。沈家本曰：按此言楚圍宋至夏五月，猶不解也。

〔四〕【集解】何休曰：「析骨，析破人骨也。」

〔五〕【考證】雜采宣十五年左、公二傳。楓山、三條本「言」上有「是」字，「二日」作「三日」。舊刻、毛本亦作「三日」。梁玉繩曰：案：二日，公羊傳作「七日」。又公羊作子反告華元，此謂莊王喜華元之誠而自發斯言，亦異。蓋史公述楚圍宋事，合采公羊、左氏而變易之，不盡依元文耳。中井積德曰：太史公每稱「楚將」、「晉將」，是後世之語，非當時之稱，他並倣此。

二十二年，文公卒，子共公瑕立。始厚葬。君子譏華元不臣矣。〔一〕

〔一〕【考證】成公二年左傳。春秋經三傳，共公名固。

共公元年，華元善楚將子重，又善晉將欒書，兩盟晉、楚。〔一〕十三年，共公卒。華元爲右師，魚石爲左師。司馬唐山攻殺太子肥，欲殺華元，華元犇晉，魚石止之，至河乃還，〔二〕誅唐山。〔三〕乃立共公少子成，是爲平公。〔四〕

〔一〕【考證】成十一年、十二年左傳。楓山、三條本「元年」作「九年」，與左傳合，此傳寫之誤。梁玉繩曰：此成十二年傳所云華元合晉、楚之成，會于瑣澤也。愚按：自華元合晉、楚之成三十六年，向戌又以善于二國執政，亦會于宋以盟，世稱曰「弭兵之會」。墨翟非攻之說，宋銒偃兵之義，蓋淵源于此矣。而皆宋人也。宋襄公云「君子不重傷，不禽二毛，不以阻隘，不鼓不成列」，雖曰未知戰，亦不嗜殺者。華、向之事，亦有所淵源也。

〔二〕【集解】皇覽曰：「華元冢在陳留小黄縣城北。」

〔三〕【考證】本成十五年左傳。梁玉繩曰：案：左傳司馬蕩澤弱公室，殺公子肥。華元自罪身爲右師不能討澤，故出奔。魚石止之，乃反，因殺子山。蕩澤亦名子山。經止書「山」，「唐」與「蕩」疑古通。杜注「肥，文公子」。然則唐山無欲殺華元之事，而肥亦非共公太子也。

〔四〕【集解】左傳曰：「魚石犇楚。」【考證】梁玉繩曰：史以公子肥爲共公太子，故以成爲少子。平公之名，左、穀經作「成」，史從之。公羊經兩見，俱作「戌」。

平公三年，楚共王拔宋之彭城，以封宋左師魚石。〔一〕四年，諸侯共誅魚石，而歸彭城於宋。〔二〕三十五年，楚公子圍弒其君自立爲靈王。〔三〕四十四年，平公卒。〔四〕子元公佐立。

〔一〕【考證】成十八年春秋云「楚子、鄭伯伐宋。宋魚石復入于彭城」。左傳亦云「楚子辛、鄭皇辰同伐彭城，納宋魚石、向爲人、鱗朱、向帶、魚府焉，以三百乘戍之而還」。不云封魚石。

〔二〕【考證】襄元年左傳。左傳「誅」作「討」。梁玉繩曰：案：左傳晉降彭城以魚石等五人歸，寘諸瓠丘，未嘗誅也。此與年表云「誅魚石」，誤。又曰：平公三十年，向戌善于晉、楚，因爲宋之盟，以弭兵爲名，而史皆略之。陳氏測議云「向戌之盟，南北分霸之始，宋之大事也。史失書」。愚按：弭兵之會，詳于襄二十七年左傳，説又見上。

〔三〕【考證】昭元年左傳。

〔四〕【考證】昭十年春秋經傳。

元公三年，楚公子弃疾弒靈王，自立爲平王。〔一〕八年，宋火。〔二〕十年，元公毋信，詐殺諸公子，大夫華、向氏作亂。楚平王太子建來犇，見諸華氏相攻亂，建去如鄭。〔三〕十五年，元公爲魯昭公避季氏居外，爲之求入魯，行道卒，〔四〕子景公頭曼立。〔五〕

〔一〕【考證】昭十三年春秋經傳。中井積德曰：弒靈王者非弃疾。

〔二〕【考證】昭十八年春秋經傳。

〔三〕【考證】昭二十年左傳。梁玉繩曰：殺公子寅等，乃華氏、向氏，如史所説，竟似元公殺之矣。楚建黨于元公，故偕公子城等七人奔鄭，非見亂之故也，此與年表並誤。

〔四〕【考證】昭二十五年左傳。

〔五〕【索隱】音萬。【考證】梁玉繩曰：案人表作「兜欒」，左傳作「太子欒」，與史異。

景公十六年，魯陽虎來犇，已復去。〔一〕二十五年，孔子過宋，宋司馬桓魋惡之，欲殺孔子，孔子微服去。〔二〕三十年，曹倍宋，又倍晉，宋伐曹，晉不救，遂滅曹有之。〔三〕三十六年，齊田常弒簡公。〔四〕

〔一〕【考證】定九年左傳。

〔二〕【考證】孟子萬章篇。梁玉繩曰：此爲魯哀三年，孔子在陳，左傳及世家可證。微服過宋，乃景公二十二年，魯定十五年也，正是去衛適陳時事。此與年表同誤。

〔三〕【正義】宋景公滅曹，在魯哀公八年，周敬王三十三年也。【考證】哀七年、八年春秋經傳。顧棟高曰：案：宋在春秋兼有六國之地。宿、偪陽、曹三國，其見于經者也。杞、戴及彭城，則經、傳俱不詳其入宋之年，而地實兼并于宋。其封域全有河南歸德府一州八縣之地。開封府之杞縣、封邱縣有宋之長邱；蘭陽縣有宋之户牖；衛輝府之滑縣有宋之城鉏；陳州府治之睢寧縣有宋檉地；西華縣有宋鬼閻地。又江南徐州府之銅山縣、沛縣、蕭縣，潁州府之太和縣，山東兖州府之金鄉縣、嶧縣，泰安府之東平州。後滅曹，得曹州府之曹縣、菏澤縣、定陶縣。共跨三省、九府、二州、二十三縣之地。又曰：周室棊布列侯，各有分地，豈無意哉？蓋自三監作孽，武庚反叛，周公誅武庚而封微子于宋，豈非懲創？當日武庚國于紂都，有孟門、太行之險。其民易煽，其地易震。而商邱爲四望平坦之地，又近東都，日後雖子孫自作不靖，無能據險爲患哉？故殷之遺民，屬之懿親康叔，而杞、宋接壤，俱在開歸，匪特制馭，亦善全先代之後，宜爾也。入春秋時，宋乃有彭城。彭城俗勁悍，又當南北之衝，故終春秋之世，宋最喜事，齊興則首附齊，晉興則首附晉。悼公之再伯也，用吴以掎楚，先用宋以通吴，實于彭城取道，楚之拔彭城，以封魚石也，非以助亂，實欲塞夷庚，使吴、晉隔不得通也。晉之滅偪陽，以界宋也，非以德宋，欲以宋爲地主，通吴、晉往來之道也。蓋彭城爲宋有，而相爲楚地，偪陽爲楚與國，皆在今沛縣境，如喉噎中之有物，宋有偪陽，而吴、晉相援如左右手矣。故當日楚最仇宋，常合鄭以齮宋，亦最力。迨悼公已服鄭，不復恃吴。吴闔閭之世，力足以制楚，不復專賴晉，而宋于是安然無事。是彭城之係南北之故者非小，而宋常爲天下輕重者，以其有彭城也。自後吴日强横，齊、魯俱被其毒害，而宋始終不受兵，亦以前日爲東道主之故。而黄池之役，吴歸道自商魯，王欲伐宋，太宰嚭曰「可勝也，而弗能居」，蓋杞、宋舊封，其非險阨之地久矣。

〔四〕【考證】哀十四年左傳。

三十七年，楚惠王滅陳。〔一〕熒惑守心。心，宋之分野也。〔二〕景公憂之。司星子韋曰：「可移於相。」景公曰：「相，吾之股肱。」曰：「可移於民。」景公曰：「君者待民。」曰：「可移於歲。」景公曰：「歲饑民困，吾誰爲君！」子韋曰：「天高聽卑。君有君人之言三，熒惑宜有動。」於是候之，果徙三度。〔三〕

〔一〕【考證】館本考證云：「楚惠王滅陳，左傳宋景三十九年，魯哀公之十七年也。」沈家本曰：表在三十八年，亦誤也。此「七」字爲「九」之譌。

〔三〕【考證】周禮春官保章氏「掌天星以志星辰日月之變動，以觀天下之遷，辨其吉凶。以星土辨九州之地所封，封域皆有分星，以觀妖祥」。鄭玄注：「九州諸國之封域，於星有分，今可言者十二次之分也：星紀，吴、越也；玄枵，齊也；訾娵，衛也；降婁，魯也；大梁，趙也；實沈，晉也；鶉首，秦也；鶉火，周也；鶉尾，楚也；壽星，鄭也；大火，宋也；析木，燕也。」國語周語云：「歲之所在，則我有周之分野屬是也。」愚按：分野之説，自古有之，其妄誕勿論已。秦本紀始皇三十六年亦有此象，是時宋滅已久，誰當其咎者？

〔三〕【考證】呂氏春秋制樂篇、淮南子道應篇。梁玉繩曰：此事左傳不載，出于諸子，然不在是年。若依延年二十一歲之説，亦當在二十七年，景公四十六年卒。而又誕不足稱也。

六十四年，景公卒。〔一〕宋公子特〔二〕攻殺太子而自立，是爲昭公。〔三〕昭公者，元公之曾庶孫也。昭公父公孫糾，糾父公子褍秦，〔四〕褍秦即元公少子也。景公殺昭公父糾，〔五〕故昭公怨殺太子而自立。〔六〕

〔一〕【考證】哀二十六年左傳。梁玉繩曰：左傳宋景公卒于哀二十六年，是四十八年卒也，此與年表作「六十四」，六國表又作「六十六」，並誤。

〔二〕【索隱】昭公也。左傳作「德」。【考證】今本左傳作「得」。

〔三〕【索隱】按左傳景公無子，取元公庶曾孫公孫周之子德及啓，畜于公宮。及景公卒，先立啓。後立德，是爲昭公。與此全乖，未知太史公據何而爲此説。

〔四〕【集解】徐廣曰：「褍，音端。」

〔五〕【索隱】左傳名周。

〔六〕【考證】梁玉繩曰：左傳「糾」作「周」，蓋音近相借，如左成十七年晉孫周亦作「糾」也。又韓詩外傳六、賈子先醒篇言「昔者宋昭公出亡，歎曰『吾内外不聞吾過，是以至此』，革心易行二年，宋人迎而復之」。宋有兩昭公，所言必是昭公得。史失書，蓋宋之賢君也。

昭公四十七年卒，〔一〕子悼公購由立。〔二〕悼公八年卒，〔三〕子休公田立。〔四〕休公田二十三年卒，子辟公辟兵立。〔五〕辟公三年卒，子剔成立。〔六〕剔成四十一年，剔成弟偃攻襲剔成，剔成敗奔齊，偃自立爲宋君。

〔一〕【集解】年表云四十九年。【考證】沈家本曰：表「四十七年」，與此合，未詳集解何據云然。

〔二〕【索隱】購，音古候反。

〔三〕【索隱】按紀年爲十八年。

〔四〕【考證】梁玉繩曰：謚法無「休」。

〔五〕【集解】徐廣曰：「一云『辟公兵』。」【索隱】按紀年作「桓侯璧兵」，則璧兵謚桓也。又莊子云「桓侯行未出城門，其前驅呼辟，蒙人止之，後爲狂也」。司馬彪云「呼辟，使人避道，蒙人以桓侯名辟，而前驅呼『辟』，故爲狂也」。【考證】中井積德曰：無以諱爲謚之理，必有一誤也。莊子似可據。洪頤煊説同。梁玉繩曰：「田」字衍。

〔六〕【集解】年表云剔成君也。【索隱】王劭按：紀年云宋易城盱廢其君辟而自立也。【考證】梁玉繩曰：「剔成」者，「易城」之誤。盱，其名。盱封於易城之地，因以爲號，失其謚。

君偃十一年，自立爲王。〔一〕東敗齊，取五城；南敗楚，取地三百里；西敗魏軍，乃與齊、魏爲敵國。〔二〕盛血以韋囊，縣而射之，命曰「射天」。淫於酒、婦人。羣臣諫者輒射之。〔三〕於是諸侯皆曰「桀宋」。〔四〕「宋其復爲紂所爲，不可不誅」。告齊伐宋。〔五〕王偃立四十七年，〔六〕

齊湣王與魏、楚伐宋，殺王偃，遂滅宋而三分其地。〔七〕

〔一〕【索隱】戰國策、呂氏春秋皆以偃謚曰康王也。【考證】偃死國亡，未必有謚。然國策、墨子、愚按：墨翟不及宋偃之時。呂覽、新書俱以偃謚康王，而荀子王霸篇稱爲「宋獻」，楊倞注云「國滅之後，其臣子各私爲謚，故不同」，則此與年表皆失書偃謚。

〔二〕【考證】梁玉繩曰：年表、世家皆無宋取齊、楚地及敗魏軍之事，惟田完世家湣王七年依表，當偃十二年，其實是齊宣王廿六年，偃王三十年。有「與宋攻魏，敗之觀澤」語。然攷年表、魏、趙世家，並言齊敗魏、趙于觀澤，非止敗魏，並不言與宋攻之，且宋方與齊爲敵國，無緣共宋出兵，則田完世家固非，而此亦虛説也。又宋策有齊伐宋一章云「齊伐宋，索救于荆，齊拔宋五城，而荆王不至」，雖未知事在何年，而注家謂齊爲宣王，荆爲威王，其時甚合，則此誤以齊取宋城爲宋取齊也。又宋策云「康王滅滕伐薛，取淮北之地」，漢地理志、杜世族譜稱滕爲齊滅，竹書曰「於越滅滕」，通志謂「秦滅之」，策言「宋滅滕」，恐與竹書、通志俱難信。而取淮北一語得毋即此取楚地乎？然云「三百里」，似誕。

〔三〕【考證】楓山、三條本「婦」上有「及」字。梁玉繩曰：宋策「康王射天笞地，斬社稷而焚滅之，罵國老諫臣，爲無顏之冠以示勇，剖傴之背，鍥朝涉之脛」。燕策「蘇子謂齊王曰『宋王射天笞地，鑄諸侯之象，使侍屏匽，展其臂，彈其鼻』」，又蘇秦傳蘇代約燕，述秦告齊之詞曰「宋王無道，爲木人以寫寡人射其面」。燕策亦有。此略不具。射天事，又見呂氏春秋過理篇。愚按：賈子新書春秋篇所記略同宋策。崔適曰：案此事亦見呂氏春秋。然殷本紀帝武乙爲偶人謂之天人，與之博，令人爲行，天神不勝，乃繆辱之，爲革囊盛血，仰而射之，命曰「射天」，與此事相似，疑是一事，傳者誤分爲二事爾。

〔四〕【索隱】晉太康地記言其似桀也。

〔五〕【考證】桀、紂同惡，宋，殷後，故曰「復爲紂所爲」也。梁玉繩曰：國策、田完世家宋湣王因蘇代之謀以伐宋，非諸侯告齊伐之也。

〔六〕【集解】年表云偃立四十三年。【正義】年表云：魏昭王十年，齊滅宋，宋王死於溫。田完世家云湣王三十八年，齊遂伐宋，王亡死於溫；據年表，宋滅周赧王二十九年，各當宋王偃四十三年，今云四十七年，並誤也。

〔七〕【考證】梁玉繩曰：湣王滅宋，未嘗與楚、魏共伐而三分其地，六國表及各世家皆不書，惟此有之。

太史公曰：孔子稱「微子去之，箕子爲之奴，比干諫而死，殷有三仁焉」。〔一〕春秋譏宋之亂，自宣公廢太子而立弟，〔二〕國以不寧者十世。〔三〕襄公之時，修行仁義，欲爲盟主。〔四〕其大夫正考父美之，故追道契、湯、高宗，殷所以興，作商頌。〔五〕襄公既敗於泓，而君子或以爲多，〔六〕傷中國闕禮義，襃之也，〔七〕宋襄之有禮讓也。〔八〕

〔一〕【集解】何晏曰：「仁者愛人，三人行異，而同稱仁者，何也？以其俱在憂亂寧民也。」夏侯玄曰：「微子仁之窮也，箕子、比干智之窮也。故或盡材而止，或盡心而留，皆其極也。致極，斯君子之事矣。是以三仁不同，而其歸一揆也。」【考證】論語微子篇。焦循曰：商紂時天下不安甚矣，而微、箕、比干能憂亂安民，故孔子歎之，謂商之末，有憂亂安民者三人，而紂莫能用，令其去，令其奴，令其死也。非指「去」、「奴」、「死」爲仁也。

〔二〕【集解】公羊傳曰：「君子大居正，宋之禍，宣公爲之也。」【考證】隱三年公羊傳。

〔三〕【索隱】按：春秋公羊有此說，左氏則無譏焉。【考證】黃震曰：按世家之首併敍三仁，明微子歸周之本心，善矣。宣公舍子與夷立弟穆公，穆公不敢忘德，復立與夷爲殤公。十年十一戰，而宋始亂，是穆賢而殤不肖甚明。史譏宣公廢太子而立弟，國以不寧者十世，春秋之世無寧國，豈皆讓使之然歟？當是時人君溺私愛，廢嫡立庶，或以弟弒兄而攘其國，子孫干戈相尋者總總也。史不之譏，而譏宣公之讓，何也？徐孚遠曰：立子，周制也；立弟，殷制也。宋之立弟，行古之道，不得譏其釀亂。梁玉繩曰：案宣之舍子而立弟，蓋知殤之不肖也。穆舍其子而復與宣之子，不忘德也，君子美之。乃此謂宋亂始宣公，本公羊之謬說，猶下文之褒襄公也。十世不寧，尤非。

〔四〕【考證】楓山、三條本「修行仁義」作「修仁行義」。

〔五〕【集解】韓詩商頌章句亦美襄公。【索隱】按：裴駰引韓詩商頌章句亦美襄公，非也。今按：毛詩商頌序云：「正考父於周之太師得商頌十二篇，以那爲首。」國語亦同此說。今五篇存，皆是商家祭祀樂章，非考父追作也。又考父佐戴、武、宣，則在襄公前且百許歲，安得述而美之？斯謬說耳。【考證】朱熹曰：太史公蓋本於韓詩之說。頌皆天子之事，非宋所有，其辭古奧，亦不類周世之文。梁玉繩曰：案昭七年左傳及魯語、詩序言正考父佐戴、武、宣，得商頌十二篇于周太師，以那爲首。則是從戴至襄百四五十年，正考父非襄公大夫也，非作頌之人也，非追作之也。但史公此說，實本韓詩，故法言學行篇曰「正考父睎尹吉甫，公子奚斯睎正考父」，後書曹褒傳曰「奚斯頌魯，考甫詠殷」。康成樂記注以歌商爲宋詩，嗣後文人多仍此說，然與本義全乖。詩疏、史索隱及困學紀聞俱斥其誤。

〔六〕【集解】公羊傳曰：「君子大其不鼓不成列，臨大事而不忘大禮，有君而無臣，以爲雖文王之戰，亦不過此也。」【考證】僖二十二年公羊傳。

〔七〕【索隱】襄公臨大事不忘大禮，而君子或以爲多，且傷中國之亂，闕禮義之舉，遂不嘉宋襄之盛德，故太史公褒而述之，故云「褒之」也。【考證】梁玉繩曰：案：此本公羊說，即上文所云「襄公脩行仁義」也。泓之役，以迂致敗，得死爲幸，又多乎哉？執滕子，戕鄫子，行仁義不忘大禮者如是邪？何褒乎爾！中井積德曰：公羊說謬，太史公委曲斡旋焉，非以宋襄爲是也。言宋襄一敗塗地，無足取也已。然君子或多之者，非實以爲善也，蓋傷禮義廢缺之甚，故於宋襄多之而不譏，其意可悲也云爾。

〔八〕【考證】凌約言曰：言君子多宋襄於泓之敗，乃傷中國闕禮義，故多而褒之也，且以其能讓庶兄目夷爲嗣也。

中井積德曰：末句不可曉，豈上下有脱文邪？

【索隱述贊】殷有三仁，微、箕紂親。一囚一去，不顧其身。頌美有客，書稱作賓。卒傳冢嗣，或敍彝倫。微仲之後，世載忠勤。穆亦能讓，實爲知人。傷泓之役，有君無臣。偃號「桀宋」，天之弃殷。

史記會注考證卷三十九

史記三十九

晉世家第九

【考證】史公自序云：「武王既崩，叔虞邑唐。君子譏名，卒滅武公。驪姬之愛，亂者五世；重耳不得意，乃能成霸。六卿專權，晉國以耗。嘉文公錫珪鬯，作晉世家第（五）〔九〕。」愚按：此篇多采左氏、國語。顧棟高曰：案晉所滅十八國。又衛滅之邢，秦滅之滑，皆歸于晉。景公時翦滅衆狄，盡收其前日蹂躪中國之地。又東得衛之殷墟、鄭之虎牢，自西及東，延袤二千餘里。有山西全省。又有直隸大名府之元城縣，爲沙鹿山，晉所取五鹿地；廣平府之邯鄲、成安、清河、永年四縣；順德府治與邢臺、任、唐山三縣，俱與衛接境。真定府之晉州、趙州、冀州及藁城、欒城、柏鄉、臨城四縣，山東東昌府之恩縣、冠縣，曹州府之范縣，與齊、魯二國接境。又河南懷慶府之濟源、修武、孟、溫四縣；衛輝府之汲縣、淇縣、輝縣、濬縣、新鄉縣；南自解州平陸縣渡河，有河南府之陝州閿鄉、靈寶，桃林之塞在焉，永寧、澠池、偃師三縣；後又得嵩縣陸渾地，與周接境。其西，自蒲州永濟縣渡河，有陝西同州府之朝邑、韓城、澄城、白水四縣，及華州華陰縣，又延安府爲晉河西上郡。西安府之臨潼縣，爲所滅驪戎地。商州，爲晉上雒及菟和、倉野之地。俱與秦接境。後驪戎地入秦爲侯麗。地跨五省，共二十二府五州。

晉唐叔虞者，〔一〕周武王子而成王弟。初，武王與叔虞母會時，〔二〕夢天謂武王曰：「余命女生子，名虞，余與之唐。」及生子，文在其手曰「虞」，故遂因命之曰虞。〔三〕

〔一〕【索隱】按：太叔以夢及手文而名曰虞，至成王誅唐之後，因戲削桐而封之。叔，字也，故曰唐叔虞。而唐有晉水，至子燮改其國號曰晉侯。然晉初封於唐，故稱晉唐叔虞也。且唐本堯後，封在夏墟，而都於鄂。鄂，今在大夏是也。及成王滅唐之後，乃分徙之於許、郢之閒，故春秋有唐成公是也，即今之唐州也。【正義】徐才(宋)〔宗〕國都城記云：「唐國，堯之裔子所封爲唐，太叔因故唐侯之地封於唐，在河、汾之東，方百里，故曰唐叔虞。」叔者，仲叔次第。虞名也。

〔二〕【集解】左傳曰：「邑姜方娠太叔。」服虔曰：「邑姜，武王后，齊太公女也。」

〔三〕【考證】昭元年左傳。楓山、三條本「虞」下「名」上有「爲」字。孔穎達曰：左傳云「邑姜方震而夢」，明是邑姜夢矣，安得以爲武王夢也？是馬遷之妄。梁玉繩曰：世家之異于傳者，言虞母夢天謂武王，不言是武王之夢。故御覽卷一引史作「叔虞母夢天謂武王」，孔疏錯會世家文也。鄭世家同傳。王念孫曰：「文」上脱「有」字，當依左傳及鄭世家補。初學記、太平御覽引晉世家皆有「有」字。愚按：文，字也。古人言文不言字。左傳宣十二年「於文止戈爲武」，十五年「文反正爲乏」，昭元年「於文皿蟲爲蠱」。中庸「書同文」。手即掌也。手理自然成「虞」字，有若天命，故以爲名也。左傳隱元年，「仲子生而有文在其手，曰『爲魯夫人』」。閔二年，「成季及生，有文在其手曰『友』，遂以命之」。與此相類。

武王崩，成王立，唐有亂，〔一〕周公誅滅唐。〔二〕成王與叔虞戲，削桐葉爲珪，以與叔虞，曰：「以此封若。」史佚因請擇日立叔虞。成王曰：「吾與之戲耳。」史佚曰：「天子無戲言。言則史書之，禮成之，樂歌之。」於是遂封叔虞於唐。〔三〕唐在河、汾之東，方百里，故曰唐叔虞。〔四〕姓姬氏，字子于。

〔二〕【正義】括地志云：「故唐城，在絳州翼城縣西二十里，即堯裔子所封。春秋云夏孔甲時，有堯苗裔劉累者，以豢龍事孔甲，夏后嘉之，賜氏御龍，以更豕韋之後。龍一雌死，潛醢之以食夏后；既而使求之，懼而遷於魯縣。夏后召孟別封劉累之孫于大夏之墟爲侯。至周成王時，唐人作亂，成王滅之，而封大叔，更遷唐人子孫于杜，謂之杜伯，即范匄所云『在周爲唐杜氏』。按：魯縣，汝州魯山縣是。今隨州棗陽縣東南一百五十里上唐鄉故城即〔是〕。後子孫徙於唐。」

〔二〕【考證】昭元年左傳。

〔三〕【考證】今山西平陽府翼城縣西，有唐城，叔虞所封。史記「唐在河、汾之東」，即此。梁玉繩曰：案呂氏春秋重言、說苑君道皆謂周公封叔虞，惟此作「史佚」，然其事非實，柳宗元曾辨其妄。晉語叔向曰「唐叔射兕于徒林，殪以爲大甲，以封于晉」，則非翦桐之故。中井積德曰：成王之世，叔虞封於唐，仍公卿之采地，其土未大，猶周公之周也。其後封叔虞之子燮爲晉侯。燮猶伯禽也，晉猶魯也，其封乃大。但唐采在晉封中，是爲異也。

〔四〕【集解】世本曰：「居鄂」。宋忠曰：「鄂地，今在大夏。」【正義】括地志云：「故鄂城，在慈州昌寧縣東二里。」按：與絳州夏縣相近。禹都安邑，故城在縣東北十五里，故云「在大夏」也。然封于河、汾二水之東，方百里，正合在晉州平陽縣，不合在鄂，未詳也。

唐叔子燮，是爲晉侯。〔一〕晉侯子寧族，是爲武侯。〔二〕武侯之子服人，是爲成侯。成侯子

福，是爲厲侯。〔三〕厲侯之子宜臼，是爲靖侯。靖侯已來，年紀可推。自唐叔至靖侯五世，無其年數。〔四〕

〔一〕【正義】燮，先牒反。括地志云：「故唐城在并州晉陽縣北二里。城記云堯築也。宗國都城記云『唐叔虞之子燮父，徙居晉水傍。今并理故唐城。唐者，即燮父所徙之處，其城南半入州，城中削爲坊，城牆北半見在』。毛詩譜云『叔虞子燮父以堯墟南有晉水，改曰晉侯』。」【考證】王若虛曰：周紀自有姓氏，既云武王子，何必更言姓？且魯、衛、管蔡等世家類皆不著，而此獨著，何哉？楓山本、三條本、宋本、毛本「于」作「干」。王引之曰：古人名字相應，于同迂，廣也。虞同吴，大也。作「干」，非也。

〔二〕【索隱】系本作「曼期」。譙周作「曼旗」也。

〔三〕【索隱】系本作「輻」字。

〔四〕【考證】梁玉繩曰：「靖侯」當作「厲侯」，故云「五世」。愚按：「自唐叔」已下十二字，疑旁注誤入本文。

靖侯十七年，周厲王迷惑暴虐，國人作亂，厲王出奔于彘，〔一〕大臣行政，故曰「共和」。〔二〕

〔一〕【考證】「周厲王」以下，國語周語。

〔二〕【正義】厲王奔彘，周、召和其百姓行政，號曰「共和」。【考證】中井積德曰：共和者，謂大臣相共和同行政也，非和百姓之謂。

十八年，靖侯卒，子釐侯司徒立。釐侯十四年，周宣王初立。十八年，釐侯卒，子獻侯籍立。〔一〕獻侯十一年卒，子穆侯費王立。〔二〕

〔一〕【索隱】系本及譙周皆作「蘇」。

〔二〕【索隱】鄒誕本作「弗生」，或作「潰王」，並音祕。【考證】楓山、三條本「王」作「生」，與年表合，可從。索隱

「王」字亦當作「生」。

穆侯四年，取齊女姜氏爲夫人。〔一〕七年，伐條。生太子仇。〔二〕十年，伐千畝，有功。〔三〕生少子，名曰成師。〔四〕晉人師服曰：〔五〕「異哉，君之命子也！太子曰仇，仇者讎也。少子曰成師，成師，大號，成之者也。名，自命也；物，自定也。今適庶名反逆，此後晉其能毋亂乎？」〔六〕

〔一〕【考證】左傳云：「晉之穆公之夫人姜氏。」但不記取之之年。

〔二〕【集解】杜預曰：「條，晉地。」

〔三〕【集解】杜預曰：「西河介休縣南，有地名千畝。」【正義】界休縣屬汾州，本漢縣也。【考證】中井積德曰：左傳稱「條之役」，「千畝之役」，蓋討伐或禦寇而戰于條、千畝也，非伐條、伐千畝。

〔四〕【集解】杜預曰：「意取能成其衆也。」【考證】中井積德曰：師有成功，故命以成師也。

〔五〕【集解】賈逵曰：「晉大夫。」

〔六〕【考證】以上本于桓二年左傳。左傳云：「名以制義，義以出禮，禮以體政，政以正民。是以政成而民聽，易則生亂。」「嘉耦曰妃，怨耦曰仇，古之命也」，史公易之以「仇者讎也」數語。愚按：韓非子主道篇云「令名自命也，令事自定也」。楊權篇亦云「名正物定，名倚物徙，故聖人執一以靜，使名自命，令事自定，名自命也，物自定也」。蓋名自命也，物自定也，後世刑名之言，師服無此語也。

二十七年，穆侯卒，弟殤叔自立，太子仇出奔。殤叔三年，周宣王崩。四年，穆侯太子仇率其徒襲殤叔而立，是爲文侯。

文侯十年，周幽王無道，犬戎殺幽王，周東徙。而秦襄公始列爲諸侯。

三十五年，文侯仇卒，〔一〕子昭侯伯立。

昭侯元年，封文侯弟成師于曲沃。〔二〕曲沃邑大於翼。翼，晉君都邑也。〔二〕成師封曲沃，號爲桓叔。靖侯庶孫欒賓相桓叔。〔三〕桓叔是時年五十八矣，好德，晉國之衆皆附焉。〔四〕君子曰：「晉之亂，其在曲沃矣。末大於本，而得民心，不亂何待！」〔五〕

〔一〕【考證】梁玉繩曰：案文侯仇與衛武公同爲平王功臣，書是以有文侯之命，世家無一言及之，何也？

〔二〕【索隱】河東之縣名，漢武帝改曰聞喜也。【考證】今聞喜縣屬山西絳州。

〔三〕【索隱】翼，本晉都也。自孝侯已下，一號翼侯，平陽絳邑縣東翼城是也。【正義】括地志云：「故翼城，一名故絳，在絳州翼城東南十五里。諸侯譜云『晉穆公遷都於絳，曾孫孝公改絳爲翼，至獻公又命曰絳』。」【考證】今山西平陽府翼城。

〔三〕【正義】世本云：欒叔賓父也。

〔四〕【考證】嚴粲曰：武公之事，國人所不與，詩無衣序言美之者，特武公大夫之意耳。山有樞、揚之水、椒聊、杕杜諸詩，國人每以曲沃彊爲憂，拳拳願忠於昭公。以晉世家考之，初，潘父弒昭侯而迎桓叔，將入晉，晉人發兵攻桓叔，桓叔敗，還歸曲沃，晉人共立昭侯子平，是爲孝侯，此桓叔初舉而國人不與也。其後曲沃莊伯弒孝公于翼，晉人又攻莊伯，莊伯復入曲沃，晉人復立孝侯子郄，是爲鄂侯，此莊伯再舉而國人又不與也。及鄂侯卒，莊伯伐晉，晉人共立鄂侯子光，是爲哀侯，此莊伯三舉而國人又不與也。至武公虜哀侯，晉人復立哀侯子小子，是爲小子侯，此武公四舉而國人又不與也。及武公誘小子侯殺之，晉復立哀侯弟緡。此武公五舉而國人終不與也。最後武公伐晉侯緡，滅之，盡以其寶器賂周僖王，王命武公爲諸侯，然後晉人力不能討，無如之何。然則武公之得國，晉人特迫於王命，不得已而從之耳，豈以武公爲可美哉？愚按：嚴說極是。「晉國之衆皆附焉」七字，不唯失事實，又與下文相乖。

〔五〕【考證】是亦本桓二年左傳師服之言。

七年，晉大臣潘父弑其君昭侯而迎曲沃桓叔。桓叔欲入晉，晉人發兵攻桓叔。桓叔敗，還歸曲沃。晉人共立昭侯子平爲君，是爲孝侯。誅潘父。

孝侯八年，曲沃桓叔卒，子鱓代桓叔，是爲曲沃莊伯。〔一〕孝侯十五年，〔二〕曲沃莊伯弑其君晉孝侯于翼。晉人攻曲沃莊伯，莊伯復入曲沃。晉人復立孝侯子郄爲君，是爲鄂侯。〔三〕

〔一〕【索隱】鱓，音時戰反，又音善，又音陁。【考證】年表「八年」作「九年」。

〔二〕【考證】年表作「十六年」。

〔三〕【索隱】系本作「郄」，而他本亦有作「都」。【正義】音丘戟反。【考證】「昭公元年」以下補桓二年左傳。左傳云「鄂侯孝公弟」。索隱本「郄」作「都」。

鄂侯二年，魯隱公初立。〔一〕

〔一〕【考證】隱元年左傳。

鄂侯六年卒。曲沃莊伯聞晉鄂侯卒，乃興兵伐晉。周平王使虢公將兵伐曲沃莊伯，〔一〕莊伯走保曲沃。晉人共立鄂侯子光，是爲哀侯。〔二〕

〔一〕【考證】楓山、三條本「平王」作「桓王」，與年表、左傳合。此本誤。

〔二〕【考證】以上本隱五年左傳。孔穎達曰：按左傳隱五年，曲沃莊伯伐翼，翼侯奔隨。秋，王命虢公伐曲沃，而立哀公于翼。翼九宗五正頃父之子嘉父，逆晉侯于隨，納諸鄂，晉人謂之鄂侯。則哀侯之立，鄂侯未卒，世家言卒，非也。梁玉繩曰：哀侯之立，據左傳實出王命，此以爲晉人立之，非也。

哀侯二年，曲沃莊伯卒，子稱代莊伯立，〔一〕是爲曲沃武公。哀侯六年，魯弒其君隱公。〔二〕哀侯八年，晉侵陘廷。〔三〕陘廷與曲沃武公謀，〔四〕九年，伐晉于汾旁，〔五〕虜哀侯。〔六〕晉人乃立哀侯子小子爲君，是爲小子侯。〔七〕

〔一〕【正義】稱，尺證反。

〔二〕【考證】隱十一年左傳。

〔三〕【集解】賈逵曰：「翼南鄙邑名。」

〔四〕【考證】桓二年左傳。

〔五〕【正義】白郎反。汾水之旁。

〔六〕【考證】桓三年左傳。

〔七〕【集解】禮記曰：「天子未除喪曰余小子，生名之，死亦名之。」鄭玄曰：「晉有小子侯，是取之天子也。」【考證】中井積德曰：小子不稱名者，名不傳也。又曰：幼弱而無謚，遂稱「小子侯」焉耳。不言哀公子小子，蓋原言哀公小子，後人誤增一「子」字。沈家本曰：小子侯，猶言孺子王耳。

小子元年，曲沃武公使韓萬殺所虜晉哀侯。〔一〕曲沃益彊，晉無如之何。

〔一〕【集解】賈逵曰：「韓萬，曲沃桓叔之子，莊伯弟。」【考證】梁玉繩曰：小子何以不書侯？愚按：左傳稱「小子侯」。

晉小子之四年，曲沃武公誘召晉小子，殺之。〔一〕周桓王使虢仲伐曲沃武公，〔二〕武公入于曲沃，乃立晉哀侯弟緡爲晉侯。〔三〕

〔一〕【考證】殺小子侯，桓七年左傳。「小子之」當作「小子侯」。

〔二〕【正義】馬融云：「周武王克商，封文王異母弟虢仲於夏陽。」

〔三〕【考證】周王使虢仲立晉侯，魯桓八年事。使虢仲伐曲沃，九年事。並見左傳，史公併敍。

晉侯緡四年，宋執鄭祭仲，而立突爲鄭君。〔一〕晉侯十九年，齊人管至父弒其君襄公。〔二〕

〔一〕【考證】館本考證云：「執祭仲立突，左傳在魯桓十一年，於晉侯爲五年，年（作表）〔表作〕『六年』，此又作『四年』。」

〔二〕【考證】館本考證云：「齊人弒襄公，左傳及齊世家、年表於魯爲莊之八年，於齊爲襄之十二年，則晉侯可是二十一年。此作『十九年』。」梁玉繩曰：弒襄公，但舉管至父，何以不曰無知？

晉侯二十八年，齊桓公始霸。〔一〕曲沃武公伐晉侯緡，滅之，盡以其寶器賂獻于周釐王。釐王命曲沃武公爲晉君，列爲諸侯，於是盡併晉地而有之。〔二〕

〔一〕【考證】莊十五年左傳。梁玉繩曰：緡以魯桓八年立，莊十五〔年〕滅，其在位二十六年，世家未嘗誤書年數，而曰「二十八」，何歟？年表減哀公一年、小子侯一年，遂增緡之年至二十八，亦誤。

〔二〕【考證】莊十六年左傳但云王使虢公命曲沃伯以一軍爲晉侯，不敍曲沃伐晉之詳。梁玉繩曰：魯莊十六年，爲滅晉侯緡之明年，此與表皆并書于滅緡之歲，非也。嚴粲曰：武公之初弒小子侯也，桓王猶能命虢仲立緡于晉，又命虢仲、芮伯、梁伯、荀侯、賈伯伐曲沃。是則周雖微，而名分猶存也。至僖王受武公之賂，而命之爲諸侯，則紀綱蕩然矣。他日三家分晉，周王又移命武公者命三家矣。嗚呼！王者代天爵人，而賄以行之，君子是以知周之不復振也。司馬温公論三家之事，以爲晉大夫暴蔑其君，剖分其地，天子既不能討，又寵秩之，是區區之名分復不能守而并弃之也。君臣之禮既壞，將使生民之類糜滅幾盡，遂特著以爲通鑑之首。愚於武公亦云。

曲沃武公已即位三十七年矣，〔一〕更號曰晉武公。〔二〕晉武公始都晉國，〔三〕前即位曲沃，通年三十八年。

〔一〕【考證】梁玉繩曰：案「三十七」當作「三十八」。武公立于哀公之二年，歷八年。又小子四年，緡侯二十六年，則即位三十八年矣。下文「通年三十八年」，當作「三十九」。「通年即位凡三十九年而卒」，當作「四十」。

〔二〕【考證】楓山、三條本「曰」作「爲」。中井積德曰：生時稱謚，史家之常，然至更號曰「晉武公」，則亦太甚。

〔三〕【考證】梁玉繩曰：案漢書地理志、詩唐風鄭譜及孔疏，叔虞封唐，子燮父改晉，至曾孫成侯南徙曲沃，成侯曾孫之孫穆侯徙于絳，昭侯以下徙翼，及武侯并晉，又都絳，景公遷新田，史皆不書，而反謂武公始都晉，獻公始都絳，何疏舛也？

武公稱者，先晉穆侯曾孫也，〔一〕曲沃桓叔孫也。桓叔者，始封曲沃。武公，莊伯子也。自桓叔初封曲沃以至武公滅晉也，凡六十七歲，而卒代晉爲諸侯。武公代晉二歲卒。與曲沃通年，即位凡三十九年而卒。〔二〕子獻公詭諸立。

〔一〕【索隱】晉有兩穆侯，言先，以別後也。【考證】張照曰：三代世表及左氏並無兩穆公。愚按：先晉猶言前晉，所以別曲沃之晉。「先」字屬晉，不屬穆公。陳仁錫曰：「也」字衍。

〔二〕【考證】張文虎曰：「歲」下「卒」字似衍。中井積德曰：總結處，冗複太甚。

獻公元年，周惠王弟穨攻惠王，惠王出奔，居鄭之櫟邑。〔一〕

〔一〕【索隱】櫟，鄭邑，今河南陽翟是也。故鄭之十邑，有櫟有華也。【考證】莊十九年、二十年左傳。魯莊十九年即晉獻二年，非元年也。周紀、鄭世家、年表不誤。

五年，伐驪戎，得驪姬、驪姬弟，俱愛幸之。〔一〕

〔一〕【集解】韋昭曰：「西戎之別，在驪山也。」【正義】殷、周之驪戎國城也。【考證】梁玉繩曰：伐戎得姬，左傳附見于莊二十八年，即晉獻十一年，不知的在何時。而世家與表俱書于五年，未詳所據。愚按：今陝西西安府臨潼縣東有驪戎城，故驪戎國。左傳「弟」作「娣」。

八年，士蔿說公曰：〔一〕「故晉之羣公子多，不誅，亂且起。」乃使盡殺諸公子，而城聚都之，〔二〕命曰絳，始都絳。〔三〕九年，晉羣公子既亡奔虢，虢以其故再伐晉，弗克。〔四〕十年，晉欲伐虢，士蔿曰：「且待其亂。」〔五〕

〔一〕【集解】賈逵曰：「士蔿，晉大夫。」

〔二〕【集解】賈逵曰：「聚，晉邑。」

〔三〕【索隱】春秋莊二十六年傳「士蔿城絳」是也。杜預曰：「今平陽絳邑縣。」應劭曰「絳水出西南」也。【考證】莊二十五年左傳。孔穎達曰：案左傳士蔿使羣公子盡殺游氏之族，乃城聚而處之。則城聚以處羣公子，非晉都之也。言命聚曰絳，亦非也。梁玉繩曰：聚、絳二地，城絳在九年，此合爲一科，並書于八年。都絳亦非始獻公，說見前。

〔四〕【考證】虢再伐晉，莊二十六年左傳。梁玉繩曰：左傳虢兩侵晉，非爲羣公子也。且晉之公子盡殺于聚矣，尚安得有未殺而奔虢者乎？下文言虢匿晉亡公子爲亂，同妄。

〔五〕【考證】莊二十七年左傳。

十二年，驪姬生奚齊。獻公有意廢太子，乃曰：「曲沃，吾先祖宗廟所在，而蒲邊秦，屈邊翟，〔一〕不使諸子居之，我懼焉。」於是使太子申生居曲沃，公子重耳居蒲，公子夷吾居屈。獻公與驪姬子奚齊居絳。〔二〕晉國以此知太子不立也。太子申生，其母齊桓公女也，曰齊姜，早死。〔三〕申生同母女弟爲秦穆公夫人。〔四〕重耳母，翟之狐氏女也。夷吾母，重耳母女弟也。〔五〕獻公子八人，而太子申生、重耳、夷吾皆有賢行。及得驪姬，乃遠此三子。〔六〕

〔一〕【集解】韋昭曰：「蒲，今蒲阪。屈，北屈，皆在河東。」杜預曰：「蒲，今平陽蒲子縣是也。」【考證】梁玉繩曰：三公子居鄙在十一年，此誤書于十二年。中井積德曰：是時獻公未有廢太子意也。據左傳「惑於二五之言而鄙三子也」，史記蓋誤。愚按：今山西隰州有古蒲城，春秋晉蒲邑；吉州有北屈廢縣，晉屈邑。

〔二〕【考證】「驪姬生奚齊」以下，莊二十八年左傳。

〔三〕【考證】陳仁錫曰：左傳獻公烝於齊姜，生秦穆夫人及太子申生。則齊姜是武公之妾，武公末年齊桓始立，不得爲齊桓女也。

〔四〕【考證】秦本紀云：穆夫人，太子申生姊。左傳亦敘在申生上。

〔五〕【考證】孔穎達曰：號射，惠公之舅。狐偃，文公之舅。二母不得爲姊妹，馬遷之妄。

〔六〕【考證】楓山、三條本「皆有賢行」作「皆賢有行」。張照曰：左傳介子推曰「獻公之子九人」，即下文敘子推語，亦曰九人，則「八」字乃「九」字之訛耳。中井積德曰：唯夷吾之賢行爲無徵，恐史家之臆說，諸子中唯三子長矣，故使出居焉。其他尚幼，是非以賢否之故必矣。

十六年，晉獻公作二軍，〔一〕公將上軍，太子申生將下軍，趙夙御戎，畢萬爲右，伐滅霍，滅魏，滅耿。〔二〕還，爲太子城曲沃，賜趙夙耿，賜畢萬魏，以爲大夫。士蔿曰：「太子不得立矣。分之都城，〔三〕而位以卿，〔四〕先爲之極，〔五〕又安得立！不如逃之，無使罪至。爲吳太伯，不亦可乎，〔六〕猶有令名。」〔七〕太子不從。卜偃曰：「畢萬之後必大。〔八〕萬，盈數也；魏，大名也。〔九〕以是始賞，天開之矣。〔一〇〕天子曰兆民，諸侯曰萬民，今命之大，以從盈數，其必有衆。」〔一一〕初，畢萬卜仕於晉國，遇屯之比。〔一二〕辛廖占之曰：「吉。〔一三〕屯，固；比，入。吉孰大焉。〔一四〕其後必蕃昌。」〔一五〕

〔一〕【集解】左傳曰「王使虢公命曲沃伯以一軍爲晉侯」。今始爲二軍。【考證】集解引莊十六年左傳。

〔二〕【集解】服虔曰：「三國皆姬姓，魏在晉之蒲阪河東也。」杜預曰：「平陽皮氏縣東南有耿鄉，永安縣東北有霍太山也。」【索隱】按：永安縣西南汾水西有霍城，古霍國，有霍水出霍太山。地理志河東河北縣，古魏國。地記亦以爲然。服虔云在蒲阪，非也。地記又曰皮氏縣汾水南耿城，是故耿國也。【正義】晉州霍邑縣，本漢彘縣也。鄭玄注周禮云「霍山在彘縣，本春秋霍伯國」。【考證】戎，公車。御，僕。右，右乘。霍，今山西平陽府有霍城，即古霍國；山西解州芮城縣東北有河北故城，即魏城。漢皮氏縣，今絳州河津縣。

〔三〕【集解】服虔曰：「邑有先君之主曰都。」【考證】中井積德曰：有主曰都，左氏之妄解，可不從。

〔四〕【集解】賈逵曰：「謂將下軍也。」

〔五〕【集解】服虔曰：「言其祿位極盡於此也。」

〔六〕【集解】王肅曰：「太伯知天命在王季，奔吳不反。」

〔七〕【集解】王肅曰：「雖去猶可有令名，何與其坐而及禍也？」

〔八〕【集解】賈逵曰：「卜偃，晉掌卜大夫郭偃。」

〔九〕【集解】服虔曰：「數從一至萬爲滿，魏喻巍巍高大也。」【考證】梁玉繩曰：「盈」字何以不諱？魏世家皆作

「滿」。

〔一〇〕【集解】服虔曰：「以魏賞畢萬，是爲天開其福。」

〔一一〕【集解】杜預曰：「以魏從萬，有衆多之象。」【考證】左傳「命」作「名」。命、名通。上文云「魏，大名也」。

〔一二〕【集解】賈逵曰：「震下坎上屯，坤下坎上比。屯初九變之比。」

〔一三〕【集解】賈逵曰：「辛廖，晉大夫。」【考證】龜井昱曰：服虔云「周人」，劉炫從之。案：辛氏，周、晉咸有之。然夷考之，劉說爲優。

〔一四〕【集解】杜預曰：「屯，險難也，所以爲堅固。比，親密，所以得入。」【考證】竹添光鴻曰：雲雷屯，雲雨集而未解，有堅固之義。地上有水，比水在地上滲入之象。

〔一五〕【考證】「獻公作二軍」以下，閔元年左傳。

十七年，晉侯使太子申生伐東山。〔一〕里克諫獻公曰：〔二〕「太子奉冢祀社稷之粢盛，以朝夕視君膳者也，〔三〕故曰冢子。君行則守，有守則從，〔四〕從曰撫軍，〔五〕守曰監國，古之制也。夫率師，專行謀也，〔六〕誓軍旅，〔七〕君與國政之所圖也，〔八〕非太子之事也。師在制命而已，〔九〕禀命則不威，專命則不孝，故君之嗣適，不可以帥師。君失其官，〔一〇〕率師不威，將安用之？」〔一一〕公曰：「寡人有子，未知其太子誰立。」〔一二〕里克不對而退，見太子。太子曰：「吾其廢乎？」里克曰：「太子勉之！教以軍旅，〔一三〕不共是懼，何故廢乎？〔一四〕且子懼不孝，毋懼不得立。〔一五〕修己而不責人，則免於難。」〔一六〕太子帥師，公衣之偏衣，〔一七〕佩之金玦。〔一八〕里克謝病，不從太子。太子遂伐東山。〔一九〕

〔一〕【集解】賈逵曰：「東山，赤狄別種。」【正義】左傳云「晉侯使太子申生伐東山皐落氏」。上黨記「皐落氏，在潞州壺(岡)〔關〕縣城東南山中百五十里，今名平皐，赤壤，其地險阻，百姓不居，今空之也」。【考證】今山西平定州樂平縣有皐落山。寰宇記「即東山皐落地」。

〔二〕【集解】賈逵曰：「里克，晉卿里季也。」

〔三〕【集解】服虔曰：「廚膳飲食。」【考證】冢，大也。冢祀，宗廟之祀也。

〔四〕【集解】服虔曰：「有代太子守則從之。」

〔五〕【集解】服虔曰：「助君撫循軍士。」

〔六〕【集解】杜預曰：「率師者，必專謀軍事。」【考證】左傳無「也」字，此疑衍。

〔七〕【集解】杜預曰：「宣號令。」

〔八〕【集解】賈逵曰：「國政，正卿也。」

〔九〕【集解】杜預曰：「命，將軍所制。」

〔一〇〕【集解】杜預曰：「太子統師，是失其官也。」【考證】龜井昱曰：非太子之事而命之，是失官也。

〔一一〕【集解】杜預曰：「專命則不孝，是爲師必不威也。」【考證】中井積德曰：太子不可不禀命，故不威也。

〔一二〕【考證】左傳無「太子」二字，此疑衍。

〔一三〕【集解】賈逵曰：「將下軍。」

〔一四〕【考證】共，左傳作「供」。

〔一五〕【集解】服虔曰：「不得立己也。」

〔一六〕【考證】竹添光鴻曰：脩己，言使身無釁以遠讒謗也。人，暗指驪姬、奚齊也。本是安慰之言，而「免難」二字不覺脫之於口。

〔一七〕【集解】服虔曰：「偏裻之衣，偏異色，駮不純，裻在中，左右異，故曰偏衣。」杜預曰：「偏衣，左右異色，其半似公服。」韋昭曰：「偏，半也。分身之半以授太子。」【正義】上「衣」去聲，下「衣」如字。【考證】顧野王曰：裻，背縫。

〔一八〕【集解】服虔曰：「以金爲玦也。」韋昭曰：「金玦，兵要也。」【正義】玦，音決。【考證】以上閔二年左傳。顧野王曰：「玦如環而缺不連。」

〔一九〕【考證】左傳、國語無「里克謝病不從」之文。張文虎曰：宋本、毛本無「太子」二字，此衍。

十九年，獻公曰：「始吾先君莊伯、武公之誅晉亂，而虢常助晉伐我，〔一〕又匿晉亡公子，果爲亂。弗誅，後遺子孫憂。」〔二〕乃使荀息以屈産之乘，〔三〕假道於虞。虞假道，遂伐虢，〔四〕取其下陽，以歸。〔五〕

〔一〕【正義】言虢助晉伐曲沃也。

〔二〕【考證】春秋內、外傳不載此事。

〔三〕【集解】何休曰：「屈，産出名馬之地。乘，備駟也。」【考證】杜預曰：屈地生良馬。

〔四〕【集解】賈逵曰：「虞在晉南，虢在虞南。」

〔五〕【集解】服虔曰：「下陽，虢邑也，在大陽東北三十里。」穀梁傳曰：下陽，虞虢之塞邑。【考證】「乃使荀息」以下，僖二年左傳。今山西解州平陸縣東有故下陽城。中井積德曰：以歸，不可曉，豈有缺誤邪？愚按：以、已通。「已歸」屬下文讀。

獻公私謂驪姬曰：「吾欲廢太子，以奚齊代之。」驪姬泣曰：「太子之立，諸侯皆已知之，而數將兵，百姓附之，柰何以賤妾之故，廢適立庶？君必行之，妾自殺也。」驪姬詳譽太子，而

陰令人譖惡太子，而欲立其子。〔一〕

〔一〕【考證】「獻公私謂」以下本國語晉語。

二十一年，驪姬謂太子曰：「君夢見齊姜，太子速祭曲沃，歸釐於君。」〔一〕太子於是祭其母齊姜於曲沃，上其薦胙於獻公。獻公時出獵，置胙於宮中。驪姬使人置毒藥胙中。居二日，〔二〕獻公從獵來還，宰人上胙獻公，獻公欲饗之。驪姬從旁止之曰：「胙所從來遠，宜試之。」祭地，地墳；〔三〕與犬，犬死；與小臣，小臣死。〔四〕驪姬泣曰：「太子何忍也！其父而欲弑代之，况他人乎？〔五〕且君老矣，旦暮之人，曾不能待，而欲弑之！」謂獻公曰：「太子所以然者，不過以妾及奚齊之故。妾願子母辟之他國，若早自殺，毋徒使母子爲太子所魚肉也。始君欲廢之，妾猶恨之；至於今，妾殊自失於此。」〔六〕太子聞之，奔新城。〔七〕獻公怒，乃誅其傅杜原款。或謂太子曰：「爲此藥者乃驪姬也，太子何不自辭明之？」太子曰：「吾君老矣，非驪姬，寢不安，食不甘。即辭之，君且怒之。不可。」或謂太子曰：「可奔他國。」太子曰：「被此惡名以出，人誰内我？我自殺耳。」十二月戊申，申生自殺於新城。〔八〕

〔一〕【集解】服虔曰：「曲沃，齊姜廟所在。」

〔二〕【索隱】左傳云六日，不同。

〔三〕【集解】韋昭曰：「將飲先祭，示有先也。墳，起也。」

〔四〕【集解】韋昭曰：「小臣，官名，掌陰事，今閹士也。」【考證】「驪姬謂太子」以下，僖四年左傳。安井衡曰：祭肉於地，地不必墳，可知其祭酒也；犬不飲酒，知其與肉也。故省文不言酒肉。愚按：小臣，猶言賤臣。

〔五〕【考證】「驪姬泣曰」，本晉語，下文史公以意補。晉語「他人」作「國人」。韋昭云：「有父忍自殺之，況能愛國人乎？」史公改作「他人」，蓋姬自道也。

〔六〕【索隱】太子之行如此，妾前見君欲廢而恨之，今乃自以恨爲失也。【考證】中井積德曰：「至於今」連上句，言至今日猶恨之也，自失於此，自以不勸廢爲己之過也。「此」字指錯愛太子之事。愚按：楓山、三條本無「於此」二字。

〔七〕【集解】韋昭曰：「新城，曲沃也。新爲太子城。」

〔八〕【索隱】國語云：「申生乃雉經於新城廟。」韋昭云：「曲沃也，新爲太子城，故曰新城。」

此時重耳、夷吾來朝。人或告驪姬曰：「二公子怨驪姬譖殺太子。」驪姬恐，因譖二公子：「申生之藥胙，二公子知之。」二子聞之，恐，重耳走蒲，夷吾走屈，保其城，自備守。〔一〕初，獻公使士蔿爲二公子築蒲、屈城，弗就。〔二〕夷吾以告公，公怒士蔿。士蔿謝曰：「邊城少寇，安用之？」退而歌曰：「狐裘蒙茸，一國三公，吾誰適從！」〔三〕卒就城。及申生死，二子亦歸保其城。〔四〕

〔一〕【考證】「太子聞之」以下，僖四年左傳。楓山、三條本「申生」上有「曰」字，與左傳合。

〔二〕【正義】蔿，爲詭反。爲，于僞反。【考證】左傳云「不慎，寘薪焉」。

〔三〕【集解】服虔曰：「蒙茸，以言亂貌。三公，言君與二公子將敵，故不知所從。」【正義】蒙茸，言狼藉也。【考證】狐裘，貴人之服。蒙茸，左傳作「尨茸」。詩邶風作「蒙戎」，音義相通，裘毛雜亂貌，暗比國事紛擾也。中井積德曰：三公，謂二公子與太子，意謂蒲、屈强，將與太子争立也。以太子早死，斯言不全應也，故後人多謬解。愚按：適從，猶言適歸。適，主也。茸、公、從，韻。

〔四〕【考證】以上僖五年左傳。

二十二年，獻公怒二子不辭而去，果有謀矣，乃使兵伐蒲。蒲人之宦者勃鞮〔一〕命重耳促自殺。重耳踰垣，宦者追斬其衣袪。〔二〕重耳遂奔翟。〔三〕使人伐屈，屈城守，不可下。〔四〕

〔一〕【正義】勃，白没反。鞮，都提反。韋昭云「伯楚，寺人披之字也，於文公時爲勃鞮也。」【考證】梁玉繩曰：僖五年左傳「寺人披伐蒲」，晉語同。此以爲蒲人之宦者，非也。又晉語作「寺人勃鞮」，並見左僖廿五。亦稱「奄楚」，亦稱「伯楚」，韋注：披之字。史于此作「勃鞮」，于下文作「履鞮」，文選報任少卿書及宦者傳論注並引史記作「履貂」，後漢書宦者傳序作「勃貂」，何不同若是？蓋披其名，伯楚其字。宋庠國語補音曰「勃鞮，官名」，宋説甚得。然則内、外傳云勃鞮，以及履鞮、履貂、勃貂，皆官號之異，乃主履者，若周官之鞮鞻氏。鞮是革履，貂是皮履，勃者排也，説文解。取排比之義。

〔二〕【集解】服虔曰：「袪，袂也。」【考證】僖五年左傳不言促自殺，晉語云「令刺重耳」。

〔三〕【正義】括地志云：「文城故城，在慈州文城縣北四十里。故老云：此城晉文公爲公子時，避驪姬之難，從蒲奔翟，因築此城，人遂呼爲文城。風俗通云春秋傳曰狄，本山戎之别種也，其後分居，號曰赤翟、白翟。」

〔四〕【考證】此事春秋内、外傳不載，若以爲賈華事，則與下文複。

是歲也，晉復假道於虞以伐虢。虞之大夫宫之奇諫虞君曰：「晉不可假道也，是且滅虞。」虞君曰：「晉我同姓，不宜伐我。」宫之奇曰：「太伯、虞仲，太王之子也，太伯亡去，是以不嗣。虢仲、虢叔，王季之子也，爲文王卿士，其記勳在王室，藏於盟府。〔一〕將虢是滅，何愛于虞？且虞之親，能親於桓、莊之族乎？桓、莊之族何罪？盡滅之。〔二〕虞之與虢，脣之與齒，脣亡則齒寒。」虞公不聽，遂許晉。宫之奇以其族去虞。其冬，晉滅虢，虢公醜奔周。〔三〕還，襲滅虞，虜虞公及其大夫井伯、百里奚，以媵秦穆姬，〔四〕而修虞祀。〔五〕荀息牽曩所遺虞屈產之乘馬，奉之獻公，獻公笑曰：「馬則吾馬，齒亦老矣！」〔六〕

〔一〕【集解】杜預曰：「盟府，司盟之官也。」【考證】梁玉繩曰：案晉滅之虢乃西虢，虢叔之後。仲爲東虢，鄭滅之。左隱元年、僖五年注疏，及韋昭周、鄭語注甚明。中井積德曰：府，庫也。

〔二〕【考證】獻公八年使士蔿盡殺諸公子，即此事。

〔三〕【集解】皇覽曰：「虢公冢在河内温縣郭東，濟水南大冢是也。其城南有虢公臺。」【正義】左傳云童謡曰「丙子之辰，龍尾伏辰。均服振振，取虢之旂。鶉之賁賁，天策焞焞。火中成軍，虢公其奔」。其九月十月之交乎？丙子旦，日在尾，月在策，鶉火中，必是時也。冬十二月丙子朔，晉公滅虢，虢公醜奔京師。韋昭曰：鶉火，鳥星也。賁賁，鶉火星貌也。天策尾上一星，名傅説。焞焞，近日月之貌。火，鶉火也。中，晨中也。成軍，軍有成功也。

〔四〕【集解】杜預曰：「穆姬，獻公女，送女曰媵，以屈辱之。」【正義】南雍州記云「百里奚，宋井伯，宛人也」。【考證】左傳無「百里奚」三字。梁玉繩曰：奚與井伯非一人，且奚不及虞難也，説在秦紀。

〔五〕【集解】服虔曰：「虞所祭祀命祀也。」【考證】以上僖五年左傳。

〔六〕【集解】公羊傳曰：「蓋戲之也。」何休曰：「以馬齒戲喻荀息之年老也。」【考證】僖二年公羊傳、穀梁傳云：「獻公亡虢，五年而後舉虞，荀息牽馬操璧而前曰：『璧則猶是也，而馬齒加長矣！』」

二十三年，獻公遂發賈華等伐屈，〔一〕屈潰。〔二〕夷吾將奔翟。冀芮曰：「不可。〔三〕重耳已在矣，今往，晉必移兵伐翟，翟畏晉，禍且及。不如走梁。梁近於秦，秦彊，吾君百歲後，可以求入焉。」遂奔梁。〔四〕二十五年，晉伐翟，翟以重耳故，亦擊晉於齧桑，〔五〕晉兵解而去。

〔一〕【集解】賈逵曰：「賈華，晉右行大夫。」

〔二〕【正義】民逃其上曰潰。

〔三〕【集解】韋昭曰：「冀芮，晉大夫。」

〔四〕【考證】僖六年左傳。今陝西同州府澄城縣有夏陽故城，古梁國。

〔五〕【集解】左傳作「采桑」。服虔曰：「翟地。」【索隱】裴氏云：左傳作「采桑」。按：今平陽曲南七十里河水有采桑津，是晉境。服虔云：翟地，亦頗相近。然字作「齧桑」。齧桑，衛地，恐非也。【考證】僖八年左傳。言晉敗狄于采桑，不言翟擊晉於齧桑，又不以爲重耳之故。采桑在今山西吉州鄉寧縣西大河津濟處。

當此時，晉彊，西有河西，與秦接境，北邊翟，東至河內。〔一〕

〔一〕【索隱】河內，河曲也。內，音汭。【正義】河西，謂同丹等州之地也。河內，謂懷州。【考證】顧棟高曰：或曰：周室封建，在德不在險，信乎？曰：此爲後王守成者言之也。武王既勝殷有天下，大封功臣宗室，凡山川糾紛，形勢禁格之地，悉周懿親，及親子弟，以鎮撫不靖，翼戴王室。自三監監殷，而封東虢于滎陽，據虎牢之險；西虢于宏農陝縣，阻崤函之固；太公于齊，召公于燕。又封叔虞于晉，四面環峙，而王畿則東西長，南北短，短長相覆，方千里。無事則都洛陽，宅土中，以號令天下；有事則居關內，阻四塞以守，曷嘗不據形勝以臨制天下哉？褒姒煽虐，禍由內作，播遷東周，而西虢實爲東西都出入往來之地。周有西歸之志，不得不問途於虢。故平王之末年，即以虢公爲卿士，迨乎惠王，鄭、虢卒定王室。當晉之圖虢也，王曷不赫然震怒，命方伯以討罪于晉？晉必不敢動，乃談笑置之。虢入晉，而晉日强，周日弱矣。

驪姬弟生悼子。〔一〕

〔一〕【索隱】左傳作「卓子」，音恥角反。弟，女弟也。【考證】莊廿八年、僖四年左傳。梁玉繩曰：春秋三傳及史于秦紀、年表、齊世家等處皆作「卓」，此「悼」字誤。

二十六年夏，齊桓公大會諸侯於葵丘。〔一〕晉獻公病，行後，未至，逢周之宰孔。宰孔曰：「齊桓公益驕，〔二〕不務德而務遠略，諸侯弗平。君弟毋會，毋如晉何。」〔三〕獻公亦病，復還歸。〔四〕病甚，乃謂荀息曰：「吾以奚齊爲後，年少，諸大臣不服，恐亂起，子能立之乎？」荀息曰：「能。」獻公曰：「何以爲驗？」對曰：「使死者復生，〔五〕生者不慙，〔六〕爲之驗。」於是遂屬奚齊於荀息。〔七〕荀息爲相，主國政。秋九月，獻公卒。里克、邳鄭欲内重耳，以三公子之徒作亂，〔八〕謂荀息曰：「三怨將起，秦、晉輔之，子將何如？」〔九〕荀息曰：「吾不可負先君言。」十月，里克殺奚齊于喪次，〔一〇〕獻公未葬也。荀息將死之，或曰不如立奚齊弟悼子而傅之，荀息立悼子，而葬獻公。十一月，里克弒悼子于朝，〔一一〕荀息死之。君子曰：「詩所謂『白珪之玷，猶可磨也，斯言之玷，不可爲也』，〔一二〕其荀息之謂乎！〔一三〕不負其言。」〔一四〕初，獻公將伐驪戎，卜曰「齒牙爲禍」。〔一五〕及破驪戎，獲驪姬，愛之，竟以亂晉。

〔一〕**【正義】**在曹州考城縣東南一里。**【考證】**宋地，今河南歸德府考城縣東北有葵丘聚。

〔二〕**【考證】**左傳「齊桓公」作「齊侯」。

〔三〕**【索隱】**弟，但也。

〔四〕**【考證】**僖九年左傳，國語晉語。

〔五〕**【索隱】**謂荀息受公命而立奚齊，雖復身死，不背生時之命，是死者復生也。

〔六〕**【索隱】**言生者見荀息不背君命而死，不爲之羞慙也。**【正義】**國語云：荀息曰：「昔君問臣事君於我，我對以忠貞。君曰『何謂也』？對曰『可以利公室，力有所能，無不爲，忠也；葬死者，養生者，死人復生不悔，生人不慚，貞也。吾言既往矣，豈能欲行吾言，而又愛吾身乎？』」【考證】中井積德曰：死者謂公也，生者息自謂也。公死，息奉遺命無所違於公之志，則使公復生，息無所慚也。愚按：史公正用晉語文，索隱非是。

〔七〕【考證】雜取僖九年左傳、晉語。

〔八〕【集解】賈逵曰：「邳鄭，晉大夫。三公子，申生、重耳、夷吾也。」

〔九〕【考證】龜井昱曰：猶曰將從何黨也。

〔一〇〕【考證】楓山、三條本無「次」字。

〔一一〕【集解】列女傳曰：「鞭殺驪姬于市。」

〔一二〕【集解】杜預曰：「詩大雅。言此言之玷難治，甚於白珪。」【考證】林堯叟曰：荀息不顧事之非正，而惟以不食言，是以君子惜其前言之失不可復治也。顧炎武曰：古人著書引成語，而反其意者多矣。管晏列傳論贊「方晏子伏莊公尸，哭之成禮然後去。豈所謂見義不爲無勇者邪」，言晏子之勇於義。此言荀息之能不玷其言。愚按：顧説爲是。與「不負其言」文義相貫。

〔一三〕【考證】以上僖九年左傳。

〔一四〕【考證】晉語云「君子曰『不食其言矣』」，公羊傳亦云「荀息可謂不食言矣」，史公與左氏併取之。

〔一五〕【集解】韋昭曰：「齒牙，謂兆端左右釁坼，有似齒牙中有縱畫，以象讒言之爲害也。」【正義】國語曰：獻公卜伐驪戎，史蘇卜之，曰「勝而不吉」。公飲大夫酒，令司正實爵與史蘇，曰：「飲而無肴。驪戎之役，汝曰勝而不吉，故賞汝以爵，罰汝以無肴。克國得妃，其吉孰大焉？」史蘇卒爵，再拜稽首曰：「兆有之，臣不敢蔽。蔽兆之紀，失臣之官，有二罪焉，何以事君？大罰將及，不唯無肴。」史蘇告大夫曰：「夫有男戎，必有女戎，若晉以男戎勝戎，而戎亦必以女戎勝晉。」里克曰：「何如？」史蘇曰：「夏桀伐有施，有施人以妹喜女焉，與伊尹比而亡夏。殷辛伐有蘇，有蘇以妲己女焉，與膠鬲比而亡殷。周幽王伐有褒，有褒人以褒姒女焉，與虢石甫比而亡周。」【考證】晉語「禍」作「猾」。

里克等已殺奚齊、悼子，使人迎公子重耳於翟，欲立之。〔一〕重耳謝曰：「負父之命出奔，〔二〕父死，不得脩人子之禮侍喪，重耳何敢入！大夫其更立他子。」還報里克，〔三〕里克使迎夷吾於梁。夷吾欲往，〔四〕呂省、〔五〕郤芮曰：〔六〕「内猶有公子可立者而外求，難信。計非之秦，輔彊國之威以入，恐危。」乃使郤芮厚賂秦，約曰：「即得入，請以晉河西之地與秦。」〔七〕及遺里克書曰：「誠得立，請遂封子於汾陽之邑。」〔八〕秦繆公乃發兵送夷吾於晉。齊桓公聞晉内亂，亦率諸侯如晉。秦兵與夷吾亦至晉，齊乃使隰朋會秦俱入夷吾，立爲晉君，是爲惠公。齊桓公至晉之高梁而還歸。〔九〕

〔一〕【正義】國語云：里克及邳鄭使屠岸夷告公子重耳於翟曰：「國亂民擾，得國在亂，治民在擾，子盍入乎？」

〔二〕【正義】負，音佩。

〔三〕【考證】「初獻公」以下，國語晉語。

〔四〕【考證】僖九年左傳云「晉郤芮使夷吾重賂秦以求入」。晉語云「呂甥郤稱使蒲城午告公子夷吾於梁曰『子厚賂秦人以求入，吾主子』」。皆不云里克迎之，與此異。

〔五〕【正義】省，音眚。杜預曰：「姓瑕呂，名飴甥，字子金。」【考證】梁玉繩曰：呂甥未嘗從夷吾在外也，此與郤芮並舉，誤。又「省」乃「甥」之譌。内、外傳皆作「甥」。

〔六〕【正義】郄成子即冀芮。【考證】沈家本曰：郤成子乃郤缺，芮之子也，正義誤。

〔七〕【考證】僖十五年左傳云「晉侯賂秦伯以河外之列城五，東盡虢略，南及華山，內及解梁城，既而不與」，即此事。

〔八〕【集解】賈逵曰：「汾，水名。汾陽，晉地也。」【索隱】按：國語「命里克汾陽之田百萬，命邳鄭以負蔡之田七十萬」。今此不言，亦其疏略也。

〔九〕【考證】「秦穆公」以下，僖九年左傳。

惠公夷吾元年，使邳鄭謝秦曰：「始夷吾以河西地許君，今幸得入立。大臣曰：『地者先君之地，君亡在外，何以得擅許秦者？』寡人争之，弗能得，故謝秦。」〔一〕亦不與里克汾陽邑〔二〕而奪之權。四月，周襄王使周公忌父會齊、秦大夫共禮晉惠公。〔三〕惠公以重耳在外，畏里克爲變，賜里克死。謂曰：「微里子，寡人不得立。雖然，子亦殺二君一大夫，〔四〕爲子君者，不亦難乎？」里克對曰：「不有所廢，君何以興？欲誅之，其無辭乎？〔五〕乃言爲此！〔六〕臣聞命矣。」遂伏劍而死。〔七〕於是邳鄭使謝秦，未還，故不及難。

〔一〕【考證】左傳、國語止云使邳鄭聘秦謝緩賂，而不及惠公辭令，蓋史公以意補。

〔二〕【考證】僖十五年左傳。

〔三〕【集解】賈逵曰：「忌父，周卿士。」

〔四〕【集解】服虔曰：「奚齊、悼子、荀息也。」

〔五〕【考證】杜預曰：言欲加己罪，不患無辭。

〔六〕【考證】左傳無此句。

〔七〕【考證】惠公之入，呂甥招之，郤芮勸之，而里克之意實在文公，是所以有汾陽之賂。惠公既君，里克仍執政，呂郤不得逞意，伏劍之事不得已也。晉語云惠公殺里克而悔之曰「芮也，使寡人過殺我社稷之鎮」，可以觀當時狀情矣。

晉君改葬恭太子申生。〔一〕秋，狐突之下國，遇申生，〔二〕申生與載而告之〔三〕曰：「夷吾無禮，余得請於帝，〔四〕將以晉與秦，秦將祀余。」狐突對曰：「臣聞神不食非其宗，君其祀毋乃絶乎？君其圖之。」〔五〕申生曰：「諾，吾將復請帝。後十日，〔六〕新城西偏，將有巫者，見我焉。」〔七〕許之，遂不見。〔八〕及期而往，復見，申生告之曰：「帝許罰有罪矣，弊於韓。」〔九〕兒乃謡曰：「恭太子更葬矣，〔一〇〕後十四年，晉亦不昌，昌乃在兄。」〔一一〕

〔一〕【集解】韋昭曰：「獻公時申生葬不如禮，故改葬之。」

〔二〕【集解】服虔曰：「晉所滅國以爲下邑。一曰曲沃有宗廟，故謂之國，在絳下，故曰下國也。」【考證】下國，對國都之稱。

〔三〕【集解】杜預曰：「忽如夢而相見，狐突本爲申生御，故復使登車。」【考證】楓山、三條本無「而告之」三字。

〔四〕【集解】服虔曰：「帝，天帝，謂罰有罪。」

〔五〕【考證】沈家本曰：「君」下「其」字，疑衍。

〔六〕【集解】左傳曰「七日」。

〔七〕【集解】杜預曰：「將因巫以見。」

〔八〕【集解】杜預曰：「狐突許其言，申生之象亦没。」

〔九〕【集解】賈逵曰：「弊，敗也。韓，晉韓原。」【考證】「四月周襄王」以下，僖十年左傳。

〔一〇〕【索隱】更，作也。更喪，謂改喪。言後十四年，晉不昌。【考證】索隱本「葬」作「喪」。

〔一一〕【考證】葬、昌、兄，韻。晉語亦載國人之誦，與此異。

丕鄭使秦，聞里克誅，乃説秦繆公曰：「呂省、郤稱、冀芮實爲不從。〔一〕若重賂與謀，出晉君，入重耳，事必就。」秦繆公許之，使人與歸報晉，厚賂三子。三子曰：「幣厚言甘，此必丕鄭賣我於秦。」〔二〕遂殺丕鄭及里克、丕鄭之黨七輿大夫。〔三〕丕鄭子豹奔秦，言伐晉，繆公弗聽。〔四〕

〔一〕【集解】杜預曰：「三子晉大夫。不從，不與秦賂也。」【索隱】呂省，左傳作「呂甥」。呂省、郤稱、冀芮三子，晉大夫。【考證】中井積德曰：不從，謂不服從於秦。

〔二〕【考證】左傳、國語「賣」作「誘」。

〔三〕【集解】韋昭曰：「七輿，申生下軍之衆大夫也。」杜預曰：「侯伯七命，副車七乘。」【考證】服虔曰：「上軍之輿士七人，屬申生者。」愚按：服、韋二説是。

〔四〕【考證】「丕鄭使秦」以下，僖十年左傳。

惠公之立，倍秦地及里克，誅七輿大夫，國人不附。二年，周使召公過禮晉惠公，〔一〕惠公禮倨，〔二〕召公譏之。〔三〕

〔一〕【集解】韋昭曰：「召武公爲王卿士。」

〔二〕【索隱】謂受玉惰也。事見僖十一年。

〔三〕【考證】梁玉繩曰：僖十一年左傳天王使召武公內史過賜晉侯命，受玉惰。過歸告王曰「晉侯無後」。告王之言，乃內史過，非召武公也。此云「召公譏之」，誤。其所以誤者，召武公亦名過耳。

四年，晉饑，乞糴於秦。繆公問百里奚，〔一〕百里奚曰：「天菑流行，國家代有，救菑恤鄰，國之道也。與之。」〔二〕丕鄭子豹曰：「伐之。」繆公曰：「其君是惡，其民何罪！」卒與粟，自雍屬絳。〔三〕

〔一〕【集解】服虔曰：「秦大夫。」

〔二〕【考證】楓山、三條本「恤」下有「患」字。

〔三〕【考證】僖十三年左傳。杜預曰：「雍，秦國都也。絳，晉國都也。」

五年，秦饑，請糴於晉。晉君謀之，慶鄭曰：〔一〕「以秦得立，已而倍其地約。晉饑而秦貸我，今秦饑請糴，與之，何疑？而謀之！」〔二〕虢射曰：〔三〕「往年天以晉賜秦，秦弗知取而貸我。今天以秦賜晉，晉其可以逆天乎？遂伐之。」〔四〕惠公用虢射謀，不與秦粟，而發兵且伐秦。秦大怒，亦發兵伐晉。〔五〕

〔一〕【集解】杜預曰：「慶鄭，晉大夫。」

〔二〕【考證】以上僖十四年左傳。

〔三〕【集解】服虔曰：「虢射，惠公舅。」

〔四〕【考證】李笠曰：案遂伐之，亦虢射言，非謂惠公遂伐之也，觀下文自明。「遂」上應有「不如」二字。

〔五〕【考證】僖十四年左傳。國語晉語亦載虢射之語，與此異。且二書止言晉不與秦粟，而不言晉、秦相伐，此疑誤。

六年春，秦繆公將兵伐晉。〔一〕晉惠公謂慶鄭曰：「秦師深矣，〔二〕柰何？」鄭曰：「秦內君，君倍其賂；晉饑秦輸粟，秦饑而晉倍之，乃欲因其饑伐之，其深不亦宜乎！」晉卜御、右，慶鄭皆吉。公曰：「鄭不孫。」〔三〕乃更令步陽御戎，家僕徒爲右，進兵。〔四〕九月壬戌，秦繆公、晉惠公合戰韓原。〔五〕惠公馬鷙不行，〔六〕秦兵至，公窘，召慶鄭爲御。〔七〕鄭曰：「不用卜，敗不亦當乎！」遂去。更令梁繇靡御，〔八〕虢射爲右，輅秦繆公。〔九〕繆公壯士冒敗晉軍，晉軍敗，遂失秦繆公，反獲晉公以歸。〔一〇〕秦將以祀上帝。〔一一〕晉君姊爲繆公夫人，衰經涕泣，公曰：「得晉侯，將以爲樂，今乃如此。〔一二〕且吾聞箕子見唐叔之初封曰『其後必當大矣』，晉庸可滅乎！」〔一三〕乃與晉侯盟王城，而許之歸。〔一四〕晉侯亦使呂省等報國人曰：「孤雖得歸，毋面目見社稷，卜日立子圉。」晉人聞之皆哭。秦繆公問呂省：「晉國和乎？」對曰：「不和。小人懼失君亡親，〔一五〕不憚立子圉，曰『必報讎，寧事戎、狄』。〔一六〕其君子則愛君而知罪，以待秦命，〔一七〕曰『必報德』。有此二，故不和。」於是秦繆公更舍晉惠公，餽之七牢。〔一八〕十一月，歸晉侯。晉侯至國，誅慶鄭，〔一九〕修政教。謀曰：「重耳在外，諸侯多利內之。」欲使人殺重耳於狄。重耳聞之，如齊。〔二〇〕

〔一〕【考證】梁玉繩曰：秦伐晉，左傳在九月，經從赴在十一月，此言春，誤。中井積德曰：「春」字疑衍。

〔二〕【集解】韋昭曰：「深入境。一曰：深，猶重。」

〔三〕【集解】服虔曰：「孫，順。」【考證】左傳、國語皆云「卜右，慶鄭吉。公曰不孫，不使」。與此異。

〔四〕【集解】服虔曰：「二子，晉大夫也。」【考證】韋昭曰：御，御公戎車也。杜預曰：步揚，郤犨之父也。愚按：左傳、國語「陽」作「揚」。

〔五〕【索隱】在馮翊夏陽北二十里，今之韓城縣是。【考證】在今陝西同州府韓城縣。

〔六〕【索隱】鷙，音竹二反，謂馬重而陷之於泥。【正義】左傳云：「晉戎馬還濘而止。」國語云：「晉師潰，戎馬濘而止。」韋昭曰：「濘，泥也。」顏師古曰：「鄭玄云『鷙，狠也』。」

〔七〕【考證】晉語云「公號慶鄭曰『載我』」，與此異。

〔八〕【正義】韋昭云：「梁由靡，大夫也。」

〔九〕【集解】服虔曰：「輅，迎也。」【索隱】輅，音五稼反。鄒誕音五額反。【考證】左傳國語皆云梁由靡御韓簡，輅秦公將止之，無更御惠公之事，此誤。「六年」以下本僖十五年左傳，小異。

〔一〇〕【考證】呂氏春秋愛士篇。

〔一一〕【考證】梁玉繩曰：祀上帝，妄也，說在秦紀。

〔一二〕【考證】左傳云：「獲晉侯，以厚歸也。」史公易以「將以爲樂」四字，未切。

〔一三〕【考證】庸，猶何也，安也，詎也。說詳于王氏經傳釋詞三。

〔一四〕【集解】杜預曰：「馮翊臨晉縣東有王城。」【考證】秦地，在今陝西同州府朝邑縣東。

〔一五〕【正義】君，惠公也。親，父母也。言懼失君，國亂恐亡父母，不憚立子圉也。【考證】中井積德曰：懼，當從左傳作「悼」。失君亡親，蓋既往之事矣。愚按：晉語「亦」作「悼」。

〔一六〕【正義】小人言立子圉爲君之後，必報秦，終不事秦，寧事戎、狄耳。【考證】寧，何。戎、狄，謂秦。

〔一七〕【正義】君，惠公也。知罪謂惠公倍秦河西地也。言君子之人愛惠公，知惠公倍秦河西地之罪，欲歸惠公以待秦之命耳。【考證】僖十五年左傳云「晉侯之入也，賂秦伯以河外之列城五，東盡虢略，南及華山，内及解梁城，既而不與。晉饑，秦輸之粟，秦饑，晉閉之糴，故秦伯伐晉」，所謂知罪者即此。

〔一八〕【正義】餽，音匱。一牛、一羊、一豕爲一牢。【考證】周禮掌客職，侯伯饔餼七牢。

〔一九〕【考證】以上僖十五年左傳。

〔一〇〕【考證】梁玉繩曰：如齊求入，非爲惠公欲殺之故也。又事在惠公七年。

八年，使太子圉質秦。〔一〕初，惠公亡在梁，梁伯以其女妻之，生一男一女。梁伯卜之，男爲人臣，女爲人妾，故名男爲圉，女爲妾。〔二〕

〔一〕【正義】質，音致。

〔二〕【集解】服虔曰：「圉人，掌養馬，臣之賤者。不聘曰妾。」【考證】「八年」以下，僖十七年左傳。

十年，秦滅梁。梁伯好土功，治城溝，民力罷，怨，〔一〕其衆數相驚，曰「秦寇至」，民恐惑，秦竟滅之。〔二〕

〔一〕【集解】賈逵曰：「溝，塹也。」【正義】罷，音皮。

〔二〕【考證】僖十九年左傳。中井積德曰：據左傳，「寇至」者，梁伯脅民之言，此謬用也。

十三年，晉惠公病，內有數子。太子圉曰：「吾母家在梁，梁今秦滅之，我外輕於秦而內無援於國。君即不起，病大夫輕，更立他公子。」〔一〕乃謀與其妻俱亡歸。秦女曰：「子一國太子，辱在此。秦使婢子侍，以固子之心。〔二〕子亡矣，我不從子，亦不敢言。」〔三〕子圉遂亡歸晉。〔四〕十四年九月，惠公卒，太子圉立，是爲懷公。〔五〕

〔一〕【考證】李笠曰：病，猶患也。輕，謂輕忽。言君即不起，患大夫輕忽己而更立他公子也。

〔二〕【集解】服虔曰：「曲禮曰『世婦以下自稱婢子』。婢子，婦人之卑稱。」

〔三〕【考證】左傳「固人之心」下有「從子而歸弃君命也」八字。

〔四〕【考證】「乃謀與其妻」以下，僖廿二年左傳。

〔五〕【考證】僖廿三年左傳、晉語「九月」作「十月」。

子圉之亡，秦怨之，乃求公子重耳，欲內之。子圉之立，畏秦之伐也，乃令國中諸從重耳亡者與期，期盡不到者，盡滅其家。狐突之子毛及偃從重耳在秦，弗肯召。懷公怒，囚狐突。突曰：「臣子事重耳有年數矣，今召之，是教之反君也，何以教之？」懷公卒殺狐突。〔一〕秦繆公乃發兵送內重耳，使人告欒、郤之黨爲內應，〔二〕殺懷公於高梁，入重耳。重耳立，是爲文公。〔三〕

〔一〕【考證】以上僖二十三年左傳。

〔二〕【正義】欒枝、郤縠之屬也。

〔三〕【考證】僖廿四年左傳。晉語「欒、郤之黨爲內應」，本於昭十三年左傳叔向之言。

晉文公重耳，晉獻公之子也。自少好士，年十七，有賢士五人：曰趙衰；狐偃咎犯，文公舅也；賈佗；先軫；魏武子。〔一〕自獻公爲太子時，重耳固已成人矣。獻公即位，重耳年二十一。〔二〕獻公十三年，以驪姬故，重耳備蒲城守秦。〔三〕獻公二十一年，獻公殺太子申生，驪姬讒之，恐，不辭獻公而守蒲城。〔四〕獻公二十二年，獻公使宦者履鞮趣殺重耳。〔五〕重耳踰垣，宦者逐斬其衣袪。重耳遂奔狄。狄，其母國也。〔六〕是時重耳年四十三。從此五士，其餘不名者數十人，至狄。

〔一〕【正義】佗，音陁，即賈季，解在後。左傳曰五士，無賈也，乃顛頡之屬也。【考證】左傳僖廿三年，「重耳出奔狄，從者狐偃、趙衰、顛頡、魏武子、司空季子」。昭十三年，叔向云「先君文公生十七年，有士五人，有先大夫子餘、子犯以爲腹心，有魏犨、賈佗以爲股肱，有齊、宋、秦、楚以爲外主，有欒、郤、狐、先以爲內主」。晉語僖負羈云「晉公子生十七年而亡，卿材三人從之」，公孫固云「晉公子亡長幼矣，父事狐偃，師事趙衰，而長事賈它」，其言不同。傅遜左傳辨誤云「五人從公子在一時，而狐毛、賈它或稍後，因而逸之耳」。龜井昱左傳纘考云「出奔時五士從之，還時三士最顯」。愚按：史五士與左氏不同，且據叔向言，先軫未嘗從亡，而史公併數之者，蓋偏就晉賢士屬意重耳者言之，不復問其行者與居者也。梁玉繩曰：「咎犯文公舅也」六字是後人之注，錯入本文。愚按：楓山、三條本正無此六字。

〔二〕【考證】梁玉繩曰：「二十一」當作「二十二」，各本俱譌。史言文公二十二，獻公即位，四十三奔狄，六十二反國，卒時年七十。左、國言文公生十七年而亡，亡十九年而反，凡三十六年，卒時四十四，何不同若是？余謂信左、國不如信史記。奚以明之？其守蒲城也，二嬖曰：「疆埸無主，則啓戎心。若使重耳主蒲，可以懼戎。」依史記文公守蒲城時年三十二，與懼戎之説政合；依左、國但六齡爾，適足以啓戎心乎？其戰城濮也，楚子曰「天假之年而除其害」。依史記，文公戰城濮時，年六十六，與假年之説相符；依左、國僅四十爾，年少于楚成，安得謂天假之年乎？竹添光鴻曰：文公奔蒲，正獻公滅虢媵秦穆姬之歲，姬係申生姊，必長於文公，如文公年四十三，豈穆姬及艾始嫁？而穆公致書公子，不宜稱爲孺子矣。或疑從左氏則重耳居蒲止六歲，夷吾更少，不知莊二十八年夏，太子居曲沃，至二子之居蒲、屈，則其後日事也，傳統敍於是年爾。觀士蔿築蒲云「三年將尋師」可見矣。龜井昱曰：左傳天假之年，受在外十九年，言其保身於奔竄中。愚按：後説近是。

〔三〕【考證】莊廿八年左傳。中井積德曰：宣言守蒲城備秦也。

〔四〕【考證】僖四年左傳。中井積德曰：「守」當作「奔」。

〔五〕【索隱】即左傳之勃鞮，亦曰寺人披也。【正義】履鞮，即勃鞮也，亦曰寺人披。杜預曰：「寺人，閹人。」【考證】前曰勃鞮，後曰履鞮，說詳于前文。

〔六〕【考證】僖五年左傳。

狄伐咎如，〔一〕得二女：以長女妻重耳，生伯儵、叔劉；〔二〕以少女妻趙衰，生盾。〔三〕居狄五歲，而晉獻公卒。里克已殺奚齊、悼子，乃使人迎，欲立重耳。重耳畏殺，因固謝，不敢入。已而晉更迎其弟夷吾立之，是爲惠公。〔四〕惠公七年，畏重耳，乃使宦者履鞮與壯士欲殺重耳。〔五〕重耳聞之，乃謀趙衰等曰：「始吾奔狄，非以爲可用與，〔六〕以近易通，〔七〕故且休足。休足久矣，固願徙之大國。夫齊桓公好善，志在霸王，收恤諸侯。〔八〕今聞管仲、隰朋死，此亦欲得賢佐，盍往乎？」〔九〕於是遂行。重耳謂其妻曰：「待我二十五年，不來乃嫁。」其妻笑曰：「犂二十五年，〔一〇〕吾冢上柏大矣。〔一一〕雖然，妾待子。」重耳居狄凡十二年而去。

〔一〕【集解】賈逵曰：「赤狄之別，隗姓。」【索隱】赤狄之別種也，隗姓也。咎，音高。鄒誕本作「困如」，又云或作「囚」。【考證】梁玉繩曰：左傳作「廧咎如」，此缺「廧」字。

〔二〕【正義】儵，直留反。

〔三〕【索隱】左傳云：伐廧咎如獲其二女，以叔隗妻趙衰，生盾；公子取季隗，生伯儵、叔劉。則叔隗長而季隗少，乃不同也。【考證】「至狄」以下，僖廿三年左傳。

〔四〕【考證】國語晉語。

〔五〕【考證】本僖廿四年左傳。

〔六〕【索隱】與，音余，諸本或爲「興」。興，起也，非翟可用興起，故奔之也。【正義】興，起也。本作「與」字者誤也。【考證】晉語作「非以翟爲榮，可以成事也」。與，相與成事也。索隱、正義本「與」作「興」。

〔七〕【考證】岡白駒曰：通，達也。言自蒲奔狄，近而易至。

〔八〕【考證】梁玉繩曰：「桓公」當作「齊侯」。愚按：霸王非當時語。

〔九〕【考證】以上本國語晉語。梁玉繩曰：此即國語狐偃所云「管仲没矣，必求善以終」之説，特傳聞異詞耳。故年表亦云「重耳聞管仲死，去翟之齊」，其實重耳如齊，將以求入，非聞仲死而往，若欲代其位也。愚按：是史公以意易國語文耳。

〔一〇〕【索隱】犂，猶比也。【考證】錢大昕曰：黎，遲也，猶言待也。

〔一一〕【正義】杜預云：「言將死入木也，不復成嫁也。」【考證】冢上柏即墓木，非棺也。正義以左傳説史記，非。

過衛，衛文公不禮。〔一〕去，過五鹿，〔二〕飢而從野人乞食，野人盛土器中進之。重耳怒。趙衰曰：「土者，有土也，君其拜受之。」〔三〕

〔一〕【正義】國語云「衛文公有邢翟之虞，不禮焉。甯莊子言於公曰『夫禮，國之紀也。親，民之結也。善，德之建也。國無紀，不可以終。民無結，不可以固。德無建，不可以立。此三者君之所慎也。晉公子善人也，而衛親也，君不禮焉，弃三德矣』」。【考證】龜井昱曰：文公，良君也，故晉語云「衛文公有邢翟之虞，不能禮焉」，左傳略。晉語去翟，過五鹿，安於齊，自齊過衛，傳聞之異也。

〔二〕【集解】賈逵曰：「衛地。」杜預曰：「今衛縣西北有地名五鹿，陽平元城縣東亦有五鹿。」

〔三〕【考證】左傳、國語爲子犯之言。

至齊，齊桓公厚禮，而以宗女妻之，〔一〕有馬二十乘，重耳安之。〔二〕重耳至齊二歲，而桓公卒，會豎刁等爲內亂，齊孝公之立，諸侯兵數至。〔三〕留齊凡五歲。重耳愛齊女，毋去心。趙衰、咎犯乃於桑下謀行。齊女侍者在桑上聞之，以告其主。其主乃殺侍者，〔四〕勸重耳趣行。重耳曰：「人生安樂，孰知其他！必死於此，〔五〕不能去。」〔六〕齊女曰：「子一國公子，窮而來此，數士者以子爲命。子不疾反國報勞臣，而懷女德，竊爲子羞之。且不求，何時得功？」乃與趙衰等謀，醉重耳，載以行。行遠而覺，重耳大怒，引戈欲殺咎犯。咎犯曰：「殺臣成子，偃之願也。」重耳曰：「事不成，我食舅氏之肉。」咎犯曰：「事不成，犯肉腥臊，何足食！」〔七〕乃止，遂行。〔八〕

〔一〕**【考證】**梁玉繩曰：傳言桓公妻之，是桓公之女，非宗女也。

〔二〕**【考證】**「重耳謂其妻」以下，僖二十三年左傳。杜預曰：四馬爲乘。廿乘，八十匹也。

〔三〕**【考證】**國語晉語。

〔四〕**【集解】**服虔曰：「懼孝公怒，故殺之以滅口。」**【正義】**主，齊女也。**【考證】**左傳、晉語「侍者」作「蠶妾」。中井積德曰：恐未去而事泄，故殺之。

〔五〕**【集解】**徐廣曰：「一云『人生一世，必死於此』。」

〔六〕**【考證】**重耳言至于此。

〔七〕**【考證】**犯，疑「臣」之訛，或當作「偃」。

〔八〕**【考證】**「重耳愛齊女」以下本國語晉語，又見僖二十三年左傳。

過曹，曹共公不禮，欲觀重耳駢脅。〔一〕曹大夫釐負羈曰：「晉公子賢，又同姓，窮來過

我，柰何不禮！」共公不從其謀。負羈乃私遺重耳食，置璧其下。重耳受其食，還其璧。〔二〕

〔一〕【考證】左傳云：「曹共公聞其駢脅，欲觀其裸浴，薄而觀之。」陸德明云：薄，簾也。

〔二〕【考證】國語晉語。又見僖二十三年左傳。

去過宋。宋襄公新困兵於楚，傷於泓，聞重耳賢，乃以國禮禮於重耳。〔一〕宋司馬公孫固善於咎犯，曰：「宋小國，新困，不足以求入，更之大國。」乃去。〔二〕

〔一〕【索隱】以國君之禮禮之也。【考證】左傳、國語並云「襄公贈之以馬二十乘」。

〔二〕【考證】梁玉繩曰：晉語「公子與固善，言于襄公而禮之」，非固善于犯使更之大國也。

過鄭，鄭文公弗禮。鄭叔瞻諫其君曰：〔一〕「晉公子賢，而其從者皆國相，且又同姓。〔二〕鄭之出，自厲王，而晉之出，自武王。」鄭君曰：「諸侯亡公子過此者衆，安可盡禮！」〔三〕叔瞻曰：「君不禮，不如殺之，且後爲國患。」鄭君不聽。〔四〕

〔一〕【考證】左、國「瞻」作「詹」。

〔二〕【考證】「過鄭」以下，僖廿三年左傳。

〔三〕【考證】梁玉繩曰：此史公約國語文，而以曹共公之言爲鄭君，舛矣。楓山本「者」下「衆」上有「甚」字。

〔四〕【考證】「叔瞻曰」以下，國語晉語。

重耳去之楚，楚成王以適諸侯禮待之，〔一〕重耳謝不敢當。趙衰曰：「子亡在外十餘年，小國輕子，況大國乎？今楚大國，而固遇子，子其毋讓，此天開子也。」〔二〕遂以客禮見之。〔三〕成王厚遇重耳，重耳甚卑。成王曰：「子即反國，何以報寡人？」重耳曰：「羽毛齒角玉帛，君王所餘，未知所以報。」王曰：「雖然，何以報不穀？」重耳曰：「即不得已，與君王以兵車會平原廣澤，請辟王三舍。」〔四〕楚將子玉怒曰：〔五〕「王遇晉公子至厚，今重耳言不孫，請殺之。」成王曰：「晉公子賢而困於外久，從者皆國器，此天所置，庸可殺乎？且言何以易之！」〔六〕居楚數月，而晉太子圉亡秦，秦怨之；聞重耳在楚，乃召之。成王曰：「楚遠，更數國乃至晉。秦、晉接境，秦君賢，子其勉行！」〔七〕厚送重耳。

〔二〕【索隱】適，音敵。【正義】適，音敵。國語云「重耳如楚，成王以周禮饗之。九獻，庭實旅百。」韋昭云：「九獻，上公之享。庭實，庭中之陳也。百，舉成數也。周禮上公出入五積，饔餼九牢，米百有二十筥，醯醢百有二十甕，禾十車，芻薪倍禾也。」

〔三〕【考證】晉語「趙衰」作「子犯」。

〔三〕【考證】以上本國語晉語。

〔四〕【集解】賈逵曰：「司馬法『從遯不過三舍』。三舍，九十里也。」

〔五〕【考證】梁玉繩曰：是畏之，非怒之也。

〔六〕【索隱】子玉請殺重耳，楚成王不許，言人出言，不可輕易之。【考證】中井積德曰：重耳之言確當莫可易也，非不孫。崔適曰：易乃變易之易，謂晉公子不爲此言，更當作何言也。

〔七〕【考證】內、外傳皆不載此語，蓋史公以意補。

重耳至秦，繆公以宗女五人妻重耳，〔一〕故子圉妻與往。重耳不欲受，司空季子曰：〔二〕「其國且伐，況其故妻乎！且受以結秦親而求入，子乃拘小禮忘大醜乎！」遂受。〔三〕繆公大歡，與重耳飲。趙衰歌黍苗詩。〔四〕繆公曰：「知子欲急反國矣。」〔五〕趙衰與重耳下，再拜曰：「孤臣之仰君，如百穀之望時雨。」〔六〕是時晉惠公十四年秋。惠公以九月卒，子圉立。〔七〕十一月，葬惠公。〔八〕十二月，晉國大夫欒、郤等聞重耳在秦，皆陰來勸重耳、趙衰等反國，爲内應甚衆。於是秦繆公乃發兵，與重耳歸晉。晉聞秦兵來，亦發兵拒之。然皆陰知公子重耳入也。〔九〕唯惠公之故貴臣呂、郤之屬不欲立重耳。〔一〇〕重耳出亡凡十九歲而得入，時年六十二矣，晉人多附焉。〔一一〕

〔一〕**【考證】**内、外傳無「宗」字。

〔二〕**【集解】**服虔曰：「胥臣臼季也。」

〔三〕**【考證】**楓山、三條本「伐」作「代」，義長。敍懷嬴事，與左氏頗異。愚按：左氏幾得其實。中井積德曰：季子之言失倫。在子圉，國重於故妻，在重耳，伐國非不義，娶故妻斁倫。其且謂不欲受者，爲子圉邪？自爲邪？

〔四〕**【集解】**韋昭曰：「詩云『芃芃黍苗，陰雨膏之』。」**【正義】**芃，音馮。**【考證】**黍苗，小雅篇名。晉語云子餘使公子賦黍苗。

〔五〕**【考證】**左、國無此語。

〔六〕**【考證】**以上本國語晉語。

〔七〕**【考證】**僖廿三年左傳。晉語「九月」作「十月」。

〔八〕**【考證】**梁玉繩曰：此語不知何據，三傳無之。

〔九〕**【考證】**中井積德曰：知，謂知其謀也。

〔一〇〕【正義】呂甥、郤芮也。

〔一一〕【考證】方苞曰：「文公少而得士紀年，其出也紀年，入而得位紀年，因以爲章法。晉人多附，與惠公之立國人不附相應。」

文公元年春，秦送重耳至河。咎犯曰：「臣從君周旋天下，過亦多矣。臣猶知之，況於君乎？請從此去矣。」重耳曰：「若反國，所不與子犯共者，河伯視之！」〔一〕乃投璧河中，以與子犯盟。〔二〕是時介子推從在船中，乃笑曰：「天實開公子，而子犯以爲己功而要市於君，固足羞也。吾不忍與同位。」乃自隱，〔三〕渡河。秦兵圍令狐，〔四〕晉軍于廬柳。〔五〕二月辛丑，咎犯與秦、晉大夫盟于郇。〔六〕壬寅，重耳入于晉師。丙午，入于曲沃。丁未，朝于武宮，〔七〕即位爲晉君，是爲文公。羣臣皆往。懷公圉奔高梁。戊申，使人殺懷公。

〔一〕【索隱】視，猶見也。【考證】陳樹華曰：「古人相與言，雖卑幼亦字尊長，故甥不嫌呼舅之字。然左、國述重耳此誓作『舅氏』也，至下文述文公之言曰『偃説我毋失信』，直呼舅名。古君臣之間，似不然，蓋史公失檢處。

〔二〕【考證】「文公元年」以下據僖二十四年左傳、國語晉語。愚按：左、國無「與子犯盟」四字，蓋與河神盟，非與子犯盟也。

〔三〕【考證】據左傳，介推之怨在祿弗及之後也。且自謂爲怨言，則其言之過，固當知之矣。未當在船中發是言也。愚按：「要市」亦非當時語。

〔四〕【正義】令狐故城在蒲州猗氏縣西四十五里。【考證】今山西蒲州府猗氏縣西有令狐城。

〔五〕【集解】韋昭曰：「廬柳，晉地也。」【考證】在猗氏縣西北。

〔六〕【集解】杜預曰：「解縣西北有郇城。」【索隱】音荀，即文王之子所封。又音環。【考證】郇城在猗氏故城西北。

〔七〕【集解】賈逵曰：「文公之祖武公廟也。」

懷公故大臣呂省、郤芮本不附文公，文公立，恐誅，乃欲與其徒謀燒公宫，殺文公。文公不知。始嘗欲殺文公宦者履鞮知其謀，〔一〕欲以告文公，解前罪，求見文公。文公不見，使人讓曰：「蒲城之事，女斬予祛。其後我從狄君獵，女爲惠公來求殺我。惠公與女期三日至，而女一日至，何速也？女其念之。」宦者曰：「臣刀鋸之餘，不敢以二心事君倍主，故得罪於君。君已反國，其毋蒲、翟乎？〔二〕且管仲射鉤，桓公以霸。今刑餘之人以事告，而君不見，禍又且及矣。」〔三〕於是見之，遂以呂、郤等告文公。〔四〕文公欲召呂、郤，呂、郤等黨多，文公恐初入國，國人賣己，〔五〕乃爲微行，會秦繆公於王城，〔六〕國人莫知。三月己丑，呂、郤等果反，焚公宫，不得文公。文公之衛徒與戰，呂、郤等引兵欲奔，秦繆公誘呂、郤等，殺之河上，晉國復，而文公得歸。夏，迎夫人於秦，秦所與文公妻者卒爲夫人。秦送三千人爲衛，以備晉亂。〔七〕

〔一〕**【考證】**履鞮，晉語作「勃鞮」，左傳作「寺人披」，説既見上。

〔二〕**【考證】**龜井昱曰：不無蒲、狄之難。

〔三〕**【考證】**龜井昱曰：「其無蒲、狄乎」一語，刺文公之心，且以齊桓比方之，披是説客之雄也。

〔四〕**【考證】**「渡河」以下據僖二十四年左傳。又見國語晉語。愚按：「等」下當補「謀」字。晉語云「以呂、郤之謀告公」。

〔五〕【考證】左、國不揭此事，蓋史公以意補。

〔六〕【索隱】杜預云：「馮翊臨晉縣東有故王城，今名武鄉城。」

〔七〕【考證】「乃爲微行」以下，僖二十四年左傳、國語晉語。愚按：文公之衛徒與戰，左、國皆不言，亦史公以意補。梁玉繩曰：內、外傳文公迎夫人即在元年春三月，非夏也。

文公修政，施惠百姓。賞從亡者及功臣，大者封邑，小者尊爵。〔一〕未盡行賞，周襄王以弟帶難出居鄭地，來告急晉。晉初定，欲發兵，恐他亂起，是以賞從亡，未至隱者介子推。〔二〕推亦不言祿，祿亦不及。推曰：「獻公子九人，唯君在矣。惠、懷無親，外內弃之；天未絶晉，必將有主，主晉祀者，非君而誰？天實開之，二三子以爲己力，不亦誣乎？竊人之財，猶曰是盜。〔三〕況貪天之功以爲己力乎？下冒其罪，〔四〕上賞其姦，上下相蒙，難與處矣！」〔五〕其母曰：「盍亦求之，以死誰懟？」〔六〕推曰：「尤而效之，罪有甚焉。〔七〕且出怨言，不食其祿。」母曰：「亦使知之，若何？」對曰：「言，身之文也；身欲隱，安用文之？文之，是求顯也。」其母曰：「能如此乎？與女偕隱。」至死不復見。〔八〕

〔一〕【考證】國語晉語。

〔二〕【考證】中井積德曰：是文削「隱者」二字方可。不然，下文曰「欲隱」，曰「俱隱」，與此相礙。又曰：太史公記賞弗及之由，不知據何書，恐後人之臆度以護文公者，不可信。愚按：隱者，承上文「自隱」，但與下文相礙，如中氏說。

〔三〕【考證】左傳「是」作「之」。

〔四〕【考證】楓山、三條本「力」作「功」。左傳「冒」作「義」。

〔五〕【集解】服虔曰：「蒙，欺也。」

〔六〕【考證】不求以死，將誰懟。

〔七〕【考證】王念孫曰：有讀爲又。愚按：左傳作「又」。

〔八〕【考證】「介子推不言祿」以下，僖二十四年左傳。

介子推從者憐之，乃懸書宮門曰：「龍欲上天，五蛇爲輔。〔一〕龍已升雲，四蛇各入其宇，一蛇獨怨，終不見處所。」〔二〕文公出，見其書，曰：「此介子推也。吾方憂王室，未圖其功。」使人召之，則亡。〔三〕遂求所在，聞其入緜上山中，〔四〕於是文公環緜上山中而封之，以爲介推田，〔五〕號曰介山，以記吾過，且旌善人。〔六〕

〔一〕【索隱】龍，喻重耳。五蛇，即五臣，狐偃、趙衰、魏武子、司空季子及子推也。舊云五臣有先軫、顛頡，今恐二人非其數。【正義】龍，文公也。五蛇，趙衰、狐偃、賈佗、先軫、魏武子也。按：上文「從士五人，其餘不名者數十人」。然子推非五士數，從者傷子推隱而死，故作歌以感文公。見世重五士耳，即云五蛇爲輔，不究子推不在五名之中，後代賢者妄列五蛇之名，以子推爲數，徒虛語耳，諸後君子無疑焉。

〔二〕【考證】輔、宇、所，韻。

〔三〕【考證】中井積德曰：是隱語，後人僞撰耳。相傳重耳有五士，僞撰家以介推入其中，非也。蓋介推賤，而功亦少，故不祿也。唯其狷介自隱，僅傳名於後世耳。此文公之語亦係僞撰。愚按：介子推一節，史公概采諸左氏。「龍欲上天」歌詞，以他書補之。呂氏春秋介立篇亦載此事，爲推自作歌，與「身將隱，焉用文」之意不合，此及說苑復恩篇以爲「從者憐之，乃縣書宮門」，說尚可通。歌辭呂覽、說苑及新序節士篇所載各異，僞撰之蹟不可掩。

〔四〕【集解】賈逵曰：「緜上，晉地。」杜預曰：「西河介休縣南有地名緜上。」【考證】楓山、三條本「遂」作「逐」。

〔五〕【集解】徐廣曰：「一作『國』。」

〔六〕【集解】賈逵曰：「旌，表也。」【考證】「介山」下當依左傳補「曰」字。梁玉繩曰：左傳僖二十四年。言推與母偕隱而死，晉侯求之不獲，以緜上爲之田，非入緜上山中。若隱在緜上山中，則求之即得，何不獲之有？顧炎武曰：介子推事，見於左傳則曰「晉侯求之不得，以緜上爲之田」，呂氏春秋則曰「負釜蓋簦，終身不見」，二書爲得其實。史記之言稍異，亦不過「使人召之則亡」云云而已。立枯之論，始自屈原；燔死之説，始自莊子。楚辭惜往日「介子忠而立枯兮，文公寤而追求。封介山而爲之禁兮，報大德之優游。思久故之親身兮，因縞素而哭之」。莊子盜跖篇「介子推至忠也，自割其股以食文公。公後背之，子推怒而去，抱木而燔死」。於是瑰奇之行彰，而廉靖之心没矣。龜井昱曰：爲之置田，所以記誌己之過也。此與勾踐環會稽三百里爲范蠡地同。或云以此田禄其子。案未孚，范蠡、介推未聞有後於晉、越。

從亡賤臣壺叔曰：〔一〕「君三行賞，賞不及臣，敢請罪。」文公報曰：「夫導我以仁義，防我以德惠，此受上賞。輔我以行，卒以成立，此受次賞。矢石之難，汗馬之勞，此復受次賞。若以力事我，而無補吾缺者，此受次賞。〔二〕三賞之後，故且及子。」晉人聞之，皆説。〔三〕

〔一〕【考證】梁玉繩曰：壺叔，呂子當賞篇作「陶狐」，韓詩外傳三及説苑復恩作「陶叔狐」。

〔二〕【考證】王念孫曰：御覽引史「此」下有「復」字。

〔三〕【考證】「從亡賤臣」以下據呂氏春秋當賞篇。故讀爲固。

二年春，秦軍河上，〔一〕將入王。趙衰曰：「求霸莫如入王尊周。周晉同姓，晉不先入王，後秦入之，毋以令于天下。方今尊王，晉之資也。」〔二〕三月甲辰，晉乃發兵至陽樊，〔三〕圍温，〔四〕入襄王于周。四月，殺王弟帶。周襄王賜晉河内陽樊之地。〔五〕

〔一〕【索隱】晉地也。

〔二〕【考證】楓山、三條本「秦」下無「入之」二字，雜采僖二十五年左傳、國語晉語。「趙衰」當作「狐偃」。

〔三〕【集解】服虔曰：「陽樊，周地。陽，邑名也。樊仲山之所居，故曰陽樊。」【考證】今河南懷寧府濟源縣西北。

〔四〕【考證】帶在温，温，今河南懷寧府温縣。

〔五〕【考證】「三月甲辰」以下，僖廿五年左傳。梁玉繩曰：晉語「王賜以南陽之地」，陽樊、温、原、州、陘、絺、鉏、攢茅，凡八邑，此不具。左傳亦祇書其四。

四年，楚成王及諸侯圍宋，宋公孫固如晉告急。先軫曰：「報施定霸，於今在矣。」〔一〕狐偃曰：「楚新得曹，而初婚於衛，若伐曹、衛，楚必救之，則宋免矣。」於是晉作三軍。〔二〕趙衰舉郤縠將中軍，〔三〕郤臻佐之；使狐偃將上軍，狐毛佐之，命趙衰爲卿；〔四〕欒枝將下軍，〔五〕先軫佐之；荀林父御戎，魏犫爲右，往伐。〔六〕冬十二月，晉兵先下山東，而以原封趙衰。〔七〕

〔一〕【集解】杜預曰：「報宋贈馬之施。」

〔二〕【集解】王肅曰：「始復成國之禮，半周軍也。」【考證】獻公置二軍，及文公啓南陽，疆域新廣，所以增一軍。

〔三〕【考證】中軍將，即元帥。

〔四〕【考證】左傳云：「命趙衰爲卿，讓於欒枝、先軫，使欒枝將下軍，先軫佐之。」愚按：左氏所謂爲卿，將使將下軍也。趙衰不受，以讓於欒枝、先軫，衰是時未爲卿也。梁玉繩曰：晉語衰三命三辭，文公所謂「三讓不失義」也。此不言衰辭卿，疏矣。

〔五〕【集解】賈逵曰：「欒枝，欒賓之孫。」

〔六〕【正義】犨，昌由反，又音受。【考證】以上僖二十七年左傳。

〔七〕【集解】杜預曰：「河內沁水縣西北有原城。」【考證】事見僖二十五年左傳。原，今河南濟源縣有原城。梁玉繩曰：原乃王所賜，事在文公二年。豈此時下兵山東而得之乎？趙衰爲原大夫，亦在二年，此敘于四年十二月，與年表書於元年，一前一後，其誤同也。

五年春，晉文公欲伐曹，假道於衛，衛人弗許。還自河南度，〔一〕侵曹伐衛。正月，取五鹿。二月，晉侯、齊侯盟于斂盂。〔二〕衛侯請盟晉，晉人不許。衛侯欲與楚，國人不欲，故出其君以説晉。衛侯居襄牛，〔三〕公子買守衛。〔四〕楚救衛，不卒。〔五〕晉侯圍曹。三月丙午，晉師入曹，數之以其不用釐負羈言，而用美女乘軒者三百人也。〔六〕令軍毋入僖負羈宗家，以報德。楚圍宋，宋復告急晉。文公欲救則攻楚，爲楚嘗有德，不欲伐也；欲釋宋，宋又嘗有德於晉，患之。〔七〕先軫曰：「執曹伯，分曹、衛地以與宋，楚急曹、衛，其勢宜釋宋。」〔八〕於是文公從之，而楚成王乃引兵歸。

〔一〕【正義】括地志曰：「南津亦名濟津，又名棘津，在衛州汲縣南。文公度河伐曹，即是也。」【考證】左傳「河南」作「南河」。龜井昱曰：行道迂回，故曰「還」。

〔二〕【集解】杜預曰：「衛地也。」

〔三〕【集解】服虔曰：「衛地也。」

〔四〕【考證】「公子」上當補「魯使」二字。梁玉繩曰：公子買上不言魯使，幾何不以買爲衛之公子乎？又不書魯殺買事，亦疏。

〔五〕【集解】徐廣曰：「一作『勝』。」【考證】中井積德曰：「卒」當作「克」。愚按：左傳作「克」。

〔六〕【考證】中井積德曰：「言」字當削。「用美女」失解，當削。左傳蓋言釐負羈賢而不用之，登用小人，有爲大夫乘軒車者三百人也。梁玉繩曰：曹世家論贊不言「美女」，疑爲衍文。

〔七〕【索隱】晉若攻楚，則傷楚子送其入秦之德，又欲釋宋不救，乃虧宋公贈馬之惠。進退有難，是以患之。

〔八〕【索隱】楚初得曹，又新婚於衛，今晉執曹伯，而分曹、衛之地與宋，則楚急曹、衛，其勢宜釋宋。

楚將子玉曰：「王遇晉至厚，今知楚急曹、衛而故伐之，是輕王。」〔一〕王曰：「晉侯亡在外十九年，困日久矣，果得反國，險阨盡知之，能用其民，天之所開，不可當。」〔二〕子玉請曰：「非敢必有功，願以間執讒慝之口也。」〔三〕楚王怒，少與之兵。於是子玉使宛春告晉：「請復衛侯而封曹，臣亦釋宋。」〔四〕咎犯曰：「子玉無禮矣，君取一，臣取二，勿許。」〔五〕先軫曰：「定人之謂禮。楚一言定三國，〔六〕子一言而亡之，我則毋禮。不許楚，是弃宋也。不如私許曹、衛以誘之，執宛春以怒楚，〔七〕既戰而後圖之。」〔八〕晉侯乃囚宛春於衛，且私許復曹、衛。曹、衛告絕於楚。楚得臣怒，擊晉師，〔九〕晉師退。軍吏曰：「爲何退？」文公曰：「昔在楚，約退三舍，可倍乎！」〔一〇〕楚師欲去，得臣不肯。四月戊辰，宋公、〔一一〕齊將、〔一二〕秦將〔一三〕與晉侯次城濮。〔一四〕己巳，與楚兵合戰，楚兵敗，得臣收餘兵去。甲午，晉師還至衡雍，〔一五〕

作王宫于踐土。〔一六〕

〔一〕【考證】子玉是言，左傳不載。蓋史公以意補。

〔二〕【考證】左傳「險阨」作「險阻」。艱難，蓋言備嘗患難也。

〔三〕【集解】服虔曰：「子玉非敢求有大功，但欲執蔿賈讒慝之口，謂子玉過三百乘不能入也。」杜預曰：「執，猶塞也。」【考證】左傳「請」下有「戰」字。閒，讀爲閑，防也。楓山、三條本無「閒」字，蔿賈之言，見左傳。

〔四〕【集解】賈逵曰：「宛春，楚大夫。」

〔五〕【集解】韋昭曰：「君，文公也。臣，子玉也。一謂釋宋圍，二謂復曹、衛。」

〔六〕【考證】左傳「言」下有「而」字，此誤脱。三國，衛、曹、宋。

〔七〕【集解】韋昭曰：「怒楚令必戰。」

〔八〕【集解】杜預曰：「須勝負決乃定計。」【考證】中井積德曰：先軫唯欲戰，故設譎計如此，非善謀。

〔九〕【集解】得臣，即子玉。

〔一〇〕【考證】中井積德曰：退三舍，有約，即與楚王遇，宜履言。如子玉，何退之有？是特信義自衒之術也，不足稱。梁玉繩曰：此乃史公約内、外傳文。然是子犯之言，誤以爲文公也。下「文公曰『城濮之事，偃説我毋失信』」，正指斯語。

〔一一〕【索隱】成公王臣。

〔一二〕【索隱】國歸父。

〔一三〕【索隱】小子憖也。

〔一四〕【集解】賈逵曰：「衛地也。」【考證】今山東曹州府濮州南有臨濮故城，即春秋城濮。

〔一五〕【集解】杜預曰：「衡雍，鄭地，今滎陽卷縣也。」【考證】衡雍即垣雍城，在河南懷慶府原武縣。

〔一六〕【集解】服虔曰：「既敗楚師，襄王自往臨踐土，賜命晉侯，晉侯聞而爲之作宮。」【索隱】杜預云：「踐土，鄭地。」然據此文，晉師還至衡雍，衡雍在河南也，故劉氏云踐土在河南。下文踐土在河北。今元城縣西有踐土驛，義或然也。【正義】括地志云：「故王宮，在鄭州滎澤縣北四十五里王宮城中。今城内東北有踐土臺，衡雍、踐土相去二十餘里。」【考證】今河南開封府滎澤縣西北。

初鄭助楚，楚敗，懼，使人請盟晉侯。晉侯與鄭伯盟。

五月丁未，獻楚俘於周，〔一〕駟介百乘，徒兵千。〔二〕天子使王子虎命晉侯爲伯，〔三〕賜大輅，彤弓矢百，玈弓矢千，〔四〕秬鬯一卣，珪瓚，〔五〕虎賁三百人。〔六〕晉侯三辭，然後稽首受之。〔七〕周作晉文侯命：「王若曰：父義和，〔八〕丕顯文、武，能慎明德，〔九〕昭登於上，布聞在下，〔一〇〕維時上帝，集厥命于文、武。〔一一〕恤朕身，繼予一人，永其在位。」〔一二〕於是晉文公稱伯。癸亥，王子虎盟諸侯於王庭。〔一三〕

〔一〕【正義】俘，音孚。囚也。

〔二〕【集解】服虔曰：「駟介，駟馬被甲也。徒兵，步卒也。」

〔三〕【集解】賈逵曰：「王子虎，周大夫。」【考證】左傳云：「王命尹氏及王子虎、内史叔興父，命晉侯爲侯伯。」注云「三官命之，寵晉也」。梁玉繩曰：此止言王子虎，疏矣。

〔四〕【集解】賈逵曰：「大輅，金輅。彤弓，赤。玈弓，黑也。諸侯賜弓矢，然後征伐。」【正義】彤，徒冬反。玈，音盧。【考證】左傳作「賜大輅之服，戎路之服，彤弓一，彤矢百，玈弓矢千」。梁玉繩曰：此「大輅」下失書「戎路」，又「彤弓」下缺「一」字，並缺「彤」字。蓋弓一矢百，弓十矢千也。

〔五〕【集解】賈逵曰：「秬，黑黍。鬯，香酒也，所以降神。卣，器名。諸侯賜珪瓚，然後爲鬯。」【正義】孔安國曰：

「鬯，香草也。」【考證】左傳無「珪瓚」二字。

〔六〕【集解】賈逵曰：「天子卒曰虎賁。」【考證】凌本「百」誤「千」。

〔七〕【集解】賈逵曰：「稽首，首至地。」【考證】「四年」以下，僖二十八年左傳。

〔八〕【集解】孔安國曰：「同姓，故稱曰父。」馬融曰：「王順曰，父能以義和我諸侯。」【索隱】按：尚書文侯之命是平王命晉文侯仇之語，今此文乃襄王命文公重耳之事，代數懸隔，勳策全乖。太史公雖復彌縫左氏，而系家頗亦時有疏謬。裴氏集解亦引孔、馬之注，而都不言時代乖角，何習迷而同醉也？然計平王至襄王爲七代，仇至重耳爲十一代，而十三侯。又平王元年至魯僖二十八年，當襄二十年，爲一百三十餘歲矣。學者頗合討論之。而劉伯莊以爲蓋天子命晉，同此一辭，尤非也。【正義】王，平王也。孔安國曰：「文侯同姓，故稱曰父。」義和字也，稱父者非一人，故以字別之。按：「王若曰父義和」至「永其在位」是尚書命文公仇之文，而太史公採左傳作此世家。然平王至襄王六代，文侯仇至重耳十一公，縣隔一百三十餘年，極疏謬矣。及裴氏於孔、馬注不考，年代亦依前失矣。左傳、尚書各有文，蓋周襄王自命文公作侯伯，及賜弓矢，左傳文分明。而太史公引尚書平王命文侯之文，太史公誤。【考證】梁玉繩曰：案尚書文侯之命平王命晉文侯仇所作，乃以爲襄王命文公重耳，舛矣。索隱已糾之，後儒俱以史爲誤。惟劉伯莊言天子命晉，同此一辭，可哂之甚。依樣畫葫蘆，後世或然。三代時亦有印板文字邪？左傳載命辭曰「王謂叔父，敬服王命，以綏四國，糾逖王慝」，是重耳之策書也，豈忘檢左傳乎？新序善謀篇同史誤。史詮謂「自此至『永其在位』當在前文侯十年『秦襄公始列爲諸侯』之下，蓋脱簡也」。然隔越太遠，文義亦不屬。黄式三曰：馬融從史記，以此爲襄王命文公之辭，義和，以義和諸侯也。此今文家説。中井積德曰：若，如是也。義和，文侯仇之字。

〔九〕【集解】孔安國曰：「文王、武王能詳慎顯用明德。」【考證】今本書傳作「大明文王、武王之道」，集解蓋削其文。中井積德曰：丕顯文、武，丕顯之文、武也。

〔一〇〕【集解】馬融曰：「昭，明也。上，謂天。下，謂人。」

〔一一〕【集解】孔安國曰：「惟以是故集成其王命，德流子孫。」【考證】中井積德曰：「命，天命也。」

〔一二〕【集解】孔安國曰：「當憂念我身，則我一人長安王位。」【考證】以上采周書文公之命。周書「繼」作「續」，楓山、三條本作「綏」。

〔一三〕【集解】服虔曰：「王庭，踐土也。」【索隱】服氏知王庭是踐土者，據二十八年五月「公會晉侯盟于踐土」，又此上文「四月甲午，作王宮于踐土」。王庭，即王宮也。【考證】「癸亥」以下，僖二十八年左傳。龜井昱曰：蓋天子在堂，而諸侯盟於庭也。虎同歃，明矣。

晉焚楚軍，火數日不息，〔一〕文公歎。左右曰：「勝楚而君猶憂，何？」文公曰：「吾聞能戰勝安者唯聖人，是以懼。且子玉猶在，庸可喜乎！」〔二〕子玉之敗而歸，楚成王怒其不用其言，貪與晉戰，讓責子玉，子玉自殺。晉文公曰：「我擊其外，楚誅其內，內外相應。」於是乃喜。

〔一〕【考證】左傳云「晉師三日館穀」，與此異。梁玉繩曰：焚軍之言，史本韓詩外傳七，說苑亦有。蓋因左傳「晉師三日館穀」，而妄爲之說。

〔二〕【考證】據僖二十八年、宣十二年左傳。「吾聞」以下十三字，史公以意補。子玉，左傳作「得心」。庸，猶何也，安也。

六月，晉人復入衛侯。壬午，晉侯度河〔一〕北歸國。行賞，狐偃爲首。或曰：「城濮之事，先軫之謀。」文公曰：「城濮之事，偃說我毋失信。先軫曰『軍事勝爲右』，吾用之以勝。〔二〕然此一時之說，偃言萬世之功，柰何以一時之利而加萬世功乎？是以先之。」〔三〕

〔一〕【考證】以上僖二十八年左傳。文公言，史公以意補。張文虎曰：各本「晉」下脱「侯」字，毛本有。

〔二〕【考證】楓山、三條本「事」下「勝」上有「以」字。

〔三〕【考證】韓非子難一、呂氏春秋義賞篇、淮南子人間訓及説苑權謀篇亦載文公行賞事，而「狐偃」作「雍季」，「先軫」作「舅犯」，與此異。

冬，晉侯會諸侯於温，〔一〕欲率之朝周。力未能，恐其有畔者，乃使人言周襄王狩于河陽。〔二〕壬申，遂率諸侯朝王於踐土。〔三〕孔子讀史記至文公，曰「諸侯無召王」、「王狩河陽」者，春秋諱之也。〔四〕

〔一〕【考證】「冬晉侯」以下，僖二十八年春秋經傳。

〔二〕【正義】賈逵云：「河陽，晉之温。踐土，鄭地。」按：王宮是。【考證】僖二十八年春秋云「冬，天王狩于河陽」，史文「襄」字當削。河陽，今河南懷寧府孟縣河陽故城是。中井積德曰：文公口中元無「狩」字，只是召王至河陽也已。「狩」是春秋書法之權衡矣，史記失點檢。

〔三〕【索隱】按：左氏傳「五月，盟于踐土；冬，會諸侯于温，天王狩于河陽，壬申，公朝于王所」。此文亦説冬朝于王，當合於河陽温地，不合取五月踐土之文。【考證】僖二十八年春秋「踐土」作「王所」，即晉之温，非鄭之踐土也。左氏可徵。史公混同。杜預曰：壬申，十月十日也。無月，闕文。

〔四〕【考證】僖二十八年左傳云「晉侯召王，以諸侯見，且使王狩。仲尼曰『以臣召君，不可以訓。故書曰「天王狩于河陽」，言非其地也』」。

丁丑，諸侯圍許。曹伯臣或説晉侯曰：「齊桓公合諸侯而國異姓，今君爲會而滅同姓。曹，叔振鐸之後；晉，唐叔之後。合諸侯而滅兄弟，非禮。」晉侯説，復曹伯。於是晉始作三

行。〔一〕荀林父將中行，先縠將右行，〔二〕先蔑將左行。〔三〕

〔一〕【集解】服虔曰：「辟天子六軍，故謂之三行。」【正義】行，胡郎反。【考證】左傳「行」下有「以禦狄」三字。中井積德曰：是爲禦狄而作，固非卿帥三軍之比。矧三行無佐，蓋師徒不多，不必言辟六軍之名。竹添光鴻曰：蓋戎、狄無車，難以車戰取勝，故爲徒兵以禦之。「軍」字從「車」，「行」字用行，其制顯異。

〔二〕【索隱】左傳屠擊將右行，與此異。

〔三〕【集解】杜預曰：「三行無佐，疑大夫帥也。」【索隱】據左傳荀林父並是卿，而云「大夫帥」者，非也。不置佐者，當避天子也。或新置三行，官未備耳。【正義】注「三行無佐，疑大夫帥也」。不置佐者，當避天子也。或初置三行，官未備耳。云「大夫帥」者，恐非也。【考證】梁玉繩曰：先縠即彘季，晉景公時佐中軍。文公朝恐未得將右行。左傳作「屠擊」，是也。「丁丑」以下，僖二十八年左傳。中井積德曰：林父爲卿，是後來之事矣。城濮之役，林父御戎，卿豈容令御車哉？

七年，晉文公、秦繆公共圍鄭，以其無禮於文公亡過時，及城濮時鄭助楚也。圍鄭，〔一〕欲得叔瞻。叔瞻聞之，自殺。鄭持叔瞻告晉。晉曰：「必得鄭君而甘心焉。」〔二〕鄭恐，乃閒令使謂秦繆公曰：〔三〕「亡鄭厚晉，於晉得矣，而秦未爲利。君何不解鄭，得爲東道交？」〔四〕秦伯說，罷兵。晉亦罷兵。〔五〕

〔一〕【考證】僖三十年左傳。

〔二〕【考證】李笠曰：鄭世家云詹聞，言於鄭君曰「詹死而赦鄭國，詹之願也」，乃自殺。鄭人以詹尸與晉。此文「告」上脱一「尸」字，義遂不足。梁玉繩曰：案晉語，文公圍鄭曰「予我詹而師還」。鄭以詹與晉，詹有辭，乃弗殺，禮而歸之，鄭以詹爲將軍。則瞻未嘗自殺，晉亦無欲得鄭君語也。此及鄭世家並妄。愚按：呂氏春秋上德篇所記略同晉語。

〔三〕【索隱】使，謂燭之武。

〔四〕【索隱】交，猶好也。諸本及左傳皆作「主」。

〔五〕【考證】「鄭恐」以下，僖三十年左傳。

九年冬，晉文公卒，〔一〕子襄公歡立。是歲鄭伯亦卒。

〔一〕【考證】僖卅二年春秋經傳。

鄭人或賣其國於秦，〔二〕秦繆公發兵往襲鄭。〔三〕十二月，秦兵過我郊。〔三〕襄公元年春，秦師過周，無禮，王孫滿譏之。兵至滑，〔四〕鄭賈人弦高將市于周，遇之，以十二牛勞秦師。〔五〕秦師驚而還，滅滑而去。

〔一〕【正義】左傳云：秦、晉伐鄭，燭之武說秦，師罷，令杞子、逢孫、楊孫三大夫戍鄭。杞子自鄭使告於秦曰「鄭人使我掌其北門之管，若潛師以來，國可得也」。

〔二〕【考證】「是歲」以下，僖三十二年左傳。

〔三〕【正義】過，古臥反。【考證】左傳無此句。

〔四〕【考證】今河南河南府偃師縣有緱氏故城，春秋滑國。

〔五〕【考證】左傳云「弦高使遽告于鄭」。

晉先軫曰：「秦伯不用蹇叔，反其衆心，此可擊。」〔一〕欒枝曰：「未報先君施於秦，擊之，不可。」先軫曰：「秦侮吾孤，伐吾同姓，何德之報？」〔二〕遂擊之。襄公墨衰絰。〔三〕四月，敗秦師于殽，〔四〕虜秦三將孟明視、西乞秫、白乙丙以歸。遂墨以葬文公。〔五〕文公夫人，秦女，謂襄公曰：「秦欲得其三將戮之。」公許，遣之。先軫聞之，謂襄公曰：「患生矣。」軫乃追秦將。〔六〕秦將渡河，已在船中，頓首謝，卒不反。〔七〕

〔一〕【考證】蹇叔諫秦伯，詳于秦本紀。

〔二〕【考證】鄭、滑皆姬姓。

〔三〕【集解】賈逵曰：「墨，變凶。」杜預曰：「以凶服從戎，故墨之。」【考證】安井衡曰：古者軍敗，以喪禮自居。時襄公居喪素服，嫌於軍敗，故墨之。愚按：衰，七回反。

〔四〕【考證】河南河南府永寧縣。

〔五〕【集解】服虔曰：「非禮也。」杜預曰：「記禮所由變也。」【考證】左傳有「晉於是始墨」五字。

〔六〕【考證】梁玉繩曰：左傳「公使陽處父追之」，非先軫也。

〔七〕【考證】以上僖卅三年左傳。

後三年，秦果使孟明伐晉，報殽之敗，取晉汪以歸。〔一〕四年，秦繆公大興兵伐我，度河，取王官，〔二〕封殽尸而去。晉恐，不敢出，遂城守。〔三〕五年，晉伐秦，取新城，〔四〕報王官役也。〔五〕

〔一〕【索隱】按：左傳文二年，秦孟明視伐晉，報殽之役，無取晉汪之事。又其年冬，晉先且居等伐秦，取汪、彭衙而還。則汪是秦邑，止可晉伐秦取之，豈得秦伐晉而取汪也？或者晉先取之秦，今伐晉而收汪，是汪從晉來，故云取晉汪而歸也。彭衙在郃陽北，汪不知所在。【正義】左傳文公二年冬，「先且居等伐秦取汪、彭衙而還」。括地志云：「彭衙故城，同州白水縣東北六十里。」今按：汪與彭衙相近，在同州北二百五十里，當是。秦使孟明視等報殽之役，取晉汪。至冬，晉使先且居伐秦，取汪及彭衙也。【考證】年表云：「晉襄公二，秦報我殽敗于汪。秦穆公三十五，伐晉報殽，敗我于汪。」梁玉繩曰：「案文二年春秋云『晉侯及秦師戰于彭衙，秦師敗績』，則敗于汪者，實敗于彭衙之誤也。秦紀言彭衙，是。而所以誤爲汪者，因是年冬晉伐秦取汪以報彭衙之役也。汪爲秦土，不得言秦取晉汪。」

〔二〕【正義】括地志云：「王官故城，在同州澄城縣西北六十里。」左傳文公三年「秦伐晉取王官」，即此。先言度河，史文顛倒耳。括地志云：「又王官故城，在蒲州猗氏縣南二里。」若渡河取，蓋此城也。【考證】王官城在蒲州府虞鄉縣南，近王官谷。

〔三〕【考證】「四年」以下，文三年左傳。

〔四〕【集解】服虔曰：「秦邑，新所作城也。」【考證】杭世駿曰：「『新城』上脱一『邧』字，觀左傳及年表可知。新城，蓋秦新於邧邑所築。」邧在今陝西同州府澄城縣境。

〔五〕【考證】文四年左傳。

六年，趙衰成子、欒貞子、咎季子犯、霍伯皆卒。〔一〕趙盾代趙衰執政。

〔一〕【集解】賈逵曰：「欒貞子，欒枝也。霍伯，先且居也。」【正義】咎季子犯。杜預曰：「臼季，胥臣也。」世本云：「狐偃也。」【考證】館本考證云：「左傳是年祇書四大夫卒，而子犯不書，則子犯不死于是年，明矣。年表亦同。『子犯』二字衍。」洪頤煊曰：「此臼季爲咎季，因譌『子犯』也。」

七年八月，襄公卒。太子夷皐少。晉人以難故，欲立長君。〔一〕趙盾曰：「立襄公弟雍。好善而長，先君愛之；且近於秦，秦故好也。立善則固，事長則順，奉愛則孝，結舊好則安。」

賈季曰：〔二〕「不如其弟樂。辰嬴嬖於二君，〔三〕立其子，民必安之。」趙盾曰：「辰嬴賤，班在九人下，〔四〕其子何震之有！〔五〕且爲二君嬖，淫也。爲先君子，不能求大，而出在小國，僻也。〔六〕母淫子僻，無威；〔七〕陳小而遠，無援：將何可乎！」使士會如秦迎公子雍。〔八〕賈季亦使人召公子樂於陳。〔九〕趙盾廢賈季，以其殺陽處父。〔一〇〕十月，葬襄公。十一月，賈季奔翟。是歲，秦繆公亦卒。〔一一〕

〔一〕【集解】服虔曰：「晉國數有患難。」

〔二〕【正義】賈季，韋昭云：「賈季，晉大夫狐偃之子射姑也。食采於賈，字季，名陁。」世本云：「小狐射姑。」

〔三〕【集解】服虔曰：「辰嬴，懷嬴也。二君，懷公、文公。」【正義】樂即辰嬴子也。辰嬴，秦宗女，子圉妻，秦以妻重耳。

〔四〕【集解】服虔曰：「班，次也。」【考證】左傳無「下」字。

〔五〕【集解】賈逵曰：「震，威也。」

〔六〕【正義】樂，文公子也。

〔七〕【正義】僻，匹亦反。言樂僻隱在陳而遠，無援也。

〔八〕【正義】士會字季，晉卿士蔿之孫，成伯缺之子季武子也。食采於隨，故曰隨會。又曰士會，又曰范文子。【考證】左傳「士會」上有「先蔑」二字，此誤脱。

〔九〕【考證】中井積德曰：趙盾殺公子樂，賈季殺陽處父，趙盾又殺續鞫居，皆國之大事，而不書，何也？愚按：事詳于左傳。

〔一〇〕【集解】案左傳，此時賈他爲太師，陽處父爲太傅。

〔一一〕【考證】「趙盾代趙衰」以下，文六年左傳。

靈公元年四月，秦康公曰：「昔文公之入也，無衛，故有呂、郤之患。」乃多與公子雍衛。太子母繆嬴日夜抱太子以號泣於朝，曰：「先君何罪？其嗣亦何罪？舍適而外求君，將安置此？」〔一〕出朝，則抱以適趙盾所，頓首曰：「先君奉此子而屬之子，曰『此子材，吾受其賜；不材，吾怨子』。〔二〕今君卒，言猶在耳，〔三〕而弃之，若何？」趙盾與諸大夫皆患繆嬴，且畏誅，〔四〕乃背所迎而立太子夷皋，是爲靈公。發兵以距秦送公子雍者。趙盾爲將，往擊秦，敗之令狐。〔五〕先蔑、隨會亡奔秦。〔六〕秋，齊、宋、衛、鄭、曹、許君皆會趙盾，盟於扈，〔七〕以靈公初立故也。〔八〕

〔一〕【集解】服虔曰：「此，太子。」

〔二〕【集解】王肅曰：「怨其教導不至也。」

〔三〕【集解】杜預曰：「在宣子之耳。」

〔四〕【考證】左傳「誅」作「偪」。

〔五〕【考證】令狐故城在山西蒲州府猗子縣，今名令狐村。

〔六〕【考證】隨會即士會。

〔七〕【集解】杜預曰：「鄭地，滎陽卷縣西北有扈亭。」【考證】左傳「衛」下有「陳」，此譌脱。

〔八〕【考證】「靈公元年」以下，文七年左傳。

四年，伐秦，取少梁。秦亦取晉之郩。〔一〕六年，秦康公伐晉，取羈馬。晉侯怒，使趙盾、趙穿、郤缺擊秦，大戰河曲，趙穿最有功。〔一〕七年，晉六卿患隨會之在秦，常爲晉亂，乃詳令魏壽餘反晉降秦。秦使隨會之魏，因執會以歸晉。〔二〕

〔一〕【集解】徐廣曰：「年表云北徵也。」【索隱】徐云年表曰徵。然按左傳文十年春，晉人伐秦取少梁。夏，秦伯伐晉取北徵。北徵即年表之徵。今云鄗者，字誤也。徵，音懲，亦馮翊之縣名。

〔二〕【考證】文十二年左傳。

〔三〕【考證】文十三年左傳。左傳云「晉人患秦之用士會」，不可言在秦常爲亂。陳子龍曰：按左傳「壽餘履士會之足」，則先有約也，不得謂「執」。詳，音佯。

八年，周頃王崩，公卿爭權，故不赴。〔一〕晉使趙盾以車八百乘平周亂，而立匡王。〔二〕是年，楚莊王初即位。十二年，齊人弒其君懿公。〔三〕

〔一〕【索隱】按：春秋魯文十四年，「頃王崩，周公閱與王孫蘇爭政，故不赴」，是也。【考證】索隱「春秋」當作「左傳」。中井積德曰：左傳所謂不赴，不赴于魯也，無干晉事，太史公失去取。

〔二〕【索隱】文十四年傳又云晉趙盾以諸侯之師八百乘納捷菑于邾，不克乃還。而周公閱與王孫蘇訟于晉，趙宣子平王室而復之。則以車八百乘，自是宣子納邾捷菑，不關王室之事，但文相連耳，多恐是誤也。【正義】八百乘，六萬人也。【考證】「八年」以下，文十四年左傳。程一枝曰：年表「八百乘」下有「納捷菑」三字，與左傳合，世家缺也。

〔三〕【考證】齊人殺君，文十八年春秋經傳。

十四年，靈公壯，侈，〔一〕厚斂以彫牆，〔二〕從臺上彈人，觀其避丸也。宰夫胹熊蹯不熟，〔三〕靈公怒，殺宰夫，使婦人持其屍出弃之，過朝。趙盾、隨會前數諫，不聽；已又見死人手，二人前諫。隨會先諫，不聽。靈公患之，使鉏麑刺趙盾。〔四〕盾閨門開，居處節，〔五〕鉏麑退，歎曰：「殺忠臣，弃君命，罪一也。」遂觸樹而死。〔六〕

〔一〕【考證】宣元年左傳。

〔二〕【集解】賈逵曰：「彫，畫也。」【考證】中井積德曰：彫、雕同，刻也。

〔三〕【集解】服虔曰：「蹯，熊掌，其肉難熟。」【正義】胹，音而。蹯，音樊。

〔四〕【集解】賈逵曰：「鉏麑，晉力士。」【正義】鉏，音鋤。麑，音迷。

〔五〕【考證】當據左傳、國語「盾」上補「晨往」二字。梁玉繩曰：門開處節，何以爲忠？攷麑見盾開寢門，盛服將朝，坐而假寐，故歎其恭敬，此左傳也。又見盾閨門無人，且食魚飧，故稱其易而儉，此公羊傳也。史公牽合兩傳，割裂不明耳。

〔六〕【集解】杜預曰：「趙盾庭樹也。」【考證】以上宣二年左傳。

初盾常田首山，〔一〕見桑下有餓人。餓人，示眯明也。〔二〕盾與之食，食其半。問其故，曰：「宦三年，〔三〕未知母之存不，願遺母。」盾義之，益與之飯肉。已而爲晉宰夫，趙盾弗復知也。〔四〕九月，晉靈公飲趙盾酒，伏甲將攻盾。公宰示眯明知之，〔五〕恐盾醉不能起，而進曰：「君賜臣觴，三行可以罷。」〔六〕欲以去趙盾，令先，毋及難。盾既去，靈公伏士未會，先縱齧狗名敖。〔七〕明爲盾搏殺狗。盾曰：「弃人用狗，雖猛何爲。」然不知明之爲陰德也。〔八〕已而靈公縱伏士出逐趙盾，示眯明反擊靈公之伏士，伏士不能進，而竟脱盾。盾問其故，曰：「我桑下餓人。」問其名，弗告。〔九〕明亦因亡去。〔一〇〕

〔一〕【集解】徐廣曰：「蒲阪縣有雷首山。」

〔二〕【索隱】鄒誕云示眯爲祁彌也，即左傳之提彌明也。提，音市移反。劉氏亦音祁，爲時移反，則「祁」「提」二字同音也。而此史記作「示」者，示即周禮古本「地神曰祇」，皆作「示」字，鄒爲「祁」者，蓋由「祇」、「提」音相近，字遂變爲「祁」也。眯，音米移反。以「眯」爲「彌」，亦音相近耳。又左氏桑下餓人是靈輒也。其示眯明，是嗾獒者也，其人鬭而死。今合二人爲一人，非也。

〔三〕【集解】服虔曰：「宦，宦學士也。」【考證】集解「士」，宋本作「事」，毛本作「仕」。禮記雜記云「宦於大夫」，注「宦，家臣也」。餓人所謂宦者，蓋亦爲人臣隸，失所而至此。

〔四〕【考證】以上宣二年左傳。但「示眯明」作「靈輒」，「爲晉宰夫」作「爲公介」，説詳于上文索隱。

〔五〕【考證】左傳「公宰示眯明」作「其右提彌明」。楓山本「宰」下有「夫」字。

〔六〕【索隱】行，如字。【正義】行酒三遍。左傳云「提彌明曰『臣侍君宴，過三爵非禮也』，遂扶以下」。

〔七〕【集解】何休曰：「犬四尺曰獒。」【索隱】縱，足用反。又本作「嗾」，又作「蹴」，同，素后反。

〔八〕【考證】左傳「何爲」下，有「鬭且出提彌明死之」八字，無「不知明之爲陰德也」八字。

〔九〕【集解】服虔曰：「不望報。」

〔一〇〕【考證】左傳以爲靈輒事。

盾遂奔，未出晉境。乙丑，盾昆弟將軍趙穿襲殺靈公於桃園，〔一〕而迎趙盾。趙盾素貴，得民和；靈公少，侈，民不附，故爲殺易。〔二〕盾復位。晉太史董狐書曰「趙盾殺其君」，以視於朝。盾曰：「殺者趙穿，我無罪。」〔三〕太史曰：「子爲正卿，而亡不出境，反不誅國亂，非子而誰？」〔四〕孔子聞之，曰：「董狐，古之良史也，書法不隱。〔五〕宣子，良大夫也，爲法受惡。〔六〕

惜也，出疆乃免。」〔七〕

〔一〕【集解】虞翻曰：「園名也。」【考證】梁玉繩曰：案「昆弟」二字非。左傳注，穿是趙夙庶孫，爲盾從父昆弟之子。

〔二〕【索隱】以豉反。

〔三〕【考證】葉適曰：董狐書趙盾弑君以示於朝，義甚深。左氏載宣子自解之詞止曰「不然」，蓋難言之。史記遽言「弑者趙穿我無罪」，恐如此下筆，亦了古人事不得。

〔四〕【考證】楓山、三條本「不」下有「能」字。

〔五〕【集解】杜預曰：「不隱盾之罪。」

〔六〕【集解】服虔曰：「聞義則服。」杜預曰：「善其爲法受屈也。」【正義】爲，于僞反。【考證】惡，惡名也。

〔七〕【集解】杜預曰：「越境，則君臣之義絶，可以不討賊也。」【考證】林堯叟曰：杜氏以爲越竟則君臣之義絶，可以不討賊，遂致議論紛紛，或疑以爲非孔子之言。愚按：此越竟乃免，當爲遂奔他國，則弑在出奔之後，可免弑君之名，非謂越竟而反，可不討賊，得免弑君之名也。上文亡不越竟，反不討賊，亦是兩事，不可與此相牽。吴裕垂曰：越境乃免，其言引而不發，蓋盾惟在他國而不反，或幸免耳。迺不惟反不討賊，而迎立黑臀，惟穿是使。盾之用穿，概可知矣。

趙盾使趙穿迎襄公弟黑臀于周而立之，〔一〕是爲成公。

〔一〕【考證】「九月」以下本宣二年左傳，小異。

成公者，文公少子，其母周女也。壬申，朝于武宮。〔二〕

〔二〕【考證】壬申朝于武宮，宣二年左傳。

成公元年，賜趙氏爲公族。〔一〕伐鄭，鄭倍晉故也。〔二〕三年，鄭伯初立，附晉而弃楚。楚怒，伐鄭，晉往救之。〔三〕

〔一〕【集解】服虔曰：「公族大夫也。」【考證】宣二年左傳云「麗姬之亂，詛無畜羣公子，自是晉無公族。及成公即位，乃宦卿之嫡，而爲之田，以爲公族。趙盾請以括爲公族，公許之」。杜預曰：括，趙盾異母弟，趙姬之中子屏季也。

〔二〕【考證】宣三年左傳。

〔三〕【考證】宣五年春秋經傳。

六年，伐秦，虜秦將赤。〔一〕

〔一〕【索隱】赤，即斥，謂斥候之人也。按：宣八年左傳「晉伐秦獲秦諜，殺諸絳市」。蓋彼「諜」即此「赤」也。晉成公六年，爲魯宣八年，正同，故知然也。【考證】沈家本曰：表云「獲秦諜殺之絳市，六日而蘇」，與左傳合。

七年，成公與楚莊王争彊，會諸侯于扈。陳畏楚，不會。晉使中行桓子伐陳，因救鄭，與楚戰，敗楚師。〔一〕是年，成公卒，〔二〕子景公據立。〔三〕

〔一〕【索隱】桓子，荀林父也。【考證】梁玉繩曰：宣九年春秋「秋九月，晉荀林父伐陳，晉侯卒。冬，楚子伐鄭，晉郤缺帥師救鄭」。則伐陳者桓子，而救鄭者郤缺也。此與年表並以救鄭爲桓子，誤一；攷左傳，陳不會晉于扈，故伐之，鄭爲楚伐，故救之，判然兩事，此與年表合伐陳救鄭爲一役，誤二；又傳稱鄭敗楚師于柳棼，晉未嘗伐楚，亦未嘗敗楚，此與年表皆言晉敗楚與楚戰敗楚師，虛誕不實，誤三。

〔二〕【考證】宣九年春秋經傳。

〔三〕【考證】梁玉繩曰：景公之名，春秋作「獳」。

景公元年春，陳大夫夏徵舒弒其君靈公。〔一〕二年，楚莊王伐陳，誅徵舒。〔二〕

〔一〕【考證】宣十年春秋經傳。梁玉繩曰：陳君之弒，春秋在五月癸巳，則「春」當作「夏」。

〔二〕【考證】宣十一年春秋經傳。

三年，楚莊王圍鄭，鄭告急晉。晉使荀林父將中軍，隨會將上軍，趙朔將下軍，郤克、欒書、先縠、韓厥、鞏朔佐之。〔一〕六月，至河，聞楚已服鄭，鄭伯肉袒，與盟而去，〔二〕荀林父欲還。先縠曰：「凡來救鄭，不至不可，將率離心。」卒度河。楚已服鄭，欲飲馬于河爲名而去。楚與晉軍大戰。鄭新附楚，畏之，反助楚攻晉。晉軍敗，走河，争度，船中人指甚衆。〔三〕楚虜我將智罃歸。〔四〕而林父曰：「臣爲督將，軍敗當誅，請死。」景公欲許之，隨會曰：〔五〕「昔文公之與楚戰城濮，成王歸殺子玉，而文公乃喜。今楚已敗我師，又誅其將，是助楚殺仇也。」乃止。〔六〕

〔一〕【考證】梁玉繩曰：左傳韓厥爲司馬，不爲軍佐。而鞏朔是上軍大夫之一，亦非佐也。上中下三軍，每軍二大夫，何獨舉朔乎？

〔二〕【考證】左傳「肉袒」下有「牽羊」二字。肉袒，去裼露體，即袒裼也。杜預曰：肉袒牽羊，示服爲臣僕也。愚按：去，楚王去也。

〔三〕【考證】左傳云「中軍、下軍争舟，舟中之指可掬也」。安井衡曰：蓋先乘船者，恐多乘沈舟，以兵斷争舟攀舷者之指，使之不得乘。故其指至可掬之多也。

（四）【正義】智罃，武伯荀罃。

（五）【考證】左傳「隨會」作「士貞子」。

（六）【考證】「楚莊王圍鄭」以下，宣十二年左傳。

四年，先縠以首計而敗晉軍河上，恐誅，乃奔翟，與翟謀伐晉。晉覺，乃族縠。縠，先軫子也。（一）

（一）【考證】梁玉繩曰：案宣十三年傳，縠召赤狄伐晉，及清，晉人討邲之敗與清之師，殺縠，滅其族。是縠未嘗奔狄也。又曰：杜注左傳軫子爲先且居，且居子爲先克，而縠不言所出。此以爲軫之子，蓋從世本，則是且居弟矣。沈家本曰：先克之見殺，在魯文之九年，至是已二十三年矣，恐先軫子未必尚存，疑史文有誤也。

五年，伐鄭，爲助楚故也。（一）是時楚莊王彊，以挫晉兵河上也。

（一）【考證】宣十四年左傳。

六年，楚伐宋，宋來告急晉，晉欲救之，伯宗謀曰：（一）「楚，天方開之，不可當。」乃使解揚紿爲救宋。（二）鄭人執與楚，楚厚賜，使反其言，令宋急下。解揚紿許之，卒致晉君言。楚欲殺之，或諫，乃歸解揚。（三）

（一）【集解】賈逵曰：「伯宗，晉大夫。」【正義】世本伯宗，伯州犁祖。

（二）【集解】服虔曰：「解揚，晉大夫。」【正義】紿，詐也。【考證】左傳云「使解揚如宋，使無降楚。曰『晉師悉起，將至』」，不言「紿」。

（三）【考證】「楚伐宋」以下，宣十五年左傳。左傳無「或諫」二字，「歸」當作「釋」。

七年，晉使隨會滅赤狄。（一）

〔二〕【考證】宣十六年春秋經傳。愚按：宣十五年左傳，荀林父滅赤狄潞氏，今山西潞安府潞城東北有潞縣故城，即潞子國。至此士會後滅赤狄、甲氏及留吁鐸辰。甲氏在今直隸廣平府鷄澤縣境。留吁，今潞安府屯留縣屯留故城，即留吁國。鐸辰，留吁之屬，亦在潞安府。

八年，使郤克於齊。齊頃公母從樓上觀而笑之。所以然者，郤克僂，而魯使蹇，衛使眇，故齊亦令人如之以導客。〔一〕郤克怒，歸至河上，曰：「不報齊者，河伯視之！」至國，請君欲伐齊。景公問知其故，曰：「子之怨，安足以煩國！」弗聽。〔二〕魏文子請老休，辟郤克，克執政。〔三〕

〔一〕【考證】梁玉繩曰：案：三傳與史所載各異。左氏曰「帷婦人使觀之」，公羊云「踊于棓而窺客」，穀梁云「處臺上而笑之」，史又云「從樓上觀」，一異也；穀梁云「季孫行父禿，晉郤克眇，衛孫良夫跛，曹公子手僂」，公羊云郤克、臧孫許「或跛或眇」，史又云「郤克僂，魯使蹇，衛使眇」，二異也；公羊云「使跛者迓跛者，使眇者迓眇者」，穀梁增二語云「使禿者御禿者，使僂者御僂者」，即史所云「如之以導客」耳。三傳之不同，或傳聞異詞，史從傳出，乃復乖迕若是，何邪？

〔二〕【考證】事見宣十七年左傳。

〔三〕【考證】宣十七年左傳「魏文子」作「范武子」，即士會，此誤。

九年，楚莊王卒。晉伐齊，齊使太子彊爲質於晉，晉兵罷。〔一〕

〔一〕【考證】宣十八年左傳，「太子」當作「公子」。

十一年春，齊伐魯，取隆。〔一〕魯告急衛，衛與魯皆因郤克告急於晉。〔二〕晉乃使郤克、欒書、韓厥以兵車八百乘與魯、衛共伐齊。夏，與頃公戰於鞍，傷困頃公。〔三〕頃公乃與其右易位，下取飲，以得脱去。齊師敗走，晉追北至齊。頃公獻寶器以求平，不聽。郤克曰：「必得蕭桐姪子爲質。」〔四〕齊使曰：「蕭桐姪子，頃公母；頃公母猶晉君母，〔五〕柰何必得之？不義，請復戰。」晉乃許與平而去。

〔一〕【索隱】劉氏云：「隆，即龍也，魯北有龍山。」又此年當魯成二年，經書「齊侯伐我北鄙」，傳曰「圍龍」。又鄒誕及別本作「俱」字，「俱」當作「鄆」。文十二年「季孫行父帥師城諸及鄆」，注曰「俱即鄆也，字變耳」。地理志云在東莞縣東也。【考證】龍，今山東泰安府泰安縣西南有龍鄉城，即魯龍邑。

〔二〕【考證】左傳云衛孫良夫侵齊，敗於新築，如晉乞師，魯臧宣叔亦如晉乞師，皆主郤獻子。

〔三〕【考證】中井積德曰：據左傳，頃公無傷事。愚按：公右乘逢丑父傷肱，此誤合爲一。

〔四〕【索隱】左傳作「叔子」。【考證】成二年左氏傳作「蕭同叔子」，公、穀二傳並作「蕭同姪子」，齊世家亦作「桐叔子」。何休公羊注「蕭同，國名。姪子者，蕭同君姪娣之子」。孫詒讓曰：蕭同即蕭桐，依何說，自是國名，爲宋之附庸。古女字繫姓爲稱，則叔子蓋齊侯母字，子即宋姓，叔其行第，公、穀「姪子」亦謂蕭同君之姪，或頃公有適母，而叔子爲姪娣，皆未可知。要子爲姓，固與左氏同也。

〔五〕【考證】陳仁錫曰：頃公，當作「寡君」。

楚申公巫臣盜夏姬以奔晉，晉以巫臣爲邢大夫。〔一〕

〔一〕【集解】賈逵曰：「邢，晉邑。」【正義】昔殷時邢國也。周公旦子復封爲邢侯，都□。按：申公巫臣亦爲此大夫也。【考證】「十一年」以下，成二年左傳。

十二年冬，齊頃公如晉，欲上尊晉景公爲王，景公讓不敢。〔一〕晉始作六卿，〔二〕韓厥、鞏朔、趙穿、荀騅、趙括、趙旃皆爲卿。〔三〕智罃自楚歸。〔四〕

〔一〕【考證】齊侯朝晉授玉耳。諸侯相朝，授玉，禮也，非尊爲王，史公誤。

〔二〕【集解】賈逵曰：「初作六軍，僭王也。」【考證】六卿，當作「六軍」。

〔三〕【索隱】騅，音隹。謚文子。【考證】左傳「趙穿」作「韓穿」，此誤。

〔四〕【考證】「十二年」以下，見成三年左傳。楓山本「歸」下有「晉」字。

十三年，魯成公朝晉，晉弗敬，魯怒，去，倍晉。〔一〕晉伐鄭，取氾。〔二〕

〔一〕【考證】成四年左傳云成公欲求成于楚而叛晉，季文子諫乃止，此誤。

〔二〕【考證】成四年左傳「氾」下有「祭」字，此與表同脫。氾，音紀。

十四年，梁山崩。〔一〕問伯宗，伯宗以爲不足怪也。〔二〕

〔一〕【集解】公羊傳曰：「梁山，河上山。」杜預曰：「在馮翊夏陽縣北也。」【正義】括地志云：「梁山，原在同州韓城縣東南十九里。其山東西臨河，東南崩跡存焉。」公羊傳云：「梁山崩，壅河三日不流。」穀梁傳云：「成公五年，梁山崩，晉侯召伯尊，伯尊用輦者之言曰『君率羣臣哭，斯流矣』，如其言，河乃流也。」

〔二〕【集解】徐廣曰：「年表云伯宗隱其人，用其言。」【正義】用輦者之言，不書其名曰隱。【考證】梁山崩，成五年左傳，又見公、穀二傳。

十六年，楚將子反怨巫臣，滅其族。〔一〕巫臣怒，遺子反書曰：「必令子罷於奔命！」乃請使吳，令其子爲吳行人，教吳乘車用兵。吳、晉始通，約伐楚。〔二〕

〔一〕【考證】怨其取夏姬也。梁玉繩曰：不及子重，何也？

〔二〕【考證】成七年左傳。聞命奔赴，故謂之奔命。

十七年，誅趙同、趙括，族滅之。韓厥曰：「趙衰、趙盾之功，豈可忘乎？柰何絶祀！」乃

復令趙庶子武爲趙後，復與之邑。〔一〕

〔一〕【考證】成八年春秋經傳。徐孚遠曰：此與趙世家所載不同。馮班曰：韓厥言事後耳，立趙後，非在此年也。梁玉繩曰：案武乃宣子盾之孫，莊子朔之子，不得言庶，且但云庶子，是何人之庶乎？

十九年夏，景公病，立其太子壽曼爲君，是爲厲公。後月餘，景公卒。〔一〕

〔一〕【考證】成十年左傳。成十年春秋云「公會晉侯、齊侯、宋公、衛侯、曹伯伐鄭」。杜注「晉侯，太子州蒲也，稱爵，見其生代父居位，失人子之禮」。左傳云「晉侯有疾，五月晉立太子州蒲以爲君，而會諸侯伐鄭」。史公云「立其太子壽曼爲君」者據此。愚按：景公立州蒲爲君，趙武王傳國於惠文王，自稱主君，此内禪之始。魯隱公初有此意，而未果之，爲下臣所弒。景公之名，春秋經傳作「州蒲」，釋文云本或作「州滿」。州滿即壽曼，曼、滿音相近，壽、州字相通。

厲公元年，初立，欲和諸侯，與秦桓公夾河而盟。歸而秦倍盟，與翟謀伐晉。〔一〕三年，使呂相讓秦，〔二〕因與諸侯伐秦至涇，敗秦於麻隧，虜其將成差。〔三〕

〔一〕【考證】成十一年、十三年左傳。左傳云「秦晉爲成，將會于令狐。晉侯先至，秦伯不肯涉河，使史顆盟晉侯于河東，晉郤犨盟秦伯于河西」。史所謂「夾河而盟」者即此。

〔二〕【集解】賈逵曰：「呂相，晉大夫。」【正義】杜預曰：「魏錡子也。」

〔三〕【考證】成十三年左傳。麻隧在今陝西西安府涇陽縣北。

五年，三郤讒伯宗，殺之。〔一〕伯宗以好直諫得此禍，國人以是不附厲公。〔二〕

〔一〕【集解】賈逵曰：「三郤，郤錡、郤犨、郤至也。」

〔三〕【正義】左傳云「初伯宗每朝，其妻必戒之曰『盜憎主人，民惡其上，子好直言，必及於難也』」。【考證】成十五年左傳。

六年春，鄭倍晉與楚盟，晉怒。欒書曰：「不可以當吾世而失諸侯。」乃發兵。厲公自將，五月度河。聞楚兵來救，范文子請公欲還。郤至曰：「發兵誅逆，見彊辟之，無以令諸侯。」遂與戰。癸巳，射中楚共王目，〔一〕楚兵敗於鄢陵。〔二〕子反收餘兵，拊循，欲復戰，晉患之。共王召子反，其侍者豎陽穀進酒，〔三〕子反醉，不能見。王怒，讓子反，子反死。王遂引兵歸。〔四〕晉由此威諸侯，欲以令天下求霸。

〔一〕【考證】梁玉繩曰：「癸巳」上缺「六月」二字。

〔二〕【集解】徐廣曰：「鄢，一作『焉』。」服虔曰：「鄢陵，鄭之東南地也。」【索隱】鄢，音偃。又於連反。【考證】今河南開封府鄢陵縣。

〔三〕【考證】陽穀，內外傳、人表及韓子十過作「穀陽」。「侍者」、「豎」，宜削其一。

〔四〕【考證】成十六年左傳。

厲公多外嬖姬，歸，欲盡去羣大夫而立諸姬兄弟。寵姬兄曰胥童，〔一〕嘗與郤至有怨，〔二〕及欒書又怨郤至不用其計而遂敗楚，〔三〕乃使人閒謝楚。〔四〕楚來詐厲公曰：〔五〕「鄢陵之戰，實至召楚，〔六〕欲作亂，內子周立之。〔七〕會與國不具，是以事不成。」厲公告欒書。欒書曰：「其殆有矣！願公試使人之周微考之。」〔八〕果使郤至於周。〔九〕欒書又使公子周見郤至，〔一〇〕郤至不知見賣也。厲公驗之，信然，遂怨郤至，欲殺之。八年，〔一一〕厲公獵，與姬飲，郤至殺豕奉進，宦者奪之。〔一二〕郤至射殺宦者。公怒，曰：「季子欺予！」〔一三〕將誅三郤，未發也。郤錡欲攻公，曰：「我雖死，公亦病矣。」〔一四〕郤至曰：「信不反君，智不害民，勇不作亂。失此三者，誰與我？我死耳！」十二月壬午，公令胥童以兵八百人襲攻殺三郤。胥童因以劫欒書、中行偃于朝，曰：「不殺二子，患必及公。」公曰：「一旦殺三卿，寡人不忍益也。」對曰：「人將忍君。」〔一五〕公弗聽，謝欒書等以誅郤氏罪：大夫復位。二子頓首曰：「幸甚，幸甚！」公使胥童爲卿。閏月乙卯，厲公游匠驪氏，〔一六〕欒書、中行偃以其黨襲捕厲公，囚之，殺胥童，〔一七〕而使人迎公子周于周而立之，是爲悼公。〔一八〕

〔一一〕【考證】梁玉繩曰：外嬖者即胥童、陽夷五之屬，非婦人也。不聞胥童有妹在公宮，豈因左傳「厲公與婦人飲酒」之言而誤歟？中井積德曰：「外」字疑衍。按：左傳云「厲公侈，多外嬖」，據此「外」字非衍，而「姬」字類衍。然此以「諸姬兄弟」爲文，則與左傳自不同，蓋後人不知，妄據左傳增「外」字耳。愚按：中說是。晉語云「厲公殺三郤，納其室以分婦人」，可以知其多嬖姬也。

〔一二〕【考證】童，胥克之子。左傳宣八年，郤缺廢胥克。

〔一三〕【集解】左傳曰：「欒書欲待楚師退而擊之，郤至云『楚有六間，不可失也』。」

〔一四〕【考證】左傳無謝楚事。

〔一五〕【考證】左傳云「使楚公子茷告公」，杜注「鄢陵戰，晉囚公子茷，以歸」。

〔一六〕【考證】楓山、三條本「實」下有「郤」字，與左傳合。

〔一七〕【正義】子周，晉悼公也。世本云「襄公生桓伯捷，捷生悼公周也」。【考證】正義所引世本與史異。

〔八〕【集解】虞翻曰：「周，京師。」【正義】按：周，洛陽，時周王都洛。【考證】中井積德曰：「人」字疑衍。左傳云「嘗使諸周」。愚按：左傳「考」作「察」。

〔九〕【考證】果，疑當作「公」。

〔一〇〕【考證】中井積德曰：周是襄公之曾孫，不得稱公子。左傳稱「孫周」者得之。

〔一一〕【考證】梁玉繩曰：此事左傳在成公十七年，爲晉厲七年，史誤以爲八年耳。「八年」二字，書于後「正月庚申」上。

〔一二〕【索隱】宦者，孟張也。

〔一三〕【集解】杜預曰：「公反以爲郤至奪豕也。」【考證】竹添光鴻曰：欺，謾也，謂輕侮之。郤至射殺寺人於公側，故怒爲輕侮己也。

〔一四〕【考證】竹添光鴻曰：怨君之甚，欲一洩己憤以自快，不遑顧事之必濟也。

〔一五〕【集解】杜預曰：「人，謂書、偃。」【考證】梁玉繩曰：攻三郤不止胥童一人，蓋舉其居首者，若不殺及公之言，乃長魚矯也，而以爲胥童語，非。

〔一六〕【集解】賈逵曰：「匠驪氏，晉外嬖大夫，在翼者。」【考證】梁玉繩曰：「傳閏月乙卯殺胥童，非囚厲公之日也。囚公在乙卯前。」中井積德曰：集解「外」字當削。

〔一七〕【考證】「厲公多外嬖姬」以下，文十七年左傳。多嬖姬，蓋采晉語。

〔一八〕【集解】徐廣曰：「上『周』，一作『糾』。」

悼公元年正月庚申，欒書、中行偃弒厲公，葬之以一乘車。〔一〕厲公囚六日死，死十日庚午，智罃迎公子周來，至絳，刑雞，與大夫盟而立之，是爲悼公。〔二〕辛巳，朝武宮。二月乙酉，

即位。〔三〕

〔一〕【集解】左傳曰：「葬之于翼東門之外也。」杜預曰：「一乘車，言不以君禮葬也。諸侯葬車七乘。」【考證】梁玉繩曰：是年厲公八年，明年乃悼公元年，當移上文「八年」二字于「正月」上，移「悼公元年」四字于下文「伐鄭」上。

〔二〕【考證】中井積德曰：是爲悼公，前後重複。張文虎曰：四字衍。

〔三〕【考證】「正月壬午」以下，成十八年左傳。

悼公周者，其大父捷，晉襄公少子也，不得立，號爲桓叔，桓叔最愛。桓叔生惠伯談，談生悼公周。〔一〕周之立，年十四矣。〔二〕悼公曰：「大父、父皆不得立，而辟難於周，客死焉。寡人自以疏遠，毋幾爲君。〔三〕今大夫不忘文、襄之意，而惠立桓叔之後，賴宗廟大夫之靈，得奉晉祀，豈敢不戰戰乎？大夫其亦佐寡人！」〔四〕於是逐不臣者七人，修舊功，施德惠，收文公入時功臣後。〔五〕秋，伐鄭。鄭師敗，遂至陳。〔六〕

〔一〕【考證】梁玉繩曰：案遷之父名談，如趙世家張孟談、季布傳趙談皆改作「同」，爲父諱故也。又高祖功臣表新陽侯呂談、王子表庸侯劉談並作「譚」字。雖古字通寫，或史公亦因避諱改書兼用耳。乃晉世家兩書「惠伯談」，李斯傳兩書「韓談」，司馬相如傳、滑稽傳並有「談」字，何邪？孔平仲雜説謂史記無「談」字，殊不然。

〔二〕【考證】一句。成十八年左傳。

〔三〕【索隱】幾，音冀，謂望也。

〔四〕【考證】「宗廟」下「大夫」二字疑衍。成十八年左傳、國語晉語所載悼公之言與此大異，蓋史公以意改修也。

〔五〕【考證】「於是」以下，成十八年左傳。

〔六〕【考證】襄元年春秋經傳。梁玉繩曰：當移前「悼公元年」四字于上，而改「秋」爲「夏」。春秋在襄元年夏五月。

三年，晉會諸侯。〔一〕悼公問羣臣可用者，〔二〕祁傒舉解狐。解狐，傒之仇。〔三〕復問，舉其子祁午。君子曰：「祁傒可謂不黨矣！〔四〕外舉不隱仇，內舉不隱子。」〔五〕方會諸侯，悼公弟楊干亂行，〔六〕魏絳戮其僕。〔七〕悼公怒，或諫公，公卒賢絳，任之政，〔八〕使和戎，戎大親附。〔九〕十一年，悼公曰：「自吾用魏絳，九合諸侯，和戎、翟，魏子之力也。」〔一〇〕賜之樂，三讓乃受之。冬，秦取我櫟。〔一一〕

〔一〕【索隱】於鷄澤也。

〔二〕【考證】左傳云「祁奚請老，晉侯問嗣焉」。

〔三〕【考證】左傳云「將立之而卒」。

〔四〕【考證】以上襄三年左傳。

〔五〕【考證】襄二十年左傳。叔向曰：「祁大夫，外舉不弃讎，內舉不失親。」毛本「隱仇」作「避仇」。

〔六〕【集解】賈逵曰：「行，陳也。」

〔七〕【集解】賈逵曰：「僕，御也。」【考證】魏絳爲司馬。

〔八〕【考證】以上襄三年左傳。左傳云「使佐新軍」。

〔九〕【考證】襄四年左傳。梁玉繩曰：魏絳和戎在四年，此牽連書于三年耳。

〔一〇〕【集解】服虔曰：「九合，一謂會于戚，二會城棣救陳，三會于鄬，四會于邢丘，五同盟于戲，六會于柤，七戍鄭虎牢，八同盟于亳城北，九會于蕭魚。」【考證】九，猶九天、九地之九，言其多也。義與齊桓九合同。晉語作「七合」。

〔一一〕【索隱】音歷。釋例云在河北，地闕。【正義】音歷。括地志曰「河內陽翟縣，古櫟邑也」。左傳云「襄十一年，秦庶長鮑帥師伐晉，以救鄭於輔氏。秦、晉戰于櫟，晉師敗績」。杜預云「從輔氏度河也」。年表云「使庶長鮑伐晉救鄭，敗之櫟」。按：此二文，是陽翟也。【考證】「悼公曰」以下，襄十一年左傳。晉語云「晉公錫魏絳女樂一八，歌鍾一肆」，左傳義同。年表「取」作「敗」，與左傳合。

十四年，晉使六卿率諸侯伐秦，〔一〕度涇，大敗秦軍，至棫林而去。〔二〕

〔一〕【正義】六卿，韓、魏、趙、范、中行、知氏也。

〔二〕【考證】襄十四年左傳。杜預曰「棫林，秦地」。梁玉繩曰：此遷延之役，不可言敗。

十五年，悼公問治國於師曠。師曠曰：「惟仁義爲本。」〔一〕冬，悼公卒。〔二〕子平公彪立。

〔一〕【正義】師曠，晉樂太師野。【考證】梁玉繩曰：三傳、國語皆無此事，疑即左氏晉侯問衛人出君一節，史改約之也。事在十四年。

〔二〕【考證】襄十五年春秋經傳。

平公元年，伐齊，〔一〕齊靈公與戰靡下，齊師敗走。〔二〕晏嬰曰：「君亦毋勇，何不止戰？」遂去。晉追，遂圍臨菑，盡燒屠其郭中。東至膠，南至沂，齊皆城守，晉乃引兵歸。〔三〕

〔一〕【考證】陳仁錫曰：伐齊，左傳在三年。愚按：年表同左傳。

〔二〕【集解】徐廣曰：「靡，一作『歷』。」【索隱】劉氏靡音眉綺反，即靡笄也。

〔三〕【考證】「伐齊」以下，襄十八年左傳。左傳「膠」作「濰」。

六年，魯襄公朝晉。晉欒逞有罪，奔齊。〔一〕八年，齊莊公微遣欒逞於曲沃，以兵隨之。齊兵上太行，欒逞從曲沃中，反襲入絳。絳不戒，平公欲自殺，范獻子止公，〔二〕以其徒擊逞，逞敗走曲沃，曲沃攻逞，逞死，遂滅欒氏宗。逞者，欒書孫也。〔三〕其入絳，與魏氏謀。齊莊公聞逞敗，乃還取晉之朝歌去，〔四〕以報臨菑之役也。〔五〕

〔一〕【考證】襄二十一年左傳。欒盈初奔楚，後奔齊也。梁玉繩曰：欒懷子之名，年表及晉與田完世家並作「逞」，避惠帝諱改。齊世家依春秋作「盈」，史公失檢耳。

〔二〕【考證】梁玉繩曰：案無此事。內、外傳但言范宣子奉公如固宮而已。

〔三〕【集解】左傳「逞」作「盈」。【考證】梁玉繩曰：案傳，盈襲絳不克，奔曲沃，晉人圍曲沃克之，殺盈，非曲沃攻之而死也。

〔四〕【考證】朝歌，初爲衛邑，後爲晉。

〔五〕【考證】事見襄二十三年左傳。梁玉繩曰：案傳，遣欒盈與伐晉登大行，判然兩事，此誤并爲一也。言莊公聞逞敗乃還，亦非。

十年，齊崔杼弒其君莊公。晉因齊亂，伐敗齊於高唐去，報太行之役也。〔一〕

〔一〕【考證】事見襄二十五年左傳。但不言敗齊於高唐，年表同誤。

十四年，吳延陵季子來使，與趙文子、韓宣子、魏獻子語。曰：「晉國之政，卒歸此三家矣。」〔一〕

〔一〕【考證】襄二十九年左傳。「語」字句絶。曰，與他人言也。

十九年，齊使晏嬰如晉，與叔嚮語。叔嚮曰：「晉，季世也。公厚賦爲臺池，而不恤政，政在私門，其可久乎！」晏子然之。〔一〕

〔一〕【考證】昭三年左傳。

二十二年，伐燕。〔一〕二十六年，平公卒，〔二〕子昭公夷立。

〔一〕【考證】據昭六年左傳。齊侯請晉伐燕，非晉伐燕也，此與表同誤。沈家本曰：表，二十三年入燕君。

〔二〕【考證】昭十年春秋經傳。

昭公六年卒。六卿彊，〔一〕公室卑。〔二〕子頃公去疾立。

〔一〕【索隱】韓、趙、魏、范、中行及智氏爲六卿。後韓、趙、魏爲三卿，而分晉政，故曰三晉。【考證】中井積德曰：三晉，三家滅晉各爲列國以後之稱，非卿之稱，索隱謬。

〔二〕【考證】昭十六年左傳。「六卿彊，公室卑」，據魯人子服昭伯語。

頃公六年，周景王崩，王子爭立。晉六卿平王室亂，立敬王。〔一〕

〔一〕【考證】昭二十二年春秋經傳。

九年，魯季氏逐其君昭公，昭公居乾侯。〔一〕十一年，衛、宋使使請晉納魯君。季平子私賂范獻子，獻子受之，乃謂晉君曰：「季氏無罪。」不果入魯君。〔二〕

〔一〕【考證】昭二十五年春秋經傳。今直隸廣平府成安縣有斥邱故城，春秋晉乾侯邑。據左傳，昭公是年居鄆，晉頃公十二年乃居乾侯，史統言之也。

〔三〕【考證】昭二十七年左傳。

十二年，晉之宗家祁傒孫、叔嚮子，相惡於君。〔一〕六卿欲弱公室，乃遂以法盡滅其族，而分其邑爲十縣，各令其子爲大夫。晉益弱，六卿皆大。〔二〕

〔一〕【考證】祁傒孫，祁盈也。叔向子，楊食我也。二氏皆以公族爲大夫者。中井積德曰：據左傳，祁盈以執家臣故死，楊食我以黨祁盈故死，非相惡也。愚按：魏世家無「於君」二字。

〔二〕【考證】以上本昭二十八年左傳。梁玉繩曰：二氏之滅，由于祁勝賂荀躒，非關六卿之故。十縣大夫，除趙朝、韓固、魏戊、知徐吾四姓外，其六人者皆以賢舉，豈盡六卿之子姓族屬乎？史誤。

十四年，頃公卒，〔一〕子定公午立。

〔一〕【考證】昭三十年春秋經傳。

定公十一年，魯陽虎奔晉，趙鞅簡子舍之。〔一〕十二年，孔子相魯。〔二〕

〔一〕【考證】定九年左傳。

〔二〕【考證】孔子相魯，謬。說在孔子世家。

十五年，趙鞅使邯鄲大夫午，不信，欲殺午，〔一〕午與中行寅、范吉射親，攻趙鞅。〔二〕鞅走保晉陽。定公圍晉陽。〔三〕荀櫟、韓不信、〔四〕魏侈〔五〕與范、中行爲仇，乃移兵伐范、中行。范、中行反，晉君擊之，敗范、中行。范、中行走朝歌，保之。韓、魏爲趙鞅謝，晉君乃赦趙鞅，復位。〔六〕二十二年，晉敗范、中行氏，二子奔齊。〔七〕

〔一〕【正義】趙鞅，定十一年伐衛，衛懼，貢五百家，鞅置之邯鄲，今欲徙之晉陽。午許諾，歸告其父兄，父兄不許，倍言，是不信。【考證】余有丁曰：按左傳，趙鞅謂邯鄲午曰「歸吾衛貢五百家，吾舍諸晉陽」，午許諾，歸告其父兄，父兄皆曰不可，趙孟怒，遂殺午。午，中行寅之甥。中行寅，范吉射之姻也。而相與睦，遂同攻趙孟。愚按：左傳無「大夫」二字。邯鄲午，趙勝子，別邑邯鄲，因以爲氏。邯鄲，今縣，屬直隸廣平府。

〔二〕【索隱】寅，荀偃之孫也。射，音亦。范獻子，士鞅之子。【考證】梁玉繩曰：案左傳攻鞅者，范、中行也。事在七月，而午已于六月前爲鞅所殺，安得與攻鞅之役乎？

〔三〕【考證】今山西太原府太原縣有晉陽故城，春秋晉邑，屬趙氏。

〔四〕【正義】世本云：「不信，韓宣子孫簡子也。」【考證】趙世家「不信」作「不佞」。

〔五〕【正義】即魏襄子。左傳作「魏曼多」。世本云「魏襄子，多也」。【考證】梁玉繩曰：魏襄子之名，春秋經傳作「曼多」，公羊作「多」，晉、魏世家作「侈」，趙世家作「哆」。

〔六〕【考證】「趙鞅使邯鄲大夫午」以下，本定十三年左傳。

〔七〕【考證】哀五年左傳。

三十年，定公與吳王夫差會黃池，争長，趙鞅時從，卒長吳。〔一〕

〔一〕【集解】徐廣曰：「吳世家說黃池之盟云『趙鞅怒將戰，吳乃長晉定公』。左氏傳云『乃先晉人』，外傳云『吳公先歃，晉公次之』。」【正義】黃池，在汴州封丘縣南七里，去汴州四十三里。【考證】事見哀十三年春秋經傳。黃池，在今河南開封府封丘縣西南，王夫之有別說，說見吳太伯世家。中井積德曰：吳世家云「長晉」，與此異。

三十一年，齊田常弒其君簡公，〔一〕而立簡公弟驁爲平公。三十三年，孔子卒。〔二〕

〔二〕【考證】哀十四年春秋經傳。

〔三〕【考證】哀十六年左氏經傳。

三十七年，定公卒，子出公鑿立。〔一〕

〔一〕【考證】六國表「鑿」作「錯」。

出公十七年，〔一〕知伯與趙、韓、魏共分范、中行地以爲邑。出公怒，告齊、魯，欲以伐四卿。〔二〕四卿恐，遂反攻出公。出公奔齊，道死。故知伯乃立昭公曾孫驕爲晉君，是爲哀公。〔三〕

〔一〕【集解】徐廣曰：「年表云出公立十八年。或云二十年。」

〔二〕【索隱】時趙、魏、韓共滅范氏及中行氏，而分其地，猶有智氏與三晉，故曰四卿也。

〔三〕【索隱】按趙系家云：驕是爲懿公。又年表云出公十八年，次哀公忌二年，次懿公驕十七年。紀年又云出公二十三年奔楚，乃立昭公之孫，是爲敬公。系本亦云：昭公生桓子雍，雍生忌，忌生懿公驕。然晉、趙系家及年表各各不同，何況紀年之說也？【正義】諸說並不同，疑年表爲長。【考證】梁玉繩曰：「哀」當作「懿」，說在下文。

哀公大父雍，晉昭公少子也，號爲戴子。〔一〕戴子生忌。忌善知伯，蚤死，故知伯欲盡并晉，未敢，乃立忌子驕爲君。〔二〕當是時，晉國政皆決知伯，晉哀公不得有所制。知伯遂有范、中行地，最彊。

〔一〕【集解】徐廣曰：「世本作『桓子雍』，注云戴子。」

〔三〕【考證】梁玉繩曰：案繼出公而立者，晉世家謂昭公曾孫哀公驕，趙世家謂昭公曾孫懿公驕，竹書紀年謂昭公孫敬公，無哀、懿二公，六國表又作哀公忌，其不同，一也。晉世家謂哀公十八年，紀年謂敬公二十二年，六國表又作哀公二年，懿公十七年，其不同，二也。且表以爲哀公忌，而晉世家言忌早死，立忌子驕爲君，何牴牾若是乎？攷索隱、正義引世本云昭公生桓子雍，雍生忌，忌生懿公驕，與晉、趙世家稱驕爲昭公曾孫合，則忌是哀公，驕是懿公，忌與驕乃父子。晉世家誤以懿爲哀耳。紀年謂立昭公孫敬公，蓋懿又謚敬，特誤以曾孫爲孫也。余疑忌既早死，未嘗爲君，哀公之稱，當是其子追謚之。繼出公者必懿公驕，非哀公忌矣。至其立年之多少，紀年爲確，表與世家俱非。表宜衍「晉哀公忌元年」六字，而補書晉懿公驕元年于周定王十八年，方合。出公二十三年卒，當定王十七年。

哀公四年，趙襄子、韓康子、魏桓子共殺知伯，盡并其地。〔一〕

〔一〕【索隱】如紀年之說，此乃出公二十二年事。【考證】三晉滅知伯，詳于國語晉語，國策趙、魏、韓策。

十八年，哀公卒，〔二〕子幽公柳立。

〔二〕【考證】沈家本曰：表十九年。梁玉繩曰：當作「二十二年，懿公卒」。

幽公之時，晉畏，反朝韓、趙、魏之君，〔一〕獨有絳、曲沃，餘皆入三晉。

〔一〕【索隱】畏，懼也。爲衰弱故反朝韓、趙、魏也。宋忠引此注系本，而「畏」字爲「衰」。【正義】宋忠引此世家注世本云「晉衰」，疑今本誤也。

十五年，魏文侯初立。〔一〕十八年，幽公淫婦人，夜竊出邑中，盜殺幽公。〔二〕魏文侯以兵誅晉亂，立幽公子止，是爲烈公。〔三〕

〔一〕【索隱】按紀年，魏文侯初立，在敬公十八年。【考證】沈家本曰：表十四年。梁玉繩曰：文侯立于晉幽公六年，當周威烈王二年。魏世家云「文侯元年，秦靈公元年」，是也。竹書謂立于晉敬公十八年，亦非。

〔二〕【索隱】紀年云夫人秦嬴賊公於高寢之上。【考證】幽公止十年，史誤作「十八年」。

〔三〕【索隱】系本云幽公生烈公止。又年表云魏誅幽公，立其弟止。

烈公十九年，周威烈王賜趙、韓、魏，皆命爲諸侯。〔一〕

〔一〕【考證】陳仁錫曰：表在十七年。愚按：此誤。

二十七年，烈公卒，子孝公頎立。〔一〕孝公九年，魏武侯初立，襲邯鄲，不勝而去。〔二〕十七年，孝公卒，〔三〕子靜公俱酒立。〔四〕是歲，齊威王元年也。〔五〕

〔一〕【索隱】系本云孝公傾。紀年以孝公爲桓公，故韓子有「晉桓侯」。

〔二〕【考證】陳仁錫曰：九年，史表作「七年」。愚按：此誤。

〔三〕【索隱】紀年云桓公二十年，趙成侯、韓共侯，遷桓公於屯留，已後更無晉事。【正義】世本云「生靖公俱也」。

【考證】陳仁錫曰：史表孝公十五年卒。

〔四〕【索隱】系本云靜公俱。

〔五〕【考證】表在二年。

靜公二年，魏武侯、韓哀侯、趙敬侯滅晉後而三分其地。〔一〕靜公遷爲家人，晉絕不祀。〔二〕

〔一〕【索隱】按紀年，魏武侯以桓公十九年卒，韓哀侯、趙敬侯並以桓公十五年卒。又趙系家烈侯十六年，與韓分晉，封晉君端氏，其後十年，肅侯遷晉君於屯留，不同也。【考證】依趙世家，索隱「烈侯」當作「成侯」，蓋是年晉雖分，而未絕封。大事記云「周安王二十六年所分者，絳與曲沃之地也」。

〔三〕【考證】家人，庶人也。

太史公曰：晉文公，古所謂明君也。亡居外十九年，至困約，及即位而行賞，尚忘介子推，況驕主乎？靈公既弒，其後成、景致嚴，至厲大刻，大夫懼誅，禍作。悼公以後日衰，〔一〕六卿專權。故君道之御其臣下，固不易哉！〔二〕

〔一〕【考證】黃震曰：悼公十四歲得國，一旦轉危爲安，功業赫然，漢昭帝流亞也。太史公例言悼公以後日衰，語焉不詳，悼公稱屈九泉矣。

〔二〕【考證】論語子路篇：「爲君難，爲臣不易。」

【索隱述贊】天命叔虞，卒封於唐。桐珪既削，河、汾是荒。文侯雖嗣，曲沃日彊。未知本末，祚傾桓、莊。獻公昏惑，太子罹殃。重耳致霸，朝周河陽。靈既喪德，厲亦無防。四卿侵侮，晉祚遽亡。

史記會注考證卷四十

楚世家第十　史記四十

【考證】史公自序云：「重黎業之，吳回接之。殷之季世，粥子牒之。周用熊繹，熊渠是續。莊王之賢，乃復國陳。既赦鄭伯，班師華元。懷王客死，蘭咎屈原。好諛信讒，楚并於秦。嘉莊王之義，作楚世家第十。」愚按：此卷首采帝繫、鄭語，漸及左傳、楚語，中幅以後采楚策最多。顧棟高曰：案楚在春秋，吞并諸國凡四十有二。其西北至武關，在今陝西商州東少習山下。文十年傳「子西爲商公」，即商州之雒南縣也，與秦分界。其東南至昭關，在今江南和州含山縣北二十里。昭十七年，吳、楚戰于長岸，即和州南七十里之東梁山，與太平府夾江相對是也，與吳分界。其北至河南之汝寧府、南陽府汝州，與周分界。其南不越洞庭湖，全有今湖北十府八州六十縣之地。惟隨州爲隨國，僅存。又全有河南之汝寧、南陽二府，光州一州。又闌入汝州之郟縣、魯山縣，河南府之嵩縣，開封府之尉氏縣，許州府之郾城縣及禹州，與鄭接境。四川夔州府之奉節縣，與巴接境。江西之南昌、南康、九江、饒州，與吳錯壤。又全有江南之廬州、鳳陽、潁州三府及壽州、和州之地。江寧府之六合，太平府之蕪湖，徐州府之碭山，則與吳日交兵處也。後廬、壽之地，多入于吳。

楚之先祖，出自帝顓頊高陽。〔一〕高陽者，黄帝之孫，昌意之子也。〔二〕高陽生稱，〔三〕稱生卷章，卷章生重黎。〔四〕重黎爲帝嚳高辛居火正，〔五〕甚有功，能光融天下，帝嚳命曰祝融。〔六〕共工氏作亂，帝嚳使重黎誅之而不盡。帝乃以庚寅日誅重黎，而以其弟吴回爲重黎後，復居火正，爲祝融。〔七〕

〔一〕【考證】李笠曰：案「祖」字衍。秦本紀云「秦之先，帝顓頊之苗裔」。越世家云「其先禹之苗裔」。趙世家云「趙氏之先與秦共祖」。「先」即先祖，此亦宜與諸處一例。

〔二〕【考證】以上本帝繫篇。

〔三〕【正義】尺證反。

〔四〕【集解】徐廣曰：「世本云老童生重黎及吴回。」譙周曰：「老童即卷章。」【索隱】卷章名老童，故系本云「老童生重黎」。重氏、黎氏二官，代司天地，重爲木正，黎爲火正。案：左氏傳少昊氏之子曰重，顓頊氏之子曰黎。今以重黎爲一人，仍是顓頊之子孫者，劉氏云「少昊氏之後曰重，顓頊氏之後曰重黎，對彼重則單稱黎。若自言當家則稱重黎。故楚及司馬氏皆重黎之後，非關少昊之重」。愚謂此解爲當。【正義】帝繫云顓瑞娶于騰埠氏女生老童，是爲楚先也。世本云老童取根水氏之子，謂之嬌禍，産重黎及吴回也。【考證】帝繫及山海大荒西經及人表並云顓頊生老童，據此，則老童，顓頊之子也。史云高陽生稱，稱生卷章。集解引譙周云老童即卷章。據此，則老童，顓頊之孫也，所傳不同。陳仁錫曰：重、黎本二人，重爲木正，黎爲火正。楚出黎後，世家合爲一人，誤。張照曰：劉氏謂對彼重，則單稱黎，若自言當家，則稱重黎。夫南正重司天，北正黎司地，重、黎者二人之名，猶夫周、召爾。寧有對周而言，則單稱召，自言當家，則稱周召之理邪？

〔五〕【索隱】此重黎爲火正，彼少昊氏之後重，自爲木正，知此重黎即彼之黎也。【正義】此重黎火正也，小昊之後重，木正也。則知此重黎則非彼重也。

〔六〕【集解】虞翻曰：「祝，大；融，明也。」韋昭曰：「祝，始也。」【考證】「重黎爲帝嚳火正」以下采國語鄭語。

〔七〕【考證】梁玉繩曰：嚳誅重黎，史公之妄記也。初命之，而繼誅之，嚳是聖君，黎是功臣，寧有此乎！

吴回生陸終。陸終生子六人，坼剖而産焉。〔一〕其長一曰昆吾；〔二〕二曰參胡；〔三〕三曰彭祖；〔四〕四曰會人；〔五〕五曰曹姓；〔六〕六曰季連，羋姓，楚其後也。〔七〕昆吾氏，夏之時嘗爲侯伯，桀之時湯滅之。彭祖氏，殷之時嘗爲侯伯，殷之末世滅彭祖氏。〔八〕季連生附沮，〔九〕附沮生穴熊。〔一〇〕其後中微，或在中國，或在蠻夷，弗能紀其世。

〔一〕【集解】干寶曰：「先儒學士多疑此事。譙允南通才達學，精核數理者也，作古史考，以爲作者妄記，廢而不論。余亦尤其生之異也。然按六子之世，子孫有國，升降六代數千年間，迭至霸王，天將興之，必有尤物乎？若夫前志所傳，修己背坼而生禹，簡狄胷剖而生契，歷代久遠，莫足相證。近魏黄初五年，汝南屈雍妻王氏生男兒，從右胳下水腹上出，而平和自若，數月創合，母子無恙，斯蓋近事之信也。以今況古，固知注記者之不妄也。天地云爲，陰陽變化，安可守之一端，槩以常理乎？詩云『不坼不副，無災無害』。原詩人之旨，明古之婦人，嘗有坼副而産者矣。又有因産而遇災害者，故美其無害也。」【索隱】系本云：「陸終娶鬼方氏妹，曰女嬇。」【正義】陸終娶鬼方氏之妹，謂之女嬇，産六子，孕而不毓三年，啓其右脅，六人出焉。

〔二〕【集解】虞翻曰：「昆吾名樊，爲己姓，封昆吾。」世本曰：「昆吾者衛是也。」【索隱】長曰昆吾。系本云：「其一曰樊，是爲昆吾。」又曰：「昆吾者衛是。」宋忠曰：「昆吾，國名，己姓所出。」左傳曰：「衛侯夢見披髮登昆吾之觀。」按：今濮陽城中有昆吾臺是。【正義】括地志云：「濮陽縣，古昆吾國也。昆吾故城，在縣西三十里，臺在縣西百步，即昆吾墟也。」【考證】「長」字衍，帝繫無。張文虎曰：索隱本作「長曰」，左傳疏引作「一曰」，本有異文，後人妄合寫之。

〔三〕【集解】世本曰：「參胡者，韓是也。」【索隱】系本云：「二曰惠連，是爲參胡。參胡者，韓是。」宋忠曰：「參胡，國名，斟姓，無後。」

〔四〕【集解】虞翻曰：「名翦，爲彭姓，封於大彭。」世本曰：「彭祖者，彭城是也。」【索隱】系本云：「三曰籛鏗，是爲彭祖。彭祖者彭城是。」虞翻云：「名翦，爲彭姓，封於大彭。」【正義】括地志云：「彭城，古彭祖國也。外傳云殷末滅彭祖國也。虞翻云名翦。神仙傳云彭祖諱鏗，帝顓頊之玄孫，至殷末年已七百六十七歲，而不衰老，遂往流沙之西，非壽終也。」

〔五〕【集解】世本曰：「會人者，鄭是也。」【索隱】系本云：「四曰求言，是爲鄶人。鄶人者，鄭是。」宋忠曰：「求言，名也。妘姓所出，鄶國也。」【正義】括地志云：「故鄶城在鄭州新城縣東北二十二里。毛詩譜云『昔高辛之土，祝融之墟，歷唐至周，重黎之後妘姓處其地，是爲鄶國，爲鄭武公所滅也』。」【考證】帝繫「會」作「鄶」。

〔六〕【集解】世本曰：「曹姓者，邾是也。」【索隱】系本云：「五曰安，是爲曹姓。曹姓，邾是。」宋忠曰：「安，名也。曹姓者，諸曹所出。」【正義】括地志云：「故邾國在黄州黄岡縣東南百二十一里。史記云邾子，曹姓也。」

〔七〕【索隱】系本云：「六曰季連，是爲芈姓。季連者，楚是。」宋忠曰：「季連，名也。芈姓所出，楚之先。」芈音彌是反。芈，羊聲也。【考證】「吴回生陸終」以下，帝繫。

〔八〕【考證】「昆吾氏」以下，國語鄭語。

〔九〕【集解】孫檢曰：「一作『祖』。」【索隱】沮，音才敘反。【考證】帝繫作「付祖」。

〔一〇〕【考證】以上采帝繫。

周文王之時，季連之苗裔曰鬻熊。〔一〕鬻熊子事文王，蚤卒。〔二〕其子曰熊麗。熊麗生熊狂，熊狂生熊繹。

〔一〕【考證】漢書藝文志道家鬻子二十二篇。名熊，爲周師。自文王以下問焉，周封爲楚祖。愚按：列子天瑞、賈子新書修政語亦引鬻熊言，與道家旨相似。今本鬻子十四篇，後人僞託。

〔二〕【考證】藝文類聚引史無「子」字。

熊繹當周成王之時，舉文、武勤勞之後嗣，而封熊繹於楚蠻，封以子男之田，姓羋氏，居丹陽。〔一〕楚子熊繹與魯公伯禽、衛康叔子牟、晉侯燮、齊太公子呂伋俱事成王。〔二〕

〔一〕【集解】徐廣曰：「在南郡枝江縣。」【正義】潁容(云)傳例云：「楚居丹陽，今枝江縣故城是也。」括地志云：「歸州巴東縣東南四里歸故城，楚子熊繹之始國也。又熊繹墓在歸州秭歸縣。輿地志云秭歸縣東有丹陽城，周迴八里，熊繹始封也。」【考證】今湖北宜昌府歸州有古丹陽城，楚始封此，曰西楚，後徙枝江，亦曰丹陽，是爲南楚。今荆州府枝江縣是。

〔二〕【考證】「楚子熊繹」以下，昭十二年左傳。

熊繹生熊艾，熊艾生熊䵣，〔一〕熊䵣生熊勝，熊勝以弟熊楊爲後。〔二〕熊楊生熊渠。

〔一〕【索隱】一作「黮」，音土感反。䵣，音但，與「亶」同，字亦作「亶」。

〔二〕【索隱】鄒誕本作「熊錫」，一作「煬」。【考證】人表「艾」作「乂」，「勝」作「盤」，「楊」作「錫」，以盤爲乂子，以錫爲盤子。

熊渠生子三人。當周夷王之時，王室微，諸侯或不朝，相伐。熊渠甚得江、漢閒民和，乃興兵伐庸、〔一〕楊粵，〔二〕至于鄂。〔三〕熊渠曰：「我蠻夷也，不與中國之號謚。」乃立其長子康爲句亶王，〔四〕中子紅爲鄂王，〔五〕少子執疵爲越章王，〔六〕皆在江上楚蠻之地。及周厲王之時，暴虐，熊渠畏其伐楚，亦去其王。

〔一〕【集解】杜預曰：「庸，今上庸縣。」【正義】括地志云：「房州竹山縣本漢上庸縣，古之庸國。昔周武王伐紂，庸蠻在焉。」【考證】今湖北鄖陽府竹山縣，古庸國。

〔二〕【索隱】有本作「楊雩」，音吁，地名也。今音越。譙周亦作「楊越」。【考證】漢書南粤王傳「略定揚粤」，顔師古曰「本揚州之分，故云揚粤」。

〔三〕【正義】五各反。劉伯莊云：「地名，在楚之西，後徙楚，今東鄂州是也。」括地志云：「鄧州向城縣南二十里西鄂故城是楚西鄂。」【考證】今湖北武昌府武昌縣有鄂城。

〔四〕【集解】張瑩曰：「今江陵也。」【索隱】系本「康」作「庸」，「亶」作「袒」。地理志云江陵，南郡之縣也。楚文王自丹陽徙都之。【考證】帝繫「康」作「無康」。

〔五〕【集解】九州記曰：「鄂，今武昌。」【索隱】有本作「藝經」二字，音摯紅，從下文「熊摯紅」讀也。古史考及鄒氏、劉氏等無音，「摯經」恐非也。【正義】括地志云：「武昌縣，鄂王舊都，今鄂王神即熊渠子之神也。」

〔六〕【索隱】系本無「執」字，「越」作「就」。【考證】「其長子」以下本帝繫。帝繫「執疵」作「疵」，「越章」作「戚章」。

後爲熊毋康，〔一〕毋康蚤死。熊渠卒，子熊摯紅立。〔二〕摯紅卒，其弟弑而代立，曰熊延。〔三〕熊延生熊勇。

〔一〕【集解】徐廣曰：「即渠之長子。」

〔二〕【索隱】如此史意即上鄂王紅也。譙周以爲「熊渠卒，子熊翔立，卒，長子摯有疾，少子熊延立」。此云「摯紅卒，其弟殺而自立，曰熊延」。欲會此代系，則翔亦毋康之弟，元嗣熊渠者毋康，既蚤亡，摯紅立，而被延殺，故史考言「摯有疾」，而此言「弒」也。【正義】即上鄂王紅也。【考證】「摯」字當衍。熊紅即上鄂王也。正義近是。

〔三〕【正義】譙周言「摯有疾」，此言「弒」，未詳。宋均注樂緯云：「熊渠嫡嗣曰熊摯，有惡疾，不得爲後，别居於夔，爲楚附庸，後王命曰夔子也。」【考證】梁玉繩曰：既云摯紅卒，則非弒矣。而云弒者，蓋弒其子，史有脱文耳。愚按：疑奪「子熊摯立」四字。僖二十六年左傳夔子曰「我先王熊摯有疾，而自竄于夔，是以失楚」。國語鄭語孔晁注「熊繹玄孫摯有疾，楚人廢之，立其弟延。摯自弃于夔，子孫有功，王命爲夔子」。韋昭亦襲孔注，但改「繹玄孫」爲「繹六世孫」。孔、韋必有所據，但史曰「弒」，左傳及孔、韋鄭語注曰「竄」、曰「廢」，所傳異耳。

熊勇六年，而周人作亂，攻厲王，厲王出奔彘。熊勇十年卒，弟熊嚴爲後。

熊嚴十年卒。有子四人，長子伯霜，中子仲雪，次子叔堪，〔一〕少子季徇。〔二〕熊嚴卒，長子伯霜代立，是爲熊霜。

〔一〕【索隱】一作「湛」。【考證】鄭語「堪」作「熊」。

〔二〕【索隱】旬俊反。【考證】鄭語「徇」作「紃」。「有子四人」以下，國語鄭語。

熊霜元年，周宣王初立。熊霜六年卒，三弟争立。仲雪死，叔堪亡，避難於濮；〔一〕而少弟季徇立，〔二〕是爲熊徇。熊徇十六年，鄭桓公初封於鄭。二十二年，熊徇卒，子熊咢立。〔三〕熊咢九年，卒，子熊儀立，是爲若敖。〔四〕

〔一〕【集解】杜預曰：「建寧郡南有濮夷。」【正義】按：建寧，晉郡，在蜀南，與蠻相近。劉伯莊云：「濮在楚西南。」孔安國云：「庸、濮在漢之南。」按：成公元年「楚地千里」，孔説是也。

〔二〕【考證】「叔堪亡」以下本鄭語。

〔三〕【索隱】噩，音鄂，亦作「咢」。【考證】表作「鄂」。

〔四〕【考證】宣十二年左傳云「若敖、蚡冒，篳路藍縷，以啓山林」。

若敖二十年，周幽王爲犬戎所弑，周東徙，而秦襄公始列爲諸侯。

二十七年，若敖卒，子熊坎立，是爲霄敖。〔一〕霄敖六年卒，子熊眴立，〔二〕是爲蚡冒。〔三〕蚡冒十三年，晉始亂，以曲沃之故。蚡冒十七年卒。蚡冒弟熊通弑蚡冒子而代立，是爲楚武王。〔四〕

〔一〕【索隱】坎，苦感反。一作「菌」，又作「欽」。

〔二〕【集解】徐廣曰：「眴，音舜。」【索隱】徐音舜。按：玉篇在口部，顧氏云「楚之先即蚡冒也」。劉音舜，其近代本有字有從目者。徐音舜，非。

〔三〕【索隱】古本「蚡」作「羒」，音憤。冒，音亡北反，或亡報反。【考證】梁玉繩曰：案：韓子和氏篇謂厲王薨，武王即位。外儲說左上亦稱楚厲王。楚辭東方朔七諫云「遇厲、武之不察，羌兩足以畢斮」，是蚡冒謚厲王矣。史何以不書？

〔四〕【考證】梁玉繩曰：武王之名，各本史記皆作「熊通」，而杜世族譜，左文十六、宣十二、昭廿二疏及釋文引世家並是「熊達」，桓二年疏不引世家，亦是「熊達」，蓋今本誤。

武王十七年，晉之曲沃莊伯弑主國晉孝侯。〔一〕十九年，鄭伯弟段作亂。〔二〕二十一年，鄭侵天子之田。〔三〕二十三年，衛弑其君桓公。〔四〕二十九年，魯弑其君隱公。〔五〕三十一年，宋太

宰華督弑其君殤公。〔六〕

〔一〕【考證】桓二年左傳。

〔二〕【考證】隱元年春秋經傳。

〔三〕【考證】隱三年左傳。

〔四〕【考證】隱四年左傳，事在武王二十二年。

〔五〕【考證】隱十一年左傳。

〔六〕【考證】桓二年春秋經傳。中井積德曰：華督，宜言華父督。

三十五年，楚伐隨。〔一〕隨曰：「我無罪。」楚曰：「我蠻夷也。今諸侯皆爲叛相侵，或相殺。我有敝甲，欲以觀中國之政，請王室尊吾號。」隨人爲之周，請尊楚，王室不聽，還報楚。〔二〕三十七年，楚熊通怒曰：「吾先鬻熊，文王之師也，蚤終。成王舉我先公，乃以子男田令居楚，蠻夷皆率服，而王不加位，我自尊耳。」乃自立，爲武王，〔三〕與隨人盟而去。〔四〕於是始開濮地而有之。〔五〕

〔一〕【集解】賈逵曰：「隨，姬姓也。」杜預曰：「隨國，今義陽隨縣。」【正義】括地志云：「隨州外城，古隨國地。」世本云：「楚武王墓在豫州新息。隨，姬姓也，武王卒師中而兵罷。」括地志云「上蔡縣東北五十里」是也。【考證】桓六年左傳。今湖北德安府隨州即故隨國。

〔二〕【考證】爲，去聲。之，往也。

〔三〕【考證】宜言自立爲王。「武」字，謚號，後來史家所加。管蔡世家「楚公子圍弑其王郟敖而自立爲靈王」，衛世家、鄭世家皆云「楚公子弃疾弑靈王自立爲平王」，司馬穰苴傳「至常曾孫和，因自立爲齊威王」，皆同一例。

〔四〕【考證】桓八年左傳云：夏，楚子合諸侯于沈鹿。隨不會，楚子伐隨，軍於漢、淮之間。隨侯禦之，戰于速杞，隨師敗績。秋，隨及楚平。與此不同。

〔五〕【考證】國語鄭語。

五十一年，周召隨侯，數以立楚爲王。楚怒，以隨背己，伐隨。〔一〕武王卒師中而兵罷。〔二〕子文王熊貲立，始都郢。〔三〕

〔一〕【考證】左傳無此事。

〔二〕【集解】皇覽曰：「楚武王冢在汝南郡鮦陽縣葛陂鄉城東北，民謂之楚王岑。漢永平中，葛陵城北祝里社下，於土中得銅鼎，而銘曰楚武王，由是知楚武王之冢。民傳言秦、項、赤眉之時，欲發之，輒頽壞填壓，不得發也。」【正義】有本注「葛陂鄉」作「葛陵鄉」者，誤也。地理志云新蔡縣西北六十里，有葛陂鄉，即費長房投竹成龍之陂，因爲鄉名也。【考證】莊四年左傳。

〔三〕【正義】括地志云：「紀南故城在荊州江陵縣北五十里。杜預云國都於郢，今南郡江陵縣北紀南城是也。」括地志云：「又至平王更城郢，在江陵縣東北六里，故郢城是也。」【考證】梁玉繩曰：左桓二年疏謂「漢地理志從史記文王徙郢，世本及杜譜云武王徙郢，未知孰是」。春秋地名攷略云「左昭二十三年沈尹戌曰『若敖、蚡冒至于武、文猶不城郢』。則居郢并不始武王，疑數世經營，至武、文始定耳」。愚按：郢，今湖北荊州府治。

文王二年，伐申過鄧，〔一〕鄧人曰「楚王易取」，鄧侯不許也。〔二〕六年，伐蔡，〔三〕虜蔡哀侯以歸，〔四〕已而釋之。〔五〕楚彊，陵江、漢間小國，小國皆畏之。十一年，齊桓公始霸，〔六〕楚亦始大。

〔一〕【正義】括地志云：「故申城在鄧州南陽縣北二十里。晉太康地志云周宣王舅所封。故鄧城在襄州安養縣北二十里。春秋之鄧國，莊十六年楚文王滅之。」【考證】申，今河南南陽府南陽縣申城。鄧，今湖北襄陽府襄陽縣鄧縣故城。

〔二〕【集解】服虔云：「鄧，曼姓。」【考證】莊七年左傳。顧棟高曰：申爲南陽，天下之膂，光武所發迹處。是時齊桓未興，楚橫行南服，由丹陽遷郢，取荆州以立根基。武王旋取羅、鄀，爲鄢、郢之地，定襄陽以爲門户。至滅申，遂北向以抗衡中夏。然其始要非一朝一夕之故也。平王東遷，即切切焉戍申與甫、許，豈獨内德申侯，爲之遣戍，亦防維固圉之計有不獲已。逮桓王、莊王，六七十年之久，楚之侵擾日甚，卒爲所滅。自後滅吕、滅息、滅鄧，南陽、汝寧之地悉爲楚有，如河決魚爛，不可底止，遂平步以窺周疆矣。故楚出師則申、息爲之先驅，守禦則申、息爲之藩蔽。城濮之敗，而子玉羞見申、息之老。楚莊初立，而申、息之北門不啓。子重欲取申、吕爲賞田，而巫臣謂晉、鄭必至於漢，申之係於楚，豈細故哉。故論當日楚之形勢，東拒齊則召陵之陘爲咽喉之塞，西拒晉則少習武關通往來之道，南面扞吴，則鍾離、居巢、州來屹爲重鎮。迨州來失，而入郢之禍始兆。楚之植基固而形勢便，使周曆猶緜延四百年，不遂併於楚者，桓、文之力也。

〔三〕【正義】豫州上蔡縣，在州北七十里，古蔡國也。縣外城，蔡國城也。【考證】今河南汝寧府新蔡縣，蔡故城。

〔四〕【考證】莊十年春秋經傳。

〔五〕【考證】管蔡世家云哀侯留九歲死於楚，與此異。

〔六〕【考證】莊十五年左傳。

十二年，伐鄧，滅之。〔一〕十三年卒，子熊囏立，〔二〕是爲莊敖。〔三〕莊敖五年，欲殺其弟熊惲，〔四〕惲奔隨，與隨襲弒莊敖代立，是爲成王。

〔一〕【考證】莊六年左傳。

〔二〕【集解】史記音隱云：「囏，古『艱』字。」【考證】杭世駿曰：按左傳，楚文王于魯莊（十）五年即位，至十九年卒，在位共十五年，世家、年表並不同。

〔三〕【索隱】上音側狀反。【考證】張文虎曰：年表索隱引世家作「莊敖」，此注音側狀反，是小司馬所見本作「莊」，而讀爲壯。今本作「杜」，蓋後人所改。

〔四〕【索隱】惲，音紆粉反。左傳作「頵」，紆貧反。【考證】梁玉繩曰：莊敖以魯莊二十（二）年立，二十二年見弒。「五年」當作「（二）〔三〕年」，「惲」當作「頵」，「熊」字衍。

成王惲元年，初即位，布德施惠，結舊好於諸侯。使人獻天子，天子賜胙，曰：「鎮爾南方，夷、越之亂，無侵中國。」於是楚地千里。

十六年，齊桓公以兵侵楚，至陘山。〔一〕楚成王使將軍屈完以兵禦之，〔二〕與桓公盟。桓公數以周之賦不入王室，楚許之，乃去。〔三〕

〔一〕【正義】杜預云：「陘，楚地。潁川召陵縣南有陘亭。」括地志云：「陘山在鄭州西南一百一十里，即此山也。」【考證】陘山，春秋經傳作「陘」，今河南許州府郾城縣南。

〔二〕【正義】屈，曲勿反。完，音桓。楚族也。【考證】左傳云「使屈完如師」，蓋求盟也，與此異。

〔三〕【考證】「齊桓公」以下，僖四年左傳。

十八年，成王以兵北伐許，〔一〕許君肉袒謝，乃釋之。〔二〕二十二年，伐黃。〔三〕二十六年，滅英。〔四〕

〔一〕【集解】地理志曰潁川許昌縣，故許國也。【考證】今河南許州府治東有故許城。

〔二〕【考證】僖七年左傳。肉袒，去上衣，露肢體，意謂歸骨就刑戮，所以表其服順也。左傳云「許男面縛銜璧，大夫衰經，士輿櫬」，史公以「肉袒」二字易之。

〔三〕【索隱】汝南弋陽縣，故黃國。【正義】括地志云：「黃國故城，漢弋陽縣也。秦時黃都，嬴姓，在光州定城縣四十里也。」【考證】今河南光州，春秋黃國，有古黃城。伐黃，左傳及年表俱在二十三年，二十四年滅之。

〔四〕【集解】徐廣曰：「年表及他本皆作『英』，一本作『黃』。」【正義】英國在淮南，蓋蓼國也，不知改名時也。【考證】梁玉繩曰：英即英氏，其滅未知何時。然楚成王二十六年，當魯僖公十四年，而僖十六年春秋云齊人、徐人伐英氏，則此書「滅英」，誤。此乃是「滅黃」之誤，元屬二十四年事，錯書於二十六年耳。

三十三年，宋襄公欲爲盟會，召楚。楚王怒曰：「召我，我將好往襲辱之。」遂行，至盂，〔一〕遂執辱宋公，已而歸之。三十四年，鄭文公南朝楚。楚成王北伐宋，敗之泓，射傷宋襄公，襄公遂病創死。〔二〕

〔一〕【正義】音于，宋地也。【考證】好往，以和好往會也。

〔二〕【考證】「宋襄公」以下，僖二十二、二十三年左傳。「楚王怒曰」十三字，史公以意補。

三十五年，晉公子重耳過楚，成王以諸侯客禮饗，而厚送之於秦。〔一〕

〔一〕【考證】僖二十三年左傳。

三十九年，魯僖公來，請兵以伐齊，楚使申侯將兵伐齊，取穀，〔一〕置齊桓公子雍焉。齊桓公七子皆奔楚，楚盡以爲上大夫。滅夔，夔不祀祝融、鬻熊故也。〔二〕

〔一〕【集解】杜預曰：「濟北穀城縣。」【正義】括地志云：「穀在濟州東阿縣東二十六里。」【考證】三十九年，當作「三十八年」。穀，山東泰安府東阿縣。

〔三〕【集解】服虔曰：「夔，楚熊渠之孫、熊摯之後。夔在巫山之陽，秭歸鄉是也。」【索隱】譙周作「滅歸」。歸即夔之地名歸鄉也。【正義】左傳云楚以其不祀祝融、鬻熊，使鬭宜申帥師滅夔。以夔子歸是也。【考證】僖二十六年左傳。

夏，伐宋，〔一〕宋告急於晉，晉救宋，〔二〕成王罷歸。將軍子玉請戰，成王曰：「重耳亡居外久，卒得反國，天之所開，不可當。」子玉固請，乃與之少師而去。晉果敗子玉於城濮。成王怒，誅子玉。〔三〕

〔一〕【考證】梁玉繩曰：此上缺書「三十九年」，但春秋圍宋在冬。

〔二〕【考證】梁玉繩曰：「晉救」上缺書「四十年」。

〔三〕【考證】僖二十八年左傳。城濮，衛地，今山東曹州府濮州南有臨濮故城，即春秋城濮。

四十六年，初，成王將以商臣爲太子，語令尹子上。〔一〕子上曰：「君之齒未也，〔二〕而又多內寵，絀乃亂也。〔三〕楚國之舉，常在少者。〔四〕且商臣蠭目而豺聲，忍人也，〔五〕不可立也。」王不聽，立之。後又欲立子職而絀太子商臣。〔六〕商臣聞而未審也，告其傅潘崇曰：「何以得其實？」崇曰：「饗王之寵姬江芈而勿敬也。」〔七〕商臣從之。江芈怒曰：「宜乎王之欲殺若而立職也。」商臣告潘崇曰：「信矣。」崇曰：「能事之乎？」〔八〕曰：「不能。」「能亡去乎？」曰：「不能。」「能行大事乎？」〔九〕曰：「能。」冬十月，商臣以宮衛兵圍成王。成王請食熊蹯而死，〔一〇〕不聽。丁未，成王自絞殺。商臣代立，是爲穆王。

〔一〕【考證】莊四年左傳。楚武王臣有令尹鬭祁、莫敖屈重。令尹之名，始見於此。其職當國，長於諸尹，在莫敖上。蓋武王所創置，他國未聞。顧楝高曰：左傳桓六年，武王侵隨，其時鬬伯比當國主謀議，不著官稱。十一年，有莫敖屈瑕。時則莫敖爲尊官，亦未有令尹之號。至莊四年，令尹與莫敖並稱。嗣後莫敖之官或設，或不設，間與司馬並列令尹之下。而令尹以次相授，至戰國猶仍其名，其官大都以公子或嗣君爲之，他人莫得與也。顧炎武曰：春秋時，列國官名，若晉之中行，宋之門尹，鄭之馬師，秦之不更庶長，皆他國所無。而楚尤多，有莫敖、令尹、司馬、太宰、少宰、御士、左史、右領、左尹、右尹、連尹、鍼尹、寢尹、工尹、卜尹、芋尹、藍尹、沈尹、莠尹、囂尹、陵尹、郊尹、樂尹、宮廐尹、監馬尹、揚豚尹、武城尹，其官名大抵異於他國。

〔二〕【集解】杜預曰：「齒，年也。言尚少。」

〔三〕【考證】絀，左傳作「黜」，言君之春秋尚富，而內嬖多，將來必有易樹之事，則亂從之矣。

〔四〕【集解】賈逵曰：「舉，立也。」【考證】中井積德曰：舉，建置之意。龜井昱曰：舉，「廢舉」之「舉」。

〔五〕【集解】服虔曰：「言忍爲不義。」【考證】中井積德曰：忍，猶殘也。

〔六〕【集解】賈逵曰：「職，商臣庶弟也。」

〔七〕【集解】姬，當作「妹」。【正義】芈，亡爾反。【考證】左傳無「王之寵姬」四字。杜注「江芈，成王妹，嫁於江」。

〔八〕【集解】服虔曰：「若立職，子能事之。」

〔九〕【集解】服虔曰：「謂弒君。」

〔一〇〕【集解】杜預曰：「熊掌難熟，冀久將有外救之也。」

穆王立，以其太子宮予潘崇，使爲太師，掌國事。〔一〕穆王三年，滅江。〔二〕四年，滅六、蓼。六、蓼，皋陶之後。〔三〕八年，伐陳。〔四〕十二年，卒。子莊王侶立。〔五〕

〔一〕【考證】「初成王」以下，文元年左傳。左傳「太子之宮」作「爲太子之室」。室，家資也。

〔二〕【集解】杜預曰：「江國在汝南安陽縣。」【考證】文四年春秋經傳。安陽故城，在今河南汝寧府正陽縣。

〔三〕【集解】杜預曰：「六國，今廬江六縣。蓼國，今安豐蓼縣。」【考證】文五年左傳「秋，楚成大心滅六。冬，楚公子燮滅蓼。臧文仲聞六與蓼滅，曰『皋陶、庭堅，不祀忽諸』」。蓋六，皋陶之後；蓼，庭堅之後；庭堅，八凱之一，與皋陶別人。史公合之爲一，誤。文十八年左傳杜注「庭堅即皋陶字」，亦襲史公謬。六，今安徽六安州。蓼，今河南光州固始縣蓼城。

〔四〕【考證】文九年左傳。

〔五〕【考證】莊王立，文十四年左傳。春秋經及國語「侶」作「旅」，穀梁作「呂」。

莊王即位，三年不出號令，〔一〕日夜爲樂，令國中曰：「有敢諫者死無赦！」伍舉入諫。莊王左抱鄭姬，右抱越女，坐鍾鼓之閒。伍舉曰：「願有進隱。」〔二〕曰：「有鳥在於阜，三年不蜚不鳴，是何鳥也？」莊王曰：「三年不蜚，蜚將沖天；三年不鳴，鳴將驚人。舉退矣，吾知之矣。」〔三〕居數月，淫益甚。大夫蘇從乃入諫。王曰：「若不聞令乎？」對曰：「殺身以明君，臣之願也。」於是乃罷淫樂，聽政，所誅者數百人，所進者數百人，任伍舉、蘇從以政，國人大説。〔四〕是歲，滅庸。〔五〕六年，伐宋，獲五百乘。〔六〕

〔一〕【考證】梁玉繩曰：案文十六年左傳，莊王三年，嘗乘馹，會師而滅庸矣，何言三年無令乎？

〔二〕【集解】隱，謂隱藏其意。【考證】隱，隱語也。又曰庾辭。漢藝文志「隱書十八篇」，師古注劉向別録曰「隱書者，疑其言以相問，對者以慮思之」。文心雕龍有諧隱篇。

〔三〕【考證】天、人，韻。

〔四〕【考證】王應麟曰：三年不飛不鳴，滑稽傳謂淳于髡説楚威王，此一事而兩見。又曰：莊王時有嬖人伍參，其子伍舉在康王時。康王，莊王之孫。呂氏春秋重言覽云荆莊王立三年，不聽而好隱，成公賈入諫曰「願與君王隱」。新序雜事篇云士慶，然則非伍舉也。愚按：韓非喻老篇「伍舉」作「右司馬」，且云「處半年，乃自聽政，所廢者十，所起者九，誅大臣五，舉處士六，而邦大治。舉兵誅齊，敗之徐州，勝晉於河雍，合諸侯於宋，遂霸於天下」。呂覽重言「明日朝，所進者五人，所退者十人。羣臣大説，荆國之衆相賀也」。與此不同。

〔五〕【正義】今房州竹山縣是也。【考證】文十六年左傳。庸，今湖北鄖陽府竹山縣東上庸故城。梁玉繩曰：事在二年，非三年也。

〔六〕【考證】命鄭公子歸生伐宋，因華元，獲樂呂及甲車四百六十乘。左傳宣公二年，爲楚莊七年。

八年，伐陸渾戎，〔一〕遂至洛，觀兵於周郊。〔二〕周定王使王孫滿勞楚王。〔三〕楚王問鼎小大輕重，〔四〕對曰：「在德不在鼎。」莊王曰：「子無阻九鼎！楚國折鉤之喙，足以爲九鼎。」〔五〕王孫滿曰：「嗚呼！君王其忘之乎？昔虞、夏之盛，遠方皆至，貢金九牧，〔六〕鑄鼎象物，〔七〕百物而爲之備，使民知神姦。〔八〕桀有亂德，鼎遷於殷，載祀六百。〔九〕殷紂暴虐，鼎遷於周。德之休明，雖小必重；〔一〇〕其姦回昏亂，雖大必輕。〔一一〕昔成王定鼎于郟鄏，〔一二〕卜世三十，卜年七百，天所命也。周德雖衰，天命未改。鼎之輕重，未可問也。」楚王乃歸。〔一三〕

〔一〕【集解】服虔曰：「陸渾戎在洛西南。」【正義】允姓之戎，徙居陸渾。【考證】陸渾故城在河南河南府嵩縣。

〔二〕【集解】服虔曰：「觀兵，陳兵示周也。」

〔三〕【集解】服虔曰：「以郊勞禮迎之也。」

〔四〕【集解】杜預曰：「示欲偪周取天下。」

〔五〕【正義】喙，許衛反。凡戟有鉤。喙，鉤口之尖也。言楚國戟之鉤口尖有折者足以爲鼎，言鼎之易得也。【考證】馬驌曰：問鼎亦窺之漸，故王孫滿阻之甚力耳。至折鉤之語，恐是太史公所增。龜井昱曰：陳大軍以耀威武，莊王之豪氣可想。史遷折鉤之言，必有所傳。周白駒曰：無阻，猶勿恃也。中井積德曰：戈戟，鉤兵也，此鉤即戈戟之大名也。喙者，戈戟之末尖如喙。足爲鼎，謂楚國之大，兵甲之多也，且鼎不足貴耳。

〔六〕【集解】服虔曰：「使九州之牧貢金。」

〔七〕【集解】賈逵曰：「象所圖物，著之於鼎。」

〔八〕【集解】杜預曰：「圖鬼神百物之形，使民逆備之也。」

〔九〕【集解】賈逵曰：「載，辭也。祀，年也。商曰祀。」王肅曰：「載祀者，猶言年也。」【考證】載亦年也。爾雅釋天云「載，歲也。夏曰歲，商曰祀，周曰年，唐虞曰載」。王說甚是。賈逵以爲辭，非。

〔一〇〕【集解】杜預曰：「不可遷。」

〔一一〕【集解】杜預曰：「言可移。」

〔一二〕【集解】杜預曰：「郟鄏，今河南也。河南縣西有郟鄏陌。武王遷之，成王定之。」【索隱】按周書，郟，雒北山名，音甲。鄏，謂田厚鄏，故以名焉。

〔一三〕【考證】宣三年左傳。莊王言，未知其所本。

九年，相若敖氏。〔一〕人或讒之王，恐誅，反攻王，王擊滅若敖氏之族。〔二〕十三年，滅舒。〔三〕

〔一〕【集解】左傳曰子越椒。

〔二〕【考證】宣四年左傳。梁玉繩曰：左傳越椒殺司馬蔿賈因而攻王，非畏讒而反也。

〔三〕【集解】杜預曰：「廬江六縣東有舒城也。」【考證】年表「舒」下有「蓼」字。宣八年左傳云「楚爲衆舒叛，故伐舒蓼，滅之」。衆舒猶言羣舒，舒蓼即羣舒之一，與穆四年所滅蓼自別，故此止曰舒。

十六年，伐陳，殺夏徵舒。徵舒弑其君，故誅之也。已破陳，即縣之。羣臣皆賀，申叔時使齊來，不賀。王問，對曰：「鄙語曰，牽牛徑人田，田主取其牛。徑者則不直矣，取之牛，不亦甚乎？且王以陳之亂而率諸侯伐之，以義伐之而貪其縣，亦何以復令於天下！」莊王乃復國陳後。〔一〕

〔一〕【考證】宣十一年左傳。古鈔本無「後」字，爲是。史公自敍云「乃復國陳」可證。

十七年春，楚莊王圍鄭，三月克之。入自皇門，〔一〕鄭伯肉袒，牽羊以逆，〔二〕曰：「孤不天，不能事君，君用懷怒，以及敝邑，孤之罪也。敢不惟命是聽！〔三〕賓之南海，〔四〕若以臣妾賜諸侯，亦惟命是聽。〔五〕若君不忘厲、宣、桓、武，〔六〕不絶其社稷，使改事君，孤之願也，非所敢望也。敢布腹心。」楚羣臣曰：「王勿許。」莊王曰：「其君能下人，必能信用其民，〔七〕庸可絶乎！」莊王自手旗，左右麾軍引兵去，〔八〕三十里而舍，遂許之平。〔九〕潘尫入盟，子良出質。〔一〇〕夏六月，晉救鄭，與楚戰，大敗晉師河上，遂至衡雍而歸。〔一一〕

〔一〕【集解】賈逵曰：「鄭城門。」何休曰：「郭門也。」

〔二〕【集解】賈逵曰：「肉袒牽羊，示服爲臣隸也。」【考證】肉袒，受刑之義。牽羊，示爲臣隸。

〔三〕【考證】杜預曰：「不天，不爲天所佑。」

〔四〕【考證】賓，左傳作「實」。錢大昕曰：賓讀曰擯。

〔五〕【考證】若猶或也。

〔六〕【集解】杜預曰：「周厲王、宣王，鄭之所自出也。鄭桓公、武公，始封之賢君也。」

〔七〕【考證】竹添光鴻曰：猶云必能誠信以用其國之民矣。

〔八〕【考證】十二字以公羊傳補。

〔九〕【集解】杜預曰：「退一舍而禮鄭。」【考證】此退城下而盟也。宣十五年左傳云宋華元曰「敝邑易子而食，析骸而爨。雖然，城下之盟，有以國斃不能從也。去我三十里，唯命是聽」。

〔一〇〕【集解】潘尫，楚大夫。子良，鄭伯弟。

〔一一〕【考證】「十七年春」以下，宣十二年左傳。衡雍，河南懷慶府原武縣西北。

二十年，圍宋，以殺楚使也。〔一〕圍宋五月，〔二〕城中食盡，易子而食，析骨而炊。宋華元出告以情。莊王曰：「君子哉！」遂罷兵去。〔三〕

〔一〕【索隱】左傳宣十四年「楚子使申舟聘于齊曰：『無假道于宋。』華元曰：『過我而不假道，鄙我也。鄙我，亡也；殺其使者必伐我，伐我亦亡也。亡一也。』乃殺之。楚子聞之，投袂而起。九月圍宋」是也。【考證】楓山本「也」上有「故」字。

〔二〕【考證】「五月」當作「九月」，說在宋世家。

〔三〕【考證】宣十五年左傳。梁玉繩曰：「『莊王曰君子哉』，此史公隱括其事而爲言，猶宋世家云『誠哉言也』，非莊王有是語。」

二十三年，莊王卒，〔一〕子共王審立。〔二〕

〔二〕【考證】宣十八年春秋經傳。

〔三〕【考證】晉語「審」作「葴」。

共王十六年，晉伐鄭。鄭告急，共王救鄭，與晉兵戰鄢陵，〔一〕晉敗楚，射中共王目。共王召將軍子反。子反嗜酒，從者豎陽穀進酒，醉。王怒，射殺子反，遂罷兵歸。〔二〕

〔一〕【考證】河南開封府鄢陵縣。

〔二〕【考證】「晉伐鄭」以下，成十六年左傳。「陽穀」當作「穀陽」。子反自殺，非共王射殺也。中井積德曰：「射」字疑衍。

三十一年，共王卒，〔一〕子康王招立。康王立十五年卒，〔二〕子員立，是爲郟敖。〔三〕

〔一〕【考證】襄十三年春秋經傳。

〔二〕【考證】襄二十八年春秋經傳。春秋「招」作「昭」。

〔三〕【索隱】員，音雲。左傳作「麏」。

康王寵弟公子圍、〔一〕子比、子晳、弃疾。〔二〕郟敖三年，以其季父康王弟公子圍爲令尹，主兵事。〔三〕四年，圍使鄭，道聞王疾而還。十二月己酉，圍入問王疾，絞而弒之，〔四〕遂殺其子莫及平夏。使使赴於鄭。伍舉問曰：「誰爲後？」〔五〕對曰：「寡大夫圍。」伍舉更曰：「共王之子圍爲長。」〔六〕子比奔晉，而圍立，是爲靈王。〔七〕

〔一〕【集解】徐廣曰：「史記『多』作『回』。」

〔二〕【考證】中井積德曰：稱公子比、公子黑肱可也，稱子干、子晳可也。名與名連，字與字連，左傳可徵。史每稱子比、子晳，失稱謂之正。

〔三〕【考證】襄二十九年左傳。梁玉繩曰：圍爲令尹在元年，此與表誤在三年。

〔四〕【集解】荀卿曰：「以冠纓絞之。」左傳曰：「葬王于郟，謂之郟敖。」【考證】楚人謂未成君而死者爲敖。此已立三年，非未成君者。其稱郟敖，以無謚號也。

〔五〕【集解】服虔曰：「問來赴者。」【考證】中井積德曰：圍也使鄭，舉爲介。圍之還，舉遂聘，故是時在鄭矣。又曰：左傳曰「伍舉問應爲後之辭」，舉更爲後之辭而已，非改其他。

〔六〕【集解】杜預曰：「伍舉更赴辭，使從禮告，終稱嗣，不以篡弒赴諸侯。」【考證】竹添光鴻曰：稱寡大夫，便見臣不可以繼君。說共王之子年最長，便見弟可以繼兄，巧于彌縫。

〔七〕【考證】「圍使鄭」以下，昭元年左傳。

靈王三年六月，楚使使告晉，欲會諸侯。諸侯皆會楚于申。〔一〕伍舉曰：「昔夏啓有鈞臺之饗，〔二〕商湯有景亳之命，周武王有盟津之誓，成王有岐陽之蒐，〔三〕康王有豐宮之朝，〔四〕穆王有塗山之會，齊桓有召陵之師，晉文有踐土之盟，君其何用？」靈王曰：「用桓公。」〔五〕時鄭子產在焉。於是晉、宋、魯、衛不往。〔六〕靈王已盟，有驕色。伍舉曰：「桀爲有仍之會，有緡叛之。〔七〕紂爲黎山之會，東夷叛之。〔八〕幽王爲太室之盟，戎、翟叛之。〔九〕君其慎終！」

〔一〕【考證】杜預曰：「楚靈王始合諸侯也。」梁玉繩曰：申，楚地。表云「合諸侯於宋地」，誤。

〔二〕【集解】杜預曰：「河南陽翟縣南有鈞臺陂。」

〔三〕【集解】賈逵曰：「岐山之陽。」

〔四〕【集解】服虔曰：「豐宮，成王廟所在也。」杜預曰：「豐在始平鄠縣東，有靈臺，康王於是朝諸侯。」

〔五〕【集解】杜預曰：「用會召陵之禮也。」

〔六〕【考證】梁玉繩曰：左傳申之會不往者，魯、衛、曹、邾四國也，史于表改四國爲三，于世家改曹、邾爲晉、宋，妄已。沈家本曰：「晉宋」疑「曹邾」之譌。

〔七〕【集解】賈逵曰：「仍、緡，國名也。」

〔八〕【集解】服虔曰：「黎，東夷國名也，子姓。」

〔九〕【集解】杜預曰：「太室，中嶽也。」

七月，楚以諸侯兵伐吴，圍朱方。八月，克之，〔一〕囚慶封，滅其族，以封徇曰：「無效齊慶封弒其君而弱其孤，以盟諸大夫！」〔二〕封反曰：「莫如楚共王庶子圍弒其君兄之子員而代之立！」〔三〕於是靈王使弃疾殺之。〔四〕

〔一〕【考證】襄二十八年左傳云慶封奔吴，吴予之朱方。

〔二〕【集解】杜預曰：「齊崔杼弒其君，慶封其黨，故以弒君之罪責之也。」

〔三〕【集解】穀梁傳曰：「軍人粲然皆笑。」【考證】中井積德曰：莫，當作「無」，左傳可徵，上文可例。

〔四〕【考證】以上昭四年左傳。中井積德曰：「弃」字疑衍。疾，速也。左傳作「使速殺之」。愚按：錢大昕説同。

七年，就章華臺，〔一〕下令內亡人實之。〔二〕

〔一〕【集解】杜預曰：「南郡華容縣有臺，在城內。」

〔二〕【考證】昭七年左傳。事在楚靈六年。

八年，使公子弃疾將兵滅陳。〔一〕十年，召蔡侯，醉而殺之。使弃疾定蔡，因爲陳蔡公。〔二〕

〔一〕【考證】昭八年春秋經傳。年在楚靈七年。

〔二〕【考證】昭十一年左傳。左傳云三月丙申，醉而執之，夏四月丁巳殺之。中井積德曰：「陳蔡」之「陳」疑衍。據左傳爲陳公者，別有穿封戌焉。

十一年，伐徐以恐吳。〔一〕靈王次於乾谿以待之。〔二〕王曰：「齊、晉、魯、衛，其封皆受寶器，我獨不。今吾使使周求鼎以爲分，其予我乎？」〔三〕析父對曰：「其予君王哉！〔四〕昔我先王熊繹，辟在荆山，華露藍蔞，〔五〕以處草莽，跋涉山林，以事天子，〔六〕唯是桃弧棘矢，以共王事。〔七〕齊，王舅也；〔八〕晉及魯、衛，王母弟也：楚是以無分，而彼皆有。周今與四國服事君王，將惟命是從，豈敢愛鼎？」靈王曰：「昔我皇祖伯父昆吾，舊許是宅，〔九〕今鄭人貪其田，不我予，今我求之，其予我乎？」對曰：「周不愛鼎，鄭安敢愛田？」靈王曰：「昔諸侯遠我而畏晉，〔一〇〕今吾大城陳、蔡、不羹，〔一一〕賦皆千乘，諸侯畏我乎？」對曰：「畏哉！」靈王喜曰：「析父善言古事焉。」〔一二〕

〔一〕【集解】左傳曰使蕩侯等圍徐。【考證】徐，吳與國。

〔二〕【考證】乾谿，今安徽潁州府亳州東南。

〔三〕【集解】服虔曰：「有功德，受分器。」

〔四〕【集解】賈逵曰：「析父，楚大夫。」【索隱】據左氏，此是右尹子革之詞，史蓋誤也。

〔五〕【集解】徐廣曰：「華，一作『暴』。」駰案：服虔曰「華露，柴車，素木輅也。藍蔞，言衣敝壞，其蔞藍藍然也」。

【考證】左傳作「篳路藍縷」。篳如「篳門」之「篳」，荆竹也。篳路，以荆竹編車也。藍，所以染青也。縷，絲也。以藍染絲，織以爲衣，不用文采而用青衣，儉之至也。

〔六〕【集解】服虔曰：「草行曰跋，水行曰涉。」【考證】楓山、三條本「山林」作「山川」。

〔七〕【集解】服虔曰：桃弧棘矢，所以禦其災。言楚地山林，無所出也。【考證】桃，非「桃茢」之「桃」。竹添光鴻曰：貢任其土所産，不嫌粗薄，亦見楚祖先立國之瑣微。共，供也。

〔八〕【集解】服虔曰：「齊吕伋，成王之舅。」

〔九〕【集解】服虔曰：「陸終氏六子，長曰昆吾，少曰季連。季連，楚之祖，故謂昆吾爲伯父也。昆吾曾居許地，故曰舊許是宅。」【考證】孔穎達曰：許既南遷，故曰舊許，今屬鄭。龜井昱曰：靈王欲取周鼎爲分器，既是大奇；又欲追虞、夏以前舊宅，白手割取人之國，更大奇矣。

〔一〇〕【考證】龜井昱曰：遠我，以我爲僻遠也。

〔一一〕【集解】韋昭曰：「二國，楚别都也。潁川定陵有東不羹，襄城有西不羹。」【正義】括地志云：「不羹故城，在許州襄城縣東三十里。地理志云此乃西不羹者也。」

〔一二〕【正義】左傳昭十二年，析父謂子革曰：「吾子楚國之望也，今與王言如響，國其若之何？」杜預曰：「譏其順王心如響應聲也。」按：此對王言，是子革之辭，太史公云析父，誤也。析父時爲王僕，見子革對，故歎也。【考證】以上本昭十二年左傳而誤以子革爲析父，又删去析父規子革語，謂王喜析父善言古事，訛謬亦甚。

十二年春，楚靈王樂乾谿，不能去也。國人苦役。初，靈王會兵於申，僇越大夫常壽過，〔一〕殺蔡大夫觀起。〔二〕起子從亡在吴，〔三〕乃勸吴王伐楚，爲閒越大夫常壽過而作亂，〔四〕爲吴閒使，矯公子弃疾命召公子比於晉，至蔡，與吴、越兵欲襲蔡。〔五〕令公子比見弃疾，與盟於鄧。〔六〕遂入殺靈王太子祿，立子比爲王，公子子晳爲令尹，弃疾爲司馬。先除王宮，觀從從師于乾谿，令楚衆曰：「國有王矣。先歸，復爵邑田室。後者遷之。」楚衆皆潰，去靈王而歸。

〔一〕【索隱】僇，辱也。【正義】姓常，名壽過。

〔二〕【索隱】觀，音官。觀姓，起名。

〔三〕【索隱】從，音才松反。

〔四〕【考證】「爲」字疑衍。左傳「閒」作「啓」。啓，開也，導也。閒，疑「開」之訛。

〔五〕【考證】梁玉繩曰：案左襄廿二、昭十三傳，觀起爲令尹子南之寵人，非爲蔡大夫也。康王車裂，非靈王殺于申之會也。起子從在蔡事蔡朝吳，非亡在吳國也。先是薳、許、蔡、蔓四族，開常壽過作亂，非觀起爲閒也。起召公子比、公子黑肱襲蔡，非使吳、越召之也，非欲與吳、越也。蓋其時吳未嘗伐楚，何勸之有？何閒之有？而襲蔡無吳、越，亦何緣合其兵？豈因昭十三年傳下文吳獲楚五帥，又滅州來而誤說之歟？沈家本曰：按左傳，時越大夫常壽過作亂，非越兵。吳方與楚相距於乾谿，其無吳更明。

〔六〕【集解】杜預曰：「潁川邵陵縣西有鄧城。」【正義】括地志云：「故鄧城在豫州郾城縣東三十五里。」按：在古召陵縣西十里也。

靈王聞太子祿之死也，自投車下，而曰：「人之愛子，亦如是乎？」〔一〕侍者曰：「甚是。」王曰：「余殺人之子多矣，能無及此乎？」右尹曰：〔二〕「請待於郊以聽國人。」〔三〕王曰：「衆怒不可犯。」曰：「且入大縣，而乞師於諸侯。」王曰：「皆叛矣。」又曰：「且奔諸侯，以聽大國之慮。」王曰：「大福不再，祇取辱耳。」於是王乘舟將欲入鄢。〔四〕右尹度王不用其計，懼俱

死，亦去王亡。〔五〕

〔一〕【考證】龜井昱曰：自投於車下，顛墜而不自覺也，故曰「亦如余乎」。左傳哀二年，「太子懼，自投於車下，子良曰『婦人也』」。定三年，「滋怒，自投于牀，廢于鑪炭」。並情之所極，不覺自投身也。

〔二〕【集解】左傳曰「右尹子革」。

〔三〕【集解】服虔曰：「聽國人欲爲誰。」【考證】中井積德曰：是要國人之助之意。

〔四〕【集解】服虔曰：「鄢，楚別都也。」杜預曰：「襄陽宜城縣。」【正義】音偃。括地志云：「故鄢城在襄州安養縣北三里，在襄州北五里南，去荆州二百五十里。」按：王自夏口從漢水上入鄢也。左傳云「王沿夏將欲入鄢」是也。括地志云：「鄢水源出襄州義清縣西界託仗山。水經云蠻水即鄢水是也。」

〔五〕【考證】「令公子比」以下，昭十三年左傳。

靈王於是獨傍偟山中，野人莫敢入王。王行遇其故鋗人，〔一〕謂曰：「爲我求食，我已不食三日矣。」鋗人曰：「新王下法，有敢饟王從王者，罪及三族，且又無所得食。」王因枕其股而臥。鋗人又以土自代，逃去。王覺而弗見，遂飢弗能起。〔二〕芋尹申無宇之子申亥曰：「吾父再犯王命，〔三〕王弗誅，恩孰大焉！」乃求王，遇王飢於釐澤，奉之以歸。〔四〕夏五月癸丑，王死申亥家，〔五〕申亥以二女從死，并葬之。

〔一〕【集解】韋昭曰：「今之中涓也。」【考證】吳語作「涓人」。涓，潔也。主潔清灑掃之事，褻近左右也。

〔二〕【考證】以上本國語吳語。是時疑無三族之刑。

〔三〕【集解】服虔曰：「斷王旌，執人於章華之宫。」【正義】芋尹，種芋園之尹也。

〔四〕【正義】釐澤，上力其反。左傳云「乃求之遇諸棘闈以歸」。杜預曰「棘，里名。闈，門也」。【考證】左傳、吳語

「釐澤」作「棘圍」。

〔五〕【正義】左傳云「夏五月癸亥，王縊于芋尹申亥」是也。

是時楚國雖已立比爲王，畏靈王復來，又不聞靈王死，故觀從謂初王比曰：「不殺弃疾，雖得國猶受禍。」〔一〕王曰：「余不忍。」從曰：「人將忍王。」王不聽，乃去。弃疾歸。〔二〕國人每夜驚曰：「靈王入矣！」乙卯夜，弃疾使船人從江上走呼曰：「靈王至矣！」國人愈驚。〔三〕又使曼成然告初王比及令尹子晳曰：「王至矣！國人將殺君，司馬將至矣！〔四〕君蚤自圖，無取辱焉。衆怒如水火，不可救也。」初王及子晳遂自殺。丙辰，弃疾即位爲王，改名熊居，是爲平王。

〔一〕【考證】中井積德曰：比無謚，故以「初王」稱之。

〔二〕【考證】中井積德曰：「弃疾歸」三字無所屬，疑衍文。

〔三〕【正義】江上，即江邊也。【考證】陳仁錫曰：「靈王入矣」、「靈王至矣」，二「靈」字當削。愚按：左傳無。

〔四〕【集解】杜預曰：「司馬，謂弃疾。」【考證】左傳「人」下無「將」字，此衍。言國人既殺君之司馬弃疾，將來殺君。

平王以詐弒兩王而自立，〔一〕恐國人及諸侯叛之，乃施惠百姓，復陳、蔡之地，而立其後如故，歸鄭之侵地，〔二〕存恤國中，修政教。吳以楚亂故，獲五率以歸。〔三〕平王謂觀從：「恣爾所欲。」欲爲卜尹，王許之。〔四〕

〔一〕【正義】兩王，謂靈王及子比也。

〔二〕【考證】左傳云「使枝如子躬聘于鄭，且致犨、櫟之田。事畢弗致」。

〔三〕【集解】服虔曰：「五率，蕩侯、潘子、司馬督、囂尹午、陵尹喜。」【正義】率，所類反。五帥謂伐徐時蕩侯等五大夫也。「督」作「裻」，音督。

〔四〕【集解】賈逵曰：「卜尹，卜師，大夫官。」

初，共王有寵子五人，無適立，乃望祭羣神，請神決之，使主社稷。而陰與巴姬埋璧於室內，〔一〕召五公子，齋而入。康王跨之，〔二〕靈王肘加之，〔三〕子比、子皙皆遠之。平王幼，抱而入，再拜壓紐。〔四〕故康王以長立，至其子失之；圍爲靈王，及身而弑；子比爲王十餘日，子皙不得立，又俱誅。四子皆絶無後。唯獨弃疾後立爲平王，竟續楚祀，如其神符。〔五〕

〔一〕【集解】賈逵曰：「共王妾。」【正義】左傳云：「埋璧於太室之庭。」杜預曰：「太室，祖廟也。」【考證】左傳云祈曰「請神擇於五人者，使主社稷」，「當璧而拜者神所立也」。

〔二〕【集解】服虔曰：「兩足各跨璧一邊。」杜預曰：「過其上。」【考證】龜井昱曰：「服說爲長。足跨之，故傳位至子。手過之，故郟敖不終。若跨而過上，遠於肘加焉。」

〔三〕【考證】龜井昱曰：「說文『肘，臂節也』。蓋張肱而拜，其臂節張而及璧上歟？

〔四〕【考證】「芊尹申無宇之子」以下，昭十三年左傳。楓山、三條本、宋本「抱而入再拜」作「抱其上而拜」，左傳「厭」上有「皆」字。龜井昱曰：厭紐，當璧也。紐，系也。小兒拜起，傾仄無常，而再拜再厭，故曰皆。世家去「皆」字，抉龍眼耳。

〔五〕【考證】以上，史公以意補。

初，子比自晉歸，韓宣子問叔向曰：「子比其濟乎？」對曰：「不就。」宣子曰：「同惡相求，如市賈焉，〔一〕何爲不就？」〔二〕對曰：「無與同好，誰與同惡？〔三〕取國有五難：有寵無人，一也；〔四〕有人無主，二也；〔五〕有主無謀，三也；〔六〕有謀而無民，四也；〔七〕有民而無德，五也。〔八〕子比在晉十三年矣，晉、楚之從不聞通者，可謂無人矣；〔九〕族盡親叛，可謂無主矣；〔一〇〕無釁而動，可謂無謀矣；〔一一〕爲羈終世，可謂無民矣；〔一二〕亡無愛徵，可謂無德矣。〔一三〕王虐而不忌，〔一四〕子比涉五難以弒君，誰能濟之！有楚國者，其弃疾乎！君陳、蔡，方城外屬焉。〔一五〕苛慝不作，〔一六〕盜賊伏隱，私欲不違，〔一七〕民無怨心。先神命之，〔一八〕國民信之。羋姓有亂，必季實立，楚之常也。〔一九〕子比之官，則右尹也；〔二〇〕數其貴寵，則庶子也；以神所命，則又遠之；民無懷焉，將何以立？」宣子曰：「齊桓、晉文不亦是乎？」〔二一〕對曰：「齊桓，衛姬之子也，有寵於釐公。有鮑叔牙、賓須無、隰朋以爲輔，〔二二〕有莒、衛以爲外主，〔二三〕有高、國以爲内主。〔二四〕從善如流，〔二五〕施惠不倦。有國，不亦宜乎？昔我文公，狐季姬之子也，有寵於獻公。好學不倦。〔二六〕生十七年，有士五人，〔二七〕有先大夫子餘、子犯以爲腹心，〔二八〕有魏犨、賈佗以爲股肱，有齊、宋、秦、楚以爲外主，〔二九〕有欒、郤、狐、先以爲内主。〔三〇〕亡十九年，守志彌篤。惠、懷弃民，〔三一〕民從而與之。〔三二〕故文公有國，不亦宜乎？子比無施於民，無援於外，去晉，晉不送；歸楚，楚不迎。何以有國！」子比果不終焉，卒立者弃疾，〔三三〕如叔向言也。〔三四〕

〔一〕【集解】服虔曰：「謂國人共惡靈王者，如市賈之人求利也。」【考證】傅遜曰：同惡相求，指當時同心造亂之人薳居、成然等。

〔二〕【考證】中井積德曰：濟、就，宜連用其一也。此出兩字，言不相應。

〔三〕【集解】服虔曰：「言無黨於內，當與誰共同好惡。」

〔四〕【集解】杜預曰：「寵須賢人而固。」【考證】寵，寵貴也。

〔五〕【集解】杜預曰：「雖有賢人，當須內主爲應。」

〔六〕【集解】杜預曰：「謀，策謀也。」

〔七〕【集解】杜預曰：「民，衆也。」

〔八〕【集解】杜預曰：「四者既備，當以德成之。」

〔九〕【集解】杜預曰：「晉、楚之士從子比游，皆非達人。」

〔一〇〕【集解】杜預曰：「無親族在楚。」【考證】中井積德曰：族盡親叛，言相離叛，或死亡，無同心者也。

〔一一〕【集解】服虔曰：「言靈王尚在，而妄動取國，故謂無謀。」

〔一二〕【集解】杜預曰：「終身羇客在於晉，是無民。」

〔一三〕【集解】杜預曰：「楚人無愛念者。」

〔一四〕【集解】杜預曰：「靈王暴虐，無所畏忌，將自亡。」【考證】中井積德曰：以靈王之虐，而無所忌惡於子干，則其人不足畏也可知矣。非語靈王將亡。

〔一五〕【正義】方城山，在許州葉縣西十八里也。

〔一六〕【考證】龜井昱曰：煩亂邪慝之事不生也。

〔一七〕【集解】服虔曰：「不以私欲違民心。」

〔一八〕【正義】謂埋璧之時也。【考證】龜井道載曰：先神，祖先之神也。

〔一九〕【考證】龜井昱曰：文元年左傳楚子上曰「楚國之舉，恒在少者」。楚之太祖季連是陸終六子之季也。「季紃是立」，出鄭語。武王，蚡冒弟。成王，堵敖弟。

〔二〇〕【考證】龜井昱曰：比君陳、蔡而威行方城外者，有間也。晉語以子干爲上大夫。

〔二一〕【集解】服虔曰：「皆庶子而出奔。」

〔二二〕【考證】古鈔本「須」作「胥」，左傳作「須」。

〔二三〕【集解】賈逵曰：「齊桓出奔莒，自莒先入，衛人助之。」

〔二四〕【集解】服虔曰：「國子、高子皆齊之正卿。」

〔二五〕【集解】服虔曰：「言其疾。」

〔二六〕【考證】左傳「倦」作「貳」。

〔二七〕【考證】杜預曰：狐偃、趙衰、顛頡、魏武子、司空季子。

〔二八〕【集解】賈逵曰：「子餘，趙衰。」【正義】子餘，趙衰。子犯，狐偃也。

〔二九〕【集解】賈逵曰：「齊以女妻之，宋贈之馬，楚享以九獻，秦送內之。」

〔三〇〕【集解】賈逵曰：「四姓，晉大夫。」【正義】杜預云：「謂欒枝、郤縠、狐突、先軫也。」

〔三一〕【集解】服虔曰：「皆弃民不恤。」

〔三二〕【正義】以惠、懷弃民，故民相從而歸心於文公。

〔三三〕【正義】左傳云：「獲神一也，有民二也，令德三也，寵貴四也，居常五也。有五利以去五難，誰能害之。」杜預云：「獲神，當璧拜也；有民，民信也；令德，無苛慝也；寵貴，妃子也；居常，弃疾季也。」

〔三四〕【考證】「初子比自晉歸」以下，昭十三年左傳。

平王二年，〔一〕使費無忌如秦爲太子建取婦，〔二〕婦好，來未至，無忌先歸，說平王曰：「秦女好，可自娶，爲太子更求。」平王聽之，卒自娶秦女，〔三〕生熊珍。〔四〕更爲太子娶。是時伍奢爲太子太傅，無忌爲少傅。無忌無寵於太子，常讒惡太子建。〔五〕建時年十五矣，其母蔡女也，〔六〕無寵於王，王稍益疏外建也。

〔一〕【考證】二年，當作「六年」。下文「六年」當删。

〔二〕【集解】服虔曰：「費無忌，楚大夫。」【索隱】左傳作「無極」。極、忌聲相近。【正義】左傳云：「楚子之在蔡也，郹陽之女奔之，生太子建。」杜預云：「郹，蔡邑也。」郹，古覓反。

〔三〕【考證】以上昭十九年左傳。

〔四〕【考證】錢大昕曰：春秋「珍」作「軫」。伍子胥傳亦作「軫」。

〔五〕【考證】「更爲太子」以下，昭十九年左傳。左傳作「奢爲師，無極爲少師」。

〔六〕【考證】與左傳異。

六年，使太子建居城父，守邊。〔一〕無忌又日夜讒太子建於王曰：「自無忌入秦女，太子怨，亦不能無望於王，王少自備焉。〔二〕且太子居城父，擅兵，外交諸侯，且欲入矣。」平王召其傅伍奢責之。伍奢知無忌讒，乃曰：「王柰何以小臣疏骨肉？」無忌曰：「今不制，後悔也。」於是王遂囚伍奢，而召其二子而告以免父死。〔三〕乃令司馬奮揚召太子建，欲誅之。太子聞之，亡奔宋。〔四〕

〔一〕【集解】服虔曰：「城父，楚北境邑。」杜預曰：「襄城城父縣。」【正義】父，音甫。括地志云：「城父故城，在許州葉縣東北四十五里，即杜預云襄城城父縣也。又許州襄城縣東四十里亦有父城故城一所，服虔云『城父楚北境』，乃是父城之名，非建所守。杜預云（言）成父，又誤也。傳及酈元水經注云『楚大城城父，使太子建居之』，即十三州志云太子建所居城父，謂今亳州城父縣也。」按：今亳州見有城父縣，是建所守者也。地理志云潁川有父城縣，沛郡有城父縣，此二名別耳。【考證】「使太子居城父」，昭十九年左傳。左傳云無極説楚王曰，太子通北方，王收南方，是得天下也。王説從之。城父故城在今河南汝州府寶豐縣。

〔二〕【考證】望，怨也。

〔三〕【考證】古鈔本「子」下無「而」字。中井積德曰：「而召」至「父死」十一字當爲衍文。張文虎説同。

〔四〕【考證】沈家本曰：表在七年。

無忌曰：「伍奢有二子，不殺者爲楚國患。盍以免其父召之，必至。」〔一〕於是王使使謂奢：「能致二子則生，不能將死。」奢曰：「尚至，胥不至。」〔二〕王曰：「何也？」奢曰：「尚之爲人廉，死節，慈孝而仁，聞召而免父，必至，不顧其死。胥之爲人，智而好謀，勇而矜功，知來必死，必不來。然爲楚國憂者，必此子。」〔三〕於是王使人召之曰：「來，吾免爾父。」伍尚謂伍胥曰：「聞父免而莫奔，不孝也；父戮莫報，無謀也；度能任事，知也。子其行矣，我其歸死。」伍尚遂歸。〔四〕伍胥彎弓屬矢，出見使者曰：「父有罪，何以召其子爲？」將射，使者還走，〔五〕遂出奔吳。伍奢聞之曰：「胥亡，楚國危哉。」楚人遂殺伍奢及尚。〔六〕

〔一〕【考證】「無忌又日夜讒太子」以下本昭二十年左傳。

〔二〕【正義】左傳云伍尚爲棠君。括地志云：「揚州六合縣，本春秋時棠邑，伍尚爲大夫也。」

〔三〕【考證】「於是王使使謂奢」以下，史公以意補，左傳少異。

〔四〕【考證】「於是」以下，昭二十年左傳。

〔五〕【考證】左傳無此事。

〔六〕【考證】「遂出奔吴」以下，昭二十年左傳。

十年，楚太子建母在居巢，開吴。〔一〕吴使公子光伐楚，遂敗陳、蔡，取太子建母而去。〔二〕楚恐，城郢。〔三〕初，吴之邊邑卑梁與楚邊邑鍾離小童争桑，〔四〕兩家交怒相攻，滅卑梁人。卑梁大夫怒，發邑兵攻鍾離。楚王聞之怒，發國兵滅卑梁。吴王聞之大怒，亦發兵，使公子光因建母家攻楚，遂滅鍾離、居巢。〔五〕楚乃恐而城郢。〔六〕

〔一〕【正義】廬州巢縣是也。【考證】梁玉繩曰：昭二十三年左傳建母在郹，此與吴世家同誤。

〔二〕【考證】梁玉繩曰：左傳吴取建母在冬十月，敗陳、蔡，乃雞父之役，在秋七月。史公誤合爲一。又吴敗頓、胡、沈、蔡、陳、許，并楚爲七，故公子光曰「七國同役」。此與吴世家止言陳、蔡，亦疏。

〔三〕【正義】在江陵縣東北六里，已解於前。按：傳城郢在昭公二十三年，下重言「城郢」。杜預云「楚用子囊遺言，以築郢城矣，今畏吴復修以自固也」。

〔四〕【正義】卑梁邑近鍾離也。【考證】王念孫曰：太平御覽引此，「卑梁」下有「女」字是也。吴世家云「楚邊邑卑梁氏之處女，與吴之邊邑之女争桑」。伍子胥傳亦云「兩女子争桑」。梁玉繩曰：諸處皆言是女子，獨此改稱小童，恐非。

〔五〕【考證】沈家本曰：表在十一年，與春秋合。

〔六〕【索隱】去年已城郢，今又重言。據左氏昭二十三年城郢，二十四年無重城郢之文，是史記誤也。【考證】張照曰：是申上文城郢之故，非此復城郢也。史原不誤。索隱、正義兩家失之。梁玉繩曰：城郢在滅二邑前一年，非因滅邑而後城郢，亦非因建母家，是史之誤耳。其所以誤者，蓋以建母之在鄖爲在巢，遂以十年吳入鄖爲十一年之滅二邑矣。左昭廿四傳楚爲舟師以略吳疆，吳踵楚滅二邑。史言釁起爭桑，必兩事俱有也。

十三年，平王卒。將軍子常曰：「太子珍少，且其母乃前太子建所當娶也。」〔一〕欲立令尹子西。子西，平王之庶弟也，有義。〔二〕子西曰：「國有常法，更立則亂，言之則致誅。」乃立太子珍，是爲昭王。〔三〕

〔一〕【考證】張照曰：太子珍，左傳作「太子壬」，國語及越世家又作「軫」。愚按：春秋及伍子胥傳亦作「軫」。

〔二〕【考證】中井積德曰：是時子常爲令尹，而子西非令尹，蓋史之誤耳。下文「令尹子常」是矣。凡令尹、司馬之類，史記則稱「將軍」，是後世之語，非當時之稱，皆非。梁玉繩曰：杜預云「子西，平王之長庶」，韋昭云「子西，平王之子，昭王之庶兄公子申」。此以爲平王庶弟，下文又云昭王弟，舛矣。

〔三〕【考證】「平王卒」以下，昭二十六年左傳。

昭王元年，楚衆不說費無忌，以其讒亡太子建，殺伍奢子父與郤宛。〔一〕宛之宗姓伯氏子嚭〔二〕及子胥皆奔吳，吳兵數侵楚，楚人怨無忌甚。楚令尹子常誅無忌以說衆，衆乃喜。〔三〕

〔一〕【考證】張文虎曰：游、王、柯、凌本「父」作「尚」。

〔二〕【考證】梁玉繩曰：郤宛與伯氏不同族。愚按：定四年左傳云「楚之殺郤宛也，伯氏之族出，伯州犂之孫嚭爲吳大宰以謀楚」。杜注「郤宛，黨也」。

〔三〕【正義】名瓦。左傳云「囊瓦伐吳」。【考證】「楚衆不説費無忌」以下本昭二十七年左傳。

四年，吳三公子奔楚，〔一〕楚封之以扞吳。〔二〕五年，吳伐取楚之六、潛。〔三〕七年，楚使子常伐吳，吳大敗楚於豫章。〔四〕

〔一〕【索隱】昭三十年，二公子奔楚，公子掩餘奔徐，公子燭庸奔鍾離。此言三公子，非也。【考證】古鈔本「三」作「二」。愚按：年表亦作「二」。又按：昭三十年云云「索隱」，各本作「集解」，今從索隱單本。又按：據左傳，昭二十七年，掩餘奔徐，燭庸奔鍾吾。三十年，吳子使執之，二公子奔楚，楚子大封，而定其徙。索隱不備。

〔二〕【考證】以上昭三十年左傳。

〔三〕【正義】故六城在壽州安豐縣南百三十二里，偃姓，皋陶之後所封也。灊城，楚之灊邑，在霍山縣東二百步。【考證】昭三十一年左傳。

〔四〕【正義】今洪州也。【考證】張照曰：左傳魯定二年秋，楚伐吳于豫章，是年楚昭之八年也。

十年冬，吳王闔閭、伍子胥、伯嚭與唐、蔡俱伐楚，楚大敗，吳兵遂入郢，辱平王之墓，以伍子胥故也。〔一〕吳兵之來，楚使子常以兵迎之，夾漢水陣。吳伐敗子常，子常亡奔鄭。楚兵走，吳乘勝逐之，五戰及郢。己卯，昭王出奔。庚辰，吳人入郢。〔二〕

〔一〕【考證】「辱平王之墓」本于定五年穀梁傳、呂氏春秋首時篇、賈子新書耳痺篇、淮南子泰族訓。左氏不載。

〔二〕【集解】春秋云「十一月庚辰」。【考證】梁玉繩曰：「己卯」上缺書「十一月」。

昭王亡也，至雲夢。〔一〕雲夢不知其王也，射傷王。〔二〕王走鄖。〔三〕鄖公之弟懷曰：「平王殺吾父，〔四〕今我殺其子，不亦可乎？」鄖公止之，然恐其弒昭王，乃與王出奔隨。〔五〕吳王聞昭王往，即進擊隨，謂隨人曰：「周之子孫封於江、漢之閒者，楚盡滅之。」〔六〕欲殺昭王。王從臣子綦乃深匿王，自以爲王，〔七〕謂隨人曰：「以我予吴。」隨人卜予吴，不吉，乃謝吴王曰：「昭王亡，不在隨。」〔八〕吴請入自索之，〔九〕隨不聽，吴亦罷去。

〔一〕【正義】括地志云「雲夢澤，在安州安陸縣東南五十里」是。【考證】李笠曰：也，疑即「亡」字之複衍。

〔二〕【考證】梁玉繩曰：案傳「以戈擊王，王孫由于以背受之，中肩」，非射傷王也。

〔三〕【正義】走，音奏。鄖，音云。括地志云：「安州安陸縣城，本春秋時鄖國城也。」

〔四〕【集解】服虔曰：「父曼成然。」【正義】成然立平王，貪求無厭，平王殺之。

〔五〕【正義】括地志云：「隨州城外，古隨國城。隨，姬姓也。」又云：「楚昭王城，在隨州縣北七里。左傳云『吴師入郢，王奔隨，隨人處之公宮之北』，即此城是也。」

〔六〕【考證】吴、隨皆與周同姓故云。

〔七〕【考證】左傳、國語「子綦」作「子期」。左傳云「子期似王」，杜注云「子期，昭王兄公子結也」。

〔八〕【考證】陳仁錫曰：「昭王」當作「楚王」。

〔九〕【考證】梁玉繩曰：左傳無此語，恐妄。

昭王之出郢也，使申包胥請救於秦。〔一〕秦以車五百乘救楚，〔二〕楚亦收餘散兵，與秦擊吴。十一年六月，敗吴於稷。〔三〕會吴王弟夫概見吴王兵傷敗，乃亡歸，自立爲王。闔閭聞之，引兵去楚，歸擊夫概。夫概敗，奔楚，楚封之堂谿，〔四〕號爲堂谿氏。

〔一〕【集解】服虔曰：「楚大夫王孫包胥。」【考證】申包胥，國策作「棼冒勃蘇」。棼冒即蚡冒，勃蘇即包胥。包胥蓋武王兄蚡冒之後，楚之公族，食邑於申，因以爲氏耳。

〔二〕【考證】左傳云昭王在隨，申包胥如秦乞師。據此包胥自請也。

〔三〕【集解】賈逵曰：「楚地也。」【考證】左傳云秦子蒲使楚人先與吳人戰，而自稷會之，大敗夫槩王于沂，與此異。

〔四〕【正義】地理志云：「堂谿故城，在豫州郾城縣西八十有五里也。」【考證】堂谿城在今汝寧府西平縣。

楚昭王滅唐。〔一〕九月，歸入郢。〔二〕十二年，吳復伐楚，取番。〔三〕楚恐，去郢，北徙都鄀。〔四〕

〔一〕【集解】杜預曰：「義陽安昌縣東南上唐鄉。」【正義】括地志云：「上唐鄉故城，在隨州棗陽縣東南百五十里，古之唐國也。世本云唐，姬姓之國。」【考證】唐，今湖北德安府隨州東南八十里唐城鎮。

〔二〕【考證】梁玉繩曰：左傳「九月」作「十月」。愚按：「十年冬」以下本定四年、五年左傳，但辱平王墓，以呂覽、穀梁傳補。

〔三〕【正義】片寒反，又音婆。括地志云：「饒州鄱陽縣，春秋時爲楚東境，秦爲番縣，屬九江郡，今爲鄱陽縣也。」【考證】定六年左傳云「吳太子終纍敗楚舟師，獲潘子臣、小惟子及大夫七人，楚國大惕，懼亡」。與此異。

〔四〕【正義】音若。括地志云：「楚昭王故城，在襄州樂鄉縣東北三十二里，在故都城東五里，即楚國故昭王徙都鄀城也。」【考證】定六年左傳云「遷郢於鄀」。龜井昱曰：楚之郢，猶晉之絳也。成六年左傳「晉人謀去故絳，新絳未定」。既稱故絳，此絳之名，通於所遷故也。今去郢北徙都鄀，又改鄀爲郢。鄀，今湖北襄陽府宜城縣東北九十里有鄀縣故城。郢本在江陵，吳以舟師泝江而上，一水可達。襄陽稍西北，吳既難犯，又居國上流，其勢易以制吳。

十六年，孔子相魯。〔一〕二十年，楚滅頓，〔二〕滅胡。〔三〕二十一年，吳王闔閭伐越。越王句

踐射傷吴王，遂死。吴由此怨越，而不西伐楚。〔四〕

〔一〕【考證】孔子相魯，誤，説在孔子世家。

〔二〕【集解】地理志曰：「汝南南頓縣，故頓子國。」【正義】括地志云：「陳州南頓縣，故頓子國。應劭云古頓子國，姬姓也，逼於陳，後南徙，故曰南頓也。」

〔三〕【集解】杜預曰：「汝南縣西北胡城。」【正義】括地志云：「故胡城在豫州郾城縣界。」【考證】張照曰：春秋經滅頓在魯定之十四年，滅胡在十五年。滅胡之年，于楚昭爲二十一年。年表同。此作二十年。竹添光鴻曰：楚之深仇者吴也，而吴强，楚不敢伐，以吴子入楚者蔡也。蔡猶足守國，亦未可伐。惟唐最弱，與吴入郢，即滅之。而頓，而胡，嘗與召陵之會者。故前年滅頓，今年滅胡。

〔四〕【考證】張照曰：左傳及吴世家吴王伐越而死，在魯定之十四年，于楚昭爲二十年。梁玉繩曰：「滅胡二十一年」，錯簡也。當作「二十一年滅胡」，而移于後文「不西伐楚」之下。又曰：定十四年左傳越大夫靈姑浮以戈擊闔閭，傷將指死，非句踐射傷之也。

二十七年春，吴伐陳，楚昭王救之，軍城父。十月，昭王病於軍中，〔一〕有赤雲如鳥，夾日而蜚。〔二〕昭王問周太史，太史曰：「是害於楚王，然可移於將相。」〔三〕將相聞是言，乃請自以身禱於神。昭王曰：「將相，孤之股肱也，今移禍，庸去是身乎！」〔四〕弗聽。卜而河爲（崇）〔祟〕，〔五〕大夫請禱河。昭王曰：「自吾先王受封，望不過江、漢，而河非所獲罪也。」〔六〕止不許。孔子在陳，聞是言，曰：「楚昭王通大道矣。其不失國，宜哉！」

〔一〕【考證】左傳「十月」作「七月」。

〔二〕【集解】杜預曰：「雲在楚上，惟楚見之。」【考證】左傳「有」上有「是歲也」三字。

〔三〕【考證】左傳「將相」作「令尹司馬」。

〔四〕【考證】禱於神，以身代之也。岡白駒曰：庸，焉也。股肱之禍，即身之禍也。愚按：左傳作「除腹心之疾，而寘諸股肱何益」。

〔五〕【考證】左傳「卜」上有「初昭王有疾」五字，「而」作「曰」。

〔六〕【集解】服虔曰：「謂所受王命祀其國中山川爲望。」【正義】按：江，荊州南大江也；漢，江也。二水，楚境内也。河，黄河，非楚境也。

昭王病甚，乃召諸公子大夫曰：「孤不佞，再辱楚國之師，今乃得以天壽終，孤之幸也。」〔一〕讓其弟公子申爲王，不可。又讓次弟公子結，亦不可。乃又讓次弟公子閭，五讓，乃後許爲王。〔二〕將戰，庚寅，昭王卒於軍中。子閭曰：「王病甚，舍其子讓羣臣，臣所以許王，以廣王意也。〔三〕今君王卒，臣豈敢忘君王之意乎！」〔四〕乃與子西、子綦謀，伏師閉塗，〔五〕迎越女之子章立之，〔六〕是爲惠王。然後罷兵歸，葬昭王。〔七〕

〔一〕【考證】「昭王病甚」以下三十二字，史公以意補。

〔二〕【考證】杜預曰：申，子西。結，子期。啓，子閭。皆昭王兄也。梁玉繩曰：史以爲弟，誤。

〔三〕【考證】文選司馬子長報任安書「欲以廣主上之意」，吕向注「廣猶開也」。

〔四〕【考證】左傳無此語，蓋史公以意補。

〔五〕【集解】徐廣曰：「塗，一作『壁』。」

〔六〕【集解】服虔曰：「閉塗，不通外使也。越女，昭王之妾。」【索隱】閉塗，即攢塗也。故下云惠王後即罷兵歸葬。服虔説非。【正義】左傳云「謀潛師閉塗」。按：潛師密發往迎也；閉塗，防斷外寇也。爲昭王薨於軍，嗣子未定，恐有鄰國及諸公子之變，故伏師閉塗，迎越女之子章立爲惠王也。

〔七〕【考證】「吳伐陳」以下本哀六年左傳。凌稚隆曰：昭王舍其子而讓弟，與宋宣公之讓同。然公子閭受讓而仍立其子，其與穆公既立而後傳位於姪以致十世不寧者，相去遠矣。

惠王二年，子西召故平王太子建之子勝於吳，以爲巢大夫，號曰白公。〔一〕白公好兵而下士，欲報仇。六年，白公請兵令尹子西伐鄭。〔二〕初，白公父建亡在鄭，鄭殺之，〔三〕白公亡走吳，子西復召之，故以此怨鄭，欲伐之。子西許而未爲發兵。〔四〕八年，晉伐鄭，鄭告急楚，楚使子西救鄭，受賂而去。白公勝怒，乃遂與勇力死士石乞等襲殺令尹子西、子綦於朝，〔五〕因劫惠王，置之高府，欲弒之。〔六〕惠王從者屈固負王亡走昭王夫人宮。〔七〕白公自立爲王。月餘，會葉公來救楚，楚惠王之徒與共攻白公，殺之。惠王乃復位。〔八〕是歲也，滅陳而縣之。〔九〕

〔一〕【集解】徐廣曰：「伍子胥傳曰使勝守楚之邊邑鄢。」駰案：服虔曰「白，邑名。楚邑大夫皆稱公」。杜預曰「汝陰褒信縣西南有白亭」。【正義】巢，今廬州居巢縣也。括地志云「白亭在豫州褒信東南三十二里。褒信本漢鄎縣之地，後漢分鄎置褒信縣，在今褒信縣東七十七里」。【考證】梁玉繩曰：白公之召，左傳追敘于哀十六年，莫知的在何時。此及表、伍子胥傳書于惠王二年，恐是意揣爾。

〔二〕【考證】梁玉繩曰：此事左傳在哀十六年，爲楚惠十年，蓋追敘也。此與年表在惠六年，不知何見。

〔三〕【考證】建以費無忌讒奔宋，又避華氏之亂于鄭，鄭人善之。建與晉謀襲鄭，鄭遂殺建。

〔四〕【考證】「子西召勝」以下本哀十六年左傳。

〔五〕【考證】梁玉繩曰：晉伐鄭，爲魯哀十五年，在惠王九年。此誤八年也。傳云「救鄭與之盟」，不得言受賂。而白公作亂在惠王十年，此亦誤在八年。子胥傳同誤。

〔六〕【集解】賈逵曰：「高府，府名也。」杜預曰：「楚別府。」【考證】高府，楚府庫之名，如魯有長府。

〔七〕【集解】服虔曰：「昭王夫人，惠王母，越女也。」【考證】負王者，左傳作圉公陽。

〔八〕【考證】「晉伐鄭」以下本哀十六年左傳。白公未嘗爲王。葉公，子高沈諸梁也。

〔九〕【集解】徐廣曰：「惠王之十年。」【考證】事見于左傳哀十七年，即楚惠十一年。徐說亦誤。

十三年，吳王夫差彊，陵齊、晉，來伐楚。〔一〕十六年，越滅吳。〔二〕四十二年，楚滅蔡。〔三〕四十四年，楚滅杞。〔四〕與秦平。〔五〕是時越已滅吳，而不能正江、淮北；楚東侵，廣地至泗上。〔六〕

〔一〕【考證】梁玉繩曰：左傳哀十九年止有越侵楚。此以爲吳事，與年表並誤。

〔二〕【正義】表云越滅吳在元王四年。【考證】哀二十二年左傳。

〔三〕【正義】周定王二十二年。

〔四〕【正義】周定王二十四年。

〔五〕【考證】徐孚遠曰：不言與秦惡，但言與秦平，記事亦疏。

〔六〕【正義】正，長也。江、淮北，謂廣陵縣，徐、泗等州是也。【考證】越世家亦云「以淮上地與楚」，「與魯泗東方百里」。

五十七年，惠王卒，子簡王中立。〔一〕

〔一〕【正義】中，音仲。

簡王元年，北伐滅莒。〔一〕八年，魏文侯、韓武子、趙桓子始列爲諸侯。〔二〕

〔一〕【正義】括地志云：「密州莒縣故莒國也。」言北伐者，莒在徐、泗之北。【考證】莒在今山東沂州府莒州。

〔二〕【考證】中井積德曰：三晉列爲諸侯者，魏文侯、韓景侯、趙烈侯是也。武子、桓子並其先世，此史之誤耳。杭世駿曰：周本紀威烈王二十三年命韓、趙、魏爲諸侯，是年爲楚聲王五年，蓋後二十二年。沈家本曰：年表不誤。世家蓋史公未及删正也。

二十四年，簡王卒，子聲王當立。〔一〕聲王六年，盜殺聲王，子悼王熊疑立。〔二〕悼王二年，三晉來伐楚，至乘丘而還。〔三〕四年，楚伐周。〔四〕鄭殺子陽。九年，伐韓，取負黍。〔五〕十一年，三晉伐楚，敗我大梁、榆關。〔六〕楚厚賂秦，與之平。〔七〕二十一年，悼王卒，子肅王臧立。

〔一〕【正義】謚法云「不生其國曰聲」也。

〔二〕【考證】年表「熊」疑作「類」。

〔三〕【集解】徐廣曰：「年表三年歸榆關于鄭。」【正義】年表云「三晉公子伐我至乘丘」，誤也，已解在年表中。地理志云「乘丘故城，在兗州瑕丘縣西北三十五里」是也。【考證】年表「乘丘」作「桑丘」。梁玉繩曰：桑丘，燕地。楚肅王元年齊伐燕取桑丘可證。楚安保之乎？世家爲是。通鑑亦從之。張文虎曰：年表無「公子」二字，「乘」作「桑」。正義誤衍。錢泰吉曰：今本年表缺正義。

〔四〕【考證】年表「周」作「鄭」，此誤。

〔五〕【考證】負黍，河南河南府登封縣。

〔六〕【索隱】此榆關當在大梁之西也。【正義】年表云悼王三年，「歸榆關于鄭」。按：榆關當鄭之南、大梁之西也。榆關，在大梁之境，此時屬楚，故云「敗我大梁榆關」也。【考證】呂祖謙曰：大梁，魏地。不知楚追三晉之師至于是歟？或者楚伐魏，而韓、趙救之，世家誤以爲三晉伐楚歟？

〔七〕【考證】梁玉繩曰：不言「秦伐楚」，但言「楚賂秦」，與上文書「與秦平」同爲疏也。

肅王四年，蜀伐楚，取茲方。〔一〕於是楚爲扞關以距之。〔二〕十年，魏取我魯陽。〔三〕十一年，肅王卒，無子，立其弟熊良夫，是爲宣王。

〔一〕【索隱】地名，今闕。【正義】古今地名云：「荆州松滋縣，古鳩茲地，即楚茲方是也。」【考證】錢大昕曰：左傳楚子重伐吴克鳩茲。杜預云鳩茲在丹陽蕪湖縣東。今臯夷也。與茲方異。

〔二〕【集解】李熊説公孫述曰：東守巴郡，距扞關之口。【索隱】按：郡國志巴郡魚復縣有扞關。【考證】扞關在今湖北長陽縣西。

〔三〕【集解】地理志云南陽有魯陽縣。【正義】括地志云汝州魯山，本漢魯陽縣也。古魯縣以古魯山爲名也。【考證】魯陽，河南汝州魯山縣。

宣王六年，周天子賀秦獻公。〔一〕秦始復彊，而三晉益大，魏惠王、齊威王尤彊。三十年，秦封衛鞅於商，南侵楚。是年，宣王卒，子威王熊商立。

〔一〕【考證】秦紀云獻公二十一年，「與晉戰於石門，斬首六萬，天子賀以黼黻」。張文虎曰：游、凌本「公」誤「王」。

威王六年，周顯王致文武胙於秦惠王。〔一〕

〔一〕【考證】秦紀作「天子致伯」。

七年，齊孟嘗君父田嬰欺楚，〔一〕楚威王伐齊，敗之於徐州，〔二〕而令齊必逐田嬰。田嬰恐，張丑僞謂楚王曰：〔三〕「王所以戰勝於徐州者，田盼子不用也。〔四〕盼子者，有功於國，而百姓爲之用。嬰子弗善，而用申紀。〔五〕申紀者，大臣不附，百姓不爲用，故王勝之也。〔六〕今王逐嬰子，嬰子逐，盼子必用矣。復搏其士卒以與王遇，〔七〕必不便於王矣。」楚王因弗

逐也。〔八〕

〔一〕【考證】張文虎曰：「『孟嘗君父』三字旁注混入。」

〔二〕【集解】徐廣曰：「時楚已滅越而伐齊也。齊説越令攻楚，故云齊欺楚。」【考證】徐州，今山東滕縣薛城。

〔三〕【正義】爲，音僞。言張丑爲田嬰故，僞設此辭。【考證】正義本、楓山、三條本「僞」作「爲」。王念孫曰：僞讀爲爲，「爲人謀而不忠」之「爲」。

〔四〕【索隱】盼子，嬰之同族。【考證】齊世家齊威王謂梁王曰「吾臣有盼子者，使守高唐，則趙人不敢東漁於河」。

〔五〕【考證】齊策、秦策「申紀」作「申縛」，齊將名。

〔六〕【考證】楓山本「附」作「與」。

〔七〕【索隱】搏，音膊，亦有作「附」讀。戰國策作「整」。【考證】王念孫曰：「搏」當作「摶」。摶與專同。張文虎曰：宋本及舊刻正作「摶」。

〔八〕【考證】「田嬰欺楚」以下采齊策。

十一年，威王卒，子懷王熊槐立。魏聞楚喪，伐楚，取我陘山。〔一〕

〔一〕【正義】括地志云陘山在鄭州新鄭縣西南三十里。【考證】梁玉繩曰：「取」當作「敗」。六國表、魏世家可證。陘山在今河南新鄭縣南。

懷王元年，張儀始相秦惠王。四年，秦惠王初稱王。

六年，楚使柱國昭陽將兵而攻魏，破之於襄陵，〔一〕得八邑。〔二〕又移兵而攻齊，齊王患之。〔三〕陳軫適爲秦使齊，齊王曰：「爲之柰何？」陳軫曰：「王勿憂，請令罷之。」即往見昭陽軍中曰：「願聞楚國之法，破軍殺將者，何以貴之？」昭陽曰：「其官爲上柱國，封上爵執珪。」〔四〕陳軫曰：「其有貴於此者乎？」昭陽曰：「令尹。」陳軫曰：「今君已爲令尹矣，此國冠之上。〔五〕臣請得譬之。人有遺其舍人一卮酒者，舍人相謂曰：『數人飲此，不足以徧，請遂畫地爲蛇，蛇先成者獨飲之。』一人曰：『吾蛇先成。』舉酒而起，曰：『吾能爲之足。』及其爲之足，而後成人奪之酒而飲之，曰：『蛇固無足，今爲之足，是非蛇也。』今君相楚而攻魏，破軍殺將，功莫大焉，冠之上不可以加矣。〔六〕今又移兵而攻齊，攻齊勝之，官爵不加於此；攻之不勝，身死爵奪，有毀於楚：此爲蛇爲足之說也。不若引兵而去以德齊，此持滿之術也。」昭陽曰：「善。」引兵而去。〔七〕

〔一〕【索隱】縣名，在河東。【考證】破之於襄陵，國策不載，史公別有所本。襄陵，今山西平陽府襄陵縣。

〔二〕【索隱】古本作「八邑」，今亦作「八城」。【考證】齊策作「八城」。黄式三曰：孟子書惠王自言「南辱于楚」即是。

〔三〕【集解】徐廣曰：「懷王六年，昭陽移和而攻齊。軍門曰和。」【考證】中井積德曰：集解不稱出處，何也？豈別本邪？

〔四〕【考證】齊策作「爵爲上執珪」。上柱國，楚官名。高誘曰：楚爵功臣，賜以圭，謂之執圭，比附庸之君。

〔五〕【索隱】冠，音官，令尹乃尹中最尊，故以國爲言，猶如卿子冠軍然。【正義】冠，音官，後同。楚國之官，令尹最高。昭陽已爲令尹矣，若人冠冕在首□之上，不可更加。【考證】中井積德曰：「之上」二字疑衍。

〔六〕【考證】楓山本「加」下有「冠」字。

〔七〕【考證】「楚使柱國」以下采齊策。

燕、韓君初稱王。秦使張儀與楚、齊、魏相會，盟齧桑。〔一〕

〔一〕【正義】徐廣曰：在梁與彭城之閒也。【考證】當在今河南歸德及安徽潁州府蒙城縣閒。

十一年，蘇秦約從山東六國，共攻秦，〔一〕楚懷王爲從長，至函谷關，秦出兵擊六國，六國兵皆引而歸，齊獨後。〔二〕十二年，齊湣王伐敗趙、魏軍，秦亦伐敗韓，與齊爭長。〔三〕

〔一〕【考證】梁玉繩曰：是時蘇秦已死四年，約六國者李兌也。國策甚明，此誤。古史及西溪叢話已糾之。愚按：趙策云「李兌約五國以伐秦，無功，留天下之兵於成皋，而陰講於秦」。又云「五國伐秦，無功，罷於成皋，趙欲講於秦」。魏策云「五國伐秦，無功而還」。皆此事。

〔二〕【考證】梁玉繩曰：與秦戰者惟韓、趙。韓、趙破而四國不戰引歸。此非事實。

〔三〕【考證】梁玉繩曰：敗韓、趙也，此缺「趙」字。

十六年，秦欲伐齊，而楚與齊從親，秦惠王患之，乃宣言張儀免相，使張儀南見楚王，謂楚王曰：「敝邑之王所甚説者，無先大王，雖儀之所甚願爲門闌之廝者，亦無先大王。〔一〕敝邑之王所甚憎者，無先齊王，雖儀之所甚憎者，亦無先齊王。而大王和之，〔二〕是以敝邑之王不得事王，而令儀亦不得爲門闌之廝也。王爲儀閉關而絶齊，今使使者從儀西取故秦所分楚商、於之地方六百里，〔三〕如是則齊弱矣。是北弱齊，西德於秦，私商、於以爲富，此一計而三利俱至也。」懷王大悦，乃置相璽於張儀，〔四〕日與置酒，宣言「吾復得吾商、於之地」。羣臣皆賀，而陳軫獨弔。懷王曰：「何故？」陳軫對曰：「秦之所爲重王者，以王之有齊也。今地未可得，而齊交先絶，是楚孤也。夫秦又何重孤國哉！必輕楚矣。〔五〕且先出地而後絶齊，則秦計不爲。先絶齊而後責地，則必見欺於張儀。見欺於張儀，則王必怨之。怨之，是西起秦患，北絶齊交。西起秦患，北絶齊交，則兩國之兵必至。〔六〕臣故弔。」楚王弗聽，因使一將軍西受封地。

〔一〕【考證】闌，與欄同，門遮也。廝，走卒也。楓山、三條本「先」作「過」。

〔二〕【索隱】和，謂楚與齊相和親。

〔三〕【集解】商於之地，在今順陽郡南鄉、丹水二縣，有商城在於中，故謂之商於。【索隱】商於在今慎陽。案：地理志丹水及商屬弘農，今言順陽者是。魏晉始分置順陽郡，商城、丹水俱隸之。【正義】荆州圖副云鄧州内鄉縣七里，張儀所謂商於之地。【考證】商、於，二邑名。商，今陝西商州，故商城是。於，今河南内鄉縣故於城是。

〔四〕【考證】策無此句。古鈔本「置」作「致」。

〔五〕【考證】楓山、三條本「又」作「有」。

〔六〕【索隱】兩國，韓、魏也。【考證】顧炎武曰：謂齊、秦。

張儀至秦，佯醉墜車，稱病不出三月，地不可得。〔一〕楚王曰：「儀以吾絶齊爲尚薄邪？」乃使勇士宋遺北辱齊王。〔二〕齊王大怒，折楚符而合於秦。秦、齊交合，張儀乃起朝，謂楚將軍曰：「子何不受地？從某至某，廣袤六里。」〔三〕楚將軍曰：「臣之所以見命者六百里，不聞六里。」即以歸報懷王。懷王大怒，興師將伐秦。陳軫又曰：「伐秦非計也。不如因賂之一名都，與之伐齊，是我亡於秦，取償於齊也，〔四〕吾國尚可全。今王已絶於齊，而責欺於秦，是吾合秦、齊之交，而來天下之兵也，國必大傷矣。」楚王不聽，遂絶和於秦，發兵西攻秦。秦亦

發兵擊之。〔五〕

〔一〕【考證】穆文熙曰：秦人商、於之約，初意亦欲嘗試于楚。如以城易趙璧之故事，非謂遽能欺楚也。不意懷王遂墮術中，以成秦人之詐。陳軫之策，亦藺生之謀也。惜不用哉！

〔二〕【考證】張照曰：戰國策「遣勇士從宋遺齊王書，折券絶交」，又張儀傳「使勇士至宋借宋之符，北罵齊王」，則「宋遺」非人名也，疑當作「乃使勇士從宋遺書北辱齊王」，落「從」字、「書」字。説又見張儀傳。

〔三〕【考證】東西曰廣，南北曰袤。

〔四〕【索隱】謂失商於之地。【考證】徐孚遠曰：亡，謂賂以名都也。若商、於乃虚約也，不爲亡地。中井積德曰：「亡」下脱「地」。張儀傳作「出地於秦」。愚按：策同史文。

〔五〕【考證】「秦欲伐齊」以下采齊策。

十七年春，與秦戰丹陽，〔一〕秦大敗我軍，斬甲士八萬，虜我大將軍屈匄、裨將軍逢侯丑等七十餘人，遂取漢中之郡。〔二〕楚懷王大怒，乃悉國兵復襲秦，戰於藍田，〔三〕大敗楚軍。〔四〕韓、魏聞楚之困，乃南襲楚，至於鄧。楚聞，乃引兵歸。〔五〕

〔一〕【索隱】此丹陽在漢中。【考證】胡三省曰：此丹陽謂丹水之陽也。班志丹水出上洛冢嶺山，東至析入鈞水，地在武關之外。秦、楚交戰，當在此。

〔二〕【考證】胡三省曰：自沔陽至上庸皆楚漢中地。沔陽，今陝西漢中府沔縣。上庸，今湖北鄖陽府竹山縣。

〔三〕【正義】藍田，在雍州東南八十里。從藍田關入藍田縣。【考證】今陝西西安府藍田縣。

〔四〕【考證】楚策張儀説楚懷王曰：楚嘗與秦構難，戰於漢中，楚人不勝，通侯執圭死者七十餘人，遂失漢中。楚王大怒，興師襲秦，與秦戰於藍田，又却。即此事。

〔五〕【考證】「遂取漢中之郡」以下本秦策。鄧，今河南南陽府鄧縣。

十八年，秦使使約復與楚親，分漢中之半以和楚。〔一〕楚王曰：「願得張儀，不願得地。」張儀聞之，請之楚。秦王曰：「楚且甘心於子，柰何？」〔二〕張儀曰：「臣善其左右靳尚，靳尚又能得事於楚王幸姬鄭袖，袖所言無不從者。且儀以前使負楚以商、於之約，今秦、楚大戰，有惡，臣非面自謝楚不解。且大王在，楚不宜敢取儀。誠殺儀以便國，臣之願也。」儀遂使楚。

〔一〕【考證】梁玉繩曰：此與屈原傳同。而張儀傳又依國策言秦欲以武關外易黔中地，未定所從。

〔二〕【考證】左傳「管、召讎也，請受而甘心焉」。杜注：甘心，言欲快心戮殺之。

至，懷王不見，因而囚張儀，欲殺之。儀私於靳尚，靳尚爲請懷王曰：「拘張儀，秦王必怒。天下見楚無秦，必輕王矣。」又謂夫人鄭袖曰：「秦王甚愛張儀，而王欲殺之，今將以上庸之地六縣賂楚，以美人聘楚王，以宮中善歌者爲之媵。楚王重地，秦女必貴，而夫人必斥矣。夫人不若言而出之。」鄭袖卒言張儀於王，而出之。儀出，懷王因善遇儀，〔一〕儀因說楚王以叛從約而與秦合親，約婚姻。〔二〕張儀已去，屈原使從齊來，〔三〕諫王曰：「何不誅張儀？」懷王悔，使人追儀，弗及。是歲，秦惠王卒。

〔一〕【考證】「囚張儀欲殺之」以下采楚策。

〔二〕【考證】采楚策。語詳于張儀傳。

〔三〕【考證】屈原始見于此，先秦諸書絕不見屈原事，但史記有之。黃式三曰：先是楚王聽張儀之欺，自恨不用屈原而至此，乃復用屈原。屈原因受命使齊，思合齊以報張儀之恥。屈原自齊反，張儀既釋。

二十六年，齊湣王欲爲從長，〔一〕惡楚之與秦合，乃使使遺楚王書曰：「寡人患楚之不察於尊名也。〔二〕今秦惠王死，武王立，張儀走魏，〔三〕樗里疾、公孫衍用，而楚事秦。夫樗里疾善乎韓，而公孫衍善乎魏；〔四〕楚必事秦，韓、魏恐，必因二人求合於秦，則燕、趙亦宜事秦。四國爭事秦，則楚爲郡縣矣。王何不與寡人并力，收韓、魏、燕、趙，與爲從，而尊周室，以案兵息民，令於天下，莫敢不樂聽，則王名成矣。〔五〕王率諸侯並伐，破秦必矣。王取武關、蜀、漢之地，〔六〕私吳、越之富而擅江海之利，韓、魏割上黨，〔七〕西薄函谷，則楚之彊百萬也。且王欺於張儀，亡地漢中，兵銼藍田，天下莫不代王懷怒。今乃欲先事秦！願大王孰計之。」

〔一〕**【索隱】**按下文，始言二十四年，又更有二十六年，則此錯。云二十六年，衍字也，當是二十年事。又徐廣推校二十年取武遂，二十三年歸武遂，則此必二十年、二十一年事乎？**【考證】**二十六年，各本作「二十年」，今依索隱本。王念孫曰：正文本作「二十六年」。小司馬以爲當作「二十年」，今本依改。而又於注首加俗本或作「二十六年」，甚謬。梁玉繩曰：此事在懷王二十六年，秦復取韓武遂之時。舊本作「二十六年」，甚是。蓋書中有韓得武遂于秦語，必錯簡也，當移于後文「三國引兵去」句之下，而衍「二十年」三字。徐廣但疑非二十年事，不加裁決。索隱以作「二十六」者爲錯，殊昧情實。通鑑大事記作「二十三年」，古史作「二十二年」，並非。

〔二〕**【考證】**岡白駒曰：爲下文「王名成矣」發。

〔三〕**【考證】**梁玉繩曰：齊遺楚書，實在二十六年。當秦昭王時，儀死已久，不得言「今秦惠王死，武王立，張儀走魏」，蓋戰國之事，經辯士潤飾，多有差舛，不可爲據，史仍而不改耳。應作「武王死，今王立」。「走魏」作「死魏」。

〔四〕【考證】樗里疾母，韓女。公孫衍，魏人。

〔五〕【考證】此時尚言尊周室，周室未全失爲共主。

〔六〕【正義】武關在商州東一百八十里商洛縣界。蜀，巴蜀。漢中，郡也。【考證】武關，秦之南關，即春秋少習也，在今陝西商州東。

〔七〕【考證】上黨，山西潞安府。

楚王業已欲和於秦，見齊王書，猶豫不決，下其議羣臣。〔一〕羣臣或言和秦，或曰聽齊。昭雎曰：〔二〕「王雖東取地於越，不足以刷恥；必且取地於秦，而後足以刷恥於諸侯。王不如深善齊、韓以重樗里疾，如是，則王得韓、齊之重以求地矣。秦破韓宜陽，〔三〕而韓猶復事秦者，以先王墓在平陽，〔四〕而秦之武遂去之七十里，〔五〕以故尤畏秦。不然，秦攻三川，〔六〕趙攻上黨，楚攻河外，韓必亡。楚之救韓，不能使韓不亡，然存韓者楚也。韓已得武遂於秦，以河、山爲塞，〔七〕所報德莫如楚厚，臣以爲其事王必疾。齊之所信於韓者，以韓公子眛爲齊相也。〔八〕韓已得武遂於秦，王甚善之，〔九〕使之以齊、韓重樗里疾，疾得齊、韓之重，其主弗敢弃疾也。今又益之以楚之重，樗里子必言秦，復與楚之侵地矣。」〔一〇〕於是懷王許之，竟不合秦，而合齊以善韓。〔一一〕

〔一〕【考證】「業已」二字一意。

〔二〕【索隱】雎，七余反。

〔三〕【索隱】弘農之縣，在澠池西南。【考證】宜陽故城在今河南宜陽縣東。

〔四〕【索隱】非堯都也。

〔五〕【索隱】亦非河閒之縣，則韓之平陽，秦之武遂，並當在宜陽左右。

〔六〕【正義】三川，洛州也。【考證】伊、洛及河爲三川。秦置三川郡，漢改爲河南。今河南之河南府是也。

〔七〕【正義】河，蒲州西黃河也。山，韓西境也。

〔八〕【正義】眛，莫葛反，後同。

〔九〕【正義】昭雎言韓以得武遂於秦，西界至河山，必德楚，是昭王之甚善楚。【考證】「韓得武遂于秦」錯簡，當移于後文「三國引兵去」句之下。

〔一〇〕【正義】言齊、韓尊重秦相。秦相樗里疾。疾得齊、韓尊重秦王，而齊、韓又與楚親疾，必不敢弃也。今又益楚之重樗里疾，疾必言秦王歸楚侵地。【考證】正義依桃源抄補，多譌誤。

〔一一〕【集解】徐廣曰：「懷王之二十二年，秦拔宜陽取武遂。二十三年，秦復歸韓武遂，然則已非二十年事矣。」

二十四年，倍齊而合秦。秦昭王初立，乃厚賂於楚。楚往迎婦。〔一〕二十五年，懷王入，與秦昭王盟，約於黃棘。〔二〕秦復與楚上庸。〔三〕二十六年，齊、韓、魏爲楚負其從親而合於秦，三國共伐楚。楚使太子入質於秦而請救。秦乃遣客卿通將兵救楚，三國引兵去。〔四〕

〔一〕【考證】六國表云「楚迎婦于秦」。屈原傳云「秦昭王與楚婚」。黄式三曰：楚迎婦于秦，秦迎婦于楚，蓋互爲婚姻也。凌稚隆曰：楚往迎婦，與前約婚姻相應。

〔二〕【考證】胡三省曰：班志南陽郡有棘陽縣。愚按：棘陽城，或謂之黃棘，今河南新野縣東北。

〔三〕【考證】懷王十七年，秦敗楚師虜屈匄，取上庸，至此與之。上庸，漢中要地。

〔四〕【考證】太子名橫。戰國之時，用他國之人爲卿曰客卿。通其名。

二十七年，秦大夫有私與楚太子鬭，楚太子殺之而亡歸。二十八年，秦乃與齊、韓、魏共攻楚，殺楚將唐眛，取我重丘而去。〔一〕二十九年，秦復攻楚，大破楚，楚軍死者二萬，殺我將軍景缺。〔二〕懷王恐，乃使太子爲質於齊以求平。〔三〕三十年，秦復伐楚，取八城。秦昭王遺楚王書曰：「始寡人與王約爲弟兄，盟于黄棘，太子爲質，至驩也。太子陵殺寡人之重臣，不謝而亡去，寡人誠不勝怒，使兵侵君王之邊。今聞君王乃令太子質於齊以求平。寡人與楚接境壤界，故爲婚姻，〔四〕所從相親久矣。而今秦、楚不驩，則無以令諸侯。寡人願與君王會武關，面相約，結盟而去，寡人之願也。敢以聞下執事。」〔五〕楚懷王見秦王書，患之。欲往，恐見欺；無往，恐秦怒。昭睢曰：「王毋行，而發兵自守耳。秦虎狼，不可信，有并諸侯之心。」〔六〕懷王子子蘭勸王行，曰：「柰何絶秦之驩心！」於是往會秦昭王。昭王詐令一將軍伏兵武關，號爲秦王。楚王至，則閉武關，遂與西至咸陽，〔七〕朝章臺，如蕃臣，不與亢禮。〔八〕楚懷王大怒，悔不用昭子言。秦因留楚王，要以割巫、黔中之郡。〔九〕楚王欲盟，秦欲先得地。楚王怒曰：「秦詐我而又彊要我以地！」不復許秦。秦因留之。

〔一〕【考證】眛，當作「昧」，又作「蔑」。重丘，此及田完世家、樂毅傳同，秦本紀作「方城」。荀子議兵篇云「兵殆乎垂沙，唐蔑死」。呂覽處方篇「齊使章子與韓、魏攻荆，荆使唐蔑將兵應之，夾泚而軍。章子夜襲之，斬蔑于是水之上」。重丘蓋在泚水之上。

〔二〕【考證】年表云：「秦敗我襄城，殺景缺。」

〔三〕【考證】「懷王恐」以下采楚策。

〔四〕【正義】壻之父爲姻，婦之父爲婚，婦之父母、壻之父母相謂爲婚姻，兩壻相謂爲婭。【考證】張儀傳云「秦與楚接境壤界」，蓋當時語。中井積德曰：婚是「婚娶」之「婚」。外族爲姻。

〔五〕【考證】「以聞」二字始見，猶言上聞。後世臣民上書天子時用之。儀禮特牲禮「饋食主人及賓兄弟羣執事，即位門外」。襄二十八年，鄭游吉聘楚曰「以歲之不易，聘於下執事」，越語「寡君句踐之無所使，使其下臣種，不敢徹聲聞於天王，私下執事」。左傳僖二十六年展喜告齊孝公曰「寡君使下臣犒執事」。翟灝曰：執事本謂從列與事之人，致書者謙不斥尊，若云陳達其左右者耳。

〔六〕【考證】梁玉繩曰：屈原傳作原語。索隱謂二人同諫，故彼此隨録之。

〔七〕【索隱】右扶風渭城縣，故咸陽城也，在水北山南，故曰咸陽。咸，皆也。

〔八〕【考證】章臺在渭南。蕃，讀爲藩。亢、抗同。亢禮，對等之禮。禮記「臣莫敢與君亢禮也」。

〔九〕【考證】巫郡，四川夔州府巫山縣。黔中，湖南常德以西及貴州境。

楚大臣患之，乃相與謀曰：「吾王在秦不得還，要以割地，而太子爲質於齊，齊、秦合謀，則楚無國矣。」乃欲立懷王子在國者。昭睢曰：「王與太子俱困於諸侯，而今又倍王命而立其庶子，不宜。」乃詐赴於齊，〔一〕齊湣王謂其相曰：「不若留太子以求楚之淮北。」〔二〕相曰：「不可，郢中立王，是吾抱空質，而行不義於天下也。」〔三〕或曰：〔四〕「不然。郢中立王，因與其新王市曰：『予我下東國，吾爲王殺太子，〔五〕不然，將與三國共立之。』然則東國必可得矣。」〔六〕齊王卒用其相計，而歸楚太子。太子橫至，立爲王，是爲頃襄王。乃告于秦曰：「賴社稷神靈國有王矣。」

〔一〕【考證】胡三省曰：詐言楚王薨，而請太子還王楚。

〔二〕【考證】齊策「齊湣王」作「蘇秦」，「其相」作「薛公」，「淮北」作「下東邑」。高誘注「薛公，田嬰。下東邑，楚東邑，近齊也」。愚按：是時蘇秦、田嬰死已久，史公以意改。下東邑即淮北。

〔三〕【考證】郢中，楚都。

〔四〕【考證】策或作蘇秦。

〔五〕【正義】楚之下國，最在東，故云「下東國」，即楚淮北。【考證】胡三省曰：市，謂相要以利如市道也。予讀曰與。

〔六〕【考證】「齊湣王」以下本齊策。胡三省曰：「三國，謂齊、韓、魏。」

頃襄王橫元年，秦要懷王不可得地，楚立王以應秦，秦昭王怒，發兵，出武關攻楚，大敗楚軍，斬首五萬，取析十五城而去。〔一〕二年，楚懷王亡逃歸，秦覺之，遮楚道。〔二〕懷王恐，乃從閒道走趙以求歸。趙主父在代，〔三〕其子惠王初立，行王事，恐，不敢入楚王。楚王欲走魏，秦追至，遂與秦使復之秦。〔四〕懷王遂發病。頃襄王三年，懷王卒于秦，秦歸其喪于楚。楚人皆憐之，如悲親戚。諸侯由是不直秦，秦、楚絕。

〔一〕【集解】徐廣曰：「年表云取十六城，既取析，又并取左右十五城也。」駰按：地理志弘農有析縣。【正義】括地志云：「鄧州內鄉縣城，本楚析邑，一名丑，漢置析縣，因析水爲名也。」

〔二〕【考證】胡三省曰：遮其歸楚之路也。

〔三〕【索隱】「主」字亦或作「王」。【正義】父，音甫，武靈王也。

〔四〕【考證】古鈔本「使」作「吏」。

六年，秦使白起伐韓於伊闕，大勝，斬首二十四萬。〔一〕秦乃遺楚王書曰：「楚倍秦，秦且率諸侯伐楚，争一旦之命。願王之飭士卒，得一樂戰。」〔二〕楚頃襄王患之，乃謀復與秦平。七年，楚迎婦於秦，秦、楚復平。

〔一〕【正義】括地志云：「伊闕山在洛州南十九里也。」【考證】伊闕，山名，在今河南洛陽縣西南境。

〔二〕【考證】胡三省曰：樂，快意也。言一戰以快其意。

十一年，齊、秦各自稱爲帝；月餘，復歸帝爲王。〔一〕

〔一〕【考證】秦、齊稱帝，本齊策。

十四年，楚頃襄王與秦昭王好會于宛，結和親。〔一〕十五年，楚王與秦、三晉、燕共伐齊，取淮北。〔二〕十六年，與秦昭王好會於鄢。其秋，復與秦王會穰。〔三〕

〔一〕【考證】宛，河南南陽府南陽縣。

〔二〕【考證】淮北，今江蘇海州及山東沂州地。

〔三〕【考證】鄢，湖北襄陽府宜城縣。穰，河南〔南〕陽府鄧州。

十八年，楚人有好以弱弓微繳加歸鴈之上者，〔一〕頃襄王聞，召而問之。對曰：「小臣之好射鶀鴈、〔二〕羅鸗，〔三〕小矢之發也，何足爲大王道也。且稱楚之大，因大王之賢，所弋非直此也。〔四〕昔者三王以弋道德，五霸以弋戰國。故秦、魏、燕、趙者，鶀鴈也；齊、魯、韓、衛者，青首也；〔五〕騶、費、郯、邳者，羅鸗也。〔六〕外其餘則不足射者。見鳥六雙，〔七〕以王何取？王何不以聖人爲弓，以勇士爲繳，時張而射之？此六雙者，可得而囊載也。其樂非特朝昔之樂也，〔八〕其獲非特鳧鴈之實也。〔九〕王朝張弓而射魏之大梁之南，加其右臂而徑屬之於韓，則中國之路絶，而上蔡之郡壞矣。〔一〇〕還射圉之東，解魏左肘，而外擊定陶，〔一一〕則魏之東外弃，而大宋、方與二郡者舉矣。〔一二〕且魏斷二臂，顛越矣；膺擊郯國，大梁可得而有也。王綪繳蘭臺，〔一三〕飲馬西河，定魏大梁，此一發之樂也。若王之於弋，誠好而不厭，則出寶弓，碆新繳，〔一四〕射噣鳥於東海，還蓋長城以爲防，〔一五〕朝射東莒，〔一六〕夕發浿丘，〔一七〕夜加即墨，顧據午道，〔一八〕則長城之東收，而太山之北舉矣。〔一九〕西結境於趙，〔二〇〕而北達於燕，〔二一〕三國布䎿，〔二二〕則從不待約而可成也。北遊目於燕之遼東，而南登望於越之會稽，此再發之樂也。若夫泗上十二諸侯，左縈而右拂之，可一旦而盡也。〔二三〕今秦破韓以爲長憂，得列城而不敢守也；〔二四〕伐魏而無功，擊趙而顧病，〔二五〕則秦、魏之勇力屈矣，楚之故地，漢中、析、酈可得而復有也。王出寶弓，碆新繳，涉鄳塞，而待秦之倦也，〔二六〕山東、河内可得而一也。〔二七〕勞民休衆，南面稱王矣。〔二八〕故曰：秦爲大鳥，負海内而處，東面而立，左臂據趙之西南，右臂傅楚鄢郢，膺擊韓、魏，〔二九〕垂頭中國，〔三〇〕處既形便，勢有地利，奮翼鼓䎿，方三千里，則秦未可得獨招而夜射也。」〔三一〕欲以激怒襄王，故對以此言。襄王因召與語，遂言曰：「夫先王爲秦所欺，而客死於外，怨莫大焉。今以匹夫有怨，尚有報萬乘，白公、子胥是也。〔三二〕今楚之地方五千里，帶甲百萬，猶足以踴躍中野也，而坐受困，臣竊爲大王弗取也。」

於是頃襄王遺使於諸侯，復爲從，欲以伐秦。〔一三〕秦聞之，發兵來伐楚。

〔一〕【正義】弱，小也。微，細也。繳，弋射也。歸雁，北向也。言小弓細弋，射北歸之雁，其矢加於背上。【考證】歸雁難射，所以爲名手，不必改「歸」作「鶀」。葉適曰：弱弓微繳加歸雁之上，虎肉臊而兵利身，人猶攻之。二事，皆戰國策所無，其文無異意。劉向所序，比遷時已有遺落也。

〔二〕【索隱】鶀，音其，小鴈也。

〔三〕【集解】徐廣曰：「呂靜曰鸗，野鳥也。音龍。」【索隱】呂靜音聾，鄒亦音盧動反，劉音龍。鸗，小鳥。【考證】中井積德曰：「羅」疑亦鳥名。

〔四〕【考證】方苞曰：稱，去聲。衡量楚之强大也。愚按：直，特也。

〔五〕【索隱】亦小梟有青首者。【考證】中井積德曰：青首是大梟，非小梟，然小於雁。

〔六〕【索隱】騶費，鄒祕二音。【考證】錢大昕曰：孟子書有「鄒穆公」、「費惠公」，此文云「泗上十二諸侯」，則戰國之世，小諸侯存者尚多也。愚按：齊策顏斶曰「當今之世，南面稱寡者二十四」，郯、邳蓋亦在其中。

〔七〕【索隱】以喻下文秦、趙等十二國，故云「六雙」。【正義】謂上秦、魏、燕、趙、齊、魯、韓、衛、鄒、費、郯、邳者，合十二國也。【考證】索隱「下文」當「上文」之譌。

〔八〕【索隱】昔，猶夕也。

〔九〕【考證】實，讀若「庭實」之「實」。

〔一〇〕【考證】上蔡，河南汝寧府。

〔一一〕【索隱】還，音患，謂繞也。射，音石。解，音紀買反。【正義】圉，音語。城在汴州雍丘縣東。【考證】圉，今河南開封府杞縣南。定陶，今山東曹州府定陶縣。

〔一二〕【正義】言王朝張弓，射魏大梁、汴州之南，即加大梁之右臂。連韓、郯，則河北中國之路向東南斷絕，則韓上蔡之郡自破壞矣。復遶射雍丘圍城之東，便解散魏左肘宋州，而外擊曹定陶，及魏東之外解弃，則宋、方與兩郡並舉。【考證】方與，山東濟寧州魚臺縣。

〔一三〕【集解】徐廣曰：「繳，縈也，音争。蘭，一作『簡』。」【正義】鄭玄云：「繳，屈也，江、沔之閒謂之縈，收繩索繳也。」按：繳，絲繩繫弋射鳥也。若膺擊郯圍大梁已了，乃收弋繳於蘭臺。蘭臺，桓山之別名也。【考證】横田惟孝曰：膺，胸前也。蓋郯當大梁前。

〔一四〕【集解】徐廣曰：以石傅弋繳曰碆。碆，音波。【索隱】「碆」作「磻」，音播。傅，音附。

〔一五〕【集解】徐廣曰：「噣，一作『獨』。還，音宦。蓋，一作『益』。益縣在樂安，蓋縣在泰山。濟北盧縣有長城，東至海也。」【索隱】噣，音晝，謂大鳥之有鉤喙者，以比齊也。還，音患，謂遶也。蓋者覆也。言射者環遶蓋覆，使無飛走之路，因以長城爲防也。徐以蓋爲益縣，非也。長城當在濟南。【正義】太山郡記云：「太山西北有長城，緣河徑太山千餘里，至琅邪臺入海。」齊記云：「齊宣王乘山嶺之上築長城，東至海，西至濟州千餘里，以備楚。」括地志云：「長城，西北起濟州平陰縣，緣河，歷太山北岡上，經濟州淄川，即西南兗州博城縣北，東至密州琅邪臺入海。蘇代記云齊有長城巨防，足以爲塞也。」

〔一六〕【正義】括地志云：「密州莒縣，故莒子國。地理志云周武王封少昊之後嬴姓於莒，始都計斤，春秋時徙居莒也。」【考證】東莒，今山東沂州府莒州。

〔一七〕【集解】徐廣曰：「在清河。」【正義】括地志云：「浿丘，丘名也，在青州臨淄縣西北二十五里也。」【考證】浿丘，即貝丘，今山東青州博興縣南有貝中聚。

〔一八〕【索隱】顧，反也。午道，當在齊西界。一從一横爲午道，亦未詳其處。【正義】劉伯莊云「齊西界」。按：蓋在博州之西境也。【考證】今山東萊州府平度州有即墨故城。午道，趙東齊西交午道也。中井積德曰：午道，蓋直南北之道，仍是子午道之意。

〔一九〕【正義】言從齊州長城東至海，太山之北，黄河之南，盡舉收於楚。

〔二〇〕【正義】言得齊地，約結於趙爲境界，定從約也。【考證】中井積德曰：結境，猶接境也。

〔二一〕【索隱】北，一作「杜」。杜者寬大之名。言齊晉既伏，收燕不難也。【正義】北達，言四通無所滯礙，言燕無山河之限也。

〔二二〕【集解】徐廣曰：「音翅，一作『屬』。」【索隱】亦作「翅」，同，式豉反。三國，齊、趙、燕也。【正義】「翄」亦作「翅」，音式豉反。三國共布翅，言和同也。楚、趙、燕和同，而收關左，從不待而可成。

〔二三〕【考證】張儀傳張儀説楚王曰「舉宋而東指，則泗上十二諸侯盡王之有也」。索隱云「邊近泗水之側。當戰國之時，有十二諸侯，宋、魯、邾、莒之比也」。横田惟孝曰：可一日而盡，所謂不足射者。

〔二四〕【考證】横田惟孝曰：秦雖破韓而不能有之，徒頓兵罷士，故曰「爲長憂」。

〔二五〕【索隱】顧，猶反也。

〔二六〕【集解】徐廣曰：「鄳，或以爲『冥』，今江夏。一作『黽』。」【正義】括地志云：「故鄖城在郊州河北縣東十里虞邑也。杜預云河東太陽有鄖城是也。」徐言江夏，亦誤也。【考證】析、酈皆在河南南陽府内鄉縣。

〔二七〕【正義】謂華山之東，懷州河内之郡。

〔二八〕【考證】中井積德曰：稱王，宜言稱帝。楚僭王已久矣。

〔二九〕【索隱】謂韓、魏當秦之前，故云「膺擊」。俗本作「鷹」，非。【正義】「膺」作「鷹」，如鷹鳥之擊也。【考證】膺，胸也。索隱可從。横田惟孝曰：擊，當作「繫」。

〔三〇〕【索隱】垂頭，猶申頸也，言欲呑山東。

〔三一〕【考證】招，所謂鳥媒也。招以其類，招誘之。

〔三二〕【考證】白公勝殺令尹子西，劫惠王，伍子胥入郢，鞭平王墳，皆楚國事，所以取譬。

〔三二〕【考證】方苞曰：此真戰國之文，而不見楚策中。愚按：國策姚本、鮑本、吳本皆不收此章，但張本有之，蓋依史記補入也。中井積德曰：徒鼓動楚王好戰之心耳，此非良士。又曰：射不必中，戰不必勝，力勞而無獲，何樂之有？況楚之衰弱，射而無獲必矣。

楚欲與齊、韓連和伐秦，因欲圖周。〔一〕周王赧使武公謂楚相昭子曰：〔二〕「三國以兵割周郊地以便輸，而南器以尊楚，〔三〕臣以爲不然。夫弑共主，臣世君，大國不親；〔四〕以衆脅寡，小國不附。大國不親，小國不附，不可以致名實。名實不得，不足以傷民。〔五〕夫有圖周之聲，非所以爲號也。」昭子曰：「乃圖周則無之。雖然，周何故不可圖也？」對曰：「軍不五不攻，城不十不圍。〔六〕夫一周爲二十晉，公之所知也。〔七〕韓嘗以二十萬之衆辱於晉之城下，銳士死，中士傷，而晉不拔。〔八〕公之無百韓以圖周，此天下之所知也。〔九〕夫怨結於兩周，以塞騶、魯之心，〔一〇〕交絕於齊，〔一一〕聲失天下，其爲事危矣。〔一二〕夫危兩周以厚三川，〔一三〕方城之外，必爲韓弱矣。〔一四〕何以知其然也？西周之地，絕長補短，不過百里，名爲天下共主。裂其地不足以肥國，得其衆不足以勁兵，雖無攻之，名爲弑君。〔一五〕然而好事之君，喜攻之臣，發號用兵，未嘗不以周爲終始。是何也？見祭器在焉，〔一六〕欲器之至，而忘弑君之亂。今韓以器之在楚，〔一七〕臣恐天下以器讎楚也。臣請譬之。夫虎肉臊，其兵利身，〔一八〕人猶攻之也。若使澤中之麋蒙虎之皮，人之攻之，必萬於虎矣。〔一九〕裂楚之地，足以肥國；詘楚之名，足以尊主。〔二〇〕今子將以欲誅殘天下之共主，居三代之傳器，〔二一〕吞三翮六翼，〔二二〕以高世主，非貪而何？周書曰『欲起無先』，〔一三〕故器南則兵至矣。」於是楚計輟不行。

〔一〕【考證】呂祖謙曰：是時齊止餘兩城，爲燕所圍，何暇與楚連和伐秦？蓋所載不能無少差也。

〔二〕【集解】徐廣曰：定王之曾孫，而西周惠公之子。

〔三〕【考證】言欲取周寶更南輸楚也。岡白駒曰：器鼎之類。

〔四〕【索隱】共主世君，俱是周自謂也。共主，言周爲天下共所宗主也。世君，言周室代代君於天下。【正義】天下共尊，今欲殺之。故言「殺共主」，周世君天下，故言「世君」也。

〔五〕【考證】岡白駒曰：傷民，言起兵也。

〔六〕【考證】孫子謀攻篇云「用兵之法，十則圍之，五則攻之」。岡白駒曰：我軍五倍于彼軍而後可攻，十倍于彼軍而後可圍。

〔七〕【正義】言周王之國，其地雖小，諸侯尊之，故敵二十晉也。【考證】晉即魏。王念孫曰：三國分晉，魏得晉之故都。故魏人自稱晉國。孟子梁惠王曰「晉國天下莫强焉」。周霄曰「晉國亦仕國也」。魏策云「魏武侯與諸大夫浮於西河，稱曰『河山之險，豈不亦信固哉』，王鍾侍王曰『此晉國之所以强也』」。是晉即魏也。

〔八〕【考證】此以一攻一者，與「軍不五不攻」者異。

〔九〕【考證】軍不五不攻。周既爲二十晉，非百韓以攻之則無功矣。而楚無其兵也。

〔一〇〕【索隱】騶、魯，有禮義之國。今楚欲結怨兩周而奪九鼎，是塞騶、魯之心。

〔一一〕【正義】楚本與齊、韓和。伐秦因欲圖周，齊不與圖周，故齊交絶於楚。

〔一二〕【考證】岡白駒曰：聲，即上文圖周之聲也。

〔一三〕【正義】三川，兩周之地，韓多有之，言厚韓也。

〔一四〕、【正義】方城之外，許州葉縣東北也。言楚取兩周，則韓彊，必弱楚方城之外也。【考證】三川屬韓。方城之外，楚北境，與韓相接。周策亦云「魏有南陽、鄭地、三川而包二周，則楚方城之外危」。

〔一五〕【考證】中井積德曰：疑有錯誤。愚按：通鑑作「雖然攻之者」。

〔一六〕【考證】胡三省曰：謂三代相傳之祭器，如九鼎之類是也。

〔一七〕【考證】中井積德曰：句有錯誤。

〔一八〕【索隱】謂虎以爪牙爲兵，而自利於防身也。【正義】虎有爪牙，以衛其身。若人身加兵，故其兵利身。【考證】黄式三曰：疑「兵」當作「皮」。謂肉不足食而皮足衣也。愚按：原文自通，不必改「兵」爲「皮」。肉臊，喻不足肥國勁兵。兵利，喻名爲天下共主。

〔一九〕【索隱】攻易而利大也。【正義】野澤之麋蒙衣虎皮，人之攻取，必萬倍於虎也。譬楚伐周收祭器，其猶麋蒙虎皮矣。【考證】必萬於虎矣，各本作「必萬之於虎」，今從索隱本。

〔二〇〕【考證】以喻麋肉可食。胡三省曰：詘讀曰黜，言黜其僭主之名也。

〔二一〕【索隱】謂九鼎也。

〔二二〕【索隱】鬲，亦作「甂」，同，音歷。三鬲六翼，亦謂九鼎也。空足曰鬲。六翼即六耳，翼近耳旁，事具小爾雅。【正義】「鬲」誤，當作「甂」，音歷。爾雅云「附耳外謂之釴，款足謂之甂」。曲足鼎也，翼近鼎耳也。三鬲六翼，即九鼎。【考證】張文虎曰：索隱引小爾雅，今小爾雅無此文。

〔二三〕【考證】周書佚文。朱右曾曰：不爲物先之意。

十九年，秦伐楚，楚軍敗，割上庸、漢北地予秦。〔一〕二十年，秦將白起拔我西陵。〔二〕二十一年，秦將白起遂拔我郢，燒先王墓夷陵。〔三〕楚襄王兵散，遂不復戰，東北保於陳城。〔四〕二十二年，秦復拔我巫、黔中郡。〔五〕

〔一〕【正義】謂割房、金、均三州及漢水之北與秦。【考證】胡三省曰：漢北，漢水以北，宛、葉、樊、鄧、隨、唐之地。

〔二〕【集解】徐廣曰：「屬江夏。」【正義】括地志云：「西陵故城，在黄州黄山西二里。」【考證】今湖北宜昌府，楚西陵地。梁玉繩曰：此缺拔鄢、鄧，説見秦紀。

〔三〕【集解】徐廣曰：「年表云拔郢，燒夷陵。」【索隱】夷陵，陵名，後爲縣，屬南郡。【正義】括地志云峽州夷陵縣是也，在荆州西。應劭云夷山在西北。【考證】夷陵，今湖北宜昌府東湖縣。

〔四〕【考證】胡三省曰：陳即古陳國。班志陳縣屬淮陽國。註云楚頃襄王自郢徙此。愚按：今河南淮陽縣，秦取郢爲南郡。

〔五〕【考證】復拔，秦紀作「取」，通鑑作「定」。秦於是初置黔中郡。

二十三年，襄王乃收東地兵，〔一〕得十餘萬，復西取秦所拔我江旁十五邑以爲郡，距秦。二十七年，使三萬人助三晉伐燕。〔二〕復與秦平，而入太子爲質於秦。楚使左徒侍太子於秦。〔三〕

〔一〕【考證】胡三省曰：東地，蓋楚之東地，淮汝之地也。

〔二〕【考證】張照曰：戰國策齊、韓、魏共攻燕，燕使太子請救于楚。楚王使景陽將而救之。此云助「三晉伐燕」，與楚策異。

〔三〕【正義】左徒，官名，爾時黄歇爲左徒，侍太子於秦也。

三十六年，頃襄王病，太子亡歸。秋，頃襄王卒，太子熊元代立，是爲考烈王。〔一〕考烈王以左徒爲令尹，封以吳，號春申君。

〔一〕【索隱】系本「元」作「完」。

考烈王元年，納州于秦以平。是時楚益弱。〔一〕

〔一〕【索隱】徐廣曰：「南郡有州陵縣。」【考證】州，今湖北武昌江夏縣。

六年，秦圍邯鄲，趙告急楚，楚遣將軍景陽救趙。〔一〕七年，至新中。〔二〕秦兵去。〔三〕十二年，秦昭王卒，楚王使春申君弔祠于秦。十六年，秦莊襄王卒，秦王趙政立。〔四〕二十二年，與諸侯共伐秦，不利而去。楚東徙都壽春，命曰郢。〔五〕

〔一〕【考證】張照曰：六國表云「春申君救趙」。春申君傳云「秦圍邯鄲，邯鄲告急于楚，楚使春申君往救」。此作「景陽」，與彼互異。梁玉繩曰：此蓋因前十五年齊、韓、魏共伐燕，燕請救于楚，楚王使景陽將而救之，見國策。史緣此致誤。

〔二〕【索隱】按：趙地無名新中者，「中」字誤。鉅鹿有新市。中，當爲「市」。【正義】新中，相州安陽縣也。七國時，魏寧新中邑，秦莊襄王拔之，更名安陽也。【考證】梁玉繩曰：寧新中，魏地也。當在六年。又脱「寧」字。

〔三〕【集解】徐廣曰：「年表云六年春申君救趙，十年徙於鉅陽。」

〔四〕【考證】錢大昕曰：秦王政之立，五國世家皆書，而韓世家獨闕。此篇稱趙政，又與他世家異。

〔五〕【正義】壽春在南壽州，壽春縣是也。【考證】今安徽鳳陽府壽州，楚壽春邑。

二十五年，考烈王卒，子幽王悍立。李園殺春申君。〔一〕幽王三年，秦、魏伐楚。秦相呂不韋卒。九年，秦滅韓。〔二〕十年，幽王卒，同母弟猶代立，是爲哀王。〔三〕哀王立二月餘，哀王庶兄負芻之徒襲殺哀王，而立負芻爲王。〔四〕是歲，秦虜趙王遷。

〔一〕【考證】李園殺春申君，見楚策、春申君傳。

〔二〕【考證】張照曰：韓世家正義曰「亡在秦始皇帝十七年」。是年在楚幽之八年。

〔三〕【考證】表「猶」作「郝」。

〔四〕【考證】幽王即李園女弟所生，幸於黃歇。黃歇進於考烈王者，非楚統也。列女傳以哀王爲考烈王遺腹子，以負芻爲考烈王弟，與史所言異。然亦楚裔也。

王負芻元年，燕太子丹使荊軻刺秦王。二年，秦使將軍伐楚，大破楚軍，亡十餘城。〔一〕三年，秦滅魏。四年，秦將王翦破我軍於蘄，〔二〕而殺將軍項燕。〔三〕

〔一〕【考證】年表作「十城」。

〔二〕【索隱】機祈二音。【正義】音機，又音圻。地理志云沛郡蘄縣也。【考證】今安徽鳳陽府宿州南。

〔三〕【考證】張照曰：秦始皇本紀作二十三年虜荊王，二十四年項燕自殺。

五年，秦將王翦、蒙武遂破楚國，虜楚王負芻，滅楚，名爲楚郡云。〔一〕

〔一〕【集解】孫檢曰：「秦虜楚王負芻，滅去楚名，以楚地爲三郡。」【索隱】裴注頻引孫檢，不知其人本末，蓋齊人也。【考證】胡三省曰：秦三十六郡無楚郡，此蓋滅楚之時暫置耳。錢大昕曰：秦始皇父名楚，故始皇本紀稱楚爲荊。滅楚之後，未嘗置楚郡也。孫氏謂滅去楚名，蓋得其實。「楚郡」之「楚」，當是衍文。或者謂三十六郡之外有楚郡者妄也。愚按：王鳴盛、梁玉繩亦以「楚」字爲衍，其說綦是。「名」字亦當衍。

太史公曰：楚靈王方會諸侯於申，誅齊慶封，作章華臺，求周九鼎之時，志小天下；及

餓死于申亥之家，爲天下笑。〔一〕操行之不得，悲夫！勢之於人也，可不慎與？弃疾以亂立，嬖淫秦女，甚乎哉，幾再亡國！〔二〕

〔一〕【考證】左傳曰「縊」不曰「饑」。

〔二〕【索隱】幾，音祈。

【索隱述贊】鬻熊之嗣，周封於楚。僻在荆蠻，蓽路藍縷。及通而霸，僭號曰武。文既伐申，成亦赦許。子圍篡嫡，商臣殺父。天禍未悔，憑姦自怙。昭困奔亡，懷迫囚虜。頃襄、考烈，祚衰南土。

史記會注考證卷四十一

越王句踐世家第十一

史記四十一

【正義】句踐，越王名也。今越州也。周元王命爲伯也。【考證】史公自序云：「少康之子，實賓南海。文身斷髮，黿鱓與處。既守封禺，奉禹之祀。句踐困彼，乃用種、蠡。嘉句踐夷蠻，能修其德，滅彊吴以尊周室，作越王句踐世家第十一。」方苞曰：句踐先世無所考，子孫事亦甚略，實傳體也。范蠡謀吴霸越，具見句踐語中。其浮海以後事，又不別立傳，而史公惜其奇，故用合傳體，附載於後，非常法也。顧棟高曰：案越自少康初封，歷商至周初，千有餘歲。武王因其舊而不改，延及春秋之季，又五六百年。至允常始與吴相戰伐，見于經、傳。然封域極隘，國語與越絶書所載不同。其北向所至，曰禦兒，曰平原，皆在今嘉興一府之地。其西南至于姑蔑，則在今衢州府龍游縣。然昔人稱餘汗爲越地，淮南王安謂越人欲爲變，必先由餘汗界中，通典亦謂爲越之餘，則自江西廣信至饒州，皆越之西界。國語所云姑蔑，蓋未盡矣。其地全有浙之紹興、寧波、金華、衢、温、台、處七府之地，其嘉、杭、湖三府，則與吴分界。由衢歷江西廣信府至饒之餘干縣，與楚分界。又曰：竊怪句踐以廣運百里之地，而能覆二千里之吴，其後世地兼吴、越，而楚滅之如反掌之易，其故何也？曰：仍句踐自貽之也。當其滅吴，不能正江、淮以北，使楚東侵，廣地至泗上，是爲晝江自守之計，棄地利以與人，其得延至五世，幸矣。

越王句踐，其先禹之苗裔，〔一〕而夏后帝少康之庶子也。封於會稽，以奉守禹之祀。文身斷髮，披草萊而邑焉。〔二〕後二十餘世，至於允常。〔三〕允常之時，與吴王闔廬戰，而相怨伐。〔四〕允常卒，子句踐立，是爲越王。

〔一〕【正義】吴越春秋云：「禹周行天下，還歸大越，登茅山以朝四方羣臣，封有功，爵有德，崩而葬焉。至少康，恐禹迹宗廟祭祀之絶，乃封其庶子於越，號曰無餘。」賀循會稽記云：「少康其少子號曰於越，越國之稱始此。」越絶書云：「無餘都會稽山南，故越城是也。」

〔二〕【考證】梁玉繩曰：禹葬會稽之妄，説在夏紀。夏、商稱帝之妄，説在殷紀。而少康封庶子一節，即緣禹葬于越僞撰。蓋六國時有此談。史公繆取入史。後之著書者，相因成實。史并謂閩、越亦禹苗裔，豈不誕哉？墨子非攻下篇：「越王緊虧出自有遽，始邦于越。」漢地理志注臣瓚曰：「自交阯至會稽七八千里，百粤雜處，各有種姓，不得盡云少康之後。」世本：「越爲芈姓，與楚同祖。」故鄭語稱芈姓夔越。韋昭吴語注：「句踐，祝融之後。」然則越非禹後明矣。越語范蠡曰「吾先君周室之不成子也」。韓詩外傳八曰：「越亦周室之列封也。」然則越非夏封明矣。

〔三〕【正義】輿地志云：「越侯傳國三十餘葉，歷殷至周敬王時，有越侯夫譚，子曰允常，拓土始大，稱王，春秋貶爲子，號爲於越。」杜注云：「於，語發聲也。」【考證】錢大昕曰：少康至桀十一傳，殷湯至紂三十傳，周武王至敬王又二十五傳，而越之世止二十餘，理所必無也。中井積德曰：正義「春秋貶爲子」，子其本爵，何貶之有？愚按：吳越春秋「允常」作「元常」。

〔四〕【考證】王念孫曰：御覽引無「伐」字。

元年，吳王闔廬聞允常死，乃興師伐越。越王句踐使死士挑戰，三行，至吳陳，呼而自剄。吳師觀之，越因襲擊吳師，吳師敗於檇李，〔一〕射傷吳王闔廬。闔廬且死，告其子夫差曰：「必毋忘越。」〔二〕

〔一〕【集解】杜預曰：「吳郡嘉興縣南有檇李城。」【索隱】事在左傳魯定公十四年。【考證】左傳云：「句踐患吳之整也，使死士再禽焉。不應，使罪人三行屬劍於頸，而辭曰：『二君有治，臣奸旗鼓，不敏於君之行前，不敢逃刑，敢歸死。』遂自剄也。師屬之目，越子因而伐之，大敗之。」蓋死士之往禽，與罪人呼而自剄，兩事也。史混并之。公羊傳「檇李」作「醉李」，今浙江嘉興府秀水縣有檇李故城。檇，音醉。

〔二〕【考證】「興師伐越」以下，定十四年左傳。

三年，句踐聞吳王夫差日夜勒兵，且以報越，越欲先吳未發，往伐之。范蠡諫曰：「不可。臣聞兵者凶器也，戰者逆德也，〔一〕争者事之末也。陰謀逆德，好用凶器，試身於所末，上帝禁之，行者不利。」越王曰：「吾已決之矣。」遂興師。吳王聞之，悉發精兵擊越，〔二〕敗之夫椒。〔三〕越王乃以餘兵五千人保棲於會稽。〔四〕吳王追而圍之。

〔一〕【考證】越語。「戰」作「勇」。

〔二〕【考證】「三年」以下，國語越語。

〔三〕【集解】杜預曰：「夫椒在吳郡吳縣，太湖中椒山是也。」【索隱】夫，音符。椒，音焦，本又作「湫」，音酒小反。

賈逵云地名。杜預云太湖中椒山也。按：國語云「敗之五湖」，則椒山爲得，事具哀公元年。【考證】夫椒，越語作「五湖」，此從左傳。夫椒，賈説得之。杜以爲太湖椒山，然湖中非戰所。夫椒與椒山不得一。錢大昕曰：湫、椒，聲相近。伍子胥傳作「夫椒」。楚大夫椒舉，漢書作「湫舉」。

〔四〕【集解】杜預曰：「上會稽山也。」【索隱】鄒誕云：「保山曰棲，猶鳥棲於木以避害也，故六韜曰『軍處山之高者則曰棲』。」【考證】「敗之夫椒」以下，哀元年左傳。會稽在今浙江紹興府會稽縣東南。

越王謂范蠡曰：〔一〕「以不聽子故至於此，爲之柰何？」蠡對曰：「持滿者與天，〔二〕定傾者與人，〔三〕節事者以地。〔四〕卑辭厚禮以遺之，不許，而身與之市。」〔五〕句踐曰：「諾。」乃令大夫種行成於吳，〔六〕膝行頓首曰：「君王亡臣句踐，使陪臣種敢告下執事：句踐請爲臣，妻爲妾。」吳王將許之。〔七〕子胥言於吳王曰：「天以越賜吳，勿許也。」〔八〕種還，以報句踐。句踐欲殺妻子，燔寶器，觸戰以死。種止句踐曰：「夫吳太宰嚭貪，可誘以利，請閒行言之。」〔九〕於是句踐乃以美女寶器令種閒獻吳太宰嚭。〔一〇〕嚭受，乃見大夫種於吳王。種頓首言曰：「願大王赦句踐之罪，盡入其寶器。不幸不赦，句踐將盡殺其妻子，燔其寶器，悉五千人觸戰，必有當也。」〔一一〕嚭因説吳王曰：「越以服爲臣，若將赦之，此國之利也。」〔一二〕吳王將許之。子胥進諫曰：「今不滅越，後必悔之。句踐賢君，種、蠡良臣，若反國，將爲亂。」吳王弗聽，卒赦越，罷兵而歸。

〔一〕【正義】會稽典録云：「范蠡字少伯，越之上將軍也。本是楚宛三户人，佯狂倜儻負俗。文種爲宛令，遣吏謁奉。吏還曰：『范蠡本國狂人，生有此病。』種笑曰：『吾聞士有賢俊之姿，必有佯狂之譏，內懷獨見之明，外有不知之毀，此固非二三子之所知也。』駕車而往，蠡避之。後知種之必來謁，謂兄嫂曰：『今日有客，願假衣冠。』有頃種至，抵掌而談，旁人觀者聳聽之矣。」

〔二〕【集解】韋昭曰：「與天，法天也。天道盈而不溢。」【索隱】與天，天與也。言持滿不溢，與天同道，故天與之。【正義】言執持滿之德，維天能之。越絶云「天道盈而不溢，盛而不驕」。【考證】國語「滿」作「盈」，此避惠帝諱。

〔三〕【集解】虞翻曰：「人道尚謙卑以自牧。」【索隱】人主有定傾之功，故人與之也。

〔四〕【集解】韋昭曰：「時不至，不可彊生；事不究，不可彊成。」【索隱】國語「以」作「與」，此作「以」，亦「與」義也。言地能財成萬物，人主宜節用以法地，故地與之。韋昭等解恐非。【正義】定傾危之計，唯人能之。越絶云「地貴定傾，人貴節事」，與此文反也。【考證】中井積德曰：「以地」之「以」，作「與」爲優。然地人相易而後爲全，越絶書却可徵。

〔五〕【集解】韋昭曰：「市，利也。謂委管籥屬國家，以身隨之。」【正義】卑作言辭，厚遺珍寶。不許平，越王身往事之，如市賈貨易以利。此是定傾危之計。【考證】中井積德曰：市者，從事之謂也。言出身從事，以博利也。

〔六〕【索隱】大夫，官。種，名也。一曰，大夫姓，猶司馬、司徒之比，蓋非也。成者，平也，求和於吳也。【正義】吳越春秋云：「大夫種姓文名種，字子禽。荆平王時爲宛令，之三户之里，范蠡從犬竇蹲而吠之，從吏恐文種慙，令人引衣而鄣之。文種曰：『無鄣也。吾聞犬之所吠者人，今吾到此，有聖人之氣，行而求之，來至於此。且人身而犬吠者，謂我是人也。』乃下車拜，蠡不爲禮。」【考證】沈家本曰：正義引吳越春秋，今吳越春秋未見是語。

〔七〕【考證】「越王謂范蠡曰」以下，國語越語。

〔八〕【考證】以上哀元年左傳。

〔九〕【索隱】閒，音紀閑反。閒行，猶微行。

〔一〇〕【索隱】國語云：「越飾美女八人，使大夫種遺太宰嚭。」

〔一一〕【索隱】言悉五千人觸戰，或有能當吳兵者。故國語作「耦」，耦亦相當對之名。又下云「無乃傷君王之所愛乎」，是有當則相傷也。【考證】張文虎曰：王、柯、凌本脱「悉」字。中井積德曰：當，「斬獲過當」之「當」，言越五千人戰死，則吳兵亦數千死矣，是相當對也。作「耦」亦同。傷君王之所愛，亦即當對數中矣。

〔一二〕【考證】楓山、三條本「以」作「已」。錢大昕曰：「以」與「已」同。愚按：「將」字疑因下文衍。

句踐之困會稽也，〔一〕喟然嘆曰：「吾終於此乎？」種曰：「湯繫夏臺，文王囚羑里，晉重耳犇翟，齊小白犇莒，其卒王霸。由是觀之，何遽不爲福乎？」〔二〕

〔一〕【考證】楓山、三條本「困」作「圍」。

〔二〕【考證】遽，詎同。

吳既赦越，越王句踐反國，乃苦身焦思，置膽於坐，坐卧即仰膽，飲食亦嘗膽也。〔一〕曰：「女忘會稽之恥邪？」身自耕作，夫人自織，食不加肉，衣不重采，折節下賢人，厚遇賓客，振貧弔死，與百姓同其勞。〔二〕欲使范蠡治國政，蠡對曰：「兵甲之事，種不如蠡；填撫國家，親附百姓，蠡不如種。」〔三〕於是舉國政屬大夫種，〔四〕而使范蠡與大夫柘稽〔五〕行成，爲質於吳。二歲而吳歸蠡。〔六〕

〔一〕【考證】楓山、三條本無「飲食亦嘗膽也」六字。

〔二〕【集解】徐廣曰：弔，一作「葬」。【考證】楓山、三條本「振」作「賑」。

〔三〕【索隱】填，音鎮。【考證】各本「填」作「鎮」，今從索隱本。

〔四〕【考證】「身自耕作」以下本國語越語。

〔五〕【索隱】越大夫也。國語作「諸稽郢」。【考證】錢大昕曰：柘、諸，聲相近。

〔六〕【考證】張照曰：國語句踐與范蠡「入宦於吳三年，而吳人遣之」。越絶書亦作「越王入宦於吳三年，吳王歸」。愚按：韓子所記，亦與越語、越絶書同。

句踐自會稽歸七年，拊循其士民，欲用以報吳。大夫逢同諫曰：〔一〕「國新流亡，今乃復殷給，繕飾備利，吳必懼，懼則難必至。且鷙鳥之擊也，必匿其形。〔二〕今夫吳兵加齊、晉，怨深於楚、越，〔三〕名高天下，實害周室，德少而功多，必淫自矜。爲越計，莫若結齊親楚附晉，以厚吳。吳之志廣，必輕戰。是我連其權，三國伐之，越承其弊，可克也。」〔四〕句踐曰：「善。」

〔一〕【索隱】逢，姓；同，名。故楚有逢伯。【考證】逢，越絶作「馮」，吳越春秋作「扶」。凌本「欲」上衍「士民」二字。

〔二〕【考證】六韜：「鷙鳥將擊，卑飛斂翼。」

〔三〕【考證】加兵齊、晉，結怨楚、越。

〔四〕【考證】使三國伐驕吳，是我連其權也。

居二年，吳王將伐齊。子胥諫曰：「未可。〔一〕臣聞句踐食不重味，與百姓同苦樂。此人不死，必爲國患。吳有越，腹心之疾，齊與吳，疥癬也。〔二〕願王釋齊先越。」吳王弗聽。遂伐齊，敗之艾陵，〔三〕虜齊高、國〔四〕以歸。讓子胥。〔五〕子胥曰：「王毋喜！」王怒，子胥欲自殺，王聞而止之。〔六〕越大夫種曰：「臣觀吳王政驕矣，請試嘗之貸粟，以卜其事。」請貸，吳王欲與，子胥諫勿與，王遂與之，越乃私喜。子胥言曰：「王不聽諫，後三年，吳其墟乎！」太宰嚭聞之，乃數與子胥爭越議，因讒子胥曰：「伍員貌忠而實忍人，其父兄不顧，安能顧王？〔七〕王前欲伐齊，員彊諫，已而有功，用是反怨王。王不備伍員，員必爲亂。」與逢同共謀，讒之王。〔八〕王始不從，乃使子胥於齊，聞其託子於鮑氏，王乃大怒曰：「伍員果欺寡人！」役反，使人賜子胥屬鏤劍以自殺。〔九〕子胥大笑曰：「我令而父霸，〔一〇〕我又立若，〔一一〕若初欲分吳國半予我，我不受，已，今若反以讒誅我。嗟乎，嗟乎，一人固不能獨立！」〔一二〕報使者曰：「必取吾眼置吳東門，以觀越兵入也！」〔一三〕於是吳任嚭政。

〔一〕【考證】楓山、三條本無「未可」二字。

〔二〕【索隱】疥瘲，音介匙。【考證】凌稚隆曰：瘲，息淺切，與「癬」同。

〔三〕【索隱】在魯哀十一年。【考證】「二年」以下，本國語吳語、哀十一年左傳。艾陵，今山東泰安府泰安縣博縣故城南。

〔四〕【索隱】國惠子、高昭子。【考證】張照曰：哀十一年左傳「戰于艾陵，展如敗高子，國子敗胥門巢，王卒助之，大敗齊師，獲國書、公孫夏、閭丘明、陳書、東郭書，革車八百乘，甲首三千，以獻於公」。是高子敗，國子見虜也。後又云「歸國子之元」，想當時歿於陳耳。此兼言高子，與左傳異。

〔五〕【考證】以、已通。

〔六〕【考證】吴語云：「吴王還自伐齊，乃訊申胥，申胥曰：『天之所棄，必驟近其小喜，而遠其大憂。今王天禄亟至，是吴命之短也。員不忍見王之親爲越之禽也。員請先死。』遂自殺。」哀十一年左傳云：「反役，吴王使賜子胥屬鏤以死。」皆不言吴王止子胥自殺。

〔七〕【考證】岡白駒曰：楚嘗以免父死召二子，伍尚歸，子胥奔。

〔八〕【考證】梁玉繩曰：按事詳越絶。然逢乃越臣，何以在吴與伯嚭爲友而譖伍胥邪？越絶亦云句踐殺太宰嚭、逢同與其妻子。徐孚遠疑范蠡既歸，而遣逢事吴，或當然也。

〔九〕【考證】「使子胥」以下據哀十一年左傳。「役反」，各本作「欲反」，今依館本。左傳作「反役」。「屬鏤」解，見吴世家。

〔一〇〕【索隱】而，汝也。父，闔廬也。

〔一一〕【索隱】若，亦汝也。

〔一二〕【考證】一人，謂夫差也。岡龍州爲子胥自謂，非是。

〔一三〕【索隱】國語云吴王愠曰「孤不使大夫得見」，乃盛以鴟夷，投之于江也。【正義】越後滅吴，從闔閭城東南開示浦，以子胥夢示之，因爲名。是從東門滅吴也。【考證】「曰必取吾眼」以下據國語吴語。

居三年，句踐召范蠡曰：「吴已殺子胥，導諛者衆，可乎？」〔一〕對曰：「未可。」〔二〕

〔一〕【考證】杭世駿曰：三年，當作「二年」。據左傳，殺子胥後至會黄池，首尾三年。下云「明年春會黄池」，合此二年，始足三年之數。王念孫曰：導諛，即諂諛也。或作「道諛」，莊子天地篇「道諛之人」是也。又云「謂己道人」，「謂己諛人」。道人即諂人也。

〔二〕【考證】「句踐召范蠡」以下據吴語。

至明年春，〔一〕吳王北會諸侯於黃池，〔二〕吳國精兵從王，惟獨老弱與太子留守。〔三〕句踐復問范蠡，蠡曰：「可矣。」〔四〕乃發習流二千人，〔五〕教士四萬人，〔六〕君子六千人，〔七〕諸御千人，〔八〕伐吳。吳師敗，遂殺吳太子。吳告急於王，王方會諸侯於黃池，懼天下聞之，乃祕之。吳王已盟黃池，乃使人厚禮以請成越。越自度亦未能滅吳，乃與吳平。〔九〕

〔一〕【考證】梁玉繩曰：案春秋在夏。

〔二〕【索隱】在哀十三年。【考證】黃池在今河南封丘縣。

〔三〕【索隱】據左氏傳，太子名友。【考證】「吳王北會」以下，哀十三年左傳。

〔四〕【考證】以上本越語。

〔五〕【索隱】虞書云「流宥五刑」。按：流放之罪人，使之習戰任爲卒伍，故有二千人。【正義】謂先慣習流，利戰陣，死者二千人也。【考證】「人」字各本脱，今依索隱本補。顧炎武曰：習流，謂士卒之善泅者，別爲一軍。徐天祐曰：笠澤之戰，越以三軍潛涉，蓋以舟師勝。所謂習流，即習水戰之兵。若曰罪人習戰，越一小國，流放者何至二千人哉？

〔六〕【索隱】謂常所教練之兵也。故孔子曰「以不教民戰，是謂棄之」是也。

〔七〕【集解】韋昭曰：「君子，王所親近有志行者，猶吳所謂『賢良』，齊所謂『士』也。」虞翻曰：「言君養之如子。」【索隱】君子，謂君所子養有恩惠者。又按：左氏「楚沈尹戌帥都君子以濟師」，杜預曰「都君子，謂都邑之士有復除者」。國語「王以私卒君子六千人」。

〔八〕【索隱】諸御，謂諸理事之官，在軍有職掌者。【考證】中井積德曰：教士賤，專爲戰鬭之士。若君子，則非士伍之賤，自有禄位者。諸御，謂御士也。掌侍從門御者，如周之虎賁，漢之郎官也。御士之類非一，故曰諸御也。

〔九〕【考證】「吳師敗」以下本哀十三年左傳。

其後四年，越復伐吳，吳士民罷弊，輕銳盡死於齊、晉，而越大破吳，因而留圍之。三年，吳師敗，越遂復棲吳王於姑蘇之山。吳王使公孫雄〔一〕肉袒膝行而前，〔二〕請成越王曰：「孤臣夫差，敢布腹心，異日嘗得罪於會稽，夫差不敢逆命，得與君王成以歸。今君王舉玉趾而誅孤臣，孤臣惟命是聽，意者亦欲如會稽之赦孤臣之罪乎？」〔三〕句踐不忍，欲許之。范蠡曰：「會稽之事，天以越賜吳，吳不取。今天以吳賜越，越其可逆天乎？且夫君王蚤朝晏罷，非爲吳邪？謀之二十二年，一旦而棄之，可乎？且夫天與弗取，反受其咎。『伐柯者，其則不遠』，〔四〕君忘會稽之戹乎？」句踐曰：「吾欲聽子言，吾不忍其使者。」范蠡乃鼓進兵曰：「王已屬政於執事，〔五〕使者去，不者且得罪。」〔六〕吳使者泣而去。〔七〕句踐憐之，乃使人謂吳王曰：「吾置王甬東，君百家。」〔八〕吳王謝曰：「吾老矣，不能事君王！」遂自殺。乃蔽其面，曰：〔九〕「吾無面以見子胥也！」〔一〇〕越王乃葬吳王而誅太宰嚭。〔一一〕

〔一〕【集解】虞翻曰：「吳大夫。」【正義】夫差棲於姑蘇山，轉戰于西北，敗于遂。【考證】姑蘇在今江蘇吳縣西北三十里。梁玉繩曰：〔王〕〔公〕孫雄，國語今本作「王孫雄」，宋本作「雒」，越絶、吳越春秋作「王孫駱」，音同而通用。墨子所染、説苑雜言並作「雒」，呂氏春秋當染篇作「雄」，而困學紀聞六引呂是「王孫雒」，則「雄」字誤。韓子説疑作「頟」，蓋「雒」之譌也。

〔三〕【考證】肉袒，去上衣，露肢體，意謂歸罪就刑戮。

〔三〕【考證】楓山、三條本「亦」下無「欲」字。愚按：「欲」字衍。「赦」上奪「事」字。

〔四〕【考證】逸周書：「天與弗取，反受其咎。當斷弗斷，反招其亂。」取、咎韻。「其則不遠」，詩豳風伐柯篇。柯，斧柄。

〔五〕【集解】虞翻曰：「執事，蠡自謂也。」【考證】國語「事」下有「之人」二字。

〔六〕【集解】虞翻曰：「我爲子得罪。」【索隱】虞翻注蓋依國語之文，今望此文，謂使者宜速去，不且得罪於越，義亦通。【考證】國語云：「子往矣，無使執事之人得罪於子。」顧炎武曰：且得罪，言欲兵之。

〔七〕【考證】國語云：「使者辭反。」「吴王使公孫雄」以下采國語越語。

〔八〕【集解】杜預曰：「甬東，會稽句章縣東海中州也。」【索隱】國語云「與之夫婦三百」是也。

〔九〕【正義】今之面衣，是其遺象也。越絶云「吴王曰『聞命矣！以三寸帛幎吾兩目。使死者有知，吾慙見伍子胥、公孫聖，以爲無知，吾恥生者』。越王則解綬以幎其目，遂伏劒而死」。幎，音覓。顧野王云大巾覆也。

〔一〇〕【考證】以上采國語吴語。

〔一一〕【考證】誅嚭，説在吴世家。

句踐已平吴，乃以兵北渡淮，與齊、晉諸侯會於徐州，〔一〕致貢於周。周元王使人賜句踐胙，命爲伯。句踐已去，渡淮南，以淮上地與楚，〔二〕歸吴所侵宋地於宋，與魯泗東方百里。當是時，越兵横行於江、淮東，諸侯畢賀，號稱霸王。〔三〕

〔一〕【考證】徐州本薛地，今山東兖州府滕縣。沈家本曰：吴越春秋注引索隱曰「徐音舒」。徐州，齊邑薛縣是也。其字從人，左氏作「舒」。

〔二〕【集解】楚世家曰：「越滅吳而不能正江、淮北，楚東侵廣地至泗上。」

〔三〕【索隱】越在蠻夷，少康之後，地遠國小，春秋之初，未通上國，國史既微，略無世系，故紀年稱爲「於粵子」。據此文，句踐平吳之後，周元王始命爲伯，後遂僭而稱王也。【考證】吳語云「越滅吳，上征上國，宋、鄭、魯、衛、陳、蔡執玉之君皆入朝」。中井積德曰：命爲伯，恐誇張之言，非實然也。

范蠡遂去，〔一〕自齊遺大夫種書曰：「蜚鳥盡，良弓藏；狡兔死，走狗烹。〔二〕越王爲人長頸鳥喙，可與共患難，不可與共樂。子何不去？」種見書，稱病不朝。人或讒種且作亂，越王乃賜種劍曰：「子教寡人伐吳七術，〔三〕寡人用其三而敗吳，其四在子，子爲我從先王試之。」〔四〕種遂自殺。

〔一〕【考證】范蠡去，國語吳語。

〔二〕【集解】徐廣曰：「狡，一作『郊』。」【考證】藏、烹，韻。韓非子内儲説：「狡兔盡則良犬烹，敵國滅則〔亡〕〔謀〕臣亡。」三略：「高鳥死，良弓藏；敵國滅，謀臣亡。」文子上德篇：「狡兔得而獵犬烹，高鳥盡而良弓藏。」淮南子説林訓：「狡兔得而獵狗烹，高鳥盡而良弩藏。」史記淮陰侯傳：「蒯通曰：『野獸已盡而獵狗烹。』韓信曰：『狡兔死，良狗烹。高鳥盡，良弓藏。敵國破，謀臣亡。』」語異意同。蓋當時有此語。陶朱引之，後人述之。

〔三〕【正義】越絶云：「九術：一曰尊天事鬼；二曰重財幣以遺其君；三曰貴糴粟槀，以空其邦；四曰遺之好美，以熒其志；五曰遺之巧匠，使起宫室高臺，以盡其財以疲其力；六曰貴其諛臣，使之易伐；七曰彊其諫臣，使之自殺；八曰邦家富而備器利；九曰堅甲利兵，以承其弊。」【考證】梁玉繩曰：越絶、吳越春秋作「九術」。

〔四〕【考證】岡白駒曰：試，用也。言當用之地下也。

句踐卒，〔一〕子王鼫與立。〔二〕王鼫與卒，子王不壽立。王不壽卒，〔三〕子王翁立。王翁卒，〔四〕子王翳立。〔五〕王翳卒，子王之侯立。〔六〕王之侯卒，子王無彊立。〔七〕

〔一〕【索隱】紀年云：「晉出公十年十一月，於粵子句踐卒，是爲菼執。」

〔二〕【索隱】鼫，音石。與，音餘。按：紀年云「於粵子句踐卒，是菼執。次鹿郢立，六年卒」。樂資云「越語謂鹿郢爲鼫與也」。【考證】鼫與，哀二十四年左傳作「適郢」。吳越春秋名「興夷」，越絕作「與夷」。金履祥曰：鼫與必其號，猶句踐之號菼執。

〔三〕【索隱】紀年云：「不壽立十年見殺，是爲盲姑。次朱句立。」【考證】沈家本曰：越絕無不壽一代。

〔四〕【索隱】紀年於粵子朱句三十四年，滅滕；三十五年，滅郯；三十七年，朱句卒。

〔五〕【考證】沈家本曰：越絕、吳越春秋並無王翳一代，而稱翁子不揚，不揚字無彊。

〔六〕【索隱】紀年云：「翳三十三年，遷于吳。三十六年七月，太子諸咎弒其君翳，十月，粵殺諸咎粵滑，吳人立子錯枝爲君。明年，大夫寺區定粵亂，立無余之。十二年，寺區弟忠弒其君莽安，次無顓立。無顓八年薨，是爲菼蠲卯。」故莊子云「越人三弒其君，子搜患之，逃乎丹穴不肯出，越人薰之以艾，乘以王輿」。樂資云「號曰無顓」。蓋無顓後乃次無彊也，則王之侯即無余之也。【考證】梁玉繩曰：莊子讓王篇言「越三世殺君，王子搜逃乎丹穴不肯出」。音義曰：「搜，淮南子作『翳』。」呂氏春秋貴生篇亦引此事。高誘注云：「越王翳也。」而審己篇有越王授，注謂「句踐五世孫」。名號既異，代系多乖，莫可詳究。黄以周曰：之侯即子搜，古音近，相通用。

〔七〕【索隱】蓋無顓之弟也，音其良反。【考證】沈家本曰：吳越春秋無王之侯一代，越絕則以爲無彊子。

王無彊時，越興師，北伐齊，西伐楚，與中國争彊。當楚威王之時，越北伐齊，齊威王使人説越王曰：〔一〕「越不伐楚，大不王，小不伯。圖越之所爲不伐楚者，爲不得晉也。〔二〕韓、魏固不攻楚。韓之攻楚，覆其軍，殺其將，則葉、陽翟危；〔三〕魏亦覆其軍，殺其將，則陳、上蔡不安。〔四〕故二晉之事越也，〔五〕不至於覆軍殺將，馬汗之力不效。〔六〕所重於得晉者，何也？」〔七〕越王曰：「所求於晉者，不至頓刃接兵，而況于攻城圍邑乎？〔八〕願魏以聚大梁之下，願齊之試兵南陽、莒地，〔九〕以聚常、郯之境，〔一〇〕則方城之外不南，〔一一〕淮、泗之閒不東，商、於、析、酈、〔一二〕宗胡之地，〔一三〕夏路以左，不足以備秦，〔一四〕江南、泗上不足以待越矣。〔一五〕則齊、秦、韓、魏得志於楚也，〔一六〕是二晉不戰而分地，不耕而穫之。〔一七〕不此之爲，而頓刃於河、山之閒，以爲齊、秦用，〔一八〕所待者如此其失計，柰何其以此王也！」〔一九〕齊使者曰：「幸也，越之不亡也！〔二〇〕吾不貴其用智之如目，見豪毛而不見其睫也。〔二一〕今王知晉之失計，而不自知越之過，是目論也。〔二二〕王所待於晉者，非其馬汗之力也，〔二三〕又非可與合軍連和也，將待之以分楚衆也。今楚衆已分，何待於晉？」越王曰：「柰何？」曰：「楚三大夫張九軍，北圍曲沃、於中，〔二四〕以至無假之關者，三千七百里，〔二五〕景翠之軍，北聚魯、齊、南陽，分有大此者乎？〔二六〕且王之所求者，鬭晉、楚也；晉、楚不鬭，越兵不起，是知二五而不知十也。此時不攻楚，臣以是知越大不王，小不伯。復讎、龐、長沙，楚之粟也；〔二七〕竟澤陵，楚之材也。越窺兵通無假之關，〔二八〕此四邑者，不上貢事於郢矣。〔二九〕臣聞之，圖王不王，其敝可以伯。然而不伯者，王道失也。〔二〇〕故願大王之轉攻楚也。」

〔一〕【考證】梁玉繩曰：楚威不與齊威同時，當作「齊宣王」。攷古質疑謬據此文以爲齊威王在位四十六年之證，殊不然也。

〔二〕【正義】晉即韓、魏也。爾時三晉滅其君，已三十餘年矣。【考證】岡白駒曰：爲，去聲。言未得志於二晉也。姚範曰：按越伐齊，而齊以得二晉爲言，疑越不得齊，則韓、魏與齊合，而不敢交於越。故越欲得韓、魏，必伐齊也。

〔三〕【正義】葉，式涉反，今許州葉縣。陽翟，河南陽翟縣也。二邑此時屬韓，與楚犬牙交境，韓若伐楚，恐二邑爲楚所危。【考證】中井積德曰：危者，將喪也。

〔四〕【正義】陳，今陳州也。上蔡，今豫州上蔡縣也。二邑此時屬魏，與楚犬牙交境，魏若伐楚，恐二國爲楚所危也。

〔五〕【正義】言韓、魏與楚鄰，今令越合於二晉而伐楚。

〔六〕【集解】徐廣曰：「效，猶見也。」【考證】中井積德曰：「二晉」句與下文相連屬，言二晉與越交合，必不肯盡力致勞，似非可欲者，以詰越王。效，呈致也。

〔七〕【正義】從「不至」已下，此是齊使者重難越王。

〔八〕【正義】頓刃，築營壘也。接兵，戰也。越王言韓、魏之事越，猶不至頓刃接兵，而況更有攻城圍邑，韓、魏始服乎？言畏秦、齊而故事越也。【考證】刃，鋒刃也。頓，鈍通。正義誤。中井積德曰：言越之求於晉，不須其致力致勞也。岡白駒曰：所求惟下文「願」云云是已。

〔九〕【正義】此南陽在齊之南界，莒之西。

〔一〇〕【索隱】常，邑名，蓋田文所封邑。郯，故郯國。二邑皆齊之南地。【考證】中井積德曰：上下文皆累言韓、魏二晉，而此乃舍韓而説齊、魏，何也？疑是譌文。

〔一一〕【正義】方城山在許州葉縣西南十八里。外，謂許州、豫州等。言魏兵在大梁之下，楚方城之兵不得南伐越也。

〔一二〕【索隱】四邑，並屬南陽，楚之西南也。【正義】酈，音擲。括地志云：「南洛縣則古商國城也。荆州圖副云『鄧州内鄉縣東七里於村，即於中地也』。」括地志又云：「鄧州内鄉縣楚邑也。故酈縣在鄧州新城縣西北三十里。」按：商、於、析、酈在商、鄧二州界縣邑也。

〔一三〕【集解】徐廣曰：「胡國今之汝陰。」【索隱】宗胡，邑名，胡姓之宗，因以名邑。杜預云「汝陰縣北有故胡城」是。【考證】各本「宗」作「宋」，今從索隱本。中井積德曰：宗、胡疑是兩地。

〔一四〕【集解】徐廣曰：「蓋謂江夏之夏。」【索隱】徐氏以爲江夏，非也。劉氏云「楚適諸夏，路出方城，人向北行，以西爲左，故云夏路以左」，其意爲得也。【正義】括地志云：「故長城，在鄧州内鄉縣東七十五里，南入穰縣，北連翼望山，無土之處，累石爲固。楚襄王控霸南土，争强中國，多築列城於北方，以適華夏，號爲方城。」按：此説劉氏爲得，云邑徒衆少，不足備秦嶢、武二關之道也。【考證】岡白駒曰：楚之衆之不足備秦也。

〔一五〕【正義】江南洪、饒等州，春秋時爲楚東境也。泗上，徐州，春秋時楚北境也。二境並與越鄰，言不足當伐越。【考證】中井積德曰：正義「伐」字疑衍。

〔一六〕【正義】齊國泗上界楚，秦出武關侵楚，韓葉、陽翟鄰楚，魏南陳、上蔡接楚。言四國欲伐楚，是得其志於楚也。

〔一七〕【正義】言齊、秦攻楚，韓、魏舉兵，未戰而以得地，是猶不耕而穫之。

〔一八〕【正義】言韓、魏頓刃於黄河、華山之間，若此險固，猶爲齊、秦使役也。

〔一九〕【考證】此答「越不伐楚，大不王」之言。所待，越待於韓、魏也。下文「王所待於晉」，承此而言。如此其失計，猶言其失計如此。

〔二〇〕【考證】「幸」下「也」字，做「哉」字看。

〔二一〕【考證】王念孫曰：「不貴」二字，當作「患」。韓子喻老篇杜子諫楚莊王曰「臣患王之智如目也，能見百步之外，而不能自見其睫」，語意正與此同。太平御覽引此，「見」上有「自」字。愚按：「不貴」二字自通，不必改。十八字爲一句。

〔二二〕【索隱】言越王知晉之失，不自覺越之過，猶人眼能見豪毛，而自不見其睫，故謂之目論也。【正義】論，郎頓反。齊使云越王知晉之失計，不自知己分。越王之過，猶人眼見毫毛而不見其睫。故云「目論」。

〔二三〕【考證】宋本、游本「其」作「有」。

〔二四〕【集解】徐廣曰：「一作『北面曲沃』。」【正義】括地志云：「曲沃故城，在陝縣西三十二里。於中在鄧州內鄉縣東七里。爾時曲沃屬魏，於中屬秦，二地相近，故楚圍之。」

〔二五〕【集解】徐廣曰：「無，一作『西』。」【正義】按：無假之關當在江南長沙之西北也。言從曲沃、於中西至漢中、巴、巫、黔中千餘里，皆備秦、晉也。【考證】中井積德曰：三千七百里，謂兵之分散也。

〔二六〕【正義】魯，兗州也。齊，密州莒縣邑南至泗上也。南陽，鄧州也，時屬韓也。言楚又備此三國也，分散有大此者乎？

〔二七〕【集解】徐廣曰：「龐，一作『寵』。」【索隱】劉氏云「復者，發語之聲」，非也。言發語聲者，文勢然也，則是脱「況」字耳。讎，當作「犫」。犫，邑名，字訛耳，則犫、龐、長沙是三邑也。下云「竟澤陵」，當爲「竟陵澤」。言竟陵之山澤出材木，故楚有七澤，蓋其一也。合上文爲四邑也。【正義】復，扶富反。

〔二八〕【集解】徐廣曰：「無，一作『西』。」

〔二九〕【正義】言今越北欲鬬晉、楚，南復讎敵楚之四邑，龐、長沙、竟陵澤也。龐，長沙出粟之地。竟陵澤，出材木之地。此邑近長沙潭、衡之境，越若窺兵，西通無假之關，則四邑不得北上貢於楚之郢都矣。戰國時，永、郴、衡、潭、岳、鄂、江、洪、饒，並是東南境，屬楚也。袁、吉、虔、撫、歙、宣並越西境，屬越也。【考證】崔適曰：「齊威王使人説越王」至「此四邑者，不上貢於郢矣」，各本多遺脱，頗難索解。

〔三〇〕【正義】言圖王不得王，其弊因猶可以伯。然而不伯者，其道猶在，唯失王道也。

於是越遂釋齊而伐楚。楚威王興兵而伐之，大敗越，殺王無彊，盡取故吳地，至浙江，北破齊於徐州。〔一〕而越以此散，〔二〕諸族子争立，或爲王，或爲君，濱於江南海上，〔三〕服朝於楚。

〔一〕【集解】徐廣曰：「周顯王之四十六年。」【索隱】按紀年，粤子無顓薨，後十年，楚伐徐州，無楚敗越殺無彊之語，是無彊爲無顓之後，紀年不得録也。

〔三〕【考證】表在三十六年，通鑑繫之於周顯王三十五年。黄以周曰：「司馬氏撰史記，不能詳越事。所作越世家，世次殘闕，事蹟疏略。自句踐滅吳，陶朱富家外，寥寥數語，以畢其事。而其所致詳者，謂王無彊聽齊威王言伐楚，爲楚威王所滅，在圍齊徐州前一事。後人作編年之史，修吳、越之志，悉從其説。今參攷諸書，而知其有大謬不然者。年表齊威王卒於周顯王二十六年，楚威王立於周顯王三十年。兩威王初不同時。徐州之圍，在周顯王三十六年，是時齊威王之墓木拱矣。且偏攷秦、漢古書，楚圍徐州之年，並無三大夫圍於中，景翠圍南陽事。景翠於楚威王時未任用，至懷王屢使將兵，見國策。楚世家、年表書楚圍徐州，並不書楚之敗越滅越，是司馬氏不能無疑也。楚之敗越殺王無彊，當在周赧王八年，爲楚之懷王之二十二年。時秦攻宜陽，兵罷於韓，與楚和親。見國策、秦紀、甘茂傳。而越適亂，楚遂乘而滅之。其明年，齊遺楚爲從，而楚臣昭睢有「王雖東取地于越，不足以刷恥，秦破宜陽，韓猶事秦」之語，皆就當日事情規戒其君。見楚世家。當依徐廣説在二十二年。世家亦誤。則楚之得故吳地，在懷王二十三年前，當秦拔宜陽時可知矣。舊史知敗越在秦拔宜陽時，而楚圍徐州之年，亦適有秦拔宜陽事，見韓世家。故牽連及之，而不察其違也。周赧王十年，齊使甘茂於楚，懷王新與秦合婚而驩，而秦聞甘茂在楚，欲相之，懷王問范蜎，蜎曰「王前用召滑於越，而內行章儀之難，越國亂，故楚南塞厲門，而郡江東。今王已用之於越矣，而忘之於秦，臣以爲王鉅速忘矣。」見楚策、年表、甘茂傳。云「鉅速忘」者，敗越尚在三年中也，而謂王無彊當楚威王圍徐州時，已爲楚滅，盡失故吳地，可乎哉？徐廣攷之不詳，乃謂楚圍徐州，爲說越伐楚之故。攷之國策、孟嘗君傳，楚圍徐州，怒田嬰之王齊、魏，實無與於說越事也。索隱每引紀年所載越事，以補世家之闕，訂世家之譌，而紀年於越無顓薨後，既不書繼立者之爲無彊，亦不書楚敗越殺無彊事，索隱因此無從考其世次，而但云「蓋無顓後乃次無彊也」。亦無辨其殺無彊之在何年，而但云紀年「楚伐徐州，無楚敗越殺無彊語」。今本紀年於無顓卒下而云「次無彊立矣」。於「圍徐州」下而云「遂伐於越，殺無彊矣」。此係後人竄改，非其舊也。至於世家言楚殺王無彊後，諸子濱於江南海上者，蓋謂自此避居浙江會稽，會稽本近海也。或者因此謂是時會稽已失，濱在台州臨海地。攷之楚世家頃襄王十八年，楚人有以弱弓說王者，曰「王北遊目于燕之遼東，而南登於越之會稽」，是越之會稽，至楚頃襄王時猶未失也。其失會稽，在秦并楚之後。故秦紀云「定楚江南地，降越君，置會稽郡也」。王無彊雖敗，而浙東爲越故土，仍未失。世家云楚取故吳地至浙江，斯言本不誣也。

〔三〕【正義】今台州臨海縣是也。【考證】沈家本曰：按吳越春秋，彊卒子玉，玉卒子尊，尊卒子親，親失琅邪，爲楚所滅。越絕：「楚威王滅無彊，無彊子之侯，竊自立爲君長，之侯子尊，尊子親失衆，楚伐之，奔南山。」所言各不同。黃以周曰：蓋謂自此避居浙江會稽。會稽本近海也，正義非。

後七世，至閩君搖，佐諸侯平秦。漢高帝復以搖爲越王，以奉越後。東越，閩君，皆其

後也。〔一〕

〔一〕【考證】闔越傳亦云：「無諸及搖皆句踐後。」

范蠡〔一〕事越王句踐，既苦身勠力，與句踐深謀二十餘年，竟滅吳，報會稽之恥，北渡兵於淮，以臨齊、晉，號令中國，以尊周室，句踐以霸，而范蠡稱上將軍。還反國，范蠡以爲大名之下，難以久居，且句踐爲人，可與同患，難與處安，爲書辭句踐曰：〔二〕「臣聞主憂臣勞，主辱臣死。昔者君王辱於會稽，所以不死，爲此事也。今既以雪恥，臣請從會稽之誅。」句踐曰：「孤將與子分國而有之。不然，將加誅于子。」范蠡曰：「君行令，臣行意。」〔三〕乃裝其輕寶珠玉，自與其私徒屬乘舟浮海以行，終不反。於是句踐表會稽山以爲范蠡奉邑。〔四〕

〔一〕【集解】太史公素王妙論曰：「蠡本南陽人。」列仙傳云：「蠡，徐人。」【正義】吳越春秋云：「蠡字少伯，乃楚宛三戶人也。」越絶云：「在越爲范蠡，在齊爲鴟夷子皮，在陶爲朱公。」又云：「居楚曰范伯。謂大夫種曰：『三王則三皇之苗裔也，五伯乃五帝之末世也。天運歷紀，千歲一至，黄帝之元，執辰破巳，霸王之氣，見於地戶。伍子胥以是挾弓矢干吳王。』於是要大夫種入吳。此時馮同相與共戒之：『伍子胥在，自餘不能關其詞。』蠡曰：『吳、越之邦，同風共俗。地戶之位，非吳則越。彼爲彼，我爲我。』乃入越，越王常與言，盡日方去。」七略云素王妙論二卷，司馬遷撰也。【考證】正義「七略」以下十七字依桃源鈔補，與困學紀聞所引合。錢大昕曰：術家以亥爲天門，巳爲地戶。建在亥，則破在巳，執在辰矣。巳爲楚分。而吳、越在中國之東南，正當巳位，故云地戶之位非吳則越。春秋時，能病楚者吳，能病吳者越，以其當地戶也。沈家本曰：正義引吴越春秋，今吴越春秋無此語。引越絶云「在陶爲朱，彼爲彼，我爲我，方去」，今越絶無此語。

〔二〕【考證】越語云「反至五湖。范蠡辭於王曰：『君王勉之，臣不復入越國矣。』」據此則范蠡與越王對語，非贈書。

〔三〕【考證】「臣聞」以下采越語。越語「令」作「制」。

〔四〕【索隱】國語云「乃環會稽三百里，以爲范蠡之地」。奉，音扶用反。【考證】梁玉繩曰：蠡已去越，何奉邑之有？國語云「以爲范蠡地」，不言奉邑也。愚按：「浮海以行」以下本越語。

范蠡浮海出齊，變姓名，自謂鴟夷子皮，〔一〕耕于海畔，苦身戮力，父子治産。居無幾何，致産數十萬。〔二〕齊人聞其賢，以爲相。范蠡喟然嘆曰：「居家則致千金，居官則至卿相，此布衣之極也。久受尊名，不祥。」〔三〕乃歸相印，盡散其財，以分與知友鄉黨，而懷其重寶，閒行以去，止于陶，〔四〕以爲此天下之中，交易有無之路通，爲生可以致富矣。〔五〕於是自謂陶朱公。〔六〕復約要，父子耕畜，廢居候時，轉物逐什一之利。〔七〕居無何，則致貲累巨萬。〔八〕天下稱陶朱公。

〔一〕【索隱】范蠡自謂也。蓋以吴王殺子胥，而盛以鴟夷，今蠡自以有罪故爲號也。韋昭曰「鴟夷，革囊也」。或曰：生牛皮也。【正義】吴王誅子胥，盛鴟夷子皮，棄之江中。蠡既去越，比之子胥，自號鴟夷子皮。鴟夷用馬革爲之，形若榼也。韋昭曰：「鴟夷，革囊也。韓子云『鴟夷子皮事田成子，去齊之燕，子皮從之』。」

〔二〕【考證】柯、凌本「十」作「千」。

〔三〕【考證】是與上文「大名之下難以久居」語異意同。張良云：「以三寸舌爲帝者師。封萬户，位列侯，此布衣之極，於良足矣。願棄人間事，欲從赤松子游耳。」蓋自鴟夷子得來。凌稚隆曰：淮南子言簡公專任宰相，故使田常、鴟夷子皮得成其難。史稱蠡自謂鴟夷子皮，爲齊相。然則蠡相齊之後，又爲田常謀，事成，乃去耳。

〔四〕【集解】徐廣曰：「今之濟陰定陶。」【正義】括地志云：「陶山在濟州平陰縣東三十五里。」止此山之陽也，今山南五里猶有朱公冢。【考證】陶，今山東定陶縣。

〔五〕【考證】爲生，治產也。

〔六〕【考證】秦策：「蔡澤曰『范蠡超然避世，長爲陶朱君』。」

〔七〕【正義】畜，許六反。耕，耕田也。畜，養五牸也。廢，停也。居，貯也。停賤物，貴而賣之也。

〔八〕【集解】徐廣曰：「萬萬也。」

朱公居陶，生少子。少子及壯，而朱公中男殺人，囚於楚。朱公曰：「殺人而死，職也。〔一〕然吾聞千金之子不死於市。」〔二〕告其少子往視之。〔三〕乃裝黃金千溢，置褐器中，載以一牛車。〔四〕且遣其少子，朱公長男固請欲行，朱公不聽。長男曰：「家有長子曰家督，〔五〕今弟有罪，大人不遣，乃遣少弟，是吾不肖。」欲自殺。其母爲言曰：「今遣少子，未必能生中子也，而先空亡長男，柰何？」朱公不得已而遣長子，爲一封書遺故所善莊生。〔六〕曰：「至則進千金于莊生所，聽其所爲，慎無與爭事。」長男既行，亦自私齎數百金。

〔一〕【考證】王念孫曰：「爾雅『職，常也』。言殺人而死，固其常也。伍子胥傳曰『事成爲卿，不成而烹。固其職也』。季布傳曰『季布爲項籍用，職耳』。定元年左傳曰『爲宋役，亦其職也』。義並與此同。

〔二〕【考證】子、市，韻。

〔三〕【考證】藝文類聚引「告」作「使」。

〔四〕【考證】岡白駒曰：褐，毛布也。藏褐衣器。

〔五〕【考證】岡白駒曰：長子有督家事之義。

〔六〕【索隱】據其時代，非莊周也。然驗其行事，非子休而誰能信任於楚王乎？【正義】年表云周元王四年，越滅吴，范蠡遂去齊歸定陶，後遺莊生金。莊周與魏惠王、周元王同時，從周元王四年至齊宣王年一百三十年，此莊生非莊子。【考證】索隱子休，斥莊周。周字子休，又見唐成玄英莊子序。中井積德曰：正義下文「周元王」當作「齊宣王」，「百三十年」當作「百四十年」。

至楚，莊生家負郭，披藜藋到門，居甚貧。〔一〕然長男發書進千金，如其父言。〔二〕莊生曰：「可疾去矣，慎毋留！即弟出，勿問所以然。」長男既去，不過莊生，而私留，以其私齎獻遺楚國貴人用事者。〔三〕

〔一〕【考證】中統、游、柯、凌本「藋」作「藿」。岡白駒曰：周圍藜藿以給朝夕。愚按：狀其荒涼也。

〔二〕【考證】張文虎曰：「然」字涉下文而衍。

〔三〕【考證】岡白駒曰：長男見莊生貧，以爲有能者不當至此，故改圖救弟，此富商俗眼也。

莊生雖居窮閻，然以廉直聞於國，自楚王以下，皆師尊之。及朱公進金，非有意受也，欲以成事後復歸之，以爲信耳。故金至，謂其婦曰：「此朱公之金。有如病不宿誡，後復歸，勿動。」〔一〕而朱公長男不知其意，以爲殊無短長也。〔二〕

〔一〕【正義】宿，猶預也。言此朱公之金，有如病患，須固看守，而言不預誡，後復歸朱公，慎莫動也。一云：有如病，此金欲用之也。【考證】「宿誡」二字屬上句，言急死不能預告之也。

〔二〕【考證】言莊生無所損益於弟生死也。

莊生閒時入見楚王，言「某星宿某，此則害於楚」。楚王素信莊生，曰：「今爲柰何？」莊生曰：「獨以德爲可以除之。」楚王曰：「生休矣，寡人將行之。」王乃使使者封三錢之府。〔一〕楚貴人驚告朱公長男曰：「王且赦。」曰：「何以也？」〔二〕曰：「每王且赦，常封三錢之府。昨暮王使使封之。」〔三〕朱公長男以爲赦，弟固當出也，重千金虛弃莊生，無所爲也，〔四〕乃復見莊生。莊生驚曰：「若不去邪？」長男曰：「固未也。初爲事弟，弟今議自赦，故辭生去。」〔五〕莊生知其意欲復得其金，曰：「若自入室取金。」長男即自入室取金持去，獨自歡幸。〔六〕

〔一〕【集解】國語曰：「周景王時，將鑄大錢。」賈逵説云：「虞、夏、商、周金幣三等，或赤，或白，或黄。黄爲上幣，銅錢爲下幣。」韋昭曰：「錢者金幣之名，所以貿買物通財用也。」單穆公云：「古者有母權子，子權母而行，然則三品之來，古而然矣。」駰謂楚之三錢，賈、韋之説近之。

〔二〕【考證】楓山、三條本「以」下有「知」。

〔三〕【集解】或曰「王且赦，常封三錢之府」者，錢幣至重，慮人或逆知有赦，盜竊之，所以封錢府備盜竊也。漢靈帝時，河内張成能候風角，知將有赦，教子殺人，捕得七日赦出，此其類也。【考證】行赦施惠，始見史文。

〔四〕【考證】猶言無益。

〔五〕【考證】岡白駒曰：「赦」字上加一「自」字，以表莊生無預。

〔六〕【考證】楓山、三條本「男」下無「即」字，「自」下無「歡」字。

莊生羞爲兒子所賣，乃入見楚王曰：「臣前言某星事，王言欲以修德報之。今臣出，道路皆言陶之富人朱公之子殺人囚楚，其家多持金錢賂王左右，故王非能恤楚國而赦，乃以朱公子故也。」楚王大怒曰：「寡人雖不德耳，柰何以朱公之子故而施惠乎！」〔一〕令論殺朱公子，明日遂下赦令。朱公長男竟持其弟喪歸。

〔一〕【考證】楓山、三條本「耳」作「獨」。

至，其母及邑人盡哀之，唯朱公獨笑曰：「吾固知必殺其弟也！彼非不愛其弟，顧有所不能忍者也。〔一〕是少與我俱見苦，爲生難，故重弃財。〔二〕至如少弟者，生而見我富，乘堅驅良逐狡兔，〔三〕豈知財所從來？故輕弃之，非所惜吝。〔四〕前日吾所爲欲遣少子，固爲其能弃財故也。而長者不能，故卒以殺其弟，事之理也，無足悲者。吾日夜固以望其喪之來也。」〔五〕

〔一〕【考證】楓山、三條本「也」下有「何也」二字。

〔二〕【考證】御覽引「見」「苦」二字倒。

〔三〕【集解】徐廣曰：「狡，一作『郊』。」【考證】堅，堅車；良，良馬。

〔四〕【考證】凌本「弃」譌「去」。

〔五〕【考證】楓山、三條本「夜」作「者」，「以」作「已」。梁玉繩史記志疑引陳大令曰「赦中子殺人一節，必好事者爲之，非實也。佝兒女子之言，而致中男于死，爲不仁；以褊悻之莊生，而託以愛子，爲不智。豈具霸越沼吳之識，竟失算若是乎！莊生之不廉不直，無足爲友，更弗論已。前賢亦嘗論之」。

故范蠡三徙，成名於天下，非苟去而已，所止必成名。卒老死于陶，故世傳曰陶朱公。〔一〕

〔一〕【集解】張華曰：「陶朱公冢在南郡華容縣西，樹碑云是越之范蠡也。」【正義】盛弘之荆州記云：「荆州華容縣西有陶朱公冢，樹碑云是越范蠡。」范蠡本宛三户人，與文種俱入越，吴亡後自適齊而終。陶朱公登仙，未聞葬此所由。括地志云「陶朱公冢」也。又云：「濟州平陰縣東三十里陶山南五里有陶公冢。并止於陶山之陽。」按：葬處有二，未詳其處。【考證】何良俊曰：范蠡列在貨殖傳，本傳只載貨殖事。若伯越諸謀畫與越事相聯者，則附見越世家中。其救中子殺人事亦附其後。此皆太史公作史法也。

太史公曰：禹之功大矣，漸九川，定九州，至于今，諸夏艾安。〔一〕及苗裔句踐，苦身焦思，終滅彊吴，北觀兵中國，以尊周室，號稱霸王。〔二〕句踐可不謂賢哉！蓋有禹之遺烈焉。范蠡三遷，皆有榮名，名垂後世。臣主若此，欲毋顯得乎！〔三〕

〔二〕【集解】徐廣曰：「漸者亦引進通導之意也，字或宜然。」

〔三〕【集解】徐廣曰：「一作『主』。」

【索隱述贊】越祖少康，至于允常。其子始霸，與吴争彊。檇李之役，闔閭見傷。會稽之恥，句踐欲當。種誘以利，蠡悉其良。折節下士，致膽思嘗。卒復讎寇，遂殄大邦。後不量力，滅於無彊。

史記會注考證卷四十二

鄭世家第十二　　史記四十二

【正義】毛詩譜云：「鄭國者周宣王封其弟友於宗周畿内棫林之地，是爲鄭桓公。」【考證】史公自序云：「桓公之東，太史是庸。及侵周禾，王人是議。祭仲要盟，鄭久不昌。子産之仁，紹世稱賢。三晉侵伐，鄭納於韓。嘉厲公納惠王，作鄭世家第十二。」愚按：此篇采國語、左傳。顧楝高曰：鄭桓公當幽、平之世，以詐取虢、檜之地，其地當中國要害，四面皆强國，故雖鄭莊之奸雄，無能狡焉啓疆之計。終春秋二百四十年，僅再滅許，肆其吞噬而已。而虎牢入晉，犨、櫟、郟入楚，鄭之封疆，亦蝕于晉、楚焉。其地有開封府之祥符、蘭陽、中牟、陽武、鄢陵、洧川、尉氏、鄭州、河陰、汜水、滎陽、滎澤，凡一州十一縣，亦兼涉杞縣與楚接界，陳留與陳接界，封邱與衛接界。許州府爲所奪許國之地，禹州爲櫟都，汝州之魯山、郟縣本楚以餌鄭，旋復爲楚奪。又闌入衛輝府之延津縣、河南府之登封縣、鞏縣、偃師縣，陳州府之扶溝縣，懷慶府之武涉縣，歸德府之睢州，其地俱在今河南一省，其闌入直隸大名府之長垣縣者，爲蔡仲邑。東明縣有武父地，僅彈丸黑子而已。

鄭桓公友者，周厲王少子，而宣王庶弟也。〔一〕宣王立二十二年，友初封于鄭。〔二〕封三十三歲，百姓皆便愛之。幽王以爲司徒。〔三〕和集周民，周民皆説，河、雒之閒，人便思之。〔四〕爲司徒一歲，幽王以襃后故，王室治多邪，諸侯或畔之。於是桓公問太史伯曰：「王室多故，予安逃死乎？」〔五〕太史伯對曰：「獨雒之東土，河、濟之南可居。」〔六〕公曰：「何以？」對曰：「地近虢、鄶，〔七〕虢、鄶之君貪而好利，百姓不附。〔八〕今公爲司徒，民皆愛公，公誠請居之，虢、鄶之君，見公方用事，輕分公地。公誠居之，虢、鄶之民，皆公之民也。」公曰：「吾欲南之江上，何如？」對曰：「昔祝融爲高辛氏火正，其功大矣，而其於周未有興者，楚其後也。周衰，楚必興。興，非鄭之利也。」公曰：「吾欲居西方，何如？」〔九〕對曰：「其民貪而好利，難久居。」公曰：「周衰，何國興者？」對曰：「齊、秦、晉、楚乎？夫齊，姜姓，伯夷之後也，伯夷佐堯典禮。秦，嬴姓，伯翳之後也，伯翳佐舜懷柔百物。及楚之先，皆嘗有功於天下。而周武王克紂，後成王封叔虞于唐，〔一〇〕其地阻險，以此有德，與周衰並，亦必興矣。」〔一一〕桓公曰：「善。」於是卒言王，東徙其民雒東，而虢、鄶果獻十邑，〔一二〕竟國之。〔一三〕

〔一〕【集解】徐廣曰：「年表云母弟。」【考證】梁玉繩曰：「『庶弟』誤，當依年表作『母弟』。漢地理志亦作『母弟』，鄭詩譜從之，是也。詩疏曰『世家、年表同出馬遷，自相乖異』。愚按：左傳云『鄭有厲、宣之親』，以厲王之子而兼云宣王。桓公明是宣王母弟，此云『庶弟』，傳寫之誤。」

〔二〕【索隱】鄭，縣名，屬京兆。秦武公十一年「初縣杜、鄭」是也。又系本云「桓公居棫林，徙拾」。宋忠云「棫林與拾皆舊地名」，是封桓公乃名爲鄭耳。至秦之縣鄭，蓋是鄭武公東徙新鄭之後，其舊鄭乃是故都，故秦始縣之。【考證】鄭，西周畿内邑，今陝西華州鄭縣故城是。後徙虢、鄶之間，今河南鄭縣是。其餘民南保漢中，今漢中府南鄭縣是。錢大昕曰：棫林、咸林疑是一地。

〔三〕【集解】韋昭曰：「幽王八年爲司徒。」【索隱】韋昭據國語以幽王八年爲司徒也。【正義】詩序曰「鄭桓公爲司徒，善於其職，國人宜之，故賦緇衣之詩」是也。左傳云「桓公友入爲司徒，及子武公亦爲之」。

〔四〕【正義】河、雒之間，黄河之南，洛水之北。【考證】鄭語云「桓公爲司徒，甚得周衆與東土之人」。

〔五〕【集解】虞翻曰：「周太史。」【考證】鄭語作「史伯」。

〔六〕【考證】鄭語作「濟、洛、河、潁之間」。

〔七〕【集解】徐廣曰：「虢在成皋，鄶在密縣。」駰案：虞翻曰「虢，姬姓，東虢也。鄶，妘姓」。【正義】括地志云：「洛州汜水縣，古東虢叔之國，東虢君也。」又云：「故鄶城在鄭州新鄭縣東北三十二里。」【考證】今河南開封府河陰縣虢亭，東虢故城。妘國居溱、洧之間，今開封府密縣有檜城。

〔八〕【索隱】鄭語云「虢叔恃勢，鄶仲恃險，皆有驕侈，又加之以貪冒」是也。虢叔，文王弟。鄶，鄶姓之國也。

〔九〕【索隱】國語曰：「公曰『謝西之九州何如』。」韋昭云「謝，申伯之國。謝西有九州。二千五百家爲州」。其説蓋異此。

〔一〇〕【集解】徐廣曰：「晉世家曰唐叔虞，姓姬氏，字子于。」【索隱】唐者，古國，堯之後，其君曰叔虞。何以知然者？據此系家下文云「唐人之季代曰唐叔虞。當武王邑姜方動，大叔夢天命而子曰虞，與之唐。及生有文在手，曰『虞』，遂以名之。及成王滅唐，而國太叔，故因以稱唐叔虞」。杜預亦曰「取唐君之名」是也。

〔一一〕【考證】岡白駒曰：以此有德子孫，與周季衰德者並，其勢必興矣。

〔一二〕【集解】虞翻曰：「十邑，謂虢、鄶、鄔、蔽、補、丹、依、𣊟、歷、莘也。」【索隱】國語云：「太史伯曰『若克二邑，鄔、蔽、補、丹、依、𣊟、歷、莘君之土也』。」虞翻注皆依國語爲説。【正義】括地志云故莘城在鄭州管城縣南三十里。鄢，今許州鄢陵是。杜預曰：「鄢，潁川鄢陵縣，即汜水縣也。」餘邑皆相近。毛詩疏曰鄭世家云桓公言於王，東徙其民雒東，而虢、鄶果獻十邑。如世家言，則桓公自取十邑。而詩譜云死後武公取之者，司馬遷見國語史伯爲公謀取十邑之文，不知桓公身未得，故傳會爲此説耳。外傳云皆子男之國，虢、鄶爲大，則八邑各爲其國。則虢、鄶之地，無由得獻之桓公也。明司馬遷之説謬耳。【考證】梁玉繩曰：案國語、漢地理志、鄭詩譜及孔疏，見詩鄭風、左傳隱十一年。而知史公之説非也。桓公封于宗周畿内咸林之地，京兆鄭縣是所謂舊鄭也。因王室多故，感史伯之言，寄孥與賄于虢、鄶等十邑。桓公死幽王之難，其子武公與平王東徙，卒定十邑之地以爲國，河南新鄭是也。然則桓公始謀，非身得也。武公始國，非桓公也。武滅虢、鄶，非王徙之而獻邑也。十邑中八邑各爲其國，非虢、鄶之地，無由獻之也。

〔二三〕【集解】韋昭曰：「後武公竟取十邑地而居之。今河南新鄭也。」【考證】「幽王以爲司徒」以下本國語鄭語。梁玉繩曰：載史伯之對，與國語不同，豈史公删易之歟？

二歲，犬戎殺幽王於驪山下，并殺桓公。〔一〕鄭人共立其子掘突，〔二〕是爲武公。〔三〕

〔一〕【考證】驪山在陝西西安府臨潼縣東南。

〔二〕【正義】上求勿反，下户骨反。

〔三〕【索隱】譙周云「名突滑」，皆非也。蓋古史失其名，太史公循舊失而妄記之耳。何以知其然者？按下文其孫昭公名忽，厲公名突，豈有孫與祖同名乎？當是舊史雜記昭、厲、忽、突之名，遂誤以掘突爲武公之字耳。【考證】應劭曰：鄭武公與平王東遷，更稱新鄭是也。梁玉繩曰：案年表武公無名，乃今本之失。索隱本引表作「鄭武公滑突」，注云「滑，一作『掘』」，蓋指世家而言。杜世族譜及國語韋注亦作「滑突」，譙周作「突滑」，必譌倒也。索隱殊非。祖孫同名，必有一誤，不得斷史失其名。以「掘突」爲字，亦妄。

武公十年，娶申侯女爲夫人，曰武姜。〔一〕生太子寤生，生之難，〔二〕及生，夫人弗愛。後生少子叔段，段生易，夫人愛之。〔三〕二十七年，武公疾。夫人請公，欲立段爲太子，公弗聽。是歲，武公卒，寤生立，是爲莊公。

〔一〕【正義】括地志云：「故申城在鄧州南陽縣北三十里。左傳云鄭武公取於申也。」【考證】梁玉繩曰：案武公之取武姜及生子，未定何歲，而世家、年表謂十年取武姜，年表十四年生莊公，十七年生大叔段，不知何據。

〔二〕【考證】隱元年左傳云「莊公寤生驚姜氏，故名曰寤生，遂惡之」。寤讀爲牾。牾，逆也。凡婦人產子，首先出者爲順，足先出者爲逆。莊公逆生，所以驚姜氏。史所謂「生之難」也。

〔三〕【集解】徐廣曰：「年表云十四年生寤生，十七年生太叔段。」

莊公元年，封弟段於京，〔一〕號太叔。祭仲曰：「京大於國，非所以封庶也。」〔二〕莊公曰：「武姜欲之，我弗敢奪也。」〔三〕段至京，繕治甲兵，與其母武姜謀襲鄭。二十二年，段果襲鄭，武姜爲內應。〔四〕莊公發兵伐段，段走。伐京，京人畔段，段出走鄢。〔五〕鄢潰，段出奔共。〔六〕於是莊公遷其母武姜於城潁，〔七〕誓言曰：「不至黃泉，毋相見也。」〔八〕居歲餘，已悔思母。潁谷之考叔，〔九〕有獻於公，〔一〇〕公賜食。考叔曰：「臣有母，請君食賜臣母。」莊公曰：「我甚思母，惡負盟，柰何？」考叔曰：「穿地至黃泉，則相見矣。」於是遂從之，見母。〔一一〕

〔一〕【集解】賈逵曰：「京，鄭都邑。」杜預曰：「今滎陽京縣。」【考證】故城在今河南開封府滎陽縣東南。

〔二〕【考證】左傳云「祭仲曰『都城過百雉，國之害。今京不度，非制也，君將不堪』」。注「祭仲，鄭大夫」。愚按：國，猶言國都也。

〔三〕【考證】左傳「武姜」作「姜氏」。梁玉繩曰：姜氏現存，而稱「武姜」，可乎？
〔四〕【考證】中井積德曰：據左傳，莊公先期發兵伐京也。此蓋謬多一戰。
〔五〕【正義】鄔，音烏古反。今新鄭縣南鄔頭有村，多萬家。舊作「鄢」，音偃。杜預云：「鄢，今鄢陵也。」【考證】今河南開封府鄢陵縣，春秋鄭鄢邑。據正義，唐時史記有作「鄔」者，以形似譌。
〔六〕【集解】賈逵曰：「共，國名也。」杜預曰：「今汲郡共縣也。」【正義】按：今衛州共城縣是也。【考證】古共國，今河南衛輝府輝縣治。
〔七〕【集解】賈逵曰：「鄭地。」【正義】疑許州臨潁縣是也。
〔八〕【集解】服虔曰：「天玄地黃，泉在地中，故言黃泉。」【考證】左傳「誓」下無「言」字。
〔九〕【集解】賈逵曰：「潁谷，鄭地。」【正義】括地志云：「潁水，源出洛州嵩高縣東南三十里陽乾山，今俗名潁山。泉源出山之東谷。其側有古人居處，俗名爲潁墟，故老云，是潁考叔故居，即酈元注水經所謂潁谷也。」
〔一〇〕【考證】中井積德曰：按左傳「有獻」之上有「聞之」二字，乃爲得狀。
〔一一〕【考證】「武公十年」以下本隱元年左傳。

二十四年，宋繆公卒，公子馮奔鄭。〔一〕鄭侵周地，取禾。〔二〕二十五年，衛州吁弒其君桓公自立，與宋伐鄭，以馮故也。〔三〕二十七年，始朝周桓王，桓王怒其取禾，弗禮也。〔四〕二十九年，莊公怒周弗禮，與魯易祊、許田。〔五〕三十三年，宋殺孔父。〔六〕三十七年，莊公不朝周，周桓王率陳、蔡、虢、衛伐鄭。莊公與祭仲、〔七〕高渠彌〔八〕發兵自救，〔九〕王師大敗。祝聸射中王臂。〔一〇〕祝聸請從之，鄭伯止之曰：「犯長且難之，況敢陵天子乎？」乃止。夜令祭仲問王疾。〔一一〕

〔一〕【考證】馮，穆公子。

〔二〕【索隱】隱三年左傳「鄭武公、莊公爲平王卿士。王貳于虢，及王崩，周人將畀虢公政。夏四月，鄭祭足帥師取温之麥，秋又取成周之禾」是。【考證】以上本隱三年左傳。

〔三〕【考證】以上隱四年左傳。

〔四〕【索隱】杜預曰：「桓王即位，周、鄭交惡，至是始朝，故言始也。」左傳又曰：「周桓公言於王曰『我周之東遷，晉、鄭焉依？善鄭以勸來者，猶懼不蔇，況不禮焉，鄭不來矣』。」【考證】隱六年左傳不言怒其取禾。

〔五〕【索隱】許田，近許之田，魯朝宿之邑。祊者鄭所受助祭太山之湯沐邑。鄭以天子不能巡守，故以祊易許田，各從其近。【考證】梁玉繩曰：易田取其便，非因怒王弗禮而易之也。是年鄭歸魯祊，尚未易許田。王孝廉云「莊公怒周弗禮」疑在下「不朝周」句上，而衍「莊公」字耳。愚按：據周本紀，史紀原文若此。王說非是。

〔六〕【考證】桓二年春秋經、傳。愚按：何不記弑殤公？據表在三十四年，與春秋合。

〔七〕【索隱】左傳稱祭仲足，蓋祭是邑，其人名仲，字仲足，故傳云「祭封人仲足」是也。此繻葛之戰，在魯桓公五年。【考證】祭仲名足，仲其字。

〔八〕【索隱】一作「彌」，一作「眯」，並名卑反。

〔九〕【考證】中井積德曰：「發兵」者拒王師也。此「自救」者，據左傳鄭伯之語而言也。然當時言語之文飾，豈足據哉？

〔一〇〕【索隱】左傳作「祝聃」。【考證】左傳「臂」作「肩」。

〔一一〕【考證】「三十七年」以下，桓五年左傳。

三十八年，北戎伐齊，齊使求救鄭，鄭遣太子忽將兵救齊。齊釐公欲妻之，忽謝曰：「我小國，非齊敵也。」〔一〕時祭仲與俱，勸使取之，曰：「君多內寵，〔二〕太子無大援，將不立，三公子皆君也。」〔三〕所謂三公子者，太子忽，其弟突，次弟子亹也。〔四〕

〔一〕【考證】桓六年左傳。左傳「敵」作「耦」，義同。梁玉繩曰：左傳「齊大非偶」之言，追紀前事，非救齊時事，史微誤。

〔二〕【集解】服虔曰：「言庶子有寵者多。」【考證】中井積德曰：內寵，謂婦人也。

〔三〕【考證】桓十一年左傳。

〔四〕【索隱】此文則數太子忽及突、子亹爲三，而杜預云不數太子，以子突、子亹、子儀爲三，蓋得之。【考證】是史公釋祭仲之言。

四十三年，鄭莊公卒。初，祭仲甚有寵於莊公，莊公使爲卿；公使娶鄧女，生太子忽，〔一〕故祭仲立之，是爲昭公。

〔一〕【考證】公使娶鄧女，公使祭仲往鄧迎鄧女也。

莊公又娶宋雍氏女，生厲公突。〔一〕雍氏有寵於宋。〔二〕宋莊公聞祭仲之立忽，乃使人誘召祭仲而執之，曰：「不立突，將死。」亦執突以求賂焉。祭仲許宋，與宋盟，以突歸立之。昭公忽聞祭仲以宋要立其弟突，九月辛亥，忽出奔衛。〔三〕己亥，突至鄭，立，是爲厲公。〔四〕

〔一〕【集解】賈逵曰：「雍氏，黄帝之孫姞姓之後，爲宋大夫。」

〔二〕【集解】服虔曰：「爲宋正卿，故曰有寵。」

〔三〕【考證】左傳「辛亥」作「丁亥」。

〔四〕【考證】「四十三年」以下，桓十一年左傳。

厲公四年，祭仲專國政。厲公患之，陰使其壻雍糾欲殺祭仲。〔一〕糾妻，祭仲女也，知之，謂其母曰：「父與夫孰親？」母曰：「父一而已，人盡夫也。」〔二〕女乃告祭仲，祭仲反殺雍糾，戮之於市。厲公無柰祭仲何，怒糾曰：「謀及婦人，死固宜哉！」夏，厲公出居邊邑櫟。〔三〕祭仲迎昭公忽，六月乙亥，復入鄭，即位。

〔一〕【集解】賈逵曰：「雍糾，鄭大夫。」【考證】左傳無「欲」字，此疑衍。「其壻」二字亦贅。

〔二〕【集解】杜預曰：「婦人在室則天父，出則天夫。女以爲疑，故母以所生爲本解之。」

〔三〕【集解】宋忠曰：「今潁川陽翟縣。」【索隱】按：櫟，音歷，即鄭初得十邑之歷也。【考證】春秋云夏五月，鄭伯突出奔蔡，秋九月入于櫟。梁玉繩曰：此誤合奔蔡、入櫟爲一事。

秋，鄭厲公突，因櫟人殺其大夫單伯，〔一〕遂居之。諸侯聞厲公出奔，伐鄭，弗克而去。〔二〕宋頗予厲公兵，自守於櫟，鄭以故亦不伐櫟。

〔一〕【集解】杜預曰：「鄭守櫟大夫也。」【索隱】依左傳作「檀伯」。檀伯，鄭守櫟大夫，事在桓十五年。此文誤爲「單伯」者，蓋亦有所因也。按：魯莊公十四年，厲公自櫟侵鄭事，與周單伯會齊師伐宋相連，故誤耳。【考證】洪頤煊曰：單、亶，古字多通用。單伯即檀伯也，與魯莊十四年單伯會齊師伐宋事無涉。

〔二〕【考證】「厲公四年」以下，桓十五年左傳。

昭公二年，自昭公爲太子時，父莊公欲以高渠彌爲卿，太子忽惡之，莊公弗聽，卒用渠彌爲卿。及昭公即位，懼其殺己，冬十月辛卯，渠彌與昭公出獵，射殺昭公於野。祭仲與渠彌不敢入厲公，乃更立昭公弟子亹爲君，〔一〕是爲子亹也，無謚號。

〔一〕【考證】「自昭公爲太子」以下本桓十七年左傳。但射殺之説，未知所本。

子亹元年七月，齊襄公會諸侯於首止，〔一〕鄭子亹往會，高渠彌相，從，祭仲稱疾不行。〔二〕所以然者，子亹自齊襄公爲公子之時，嘗會鬭，相仇，及會諸侯，祭仲請子亹無行。子亹曰：「齊彊，而厲公居櫟，即不往，是率諸侯伐我，內厲公。我不如往，往何遽必辱，且又何至是！」〔三〕卒行。於是祭仲恐齊并殺之，故稱疾。子亹至，不謝齊侯，齊侯怒，遂伏甲而殺子亹。高渠彌亡歸，〔四〕歸與祭仲謀，召子亹弟公子嬰於陳而立之，是爲鄭子。〔五〕是歲，齊襄公使彭生醉拉殺魯桓公。〔六〕

〔一〕【集解】服虔曰：「首止，近鄭之地。」杜預曰：「首止，衛地。陳留襄邑縣東南有首鄉。」【考證】首止在今河南歸德府睢州治東南。

〔二〕【考證】「齊襄公」以下，桓十八年左傳。相，去聲。

〔三〕【考證】陳仁錫曰：「『厲公』當作『子突』。」王念孫曰：「『是』當『且』字之誤。即，若也。言我若不往，則齊且率諸侯伐我，而納厲公也。」岡白駒曰：「何至是，言何至于祭仲之所慮。」愚按：遽、渠通。何遽，猶言如何。

〔四〕【索隱】左氏云轘高渠彌。

〔五〕【索隱】左傳以鄭子名子儀，此云嬰，蓋别有所見。

〔六〕【考證】「是歲」以下，桓十八年左傳。拉，折也。言拉摧幹骨。

鄭子八年，齊人管至父等作亂，殺其君襄公。〔一〕十二年，宋人長萬弑其君湣公。〔二〕鄭祭

仲死。〔三〕

〔一〕【考證】莊八年左傳。

〔二〕【考證】莊十二年左傳。

〔三〕【考證】梁玉繩曰：仲死于鄭子十二年，未知史何據。

十四年，故鄭亡厲公突在櫟者，使人誘劫鄭大夫甫假，〔一〕要以求入。假曰：「舍我，我爲君殺鄭子而入君。」〔二〕厲公與盟，乃舍之。〔三〕六月甲子，假殺鄭子及其二子，而迎厲公突，突自櫟復入即位。初，内蛇與外蛇鬭於鄭南門中，内蛇死。居六年，厲公果復入。入而讓其伯父原曰：〔四〕「我亡國外居，〔五〕伯父無意入我，亦甚矣。」原曰：「事君無二心，人臣之職也，原知罪矣。」遂自殺。〔六〕厲公於是謂甫假曰：「子之事君有二心矣。」遂誅之。假曰：「重德不報，誠然哉！」〔七〕

〔一〕【索隱】左傳作「傅瑕」。此本多假借，亦依字讀。【考證】各本「假」作「瑕」，蓋後人依左傳改，今從索隱本。

〔二〕【考證】舍，釋也。中井積德曰：據左傳，厲公侵鄭獲傅瑕也，則「舍」字有落著。

〔三〕【考證】左傳「舍」作「赦」。

〔四〕【索隱】左傳謂之原繁。【考證】左傳以伯父稱原繁，以其同姓大夫也。史公如爲厲公之父之兄者，誤。讓，責也。

〔五〕【考證】古鈔本「外居」作「居外」。

〔六〕【考證】「十四年」以下本莊十四年左傳。

〔七〕【考證】左傳殺傅瑕在原繁自殺前。

厲公突後元年，齊桓公始霸。〔一〕

〔一〕【考證】莊十五年左傳。中井積德曰：昭公、厲公並不立後元年也。此史家之揣摩，不可從。

五年，燕、衛與周惠王弟穨伐王，〔一〕王出奔温，立弟穨爲王。〔二〕六年，惠王告急鄭，厲公發兵擊周王子穨，弗勝，於是與周惠王歸，王居于櫟。〔三〕七年春，鄭厲公與虢叔襲殺王子穨，而入惠王于周。

〔一〕【索隱】惠王，莊王孫，僖王子。子穨，莊王之妾王姚所生。事在莊十九年。

〔二〕【考證】本莊十九年左傳。梁玉繩曰：穨，惠王叔父。惠王不奔温。

〔三〕【考證】莊二十年左傳。

秋，厲公卒。〔一〕子文公踕立。〔二〕厲公初立四歲，亡居櫟，居櫟十七歲，復入，立七歲，與亡凡二十八年。〔三〕

〔一〕【考證】莊二十一年左傳。張照曰：春秋「夏五月辛酉，鄭伯突卒」。「秋」字當作「夏」。

〔二〕【索隱】音在接反。系本云文公徙鄭。宋忠云即新鄭。【考證】文公之名，左、穀春秋及高注呂子上德、韋注晉語並作「捷」，年表同，公羊作「接」。

〔三〕【考證】梁玉繩曰：「八」當作「七」。

文公十七年，齊桓公以兵破蔡，遂伐楚，至召陵。〔一〕

〔一〕【考證】僖四年春秋經傳。

二十四年，文公之賤妾曰燕姞，〔一〕夢天與之蘭，〔二〕曰：「余爲伯鯈。余，爾祖也。〔三〕以是爲而子，蘭有國香。」〔四〕以夢告文公，文公幸之，而予之草蘭爲符。遂生子，名曰蘭。〔五〕

〔一〕【集解】賈逵曰：「姞，南燕姓。」

〔二〕【集解】賈逵曰：「香草也。」

〔三〕【集解】賈逵曰：「伯鯈，南燕祖。」

〔四〕【集解】王肅曰：「以是蘭也爲汝子之名。」

〔五〕【考證】宣三年左傳。梁玉繩曰：夢蘭之事，左傳在宣公之三年，乃追敍之，未定在何歲。此與年表書鄭文二十四年，非也。

三十六年，晉公子重耳過，文公弗禮。文公弟叔詹曰：〔一〕「重耳賢，且又同姓。窮而過君，不可無禮。」〔二〕文公曰：「諸侯亡公子過者多矣，安能盡禮之！」〔三〕詹曰：「君如弗禮，遂殺之；弗殺，使即反國，爲鄭憂矣。」文公弗聽。〔四〕

〔一〕【考證】梁玉繩曰：詹爲文公弟，未聞。

〔二〕【考證】以上本僖二十三年左傳。

〔三〕【考證】梁玉繩曰：此史公約國語文，而以曹共公之言爲鄭君。

〔四〕【考證】楓山、三條本「即」作「得」。「詹曰」以下，國語晉語。

三十七年春，晉公子重耳反國，立，是爲文公。〔一〕秋，鄭入滑，〔二〕滑聽命，已而反與衛，〔三〕於是鄭伐滑。〔四〕周襄王使伯犕請滑。〔五〕鄭文公怨惠王之亡在櫟，而文公父厲公入之，而惠王不賜厲公爵祿，〔六〕又怨襄王之與衛、滑，故不聽襄王請，而囚伯犕。王怒，與翟人伐鄭，弗克。〔七〕冬，翟攻伐襄王，襄王出奔鄭，鄭文公居王于氾。〔八〕三十八年，晉文公入襄王成周。〔九〕

〔一〕【考證】僖二十四年左傳。

〔二〕【考證】左傳作「鄭之入滑也」。梁玉繩曰：「秋」字乃「初」之誤。追敘前四年事也。

〔三〕【考證】左傳「與」作「即」。中井積德曰：滑屬衛，故曰「與」也。滑在今河南偃師縣南。

〔四〕【索隱】僖二十四年左傳「鄭公子士泄、堵俞彌帥師伐滑」。

〔五〕【索隱】犕音服。左傳「王使伯服、游孫伯如鄭請滑」。杜預云「二子，周大夫」。知伯犕即伯服也。【考證】梁玉繩曰：犕，古「服」字。

〔六〕【索隱】此言爵祿，與左氏說異。左傳云「鄭伯享王，王以后之鞶鑑與之，虢公，請器，王予之爵」。則爵，酒器，是太史公與丘明說別也。【考證】索隱所引莊二十一年左傳。僖二十四年左傳承之曰「鄭伯怨惠王之不與厲公爵」，史公蓋誤解「爵」字。

〔七〕【考證】沈家本曰：左傳云「取櫟」，與此異。

〔八〕【考證】僖二十四年左傳「冬」當作「秋」。氾在今河南許州襄城縣南，屬鄭。

〔九〕【考證】僖二十五年左傳。

四十一年，助楚擊晉。〔一〕自晉文公之過無禮，故背晉助楚。四十三年，晉文公與秦穆公共圍鄭，討其助楚攻晉者，及文公過時之無禮也。〔二〕初，鄭文公有三夫人，寵子五人，皆以罪蚤死。〔三〕公怒，溉逐羣公子。〔四〕子蘭奔晉，從晉文公圍鄭。〔五〕時蘭事晉文公甚謹，愛幸之，乃私於晉，以求入鄭爲太子。〔六〕晉於是欲得叔詹爲僇。鄭文公恐，不敢謂叔詹言。〔七〕詹聞，言於鄭君曰：「臣謂君，君不聽臣，晉卒爲患。然晉所以圍鄭，以詹，詹死而赦鄭國，詹之願也。」乃自殺。鄭人以詹尸與晉。〔八〕晉文公曰：「必欲一見鄭君，辱之而去。」鄭人患之，〔九〕乃使人私於秦曰：「破鄭益晉，非秦之利也。」秦兵罷。〔一〇〕晉文公欲入蘭爲太子，以告鄭。鄭大夫石癸曰：「吾聞姞姓乃后稷之元妃，〔一一〕其後當有興者。子蘭母，其後也。且夫人子盡已死，餘庶子無如蘭賢。今圍急，晉以爲請，利孰大焉！」遂許晉，與盟，卒而立子蘭爲太子，晉兵乃罷去。〔一二〕

〔一〕**【考證】**僖二十八年左傳。

〔二〕**【考證】**僖三十年左傳。梁玉繩曰：「者」字衍。

〔三〕**【考證】**梁玉繩曰：五子中，二人以罪見殺，一人早卒，一人爲楚酖死，其一子瑕見存，文公惡之，非五人俱有寵也，亦非皆以罪早死也。

〔四〕**【集解】**徐廣曰：「溉，一作『瑕』。」**【索隱】**音蔇，左傳作「瑕」。**【考證】**方苞曰：「溉」當作「概」。中井積德曰：溉，「既」之煩文。沈家本曰：按五帝本紀「溉執中」，集解引徐廣曰「古『既』字作水旁」。此「溉」字，亦應讀爲「既」。既者何？盡也。「怒」字句，「既」字屬下「逐羣公子」讀，言盡逐羣公子也。愚按：中、沈二說是。

〔五〕**【考證】**圍，當依左傳作「伐」。僖三十年云「子蘭請無與圍鄭也」。

〔六〕**【考證】**「初鄭文公」以下本宣三年左傳。

〔七〕【考證】古鈔本無「言」字，可從。

〔八〕【考證】事見晉語及呂覽上德篇，但叔詹未嘗自殺，說在晉世家。

〔九〕【考證】此事春秋內、外傳不載。

〔一〇〕【考證】「乃使人」以下，僖卅年左傳。

〔一一〕【集解】杜預曰：「姞姓之女，爲后稷妃。」

〔一二〕【考證】以上本宣三年左傳。楓山、三條本「卒」作「平」。梁玉繩曰：「卒而」當作「而卒」。中井積德曰：「而」字疑衍。

四十五年，文公卒，〔一〕子蘭立，是爲繆公。

〔一〕【考證】僖三十二年春秋。

繆公元年春，秦繆公使三將將兵，欲襲鄭，〔一〕至滑，逢鄭賈人弦高詐以十二牛勞軍，故秦兵不至而還，晉敗之於崤。〔二〕初，往年〔三〕鄭文公之卒也，鄭司城繒賀以鄭情賣之，秦兵故來。〔四〕三年，鄭發兵從晉伐秦，敗秦兵於汪。〔五〕

〔一〕【考證】三將，孟明視、西乞術、白乙丙。

〔二〕【考證】「穆公元年」以下，僖三十三年左傳。詐，詐鄭侯命也。崤，今河南河南府永寧縣。錢錡曰：鄭之商人，與他國不同。昭十六年左傳子產言先君桓公與商人皆出自周，庸次比耦，以艾殺此地，世有盟誓。初疑商人何如此鄭重，或子產設辭以距韓宣。及參觀他事，始信其言不誣，如弦高犒秦師而卻之。成三年，荀罃在楚，鄭賈人將寘之褚中以出，皆非尋常貿遷者所能爲。即請環一事，商人告君大夫，欲以一環折大國誅求之心，與子產之謀適合。可見鄭之商人，實有與朝廷休戚相關者，子產所言並非一時權託。而左傳之事皆核實，亦可見矣。

〔三〕【考證】張文虎曰：「初」下不當復云「往年」，因下文而衍。

〔四〕【考證】余有丁曰：按左傳，賣鄭者杞子。乃秦人之戍鄭者。梁玉繩曰：秦紀云鄭人賣鄭于秦，此云鄭司城繒賀，史或別有據，亦說見秦記。

〔五〕【正義】汪，烏黄反，在同州北二百里，彭衙相近也。【考證】梁玉繩曰：敗秦彭衙，取秦汪邑，兩事也，此誤合爲一。愚按：事見文二年左傳。

往年，〔一〕楚太子商臣殺其父成王代立。〔二〕二十一年，與宋華元伐鄭。〔三〕華元殺羊食士，不與其御羊斟，怒以馳鄭，〔四〕鄭囚華元。宋贖華元，元亦亡去。晉使趙穿以兵伐鄭。〔五〕

〔一〕【集解】徐廣曰：繆公之二年。

〔二〕【考證】文元年春秋經傳。

〔三〕【考證】梁玉繩曰：案宣二年傳，鄭公子歸生受命于楚，伐宋，宋華元、樂呂禦之而獲，非宋伐鄭也。張文虎曰：此句有誤。

〔四〕【考證】岡白駒曰：入于鄭師也。

〔五〕【考證】「華元」以下，宣二年左傳。三條本重「羊斟」二字。梁玉繩曰：穿，當作「盾」。

二十二年，鄭繆公卒，〔一〕子夷立，是爲靈公。

〔一〕【考證】宣三年春秋經傳。

靈公元年春，楚獻黿於靈公。子家、子公將朝靈公，〔一〕子公之食指動，〔二〕謂子家曰：「佗日指動，必食異物。」及入見靈公，進黿羹，子公笑曰：「果然！」靈公問其笑故，具告靈公。靈公召之，獨弗予羹。子公怒，染其指，〔三〕嘗之而出。公怒，欲殺子公。子公與子家謀先。夏，弒靈公。鄭人欲立靈公弟去疾，去疾讓曰：「必以賢，則去疾不肖；必以順，則公子堅長。」堅者，靈公庶弟，〔四〕去疾之兄也。於是乃立子堅，是爲襄公。

〔一〕【集解】賈逵曰：「二子，鄭卿也。」

〔二〕【集解】服虔曰：「第二指。」

〔三〕【集解】左傳曰：「染指於鼎。」

〔四〕【集解】徐廣曰：「年表云靈公庶兄。」【考證】洪頤煊曰：今本年表作「庶弟」，蓋後人所改。

襄公立，將盡去繆氏。繆氏者，殺靈公，子公之族家也。〔一〕去疾曰：「必去繆氏，我將去之。」乃止。皆以爲大夫。〔二〕

〔一〕【考證】中井積德曰：繆氏是襄公之兄弟，皆繆公之子，故稱繆氏，非子公之族。左傳云襄公將去穆氏而舍子良，子良不可。子良，去疾之字，亦穆氏也。以其讓己，故欲將不去之也。太史公謬解左氏，故致紛紛耳。

〔二〕【考證】「靈公元年」以下，宣四年左傳。

襄公元年，楚怒鄭受宋賂縱華元，伐鄭。〔一〕鄭背楚，與晉親。五年，楚復伐鄭，晉來救之。〔二〕六年，子家卒，國人復逐其族，以其弒靈公也。〔三〕

〔一〕【考證】楚伐鄭，宣五年春秋經傳。梁玉繩曰：楚之伐鄭，討其貳于晉也。中井積德曰：楚初與宋伐鄭也，鄭縱華元，有何可怒也？恐是史之謬誤。

〔二〕【考證】「五年」以下，宣九年春秋經傳。

〔三〕【考證】宣十一年左傳。

七年，鄭與晉盟鄢陵。〔一〕八年，楚莊王以鄭與晉盟，來伐，圍鄭。三月，鄭以城降楚。楚王入自皇門，〔二〕鄭襄公肉袒掔羊以迎，〔三〕曰：「孤不能事邊邑，使君王懷怒以及弊邑，孤之罪也。〔四〕敢不惟命是聽。君王遷之江南，及以賜諸侯，亦惟命是聽。若君王不忘厲、宣王，桓、武公，〔五〕哀不忍絶其社稷，錫不毛之地，〔六〕使復得改事君王，孤之願也，然非所敢望也。敢布腹心，惟命是聽。」莊王爲卻三十里而後舍。〔七〕楚羣臣曰：「自郢至此，士大夫亦久勞矣。今得國舍之，何如？」〔八〕莊王曰：「所爲伐，伐不服也。今已服，尚何求乎？」卒去。晉聞楚之伐鄭，發兵救鄭。其來持兩端，故遲，比至河，楚兵已去。晉將率或欲渡，或欲還，卒渡河。莊王聞，還擊晉。鄭反助楚，大破晉軍於河上。〔九〕十年，晉來伐鄭，以其反晉而親楚也。〔一〇〕

〔一〕【考證】沈家本曰：館本考證云左傳作「辰陵」。按：辰陵乃鄭與楚盟，非晉也。宣十一年左傳云鄭既受盟於辰陵，又徼事於晉。鄢陵之盟，其此事歟？

〔二〕【考證】何休曰：皇門，郭門也。

〔三〕【考證】掔，古「牽」字。楓山、三條本、毛本作「牽」。

〔四〕【考證】公羊傳云「寡人無良邊垂之臣，以干天禍」。

〔五〕【考證】杜預曰：周厲王、宣王，鄭之所自出也。鄭桓公、武公，始封之賢君也。

〔六〕【集解】何休曰：「墝埆不生五穀曰不毛。謙不敢求肥饒。」【考證】公羊傳云「君如矜此喪人，錫之不毛之地」。

〔七〕【考證】禮鄭，不爲城下之盟。

〔八〕【考證】公羊傳云「將軍子重諫曰：『南郢之與楚相去數千里，諸大夫死者數人，厮役扈養死者數百人。今君勝鄭而不有，無乃失民臣之力乎？』」史公檃括爲此十八字。

〔九〕【考證】「八年」以下，宣十二年左傳、公羊傳。

〔一〇〕【考證】宣十四年春秋經傳。

十一年，楚莊王伐宋，宋告急于晉。晉景公欲發兵救宋，伯宗諫晉君曰：「天方開楚，未可伐也。」乃求壯士，得霍人解揚，字子虎，〔一〕誆楚，令宋毋降。過鄭，鄭與楚親，乃執解揚而獻楚。楚王厚賜，與約，使反其言，令宋趣降，三要乃許。於是楚登解揚樓車，〔二〕令呼宋。遂負楚約，而致其晉君命曰：「晉方悉國兵以救宋，宋雖急，慎毋降楚，晉兵今至矣！」楚莊王大怒，將殺之。解揚曰：「君能制命爲義，臣能承命爲信。受吾君命以出，有死無隕。」〔三〕莊王曰：「若之許我，已而背之，其信安在？」〔四〕解揚曰：「所以許王，欲以成吾君命也。」〔五〕將死，顧謂楚軍曰：「爲人臣無忘盡忠得死者！」楚王諸弟皆諫王赦之，於是赦解揚使歸。晉爵之爲上卿。〔六〕

〔一〕【考證】梁玉繩曰：左傳無「求壯士」之文，亦不言其里與字，史必別有據，故說苑奉使篇曰「解揚字子虎，霍人，後世言霍虎」。愚按：宣元年左傳云晉趙盾救陳、宋伐鄭，楚蔿賈救鄭，遇于北林，囚晉解揚。晉人乃還。杜注云解揚，晉大夫也。事先是役十三年，晉人非始用之。疑史公誤。

〔二〕【集解】服虔曰：「樓車，所以窺望敵軍，兵法所謂『雲梯』也。」杜預曰：「樓車，車上望櫓也。」【考證】中井積德曰：雲梯與樓車不同。

〔三〕【集解】服虔曰：「隕，墜也。」【正義】有死亦不隕墜晉君命也。

〔四〕【考證】若，汝也。左傳作「爾」。

〔五〕【考證】「十一年」以下，宣十五年左傳。

〔六〕【考證】左傳但云「楚子舍之以歸」。中井積德曰：「上卿」似訛傳。梁玉繩曰：晉世家言莊王欲殺解揚，或諫乃歸之。此又載解揚將死語及莊王諸弟之諫，必別有據。説苑同，左氏略之。

十八年，襄公卒，〔一〕子悼公濆立。〔二〕

〔一〕【考證】成四年春秋。

〔二〕【索隱】劉音祕。鄒本一作「沸」，一作「弗」。左傳作「費」，音扶味反。【考證】表作「費」。

悼公元年，鄦公惡鄭於楚，〔一〕悼公使弟睔於楚自訟。訟不直，楚囚睔。〔二〕於是鄭悼公來與晉平，遂親。睔私於楚子反，子反言，歸睔於鄭。〔三〕

〔一〕【集解】徐廣曰：「鄦，音許。許公，靈公也。」【考證】左傳「鄦」作「許」。凌稚隆曰：「鄦」即「許」字，見考古圖。錢大昕曰：説文「鄦，太嶽之後，甫侯所封，讀若許」。

〔二〕【索隱】公遜反。

〔三〕【考證】三條本「言」下有「王」字。梁玉繩曰：成五年左傳悼公如楚，非使睔也。楚囚皇戌及子國，非囚睔也。言「睔私于楚子反，子反言歸睔于鄭」，亦妄。

二年，楚伐鄭，晉兵來救。是歲，悼公卒。〔二〕立其弟睔，是爲成公。

〔二〕【考證】「二年」以下，成六年春秋經傳。

成公三年，楚共王曰：「鄭成公孤有德焉。」〔一〕使人來與盟。成公私與盟。秋，成公朝晉，晉曰：「鄭私平於楚。」執之，使欒書伐鄭。〔二〕四年春，鄭患晉圍，公子如乃立成公庶兄繻爲君。〔三〕其四月，晉聞鄭立君，乃歸成公。鄭人聞成公歸，亦殺君繻，迎成公。晉兵去。〔四〕

〔一〕【考證】楓山、三條本「孤」上有「於」。陳仁錫曰：「鄭成公」當作「鄭伯」。胡克家曰：左傳云「楚人以重賂求鄭」，與此異。

〔二〕【考證】「成公私與盟」以下，成九年左傳。

〔三〕【索隱】繻，音須。鄒氏云「一作『纁』，音訓」。【考證】楓山本「兄」作「弟」。

〔四〕【考證】梁玉繩曰：案成十年左傳「三月，鄭子如因晉執成公，故立繻以示晉不急君也。四月，鄭人殺繻立成公太子髡頑。五月，晉伐鄭歸成公」。此以晉圍在春，誤一。以因晉圍改君，誤二。以成公歸在四月，誤三。以繻因成公歸見殺，誤四。不敘立髡頑，誤五。又以繻爲成公庶兄，未知何據。

十年，背晉盟，盟於楚。晉厲公怒，發兵伐鄭。楚共王救鄭。晉、楚戰鄢陵，〔一〕楚兵敗，晉射傷楚共王目，俱罷而去。〔二〕十三年，晉悼公伐鄭，兵於洧上。〔三〕鄭城守，晉亦去。〔四〕

〔一〕【考證】鄢陵即鄢，屬鄭。今河南開封府鄢陵縣。

〔二〕【考證】「十年」以下，成十六年左傳。

〔三〕【集解】服虔曰：「洧，水名。」【正義】括地志云「洧水在鄭州新鄭縣北三里古新鄭城南。韓詩外傳云『鄭俗，二月桃花水出時，會於溱、洧水上，以自祓除』」。按：在古城城南，與溱水合。【考證】左傳云「晉韓厥、荀偃帥諸侯之師伐鄭，入其郛，敗其徒兵」，據此「鄭兵」二字連讀。或云「兵」上脱「觀」字。

〔四〕【考證】襄元年左傳。

十四年，成公卒，〔一〕子惲立，是爲釐公。〔二〕

〔一〕【考證】襄二年春秋經傳。

〔二〕【索隱】惲，紆粉反。左傳作「髡頑」。【考證】中井積德曰：索隱「左傳」宜作「春秋」。

釐公五年，鄭相子駟朝釐公，釐公不禮。子駟怒，使廚人藥殺釐公，〔一〕赴諸侯曰「釐公暴病卒」。〔二〕立釐公子嘉，嘉時年五歲，是爲簡公。〔三〕

〔一〕【集解】徐廣曰：「年表云子駟使賊夜弒僖公。」【考證】左傳同。年表、古鈔本「殺」作「弒」。

〔二〕【考證】左傳云「以瘧疾赴于諸侯」。

〔三〕【考證】「五年」以下本襄七年左傳。

簡公元年，諸公子謀欲誅相子駟，子駟覺之，反盡誅諸公子。〔一〕二年，晉伐鄭，鄭與盟，晉去。冬，又與楚盟。子駟畏誅，故兩親晉、楚。〔二〕三年，相子駟欲自立爲君，公子子孔使尉止殺相子駟而代之。子孔又欲自立。子產曰：「子駟爲不可，誅之，今又效之，是亂無時息

也。」〔三〕於是子孔從之而相鄭簡公。〔四〕

〔一〕【考證】襄八年左傳。

〔二〕【考證】襄九年左傳。陳仁錫曰：鄭介晉、楚之間，南北之所必争也。不南服楚，則北服晉，無寧歲焉。太史公敘鄭受盟者八，其國弱可知矣。

〔三〕【考證】宋本「公子」下不重「子」字。楓山、三條本「爲」上有「所」。

〔四〕【考證】史與襄十年左傳所記異。梁玉繩曰：案子駟、子孔何嘗欲自立爲君？子孔特知尉止等作亂而不言耳，亦何嘗使尉止殺子駟？誤讀左傳，遽成乖越，與表言子孔作亂、子產攻之同妄。

四年，晉怒鄭與楚盟，伐鄭，鄭與盟。楚共王救鄭，敗晉兵。簡公欲與晉平，楚又囚鄭使者。〔一〕

〔一〕【考證】「四年」以下本襄十一年左傳。梁玉繩曰：秦伐晉以救鄭，晉爲秦所敗，此誤也。

十二年，簡公怒相子孔專國權，誅之，而以子產爲卿。〔一〕十九年，簡公如晉，請衛君還，〔二〕而封子產以六邑。子產讓，受其三邑。〔三〕二十二年，吳使延陵季子於鄭，見子產如舊交，謂子產曰：「鄭之執政者侈，難將至，政將及子。子爲政，必以禮；不然，鄭將敗。」子產厚遇季子。〔四〕二十三年，諸公子争寵相殺，又欲殺子產。公子或諫曰：「子產仁人，鄭所以存者子產也，勿殺！」乃止。〔五〕

〔一〕【考證】襄十九年左傳。

〔二〕【考證】岡白駒曰：齊、晉殺衛殤公，復内獻公。

〔三〕【集解】服虔曰：「四井爲邑。」【考證】襄二十六年左傳。中井積德曰：邑以見在聚落而言，大小兼通，非四井之邑。愚按：依左傳，是賞前年入陳之功也。
〔四〕【考證】襄二十九年左傳。左傳云季札與縞帶，子産獻紵衣。
〔五〕【考證】襄三十年左傳。梁玉繩曰：公子指子皮，然非諫也。年表作「子成」，亦「子皮」之誤。

二十五年，鄭使子産於晉，問平公疾。平公曰：「卜而曰實沈、臺駘爲祟，〔一〕史官莫知，敢問？」對曰：「高辛氏有二子，長曰閼伯，季曰實沈，〔二〕居曠林，不相能也，〔三〕日操干戈以相征伐。后帝弗臧，〔四〕遷閼伯于商丘，主辰，〔五〕商人是因，故辰爲商星。〔六〕遷實沈于大夏，主參，〔七〕唐人是因，服事夏、商，〔八〕其季世曰唐叔虞。〔九〕當武王邑姜方娠大叔，夢帝謂己：〔一〇〕『余命而子曰虞，〔一一〕乃與之唐，屬之參，〔一二〕而蕃育其子孫。』及生，有文在其掌曰『虞』，遂以命之。〔一三〕及成王滅唐，而國大叔焉。故參爲晉星。〔一四〕由是觀之，則實沈，參神也。昔金天氏有裔子曰昧，爲玄冥師，〔一五〕生允格、臺駘。〔一六〕臺駘能業其官，〔一七〕宣汾、洮，〔一八〕障大澤，〔一九〕以處太原。〔二〇〕帝用嘉之，國之汾川。〔二一〕沈、姒、蓐、黄，實守其祀。〔二二〕今晉主汾川而滅之。〔二三〕由是觀之，則臺駘，汾、洮神也。然是二者，不害君身。〔二四〕山川之神，則水旱之菑禜之；〔二五〕日月星辰之神，則雪霜風雨不時禜之；若君疾，飲食哀樂女色所生也。」平公及叔嚮曰：「善，博物君子也！」厚爲之禮於子産。〔二六〕

〔一〕【考證】依左傳，「平公曰」當作「平公使叔向問曰」，「卜而」當作「卜人」。
〔二〕【考證】高辛氏，帝嚳有天下之號，子孫亦因之。

〔三〕【集解】賈逵曰：「曠，大也。」【考證】岡白駒曰：兄弟不相善。

〔四〕【集解】賈逵曰：「后帝，堯也。臧，善也。」【考證】襄九年左傳云「陶唐氏之火正閼伯居商丘」，據此知后帝是堯也。

〔五〕【集解】賈逵曰：「商丘在漳南。」杜預曰：「商丘，宋地。」服虔曰：「辰，大火，主祀也。」

〔六〕【集解】服虔曰：「商人，契之先，湯之始祖相土封閼伯之故地，因其故國而代之。」【考證】襄九年左傳云「陶唐氏之火正閼伯居商丘，祀大火，相土因之。故商主大火」。

〔七〕【集解】服虔曰：「大夏在汾、澮之閒，主祀參星。」杜預曰：「大夏，今晉陽縣。」【考證】參，水星。

〔八〕【集解】賈逵曰：「唐人，謂陶唐氏之胤劉累事夏孔甲，封於大夏，因實沈之國，子孫服事夏、商也。」【正義】括地志云：「故唐城在絳州翼城縣西二十里。徐才宗國都城記云『唐國，帝堯之裔子所封。春秋云夏孔甲時，有堯苗冑劉累者，以豢龍事孔甲。夏后嘉之，賜曰御龍氏。以更豕韋之後。龍一雌死，潛醢之以食夏后。既而使求之，懼而遷于魯縣。夏后蓋別封劉累之後于夏之墟爲唐侯。至周成王時，唐人作亂，成王滅之，而封太叔，遷唐人子孫于杜，謂之杜伯。范氏所云，在周爲唐杜氏也』。地記云『唐氏在大夏之墟，屬河東安縣，今在絳城西北一百里有唐城者，以爲唐舊國』。」然則叔虞之封即此地也。【考證】顧炎武曰：有勝國，有因國。周禮媒氏：「凡男女之陰訟，聽之于勝國之社。」士師：「若祭勝國之社稷，則爲之尸。」喪祝：「掌勝國邑之社稷之祝號。」文十五年左傳：「凡勝國曰滅之。」是也。王制：「天子諸侯，祭因國之在其地而無主後者。」昭二十年左傳晏子曰「昔爽鳩氏始居此地，季萴因之，有逢伯陵因之，蒲姑氏因之，而後大公因之」。及此傳「遷閼伯于商丘，主辰，商人是因」，「遷實沈于大夏，主參，唐人是因」，是也。

〔九〕【集解】杜預曰：「唐人之季世，其君曰叔虞。」【考證】李光縉曰：此唐叔虞乃後爲成王所滅者，非下文邑姜所生。

〔一〇〕【集解】賈逵曰：「帝，天也。己，武王也。」【考證】中井積德曰：己謂邑姜。

〔一一〕【集解】杜預曰：「取唐君之名。」

〔一二〕【考證】參，參星也，即實沈所祀者。

〔一三〕【考證】文，字也。言掌紋如「虞」字也。

〔一四〕【集解】賈逵曰：晉主祀參，參爲晉星。

〔一五〕【集解】服虔曰：「金天，少皞也。玄冥，水官也。師，長也。昧爲水官之長。」【考證】裔子，季子，非遠孫。

〔一六〕【集解】服虔曰：「允格、臺駘，兄弟也。」

〔一七〕【集解】服虔曰：「脩昧之職。」

〔一八〕【集解】賈逵曰：「宣，猶通也。汾、洮，二水名。」

〔一九〕【集解】服虔曰：「陂障其水也。」

〔二〇〕【集解】服虔曰：「太原，汾水名。」杜預曰：「太原，晉陽也，臺駘之所居者。」【考證】左傳「太」作「大」。大原，廣平之地。

〔二一〕【集解】服虔曰：「帝，顓頊也。」

〔二二〕【集解】賈逵曰：「四國，臺駘之後也。」【考證】龜井昱曰：四者皆微國，非見經者，而晉滅之歟？

〔二三〕【集解】賈逵曰：「滅四國。」

〔二四〕【考證】左傳「然」作「抑」，「害」作「及」。龜井昱曰：平公之疾，子産知其所由，故言其不及君身也。

〔二五〕【集解】服虔曰：禜，爲營攢用幣也。若有水旱，則禜祭山川之神以祈福也。

〔二六〕【考證】「二十五年」以下，昭元年左傳。左傳此篇之末尚有「君子有四時」及「内官不及同姓」兩段，史公「哀樂」下加「女色」二字以概之。中井積德曰：「之」字、「於子産」三字，削其一可也，是複文耳。

二十七年夏，鄭簡公朝晉。冬，畏楚靈王之彊，又朝楚，子産從。〔一〕二十八年，鄭君病，

使子產會諸侯，〔一〕與楚靈王盟於申，誅齊慶封。〔三〕

〔一〕【考證】昭三年左傳。茅坤曰：子產執鄭國之政，而兩朝晉、楚，亦可見小國介乎强國之間，事無可奈何者。

〔二〕【考證】梁玉繩曰：昭四年春秋鄭伯會于申，無病使子產事。

〔三〕【考證】昭四年春秋經傳。

三十六年，簡公卒，子定公寧立。秋，定公朝晉昭公。〔一〕

〔一〕【考證】昭十二年春秋經傳。梁玉繩曰：案左傳，「秋」當作「夏」。

定公元年，楚公子弃疾弒其君靈王，而自立爲平王。〔一〕欲行德諸侯，歸靈王所侵鄭地于鄭。〔二〕

〔一〕【考證】古鈔本「立」下有「是」字。

〔二〕【考證】昭十三年左傳。梁玉繩曰：案左傳楚欲致犨、櫟之田而仍未致，則不可言歸也。

四年，晉昭公卒，其六卿彊，公室卑。〔一〕子產謂韓宣子曰：「爲政必以德，毋忘所以立。」〔二〕

〔一〕【考證】昭十六年左傳。

〔二〕【考證】梁玉繩曰：案左傳，子產無是言。岡白駒曰：立，謂不傾敗。

六年，鄭火，公欲禳之。子產曰：「不如修德。」〔一〕

〔一〕【考證】鄭火，昭十八年春秋經傳。梁玉繩曰：案左傳，此即鄭人欲用裨竈禳火之事，非公欲禳之也。又表書于四年，乃裨竈請禳火之事，亦曰「不如修德」，皆史公意測言之，非子產有是語。

八年，楚太子建來奔。〔一〕十年，太子建與晉謀襲鄭。鄭殺建，建子勝奔吴。〔二〕

〔一〕【考證】昭二十年左傳。

〔二〕【考證】梁玉繩曰：左傳附記殺建事于哀十六年，因其子白公之亂而追敘之也，不知何歲。表在十一年，世家在十年，皆妄爾。

十一年，定公如晉。晉與鄭謀，誅周亂臣，入敬王于周。〔一〕

〔一〕【索隱】王避弟子朝之亂，出居狄泉，在昭二十三年；至二十六年，晉、鄭入之。經曰「天王入于成周」是也。【考證】梁玉繩曰：案昭廿四年左傳，定公如晉納王，則當在十二年，而入敬王在十四年，此誤。

十三年，定公卒。〔一〕子獻公蠆立。獻公十三年卒，〔二〕子聲公勝立。當是時，晉六卿彊，侵奪鄭，鄭遂弱。

〔一〕【考證】昭二十四年春秋。陳仁錫曰：年表「十三年」作「十六年」。梁玉繩曰：此誤。

〔二〕【考證】獻公卒，定九年春秋。

聲公五年，鄭相子產卒，〔一〕鄭人皆哭泣，悲之如亡親戚。子產者，鄭成公少子也。〔二〕爲人仁愛人，事君忠厚。孔子嘗過鄭，與子產如兄弟云。〔三〕及聞子產死，孔子爲泣曰：「古之遺愛也！」〔四〕兄事子產。〔五〕

〔一〕【正義】括地志云：「子產墓在新鄭縣西南三十五里。酈元注水經云『子產墓在潩水上，累石爲方墳，墳東北向鄭城，杜預云言不忘本也』。」【考證】張照曰：左傳魯昭二十年，鄭子產有疾，疾數月而卒。是年當鄭定公之八年，距聲公五年，蓋相隔二十七年矣，應從左傳。梁玉繩曰：子產自魯襄八年始見于傳，至昭二十年卒，其行事見者四十四年，歷鄭簡、定二世云。

〔二〕【考證】錢大昕曰：子產者，子國之子，穆公之孫，而世家以爲成公子，一誤也。子產卒于定公時，而世家云聲公五年卒，二誤也。至循吏傳稱鄭昭君之時，大宫子期言之君，以子產爲相，則尤無稽之誤也。

〔三〕【考證】沈家本曰：攷左傳，子產卒於昭之二十年，計其卒時，年六十餘矣。昭之二十年，孔子方三十耳。孔子世家載適鄭事於魯定公卒之後，其時子產早卒矣。此事甚爲可疑。

〔四〕【集解】賈逵曰：「愛，惠也。」杜預曰：「子產見愛，有古人遺風也。」【考證】「及聞子產死」以下，昭二十一年左傳。龜井魯曰：遺愛，古人之仁愛，遺在子產也。龜井昱曰：與「古之遺直」一例。

〔五〕【考證】王若虚曰：既云如兄弟，何必復言兄事？張文虎曰：「兄事子產」四字與上文複，蓋後人旁注誤混，宜删。

八年，晉范、中行氏反，晉告急於鄭，鄭救之。齊伐鄭，敗鄭軍於鐵。〔一〕

〔一〕【集解】杜預曰：「戚城南鐵丘。」【正義】括地志云：「鐵丘在滑州衛南縣東南十五里。」【考證】「八年」以下，哀二年左傳。岡白駒曰：鄭救范、中行氏。

十四年，宋景公滅曹。〔二〕二十年，齊田常弒其君簡公，〔三〕而常相於齊。二十二年，楚惠王滅陳。〔三〕孔子卒。〔四〕

〔一〕【考證】哀八年春秋經傳。

〔二〕【考證】哀十四年春秋經傳。

〔三〕【考證】楚滅陳，見哀十七年左傳。

〔四〕【考證】見哀十六年左傳。

二十六年，晉知伯伐鄭，取九邑。〔一〕

〔一〕【考證】梁玉繩曰：知伯伐鄭，左傳在魯哀二十七年，即鄭聲公三十三年。此書于聲公二十六年，六國年表書于周定王五年，皆誤。左傳無「取九邑」之文，恐妄。

三十七年，聲公卒，子哀公易立。〔一〕哀公八年，鄭人弒哀公而立聲公弟丑，是爲共公。共公三年，〔二〕晉滅知伯。〔三〕三十一年，共公卒，〔三〕子幽公已立。〔四〕幽公元年，韓武子伐鄭，殺幽公。鄭人立幽公弟駘，是爲繻公。〔五〕

〔一〕【集解】年表云三十八年。

〔二〕【考證】「晉」上各本無「三」字。張文虎曰：「三」字錢泰吉引葉石君校增。梁玉繩曰：案事在二年。

〔三〕【考證】各本無「一」字。張文虎曰：「一」字吴校增。梁玉繩曰：共公在位三十一年。

〔四〕【考證】楓山本「已」作「巴」。

〔五〕【集解】年表云鄭立幽公子駘，「繻」或作「繚」。【考證】梁玉繩曰：「弟」字誤，年表是「子」也。

繻公十五年，韓景侯伐鄭，取雍丘。鄭城京。〔一〕

〔一〕【考證】雍丘，今河南開封杞縣。岡白駒曰：京，昔封大叔段地。

十六年，鄭伐韓，敗韓兵於負黍。〔一〕二十年，韓、趙、魏列爲諸侯。二十三年，鄭圍韓之陽翟。〔二〕

〔一〕【集解】徐廣曰：「在陽城。」【正義】括地志云：「負黍亭在洛州陽城縣西南三十五里，故周邑也。」【考證】今河南河南府登封縣。

〔三〕【考證】今河南開封府禹州。

二十五年，鄭君殺其相子陽。〔一〕二十七年，子陽之黨共弒繻公駘，而立幽公弟乙爲君，是爲鄭君。〔二〕

〔一〕【考證】淮南子氾論訓云「鄭子陽剛毅而好罰。其於罰也，執而無赦。舍人有折弓者，畏罪恐誅，則因猘狗之驚，以殺子陽。此剛猛之所致也」。呂覽首時、適威所記略同。列子説符篇云「民作難而殺子陽」，而此曰鄭君殺子陽，楚世家曰楚伐鄭，鄭殺子陽，似繻公殺之以説于楚也，所傳不同。

〔二〕【集解】徐廣曰：「一本云『立幽公弟乙陽爲君，是爲康公』。六國年表云立幽公子駘，又以鄭君陽爲鄭康公乙。班固云『鄭康公乙爲韓所滅』。」【考證】中井積德曰：集解「弟」下「乙」字疑衍。

鄭君乙立二年，鄭負黍反，復歸韓。〔一〕十一年，韓伐鄭，取陽城。〔二〕

〔一〕【考證】黄式三曰：繻公十六年，鄭敗韓于負黍，蓋取其地與？

〔二〕【考證】今河南河南府登封縣。

二十一年，韓哀侯滅鄭，并其國。〔一〕

〔一〕【考證】顧棟高曰：鄭當幽王之世，王室未遷，遽興寄帑之謀，攘取虢、檜之國而有其地，首亂天朝之疆索，鄭誠周室之罪人矣。入春秋後，莊公以狙詐之資，倔强東諸侯間。是時楚僻處南服，而晉方内亂，莊公與齊、魯共執牛耳。其子昭公、厲公，俱梟雄絶人。使其兄弟輯睦，三世相繼，鄭之圖伯未可知也。乃三公子争立，卒歸厲公，與虢、弭定王室，庶幾桓、文勤王之義，然自是而楚患興矣。齊、晉迭伯，與楚争鄭者二百餘年。是時鄭西有虎牢之險，北有延津之固，南據汝、潁之地，恃其險阻，左支右吾。蓋滎陽、城皐，自古戰争地。南北有事，鄭先被兵，地勢然也。至子産之世，而虎牢已先屬晉，犨、櫟、郟已先屬楚，鄭之地險盡失，徒善其區區之辭命，以大義折服晉、楚。雖以楚靈王之暴横，莫敢凌侮。蓋亦人謀之臧，匪關地勢矣。然自後三家分晉，而韓得成皋，卒以滅鄭，則鄭之虎牢，豈非得之以興，失之以亡者哉！

太史公曰：語有之，「以權利合者，權利盡而交疏」，〔一〕甫瑕是也。甫瑕雖以劫殺鄭子，内厲公，厲公終背而殺之，此與晉之里克何異？〔二〕守節如荀息，身死而不能存奚齊。〔三〕變所從來，亦多故矣！〔四〕

〔一〕【考證】權利，權勢利益也。主父偃傳云「貴仁義賤權利」，又云「故俗爲知巧權利」。武安侯傳云「陂池田園宗族賓客，各爲權利」，荀子勸學篇云「權利不能傾也，羣衆不能移也」，襄二十三年左傳云「既有利權，又執民柄」，義同。

〔二〕【考證】岡白駒曰：里克殺奚齊，使人迎夷吾，夷吾約曰「誠得入立，請封子以汾陽」，及入不與里克邑，而奪之權，遂殺之。

〔三〕【考證】岡白駒曰：奚齊，驪姬所生，獻公遺屬荀息立之。荀息死于其難。

〔四〕【考證】岡白駒曰：以權利合，而死于權利，此其常也。以死守節，不能存其主，此其變也。然不可謂權利守節均同矣。蓋雖其正，亦因事故之如何爾。故云「亦多故矣」，言不可以一論也。

【索隱述贊】厲王之子，得封於鄭。代職司徒，緇衣在詠。虢、鄶獻邑，祭祝專命。莊既犯王，厲亦奔命。居櫟克入，夢蘭毓慶。伯服生囚，叔瞻尸聘。釐、簡之後，公室不競。負黍雖還，韓哀日盛。